品质改变世界

SM2000C路面铣刨机

三一重工股份有限公司
SANY HEAVY INDUSTRY CO., LTD.

电话：0731-84031888 | 传真：0731-84031999 | 三一贵宾专线：4008 87 8318

更多详情请洽三一重工各地分公司或访问：www.sany.com.cn

维特根后收料铣刨机：
紧凑、机动性高，
系列铣刨机。

贴近客户
Close to
our customers

从全厚度铣刨到小规模维修及过渡区铣刨 –
小型铣刨机既可以单独施工，也可以与大铣
刨机配套施工

- 拥有各种产量的宽广的产品范围：
  从350mm到1m
- 拥有不同工作宽度的FCS转子
- 外形紧凑、重量小，便于运输
- 在狭窄工地具有优异的机动性
- 能够装备维特根LEVEL PRO找平系统，
  使铣刨更加精确

更多关于后收料铣刨机的资料，请浏览
www.wirtgen-china.com.cn

W 50 DC

W 100

W 35 DC

筑养路技术

www.wirtgen-china.com.cn

 WIRTGEN CHINA

维特根(中国)机械有限公司
中国河北省廊坊经济技术开发区创业路99号，邮政编码：065001
电话：(0316) 6073232，传真：(0316) 6073234，电子邮件：info@LFwirtgen.com.cn

全范围的冷再生方案：
来自维特根的
市场领先工艺。

贴近客户
Close to
our customers

WR 2000

KMA 220

我们的产品范围，覆盖这种环保型工艺的
所有用途：

▶ 经济而高质量的道路维修
▶ 就地施工工艺，节约昂贵的自然资源
▶ 全厚度路面冷再生
▶ 轮式及履带式冷再生机、移动式厂拌
  冷再生设备、稀浆搅拌机
▶ 水泥的无尘添加
▶ 泡沫沥青冷再生

更多有关这一创新工艺的潜力的资料，
请浏览 www.wirtgen-china.com.cn

WR 4200

筑养路技术

www.wirtgen-china.com.cn

WIRTGEN CHINA

维特根(中国)机械有限公司
中国河北省廊坊经济技术开发区创业路99号，邮政编码： 065001
电话：（0316）6073232，传真：（0316）6073234，电子邮件：info@LFwirtgen.com.cn

卡特彼勒 信赖之选
为您铺筑成功之路

卡特彼勒生产制造全系列的压路机、路面铣刨机、沥青摊铺机和路面冷再生设备。

我们的机器助您以更经济、更高生产率和更有效的方式完成工作。卡特彼勒产品系列齐全，可充分满足您压实、摊铺和道路养护的全面需求。

卡特彼勒代理商承诺为客户提供卓越的产品支持和售后服务。

www.china.cat.com/paving

轮胎摊铺机

双钢轮振动压路机

小型压路机

卡特彼勒 信赖之选。 请向Cat代理商咨询更多设备和方案的信息。

威斯特中国有限公司	服务地区	北京、天津、河北、黑龙江、辽宁、吉林、内蒙古、山西
	电话	010-5902-1666 400-650-1100
利星行机械有限公司	服务地区	江苏、浙江、湖北、安徽、河南、山东、上海
	电话	400-828-2775 800-828-2775
信昌机器工程有限公司	服务地区	香港、湖南、江西、福建、广东、广西、海南、澳门、新疆
	电话	800-830-4320
易初明通投资有限公司	服务地区	云南、四川、贵州、西藏、重庆、甘肃、陕西、宁夏、青海
	电话	0871-7274901

©2010 Caterpillar（卡特彼勒）版权所有。CAT、CATERPILLAR 及其本应的标识、"Caterpillar 黄色"和"Power Edge"商业外观以及此处所使用的企业和产品标示，是 Caterpillar 的注册商标，未经许可，不得使用。

筑路机械　引领世界

徐工徐工 助您成功
XCMG FOR YOUR SUCCESS

XM 系列铣刨机

XM35 | XM50A | XM50 | XM60 | XM100 | XM101 | XM130 | XM100H | XM101H

XM200 | XM200D

徐州徐工筑路机械有限公司

统一客服热线：400-110-9999

WWW.XCMG.COM

WITOL

微波科技 精简养护

交通运输部鉴定：国际领先
科技部首批国家自主创新产品

微波热再生技术优势

- 温度可控，不烧焦沥青
- 深度可控，满足不同病害
- 不受制于沥青种类
- 不受环境温度影响，实现全天候养护
- 加热快速、均匀，彻底解决弱接缝和弱接面问题
- 不依赖拌和楼，无需提前备热料，冷热料同步加热

微波养护 助国检成功

佛山市威特公路养护设备有限公司

地址：广东顺德北滘工业园　电话：0757-26605366　传真：0757-26605363

更多产品详情请访问www.witol.com.cn

系列化
路缘石、边沟水泥滑模摊铺机

SMC-522

SMC-523

SMC-450

SMC-5000型
全自动多功能水泥滑模摊铺机

四明科技　引领滑模摊铺技术的发展

SM&ZD 江苏四明工程机械有限公司
JIANGSU SIMING CONSTRUCTION MACHINERY CO.,LTD

地址：江苏省宝应经济开发区金湾路218号　邮编：225801
Add：Economic Development Area Baoying Jiangsu Province
电话(TEL)：0514-88980000　　传真(FAX)：0514-88292120
网址(WEBSITE)：www.simingcn.com

上海四明电子技术有限公司
SHANGHAI SIMING ELECTRONICS TECHNOLOGY CO.,LTD

地址：上海向城路29号爵士大厦B25A　邮编(P.C.)：200122
Add：Room B25A, NO.29 Xiangcheng Road Shanghai
电话(TEL)：86-21-58304440　　传真(FAX)：021-58304407
网址(WEBSITE)：www.simingshanghai.com

德国赫斯默为您提供
卓越的服务

HC-G15控制器

HC-G16控制器

I/O模块

- 紧凑而又牢固的工业设计；
- 极高的机械和电气安全性；
- 适应恶劣的工作环境；
- 抗高振动，抗高冲击力；
- 抗高强电磁干扰；
- CAN总线通讯方式；
- I/O类型丰富；
- 防护等级：IP67。

HC-G19控制器

应用的领域包括工程机械，农用机械、煤矿机械、物料搬运机械、筑路机械、以及林业机械和高速公路养护机械。

Hesmor 赫斯默亚太营销中心

上海市科苑路88号德国中心1号楼319室
电话：+86 21 - 50276255
传真：+86 21 - 50276258
电邮：sales.ap@hesmor.com
网址：www.hesmor.com

优异的技术品质

 压力变送器

 拉线盒

 绝对式编码器

 油门执行器

 倾角传感器

 超声波传感器

 手柄

赫斯默研发，制造并且市场销售移动行走设备领域的各种传感器以及控制器模块，向国内外知名公司提供质量好，高技术的产品。赫斯默提供给客户可持续的技术支持和产品软件的更新服务，并且不断升级客户端操作系统提供产品兼容性方案。

在赫斯默，我们提供给客户自始至终的个性化服务。赫斯默提供给客户传感器和控制器技术领域的定制产品及方案。赫斯默以深厚的行业知识，灵活的研发项目服务，以及对传感器和控制器研发的良好掌握，确保了我们可以承诺在有效的研发设计时间之内提供给客户满意的产品。

更多关于赫斯默产品和方案的信息，请访问我们的网站：www.hesmor.com

Customized Solution for Sensor and Control Technology

Hesmor GmbH

Zedernweg 7. D-52076 Aachen
Tel: +49 - 2408 - 1461145
Fax: +49 - 2408 - 1461152
E-mail: sales@hesmor.de
Website: www.hesmor.de

邯郸中铁桥梁机械有限公司
HANDAN CHINA RAILWAY BRIDGE MACHINERY COMPANY LIMITED
（原中铁三局集团邯郸工程机械制造有限公司）

JQ900型客运专线架桥机 用于铁路客运专线（时速250km、350km）20m、24m、32m双线整孔混凝土箱梁架设。主要由主梁、前、后吊梁行车；辅助行车、前、后支腿；辅助前支腿、辅助后支腿、下导梁、电气及控制系统、液压系统等组成。该机具有采用短尾喂梁、一跨式架梁、下导梁过孔的架梁作业法，使整机结构简单，自重轻；受力明显，安全可靠，不需要在墩顶设置锚固；使用了机、电、液一体化技术，工作机构动作快捷、准确、安全可靠、架梁精度高；整机过孔时纵向稳定性好；吊梁行车和辅助行车均具有横移功能；各走行系统均采用变频调速技术，起步平稳，冲击力小，制动可靠；整机过孔及吊梁行车运移箱梁时，运行平稳对位准确；起重卷扬机构采用变频调速技术，具有高、低速及变频电机能耗三套制动装置，起动平稳，调速范围大，制动性能可靠；采用Profibus工业现场总线技术，以高可靠性的PLC构成主控制系统，控制功能强，安全可靠性高，使用灵活方便；监控系统实现关键工序的自动检测定位，自动化程度高等特点。JQ900型客运专线架桥机已于2006年9月通过了国家起重运输机械质量监督检检中心组织的特种设备型式试验。

过隧道架桥机 HJ900型客运专线32m及以下整孔箱梁架桥机系中铁三局集团有限公司与意大利爱登公司共同设计，由本公司制造的适用于山区地带桥隧相连线路施工的可以过隧道不用解体，隧道口（5m）可以架梁的新型架桥机。该桥机具有：采用C形支腿，具有运梁车驮运穿越双线隧道的功能；采用一跨式定点提、架梁，整机结构简单，采用高位下导梁，与运梁车直接对位喂梁，架桥机简支状态过孔，受力明显，安全可靠，稳定性好；使用了机、电、液一体化技术，工作机构动作快捷、准确、安全可靠、架梁精度好；起重卷扬机构具有高、低速二套制动装置，制动性能安全可靠；采用图象识别、超声波测距技术，实现整机过孔及吊梁作业时的自动控制，对位准确；采用Profibus工业现场总线技术，以高可靠性的PLC构成主控制系统，控制功能强，安全可靠性高，使用灵活方便；监控系统实现关键工序的自动检测定位，自动化程度高等特点。

HJ900型客运专线过隧道架桥机

450t 提梁机 用于时速200～350km铁路客运专线20m，24m，32m双线整孔混凝土箱梁的提升、装卸、移动。在客运专线的施工中，提梁机能与运梁车配合完成900t及以下箱梁的装梁作业。该设备整机纵移采用轮轨走行，结构简单运行可靠；各系统采用变频调速技术，具有起步运行平稳，冲击力小，制动可靠，对位准确，配备高、低速及变频电机能耗三套制动装置，起升平衡，调速范围大，制动性能可靠，落梁时运行平稳，冲击力小；采用Profibus工业现场总线技术，以高可靠性的PLS构成主控制系统，集中远程操作控制，可单控。或联控、互锁，相关动作同步性能好等特点。

450t 提梁机

JQ900型客运专线架桥机

DJK160型铁路架铺机

DJ系列步履式单导梁公路架桥机

JSH系列步履式双导梁公路架桥机

图为中铁六局在迁曹线上架梁施工

DJK160型铁路架铺机

DJK160 是根据新建线路及旧线改造的时速200km及以下客货共线T形梁特点，综合国内外各类铁路架桥机的优点，与铁道第五勘察设计院共同研制开发的新型铁路架（铺）机。该机具有设计布局合理、安全稳定、长途运输不解体、作业高度低、自重轻、轴重轻；在架桥作业过程中，机臂可以全悬38.6m走行对位且可以自动升降，前后移动，可以半悬（机臂回缩13,1 m）铺轨作业，半悬低位状态可以自力走行；整机降到最低时仅为5 m，能在电网下正常通过，复线施工换梁方便快捷；前端0号柱可以上下点头，左右摆动；可以实现空中横移桥梁等特点。DJK160型架桥机与倒装龙门架、铁路运梁车配合完成架梁作业，可架设32m及以下各类混凝土梁、专桥9753梁（通桥2201、2101型）的倒运和架设。该机已完成各种试验，进入正式使用阶段。

地　址：河北省邯郸市复兴区战备路2号	电　话：0310-4024642	http://www.hdztjx.com
邮　编：056003	传　真：0310-4022310	E-mail：hdztjx@hdztjx.com

中铁二十局集团西安工程机械有限公司
China Railway 20 Bureau Group Xi'an Construction Machinery Co., Ltd

DPK18窄轨铺轨机

自行形式轨道平车

散枕机

中铁二十局集团西安工程机械有限公司

地址：陕西省西安市辛家庙　　　　　邮编：710032
销售热线：029-86714581　86736150　　服务热线：029-86736345
传真：029-86736150　　　　　　　　　网址：www.cnztjx.com　www.cnztjx.cn

青岛市公路管理局设备中心
(青岛路鑫和机械租赁有限公司)

简介

青岛路鑫和机械租赁有限公司成立于1998年,隶属于青岛市公司管理局,占地60余亩,位于城阳区青大工业园内,南邻204国道,东接济青高速公路,与双元路对接,交通便利,公司已发展成为专业从事专用筑路机械租赁、施工及沥青拌和料生产的综和性企业。

目前,公司拥有各类机械设备价值1.2亿元,包括3套芬兰产艾模美迪沥青拌和站、戴纳派克铣刨机、摊铺机、双钢轮压路机,沃尔沃平地机,英格索兰单钢轮压路机,及50t起重机、拖盘车等,设备多为进口,性能先进,性能先进的设备为公司的可持续性发展提供了有力的保证。

时逢我国筑路行业蓬勃发展之机,公司积极投入到市场竞争的大潮,以谋求更大的发展,衷心希望各界朋友与我们携手合作,共筑双赢。

地址:青岛市城阳区棘洪滩街道204国道北侧

电话:0532-87901029 87901030
   13780665312 13336397750

邮箱:shebeizhongxin11@163.com

南阳市星河工程机械有限公司
新型高效节能煤粉燃烧装置
低成本 ＋ 高效能 ＝ 财富

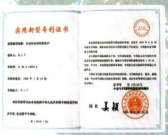

磨煤喷粉机　　　　间歇旋转式煤粉燃烧器

点火油路　　　　配电柜

专利号： ZL2003 2 0127411.4
　　　　　ZL98210953.9

　　我公司是生产燃烧器的专业厂家。公司产品自1997年投放市场后，以其专业的品质赢得了用户的信赖。产品特点：该产品是将块煤粉碎成90目以上的微小颗粒，直接喷入炉膛进行燃烧的装置，同比煤耗可降低50%，若将燃油改为燃煤，则可降低成本70%～80%左右。能够多种设备配套，提供热源，是厂矿、公路、市政建设及垃圾焚烧设备上不可缺少的节能产品。

　　公司拥有完备型号供用户选择。现公路建设已广泛使用，公司可提供产量从25～320 t/h（即4000型沥青强拌和设备）之间的所有沥青拌和设备需要，设备到达工地16小时内可完成燃油到燃煤的改造工作。

　　若详细了解该产品，可登陆网址：http://www.nyxinghe.com。

技术参数

参数＼型号	JMFL40	JMFL80	JMFL-120	JMFL-160	JMFL-240
发热能力	138×10^5 kJ/h	276×10^5 kJ/h	414×10^5 kJ/h	552×10^5 kJ/h	828×10^5 kJ/h
风机功率	7.5 kW	15 kW	15 kW	15 kW	18.5 kW
适用拌和机范围	40～50 t/h	60～80 t/h	80～120 t/h	120～160 t/h	180～240 t/h

注：由于本厂不断更新，上述技术参数如有改动，恕不另行通知。

专利产品　专心制造　专业品质　精心服务

地　址：河南省南阳市工业北路896号
联系电话：0377-6338 0900　传　真：0377-6338 0900
手　机：13903777039　13333666099　13803777760

上海唯友机械有限公司

原：上海唯友交通工程机械配件有限公司

WY-25型废粉处理机

WY-25型废粉处理机主要用于处理沥青搅拌设备在生产过程中除尘器中的废粉，防止造成环境二次污染。

质量管理体系认证证书

高强度特制金属筛网是用特制优质高强度耐磨钢丝，采用先进技术生产制造沥青拌和设备振动筛筛网。该产品性能稳定，网孔精度网面平整度好，具有高耐磨和抗疲劳等特点，适合重负载交变力工况下各种机型使用。完全可以替代进中产品。使用寿命是普通筛网的三倍。其价格远远低于同类进口筛网。

高强度特制金属网筛

上海唯友交通工程配件有限公司坐落在上海杨柳高科技技术开发区，是集生产科研于一体的中小型技术企业。

上海唯友专业生产制造各种型号进口及国产沥青拌和设备的易损件和配套设备。公司技术力量雄厚、设备精良、生产工艺先进、检测手段齐全、质量可靠。上海唯友秉承"以人为本"的经营理念，阁守"以质量求生存"的经营宗旨为广大用户提供优质价低的科技新产品，全心全意为用户服务好。

地址：上海市杨浦区控江路1029弄3号楼1301室

厂长：陈根宝（手机：13901651130）

电话：021-55803218

传真：021-65189039

各种机型用特种螺栓

各种机型用强度耐磨铸铁

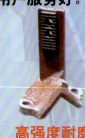

高强度耐磨搅拌臂

中国·吉林省公路机械有限公司
JILIN PROVINCE ROAD CONSTRUCTION MACHINERY CO.,LTD.

ZJ系列沥青旧料再生设备

此设备成功施工应用于吉林、辽宁、内蒙古、河北、北京、天津、安徽等10几个省份30余家用户。

并获得吉林省交通厅科技成果签定证书

随着我国公路建设的飞速发展，对沥青路面需求急剧增加。面对我国沥青资源紧张和矿山开采造成的环境的破坏，而大量沥青旧料几乎全部被当作垃圾处理的不利局面，实施沥青旧料再生利用已迫在眉睫。沥青旧料再生项目的实施和技术的推广每年可为中国公路建设行业节省几十亿元的建设资金，同时可以减少资源消耗和废弃旧料对周边环境的污染。吉公筑机经过10年的潜心研究开发，成功地研制出适应市场需要，具有国际先进水平的沥青旧料再生搅拌设备。这是一种节能减排的新技术、新设备、新工艺，可以大量节省筑路用的石料、沥青等不可再生资源，减少森林植被破坏、水土流失等严重的生态环境问题，也符合国家提出的节能减排、资源可持续利用、发展循环经济的政策。吉公筑机生产的沥青旧料再生设备已被国家发改委和环保部列入《当前国家鼓励发展的环保产业设备目录》中。该技术与设备已经达到非常成熟阶段，此设备可以为用户节约大量的原材料成本、运输费用、税金等，具有可观的经济效益和社会效益，这是造福子孙后代的阳光产业。

地址：中国·吉林省吉林市船营区太平街4-1号　　电话：0432-62127439　62139502
邮编：132011　　传真：0432-62127439　　网址：www.jlsgl.com　　E-mail：jlsgl@126.com

沈阳储隆沥青设备有限公司
Shenyang Chulong Asphalt Equipment Co., Ltd

拼装（可移动）式沥青储罐

发 明 专 利：ZL03111698.1
实用新型专利：ZL200420069858.5　　ZL03213159.3
节能技术专利：ZL200620153131.4
外观设计专利：ZL200830010929.8

JC系列拼装（可移动）式沥青储罐产品型号：
JC100 R/J　JC200 R/J　JC300 R/J　JC500 R/J
JC1000　JC2000　JC3000　JC4000　JC5000　JC10000

阿曼苏哈尔2000m³节能型拼装（可移动）式沥青库

福建泉州港6000m³（2000m³×3）节能型拼装（可移动）式沥青库

高速公路施工现场 JC200J拼装（可移动）式改性沥青搅拌罐

高速公路施工现场10000m³（5000m³×2）节能型拼装（可移动）式沥青库

总部地址：沈阳市高新技术开发区浑南产业区学风路26-7号　　邮　编：110179
销售公司：沈阳市和平区光荣街39号奉天商务公馆13楼B　　　邮　编：110003
办公电话：024-23226199　23226399　15712300737　　　　　移动电话：13002452111　13909813139
网　址：www.cchulong.com　　　　　　　　　　　　　　　　公司邮箱：office@cchulong.com

4YF28 垃圾压实机

厦工（三明）重型机器有限公司

地址：福建省三明市沙县金沙工业园金明路　邮编：365500
电话：0598-5699316/5699839　传真：0598-5699990转3309
网址：http://www.sahm.cn　http://www.xgma.com.cn

汇强集团主营产品：环卫设备、垃圾处理设备、除雪机械、工程机械、空港设备、专用车辆及液压配套件等。

集团下设：山东汇强重工科技有限公司　　瀚德液压（青州）有限公司
　　　　　青州市精益液压机械有限公司　辽宁汇强专用车辆制造有限公司
　　　　　汇强（美国）有限公司

山东汇强重工科技有限公司坐落于风光秀丽的山东省青州市，主要产品有除雪设备、混凝土输送设备及搅拌站等。公司生产的除雪车辆被广泛地使用在东北、西北地区冰雪多发地带，为当地的公路市政除雪作业做出了杰出贡献，得到了使用单位的一致好评，并在2008年的南方城市抗击冰雪行动中贡献了自己的力量。

青州市精益液压机械有限公司主营工程机械液压桥箱配套件，公司生产的液压配套件变速箱、变距器等产品已经配套了韩国斗山、韩国现代、卡特彼勒、中国柳工、中国龙工、福田重工等世界知名企业，并连续多年被评为"优秀供应商"，战略合作伙伴。

瀚德液压（青州）有限公司是由国际知名的瑞典瀚德（Haidex）集团控股，与原青州液压机械有限公司携手合作成立的中外合资公司，是国内生产工程机械液压件的专业生产厂家。

辽宁汇强专用车辆制造有限公司位于辽宁省铁岭专用车基地，主要研发生产环卫车辆、垃圾处理设备、空港设备、专用车等，公司产品列入辽宁省重点采购目录。

汇强（美国）有限公司设立在美国芝加哥，主要负责新产品的研发设计，与美国多所大学联营，引进吸收世界一流的产品方案与设计理念，是汇强集团技术创新改革的坚强后盾。

汇强集团愿与国内外各界朋友携手并肩、真诚合作、共同开创美好未来！

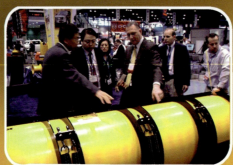
产品参加美国第45届世界卡车展销会

与瑞士波雄强强联手，打造国内除雪设备生产基地

总部地址：山东省青州市开发区时代一路2888号
电话：0536-3295266　15864339999　1590827866
传真：0536-3295266
网址：www.huiqiangjixie.com
邮箱：shandonghuiqisng@163.com

东风自卸多功能除雪车

除雪车作业现场

多功能V型除雪车

强制下压型除雪车

大型三铲除雪车（前置除雪铲、侧铲、腰铲）

除雪作业现场

山东汇强重工科技有限公司

大型工程用除雪车

装载机除雪车

高速公路大型融雪剂撒布机

融雪剂撒布机

智能撒布机

清洗扫路车

垃圾运输车

破冰除雪车

清雪滚刷

大型融雪机

抛雪机

总部地址：山东省青州市开发区时代一路2888号
电话：0536-3295266 15864339999 1590827866
传真：0536-3295266
网址：www.huiqiangjixie.com
邮箱：shandonghuiqisng@163.com

有桥就有武桥重工

董事长 总经理：黄雍

党委书记 副董事长：陈维克

武桥重工集团股份有限公司的前身是铁道部大桥局桥机厂。经过50多年的发展壮大，现已集设计、制造、安装、施工、检测、服务为一体的科技管理型公司。其主要从事桥梁机械、起重机械、铁路机械、水工机械及自动化控制设备的研发、制造；桥梁钢结构、建筑钢结构、电厂钢结构及车站厂房、码头钢结构的制造、安装。

公司现有员工2000余人，其中工程技术人员占30%。各类技术人员中，具有高级技术职称的有58人，其中教授级高工3人。公司下设武桥重钢公司、武桥成套公司、武桥天一公司、武桥桥机公司、武桥设备公司、武桥珠海公司、武桥九江公司、武桥建设公司、武桥检测公司、自动化公司、武桥物流公司、桥都物贸公司等十二家子（分）公司。产品远销到美国、英国、越南、缅甸、孟加拉、阿根廷、坦桑尼亚、利比亚等国家和台湾、香港地区，深受用户的欢迎。有多项产品被列为国家重大新产品及铁道部科技司计划发展项目。

公司一贯把产品质量视为企业的生命，将合同要求当作公司的最高指令，让用户满意作为公司追求的最终目标。多年来公司建立了一整套完善的质量保证体系，并在1999年通过了中国进出口商品质量认证中心ISO9001质量体系的认证。

武桥重工集团总部新办公大楼

客运专线900吨运梁台车

KTY4000型动力头工程钻机

160吨铁路救援起重机

天兴洲大桥700吨架桥机

武桥重工集团股份有限公司
地址：中国武汉经济开发区沌口路777号
邮编：430056
电话：(027)84524976
传真：(027)84521939
Homepage: http://www.whqjc.com
http://www.wqzg.net.cn

山西榆次筑路机械制造有限公司

公司主要产品：

1. QUL100-360型有机热载体加热设备，专利号 89213678.2
2. QUG30-90型移动式有机热载体卧式加热炉，专利号 94200176.1
3. LBF10-40型改性沥青生产设备，专利号 90217955.1
4. LQB1000、1200、1500、1750、2000、2500、3000、4000、5000型沥青混凝土搅拌设备，专利号 ZL01209481.1
5. SWB300-800型连续式水泥稳定土拌和设备，专利号 ZL01209480.3
6. RHL3-20型乳化沥青设备（微机、工业计算机自动控制）
7. LQB30H-320H环保型沥青混凝土搅拌设备（工业计算机自动化控制）
8. LQG30m³-LQG10000m³沥青储存罐及大型沥青中转库

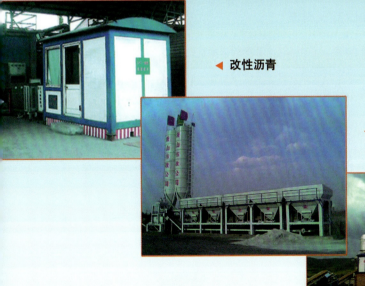

◀ 改性沥青

◀ SWB300-800型水泥稳定土搅拌设备

控制系统主界面

水稳控制模拟

我公司将以高质量、低价格为用户提供优质的售前、售中及售后服务。为我国公路建设事业的发展多做贡献！

地　　址：山西省晋中市榆次区榆太路127号
电　　话：0354-2424778
传　　真：0354-2438258
联 系 人：李强（13903444689）
邮　　编：030600

100m³-10000m³
沥青储存罐及沥青中转库

重庆康泰斯机械制造有限公司
Chongqing Contacts Equipment Manufacture Co., Ltd.

CONTACTS MACHINE

公司简介

康泰斯公司是一个集生产、贸易和服务为一体的综合性公司，成立于2001年。康泰斯公司靠自主创新、持续发展、多元经营、奉献社会，已成长为以机械制造加工（重庆市永川区康泰斯机械制造有限公司）为核心，道路产品生产和贸易（重庆市涪陵区康泰斯道路工程材料有限公司）、以及矿产开采销售（云南武定磊鑫矿业有限公司）相结合的多元化经营实体。

重庆市永川区康泰斯机械制造有限公司位于重庆永川区，交通便捷。厂区占地面积10余亩，专业技术力量雄厚，机械加工制造专业设备齐全。

康泰斯机械制造有限公司主要研发、生产和销售改性沥青设备、乳化沥青设备、浇注式沥青混凝土搅拌设备等一系列道路沥青机械产品。公司自行设计生产的ZGL系列组合式道路改性沥青设备，性能稳定，操作简便。公司自行研发生产的JHJ系列浇注式沥青混凝土搅拌设备获得国家专利（专利号：ZL200320115371.1）。

公司本着"质量至上，诚信为本"的经营理念，严格按照ISO9001：2000质量体系运行，不断拓展新的领域，先后与国内多家大型企业合作，产品涉及到精密仪器、汽车和能源等多个行业。

重庆市涪陵区康泰斯道路工程材料有限公司，位于重庆涪陵区，区位优势明显。主要研发、生产和销售公路桥梁和房屋建筑等建设工程所用聚合物改性沥青、SBR和SBS改性道路沥青等。同时，长期销售基质沥青，SBS和高聚合物沥青改性材料等道路用原材料。

康泰斯道路工程材料有限公司在涪陵建成的铺道材料生产基地，每小时产沥青混凝土240吨，可承揽所有SMA和普通黑色路面工程所需材料的生产加工。现已成功地完成重庆鹅公岩大桥、湖北军山大桥桥面和引道路面，渝黔高等级公路、渝合高等级公路路面所用改性沥青的生产加工，以及涪陵市政道路工程所用沥青混凝土的生产等工程项目。

康泰斯公司将为您提供可靠的产品和优质的服务。

JHJ13-G型浇注式沥青混凝土搅拌设备

改性乳化沥青设备

改性沥青防水层摊铺车

PAN-JLS纤维添加设备

AMP2000型沥青混凝土搅拌站

地址：重庆永川火车站南路13号　　邮编：402160
电话：023-49846216　49846179　49833829　　手机：13399831999　13983497061
传真：023-49846179　　电子邮箱：kts@kts.cn

江阴市鑫海公路机械材料有限公司
Jiangyin Xinhai Highway Machine Material Co., Ltd.

桥面防水

白改黑

桥梁加固

路基冲碾

冷再生

微表处

地址：江苏省江阴市峭岐工业园区迎宾大道15号
电话：0510-86561613
传真：0510-86572913
业务专线：13906160613 13338156688
http: www.xhgljx.com
E-mail: xinhai@xhgljx.com

陕西天源工程机械有限公司
SHAANXI TIANYUAN ENGINEERING MACHINERY CO., LTD.

陕西天源工程机械有限公司位于国家级四大开发区之一 西安高新技术产业开发区。占地23000平方米，厂房面积8000多平方米，是一家管理规范并享受国家税收优惠政策（15%）的高新技术企业，专业从事筑路机械、建筑机械、环保机械和压力容器的科研设计制造销售为一体的现代化企业。

公司现有员工200多名，专业技术人员30多名，享受政府津贴的专家一名，教授级工程师3名，具有较为雄厚的研发设计实力，同时与亚洲唯一公路专业最全面的长安大学（原西安公路学院）保持着良好的技术合作和交流。

我们秉承"道法自然，智慧源于天地"和"天源工机，只做第一"的创新思想，依据"同心、诚信、自强、奋斗"的经营理念和"品质是生命"、"服务争第一"的严格管理和服务意识。

世界就害怕认真二字，但我们天源公司将认真贯穿于研发、生产、服务的全部过程……

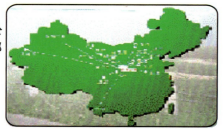

WDT-180A移动式稳定土拌和机

HLB-750间歇式沥青强制搅拌设备

WSB-250型移动式稳定土拌和设备施工现场

相信我们，选择天源是您最正确的选择！

真诚欢迎您的莅临！

WDT-180C移动式电子计量灰土拌和机

GWB300/500T系列稳定土拌和设备

德国监理验收WDT-180C移动式电子计量灰土拌和机在郑西客运专线上的施工情况

TYZJ-1.5T重锤夯实机

WSB-250C型移动式电子计量稳定土厂拌设备

地址：中国西安高新区鱼化寨鱼斗路3
邮编：710077
传真：029-88512675
电话：029-88511335
手机：013992882820
http://www.sxtyjx.com

路面精铣刨技术
道路修补最经济的办法之一

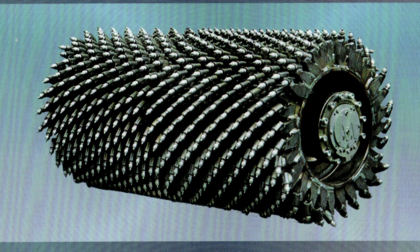

精铣刨后经过清扫后能马上开放交通

同步碎石施工

微表处理应用于路网公路

精铣刨在预防性养护施工中的应用

沥青路面精密铣刨后再微表处理

微表处施工

未处理老路面

精密铣刨后路面

同步碎石施工后路面

  安徽华泰交通工程科技开发有限公司成立于2003年2月,公司现拥有专业技术人员63名,其中高、中级技术人员48名,拥有国内外先进设备50多台套,固定资产1000多万元,是集工程养护、生态防护、监理咨询及试验检测为一体的现代化企业。

  公司以新技术、新工艺、新材料的研发及推广应用为着力点,广泛服务于公路工程的建设、管理及养护。主营业务有路基冲碾加固,路面冲碾(白改黑),沥青路面冷再生,危桥加固,工程养护,路面铣刨,桥面防水,试验检测,工程咨询,工程监理,工程招标代理,园林绿化,生态防护等。2004年12月,公司获得了省交通厅颁发的一类、二类(甲级)、二类(乙级)公路养护工程施工从业资质,从而具备了承担特大桥、隧道、高速公路、一级、二级公路等养护工程的资格。

  为适应公路建设事业迅速发展的形势,公司将继续本着"以诚博信,以质取胜,以贤为先,以严固本"的宗旨,内抓管理,外树形象,抓住机遇,扎实工作,不断为公路建设事业的发展做出新的贡献。

安徽华泰交通工程科技开发有限公司

通信地址:安徽省合肥市长丰南路159号301信箱 邮编:230061
联系电话:0551-5173791

LXH1000-C型路面铣刨机

铣刨宽度	1000mm
铣刨深度	0-180mm
铣刨速度	0-22m/min
行驶速度	0-12km/h
整机质量	14500kg
机器尺寸(长×宽×高)	10300×2210×3170,mm

　　兖州恒升机械有限公司位于山东兖州市，北瞻泰岳，南瞰微山湖，东临历史名城曲阜，西接曹州牡丹园；京沪、兖石、兖新铁路四方交汇于此，京福、日东高速公路、104国道、327国道纵横贯穿其境，毗邻京杭运河，连通济宁机场。可谓名胜繁多，交通便利。

　　公司拥有一批从事机械设计、液压、电器、工艺等专业的技术人员；并致力于同大专院校、科研院所的技术合作，联合开发、研制路面铣刨机、露石剂洒布机、振动压实机等多种公路建设养护机械设备。其产品LX1000型和LXH1000型路面铣刨机，于2003年11月通过省级技术鉴定，现已投放市场，在公路建设和养护领域发挥着作用。

　　公司坚持"以人为本，以质发展，持续改进，不断创新，为顾客及时提供满意的产品和服务。"的质量方针，愿与新老客户携手并进，共谋发展！

　　兖州恒升机械有限公司竭诚欢迎国内外用户光临惠顾！

兖州恒升机械有限公司

地址：山东省兖州市327国道大禹像西1000米路南　　邮编：272100
电话：0537-3496968　　　　　　　　　　　　　　传真：0537-3496968

中国筑养路机械设备手册

（下册）

《中国筑养路机械设备手册》编委会 编

人民交通出版社

内 容 提 要

本书对我国目前常用的各种筑养路机械设备的分类、特点、适用范围、工作原理、主要结构、选型原则与步骤、主要参数计算、主要生产厂家典型产品及技术性能和参数等内容进行了详细的汇总介绍。本书分为上下册,上册包括的机械类型有:土石方机械设备、压实机械设备、水泥混凝土机械设备、沥青混凝土机械设备;下册包括的机械类型有:桥梁机械设备、隧道机械设备、养护机械设备。

本书适于从事公路、桥梁及隧道工程施工的技术人员及相关机械设备操作、管理人员使用,也可供相关院校师生参考使用。

图书在版编目(CIP)数据

中国筑养路机械设备手册/《中国筑养路机械设备手册》编委会编. —北京:人民交通出版社,2011.12
ISBN 978-7-114-08582-6

I. ①中… II. ①中… III. ①筑路机械—机械设备—手册②养路机械—机械设备—手册 IV. ①U415.5-62②U418.3-62

中国版本图书馆 CIP 数据核字(2011)第 037796 号
许可证号:京朝工商广字第 8042 号(1-1)

书　　名	中国筑养路机械设备手册(下册)
著 作 者	《中国筑养路机械设备手册》编委会
责任编辑	郑蕉林
出版发行	人民交通出版社
地　　址	(100011)北京市朝阳区安定门外外馆斜街 3 号
网　　址	http://www.ccpress.com.cn
销售电话	(010)59757969,59757973
总 经 销	人民交通出版社发行部
经　　销	各地新华书店
印　　刷	北京盛通印刷股份有限公司
开　　本	880×1230　1/16
印　　张	26.75
彩　　插	16
字　　数	794 千
版　　次	2011 年 12 月　第 1 版
印　　次	2011 年 12 月　第 1 次印刷
书　　号	ISBN 978-7-114-08582-6
印　　数	0001—3500 册
总 定 价	500.00 元

(有印刷、装订质量问题的图书由本社负责调换)

《中国筑养路机械设备手册》编委会

顾　　　问：孙祖望

编委会主任：焦生杰　刘　桦　樊江顺

主　　　编（按姓氏笔画排序）：

　　　　田晋跃　刘　权　安建国　江瑞龄　张国旗　张爱山　李世坤
　　　　李培元　李清泉　杨　光　杨永生　易小刚　段会强　高德忠

副　主　编（按姓氏笔画排序）：

　　　　方子帆　王　宁　王　德　王希仁　王新增　王模公　代中利
　　　　叶友胜　甘勇义　白春芳　刘卫东　刘长溪　刘育贤　孙立安
　　　　朱大林　朱新春　许明恒　严汉平　何清华　吴国进　宋　皓
　　　　张　铁　张　强　张新波　李　伟　李　丽　李　宗　李　强
　　　　李自光　杨东来　陈继昌　陈铭宋　周永红　姚　军　赵国普
　　　　赵家宏　赵智华　赵静一　钟春彬　敖福龙　聂在禄　梁　涵
　　　　黄文悦　董大为　董寿伟　腾万里　褚彦林　雷　彪

主要编写人（按姓氏笔画排序）：

　　　　于睿坤　马义平　马云朗　毛庆洲　王　鑫　王军伟　王成模
　　　　王柏刚　王荣庆　王晓波　付　陆　冯扶民　史亚飞　石秀东
　　　　任化杰　刘士杰　刘西栋　刘春荣　刘斌锋　吕孝臣　宇文德成
　　　　孙振军　朱雪伟　余晓明　初长祥　吴继锋　张二平　张伟栋
　　　　张忠海　张春阳　李　莉　李万莉　李俊林　李贵荣　杜海若
　　　　杨解清　沈　炬　肖翀宇　陆忠义　陈　刚　陈　萍　陈以田
　　　　季　明　官应旺　罗　群　郑竹林　姚志明　段心龙　胡　健
　　　　胡永彪　胡继洪　赵志欣　赵怀竹　赵春霞　赵铁栓　倪少虎
　　　　徐永杰　聂　涛　郭小宏　郭志奇　高顺德　崔　钧　黄松和
　　　　黄静波　蒋　彬　谢　华　谢立扬　赖仲平　靳世杰　管会生
　　　　颜中玉

《中国筑养路机械设备手册》编写分工

章节	编写人员
上册	
第1章	田晋跃、张国旗、杨永生、方子帆、王宁、何清华、李宗、赵家宏、赵静一、钟春彬、董寿伟、王军伟、刘西栋、刘斌锋、孙振军、宇文德成、初长祥、张二平、张忠海、张春阳、李俊林、陈以田、季明、郑竹林、姚志明、郭志奇、赖仲平、靳世杰
第2章	安建国、张爱山、叶友胜、刘育贤、吴国进、宋皓、张铁、杨东来、敖福龙、梁涵、董寿伟、雷彪、王成模、沈炬、罗群、赵志欣、徐永杰、谢华、赖仲平、颜中玉
第3章	刘权、安建国、杨永生、易小刚、李伟、李强、赵国普、董寿伟、付陆、吕孝臣、张伟栋、沈炬、肖翀宇、官应旺、胡永彪、赵铁栓、谢立扬、颜中玉
第4章	刘权、安建国、张国旗、李世坤、杨光、杨永生、王德、王希仁、白春芳、刘卫东、孙立安、张强、李丽、李自光、陈继昌、周永红、姚军、梁涵、董寿伟、马云朗、王成模、王柏刚、石秀东、孙振军、李莉、李贵荣、杨解清、沈炬、陆忠义、聂涛、郭小宏、谢立扬、靳世杰
下册	
第5章	王模公、朱大林、许明恒、严汉平、何清华、李宗、赵静一、马义平、冯扶民、刘春荣、孙振军、张忠海、杜海若、陈以田、段心龙、胡继洪、郭志奇、高顺德、黄松和、管会生
第6章	王模公、甘勇义、刘育贤、许明恒、陈铭宋、黄文悦、于睿坤、马义平、余晓明、李万莉、杜海若、黄松和、管会生、颜中玉
第7章	田晋跃、安建国、江瑞龄、张国旗、张爱山、李清泉、段会强、高德忠、王新增、代中利、刘长溪、朱新春、张新波、李丽、李宗、赵智华、聂在禄、董大为、褚彦林、毛庆洲、王鑫、王荣庆、王晓波、史亚飞、任化杰、刘士杰、朱雪伟、吴继锋、沈炬、陈刚、陈萍、陈以田、胡健、胡永彪、赵怀竹、赵春霞、倪少虎、郭志奇、崔钧、黄静波、颜中玉

序

随着我国实施改革开放政策，国民经济快速发展，我国的公路建设，特别是高等级公路建设得到迅猛发展。高等级公路的建设和养护需要先进的筑养路机械设备。目前，中国筑养路机械行业已基本形成规模，虽然与发达的工业化国家相比还有一定差距，但已能生产出筑养路工程所需的绝大多数产品。筑养路机械的新机种、新技术不断涌现，产品的开发、生产和销售也十分兴旺，已进入全面的发展时期。

现代科技日新月异，筑养路机械设备厂家在不断利用新技术、新成果改进、创造出更多更好的筑养路机械新产品和新设备。筑养路机械也正在向高水平、高性能、高技术和大型、成套、专用机型方向发展，许多性能优良的筑养路机械已逐步进入国际市场，我国筑养路机械的技术水平跃上了一个新台阶。

对于我国广大从事公路建设和养护的工程技术人员来说，筑养路机械设备的知识是他们迫切需要了解和掌握的。本手册介绍了土石方机械设备、压实机械设备、水泥混凝土机械设备、沥青混凝土机械设备、桥梁机械设备、隧道机械设备、养护机械设备等筑养路机械设备的发展、结构、性能特点、工作原理和主要参数，同时还介绍了国内外筑养路机械设备主要制造企业的产品特点，是一部技术和应用兼备的工具书，对于从事筑养路机械科研、设计、生产、管理、施工、维修的广大工程技术人员都有很好的参考价值。

参与编写的作者们和出版人员为本书的付印，付出了很多心血和辛勤劳动，相信本手册的出版对于我国筑养路机械事业的进一步发展将起到积极的推动作用。

孙祖望
2011 年 10 月

前　言

由长安大学负责组织编写的《中国筑养路机械设备手册》，是一套系统反映中国筑养路机械设备技术标准和技术参数的大型工具书，书中详细介绍了各种筑养路设备的发展、结构、特点、工作原理和主要性能参数，重点介绍了国内外筑养路机械设备厂家生产的设备，其中以实用新型设备为主。

本书为上、下两册，共七章，分别是上册土石方机械设备、压实机械设备、水泥混凝土机械设备、沥青混凝土机械设备；下册桥梁机械设备、隧道机械设备、养护机械设备。内容包括各设备的概述、分类、特点及适用范围、工作原理和主要结构、选型原则与步骤、主要参数计算以及主要生产厂家典型产品及技术性能和参数。

本书可作为筑养路机械施工单位管理和技术人员、筑养路机械生产厂家技术人员、筑养路机械营销人员参考，特别是可用作设备选型工具书，亦可作为有关大专院校的教学参考和现场工人的培训教材。

本书在编写过程中得到了有关单位和专家的大力支持和帮助，在此表示衷心感谢。

由于编写时间和作者水平有限，书中缺点和错误难免，恳请广大读者批评指正。

编　者

2011 年 10 月

目 录

下 册

第5章 桥梁机械 … 1
  5.1 工程起重机 … 1
  5.2 钻孔设备 … 45
  5.3 架桥设备 … 89
  本章参考文献 … 118

第6章 隧道机械 … 119
  6.1 通风设备 … 119
  6.2 配电装置 … 129
  6.3 矿用变压器 … 132
  6.4 沉埋管段施工法机械 … 139
  6.5 暗挖施工法机械 … 154

第7章 养护机械设备 … 216
  7.1 沥青路面再生机械 … 216
  7.2 沥青洒布车 … 249
  7.3 扫路车 … 264
  7.4 除雪机械 … 283
  7.5 稀浆封层车 … 304
  7.6 同步碎石封层设备 … 320
  7.7 乳化沥青设备 … 349
  7.8 沥青路面修补机 … 364
  7.9 路面铣刨机械 … 385
  7.10 公路检测车 … 395
  本章参考文献 … 414

第5章 桥梁机械

5.1 工程起重机

5.1.1 概述

5.1.1.1 定义

工程起重机是指各种建设工程施工中所使用的起重设备。起重机械是一种以间歇作业方式对物料进行起升、下降和水平移动的搬运机械。起重机械的作业通常带有重复循环的性质,广泛用于工业、交通运输业、建筑业、商业和农业等国民经济各部门及人们日常生活中。它对减轻劳动强度,节省人力,降低建设成本,提高施工质量,加快建设速度,实现工程施工机械化起着十分重要的作用。

5.1.1.2 国内外的发展现状

(1)国内发展现状

全国12家汽车起重机生产厂,北起、徐工、浦沅、长起、锦重和泰起六家的销售量占全国销售量的近90%。目前我国工程起重机的主导产品——汽车起重机,市场情况良好,发展平稳。大吨位起重机的主要生产企业有徐工集团徐州重型机械有限公司、中联重科浦沅分公司、四川长江起重机有限责任公司。当前我国生产汽车起重机的企业约有十几家,而形成批量生产、销售的有8家,相对差距较大。汽车起重机的生产集中度较高。全路面起重机市场前景看好。介于汽车起重机和越野轮胎起重机之间,其技术优势使它成为我国工程起重机未来发展的必然趋势。我国随车起重机行业起步较晚,现处于发展的初级阶段,小吨位的汽车起重机正在被随车起重机所取代。我国轮胎起重机的份额一直较低,目前我国轮胎起重机主要服务于港口及特种用途。

(2)国外现状

目前,轮式起重机的主要生产国为日本、美国、德国、意大利和法国等,生产厂商有100家以上,但著名的世界级大公司仅有10来家,如德国利勃海尔公司、德马泰克公司、美国格鲁夫国际公司、特雷克斯起重机公司、林克·贝尔特公司,日本多田野公司、加藤公司等。世界轮式起重机市场主要划分为以日本为主的亚洲市场、以美国为主的北美市场和以德国为主的欧洲市场。亚洲约占世界年销售台数的40%,北美和欧洲各占20%,世界其他地区占20%。

5.1.1.3 国内外发展趋势

随着基础建设工程规模不断扩大,起重安装工程量越来越大,尤其是现代化大型石油、化工、冶炼、电站以及高层建筑的安装作业逐年增多,因此,对工程起重机,特别是大功率的工程起重机的需要量日益增加。随着现代科学技术的发展,各种新技术、新材料、新结构、新工艺在工程起重机上得到广泛的应用,所有这些因素都有力地促进了工程起重机的发展。根据国内外现有工程起重机产品和技术资料的分析,工程起重机的发展趋势主要体现在以下几方面。

(1)广泛采用液压技术

由于液压传动具有体积小、质量轻、结构紧凑、能无级调速、操纵轻便、运转平稳和工作安全可靠等优点,因此,国内外各种类型的工程起重机广泛采用液压传动。我国的主要工程起重机厂生产的产品多是液压起重机,主要有3、5、8、12、20、65、80、125等吨级的伸缩臂式液压起重机。国外液压起重机在品种和产量方面都有较大的发展,特别是大吨级液压起重机发展非常迅速。100吨级以上大型桁架臂式汽车起重机也采用液压传动。目前国外已有500吨级的液压汽车起重机。中、小吨位级的起重机已普遍采用液压传动。随着液压技术和液压元件的发展,液压起重机将会获得进一步发展,实现机电液一体化控制。

(2)通用型起重机以中小型为主,专用起重机向大型大功率发展

为了提高建设工程的装卸和安装作业的机械化程度,工程起重机的发展,仍是以轻便灵活的中小型起重机为主。从数量上看,中小吨级的占多数。因此国外很重视改进、提高中型(16~40吨级)液压起重机的性能。但为了满足大型石油、化工、冶炼设备和高层建筑大型板材、构件的安装,国内外已生产了一些100至500吨级的大型、特大型轮胎式起重机和各类型的塔式起重机。

目前超过100吨级的轮胎起重机品种逐渐增多。从发展情况看,大型或特大型起重机的发展以桁架臂式起重机为主,而伸缩臂式液压起重机,由于伸缩臂的重力和行驶状态长度的限制,它的发展有待技术和材料的进一步提高。

由于大型电站、大型高炉、化工建设和高层建筑的需要,塔式起重机的起重量、幅度、工作速度和起升高度都有了大幅度的提高。

(3)重视"三化",采用国际标准

各国在发展工程起重机新产品中都很重视"三化"(标准化、系列化、通用化)。一些国家对工程起重机制订了国家标准,规定了起重量系列。有些国家对起重量虽然没有统一的规定,但各制造厂自成系列,注意采用通用零部件,为生产和使用提供了有利条件。一些国家还按起重机的起升机构、回转机构、驱动桥、转向桥以及中心回转接头等,不分用于汽车起重机还是轮胎起重机一律进行标准化、系列化、通用化,使一种部件可以用在两种不同类型的起重机上。此外,还可使一种部件用到起重量大小不同的起重机上,如设计系列化吊臂、小起重量起重机的主臂可作为大起重量起重机的副臂;小起重量液压起重机基本臂可作为大起重量起重机的二节臂等。有的国家,设计时要求相近吨级的起重机基本部件通用化。如10~16t、24~40t、65~100t的起重机主副起升机构、回转机构等完全通用。

我国对轮胎式起重机和塔式起重机分别制订了基本参数系列,统一了产品型号和等级,制定了汽车起重机和轮胎起重机基本参数以及起重机设计规范。

为了发展品种、增加产量,提高产品质量和满足现代化专业生产的要求,工程起重机的"三化"水平将进一步得到提高。

世界上许多国家,不仅重视制订本国的产品标准,而且非常重视采用国际标准(ISO)。有的国家甚至废除了本国国家标准而直接采用ISO标准。我国正在全面加速采用国际标准和国外先进标准。

(4)发展一机多用产品

为了充分发挥工程起重机的作用,扩大其使用范围,有的国家在设计起重机时重视了产品的多用性。例如在工作装置设计方面,除了使用吊钩外,还设计配备有电磁吸盘、抓斗、拉铲和木料抓取器等取物装置。有的还设计成用于建筑基础工程中,如装设钻孔装置和掀动打桩拔桩装置等一机多用的产品(见图5.1-1)。

又如在整机设计方面,开发了自行塔式起重机,即汽车或轮胎塔式起重机和履带塔式起重机以代替固定式或轨道式塔式起重机。这种类型的塔式起重机是在原来轮胎式或履带式动臂起重机的基础上更换或改装吊臂而成的。如图5.1-2所示的履带塔式起重机就是将履带式起重机主吊臂顶节段卸下,更换成塔式起重机用的顶节段,组成履带塔式起重机。因此,这种塔式起重机是履带起重机一机多用的变型,它既具有塔式起重机能够靠近建筑物作业的优点,又具有自行式起重机机动灵活便于转移的优点。这种塔式起重机依靠起重机本身把主臂和悬臂架立起来,因此,一到现场即可迅速投入作业,并且不需铺设轨道。

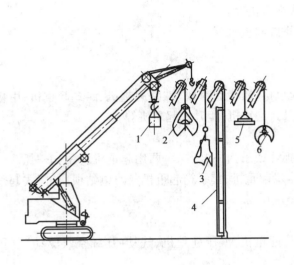
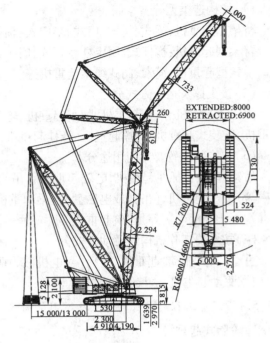

图 5.1-1 工作装置多用性的起重机
1-吊钩;2-抓斗;3-拉铲;4-打桩设备;5-电磁吸盘;6-抓取器

图 5.1-2 履带塔式起重机(单位:mm)

(5)采用新技术、新材料、新结构、新工艺

为了减轻起重机的自重,提高起重性能,保证起重机高效可靠地工作,各国都非常重视采用新技术、新材料、新结构和新工艺。

新技术的应用除前述的广泛采用液压传动外,有的起重机还采用液力传动。由于液力变矩器与发动机恰当匹配,使发动机扭矩自动地适应行驶条件,并还采用动力换挡变速箱、液压转向装置以减轻驾驶员的操作强度。

为了防止起重机超载以至倾翻,在起重机上安装超重力矩限制器。当载荷接近额定起重量时,自动发出警报信号;当超载时,力矩限制器自动切断起重机工作机构动力以保证起重机整机稳定安全。

采用新技术特别是电子技术更加完善操作条件,是发展工程机械的一个普遍倾向,即所谓机电一体化。工程起重机也不例外。为了进一步改善驾驶员操作环境,除驾驶员室做得宽敞、视野良好,保温隔热和隔声外,还装置有远距离通信设备和工业电视设备等。

由于钢铁工业的发展,合金钢强度不断提高,为工程起重机减轻自重,特别是吊臂自重,创造了极为有利的条件。国外在 20 世纪 80 年代就出现 400、500 吨级的轮胎式起重机,主要采用了高强度低合金钢。国外有的采用了极限强度达 7 000~9 000kPa 的高强度合金钢制作箱形伸缩吊臂,桁架式吊臂普遍采用高强度钢管,支腿横梁及底架大梁采用高强度易焊合金钢。

为了减轻起重机的自重,除了采用高强度钢材外,在结构形式方面的改进也是十分重要的。设计先进合理的箱形吊臂引起了各国的重视。轮胎式起重机出现了盆形底座,起重机的上车通过回转支承安装在盆形底座上,从盆形底座上在对角方向安装四个辐射式(可摆动)支腿。这样吊重负荷经由盆形底座直接传递给支腿,而起重机底盘只承受行驶时的自重。这样,起重机可设计得轻一些。其他,如设计多节支腿横梁加大起重机支承宽度以提高起重机性能等。

新材料、新结构的应用,促使采用各种新的加工工艺,为了扩大高强度钢材的应用,应重视高强度钢的焊接工艺等技术的研究。

5.1.2 分类、特点及适用范围

5.1.2.1 分类

工程起重机有多种形式和各种分类方法,主要是:

(1) 按构造类型分

桥架型起重机：梁式、桥式、门式、半门式、辐射式起重机等。

臂架型起重机：桅杆式、固定柱悬臂式、门座式、塔式起重机等。

缆索型起重机：缆索、门式缆索起重机等。

(2) 按支撑及运行方式分

固定式起重机、汽车起重机、随车起重机、轮胎起重机、履带起重机、铁路起重机、浮式起重机、甲板起重机、壁装式起重机、支撑起重机、悬挂起重机、自升式起重机、爬升式起重机等。

(3) 按取物装置及专门用途分

吊钩起重机、抓斗起重机、电磁起重机、(吊钩—抓斗或吊钩—电磁盘)两用起重机、(吊钩—抓斗—电磁盘)三用起重机、(吊钩或电磁盘)挂梁起重机、堆垛起重机、集装箱起重机、(水电站坝顶)门式起重机、(混凝土浇灌专用等)建筑起重机等。

(4) 按主要工作机构的驱动方式分

手动(人力驱动)起重机、电动(含电机液力驱动)起重机、液压起重机、气动(压缩空气驱动)起重机、内燃驱动起重机、蒸汽驱动起重机等。

5.1.2.2 工程起重机的特点及适用范围

1) 轮胎式起重机

轮胎式起重机使用范围广、作业适应性大。轮胎式起重机和履带式起重机统称为自行式起重机或流动式起重机。轮胎式起重机又分为汽车起重机和轮胎起重机两种类型。

(1) 汽车起重机

装在通用或专用载重汽车底盘上的起重机称为汽车起重机。图5.1-3所示为利用通用汽车底盘安装成伸缩臂式液压汽车起重机，图5.1-4、图5.1-5所示为安装在专用汽车底盘上的伸缩臂式液压汽车起重机；图5.1-6所示为安装在专用汽车底盘上的桁架臂式汽车起重机。

图5.1-3 伸缩臂式液压汽车起重机(通用汽车底盘)

图5.1-4 伸缩臂式液压汽车起重机(专用汽车底盘)

图5.1-5 伸缩臂式液压汽车起重机(专用汽车底盘)

图5.1-6 桁架臂式汽车起重机(专用汽车底盘)

汽车式起重机利用汽车底盘,具有汽车的行驶通过性能,机动灵活,行驶速度高,可快速转移,转移到作业场地后能迅速投入工作,因此特别适用于流动性大,不固定的作业场所。由于汽车底盘通常是由专业厂生产的,因而利用现有成熟的汽车底盘改装成起重机比较容易和经济。汽车起重机由于具有以上特点,因而随着汽车工业的迅速发展,汽车起重机的品种和产量都有很大发展。但汽车起重机也有其弱点,主要是起重机总体布置受汽车底盘的限制,一般车身都较长,转弯半径大,并且只能在起重机左右两侧和后方作业。

(2)轮胎起重机

将起重作业部分装在专门设计的自行轮胎底盘上所组成的起重机称为轮胎起重机。图 5.1-7 所示为桁架臂式轮胎起重机,图 5.1-8 所示为伸缩臂式液压轮胎起重机。设计轮胎起重机时,轴距、轮距可根据起重机总体设计的要求合理布置。轮胎起重机一般轮距较宽,稳定性好,轴距小,车身短,故转弯半径小,适用于狭窄的作业场所。轮胎起重机可前后左右四面作业,在平坦的地面上可不用支腿吊重以及吊重慢速行驶。一般轮胎起重机行驶速度较低,机动性不及汽车起重机。但它与履带式起重机相比,具有便于转移和可在城市道路上通过的性能。随着科技的进步,轮胎起重机行驶速度显著提高,并且出现了越野型液压伸缩臂式的高速轮胎起重机,它具有较大的牵引力和较高的行驶速度(40km/h 以上),越野性能好,并可全轮转向,机动灵活,特别适于狭窄场地上作业。

图 5.1-7 桁架臂式轮胎起重机

图 5.1-8 伸缩臂式液压轮胎起重机

2)履带式起重机

如 5.1-9 所示,把起重作业部分装设在履带底盘上,行走依靠履带装置的起重机称为履带式起重机。履带式起重机与轮胎式起重机相比,因履带与地面接触面积大,故对地面的平均比压小,约为 0.05~0.25MPa,可在松软、泥泞地面作业。它牵引系数高,约为轮胎式的 1.5 倍,爬坡度大,可在崎岖不平的场地上行驶。由于履带式起重机支承面宽大,故稳定性好,一般不需要设置支腿装置。对于大型履带式起重机,为了提高作业时的稳定性,履带装置设计成可横向伸展,以扩大支承宽度。但履带式起重机行驶速度慢(1~5km/h),而且行驶过程要损坏路面。因此,转移作业时,需通过铁路运输或用平板拖车装运。又因履带底盘笨重,用钢量大(一台同功率的履带式起重机比轮胎式重60%~100%),制造成本高。

a)

b)

图 5.1-9 履带式起重机

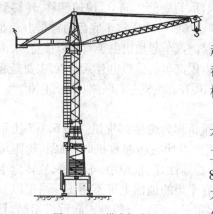

图 5.1-10 塔式起重机

3）塔式起重机

如图 5.1-10 所示，塔式起重机的结构特点是有一直立的塔身，起重臂联结在垂直塔身的上部，故塔式起重机起升高度和工作幅度都很大。塔式起重机在房屋建筑、电站建设以及料场、混凝土预制构件厂等场所得到广泛应用。

塔式起重机由于塔身是直立的，起重臂与塔身组成"Γ"形，其有用幅度比轮胎式或履带式起重机大得多，故可使起重机靠近所施工的建筑物。一般情况下，塔式起重机的有用幅度接近全幅度的 80%。同样情况下，若选用履带式或轮胎式起重机，其有用幅度则不超过 60%，并随着建筑物的增高而急剧减少。特别是在高层建筑中，塔式起重机与履带式或轮胎式相比较，其优越性更为明显。所以塔式起重机广泛应用于建造多层和高层建筑。

塔式起重机的动力装置是用外接电源的电动机。塔式起重机通常是在专用的宽轨道上行走的。为适应高层建筑或超高层建筑施工的需要，塔式起重机能自行升高，如图 5.1-11 所示。它可安装在施工的建筑物内（一般是安装在电梯井或楼梯间结构上）或附着于建筑物上（图 5.1-12）。现在生产的塔式起重机一般多是这种三用或四用自升塔式起重机（即固定式、轨道式、爬升式和附着式）。

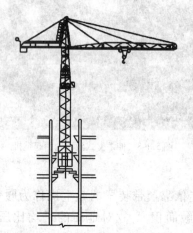

图 5.1-11 内爬—自升塔式起重机

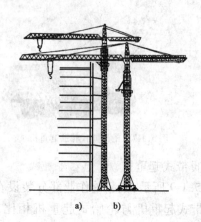

图 5.1-12 自升塔式起重机
a)附着式；b)轨道式

4）门式起重机

门式起重机（图 5.1-13）由门架 1、小车 2、大车运行机构 3 和电气设备等部分组成。门式起重机用于各种工矿企业、交通运输及建筑施工等部门的露天仓库、货场、车站、码头、建筑工地等露天场所，装卸与搬运货物、设备以及建筑构件安装等。

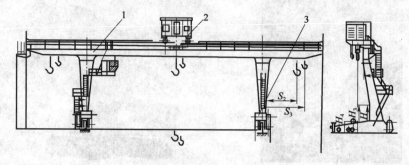

图 5.1-13 门式起重机
1-门架；2-小车；3-大车运行机构

门式起重机的门架可以是有两个高度相等的支腿的全门型(图5.1-13)或仅有一个支腿的半门型。其门架可以是无悬臂、单悬臂和双悬臂的。小跨度时采用两支腿均为刚性腿,大跨度时采用一个刚性腿和一个柔性腿的结构。

5) 桥式起重机

桥式起重机是横架于车间、仓库和料场上空进行物料吊运的起重设备。由于它的两端坐落在高大的水泥柱或者金属支架上,形状似桥,所以又称"天车"或者"行车"。桥式起重机的桥架沿铺设在两侧高架上的轨道纵向运行,起重小车沿铺设在桥架上的轨道横向运行,构成一矩形的工作范围,就可以充分利用桥架下面的空间吊运物料,不受地面设备的阻碍。它是使用范围最广、数量最多的一种起重机械。桥式起重机是现代工业生产和起重运输中实现生产过程机械化、自动化的重要工具和设备。所以桥式起重机在室内外工矿企业、钢铁化工、铁路交通、港口码头以及物流周转等部门和场所均得到广泛的运用。桥式起重机如图5.1-14所示。

图5.1-14　桥式起重机

5.1.3　工作原理和主要结构

为使起重机能正常进行作业,各种类型起重机通常是由工作机构、金属结构件、动力装置与控制系统四部分组成的。这四个部分的组成及其作用分述如下。

(1) 工作机构

工作机构是为实现起重机不同的运动要求而设置的。要使一个重物从某一位置运动到空间任一位置,则此重物要做垂直运动和沿水平方向往复的运动。起重机要实现重物的这些运动要求,必须设置相应的工作机构。不同类型的起重机,其工作机构稍有差异。例如桥式起重机和露天货场使用的龙门起重机(图5.1-15),要使重物实现三个方向的运动,则设有起升机构(实现重物垂直运动)小车运行和大车运行机构(实现重物沿水平方向往返的运动)。而对于轮胎式起重机、履带式起重机和塔式起重机,一般设有起升机构、变幅机构、回转机构和行走机构。依靠起升机构实现重物的垂直上下运动;依靠变幅机构和回转机构实现重物在水平方向往返的移动;依靠行走机构实现重物在起重机所能及的范围内任意空间运动和使起重机转移工作场所。这四个机构是工程起重机的基本工作机构。

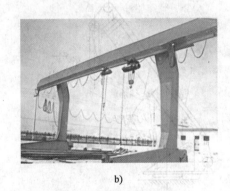

a)　　　　　　　　　　　　　　　　b)

图5.1-15　桥式和龙门式起重机运动形式
a) 桥式起重机；b) 龙门式起重机

① 起升机构

起升机构是起重机最主要的机构。如图5.1-16所示,它是由原动机、卷筒、钢丝绳、滑轮组和吊钩组成。原动机的旋转运动,通过卷筒—钢丝绳—滑轮组机构变为吊钩的垂直上下直线运动。起重机因驱动形式的不同,驱动卷筒的原动机可为电动机,或液压马达,也可为机械传动中某一主动轴。当原动机为电动机或高速液压马达时,应通过减速器改变原动机的转矩和转速。为了提高下降速度,起升机构往往设置离合器,使卷筒脱开原动机动力在重物自重作用下反向旋转,让重物或空钩自由下降。

大型起重机往往设有两套起升机构,起吊大重力的称为主起升机构或主钩;起吊小重力的称为副起升机构或副钩。副钩的起重量一般为主钩的1/5～1/3或更小。

为使重物停止在空中某一位置或控制重物的下降速度,在起升机构中必须设置制动器或停止器等控制装置。

②变幅机构

起重机变幅是指改变吊钩中心与起重机回转中心轴线之间的水平距离,这个距离称为幅度。起重机由于能变幅,这就扩大了作业范围,即由垂直上下的直线作业范围扩大为一个面的作业范围。

不同类型的起重机,变幅形式也不同。对轮胎式起重机和履带式起重机有钢丝绳变幅和液压油缸变幅两种类型(图5.1-17、图5.1-18)。钢丝绳变幅机构与起升机构相似,所不同的只是从变幅卷筒引出的钢丝绳不是连接到吊钩上,而是连接在吊臂端部。上述两种变幅形式都是使吊臂绕下铰点在吊重平面内改变吊臂与水平面夹角来实现的。这种变幅形式的起重机又称为动臂式起重机。在有些塔式起重机中,变幅是靠小车沿吊臂水平移动来实现的,称为小车式变幅(图5.1-19)。

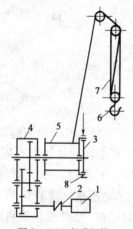

图5.1-16 起升机构

1-原动机;2-联轴器;3-制动器;4-减速器;5-卷筒;6-吊钩;7-滑轮组;8-离合器

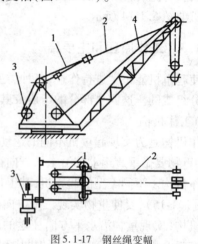

图5.1-17 钢丝绳变幅

1-吊臂变幅绳;2-悬挂吊臂绳;3-变幅卷筒;4-起升绳

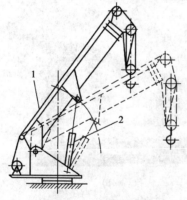

图5.1-18 液压油缸变幅

1-起升绳;2-变幅液压油缸

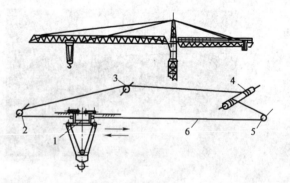

图5.1-19 塔式起重机小车牵引变幅

1-小车;2-吊臂端部导向轮;3-张紧轮;4-卷筒;5-吊臂根部导向轮;6-钢丝绳

③回转机构

起重机的一部分(一般指上车部分或回转部分)相对于另一部分(一般指下车部分或非回转部分)做相对的旋转运动称为回转。为实现起重机的回转运动而设置的机构称为回转机构(图5.1-20)。

起重机有了回转运动,从而使起重机从线、面作业范围又扩大为一定空间的作业范围。回转范围分为全回转(回转360°以上)和部分回转(可回转270°左右)。一般轮胎式起重机、履带式起重机和塔式起重机多是全回转的。图5.1-17所示为回转机构设在上车部分时的工作原理图。它是由原动机经减速器将动力传递到小齿轮上,小齿轮既作自转又作沿着固定在底架上的大齿圈公转,从而带动整个上车部分回转。

④行走机构

轮胎式起重机的行走机构就是通用或专用汽车底盘或专门设计的轮胎底盘。履带式起重机的行走机构就是履带底盘。塔式起重机的行走机构是专门设计的在轨道上运行的行走台车。

(2)金属结构件

起重机的吊臂、回转平台、人字架、底架(车架大梁,门架,支腿横梁等)和塔式起重机的塔身等金属结构件是起重机的重要组成部分。起重机的各工作机构的零部件都是安装或支承在这些金属结构件上的。起重机的金属结构件是起重机的骨架。它承受起重机的自重以及作业时的各种外载荷。组成起重机金属结构件的构件较多,其质量通常占整机质量的一半以上,耗钢量大。因此,起重机金属结构件的合理设计,对减轻起重机自重,提高起重性能,节约钢材,提高起重机的可靠性都有重要意义。

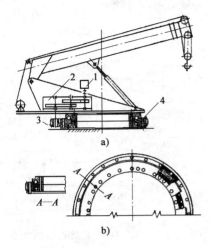

图5.1-20 回转机构
a)回转机构;b)回转支承装置
1-原动机;2-减速器;3-小齿轮;4-大齿圈

(3)动力装置

动力装置是起重机的动力源,是起重机的最重要组成部分。它在很大程度上决定了起重机的性能和构造特点。不同类型的起重机由不同类型的动力装置组成。轮胎式起重机和履带式起重机的动力装置多为内燃机,可由一台内燃机对上下车各工作机构提供动力;对于大型汽车起重机,有的上下车各设一台内燃机,分别提供起重机构(起升、变幅、回转)的动力和行走机构的动力。塔式起重机以及相对固定在港口码头、仓库料场上工作的一些轮胎起重机的动力装置是外接电源的电动机。

(4)控制系统

起重机的控制系统包括操纵装置和安全装置。动力装置是解决起重机做功所需要的能源。有了这个能源,就能使起重机各机构运动。而控制系统则是解决各机构怎样运动的问题,如动力传递的方向,各机构运动速度的快慢,以及使机构突然停止等。相应于这些运动要求,起重机的控制系统设有离合器、制动器、停止器、液压传动中的各种操纵阀,以及各种类型的调速装置和专用的安全装置等部件。通过这些控制系统创造的条件,改变起重机的运动特性,以实现各机构的起动、调速、改向、制动和停止,从而达到起重机作业所要求的各种动作。

5.1.4 汽车起重机电液控制系统

5.1.4.1 系统组成及功能

汽车起重机电液控制系统结构框图如图5.1-21所示,主要包括控制器、IO扩展模块、长度角度传感器、单圈绝对式编码器、角度传感器、GPRS、人机界面、无线遥控器等传感器。系统采用车辆专用的CANOPEN总线通讯技术,实现控制器、多圈绝对式编码器、GPRS和人机界面之间的通信。电液比例控制技术的使用,大大提高了起重机操作的舒适性、微动性和可靠性,并可实现机—电—液一体化控制,其安全性也得到了提高。系统采用国际先进的控制器、显示器、传感器和高效、科学的算法实现了对汽车起重机的机—电—液一体化控制,电气、液压、绳长等数据被采集到控制装置之中,采用CAN数据总线管理系统,可降低起重油耗及排放值,简化布线,使整车更加稳定、可靠、安全、操作方便。

电液系统主要实现功能:

①四脚调平;

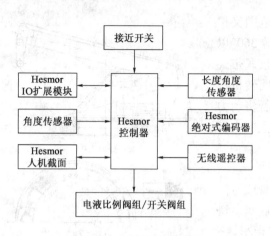

图 5.1-21 控制系统结构框图

②悬挂调平；
③轮组转向角度协调控制；
④车辆动作控制,回转,伸缩；
⑤液压系统各参数监视；
⑥系统动作安全互锁；
⑦多功能化的手柄操纵模式；
⑧系统报警记录、事件记录；
⑨发动机监控,极限载荷控制。

5.1.4.2　系统功能介绍

1）四脚调平

调节汽车起重机 4 个支腿的水平度,分 4 个象限进行分析。系统设置一个按键确认进行自动调平,并在四个支腿油路上安装 4 个压力传感器进行测量。根据系统压力进行判断支腿是否虚腿。

由图 5.1-22 所示,角度在第一象限:说明支腿 2 最高,支腿 1、3、4 都低于支腿 2。在自动调平过程中保持支腿 2 不动。第一步保持支腿 1 和支腿 2 支撑油缸不动,支腿 3 和支腿 4 支撑油缸同时上升,使 y 轴方向角度小于 0.06°,在此过程中万一 x 轴角度变大,则支腿 4 停止上升变为下降,保证 x 轴角度回到原来角度,万一 x 轴角度变小,则支腿 3 停止上升变为下降,保证 x 轴角度回到原来角度。第二步保持支腿 2 和支腿 4 不动,调整支腿 1 和支腿 3 油缸上升,使 x 轴方向角度小于 0.06°,在此过程中万一 y 轴角度变大,则支腿 1 变为下降,保证 y 轴角度保持原来角度不变,万一 y 轴角度变小,则支腿 3 变为下降,保证 y 轴角度保持原来角度不变。第一步和第二步可以分开动作,先调试第一步,然后调试第二步,也可以第一、第二步同时动作调整。

由图 5.1-23 所示,角度在第二象限:说明支腿 1 最高,支腿 2、3、4 都低于支腿 1。在自动调平过程中保持支腿 1 不动。第一步保持支腿 1 和支腿 2 支撑油缸不动,支腿 3 和支腿 4 支撑油缸同时上升,使 y 轴方向角度小于 0.06°,在此过程中万一 x 轴角度变大,则支腿 3 停止上升变为下降,保证 x 轴角度回到原来角度,万一 x 轴角度变小,则支腿 4 停止上升变为下降,保证 x 轴角度回到原来角度。第二步保持支腿 1 和支腿 3 不动,调整支腿 2 和支腿 4 油缸上升,使 x 轴方向角度小于 0.06°,在此过程中万一 y 轴角度变大,则支腿 2 变为下降,保证 y 轴角度保持原来角度不变,万一 y 轴角度变小,则支腿 4 变为下降,保证 y 轴角度保持原来角度不变。第一步和第二步可以分开动作,先调试第一步,然后调试第二步,也可以第一、第二步同时动作调整。

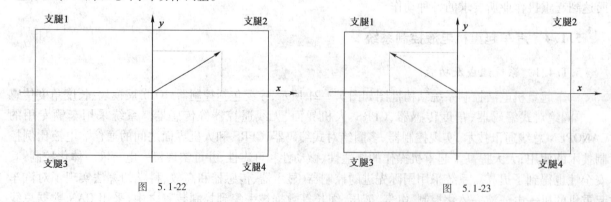

图　5.1-22　　　　　　　　　　　　　　　　图　5.1-23

由图 5.1-24 所示,角度在第三象限:说明支腿 3 最高,支腿 1、2、4 都低于支腿 3。在自动调平过程中保持支腿 3 不动。第一步保持支腿 3 和支腿 4 支撑油缸不动,支腿 1 和支腿 2 支撑油缸同时上升,使 y 轴方向角度小于 0.06°,在此过程中万一 x 轴角度变大,则支腿 1 停止上升变为下降,保证 x 轴角度回到原来角度,万一 x 轴角度变小,则支腿 2 停止上升变为下降,保证 x 轴角度回到原来角度。第二步保持支腿 1 和支腿 3 不动,调整支腿 2 和支腿 4 油缸上升,使 x 轴方向角度小于 $0.06°$,在此过程中万一 y 轴角度变大,则支腿 2 变为下降,保证 y 轴角度保持原来角度不变,万一 y 轴角度变小,则支腿 4 变为下降,保证 y 轴角度保持原来角度不变。第一步和第二步可以分开动作,先调试第一步,然后调试第二步,也可以第一、第二步同时动作调整。

由图 5.1-25 所示,角度在第四象限:说明支腿 4 最高,支腿 1、2、3 都低于支腿 4。在自动调平过程中保持支腿 4 不动。第一步保持支腿 3 和支腿 4 支撑油缸不动,支腿 1 和支腿 2 支撑油缸同时上升,使 y 轴方向角度小于 $0.06°$,在此过程中万一 x 轴角度变大,则支腿 2 停止上升变为下降,保证 x 轴角度回到原来角度,万一 x 轴角度变小,则支腿 1 停止上升变为下降,保证 x 轴角度回到原来角度。第二步保持支腿 2 和支腿 4 不动,调整支腿 1 和支腿 3 油缸上升,使 x 轴方向角度小于 $0.06°$,在此过程中万一 y 轴角度变大,则支腿 1 变为下降,保证 y 轴角度保持原来角度不变,万一 y 轴角度变小,则支腿 3 变为下降,保证 y 轴角度保持原来角度不变。第一步和第二步可以分开动作,先调试第一步,然后调试第二步,也可以第一、第二步同时动作调整。

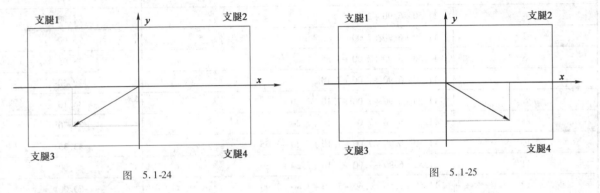

图 5.1-24　　　　　　　　　　　图 5.1-25

2)底盘悬挂调平

底盘悬挂调平主要有以下几种方式:

①通过安装在悬挂油缸上的直线位移传感器进行底盘调平;

②通过安装在悬挂油缸上的 8 个接近开关,即取 4 个悬挂点的位置信号,在空地上进行调平;

③通过角位移传感器进行位置检测,进行调平。

3)动作实现

手柄主要实现功能:左手柄 x 轴信号用于控制回转,$x+$ 左回转,$x-$ 右回转,左回转还是右回转由手柄方向开关来确定。左手柄 y 轴信号幅度控制,$y+$ 增幅,$y-$ 减幅,同样增或是减,由手柄 y 轴方向开关确定。手柄上端配备两个按钮,一个用于报警,一个用于保护,右手柄为单轴手柄,用于控制起升,$y+$ 下降,$y-$ 起升,下降或者是起升,由手柄方向开关判定,手柄上端设置两个按钮用于控制主起和副起(图 5.1-26)。

手柄的功能组合可以由程序设定,如果两个手柄控制信号组合不符合操作规范,可在程序中设定判定此次操作无效,防止误动作。

回转:可采用增量式编码器或者绝对式编码器。采用绝对式编码器则断电后不会自动归零。采用增量式编码器进行回转角度检测,原理图见图 5.1-27,A、B 两路信号的相位角相差 $90°$。

如系统为单缸伸缩控制系统,则由程序预先编制动作,实现自动拔销,插销动作,实现单缸伸缩。

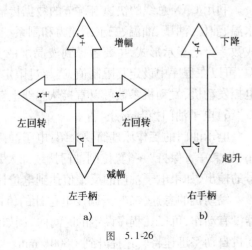

图 5.1-26

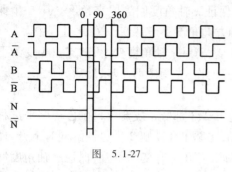

图 5.1-27

假定：单缸6节臂，伸缩5节臂的伸缩系统，由人机界面HMI可以设定本次起重作业的主臂伸缩长度，由程序判定自动拔、插销并达到指定长度，具体如下。

系统臂节长度如下：基本臂11.50m，全升臂长度50.00m，平均臂节伸出长度7.7m，实际的伸出长度为7.5m、7.6m、7.7m、7.8m、7.9m。由测量到的臂杆长度传感器（拉线盒）得到的信号可以判定采取哪种伸缩方案，销的拔、插应按程序事先设定动作。具体伸缩方案如表5.1-1。

表5.1-1

序 号	臂节组合	长度（m）
1	11.50	11.50
2	11.50 + 3.45	14.95
3	11.50 + 6.90	18.40
4	11.50 + 6.90 + 3.50	21.90
5	11.50 + 6.90 + 7.00	25.00
6	11.50 + 6.90 + 7.00 + 3.55	28.95
7	11.50 + 6.90 + 7.00 + 7.10	32.50
8	11.50 + 6.90 + 7.00 + 7.10 + 3.60	36.10
9	11.50 + 6.90 + 7.00 + 7.10 + 7.20	39.70
10	11.50 + 6.90 + 7.00 + 7.10 + 7.20 + 3.65	43.35
11	11.50 + 6.90 + 7.00 + 7.10 + 7.20 + 7.30	47.00
12	11.50 + 7.50 + 7.60 + 7.70 + 7.80 + 7.90	50.00

假设现在设定伸缩的长度范围在18.40～25.00m之间，类似于表格中的序号为4的长度，这个时候除了基本臂长度外，先伸6节臂，6节臂全伸，伸到位后，6节臂的接近开关有效，程序判定锁定6节臂插销，之后再伸5节臂，5节臂伸出3.50m即可，其余长度类似。

4）无线遥控部分

由连接在CAN总线上的无线接收器和移动的无线发送器构成。系统采用配套的遥控器采用跳频扩频通信方式，可以在较低发射功率实现可靠的无线数据传输。利用CAN总线优点，可以监视接收器是否出现故障，以及针对故障锁定输出，防止意外事件发生。

5）系统的状态参数检测

利用CAN总线的快速自调节的数据传输机制，通过人机界面实时显示发动机及系统的相关参数。水温、油位、油压、油温、三主泵压力和副系统的压力情况，可以根据需要做成虚拟仪表的形式，也可以做成数字量的显示形式，主要考虑到液晶屏的大小以及所需要显示的信息量。其中水温、油位、油压、油温、可以在程序中设定其限制值，当超过限定值时，将报警或是提供控制功能，根据客户要求而定。如为电控发动机，发动机参数可以直接从总线上获取，通过对SAEJ1939协议的解析。

6）电子油门控制部分

电子油门的工作原理简要介绍：电子油门上有两个控制开关"+"、"-"用于控制油门加大或者减小，如果一直保持"+"置位则油门持续加大，反之则相反。控制电位器的信号进入控制器，程序控制信号的输出，如果电子油门的反馈值达到电位计设定值，自动断开触点。

发动机的怠速控制，当调度电位计的值调到高挡，转速达到1 800r/min，中间操作人员离开或者机器没有动作，可以在程序设定的时间内，例如1min，发动机自动进入怠速状态，当手柄有动作的时候，发动机自动将迅速将转速提升到1 800r/min。

7）显示器部分

①发动机状态显示：发动机虚拟仪表显示。

②液压系统状态显示：虚拟仪表显示。

③设备状态显示：虚拟仪表显示。

④智能故障诊断和显示：故障提示出现故障的元件和位置。

⑤臂架动作显示：根据当前臂架的动作，用图形显示。

⑥维护和设定：提供参数标定和首选项设置界面。

可通过显示器对整个控制系统进行调试和标定。

5.1.5 选型原则与步骤、主要参数计算

5.1.5.1 工程起重机的主要参数及设计计算

1）工程起重机的性能参数

工程起重机的主要性能参数包括起重量、起升高度、幅度、各机构工作速度和质量指标等。对于塔式起重机还包括起重力矩和轨距等参数。这些参数表明起重机工作性能和技术经济指标，它是设计起重机的技术依据，也是生产使用中选择起重机技术性能的依据。

（1）起重量

起重机起吊重物的质量值称为起重量，通常以 Q 表示（ISO 中以 C_p 表示），单位为 kg 或 t，起重机的起重量参数通常是以额定起重量表示的。所谓额定起重量是起重机在各种工况下安全作业所容许的起吊重物的最大质量的值。它是随着幅度的加大而减少的。轮胎式和履带式起重机起重量现规定包括吊钩的质量，对于取物装置为抓斗或电磁吸盘时，包括抓斗和电磁吸盘的质量。对于塔式起重机，起重量也包括吊具质量。轮胎式和履带式起重机的名义起重量吨级（即起重机铭牌上标定的起重量）通常是以最大额定起重量表示的。最大额定起重量指基本臂处于最小幅度时所起吊重物的最大质量。但应予指出，有些大吨级起重机，最大额定起重量往往没有实用意义，因为幅度太小，当支腿跨距较大时，重物在支腿内侧。所以在这种情况下的最大额定起重量只是根据起重机强度确定的最大额定值，它只是标志起重机名义上的起重能力。

起重量是起重机的主要技术参数。对起重机的起重量，国家制订了系列标准。

（2）幅度

起重机回转中心轴线至吊钩中心的水平距离称为幅度或称工作幅度。当某一长度的吊臂处于与水平面成某一夹角时，这个幅度值也就确定了。但当吊臂处于同一夹角时，在吊重状态与在空钩状态时其幅度值是不等的。所以标定起重机幅度参数时，通常是指在额定起重量下，起重机回转中心轴线至吊钩中心的水平距离，并用 R 表示，单位为 m（图 5.1-28）。幅度表示起重机不移动时的工作范围。所以幅度也是衡量起重机起重能力的一个重要参数。

（3）起重力矩

起重机的工作幅度与相应于此幅度下的起重量载荷的乘积称为起重力矩，并以 M 表示，$M = Q \times g \times R$，单位 N·m。起重力矩参数能比较全面和确切地反映起重机的起重能力。特别是塔式起重机的起重能力通常是以起重力矩的 N·m 值来表示。塔式起重机是以基本臂最大工作幅度与相应的起重量载荷的乘积作为起重力矩的标定值。

（4）起升高度

起升高度是指支承面或轨面（对于轨道式塔式起重机）到吊钩钩口中心的距离，以 H 表示，单位 m（图 5.1-28）。当取物装置使用抓斗时，则指支承面至抓斗最低点的距离。在标定起重机性能参数时，通常以额定起升高度表示。额定起升高度是指满载时吊钩上升到最高极限位置时自吊钩中心至支承面距离。对于塔式起重机，起升高度是指空载时最大幅度处吊钩上升到最高极限位置时自吊钩中心至支

承面或轨面的距离。对于动臂起重机,当吊臂长度一定时,起升高度随幅度的减少而增加。

最大起升高度的确定,是根据起重机作业要求(如结构物的高度)和起重机总体设计的合理性综合考虑。轮胎式起重机和塔式起重机基本参数系列标准中,对各种吨位级的起重机的起升高度做了相应的规定。

(5)轨距

对于轨道式塔式起重机,轨距是一项重要参数,因为它直接影响整机的稳定性及起重机本身尺寸。轨距是指两根轨道中心线之间的距离。轨距的大小是由主参数——起重力矩值来确定的,随着主参数的增大,轨距也增宽。塔式起重机基本参数系列标准对轨距做了相应的规定。

(6)工作速度

工程起重机的工作速度主要包括起升、变幅、回转和行走的速度。对伸缩臂式起重机还包括吊臂伸缩速度和支腿收放速度。

起升速度指起重吊钩升起(或下降)的速度,单位 m/min;变幅速度指吊钩自最大幅度到最小幅度时的平均线速度,单位 m/min;回转速度指起重机转台每分钟转数,单位 r/min;行走速度,单位 km/h。对轨道式塔式起重机,行走速度单位为 m/min。

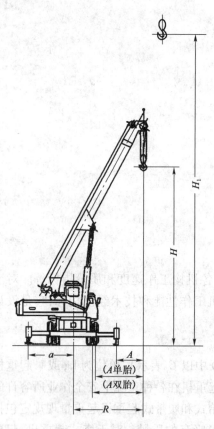

图 5.1-28 起重机幅度与起升高度

起重机工作速度选择合理与否,对起重机性能有很大影响。起重机工作效率与各机构工作速度有直接关系。当起重量一定时,工作速度高,生产率也高。但速度高也带来一系列不利因素,如惯性增大,起、制动时引起的动力载荷增大,从而机构的驱动功率和结构强度也要相应增大。所以,合理选择工作速度要全面考虑与之有关的一系列因素,主要有以下几点:

①根据起重机所服务对象的作业要求考虑。如主要用于港口码头和料场装卸作业的起重机,为了提高装卸货物及材料的生产率,一般要求工作速度快,但对于建筑安装工程使用的起重机,则要求吊装平稳性好,其工作速度相应地要低些,甚至要求能实现微动速度(一般在 1~5m/min)。

②工作速度选择与运动行程有关。行程小,采用高速显然不合理。因为合理的速度应是在正常工作时机构能达到稳定运动,不然在机构未达到等速稳定运动前就要制动。所以一般只有在运动行程大时,如用于高层建筑中的起重机的起升机构,才采用较高的速度。

③起重机工作速度的选择与机型有关。如大起重量的起重机,主要解决重件吊装问题,工作并不频繁,工作速度不是主要问题,这种情况下,为了降低驱动功率,减少动力载荷和增加工作平稳性,一般速度取得较低。

④各机构的工作速度,根据机构本身作业要求和运动性质,可选择不同的速度。如回转速度因受起动、制动惯性力的限制,回转速度取得很低。变幅速度也不能取得很大,因为变幅运动对起重机平稳性和安全性有很大影响,特别是带载变幅时速度取得更低。

综上所述,起重机各机构工作速度的合理选择,要考虑的因素较多,通常新设计起重机时,除仔细地、全面地考虑上述因素外,还可根据同类型、同吨位和工作条件相类似的起重机的相应速度作为选择时参考。

(7)自重及质量指标

起重机的自重是指起重机处于工作状态时起重机本身全部自重质量,以 G 表示,单位 t。起重机自重这一参数是评价起重机的一个综合性指标。它反映了起重机设计、制造和材料的技术水平。随着电子计算机的应用,其他方面的技术进步和材料性能的提高,起重机自重可以显著地减少。

起重机自重与起重机类型、起重量吨级、底盘形式、传动形式、结构形式和整机稳定性程度等因素有关。例如履带式底盘比轮胎式底盘自重大,箱形伸缩臂式比桁架臂式自重大。对于各种吨级的轮胎式起重机自重最大值,在轮胎式起重机基本参数系列标准中做了规定,设计制造后的起重机自重不应超过所规定的数值。

为了考核起重机自重指标,通常用质量利用系数 K 表示。所谓质量利用系数是指起重机在单位自重下有多大起重能力。显然 K 值越大,质量指标越先进。质量利用系数可有三种表示形式。

①以起重量表示起重能力时:

$$K_1 = \frac{Q}{G} \quad (t/t) \tag{5.1-1}$$

②以起重力矩表示起重能力时:

$$K_2 = \frac{M}{G \times g} = \frac{Q \times R}{G} \quad (t \cdot m/t) \tag{5.1-2}$$

③以起重力矩和与此相应的起升高度来表示起重能力时:

$$K_3 = \frac{Q \times R \times H}{G} \quad (t \cdot m^2/t) \tag{5.1-3}$$

上述三个公式中的起重能力,对于轮胎式和履带式起重机都是用最大额定起重量及其相应的幅度和起升高度表示的。对于塔式起重机应以最大起重力矩和最大起升高度表示。

2) 工程起重机的工作级别

起重机是间歇工作的机器,具有短暂而重复工作的特征。起重机工作时各机构时开时停,时而正转,时而反转。有的起重机日夜三班工作,有的只工作一班,有的甚至一天只工作几次。这种工作状况表明,起重机及其机构的工作繁忙程度是不同的。此外,作用于起重机上的载荷也是变化的,有的起重机是经常满载的,有的经常只吊轻载,其负载情况很不相同。还有,由于各机构的短暂而重复的工作,起、制动频繁,所以时时受到动力冲击载荷的作用,由于机构工作速度的不同,这种动力冲击载荷作用程度也不同。起重机的这种工作特点,在设计起重机零部件、金属结构和确定起重机动力功率时都必须给以考虑。

(1) 起重机的利用等级

按起重机设计规范,起重机的利用等级按起重机设计寿命期内总的工作循环次数分为十级,见表 5.1-2。

起重机的利用等级　　　　表 5.1-2

利 用 等 级	总的工作循环次数 N	起重机使用情况	利 用 等 级	总的工作循环次数 N	起重机使用情况
U_0	1.6×10^4		U_5	5×10^5	经常中等地使用
U_1	3.2×10^4		U_6	1×10^6	不经常繁忙地使用
U_2	6.3×10^4	不经常使用	U_7	2×10^6	
U_3	1.25×10^5		U_8	4×10^6	繁忙地使用
U_4	2.5×10^5	经常清闲地使用	U_9	$>4 \times 10^6$	

(2) 起重机的载荷状态

载荷状态表明起重机受载的轻重程度,它与两个因素有关,即与起升的载荷与额定载荷之比 ($P_{Q_i} : P_{Q_{max}}$) 和各个起升载荷的作用次数与总的工作循环次数之比有关 ($n_i : N$)。表示 ($P_{Q_i} : P_{Q_{max}}$) 和 ($n_i : N$) 关系的图形称为载荷谱。载荷谱系数 K_Q 由式 (5.1-4) 计算:

$$K_Q = \sum \left[\frac{n_i}{N} \left(\frac{P_{Q_i}}{P_{Q_{max}}} \right)^m \right] \tag{5.1-4}$$

式中:K_Q——载荷谱系数;

n_i——载荷 Q_i 的作用次数;

N——总的工作循环次数,$N = \sum n$;

P_{Q_i}——第 i 个起升载荷,$Q_i = Q_1, Q_2, \cdots, Q_i$;

$P_{Q_{max}}$——最大起升载荷;

m——指数,此处取 $m=3$。

起重机的载荷状态按名义载荷谱系数分为4级,见表5.1-3。

当起重机的实际载荷变化已知时,则先按式(5.1-4)计算出实际载荷谱系数,并按表5.1-3选择不小于此计算值的最接近的名义值作为该起重机的载荷谱系数。如果在设计起重机时不知其实际的载荷状态,则可按表5.1-3"说明"栏中的内容选择一个合适的载荷状态级别。

起重机的载荷状态及其名义载荷谱系数 K_Q　　　　表5.1-3

载荷状态	名义载荷谱系数	说　明
Q_1——轻	0.125	很少起升额定载荷,一般起升轻微载荷
Q_2——中	0.25	有时起升额定载荷,一般起升中等载荷
Q_3——重	0.5	经常起升额定载荷,一般起升较重载荷
Q_4——特重	1.0	频繁地起升额定载荷

(3)起重机工作级别的划分

按起重机的利用等级和载荷状态,起重机工作级别分为A1~A8八级,见表5.1-4。

起重机工作级别的划分　　　　表5.1-4

载荷状态	名义载荷谱系数	利用等级									
		U_0	U_1	U_2	U_3	U_4	U_5	U_6	U_7	U_8	U_9
Q_1——轻	0.125			A1	A2	A3	A4	A5	A6	A7	A8
Q_2——中	0.25		A1	A2	A3	A4	A5	A6	A7	A8	
Q_3——重	0.5	A1	A2	A3	A4	A5	A6	A7	A8		
Q_4——特重	1.0	A2	A3	A4	A5	A6	A7	A8			

一台起重机各机构的工作级别可各不相同。而整机和金属结构部分的工作级别则由其主要机构(一般是主起升机构)的工作级别确定。

3)工程起重机的计算载荷和计算方法

(1)工程起重机的计算载荷

设计起重机时,必须首先确定作用在起重机上的外载荷,以作为计算起重机稳定性、支腿压力或轮压、机构零部件和金属结构强度以及选择原动机功率的依据。作用在起重机上的外载荷应根据实际情况确定,主要有:起升载荷、风载荷、重物偏摆引起的载荷、惯性和离心力载荷以及振动、冲击引起的动力载荷等。

(2)自重载荷 G(或用 P_G 表示)

自重载荷指除起升载荷外起重机各部分的总重力(不是质量,在此以 N 计),它包括机构、电气设备以及附设在起重机上的存储仓等的重力。在设计前是未知的,初步设计可根据同类型、参数相近的机型进行初步估计,但最后核算的重力如与估算重力出入时,则应重新进行调整和核算。自重载荷根据具体结构形式,以集中或均布载荷作用在相应的位置上。起升质量突然离地起升或下降制动时,自重载荷将产生沿其加速相反方向的冲击载荷。在考虑这种工作情况的载荷组合时,应将自重载荷乘以冲击系数 φ_i,$0.9 < \varphi_i < 1.1$。

(3)起升载荷 P_Q

起升载荷是指起升质量的重力(以 N 计)。起升质量包括允许起升的最大有效物品、装置(下滑轮组、吊钩、吊梁、抓斗、容器、起重电磁铁等)、悬挂挠性件及其了载重的设备的质量。起升高度小于60m的起升钢丝绳的质量可以不计。

起升载荷动载系数 φ_2。起升质量离地起升或下降制动时,对承载结构和传动机构将产生附加的动载荷作用。在考虑这种工作情况的载荷组合时,应将起升载荷乘以大于1的起升载荷动载系数φ_2。φ_2取值(1.0~2.0)范围内,起升速度越大,系统刚度越大,操作越猛烈,φ_2值也越大。可用下式估算。

$$\varphi_2 = 1 + Cv\sqrt{\frac{1}{\delta g(\lambda_0 + Y_0)}} \qquad (5.1\text{-}5)$$

式中:v——额定起升速度,m/s;

C——操作系数,$C = \dfrac{v_0}{v}$,v_0为起升质量离地瞬间的起升速度,m/s;

g——重力加速度,$g = 9.81 \text{m/s}^2$;

λ_0——在额定起升载荷作用下下滑轮对上滑轮组的位移值,m;

Y_0——在额定起升载荷作用下物品悬挂处的结构静变位值,m;

δ——结构质量影响系数,由式(5.1-6)计算:

$$\delta = 1 + \frac{m_1}{m_2}\left(\frac{Y_0}{Y_0 + \lambda_0}\right)^2 \qquad (5.1\text{-}6)$$

m_1——结构在物品悬挂处的折算质量,kg;

m_2——起升额定质量,kg。

在按式(5.1-5)计算时,若v值较大,计算结果φ_2值大于2时,应在控制方面采取措施使物品离地过程或制动过程中加速度不致太大,且取φ_2等于2。

在设计时若能准确地预先给定v_0、λ_0、Y_0以及m_2的值,则可由式(5.1-5)计算出φ_2的值;若预先给出这些值有困难,则可按下述推荐的内容确定C、m_1、λ_0、Y_0的值,再按式(5.1-5)计算φ_2的值:

①操作系数C按表5.1-5选取

操作系数C值 表5.1-5

起重机使用类型	安装用	一般吊钩式	电磁和抓斗式、繁重装卸吊钩式
C值	0.25	0.5	0.75

②折算质量m_1

对桥式起重机,取为小车质量与桥架质量一半;对臂架起重机,取为臂架质量的三分之一。

③结构静变位值Y_0

对桥式起重机取为:$Y_0 = (1/700 \sim 1/1\,000)L$,$L$为跨度;

对门座起重机取为:$Y_0 = (1/200 \sim 1/250)R$,$R$为最大幅度。

④下滑轮组对上滑轮组的位移量λ_0

对各类起重机可近似地取:$\lambda_0 = 0.002\,9H$,H为实际起升高度。

在进行起重机的最初设计时,也可根据起重机的种类及使用条件,按表5.1-6的估算公式计算出φ_2的值。

φ_2的计算式 表5.1-6

起重机类别	φ_2的计算式	适用的例子
1	$1 + 0.17v$	作安装用的,使用轻闲的臂架起重机
2	$1 + 0.35v$	作安装用的桥式起重机,做一般装卸用吊钩式臂架起重机
3	$1 + 0.70v$	机加工车间和仓库用的吊钩桥式起重机,港口抓斗门座起重机
4	$1 + 1.00v$	抓斗和电磁桥式起重机

突然卸载冲击系数φ_3。当起升质量部分或全部卸载时,将对结构产生动态减载作用。减小后的起升载荷等于突然卸载的冲击系数φ_3与起升载荷的乘积。φ_3按式(5.1-7)计算。

$$\varphi_3 = 1 - \frac{\Delta m}{m}(1 + \beta_3) \qquad (5.1\text{-}7)$$

式中：Δm——起升质量中突然卸去的那部分质量，kg；

m——起升质量；

β_3——对于抓斗起重机或类似起重机；对于电磁起重机或类似起重机。

运行冲击系数 φ_4。当起重机或它的一部分装置沿轨道或道路运行时，由于道路或轨道不平而使运动的质量产生铅垂方向的冲击作用。在考虑这种工作情况的载荷组合时，应将自重和起升载荷乘以运行冲击系数 φ_4。有轨运行时，φ_4 按式(5.1-8)计算。

$$\varphi_4 = 1.10 + 0.058v\sqrt{h} \tag{5.1-8}$$

式中：h——轨道接缝处二轨道面的高度差，mm；

v——运行速度，m/s。

(4) 水平载荷

① 运行惯性力 P_H

起重机自身质量和起升质量在运行机构起动或制动时产生的惯性力按质量 m 与运行加速度 a 乘积的1.5倍计算，但不大于主动车轮与钢轨间的黏着力。"1.5倍"是考虑起重机驱动力突加及突变时结构的动力效应。惯性力作用在相应质量上。挠性悬挂着的起升质量按与起重机刚性连接一样对待。加（减）速度 a 及相应的加（减）速时间 t，如用户无特殊要求，一般按表5.1-7选取。

运行机构加（减）速度 a 及相应的加（减）速时间 t 的推荐值　　　　表5.1-7

运行速度 (m/s)	行程很长的低速和中速的起重设备		通常使用的中速与高速的起重设备		采用大加速度的高速起重设备	
	加（减）速时间 (s)	加（减）速度 (m/s²)	加（减）速时间 (s)	加（减）速度 (m/s²)	加（减）速时间 (s)	加（减）速度 (m/s²)
4.00			8.0	0.50	9.0	0.67
3.15			7.1	0.44	5.1	0.58
2.50			6.3	0.39	4.8	0.52
2.00	9.1	0.22	5.6	0.35	4.2	0.47
1.60	8.3	0.19	5.0	0.32	3.7	0.43
1.00	6.6	0.15	4.0	0.25	3.0	0.33
0.63	5.2	0.12	3.2	0.19		
0.40	4.1	0.098	2.5	0.16		
0.25	3.2	0.078				
0.16	2.5	0.064				

② 回转和变幅运动时的水平力 P_H

臂架式起重机回转和变幅机构运动时，起升质量产生的水平力（包括风力、变幅和回转起、制动时产生的惯性力和回转运动时的离心力）按吊重绳索相对于铅垂线的偏摆角所引起的水平分力计算。

计算电动机功率和机械零件的疲劳及磨损时用正常工作情况下吊重绳的偏摆角 α_1，计算起重机结构强度和抗倾覆稳定性时用工作情况下吊重绳的最大偏摆角 α_2。α_1、α_2 的推荐值见表5.1-8。

计算电动机功率时

$$\alpha_1 = (0.25 \sim 0.3)\alpha_2 \tag{5.1-9}$$

计算机械零件的疲劳及磨损时

$$\alpha_1 = (0.3 \sim 0.4)\alpha_2 \tag{5.1-10}$$

在起重机金属结构计算中，臂架式起重机回转和变幅机构起动或制动时，起重机的自身质量和起升质量（此时把它看作与起重臂刚性固接）产生的水平力，等于该质量与该质量中心的加速度的乘积的1.5倍。通常忽略起重机自身质量的离心力。当计算出的起升载荷的水平力大于按偏摆角 α_2 计算的水平分力时，宜减小加速度值。

α_2 的推荐值　　　　表 5.1-8

起重机类型	装卸用门座起重机		安装用门座起重机		轮胎式和汽车式起重机
	$n \geq 2\text{r/min}$	$n < 2\text{r/min}$	$n \geq 0.33\text{r/min}$	$n < 0.33\text{r/min}$	
臂架平面内	12°	10°	4°	2°	3°~6°
垂直于臂架平面内	14°	12°	4°	2°	3°~6°

(5) 安装载荷

在设计起重机时，必须考虑起重机安装过程中产生的载荷。特别是塔式起重机，有的类型其安装对局部结构产生的应力大大地大于工作应力。露天工作的起重机安装时风压应加以考虑。

(6) 坡度载荷

起重机坡度载荷按下列规定计算

①流动式起重机需要时按具体情况考虑。

②轨道式起重机轨道坡度不超过 0.5% 时不计算坡度载荷，否则按实际坡度计算坡度载荷。

(7) 风载荷 P_W

在露天工作的起重机应考虑风载荷并认为风载荷是一种沿任意方向的水平力。

起重机风载荷分为工作状态风载荷和非工作状态风载荷两类。工作状态风载荷 $P_{W.i}$ 是起重机在正常工作情况下所能承受的最大计算风力。

非工作状态风载荷 $P_{W.o}$ 是起重机非工作时所受的最大计算风力（如暴风产生的风力）。

①风载荷按下式计算：

$$P_W = CK_h qA \tag{5.1-11}$$

式中：P_W——作用在起重机上或物品上的风载荷，N；

　　　C——风力系数；

　　　K_h——风压高度系数；

　　　q——计算风压，Pa；

　　　A——起重机或物品垂直于风载荷的迎风面积，m^2。

在计算起重机风载荷时，应考虑风对起重机是沿着最不利的方向作用的。

②计算风压 q

计算风压规定为按空旷地区离地 10m 高度处的计算风速来确定。工作状态的计算风速按阵风风速（即瞬时风速）考虑，非工作状态的计算风速按 2min 时距的平均风速考虑。

计算风压分三种：q_1、q_2、q_3（表 5.1-9）。q_1 是起重机正常工作状态计算风压，用于选择电动机功率的阻力计算及机构零部件的发热验算；q_2 是起重机工作状态最大计算风压，用于计算机构零部件和金属结构的强度、刚性及稳定性；q_3 是起重机非工作状态计算风压，用于验算此时起重机机构零部件及金属结构的强度、整机抗倾覆稳定性和起重机的防风抗滑安全装置和锚定装置的设计计算。不同类型的起重机按具体情况选取不同的计算风压值。

室外工作的起重机的计算风压（Pa）　　　　表 5.1-9

地　区	工作状态		非工作状态
	q_1	q_2	q_3
内陆	$0.6q_2$	150	500~600
沿海		250	600~1 000
台湾省及南海诸岛		250	1 500

注：1. 沿海地区是指大陆离海岸线 100km 以内的大陆或海岛地区。
　　2. 特殊用途起重机的工作状态计算风压允许作特殊规定。流动式起重机的工作状态计算风压，当起重机臂长小于 50m 时取为 125Pa，当臂长等于或大于 50m 时按使用要求决定。
　　3. 非工作状态计算风压值：内陆的华北、华中和华南地区宜取小值，西北、西南和东北地区宜取大值，沿海以上海为界，上海可取 800Pa，上海以北取较小值，以南取较大值，在内河港口峡谷风口地区、经常受特大暴风作用的地区（如湛江等地），或只在小风地区工作的起重机，其非工作状态计算风压应按当地气象资料提供的常年最大风速并用公式：$q = 0.613v^2$（式中 v 为计算风速以 m/s 计）计算；在海上航行的浮式起重机，可取 $q_3 = 1\ 800\text{Pa}$，但不再考虑风压高度变化，即取 $K_h = 1$。

③风压高度变化系数 K_h

起重机的工作状态计算风压不考虑高度变化（$K_h = 1$）。

所有起重机的非工作状态计算风压均需考虑高度变化。风压高度变化系数 K_h 按表 5.1-10 查取。

风压高度变化系数 K_h　　　　表 5.1-10

离地(海)高度 h(m)	≤10	20	30	40	50	60	70	80	90	100	110	120	130	140	150	200
陆上 $(h/10)^{0.3}$	1.0	1.23	1.39	1.51	1.62	1.71	1.79	1.86	1.93	1.99	2.05	2.11	2.16	2.20	2.25	2.45
海上及海岛 $(h/10)^{0.2}$	1.0	1.15	1.25	1.32	1.38	1.43	1.47	1.52	1.55	1.58	1.61	1.64	1.67	1.69	1.72	1.82

④风力系数 C

风力系数与结构的体形、尺寸等有关，按下列各种情况决定。

a. 一般起重机单片结构和单根构件的风力系数 C 按表 5.1-11 查取。

b. 两片平行平面桁架组成的空间结构，其整体结构的风力系数可取单片结构的风力系数，总的迎风面积应为：

$$A = A_1 + \eta A_2 \quad (5.1\text{-}12)$$

式中：$A_1 = \varphi_1 \times A_{l1}$——前片结构的迎风面积；

$A_2 = \varphi_2 \times A_{l2}$——后片结构的迎风面积；

A_{l1}——前片结构的外形轮廓面积；

A_{l2}——后片结构的外形轮廓面积；

φ_1——前片结构的充实率；

φ_2——后片结构的充实率；

η——两片相邻桁架前片对后片的挡风折减系数，它与前片结构的充实率 φ_1 及两片桁架之间的间隔比 b/h 有关（图 5.1-29），按表 5.1-12 查取。

单片结构的风力系数 C　　　　表 5.1-11

序 号	结 构 形 式			C
1	型钢制成的平面桁架（充实率 $\varphi = 0.3 \sim 0.6$）			1.6
2	型钢、钢板、型钢梁、钢板梁和箱形截面构件	l/h	5	1.3
			10	1.4
			20	1.6
			30	1.7
			40	1.8
			50	1.9
3	圆管及管结构	qd^2	<1	1.3
			≤3	1.2
			7	1.0
			10	0.9
			≥1.3	0.7
4	封闭的驾驶员室、平衡重、钢丝绳及物品等			1.1
				1.2

注：l 为结构长度，h 为迎风面积高度，q 为计算风压，d 为管子直径；下驾驶员室 $C = 1.1$，上驾驶员室 $C = 1.2$。

桁架结构挡风折减系数 η   表5.1-12

φ		0.1	0.2	0.3	0.4	0.5	0.6
间隔比 b/h	1	0.84	0.70	0.57	0.40	0.25	0.15
	2	0.87	0.75	0.62	0.49	0.33	0.20
	3	0.90	0.78	0.64	0.53	0.40	0.28
	4	0.92	0.81	0.65	0.56	0.44	0.34
	5	0.94	0.83	0.67	0.58	0.50	0.41
	6	0.96	0.85	0.68	0.60	0.54	0.46

c. 风朝着矩形截面空间桁架或箱形结构的对角线方向吹来,当矩形截面的边长比小于2时,计算的风载荷取为风向着矩形长边作用时所受风力的1.2倍;当矩形截面的边长比等于或大于2时,取为风向着矩形长边作用的风力。

d. 三角形截面的空间桁架的风载荷,可按该空间桁架垂直于风向的投影面积所受风力的1.25倍计算。

e. 下弦杆为方形钢管,腹杆为圆管的三角形截面空间桁架,在侧向风力作用下,其风力系数 C 可取1.3。

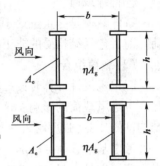

图5.1-29 并列结构迎风面积计算

f. 当风与结构长轴(或表面)成某一角度吹来时,结构所受的风力可以按其夹角分解成两个方向的分力来计算。顺着风向的风力可按式(5.1-13)计算:

$$P_W = CK_n q A \sin^2\theta \tag{5.1-13}$$

g. 物品的迎风面积

吊运的物品的迎风面积应按其实际轮廓尺寸在垂直于风向平面上的投影来决定。物品的轮廓尺寸不明确时,允许采用近似方法加以估算(表5.1-13)。

吊重迎风面积 A_q 的近似估算   表5.1-13

吊重质量	1	2	3	5	8	10	15 16	20	25	30 62	40	50	63	75 80	100	150 160	200
迎风面积	1	2	3	5	6	7	10	12	15	18	22	25	28	30	35	45	55

(8) 试验载荷

起重机投入使用前,必须进行超载动态试验及超载静态试验。试验场地应坚实、平整,风速一般不超过8.3m/s。

动态试验载荷 P_{dt} 值取为额定载荷 P_{omax} 的110%与动载系数 φ_6 的乘积,φ_6 按式(5.1-14)计算:

$$\varphi_6 = \frac{1}{2}(1+\varphi_2) \tag{5.1-14}$$

静态试验载荷 P_{st} 值取为额定载荷 P_{omax} 的125%。试验载荷应作用于起重机最不利位置。有特殊要求的起重机,其试验载荷由用户与制造厂签订合同予以规定。

除上述载荷外,还有起重机生产工艺、安装以及温度变化等引起的载荷。工艺载荷由生产工艺要求提供;在气温变化较大的地区使用起重机时(国外有的起重机规范规定气温变化范围为+45~-25℃),当要考虑温度载荷时,温度影响按钢材线膨胀系数 $\alpha = 12\times10^{-6}$ mm/(mm·℃) 考虑;安装载荷取决于起重机的安装方法,某些起重机的安装应力较大,不可忽视,冰雪载荷一般不考虑;地震载荷国外有的起重机设计规范作了考虑,对于轮胎式和塔式起重机则可以不予考虑。

4) 载荷分类与载荷组合

(1) 载荷分类

作用在起重机结构上的载荷分为三类,即基本载荷、附加载荷与特殊载荷。

①基本载荷

基本载荷是始终和经常作用在起重机上的载荷。它们是:自重载荷、起升载荷,以及由于机构的起(制)动所引起的水平载荷。

②附加载荷

附加载荷是起重机在正常工作状态下所受到的非经常性作用的载荷。它们是:作用在起重机上的最大工作风载荷、起重机悬吊物品在受载荷作用时对结构产生的水平载荷、起重机偏斜运行引起的侧向力,以及根据实际情况决定而考虑的温度载荷等。

③特殊载荷

特殊载荷是起重机处于非工作状态时可能受到的最大载荷或者在工作状态下偶然受到的不利载荷。前者包括结构受的非工作状态的风载荷、试验载荷,以及根据实际情况决定而考虑的安装载荷等。

(2) 载荷组合

起重机设计计算时按三类载荷进行组合。只考虑基本载荷组合者为组合 I。除选择电动机外,一般不考虑风载荷的影响。这类载荷是用来计算传动零件和结构件的强度、稳定性计算以及传动零件和结构件的疲劳(强度耐久性)以及磨损和发热等的一种计算载荷。

考虑基本载荷与附加载荷组合者为组合 II。这类载荷是指起重机在使用期内工作时可能出现的最大载荷。它是由起重机自重、最大额定起重量、急剧的起(制)动引起的动力载荷、工作状态下最大风压力以及重物最大偏摆(α_0)引起的水平载荷等组合成的。这类载荷是用来对传动零件、金属结构件进行强度、稳定计算和整机抗倾覆稳定性计算。当机构受各种条件限制(如行走轮打滑、离合器制动器打滑)和有限制装置时;则上述的最大载荷应考虑以限制条件或限制装置的极限载荷为计算载荷。

考虑基本载荷与特殊载荷组合者或三类载荷都组合者为组合 III。这类载荷是指起重机处于非工作状态时可能出现的最大载荷,即非工作状态下起重机所承受的自重,非工作状态最大风压力以及路面坡度引起的载荷等。这类载荷是作为零件和金属结构件强度验算和起重机非工作状态下整机稳定性验算之用。

显然,并不是每一种零件包括结构件都要进行这三种载荷情况的计算,但都必须同时满足其相应的安全系数。载荷情况 II 的计算对于起重机任何部分都是必要的。而载荷情况 I 和 III 的计算只有部分零件才是必要的。例如需要进行载荷情况 III 计算的只是那些在起重机非工作期间可能承受暴风载荷的零部件,如起重机变幅机构、回转支承装置的某些零件,夹轨器以及塔身结构等。至于起升机构、行走机构、回转机构的驱动系统等,在起重机不工作期间几乎不受力,因而不需进行载荷 III 的计算。

5) 工程起重机设计计算方法

(1) 按许用应力计算方法

工程起重机零部件,金属结构件的计算方法,目前大多数情况下仍采用许用应力计算方法。这种计算方法的基本原则是指所设计的零件、构件最危险截面上的计算应力不得超过许用应力,作为强度条件,则:

$$\sigma_g \leqslant [\sigma] \tag{5.1-15}$$

式中:σ_g——计算应力;

$[\sigma]$——许用应力。

许用应力$[\sigma]$应比材料极限应力 σ_L 小一个倍数,即安全系数 n。

$$[\sigma] = \sigma_L/n \tag{5.1-16}$$

式中材料极限应力 σ_L,在进行强度计算时,对于塑性材料取屈服极限 σ_s;对于脆性材料取强度极限 σ_b;当进行疲劳计算时取材料的耐久极限(疲劳极限)σ_r。

按这种计算方法,在确定了截面计算应力后,主要是要确定材料极限应力和许用应力或安全系数。

材料极限应力与材料性质、应力种类、尺寸大小和热处理条件等因素有关。当这些因素确定后,即可从材料手册中查出确定的材料极限应力。因此,按许用应力方法计算的关键问题是合理地确定安全系数。从上述强度公式中看出,在截面计算应力值不变的情况下,降低安全系数,可以减小零件、构件的截面尺寸,节约材料,减轻质量,改善机器使用性能。但如果过分降低安全系数(即过分提高许用应力),则会使零件、构件在过载及其他偶然情况下产生破坏的危险。因此,对安全系数的确定,必须全面考虑,仔细分析,在保证有足够安全可靠的前提下尽可能降低安全系数。

结构件材料的拉伸、压缩、弯曲许用应力取为相应载荷组合所决定的基本许用应力 $[\sigma]_I$、$[\sigma]_{II}$、$[\sigma]_{III}$;剪切许用应力及端面承压许用应力由基本许用应力按表 5.1-14 决定。

安全系数和许用应力 表 5.1-14

载荷组合类别	安全系数	拉伸、压缩、弯曲许用应力	剪切许用应力	端面承压许用应力(磨平顶紧)
组合 I	$n_I = 1.5$	$[\sigma]_I = \sigma_s/1.5$	$[\tau]_I = [\sigma]_I/\sqrt{3}$	$[\sigma_{cd}]_I = 1.5[\sigma]_I$
组合 II	$n_{II} = 1.33$	$[\sigma]_{II} = \sigma_s/1.33$	$[\tau]_{II} = [\sigma]_{II}/\sqrt{3}$	$[\sigma_{cd}]_{II} = 1.5[\sigma]_{II}$
组合 III	$n_{III} = 1.15$	$[\sigma]_{III} = \sigma_s/1.15$	$[\tau]_{III} = [\sigma]_{III}/\sqrt{3}$	$[\sigma_{cd}]_{III} = 1.5[\sigma]_{III}$

若钢材的屈服应力 σ_s 与抗拉强度 σ_b 的比值:$\sigma_s/\sigma_b < 0.7$ 时,相应于各种载荷组合的安全系数和基本许用应力按表 5.1-14 决定。

若钢材的屈服应力 σ_s 与抗拉强度 σ_b 的比值:$\sigma_s/\sigma_b > 0.7$ 时,相应于各种载荷组合的安全系数仍按表 5.1-14 决定。但其基本许用应力按下式计算:

$$[\sigma] = \frac{0.5\sigma_s + 0.35\sigma_b}{n} \tag{5.1-17}$$

式中:$[\sigma]$——钢材的基本许用应力,即表 5.1-14 中 $[\sigma]_I$、$[\sigma]_{II}$、$[\sigma]_{III}$;

σ_s——钢材的屈服应力,当材料无明显屈服点时,取 σ_s 为 $\sigma_{0.2}$,$\sigma_{0.2}$ 为钢材标准拉力试验残余应变达 0.2% 时的试验应力;

σ_b——钢材的抗拉强度;

n——与载荷组合类别相应的安全系数,见表 5.1-14。

(2)按极限状态计算方法

起重机结构计算方法,一般按极限状态计算。所谓极限状态是指某一结构或这一结构的某一部分达到失去正常工作的能力,或不再满足所赋予的正常使用要求的状态。根据结构在达到极限状态时所出现的损坏情况和严重程度的不同,可分为两种极限状态:承载能力极限状态(也有叫强度极限状态)和正常使用极限状态。下面分别讨论这两种极限状态的特点和计算方法。

①第一种极限状态——承载能力(强度、稳定性、耐久性)极限状态。

这一极限状态是指结构强度方面的极限状态,即结构达到极限承载能力时会使结构由于弯折、剪断或扭断而破坏;比较细长的受压杆件会因失去稳定而破坏;承受反复载荷作用的构件会因过度疲劳而破坏等等。为保证起重机结构安全可靠,避免出现这种极限状态,对于必须计算的任何构件均应按这一极限状态计算。按照这一极限状态计算时,所要解决的是外载荷在构件截面上所引起的作用内力(计算内力)与构件相应截面的承载能力(抵抗内力)之间的矛盾。这两者之间的关系可用下式表达:

$$N \leq \phi \tag{5.1-18}$$

式中:N——结构构件计算内力,由外载荷确定;

ϕ——构件极限抗力,它与构件截面尺寸、材料强度和结构使用条件等因素有关。

因此式(5.1-18)又可写成:

$$N = \sum a_i P_i^N n_i \leq \phi = AkRm \tag{5.1-19}$$

式中:a_i——构件内力系数,即当 $P_i^N = 1$ 时的构件内力值;

P_i^N——标准载荷;

n_i——载荷系数(结构上可能达到的最大载荷与标准载荷之比),由统计方法确定;

$P_i^N n_i$——计算载荷;

A——构件截面几何因素(面积、惯性矩等);

R——构件材料标准强度;

m——工作条件系数;

k——材料强度系数(材料的最低屈服极限与标准屈服极限之比),由统计方法确定。

②第二种极限状态——正常使用极限状态

这是指结构或构件达到不能正常使用时的极限状态。例如结构在使用期间产生过大的变形以及结构振动(振幅)过大等。结构出现变形过大或振幅过大,虽然对于结构本身的危害性不如达到上述的承载能力极限状态那样严重,但却将影响结构的正常使用。因此,对各种结构,必要时应按第二种极限状态进行验算。例如根据使用要求,需要控制变形值的构件应进行变形验算,使计算的构件最大变形(挠度等)不超过规定的极限值。又如对有防震要求的构件,则应使其最大振幅不超过规定的极限值。其关系式如下。

$$\frac{f}{L} \leqslant \frac{f_u}{L} \tag{5.1-20}$$

$$t_p \leqslant t_{pmax} \tag{5.1-21}$$

式中:$\frac{f}{L}$、$\frac{f_u}{L}$——分别表示计算和极限的相对挠度;

t_p、t_{pmax}——分别为计算和极限的结构振动衰减时间。

综上所述可以看出,这一计算方法的基本特点是:

①规定了结构分别按"承载能力"(强度、稳定、耐久性)和"正常使用"(变形、振幅等)两种极限状态计算;

②用多个系数——"载荷系数"、"材料强度系数"和"工作条件系数"来代替按许用应力计算方法中的安全系数 n。这三种系数分别反映了载荷的变异性、各种材料强度的离散性以及不同的工作条件对结构安全度的影响,从而使结构具有必要的安全储备。在设计计算时,需根据具体条件合理选择这三个系数。在不同条件下三个系数组成的安全度不是一定值,这就更符合结构工作的实际情况。但这种计算方法由于是根据具体条件确定的多系数的安全度,计算起来比较繁琐,并且各系数的取值应基于统计资料的基础上用概率理论来确定。此外,用三个系数虽然概括了影响安全度的主要因素,但尚未包括影响安全度的全部因素,故尚不够完善。

6) 工程起重机的驱动形式

(1) 工程起重机对驱动装置的要求

起重机的性能和构造特点在很大程度上取决于驱动装置(动力装置和传动装置的总称)。而驱动装置本身的质量和成本,对起重机的技术经济指标也起着显著的影响。因此,设计起重机时,合理选择驱动装置和确定驱动形式是很重要的。

工程起重机对驱动装置的要求,主要应从起重机本身工作特点来考虑,主要的有以下几点。

①适应外载荷多变的要求。起重机所吊重物质量不一,有时满载,甚至是超载;有时轻载或空载。因而有时需要很大的驱动功率,但在短时间内又要把功率降低到很小值。即使在同一循环作业中,也是处于时而加速、时而制动的工作状况。因而,所选择的驱动装置应能适应这种外载荷多变的要求。即当载荷增大时能随之增大转矩,降低转速,当外载荷减小时能降低转矩,增大转速,以提高起重机作业效率。也就是说要求驱动装置具有"软"的特性。

②适应迅速改变运动方向的要求。起重机作业循环变换频繁,在同一作业循环内,回转机构、起升机构正向和逆向运动迅速交替变换。因此,要求驱动装置能适应这种频繁循环而迅速地改变传动方向。

③适应工作速度频繁变换的要求。起重机作业时,各机构的工作速度时时变换,而且要求调速范围

大。尤其是起升机构的工作速度更是变换频繁。例如,为了提高作业效率,要求运转速度快,但在吊装构件或机器设备安装就位时,要求很低的速度(即微速动作)。因此,驱动装置应能适应这种变速的要求。

④适应冲击振动的要求。在起重机作业过程中,工作机构的起动、制动频繁,承受着较大的冲击载荷。因此,要求驱动装置要有足够的强度,结构应坚固可靠,以适应冲击振动载荷的不利影响。

此外,对于需要经常转移作业场地的工程起重机,要求有独立的动力能源装置。为避免噪声的公害,要求有低噪声的驱动装置。

应予指出,要满足上述工作特点所提出的各项要求,仅仅依靠动力装置本身还不能完全达到,还必须有合理的传动装置与之配合,以达到起重机所要求的传动特性。

(2)内燃机—机械驱动

①概述

在轮胎式起重机和履带式起重机中,内燃机—机械驱动得到广泛的应用。它通过机械传动装置将内燃机发出的动力传送到各工作机构上(简称内燃机驱动)。这种驱动装置有一个独立的能源(内燃机),具有较大的机动性,可满足工程起重机流动性的要求。由于不受外界能源的牵制,所以起重机一到达作业场地后就可随时投入工作。此外,内燃机结构紧凑,外形尺寸和重力较小。但是内燃机—机械驱动与电力—机械驱动比较,前者存在不少缺点:

a.承受超载能力差,在超负荷运转时容易熄火,因此不得不选用大一些功率的内燃机,以较大的功率储备来适应超载的需要;

b.内燃机不能带载起动,因此在内燃机—机械传动系统(图5.1-30)中,必须设置离合器机构,在起动时脱开离合器;

c.内燃机不能逆转,为了保证机构的正向和逆向转动,在机械传动的起重机必须设置逆转机构;

d.内燃机在严寒地区运转,要采取措施,改善起动性能。此外,内燃机噪声、振动及废气污染等问题也有待进一步解决。

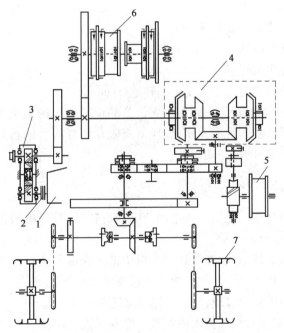

图5.1-30 内燃机——机械驱动

1-内燃机;2-主离合器;3-减速器;4-逆转机构;5-变幅卷筒;6-起升机构;7-履带行走装置

但是,内燃机动力装置配合其他形式的传动装置(也称复合驱动)后,可以改善整个机器的动力性能。例如内燃机匹配液力变矩器后可以显著改善内燃机的超载性能,同时扩大了调速范围,简化了机械变速器。这种装置是属于液力传动,具有完全不同于内燃机的动力性能。内燃机加上电力传动或液压传动的传动装置后,整个动力性能也改变成为电力传动或液压传动所具有的动力性能,以此满足起重机对动力特性的要求。

在工程起重机中使用的内燃机目前常用的有两种类型,即柴油机和汽油机。柴油机比汽油机更具有使用经济性和工作可靠性的优点,所以柴油机得到广泛的应用。从降低重力和减少外形尺寸考虑,工程起重机用的柴油机应是运输型的。最好选用工程机械用的中转速的柴油机以适应工程起重机工作特性,保证工作可靠性和简化中间传动装置的构造。

②内燃机驱动功率的确定

起重机的内燃机驱动功率可按下述两种方法确定:

a. 根据现有的同类型和吨位级相近的起重机的参数来确定所需的功率,然后再核算起重机的各项技术参数是否满足设计要求;

b. 根据起重机设计参数,计算最大阻力矩(应为起动时的阻力矩),然后确定所需的内燃机功率。

因为内燃机超载能力很差,故计算时应按起动时的最大阻力矩来确定内燃机的功率。当两个或两个以上机构协同工作时,应按所有协同工作的机构所需的功率计算,并考虑其中一机构按起动时的功率计算。

所需内燃机额定功率为:

$$N_{eN} = \frac{M_{eN} n_{eN}}{9\,550} = \frac{K_m M K_n n}{9\,550} \tag{5.1-22}$$

$K_m = \dfrac{M_{eN}}{M}$ 柴油机:$K_m = 1.1$,汽油机:$K_m = 1.2$;

$K_n = \dfrac{n_{eN}}{n}$ 拖拉机内燃机:$K_n = 1.1 \sim 1.2$;轻型汽车内燃机:$K_n = 1.5 \sim 1.8$;重型汽车内燃机:$K_n = 1.2 \sim 1.5$

式中:N_{eN}——内燃机额定功率,kW;

n_{eN}——内燃机额定功率时的转速,r/min;

M_{eN}——内燃机额定功率时的转矩,N·m;

M——起重机的计算阻力矩,N·m;

n——内燃机在起重机额定工作速度下的转速,r/min。

当根据计算功率来选择内燃机时,一般按内燃机产品说明书上的额定有效功率选择。但考虑所选内燃机原来的用途与起重机作业工况有差别时,应对有效功率作必要的折算。为了使所选的内燃机具有一定的超载能力,应考虑一定的储备功率。

(3)电力—机械驱动

①概述

本节所讨论的电力—机械驱动是指外接电源使电动机转动,再经机械传动装置将动力传递到各工作机构的一种驱动方式,简称电力驱动。

外接电源的电力—机械驱动方式,在塔式起重机中得到普遍的应用。在少数轮胎起重机中也有采用这种驱动方式的。电力—机械驱动比内燃机—机械驱动有以下优点:

a. 电动机能承受短时间的较大过载,而且可以带载随时起动;

b. 电动机容易逆转,而且可在较大范围内实现有级或无级调速;

c. 各机构可由独立的电动机分别驱动,使机械传动装置和操纵机构大为简化;

d. 操纵方便灵活,维修也比较方便;

e. 外接电源的驱动,没有内燃机那样废气污染而且噪声低。

但这种驱动方式必须依赖外接电源,而且对电动机特性提出了特殊要求,一般最好选择过载能力强,调速范围大的直流电动机。但因往往缺少直流外接电源,并且直流电动机价格昂贵,所以不宜普遍采用。只有在内燃机—发电机—电动机这种内燃机—电力驱动系统中直流电动机才获得采用。

在塔式起重机中广泛采用起重和冶金专用的 YZR、JZR_2、YZD 系列电动机。这类电动机具有适应起重机工作要求的各种特性,如:(a)这类电动机是按重复而短暂的运行工况制造,分别有 JC=15%、JC=25%、JC=40%、JC=60% 和 JC=100% 五种。不同的负荷持续率(JC 值)具有不同的功率。因此,可根据起重机各机构接合的频繁程度选用;(b)这类电动机具有较高的机械强度,结构坚固,能承受频繁起、制动产生的振动冲击载荷,工作可靠;(c)电动机最大转矩倍数大,因而承受过载能力强;(d)电动机转子飞轮矩[GD^2]较小,转子长度与直径比值(L/D)较大,因而起动时间少且起动损失少。

②电力——机械驱动容量确定

正确选用电动机的容量是很重要的。如果电动机容量不足,会使电动机过热,以致很快损坏,同时也会影响到起重机的生产率。因为这时起动力矩不足,起动过缓,不能达到所需要的速度。如果电动机容量过大,不仅是浪费,而且使机构庞大,自重增加,起动过猛,传动机构载荷增大。因此,确定电动机容量的原则是:

a. 保证所需要的起动能力;

b. 在规定的工作条件下,电动机的温升不超过容许值,即不过热。

各机构电动机的过载校核公式按照《起重机设计规范》(GB/T 3811—2008)的规定,应按下式计算。

$$N_n \geqslant \frac{H}{m\lambda}N \tag{5.1-23}$$

式中:N_n——基准接电持续率时,电动机额定功率,kW;

N——机构的计算功率,或以力、速度表示;或以力矩、转速表示:

$$N = \frac{P \cdot V}{60\ 000\eta}$$

$$N = \frac{M \cdot n}{9\ 550i\eta}$$

V——载荷 P 力的移动速度,此时 P 以 N 计,m/min;

M——阻力矩,N·m;

n——电动机的额定转速,r/min;

η——机构的总效率;

i——机构的总传动比;

H——系数,与电压损失、最大转矩或堵转转矩的允差、超载系数的大小等条件有关,$H=1.0\sim2.0$,具体数值见有关章节中的公式或见《起重机设计规范》(GB/T 3811—2008);

λ——相对于基准接电持续率时的额定转矩的倍数($\lambda>1$);

m——电动机个数。

对于电动机发热的校核是采用寻值损耗法,当计算出稳态平均功率[$N_s = G\frac{N}{m}$,G 为稳态负载平均系数(0.7~1.0),一般可取 0.8~0.9]和动态功率[$N_d = \frac{\sum GD^2}{365\ 000} \cdot \frac{n^2}{m\eta t}$,$\sum GD^2$ 为转动部分的总飞轮矩(折算到电动机轴上的,以 kg·m² 计);t 为起动时间]及选定电动机后(即已知在某一 JC 值时的额定功率),可以计算出系数 K:

$$K = \frac{N_s + N_d}{N_{JC}} \tag{5.1-24}$$

一般情况下,可定 $K=1.7$ 来计算,这样对应于所需的 CZ 值,即可从《起重机设计规范》(GB/T 3811—2008)表 U6 中查出输出功率 N_0,只需满足下式即可认为电动机发热校核合格。

$$N_0 \geqslant N_s \tag{5.1-25}$$

CZ 值是惯量增加率 C 与折合的每小时全起动次数 Z 的乘积。C 和 Z 的计算式如下：

$$C = \frac{\sum GD^2}{GD_d^2} \tag{5.1-26}$$

$$Z = d_c + gd_i + rf \tag{5.1-27}$$

式中：GD_d^2——电动机飞轮矩，$kg \cdot m^2$；

d_c——每小时全起动次数；

d_i——每小时点动或不完全起动次数；

f——每小时电气制动次数；

g、r——折合系数，对于绕线型异步电动机，$g = 0.25$，$r = 0.8$。

Z 值也可按 150，300，600 依次选取，详见《起重机设计规范》(GB/T 3811—2008) 附录 U。

(4) 复合驱动

工程起重机通常采用的复合驱动主要有：内燃机—电力驱动；内燃机—液压（液力）驱动。

①内燃机—电力驱动

内燃机—电力驱动与外接电源的电力驱动的主要区别是动力源不同。前者是独立的动力源—内燃机，后者是外接电网电源。内燃机—电力驱动通常是由柴油机驱动发电机发电，把内燃机的机械能转化为电能传送到工作机构的电动机上，再变为机械能带动工作机构转动。直流电和交流电都有采用。但更多的是采用直流发电机和直流电动机。因为直流电动机可以在较大范围内无级调速，过载能力强。起重机用的直流电动机为 ZZY 系列，有串激、并激和复激三种类型。串激电动机具有最大的起动力矩和过载能力，而且它的转速可以随着载荷的大小而自动改变。并激电动机的特性曲线最硬，即它的转速随载荷的变化最小，而且起动力矩和过载能力较小。复激电动机的特性介于前两者之间。后两种电动机主要用于回转和运行机构。此外，ZZY 系列电动机还能承受频繁的起、制动、反转载荷以及振动和冲击载荷。

这种驱动形式是以直流电动机的良好工作特性克服内燃机工作特性的缺点，是一种十分适合工程起重机的工作特点的驱动形式。但这种驱动形式，电器设备多，它与外接电源的电力驱动比较，由于多了一台内燃机和一台发电机，因而质量大，价格昂贵，使起重机造价显著增大。图 5.1-31 所示为这种复合驱动的布置形式的一个例子。

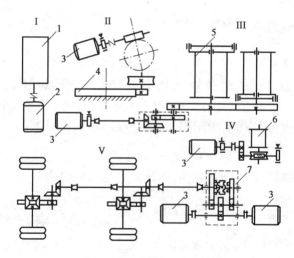

图 5.1-31 内燃机—电力驱动

Ⅰ-动力源；Ⅱ-回转机构；Ⅲ-起升机构；Ⅳ-变幅机构；Ⅴ-行走机构

1-内燃机；2-直流发电机；3-直流电动机；4-回转大齿圈；5-起升卷筒；6-变幅卷筒；7-行走变速箱

②内燃机—液压（液力）驱动

在现代工程起重机中，内燃机—液压驱动得到越来越广泛的应用，其主要原因，一是由于机械能转换为液压能后,实现液压传动有许多优越性;二是由于液压技术本身发展很快,使起重机液压传动技术日趋完善。图5.1-32所示为汽车起重机内燃机—液压驱动系统布置示例简图。

这种驱动形式不仅广泛应用于汽车起重机和轮胎起重机,近年来也应用于履带式起重机代替以往的内燃机—机械驱动形式。由于履带式起重机的动力装置是装设在上车回转平台上,因此在以往的内燃机—机械驱动系统中,履带行走机构所需的动力,需要从上车通过逆转机构等复杂的动力传递机构传到下车。而应用液压传动,只要通过高压油管和中心回转接头,就可把上车的动力容易而方便地传递到下车。图5.1-33是履带起重机内燃机—液压驱动的一个实例。如图中所示,发动机和液压泵布置在上车回转平台上,通过油管和中心回转接头把液压泵送出的压力油送到下车行走液压油马达从而驱动履带行走。

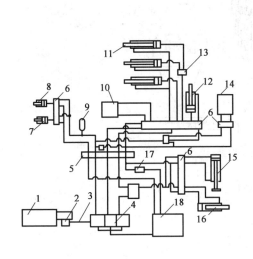

图5.1-32 内燃机—液压驱动系统简图
1-内燃机;2-分动箱;3-传动轴;4-液压泵;5-中心回转接头;6-控制阀;7-制动器液压缸;8-离合器液压缸;9-蓄能器;10-起升油马达;11-伸缩臂液压缸;12-变幅液压缸;13-分流阀;14-回转液压马达;15-垂直支腿液压缸;16-水平支腿液压缸;17-过滤器;18-油箱

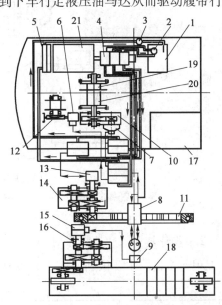

图5.1-33 履带式起重机内燃机—液压驱动布置
1-油箱;2-吸滤器;3-管路滤油器;4-液压泵;5-油冷却器;6-液压马达(变幅机构);7-液压马达(主、副起升机构);8-回转中心接头;9-行走制动器阀;10-起升机构;11-回转齿圈;12-变幅机构;13-液压马达(回转机构);14-回转机构;15-液压马达(行走机构);16-制动器;17-驾驶员室;18-行走履带;19-副卷筒;20-主卷筒;21-内燃发动机

内燃机—液压驱动的主要特点是:

a. 减少了齿轮、轴等机械传动件,而代之以质量轻,体积小的液压元件和油管,使起重机的质量大为减轻,结构紧凑,外形尺寸变小;

b. 可以在很大范围内实现无级调速,而且容易变换运动方向;

c. 传动平稳,因为作为传动介质的液压油液具有弹性,通过液压阀平稳而渐近地操纵可获得平稳的柔和的工作特性;

d. 易于防止过载;

e. 操纵简单、省力。

这种驱动形式的主要缺点是:传动效率低,因为能量经过了两次转换;液压元件加工精度要求高,因而加工成本大;对密封要求也高,如果制造安装工艺不完善,常有运转失灵及漏油现象产生。随着液压技术的发展和工艺水平的提高,这些缺点已逐步得到解决。

液力传动和液压传动一样都是以油液作为工作介质的传动系统。但液压传动液能的主要表现形式为压力能,而液力传动的液能形式主要为动能,所以又称为动力式液压传动。液力传动广泛应用于工程机械车辆底盘的传动系统。由于采用液力传动,使内燃机驱动特性得到显著改善。从而进一步改善了工程机械车辆的行驶性能,同时扩大了调速范围,简化了机械变速器。图 5.1-34 所示为 16t 轮胎起重机底盘上采用的内燃机—液力驱动系统图。

液力传动不仅用于工程起重机下车传动系统中,而且也应用于起重机上车各工作机构中,以适应起重机工作特性的要求。但这种内燃机—液力驱动形式效率低,元件制造成本高。

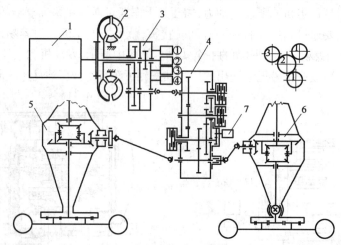

图 5.1-34 内燃机—液力驱动
1-内燃机;2-液力变矩器;3-分动箱;4-变速箱;5-后桥;6-前桥;7-转向辅助泵
①-转向用液压泵;②-变矩器、变速箱操纵用泵;③、④-工作油泵

5.1.5.2 各种起重机的选择原则

各种工程起重机的主要区别如表 5.1-15 所示。

表 5.1-15

类 别	工 作 特 点
汽车起重机	1. 行驶速度高,机动灵活性一般
	2. 采用专用或通用底盘,适宜于公路行驶
	3. 作业性能高,结构简单,价格便宜
	4. 吨位区间为:3～300t
	5. 作业辅助时间少,作业高度和幅度可以随时变化
轮胎起重机	1. 行驶速度慢,机动灵活性好,整机尺寸小,通过性好
	2. 采用特制底盘,油气悬挂,可全轮驱动和转向,可越野行驶
	3. 作业性能高,结构较复杂,价格稍贵,比汽车起重机贵15%
	4. 吨位区间为:5～80t
	5. 作业辅助时间少,作业高度和幅度可随时变换
全路面起重机	1. 行驶速度较高,机动灵活性好,行驶舒适性好
	2. 采用特制底盘,油气悬挂,可全轮驱动和转向,可越野行驶
	3. 作业性能高,结构较复杂,价格较贵,比汽车起重机贵40%
	4. 吨位区间为:5～800t
	5. 作业辅助时间少,作业高度和幅度可随时变换
履带式起重机	1. 需要运输设备进行场地运转,需要现场安装,并需要较大的安装空间和起吊设备协同安装
	2. 采用履带式底盘,可吊重行驶
	3. 作业性能高,结构较简单,价格较宜,比汽车起重机便宜25%
	4. 吨位区间为:15～1 800t
	5. 作业辅助时间少,作业高度和幅度可随时间变换

续上表

类　别	工　作　特　点
随车起重机	1. 行驶速度高,机动灵活
	2. 将作业装置安装在重型卡车上,集装载、运输、卸载三大功能
	3. 作业性能较差,价格较低
	4. 吨位区间为:3.2~12t
塔式起重机	1. 需要现场安装,作业辅助时间长
	2. 起升高度和作业幅度较大,变幅效率较高
	3. 采用电力驱动,能量消耗少
	4. 吨位区间在2~60t

根据这些区别可以得出以下结论:

(1) 考虑作业性质、作业性能、车辆通过性来选择相应的设备,对路面没有特殊的要求时可选用汽车起重机。

(2) 施工速度要求快、施工周期短,选用移动式起重机。

(3) 对施工时间较长,有较大安装空间时可选用履带式起重机,同吨位履带式起重机的性能最高,比其他起重机高一倍或更多。

(4) 对最大作业高度固定、作业幅度变化范围大,起重量不大的施工可选用塔式起重机。

(5) 一般运输公司可选用汽车起重机。

1) 轮胎式起重机

轮胎起重机的主要参数有起重量、起重力矩、工作幅度、起升高度、工作速度、自重等指标,这些参数表明起重机工作性能和技术经济指标,它是设计起重机的依据,也是用户选择起重机的主要依据。

起重量:起重机起吊重物的质量称为起重量,起重机的起重参数通常以额定起重量来表示。所谓的额定起重量是指起重机在各种工况下安全作业所容许的起吊重物的最大质量值,它是随着幅度的增大而减少的,我国以3m幅度(最小幅度)的额定起重量即最大起重量来标定起重机吨位的。

工作幅度:起重机回转中心轴线至吊钩中心的距离,通常在吊重状态下量取,由于吊重时结构件等会发生形变,因而一般吨位产品吊重时比空载时的幅度大0.5至2m左右。

起重力矩:起重机的起重量与对应工作幅度的乘积称为起重力矩,是衡量起重机各运行机构等的一个综合指标。

起升高度:是指支腿或轨道支撑面到吊钩钩口中心的距离,额定起升高度是指满载时的最大起升高度。

工作速度:工作速度是衡量执行机构的作业快慢,主要包括起升、变幅、回转和行走速度,其中起升速度又分为单绳速度、空钩速度、满载速度,均以单位m/min表示,回转速度是以单位r/min表示,变幅是指吊钩自最大幅度到最小幅度时的平均线速度,一般以需要的时间秒来衡量。

自重:起重机的自重是起重机处于工作状态时起重机本身的全部质量。对于同一性能的起重机,自重轻意味着起重机设计合理、制造可靠。

汽车起重机由底盘和起重作业部分两大部分组成,起重作业部分是整车的核心所在,主要由起升机构、变幅机构、伸缩机构、回转机构及支腿部分等组成,全部为液压驱动,由发动机提供动力。

选型原则与选型步骤:

在我国,汽车起重机是一种使用非常广泛的起重设备,也是最能创造效益的一种设备,随着技术水平的不断提高,产品吨位也在朝着更大吨位的方向发展。

首先,根据项目要求或根据财政情况选择好吨位。然后根据对作业高度的要求选择吊臂和副臂的大致长度,确定吊臂的节数,以确定产品的大致型号。

其次，对多个公司的产品性能进行比较。比较行驶性能、吊重作业性能和作业高度、作业速度；比较产品的配置情况、结构件的材料情况，结构件的先进性，配套情况和材料情况，还有影响产品的成本。

(1) 底盘。国内汽车起重机主要使用自制底盘以及少量的进口底盘(QY25t 以上)和通用二类底盘(QY16t 以下)，进口底盘在国内各项服务还没有完全跟上，选择受到一定局限。通用底盘一般选择东风二类底盘，技术基本趋于成熟。

(2) 上车部分。上车部分主要包括伸缩机构、起升机构、变幅机构和回转机构等，是整车实现起重功能的核心。

(3) 安全性。汽车起重机的安全装置是必不可少的，一个好的产品安全性是一个重要的评价指标，用户在选择时必须对车型的安全性进行充分的了解。

(4) 整车性能。整车主要性能指标主要有底盘参数、工作性能参数、行驶参数、质量参数和尺寸参数，就起重性能而言，其特性表充分反映了汽车起重机在各种同幅度起升能力。

(5) 关键件配置。主要部件的好坏关系到整车的性能，它是汽车起重机良好运行的基础。

在选购产品前对生产厂家进行实地考察。考察工厂的设备水平、生产制造水平、质量保证体系、产品设计水平以及员工的素质等。

最后，应了解该企业的销售服务网络、备件供应网络以及企业的信誉情况。

2) 履带式起重机的选择

(1) 机型的选择

选择起重机主要考虑以下几个问题：机械的机动性、稳定性和对地面低比压的要求，吊臂采用桁架式(机械传动)还是采用箱形伸缩式(液压传动)起重机合适，是否使用专用起重机等。

在以下情况下选择履带式起重机：a. 当吊装工程要求起质量大，安装高度高，幅度变化比较大的起重作业，可根据情况选用轮式或履带式起重机，如果地面松软，行驶条件差，则履带式起重机最为合适了；b. 当工作条件限制，要求起重机吊重行驶时，履带式起重机稳定性能好，可选择履带式起重机。

(2) 履带式起重机型号的选择

根据起重量和起升高度，考虑到现场的施工条件，即可从移动式起重机的产品样本或技术性能表中找到合适的规格。由于起重机的最大起重量越大，在吊装项目中发挥其性能就越困难，利用效率低。因此，只要满足吊装技术要求，不必选择过大的型号。必须指出，起重机名义起重量是指重臂最短、幅度最小时允许起吊的质量；当起重臂伸长、幅度增大时，起重量相应减少，其数值可由起重机工作性能数据中找到。

(3) 起重经济性的选择

起重机考虑经济性能指标的原则是使物料或构件在运输、吊装及装卸中单价最低，因此可用台班定额的起重量和台班费用计算出物料运输单价，然后选择最低的一种。

3) 塔式起重机的选择

(1) 从产品型号了解整机性能

例如：QTZ800B，其中 QT 代表塔式起重机，起重力矩 800kN·m 为自升式，B 为第二代产品。然而，现在又有一种新型的型号标识方法，例如 QTZ800B，有的厂家又这样标记(图 5.1-35)。

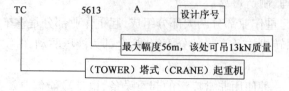

图 5.1-35

这种标记方法早期为几个塔机引进厂家的标注方式，后逐渐为很多厂家效仿。虽然不符合国家标准，但是却很直观地反映了塔机的起重性能，所以，有的厂家为了显示自己塔机性能优越，很乐意把最大臂长与臂端(最大幅度)处所能吊起的额定质量两个主要参数来标记塔机的型号,内行的人只要看一眼此种塔机的基本臂和相应额定起重量。就可以了解起重能力。

(2)从塔机的类型分类来考虑

塔机按回转支承位置分为上回转塔机和下回转塔机,目前上回转塔机中最典型的是使用上回转自升式塔机。自升式塔机的起重臂、平衡臂、变幅机构、起升机构、电控机构、驾驶室等都在回转支承以上,所以塔身是压弯受力。它的突出优点是可以随时加节升高,附着时可以升得很高;但是,由于它的塔身受很大的压弯,故容易晃动,自升加节时,上部不平衡力矩倒塔的危险性大,这是它的缺点。下回转支承塔机的回转支承则在底架上,工作时塔身也跟着回转,它有三大优点:①塔机顶部没有不平衡力矩,塔身以受压为主,工作平稳,晃动较小;②它的传动机构都在下面,重心很低,几乎很难出现倒塔;③也由于它的传动机构都在下面,因而便于维护、管理和更换零部件(表5.1-16)。

塔式起重机分类形式与应用范围 表5.1-16

塔机分类形式		在建筑施工中的应用范围			
		多层	中层	高层	超高层
移动式	上回转(塔身固定不转) 动臂变幅臂架		√	√	
	上回转(塔身固定不转) 小车变幅臂架		√	√	
	下回转(塔身回转) 动臂变幅臂架	√	√	√	
	下回转(塔身回转) 小车变幅臂架	√	√	√	
固定式	附着式(上回转) 动臂变幅臂架			√	√
	附着式(上回转) 小车变幅臂架			√	√
	内爬式(上回转) 动臂变幅臂架			√	√
	内爬式(上回转) 小车变幅臂架			√	√

(3)根据塔机三大传动机构的工作性能来考虑

塔式起重机的起升机构、回转机构、变幅机构是塔机的功能执行机构,其性能好坏,直接关系到整机工作的好坏。在整机工作性能相同的情况下,产品性能好坏的主要因素就是三大机构工作性能。

(4)从电控系统来考虑

买塔机我们要看它的电控系统,因为电气的故障是发生最多的故障。

(5)从安全装置的完备程度来考虑

我国塔机有关标准规定:塔式起重机都应装有起重力矩限制器、起重量限制器、起升高度限制器、幅度限制器、回转限制器等。

(6)其他辅助装置的设置

所谓其他辅助装置指的是一般塔机上不限定非装不可的装置,但是根据工地上的实际使用要求,增加一些装置往往会带来很大方便,用户在选购塔机时可根据使用条件选装。

选购塔式起重机时,除了了解整机的基本参数、机构的工作性能以及基本的安全装置外,还应考虑以下几方面的问题:

①整机、结构、机构的工作级别。

②了解考察生产企业保证产品性能的手段。

③安全装置的先进性。

④良好的钢丝绳系统。

⑤设备转场是否经济合理。

⑥高空维修的方便性。

⑦塔身标准节问题。

塔身标准节在塔式起重机的配置中数量很大,而且要求强度高、刚度大、互换性好。

4)门式起重机选择原则

(1)单主梁和双梁门式起重机的选用

一般情况下,起重量在50t以下,跨度在35m以内,无特殊使用要求,宜选用单主梁式。如果要求门腿宽度大,工作速度较高,或经常吊运重件、长大件,则宜选双梁门式起重机。

(2)跨度和悬臂长度

门式起重机的跨度是影响起重机自身质量的重要因素。选择时,在满足设备使用条件和符合跨度系列标准的前提下,应尽量减少跨度。

(3)轮距的确定原则

①能满足门架沿起重机轨道方向的稳定性要求;

②货物的外形尺寸要能顺利通过支腿平面钢架;

③注意使轮距 B 与跨度 S 成一定比例关系,一般取轮距 $B=(1/4\sim1/6)S$。

(4)门式起重机间距尺寸确定

在工作中,门式起重机外部尺寸与堆场的货物及运输车辆通道之间应留有一定的空间尺寸,以利于装卸作业。一般运输车辆在跨度内装卸时,应保持与门腿有0.7m以上的间距。吊具在不工作时应与运输车辆有0.5m以上的间距,货物过门腿时,应有0.5m以上的间距。

(5)门式起重机电气设备的选用

它应符合《通用门式起重机》(GB/T 14406—1993)的有关规定及门式起重机安全操作规程。

5)桥式起重机选择原则

桥式起重机的选型,首先是方案抉择、选型的技术评估和经济论证,接下来开始确定起重机的总体类型、结构、工作级别、基本参数,有时以上各项内容相互交叉考虑。

(1)机型的选择

进行桥式起重机的机型选择时,从主要技术性能方面着重考虑以下几点:

①性能参数

不同型号的桥式起重机,其参数范围是不相同的。国内目前通用桥式起重机主要性能参数有额定起质量和标准跨度、起升高度、工作速度等。

②类别性能

机型选择时要考虑桥式起重机的使用条件,把将要选择的桥式起重机的主要性能与今后的使用要求对照比较。

③厂房条件

在选择桥式起重机时,必须详细调查核实厂房结构件实际承载能力与结构特点。

④主体结构

对于桥式起重机的主体结构,也可以按照经济性原则选择,同时也要考虑性能(如工作速度、平稳性等)和兼顾前述工作环境与条件、产品标准化和标准化程度。

(2)基本参数的确定

①额定起重量 Q

选择桥式起重机额定起重量的依据,应该是作业环境条件下,经常吊运的物件的自重,并适当考虑偶尔吊运的物件或组件最大自重与生产发展因素。

②厂房条件

厂房结构条件的允许承载能力决定了承轨梁上所允许或限制安装起重机的最大轮压。

③起升高度 H

通用吊钩桥式起重机的起升高度一般有确定的范围:

单钩 取12~16m;

双钩 取12/14~24/26m。

④跨度 L

选择起重机跨度时,要注意区分工业厂房的跨度和桥式起重机跨度的概念。

⑤工作速度 V

电动双梁桥式起重机的起升速度一般为 4.62～20m/min,电动单梁桥式起重机起升速度为电动葫芦的起升速度。

⑥确定起重机的工作级别

起重机的工作级别为 A1～A8 八个级别,不同的工作条件有不同的级别。

⑦考虑其他因素如操纵方式、驾驶员室形式、供电方式及特殊要求。

5.1.6 主要生产厂家典型产品及技术性能和参数

5.1.6.1 汽车起重机主要生产厂家典型产品及技术性能和参数(表5.1-17)

表5.1-17

单 位	名 称	型 号	起重量(t)	吊高(m)	半径(m)	功率(kW)	自重(t)
徐工	汽车吊	QY50	50	47	30	206	39
		QY32	32	45.9		191	32.5
		QY25A	25	36	32	162	29
		QY20	20	40	28	162	25
		QY16	16	29.7	24	162	24.3
		QY12	12	8.6	18	132	15.7
		QY8B	8	17.6	12	99	9.5
		QY40	40	46		191	
		LTM1050	50	56	40	243	44
泸州	汽车吊	SQS5	5	9	7.3	132	9
		QY8	8	16.8	16	99	9.5
		QY12B	12	22	18	132	15
		QY16BE	16	32	20	161	21.8
		QY20A	20	32.8	26	161	24
		QY25	25	32.4	26	161	25.8
		QY25C	25	38.6	30	216	30
		QY32	32	46.5	36	216	34
		QYR50	50	54.5	30	214	39.4
		LT1040	40	42	26	188	37
		LT1080	80				68
		LTM1125	125				
		OY125	125	68	45	174	
		OY40A	40	42	30	82	
蚌埠	汽车吊	QY25	25	33.6	30		26
		QY12A	12	27	23		15
		QY10	10	14.5	13		14
		QY8D	8	23.6	17		9.4
		ZQY4	4	10	7		9
		QY12	16	31	22	162	23.6

续上表

单 位	名 称	型 号	起重量(t)	吊高(m)	半径(m)	功率(kW)	自重(t)
泰安	汽车吊	QY16	16	24	18	155	17.4
		QY12	12	22.5	16	180	15
		QY8F	8	23	17	99	9.6
		QY5	5	16	15		
锦州	汽车吊(电磁)	QY8E	8	17.5	12	99	9.6
		QYC8	4	6		99	9
		QY12	12	21.7		147	15.5
		QY16A	16	23.5		154	17
		QY25B	25	30.8	22	254	28
蒲沅	汽车吊(三菱)	QY8	8	20	19	118	13.5
		QY12	12	23	19	118	14.8
		QY16	10	31	20	155	21
		QY20	20	32.2	23	155	24
		QY25	25	32.5	28	191	32
		QY35	35	45	31	191	32
		QY35	35	45	31	214	311
		QY50	50	54.5	30	220	39.6
		QY50	50	46.2	30	206	39
辽宁	汽车吊	QY8	8	23.7	17		9.5
		QY16	16	31.5	23		17
重庆	汽车吊	QY8D	8	23.7			
		QY25A	25	38.6		174	
		QY32	32	38.6		188	
河北	汽车吊	QY8	8				
		QY12TA	12	21.7	19	99	
邢台	汽车吊	QY25A	25	33		210	28.5
徐工	多田野	TC3.2B3	3.2	10	8		
贵州	汽车吊	QY8	8	19	12		
湖北	汽车吊	QY12A	12	23.5	21	99	13.6
		QY8C	8	19.6	16	99	9.4
哈尔滨	汽车吊（越野轮胎吊）	QY8					
		QY12B	12		13.2	160	16.7
		QY12HK	12	26.5			
		QY16					
		QLY25C					
中联浦沅	全液压汽车其重机	ZLJ5690JQZ300H	160	60			66.9
		ZLJ5620JQZ100H	100	59			62.1
		ZLJ5700JQZ130H	130	66			68.8
		ZLJ5410JQZ50H	60	56.5			40.8
		ZLJ5320JQZ35H	35	48			32.3
		ZLJ5151JQZ12H	12	27.5			14.7

第5章 桥梁机械

续上表

单 位	名 称	型 号	起重量(t)	吊高(m)	半径(m)	功率(kW)	自重(t)
徐重	随车起重机	SQ3.2SK2Q	3.2			14	1.316
		SQ2SK1Q	2.1			9	0.65
	全地面汽车起重机	QAY200	200	61			
		QAY160	160	60			
		QAY130	130	50			
		QAY50	50	38			
		QAY25	25	28			
北起多田野（北京）起重机有限公司	汽车起重机	BT-80A	8				
		QY12F	12				
		QY16D	16				
		QY25D	25				
		GT-250E	25				
		GT-550E	55				
三一集团	汽车起重机	QY17	17	31.5			24.5
		QY26	26	39.7			28.5
		QY52	52	55.1			42
利勃海尔	全路面起重机	LTM 1500-8.1	500	84		240	96
		LTM 1400-7.1	400	60		240	84
		LTM 1250-6.1	250	72		180	72
		LTM 1220-5.2	220	60		180	60
		LTM 1200-5.1	200	72		145	60
		LTM 1160-5.1	160	62		145	60
		LTM 1130-5.1	130	60		145	60
		LTM 1100-5.2	100	52		145	60
		LTM 1100-4.1	100	52		145	48
		LTM 1040-2.1	40	35		270	24
马尼托瓦克起重集团下属格鲁夫	全路面起重机	GMK2035	31.8	46.3			24
		GMK3050-1	49.9	54.9			34
		GMK3055	54.4t	57.9			35
		GMK4080-1	81.6t	62.8			39.463
		GMK5100	108.9	87.8			48.295
		GMK5130-1	149.7	94.8			49.869
		GMK5200	217.8	98.1			60.736
		GMK6220-L	226.8	71.9			66.883
		GMK6300	317.5t	113.7			71.999
		GMK7450	450	131.0			

续上表

单 位	名 称	型 号	起重量(t)	吊高(m)	半径(m)	功率(kW)	自重(t)
日本多田野	全地面起重机	ATF 220G-5	220				
		ATF 160G-5	160				
		ATF 110G-5	110				
		ATF 80-4	80				
		ATF 65G-4	65				
		ATF 60-3	60				
		ATF 45-3	45				
		ATF 30-2L	35				
	越野起重机	GR-700EXL	70	44.0			48.1
		TR-600EXL	60	42.2			46.5
		TR-500EX	50	35.0			43.2
		GR-300EX	30	31.0			27.0
		TR-250EX	25	6.9			24.1
		GR-120NL	12	23.8			13.365
	汽车起重机	GT-550E	55	42.0		257	
		TL-300E	30	33.0		202	
德马格 (DEMAG)	液压伸缩臂汽车起重机	AC700	700	145.5	16.5	420	
		AC500	500	145.8	15.8	448	
		AC100	100	83.2	11.6	350	
		AC50	50	57.6	11.7	240	

5.1.6.2 履带式起重机主要生产厂家典型产品及技术性能和参数(表5.1-18)

表5.1-18

单 位	名 称	型 号	最大起重量(t)	最大工作半径(m)	最大起升高度(m)	发动机功率(kW)	工作质量(t)
抚顺挖掘机厂	履带式挖掘机	QU20	20	21.3	27.8	110	44.5
		QYY35	35	30	42	105	36
		QUY50	50	46	52	117.6	50
		QUY50B	50	46	52	117.6	50
		QUT100	100		69	184	108
		KH180-3	50	46	50	110	46.9
		KH700-2	150	46	79.8	184	150.6
江西采矿机械厂	履带式挖掘机	QU16	16			110	41.2
		QU25	25			110	47.9
		QU32	32			110	48
		QU32A	36			110	51.3
		QU40J	40			110	49
		QU50	50			147	57

续上表

单位	名称	型号	最大起重量(t)	最大工作半径(m)	最大起升高度(m)	发动机功率(kW)	工作质量(t)
日本KOBELCO神钢	履带式挖掘机	7035	35	32.7	44	114	38
		7045	45	34	52	114	45
		7100	100	63	95	184	114
		7200	200	69	108	220	197
		7300	300	74	120	254	284
		7650	650	94	150	441	510
		BM500	50	40	58	132	53
		BM600	55	40	58	170	55
		BM700	65	43	73	170	65
		BM800	90	40	59	216	84
		BM1200	100	55	80	298	115
		BM1600	150				160
德国LIEBHERR利勃海尔	履带式挖掘机	LR1600/1	600	136	191	400	
		LR1500	550	124	165	300	148
		LR1800	800	124	180	495	
		LR1120	1200	164	226	746	
		LR1400/1	400	120	162.5	300	115.5

5.1.6.3 塔式起重机主要生产厂家典型产品及技术性能和参数(表5.1-19)

表5.1-19

单位	名称	型号	起重量(t)	吊高(m)	半径(m)	功率(kW)	自重(t)
陕建	塔吊	QYZ100	8	50	60	147.5	
		QT250	5	36	35	42.5	24.5
		QT265	6	41	48	44	33.6
		QT2100					
张家港坡坦"浮山"牌	塔吊	QT225	2.5	25	32	11	
		QT240B	4	31	40	15	
		QT260	6	40	45	22	
		QT280F	8	45	50	30	
		QTZ125G	10	50	55	30	
	升降机	SC100/100	1	150		30	
		SC200/200	2	150		30	
哈尔滨	塔吊	QTZ120	8	140	50	120	
		QTK60	6	43	25	36	46
山东章丘	塔吊	QTZ200B		25	25		
		QTZ250B		25	30		
		QTZ315		30	37		
		QTZ400B		30	42		

续上表

单位	名称	型号	起重量(t)	吊高(m)	半径(m)	功率(kW)	自重(t)
上海	施工升降机	SCD200/200	2	250		34	1.4
		SCD150/150	1.5	300		34	1.4
	塔机	QT280G	8	25	55	60	
		QT230	3	30	37	27.5	
		QTZ125	10	50	63		
徐州	塔机	QTZ25	2.5	26	32		11.8
		QTZ40	4	42			18.5
		QTZ63	6	50			28.8
		QTZ80	8	55			41
南阳	塔机	QTZ80	6		50		
		QTZ40	4		40		
川建	塔机	C3208	0.8~2.5	32	19		
		C4010	1~4		40	41	
		C5012	1.2~6		50	90	
		TOPKITFO	2.3~10		50	90	
		C7022	2.2~16		70	168	
		TOPKITH3	3.6~12		60	108	
		SCM_D	3~10		50	118	
		C58015	1.5~8		50	118	
	施工升降机	SC100	1	150		11	
		SC100/100	1/1	150		11	
		SC200/200	2/2	250		11	
重庆	塔机	TZ25(3208)	0.8~2.5		32		16.6
		TZ40(4010)	1~4		40	93	
		QYZ63	1.2~5		50	95	
		TZ125(6015)	1.5~8		60		
重建	塔机	QYZ50B	1.3~6		50	41.5	40
		QYZ25C	0.8~2.5		30	41.5Q	19
		QYZ40D	0.8~4		40	70.2	30.5
山东	塔机	QT20	0.7~2	24	25		11
		QTZ25	0.8~2.5	29	30		13.5
		QTG40	0.9~4	31	40		20.6
		QTZ63	6	40	50		28.8
		80	1.2~8	45	55		41
	升降				60		

续上表

单 位	名 称	型 号	起重量(t)	吊高(m)	半径(m)	功率(kW)	自重(t)
湖南	塔机	JL150	2~10	56	55	85	
		JL6018	1.8~10	62	60	101.5	
		JL5013	1.3	39	50	54.5	
		JL5515	1.5	47.5	55	66.8	
	施工升降机	SC100/100	1	150		21	
		SC160/160	1.6	150		31.5	
		SCD200/200	2	150		21	
		SC200/200	2	150		31.5	
山东济南	塔吊	QTZ160	1.6~10	51.8	65	69.5	65
		QTZ80B	1.3~8	45.5	50	53.1	42.4
		QTZ60	1.2~6	40	45	45.1	38.4
		QT240B	1~40	32	42	31.4	22
		QT275	0.8~2.5	25.5	30	25.1	15
陕西	塔吊	QTZ25		30.5	30		
		QTZ315		30.5	40		
		QT16A		34.5	25		
	施工升降机	SC120/120	1.2	100		56	15
		SC160/160	1.6	100		66	15
		SC200/200	2	100		84	15
佛山市南海高达建筑机械有限公司		QTZ100(6013)	8		60		
		QTZ80A(6010)	6		60		
		QTZ80A(5613)	6		56		
		QTZ63A(5510)	6		55		
		QTZ63(5013)	6		50		
山东章丘百脉塔机建筑机械		QT25D-A	2.5	25	30	14.7	
		QTZ31.5A	3	30	38.6	19.7	
		QTZ40A	(a=4),4；(a=2),2	30	42	25.1	
		QTZ63	(a=4),5；(a=2),2.5	40	50	32.6	
		QTZ80	(a=4),6；(a=2),3	46.2	53	41.52	
华夏塔机		QTZ160	10	46.2	65		
		QTZ125(HX6014)	10	46.2(51.2)	60		
		QTZ80C	8	46	55		
		5510	6	40.8	55		
		QTG630	5	40	50		
		QTZ63	6	40	50		
		QTZ630A(5013)	6	40	50		
		QTZ40	4	31	42		
		QTZ40A	4/	29.7	48		
		QTZ40B	4	27	43		

续上表

单 位 名 称	型 号	起重量(t)	吊高(m)	半径(m)	功率(kW)	自重(t)
华夏塔机	HX4708	4	28.3	47		
	QTZ31.5A	3	28	38		
	QTZ31.5B	3	28	42		
	QTZ31.5C	3	25	39		
	QTZ31.5	3	25	43		
	QTZ25A	2.5	26.5	32		
	QTZ20A	2	26	30		
	QT20F	2	26	30		
核工业武威	QTZ315B	3	30.5	40		
	QTZ40	4	35	46.8		
济南金魁工程机械有限公司	QTZ50(5010)	5	41.4			
	QTZ40A(4708)	4	30	46.8		
	QTZ80A(5312)	6	46.2	53		
	QTZ63(5013)	6	41.4	50		
	QTZ31.5A4206)	3	30	42		
	QTZ(G)25A(3008)	2.5	25	30		
山东省威海市华塔塔机	QTZ25A(3208)	2.5	25.5	32.5		
	QTZ31.5A(4207)	3	27	41.8		
	QTZ40A(4708)	4	28	46.8		
	QTZ63(5013)	6	39	50		
	QTZ80A(5015)	6	39	50		
	QTZ800 内爬式	6	100	55		
	QTZ125(6015)	8	50	60		
方圆集团有限公司	QT20(TC3006)	2	25	30	14.7	10.2
	QTZ20(TC3006A)	2	25	30	14.7	11
	QTZ25(TC3008A)	2.5	27	30	20.8	12.25
	QTZ31.5(TC3508)	3	29	35	20.8	14.1
	QTZ31.5(TC4207)	3	39	42	22.7	20
	QTZ40(TC4208)	4	29	42	21.7	21.2
	QTZ50(TC4610)	5	36	46	21.7	26
	QTZ40(TC4708)	4	29	47	21.7	22.5
	QTZ63(TC5013)	6	40	50	31.7	32.1
	QTZ63(TC5013A)	6	40	50	31.7	34.5
	QTZ80(TC5512)	8	45	55	42.4	43
	QTZ125(TC6014A)	10	50	60	87.6	64.2
	QTZ160(TC6020)	10	52.6	60	89.1	69.8

续上表

单位	名称	型号	起重量(t)	吊高(m)	半径(m)	功率(kW)	自重(t)
抚顺工厂	平头系列	STT553	24	67.6	80		
		STT403	24	73.6	80		
		STT293	18	62.65	74		
		STT253	18	57.9	64		
		STT200	18	59.4	60		
		STT113	6	40.26	52.5		
		ST5515	8	46.25	55		
		ST5020	6	46.25	50		
		ST4010	4	35	40		
	塔头系列	ST80/75	50	91.3	80		
		ST70/30	12	51.7	70		
		ST70/27	16	51.2	70		
		ST60/23	10	59.5	60		
		ST60/15	10	59.8	60		
		ST55/10A	6	48.46	55		
		ST50/15A	6	48.46	50		
		ST38/07	3	35	38		
		H3/36B	12	51.7	60		
		F0/23B	10	59.8	50		
		F0/23B	10	44.8	50		
	动臂系列	STL60	4	37.28	35		
		STL203	12	34.05	50		
		STD31/12	6		31		
		STL120	8		45		
		STL230	16	57.7	55		
		STL420	24	72.4	60		
		STL720	32	70.1	60		
	便携式系列	QD10	10	24			
		QD8	6	24			

5.1.6.4 门式起重机主要生产厂家典型产品及技术性能和参数(表5.1-20)

表5.1-20

单位	类型	起重量(t)	工作级别	跨度(m)	起升高度(m)	运行速度(m/min)	
						小车	大车
云南昆钢集团机械制造工程有限公司	HM系列	30~63	A3~A5	42	14.7~18	3.4~4.1	7
	MH系列	3.2~12.5	A4	10~22	6~9	12.5~32	40
	A系列	8~50	A5	18~35	10~12	38.8~40	46.5~52.7
	L系列	5~32	A5	18~35	11~12	36.6~39.34	39.56~47.12
新乡市卫华起重机有限公司	L系列	5~10	A5	16~30	9	20~30	20~40
	MH系列	3~16	A3~A5	6~18	6~9	3.5~8	

续上表

单位	类型	起重量(t)	工作级别	跨度(m)	起升高度(m)	运行速度(m/min) 小车	运行速度(m/min) 大车
中山市公路钢结构制造有限公司	BZMD 系列	40~300	A5	18~36	8.5~17.5		
	BZJQ 系列	40~110		25~35			
靖江市起重设备厂	MD 系列	0.5~10		4	4		
	MD_1 系列	0.5~10		4	4	8	
	MH 系列	3.2~12.5	A5	10~30	6~12	20~32	35.02~38.33
	L 系列	5~20	A5	18~35	11~16	38.6~39.74	39.5~48.3
广州市安博起重机械有限公司	MH 系列	1~10	A3~A5	7.5~22.5	3~30	20~30	10~32
	MGL 系列	5~50	A4~A6	18~35	6~30	20~30	20~75
	MGA 系列	5~50	A4~A6	18~35	6~30	20~30	20~75
上海鹰鹏起重机械制造有限公司	L 系列	5~10	A5	18~35	3~30	12.5	
	MD 系列	1~10	A5	7.5~22.5	6~9	20	20
	A 系列	10~50		22~30	9~10		
	B 系列	10~100	A5	22~30	10~12	31.6~44.7	42.65~47.8
南京起重机械总厂有限公司	MDG 系列	5~32	A5	10~35	11~13	36.6~39.4	40.1~47.9
	MDZ 系列	5	A5~A6	18~32	16	53	55
	MG 系列	5~20	A5	18~35	10~11	38.3~44.6	40~46.3
	MH 系列	2~10	A5	5.5~13.5	4.5~9	20~30	30~41.11
	MZ 系列	5~10	A3~A6	26~35	13.5~14	46.1~48.3	47.1

5.1.6.5 桥式起重机主要生产厂家典型产品及技术性能和参数(表5.1-21)

表5.1-21

单位	类型	起重量(t)	跨度(m)	工作级别	起升高度(m) 主	起升高度(m) 副	运行速度(m/min) 主	运行速度(m/min) 副
洛阳起重机厂	LH 系列	5~8	7.5~28.5	A3~A5			14	
	桥式系列	5~10	10.5~31.5	A7	18~22		40	
	桥式系列	100	13~31	A5	22		4.65	7.2
	桥式系列	80	13~31	A3~A6	20		6.87(主)	9.23(副)
	桥式系列	10~50	10.5~31.5	A5~A6	16		9.8(主)	13.4(副)
	桥式系列	5~12.5	10.5~31.5	A5~A6	15		11.5	14.7
中通钢构有限公司	LH 系列	5	7.5~31.5	A5	6~30		8.8	
	LH 系列	10	7.5~31.5	A5	9~30		7.7	
	LH 系列	16	7.5~31.5	A5	9~30		3.5(主)	8(副)
	LH 系列	20	7.5~22.5	A5	9~24		5(主)	8(副)
	SDQ 系列	1~10	5~14	A3	3~10		5.2(主)	6.3(副)
	QD 系列	5~10	10.5~31.5	A5~A6	16		12(主)	15.4(副)
	QB 系列	5~10	10.5~31.5		16		2.2	
	桥式系列	5~10	10.5~31.5	A6	16		15.4	
	桥式系列	16~20	10.5~31.5	A6	12~16		13(主)	19.7(副)

续上表

单位	类型	起重量(t)	跨度(m)	工作级别	起升高度(m) 主	起升高度(m) 副	运行速度(m/min) 主	运行速度(m/min) 副
太原重工股份有限公司	桥式系列	1200	33.6		34	37	3.0	4.0
	桥式系列	560	33	A5	23	24	3.0	4.31
	桥式系列	100	13	A3	20	22	1	8.1
	桥式系列	125	15	A3	20	22	1	8.68
中信重型机械公司	桥式系列	50	10.5~31.5	A3	20	22	1.6	5.75
	桥式系列	75	10.5~31.5	A5	20	22	5.1	7.3
	桥式系列	100	10.5~31.5	A5	20	22	4.57	9.22
广州市劲力起重设备有限公司	LH系列	3~32	7.5~22.5	A3~A5	6~30		20~75	
	QD系列	5~50	7.5~22.5	A3~A8	6~30		20~75	
靖江市起重设备厂	SDXQ系列	1~10	5~16		6			
	LDA系列	1~10	7.5~22.5	A3~A4	6~30		8	
	LH系列	5~32	10.5~25.5	A3~A4	12		3~8	
	QD系列	5~50	10.5~31.5	A5~A6	6~14		39~94	
东起公司	LH系列	5	7.5~31.5		6~30		30	
	桥式系列	160~200	28	A4~A8	22~28	26~30	67.4~72.4	27.8~29.8
	桥式系列	100	13~31	A5~A6	22	22	66.2~66.7	33.86
	桥式系列	75	13.5~31.5	A3~A6	20	22	33.2~78.1	12.32~38.4
	桥式系列	125	22	A4	20	22	42.8	77.3

5.2 钻孔设备

5.2.1 综述

桥梁施工分为下部施工和上部施工,与之对应的施工机械也可分为下部施工机械和上部施工机械。下部施工机械是为桥梁基础施工服务的。桥梁基础按埋置深度不同分为浅基础和深基础,一般认为埋置深度小于5m的基础为浅基础,可用一般方法施工,例如小桥涵的基础。现代桥梁向大跨、深水基础发展,对基础的承载力、变形和稳定性有较高的要求,采用的基础为深基础;常用深基础有桩基础、沉井基础、沉箱基础和地下连续墙等,尤其是桩基础,被认为是实现基础工业化的主要方向之一。

桩基础按施工方法的不同分为预制桩和灌注桩两大类。

1) 预制桩施工机械

在施工现场和工厂制作的预制桩,按所用材料不同,可分为钢筋混凝土桩、钢桩和木桩,可以用锤击,振动打入,也可用静压和旋入等方式沉桩。

常用的沉桩施工机械有:蒸汽打桩机、柴油打桩机、液压打桩机、振动沉拔桩机、静压沉桩机等。

预制桩施工由于采用工厂化制作,现场沉桩,容易实现机械化操作,施工速度快,工人劳动强度低,施工场地简洁,但由于采用不取土方式,限于设备的能力,桩径不可能很大,桩长也受到限制,所以单根预制桩承载能力有限。这种施工方法在城市对环境要求较高的地方和中小跨桥梁基础是适用的。

2) 灌注桩施工机械

灌注桩需要先钻孔,再灌注混凝土成桩,故亦称钻孔桩。灌注桩施工是指在设计桩位取土,然后在钻成的孔内放置钢筋笼,并就地浇灌混凝土的施工方法。与预制桩施工方法相比,施工速度慢,现场施工工人劳动强度大,施工场地需考虑泥浆搅拌、排放、沉淀池、弃渣存放转运以及混凝土拌和工作,但是在承载能力要求较大的情况下,它却有着预制桩所不可替代的作用。我国在20世纪60年代初开始发展钻孔灌注桩施工技术以来,钻孔桩及其施工机械得到了飞速发展,成为现在国内修建桥梁的主要基础形式。

钻孔机是用于地基钻孔灌注桩施工的主要机械。灌注桩是在设计桩位上进行钻孔,在孔中放置钢筋笼后灌注混凝土成桩。其特点是取土成孔灌注,其桩径不受限制,能根据设计桩径取得较大的承载力,且施工过程具有无噪声、无振动以及不受地质条件限制等优点,故已广泛应用于基础工程。

与预制桩不同的灌注桩需要先钻孔,再灌注混凝土成桩。一般根据钻孔桩的施工方法,而采用与之相配套的钻机。

钻孔桩的施工方法和与之配套的钻机:
(1)全套管施工法:即贝诺特法(Benoto),全套管钻机;
(2)旋转钻施工法:有钻杆旋转钻机、无钻杆旋转钻机——潜水钻机;
(3)回转斗钻孔法:回转斗钻机;
(4)冲击钻孔法:冲击钻机;
(5)螺旋转孔法:长螺旋钻孔机、短螺旋钻孔机。

与这些施工方法相配套的各种钻机就构成了地基灌注桩施工中的钻孔设备。以下将分别叙述这些钻机的概况、分类、特点及适用范围、工作原理和主要结构、选型原则与步骤、主要参数计算等。

5.2.2 全套管钻机

5.2.2.1 概述

1)用途及工作对象

全套管施工法是由法国贝诺特公司(Benoto)在50多年前发明的一种施工方法,也称为贝诺特工法。配合这个施工工艺的设备称为全套管设备或全套管钻机,它主要用于桥梁等大型建筑基础钻孔桩施工时使用,施工时在成孔过程中一面下沉钢质套管,一面在钢管中抓挖黏土或沙石,直至钢管下沉到设计深度,成孔后灌注混凝土,同时逐步将钢管拔出,以便重复使用。

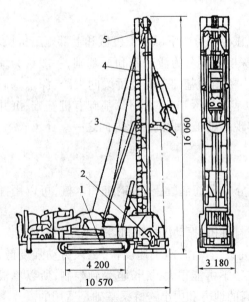

图 5.2-1 整机式全套管钻机(尺寸单位:mm)
1-主机;2-钻机;3-套管;4-锤式抓斗;5-钻架

2)国外水平及发展趋势

由于全套管钻机的一些独有特点,自从问世以来在国外得到了很大的发展,目前,法国、德国、日本、英国均有公司生产此种钻机,由于它工作可靠,施工中的事故率低,在一些国家的钻孔桩施工中成为首选机型。

全套管设备有专用(整机)式和分体式两大类,专用全套管设备采用履带式底盘或步履式底盘,早期日本还采用过卡车底盘与压拔管机构结合在一起形成专用的全套管施工设备(图5.2-1)。例如,日本的MT—200最大桩径达2m,施工钻孔桩深度随桩径不同、地质情况不同在50～60m左右,晃管力矩1 600kN·m,拔管力1 180kN,压管力350kN,有配重时可达1 000kN,并可施工斜桩。国外的全套管设备移动方便,为施工方便在卷扬机构设计,桩架设计都做了仔细研究,以达到尽量减少配属施工设备,方便施工的目的。由于全套管设备成孔和灌注混凝土的速度与安装拆卸钢套管有直接关系,近年来在套管的快速接卸上开发了一些新的结构,加快了施工速度。

钻孔桩直径超过2m时,其晃管力矩的压拔管力必须有相当大的反力抗衡,此时增加专用底盘的质量是不经济的,近十多年来,国外大力发展了分体式全套管设备(图5.2-2),设备的压拔管机构和动力源——泵站常附着在履带式起重机械行走机构上,起重机的卷扬机携带冲击式抓斗取土成孔。如意大利Casagrand公司的GC2500型分体式全套管钻机,最大钻孔直径2.5m,拔管力达5 350kN,晃管扭矩在8 000kN·m。为满足一些特殊工程的要求采用全套管护壁施工,则设计了专用的反力架,如德国的威尔斯公司生产的反循环钻机和德国巴德公司的HVM95套管工作装置组合在巴西瓜纳巴拉海湾大桥工作平台上进行施工,钻孔深度50m,施工桩径2.2m(图5.2-3)。

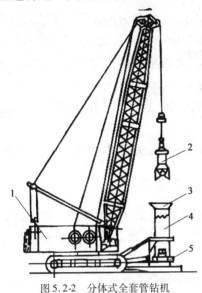

图5.2-2 分体式全套管钻机

1-起重机;2-锤式抓斗;3-导向口;4-套管;5-钻机

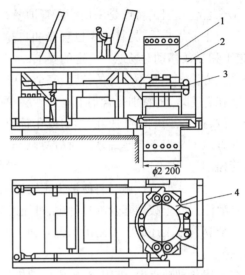

图5.2-3 巴西海湾大桥使用设备简图(尺寸单位:mm)

1-套管;2-工作平台;3-钻机;4-晃管器

3)国内水平及发展动向

国内还没有厂家生产专用机型的全套管设备,施工单位进口了一些全套管设备用于施工。对分体式全套管设备,西安公路研究所研制了全套管设备的试验机型初步应用于施工(图5.2-4),该机附着于红旗100履带推土机上,拔管力930kN,压管力150kN,晃管扭矩930kN·m。

5.2.2.2 分类、特点及适用范围

按结构形式全套管钻机分为两大类:

(1)整机式(图5.2-1) 这种形式是以履带式或步履式底盘为行走系统,同时将动力系统、钻机作业系统等集成为一体。

(2)分体式(图5.2-2) 这种形式是以压拔管机构作为一个独立系统,施工时必须配备其他形式的机架(如履带起重机),才能进行钻孔作业。

按成孔直径分为三种类型:

①小型机——直径在1.2m以下;

②中型机——直径在1.2~1.5m之间;

③大型机——直径在1.5m以上。

全套管设备施工的优点是:

①适应范围广泛,除了岩层外,任何土质都可适用。

②由于有套管保护,对坍孔有很好的保护作用,在已有建筑物附近施工,处理溶洞、流砂地质、坍孔、掉锥

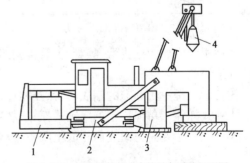

图5.2-4 国内分体式全套管设备试验机型图

1-泵站;2-红旗100推土机;3-分体式全套管设备;4-锤式抓斗

事故可起到独特的作用,清孔彻底、承载力较之其他施工方法要高一些。

③在使用落锤式抓斗取土时,不采用泥浆,占地小,不会有化学污染问题发生,施工场地比泥浆护壁施工成孔干净,无处理废弃泥浆之虑,这点在城市中施工意义最为明显。

④扩孔率小,成孔准确,节约混凝土,一般扩孔率在5%～10%。

⑤遇有较大的卵石层,只要抓斗可以抓起就可通过,施工速度较之旋转钻机更快一些,并且可以确切地搞清楚持力层的地质情况,因此可以根据实际情况选定桩的长度,一般可使用至少50m左右。

⑥全套管施工法还有一些特殊的特点,例如可以做斜桩,用搭接桩法可以做桩列式连翻挡土墙。

全套管施工也有一些弱点:

①全套管钻机的特点是采用钢套管护壁,在很大的晃管扭矩、压拔管力的作用下下压或上行,下压时其反力主要靠自重,晃管扭矩也直接和自重有关,所以设备本身的体积很大,质量较重,设备价格昂贵,施工和运输移动对场地有一定的要求,水上作业时施工平台必须坚固而且庞大,在某些位置施工与其他施工方法相比是不经济的,甚至完全不可能使用。

②在软土地基、特别是含地下水的砂层中挖掘,由于下套管时的摇动将使周围地基松软引起设备本身的移位、歪斜,影响继续成孔,影响成孔后的垂直度。

③若地下水以下有厚细砂层时(厚度5m以上),由于套管摇动使土层产生排水固结作用,有可能导致套管摇不动,拔不出。

④用落锤式抓斗挖掘时将使桩尖土层松软。

⑤灌注混凝土拔钢套管的过程中,可能发生钢筋笼上浮的事故,严重时导致灌注混凝土失败。

⑥全套管施工还需要专用吊车配合和土方机械运土,这种施工方法比其他成孔方法配置的机械台班费用要高。

在上述各种缺点中,桩周、桩尖土层的松软是各种成孔方法普遍存在的问题,防止排水固结引起的拔套管困难,需要事先对地质情况有清楚地了解,选用适宜的设备。在钻进过程中,严格按照操作规程处理,完全可避免上述现象的发生。为防止钢筋笼上浮,施工单位也已总结了一些行之有效的办法。但是全套管施工法在选用时,比较高的运输费用和使用费用是首先要考虑的问题,应做多方面的比较,决定是否选用。

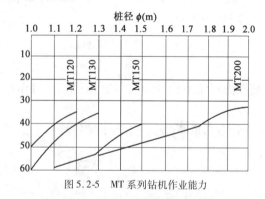

图5.2-5 MT系列钻机作业能力

MT系列各种钻机在贯入度N值为0～30时的地层中推荐的作业能力详见图5.2-5。

5.2.2.3 主要结构及工作原理

1)总体结构及特点

(1)整机式全套管钻机(图5.2-1)

整机式全套管钻机是由主机、钻机、套管、锤式抓斗、钻架等组成。

①主机。主要由驱动全套管钻机短距离移动的底盘和动力系统、卷扬系统等组成。

②钻机。主要由压拔管、晃管、夹管机构组成,包括压拔管、晃管、夹管油缸和液压系统及相应的管路控制系统。

③套管。是一种标准的钢质套管,互相连接采用连接螺栓,要求有严格的互换性。

④锤式抓斗。单绳控制的落锤式抓斗,靠自由落体冲击落入孔内取土,提上地面卸土。

⑤钻架。主要是为锤式抓斗取土服务,设置有卸土外摆机构和配合锤式抓斗卸土的开启锤式抓斗机构。

(2)分体式全套管钻机(图5.2-2)

分体式全套管钻机是由起重机、锤式抓斗导向口、套管、钻机等组成。

起重机为通用起重机,锤式抓斗、导向口、套管均与整机式全套管钻机的相应机构相同。

钻机是整套机组中的工作机,它由导向及纠偏机构、晃管装置、压拔管液压缸、摆动臂和底架等组成。

2) 原理

全套管钻机一般均装有液压驱动的抱管、晃管、压拔管机构。成孔过程是将套管边晃边压,进入土壤之中,并使用锤式抓斗在套管中取土。抓斗利用自重插入土中,用钢绳收拢抓瓣。这一特殊的单索抓斗可在提升过程中完成向外摆动、开瓣卸土、复位、开瓣下落等过程。成孔后,在灌注水下混凝土的同时逐节拔出并拆除套管,最后将套管全部取尽(图5.2-6)。

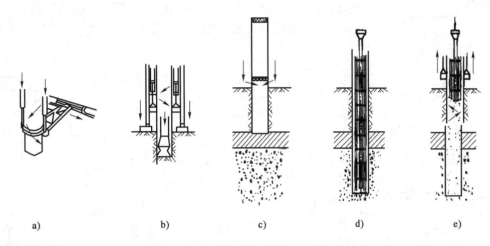

图 5.2-6 全套管施工法原理

a)用套管工作装置将套管一面沿圆周方向往复晃动,一面压入地层中;b)用落锤式抓斗取土;c)接长套管;d)当套管达到预定高程后,清孔,并插入钢筋笼及水下混凝土导管;e)灌注水下混凝土,灌注的同时拔套管,直到灌注完毕

3) 整机式全套管钻机构造

主机组成见图 5.2-1。

MT130 底盘底架是一个由钢板焊接而成的结构,由发动机支座、卷扬机机座、主架支承、套管作业装置支承、行走部分支承组成。

行走部分是全液压履带驱动结构,左、右履带分别驱动,设计有独立的主机支承油缸,工作时由支承油缸顶起,履带不受力。

发动机动力是三菱高速柴油发动机 8DC61C,功率 115kW,1 500r/min,动力系统如图 5.2-7。当成孔直径增加,使用落锤式抓斗质量增加,一些钻机使用了双发动机,一个发动机驱动卷扬机系统,一个发动机驱动液压系统油泵,例如 MT200 机型就采用了 81kW,1 600r/min 和 125kW/1 600r/min 两个发动机。

钻架为使用长 6m 的套管,提供了足够的高度,钻架用液压油缸举升和降落,设置了滑架,滑架握着套管上端,随着套管下沉,沿着钻架往下滑动起导向作用。

压拔管机构的夹紧机构夹持套管,当晃管油缸执行它的独特功能,通过摇臂和夹紧装置左右旋转套管,另外操纵压拔油缸,使套管压入和拔出,在使用套管小于 φ1 300mm 时,夹持器里安装上指定的衬圈。

本机设置了主卷扬机和副卷扬机,主卷扬机操作落锤式抓斗,由柴油发动机通过三角皮带直接驱动,离合器和卷筒制动通过液压系

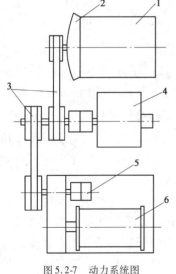

图 5.2-7 动力系统图
1-发动机;2-联轴器;3-传动带;4-双联泵;
5-双联泵;6-卷扬机

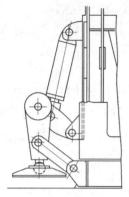

图 5.2-8 支腿简图

统控制。副卷扬机为了操作滑架,是由液压马达驱动,设置手刹车制动。

钻机前后共设置了四个外支腿,它们是连杆机构与底盘以柱销连接,在运输时可以拆卸,以减少运输宽度,它们能独立地动作,在钻孔前以致钻孔时能使钻机始终保持水平,最终保持钻孔垂直度。结构见图 5.2-8 所示。

钻机工作、行走均由液压系统控制(图 5.2-9),主泵设置双联泵可使套管晃管和沉拔同时进行,必须采用双回路供油以免两路工作压力不等互相干扰,左右马达分别行走也存在工作压力互相干扰情况。压拔油缸上腔油路设置溢流阀是防止压管时由于配重不够造成整机顶起,钻机移位使用。夹管油缸设置蓄能器保压油路保证了夹紧套管的工作可靠性。

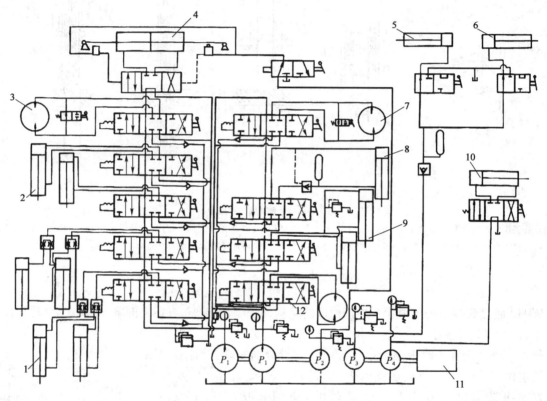

图 5.2-9 液压系统图

1-履带升降油缸;2-主支撑油缸;3、7-左右行走电机;4-晃管油缸;5-卷扬机制动油缸;6-卷扬机离合器油缸;8-夹持油缸;9-压拔油缸;10-排土板油缸;11-柴油发动机;12-阀

4)分体式钻机构造

分体式钻机构造见图 5.2-10 所示。

钻机是该套机组中的工作机,它由导向及纠偏机构、晃管装置、压拔管液压缸、摆动臂和底架等组成。

桩的垂直度很大程度上决定于第一节入土套管的垂直度,故钻机设置了导向及纠偏机构,它是由钢板焊接而成的箱形结构,在前后部和侧面各装有一只纠偏液压缸,当第一节套管吊入夹管装置后,通过纠偏液压缸对套管的垂直度进行调整,直到符合规范要求,才将套管压入土中。

晃管动作是在夹管架将套管夹紧之后,通过摆动臂上的晃管液压缸往复动作实现的。压拔管液压缸上下分别与晃管装置和底架相连,当套管在晃动过程中,压拔管液压缸利用其活塞杆的伸长,将晃管装置压下,并将套管压入土中,如图 5.2-11 晃管装置结构图。

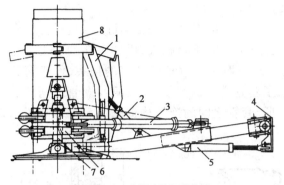

图 5.2-10 分体式钻机结构图
1-导向及纠偏架;2-纠偏液压缸;3-晃管液压缸;4-连接座(与起重机连接);5-定位液压缸;6-晃管装置;7-压拔管液压缸;8-套管

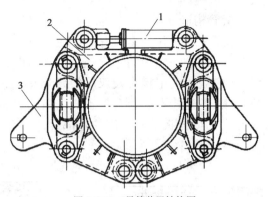

图 5.2-11 晃管装置结构图
1-夹管液压缸;2-夹管装置;3-摆动臂

底架由伸缩臂,定位液压缸和托板组成,当附着式钻机与起重机连接后,利用定位液压缸对钻机进行正确定位。其类似汽车式液压起重机矩形吊臂的伸缩臂同时伸或缩,并用定位销锁住,同时摆动臂以伸缩臂为依托,作为钻机摆动时的后助力,而托板由于与压拔管液压缸铰接,所以拔管时产生的拔管力将传递到托板,以缩小对地面的承压力。

分体式钻机液压系统图见图 5.2-12。其液压泵站外形,如图 5.2-13,与整机式钻机液压系统原理基本相同,采用双回路供油,为了防止两台柱塞泵中的一台发生故障而造成钻机无法工作,因此在两个回路中间安装了一个阀门,必要时,可以打开阀,将双回路改成单回路,使钻机继续工作。

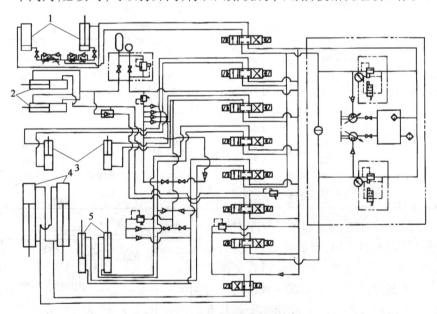

图 5.2-12 分体式钻机液压系统图
1-压拔管液压缸;2-夹管液压缸;3-纠偏液压缸;4-晃管液压缸;5-定位液压缸

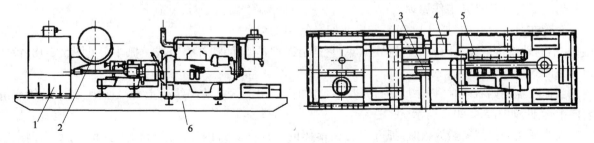

图 5.2-13 分体式钻机液压泵站外形图
1-液压油箱;2-柴油箱;3-轴向柱塞泵;4-皮带盘;5-发动机;6-底盘

5)套管构造

全套管钻机使用的套管一般可分为2m、5m、6m等不同的长度,施工时可根据桩的长度进行配套。

套管在入土过程中承受一定的扭矩,而且桩越长,所承受的扭矩越大,因此现在的套管多为双层结构,它是由上下接头及双层卷管焊接而成。上下接头均为经过精确加工的接头,便于套管的准确连接,各连接孔的相互位置要求极为严格,保证了套管之间的互换性,套管与套管之间的连接采用专用的内方扳手从套管的外部拆卸。套管的外形、套管之间的连接构造见图5.2-14~图5.2-16所示。

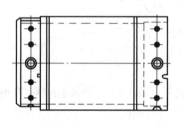

图5.2-14 套管外形图

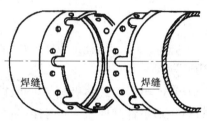

图5.2-15 套管连接构造图

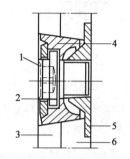

图5.2-16 套管连接锁销图
1-方形凹槽;2-锁销锥体;3-上套管插口;4-锁销螺栓;5-锁销螺母(焊在套管内侧);6-下套管插口

三菱公司套管外形尺寸及质量见表5.2-1。

三菱公司套管外形尺寸及质量   表5.2-1

内直径(mm)	890	980	1 000	1 190	1 390	1 890
外直径(mm)	980	1 080	1 180	1 280	1 580	1 980
第一节套管外直径(mm)	1 000	1 100	1 200	1 300	1 500	2 000
质量(kg) 6m	2 900	1 100	3 100	3 820	5 660	7 500
4m	2 000	3 200	2 500	2 610	3 500	5 000
3m	1 560	1 720	1 880	2 020	2 600	3 800
2m	1 100	1 210	1 320	1 550	1 800	2 600
	1 100	1 210	1 320	1 530	1 790	2 600

套管在下沉过程中,可能会遇到各种复杂并比较坚硬的土层,以致使套管贯入时受阻,因此在套管头部,都加上一段带有刃口的短套管,这些刃口都用硬质合金组成一齿形状的头部,且其直径比标准套管大20~50mm,一方面便于切削土层,另一方面还可以减小上部标准套管与孔边的摩擦力,如图5.2-17所示。

6)锤式抓斗构造及工作原理

套管在压入过程中,抓斗以落锤方式冲切套管中的泥

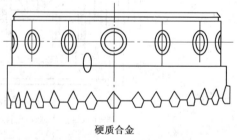

图5.2-17 齿形套管口

土,并不断地将土取出、弃卸,故称锤式抓斗,它是由绳索式抓斗、抓斗帽组成。抓斗帽见图5.2-18,锤式抓斗见图5.2-19。

当抓斗在初始状态时,抓斗片呈打开状态。此时,专用钢索上的凸缘受上棘爪所阻,并推动钩肩滑套向上运动,如图5.2-20a)所示。

锤式抓斗的钢绳突然放松时,抓斗以自由落体的方式向套管内冲入进行切土。此时,专用钢索松弛,下棘爪在钩肩滑套压簧的推动下,以逆时针方向转入钩肩滑套的内平面,如图5.2-20b)所示。

第5章 桥梁机械

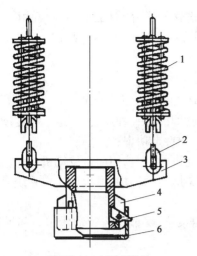

图 5.2-18 抓斗帽构造
1-缓冲弹簧；2-吊链；3-横杆；4-斗帽；5-上棘爪；6-活动碰帽

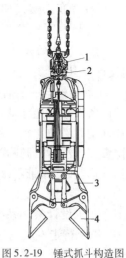

图 5.2-19 锤式抓斗构造图
1-抓斗帽；2-抓斗头部；3-抓瓣座；4-抓瓣

收缩钢绳，并提升动滑轮，抓斗片即通过与动滑轮相连接的连杆，使其抓土合拢，继续卷扬收缩时，抓斗便被提出套管，并使钩肩进入斗帽。此时，碰罩撞击抓斗帽上的活动碰帽，并推动上棘爪以逆时针方向突入斗帽，钩住钩肩使整个抓斗悬挂在抓斗帽上。钩肩滑套压簧压缩受力，并将下棘爪重新推出，如图 5.2-20c)。

松绳下行，动滑轮依靠自重向下滑动，带动专用钢索向下，停止时钩肩滑套脱离上棘爪，在活动碰帽的重力作用下，上棘爪又以顺时针方向转入斗帽内，使抓斗完全脱离爪斗帽，重新进入抓土的循环过程。如图 5.2-20d)。

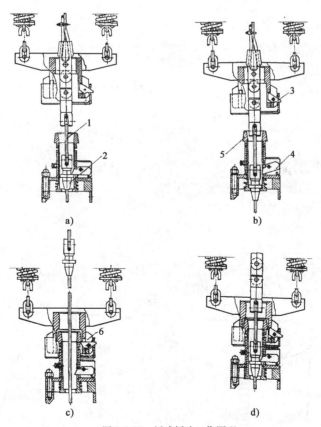

图 5.2-20 锤式抓斗工作原理
a)抓斗打开状态；b)抓斗下落切土状态；c)抓斗合拢提升状态；d)抓斗脱离斗帽状态
1-抓斗钢索；2-凸缘；3-上棘爪；4-下棘爪；5-钩肩滑套；6-抓斗帽

锤式抓斗的抓斗片有二瓣式和三瓣式,前者适用于土质松软的场合,抓土较多,后者用于硬土层冲抓,但土量较少,对不同直径的套管,只要更换不同的抓斗,即可用于各种直径的钻孔桩。

5.2.2.4 全套管设备的设计要点

1）底盘的设计要点

全套管设备底盘结构与一般履带式工程机械相同,设计时注意以下几点区别：

（1）全套管设备仅短距离移动,一般考虑一种慢速的运动,即前进一种速度,后退一种速度；

（2）运输及移动时考虑比较大的爬坡度,以此校核发动机的行走功率；

（3）在钻挖直径较小时,即锤式抓斗较轻时,选配一台发动机,否则选用两台发动机；

（4）压拔套管作业时,履带不接触地面,应考虑将整机抬离地面的结构,即液压支撑系统。

2）液压系统设计要点

（1）根据工作要求设计液压系统图,一般采用双回路供油系统,保证压拔管动作压力和晃管工作压力不致互相干扰,以及行走左右马达不互相干扰问题；

（2）根据机械设计手册有关公式做压力损失计算,选择油泵；

（3）根据机械设计手册有关公式做热平衡计算,选择冷却器。

3）套管设计计算

在套管的结构确定之后,选择几种套管内外壁厚尺寸进行套管力学和整体稳定校核,以确定所选壁厚尺寸的正确与否。

按最不利受力条件计算扭矩：

$$T = T_{\max} - \frac{1}{2}\pi d\rho f H^3 \tag{5.2-1}$$

式中：T——某一截面的扭矩,N·m；

　　　d——套管外径,m；

　　　$T_{\max}$——设备可以产生的最大扭矩,N·m；

　　　ρ——土的重度,N/m³；

　　　f——钢套管与土之间的摩擦系数；

　　　H——计算截面的深度,m。

拔管力或压管力：

$$F = F_{\max} - \frac{1}{2}\pi d\rho f H^2 \tag{5.2-2}$$

式中：F——拔管力或压管力,N；

　　　$F_{\max}$——设备可以产生的最大压管力或拔管力,N。

均布外压：

$$p = \rho H$$

式中：p——均布外压,Pa。

其受力如图 5.2-21 所示。根据上述外力值,利用结构分析程序和稳定计算程序计算内力并做稳定校核。根据各种外力的合成数值计算连接锁销。

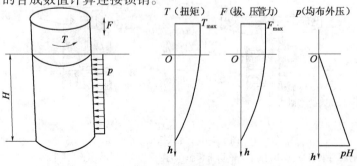

图 5.2-21　受力图

5.2.2.5 全套管设备的使用技术

1) 挖掘

挖掘程序决定于土的种类。挖掘的要点是在土的摩擦力最小的情况下,压钢套管,进行挖掘,防止塌方。

第一节套管的压入决定整个桩的垂直度,采用各种措施保证第一节套管压入的垂直度,如发现不垂直,应拔起重新压入。

挖掘工具是指落锤式抓斗,对旋转取土方法,或其他取土方法也可参考下面方法。

(1) 挖掘的各种地质条件。如果是软土,要使套管超前下沉 1.0~1.2m,假如由于地下水的压力从孔底翻砂,可加入大比重的泥浆,制止翻砂。

(2) 普通硬性土的挖掘。如果是普通硬性土,使套管超前大约 30cm。

(3) 密实砂层的挖掘。在砂层上不应开挖。对密实砂层,通常只应挖 20~30cm,可以在施工中随时观察确定,以套管比较容易压拔为宜。

应注意的是,对于砂层,即便是紧密的砂层,采用这种挖掘方法,挖掘的方量也可能增加,因此相似于土的情况,最好保持最小的预挖。

(4) 包含卵石时。包含有卵石的土,最好保持最小的预挖深度,预挖深度大,有可能造成卵石落入孔中,预挖深度小,则有可能将卵石挤入孔壁。

(5) 十分坚硬土的挖掘。对坚硬的土,预挖的极限是 1.5m,应注意到由于土的裂缝的存在,即便是土较硬,也会造成孔壁坍塌,另外,如果预挖太多,由于套管刃口的存在,提升落锤式抓斗时,将会造成抓斗和提升钢绳的损坏。

(6) 大直径卵石或探头石的挖掘:

① 冲击锤冲碎,落锤式抓斗取出,也可以用砂石泵或捞渣筒。

② 采用预挖,卵石落入孔底,落锤式抓斗取出。

③ 套管内部无水时,与套管接触的卵石部分可用岩石钻机除去。

④ 使用凿岩机。

2) 挖掘注意事项

(1) 规定在完成挖掘,灌注混凝土,拔出套管之前不应该停止摇动,但在土的压力很小时,不需要这种连续性运动,如果砂层深度太深,尤其是粉细砂,含水率大,连续摇动会使砂层致密(排水固结作用),导致套管拔不动,所以这种情况下要小心操作。

(2) 挖掘,压拔管时,密切注意套管周围的土,每隔几小时摇动 10min,并且在到达一定深度后(5m 左右),每下压 50cm,上拔下压 10cm,并观察压拔管及晃管压力表。

3) 套管埋入长度的确定

(1) 根据以往施工经验,在套管埋入的最大深度时的摇管的摇动最佳压力范围应在泵额定压力的 1/3 左右,拔管时压力不超过泵额定压力的 2/3,若施工终了,摇管的压力已达到泵额定压力的 2/3,则在灌注混凝土及拔套管时必须多方面观察,小心操作。

(2) 根据设备移动情况决定,套管压拔其反力的提供与自重有直接关系,一般说来,频繁的晃管和上下压拔管可以大大减少孔壁与套管之间的摩擦阻力,但这是有限度的。如果发现设备明显移位,证明设备的自重所能提供的挖掘深度已到极限,但对附着式套管设备可考虑适当施加配重,增加挖掘深度。

4) 混凝土的灌注

(1) 按要求清孔。

(2) 钢筋笼的最大外径应满足主筋外面与套管内面有 2~3 倍以上混凝土最大粗骨料尺寸间隙。

(3) 隔一段位置,可在主筋上绑扎一些耳环,作为垫块,防止插入套管时造成钢筋笼的倾斜。

(4) 钢筋笼的竖起、插入、搭接应详细记录钢筋笼的安装高度以及它与套管的关系,这个记录可作为判断是否存在钢筋笼随套管一起升起的依据。

(5)混凝土灌注时,导管与套管依次拔出,注意套管的底面应始终保持在混凝土界面以下2m处。

(6)灌注的混凝土除应满足施工要求外,特别要求混凝土的初凝时间不得小于2h。

5)全套管过程灌注混凝土有时发生灌注混凝土拔套管时将钢筋笼带起,其原因包括以下几点:

(1)套管内表面变形或混凝土附在套管内表面;

(2)钢筋笼的尺寸不合适;

(3)套管与钢筋笼的垂直度差距太大,特别是在它们不平行时;

(4)套管与钢筋笼之间间隙尺寸与粗集料不相配。

主要防止措施(全套管过程)有以下几种:

(1)经常检查套管尺寸,观察其是否变形;

(2)在完成灌注混凝土之后,用水冲洗套管;

(3)仔细检查钢筋尺寸、钢筋笼与套管间隙、耳环的设置;

(4)若有可能以大约2m的间距用粗钢筋做竖筋加强钢筋笼;

(5)在钢筋笼底部焊十字形钢筋,里面放混凝土块压载;

(6)用反复松—紧夹持,使套管沿同一方向摇动,转动套管1～2次,以减少摩擦;

(7)在钢筋笼竖直安放以后(注意必须悬吊)使套管晃动或上下移动4～5cm,检查是否发生钢筋笼同时升起;

(8)注意在钢筋笼连接时,不允许钢筋笼弯曲;

(9)充分上紧套管的接头锁销,使之不要松动。

发生了钢筋升起的现象之后,采取的措施:

(1)在钢筋笼的顶端设置一盖板,用锤轻轻敲打;

(2)反复卡紧和松开夹持套管晃动,要求套管沿一个方向转,使之与钢筋笼松开;

(3)使套管较大程度地上下移动,脱离开混凝土表面20cm,此法一般不容易实现。

当发生钢筋笼浮起的现象之后,上述防止措施、补救措施都可以使用。若没有效果,继续灌注混凝土,由于混凝土的质量,可以设法让钢筋笼下沉,但这个方法最好不用,有可能造成拔套管非常困难,甚至拔不上来。

若处理的时间过长,则应停止灌注,并处理废混凝土,重新灌注。

5.2.3 旋转钻机

5.2.3.1 概述

1)用途及工作对象

旋转钻机是采用下沉入孔中的钻头旋转切土方式成孔的施工机械,它是从地质钻机发展而来,逐渐在桥梁工程大直径钻孔桩施工设备中成为一种适应范围最广、适应能力最强的施工机械。根据所选用机械能力的不同,可以在各种各样的地质条件中进行施工。

旋转成孔与国内常用的冲击成孔相比,有一些明显的优点。如钻进速度快,不致出现冲击钻可能有的十字槽及其返工问题;因旋转钻头对孔壁扰动较少,加上其成孔较快,孔壁在水中浸泡时间较短,所以不易塌孔;此外旋转钻机对地质情况反映灵敏,可与地质钻探资料进一步验证。但是旋转钻机与冲击成孔方法相比存在有设备价格昂贵,台班费用高的问题,在施工选择、购买时要予以充分的考虑。

2)国外水平及发展趋势

国外现在生产许多性能先进的旋转钻机,例如德国产 PBA21-3000-300 全液压动力头式旋转钻机,其短时间最大转矩为210kN·m,正常使用标准转矩为193kN·m,在 $\phi 3.0$m 全断面成孔的情况下,最大钻孔深度为120m,最大成桩倾斜率为1:1 000,水龙头最大提升力为1 200kN,最大加压力为1 000kN,在不加配重的情况下,能全断面钻100MPa的硬岩,且能钻倾斜度为1:4的孔,该机整机质量为30.07t,动力为180kW风冷式柴油机,液压泵理论排量为0.4 m³/min,最大压力为40MPa,动力头转速为0~64r/min,为无级变速,由2台液压马达驱动。日本石川岛播磨重工业公司生产的L系列钻机,钻孔能力为土质钻孔最大直径9m,岩石钻孔最大直径6m,水龙头最大提升能力1 800kN,最大转矩360kN·m,转盘转速0~18r/min,国外钻机的发展趋势是向大直径、深孔,对钻孔地质适宜范围广,钻孔排渣效率高,搬运、移动方便,操作简便方向发展。

3) 国内水平及发展趋势

国内生产旋转钻机的厂家很多,尤其是近年来随着交通事业的发展,钻孔桩基础越来越普遍,很多厂家已能生产很多品种、质量、可靠性都有一定水平的钻机,在桥梁施工常用的φ2m左右及以下钻机生产上已完全能满足国内施工要求。例如大桥局桥梁机械厂生产的BDM系列钻机可施工最大φ2.5m直径桩、钻孔深度40~100m,适用于岩石强度100MPa左右的岩层及一般土质的施工。湖南路桥总公司与武汉市内河港口机械厂联合设计制造了KPY-40000特大型全液压恒扭矩转盘式钻机,该机最大扭矩为220kN·m,一次成孔中φ4.0m,水龙头最大提升力为1 200kW,最大加压800kN,能全断面钻80MPa的岩层,动力为3台75kW电动机驱动总排量为70.5m³/min的液压泵,最大油压20MPa,转盘转速0~36r/min,无级调速,由四台液压马达通过减速机驱动转盘。河北新河钻机厂也生产潜水电机,国内钻机发展方向与国外钻机发展方向相似,亦在向大直径、深孔、适用性强等方向发展。在嵌岩桩施工和超大直径桩施工钻机方面国内产品与国外产品相比还有一定差距。

5.2.3.2 分类、特点及适用范围

1) 分类

旋转钻机按其钻孔装置可分为:

(1) 有钻杆钻机。这种钻机通过转盘旋转或悬挂动力头旋转带动钻杆,并传递动力到钻具切土,还可通过钻杆对钻具施加一定的压力(钻孔),增加钻进能力,变更钻头型号可以满足施工提出的各种地质条件的要求。其构造如图5.2-22所示。

(2) 无钻杆钻机(潜水钻机)。这种钻机通过潜水电机旋转带动钻具切土,电机跟随钻具工作,潜入孔底,整个钻具以悬挂方式工作,故成孔垂度好,无需拆装钻杆,能连续工作,节省工作时间。如图5.2-23所示,其由滤网、水泵、起重吊车、钢丝绳、钻头、泥浆槽等部分组成。

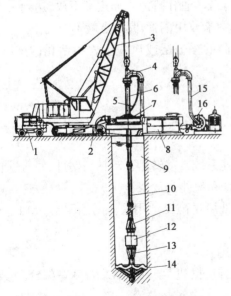

图5.2-22 石川岛L系列产品示意图
1-空压机;2-油管;3-起重机;4-旋转弯管;5-风管;6-主动钻杆;7-转盘;8-液压泵;9-泥浆;10-钻杆;11-异径连接器;12-压重块;13-异径连接器;14-钻头;15-吸泥管;16-吸浆泵

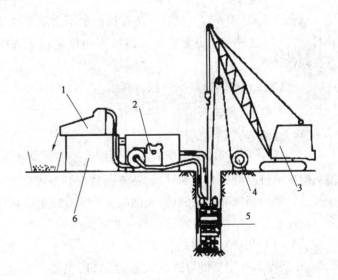

图5.2-23 RRC系列潜水钻机
1-泥沙滤网;2-抽水泵;3-起重吊车;4-钢丝绳支架;5-RRC钻头;6-泥浆槽

钻机工作时影响其效率的主要环节之一是排渣,排渣分为正循环和反循环两大类。

(1)正循环在钻进过程中,通过钢管或橡胶软管将水通入孔底,将钻渣漂浮至孔的上部自然排出。

(2)反循环在钻进过程中,向孔内补水,通过排渣管排渣,排渣的动力有空气反循环、泵吸反循环、泵举反循环。

①空气反循环。在钻进过程中,将压缩空气通入排渣管下部中,形成水、钻渣、空气三相混合体,其比重小于1,在孔底的巨大压力下,压出孔外,钻渣被带出,这种方式排渣能力强,因此钻孔效率较高。

②泵吸反循环。将泥浆泵设置在地面上,接在排渣管上吸渣,这种排渣方式钻孔深度在30m以内,效果较好,如:孔深增大,则效率递减。

③泵举反循环。将砂石泵串联在地下的成孔钻具上的吸渣管上排渣,泵举用砂石泵有比较大的扬程,它可将吸进泵内的钻渣泥浆通过排渣管泵送出孔外。

2)特点及适用范围

有钻杆旋转钻机的特点和适用范围如下:

(1)可以完成直径10cm以下的孔径。

(2)对地层的适应性很强,只要变更钻头类型和对钻杆施加压力的大小,就可以应付各种软的覆盖层直到极硬的岩层,但对直径大于2/3钻杆内径的松散卵石层却无能为力。

(3)具有噪声低和无振动的特点。

但也有下列需要注意的事项:

(1)循环泥浆对环境和土壤的污染。

(2)通过部分卵石层时应配合冲击或冲抓方法施工。

(3)在地层中如果地下水流速很大,在3m/min以上时,必须采用一定的钢管护壁方式,穿过此层的方法进行防护,以免塌孔。

潜水钻机的特点和适用范围如下:

(1)可以完成1~3m桩的施工。

(2)无振动,无噪声。

(3)施工经济孔深50m,因为孔深50m以内时可采用橡胶软管作排渣管而逐渐下放,达到一次连续成孔。孔深50m以上时软管将有被静水压力压扁的可能,只能改用钢管,其优点就不突出了。

(4)这种钻机由于钻头和钻压问题仅能在25MPa以内的覆盖层或风化软岩中钻孔;有较大的局限性。

(5)一旦塌孔,处理将较为麻烦。

5.2.3.3 主要结构及工作原理

1)转盘式钻机结构

转盘式钻机基本构造是将动力系统动力通过变速、减速系统带动转盘驱动钻杆钻进,并通过卷扬机构或油缸升降钻具施加钻压,钻渣通过正循环或反循环排渣系统排到泥浆池。

动力系统有电机驱动、柴油机直接驱动或电动机驱动油泵送高压油用液压马达驱动。SPJ-300型钻机的主要结构及目前钻机的一些新结构如下:

(1)SPJ-300钻机的组成

SPJ-300型钻机为拼装式转盘钻机,主要由转盘、主副卷扬机、柴油机47.775kW(65hp)或电机(40kW)、钻塔、底架、泥浆泵和钻具组成(图5.2-24)。

主卷扬机用于控制钻进压力,升降钻具和立钻塔等,单绳提升能力为3t,提升速度分快、中、慢三挡(2.08m/s、1.16m/s、0.65m/s)。副卷扬机用于拖拉钻具,机架整体短距离迁移和其他辅助装吊工作等,以满足钻进工作要求,单绳提升能力为2t,提升速度也分快、中、慢三挡(1.44m/s、0.8m/s、0.46m/s)。

塔架为金属结构人字形,垂直高度为13m,有效高度为10m,额定负荷24t,塔身可方便地分解成8节,整个钻塔在地面装配后,利用主卷扬机、起塔架和滑车系统实现整体立放,安全迅速。

(2)传动系统

图5.2-25为SPJ-300型钻机传动系统示意图。动力由柴油机,经三角皮带2驱动泥浆泵3及变速箱4,再由变速箱分别把动力输出给万向轴7,从而使转盘旋转带动钻具进钻,另外通过变速箱输出轴将动力传到机架的中间齿轮9,带动主副卷扬机5、6,在主卷扬机上附带有蜗轮蜗杆10,可作微调进钻或在动力发生故障时人力提钻用。蜗轮蜗杆机构和主卷扬机及主轴之间有单向离合器,操作使用时互不干扰。

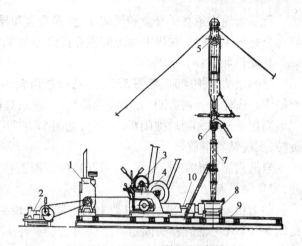

图5.2-24 SPJ-300型钻机外型侧视图
1-柴油机(或电动机);2-泥浆泵;3、4-主、副卷扬机;5-滑轮;6-水龙头;7-钻塔;8-转盘;9-底架;10-万向轴

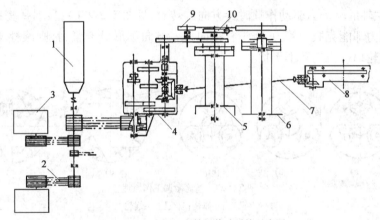

图5.2-25 SPJ-300型钻机传动系统示意图
1-柴油机;2-三角皮带;3-泥浆泵;4-变速箱;5、6-主副卷扬机;7-万向轴;8-转盘;9-中间齿轮;10-蜗杆、蜗轮

(3)主卷扬机

图5.2-26为主卷扬机的剖视图,主卷扬机的卷筒7由两个滚动轴承支承在主轴上,其右端的制动鼓外装有带式制动器,即制动抱闸9,左端有齿圈3,它通过行星齿轮4和中心齿轮6啮合。

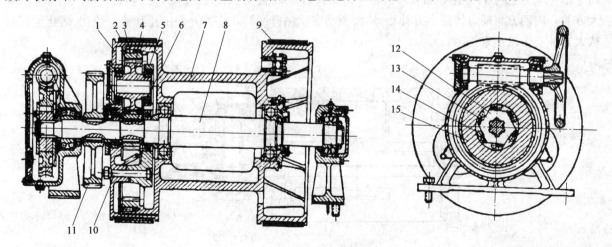

图5.2-26 主卷扬机剖视图
1-提升盘;2-提升抱闸;3-内齿圈;4-行星齿轮;5-导架;6-中心齿轮;7-卷筒;8-主轴;9-制动抱闸;10-螺栓;11-齿轮;12-凸轮;13-弹簧;14-滚柱;15-蜗轮

行星齿轮支承在提升盘和导架5上,提升盘和导架分别用滚动轴承固定在主轴上,提升盘和导架又以三个螺栓10联结,在提升盘上装置有提升抱闸2,提升抱闸和制动抱闸均通过带有凸轮的手柄操纵。

其操作如下:

当抱紧提升抱闸时,见图5.2-27a),行星齿轮不能公转,成为中心齿轮和内齿轮间的过渡齿轮,从而使中心齿轮带动内齿圈,并使卷筒旋转,实现钻具提升。

当提升抱闸和制动抱闸都松开时,见图5.2-27b),卷筒自由地支承在主轴上,并被钻具自重带动而旋转,实现钻具下放。

当抱紧制动抱闸时,见图5.2-27c),内齿圈随卷筒一起被刹住不转,此时行星齿轮即作自转又作公转,实现钻具制动。

动力由变速箱输出后经机架上的中间齿轮传到主卷扬机主轴上的齿轮11,从而带动主轴回转,见图5.2-26,主轴的左端固定有单向离合器凸轮12,而蜗轮15的内孔即是单向离合器的外壳。当蜗轮主动作顺时针方向旋转时,见图5.2-27d),滚柱14受弹簧13以及蜗轮的摩擦力作用,卡紧在蜗轮和凸轮的楔角内,从而带动凸轮旋转,主轴也随之旋转,将人力输入主卷扬机作微调给进和人力提升钻具。

当凸轮12受主轴的驱动力驱动作顺时针方向旋转时,见图5.2-27e),虽然弹簧将滚柱推向楔角,但滚柱和蜗轮的摩擦力却能克服弹簧力,将滚柱推向另一方向不形成卡紧力,则滚柱不能带动蜗轮旋转,故主轴的动力和蜗轮蜗杆机构互不干扰。

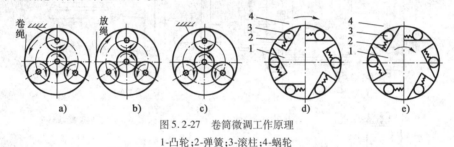

图5.2-27 卷筒微调工作原理
1-凸轮;2-弹簧;3-滚柱;4-蜗轮

(4)转盘

转盘是用于回转钻具,转速分快、中、慢三挡(正、反转各128r/min、70r/min、40r/min)。由于机械本身具有正反转的特点,因此可以靠机械本身进行装卸钻具。

图5.2-28为转盘的剖视图。转盘的动力由万向轴输入,经齿轮轴11上的伞齿轮和大伞齿轮10传动立轴9,再经过小斜齿轮8和大斜齿轮7传给转台6,转台支承在主轴承4上,转台内有大方补心14,大方补心内四方将动力传给小方补心,从而驱动主动钻杆回转。小方补心由止动块2锁住,防止运转时从大方补心中跳出来。

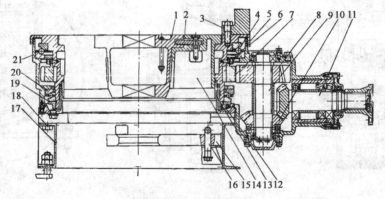

图5.2-28 转盘剖视图

1-小方补心;2-止动块;3-拧管拨块;4-主轴承;5-平键;6-转台;7-大斜齿轮;8-小斜齿轮;9-立轴;10-大伞齿轮;11-齿轮轴;12-方头螺栓;13-挡圈;14-大方补心;15-拧管支承梁;16-卡子;17-底座;18-螺栓;19-大螺母;20-副轴承;21-转盘体

转台在运转中的反向力,由副轴承通过大螺母 19 承受,主副轴承均支承在转盘体 21 上,转盘体用螺栓 18 固定在底盘 17 上,底座的滑道有二块拧管支承梁 15,拧卸钻具时,将拧管支承梁移至中间,用卡子 16 锁牢,即可支承钻杆并承受反转矩。

转台顶面用螺栓和平键固定拧管拨块 3,拧卸钻具接头时,拧管拨块筒撞击拨叉尾部,使拨叉回转。

(5)钻头形式

SPJ-300 钻机可根据不同的地质情况、钻孔深浅和孔径的大小更换钻头。

在土层中钻孔时,钻头的基本作用即要能破坏各种不同的土层,又要能在地层中形成圆形井孔。因此,钻头结构除了应有足够的强度之外,还必须具有切削土体及成孔的能力。钻刃是钻头切土的主要部位,它的工作大致可以概括为挤压、挤裂、切离和碾磨土体。钻头结构各部分的主要功能是:尖端(又名超前钻)定向、钻刃切土、管道压浆、导向护壁。

常用的钻头形式如下:

①回转式刺猬钻头(图 5.2-29)

钻头外形是圆锥体,周围如刺猬,用钢管、钢板及合金钢焊制而成。锥顶直径等于设计所要求的钻孔直径(图上为 1.5m),锥尖夹角约 40°,如角度过小,进尺快,易出现孔斜,如角度过大,进尺慢、效率低。锥头的高度为直径的 1.2 倍。锥面有四条均匀分布的切削刃,切削刃由若干块肋骨片焊接而成,相邻两条切削刃上的肋骨片交错排列,肋骨片成平行四边形,最小夹角为 70°,肋骨片上镶焊八角柱状钨铂硬质合金,钻进时靠它切削孔壁土层,同时能将直径 25mm 以下的礓石等杂质挤入四周土层而继续钻进。实践证明,这种钻头进尺快,但阻力较大,只适于钻深 50m 以内的孔,如钻孔再深,则钻机超负荷过大,钻进反而困难。

②圆柱式钻头(图 5.2-30)

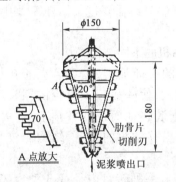
图 5.2-29　刺猬钻头(尺寸单位:cm)

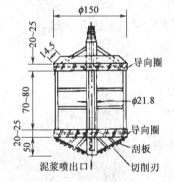
图 5.2-30　圆柱式钻头(尺寸单位:cm)

这种钻头(又名笼式钻)由中心管、导向圈和切削刮板等构成。四块刮板在钻头底部对称地构成锥形切削刃,刮板与中心管夹角约为 70°。相邻两刮板的斜齿位置也是错开的,刮板的每个斜齿上同样镶焊八角柱状硬质合金。为了减少刮板与土层的接触面积以减少摩擦阻力,刮板与导向圈之间有 15°~20°的斜度。这种钻头摩阻力小,同时因有上下两层导向圈导向,故性能较好。钻 100m 虽然钻机负荷超过很大,机件磨损也较快,但钻进效率还是很高的。

③鱼尾、笼式和三翼钻头(图 5.2-31)

图中八种钻头归纳为"鱼尾","笼式"和"三翼"三种基本形式。鱼尾钻头对坚硬土层的切削成孔能力强,但在黏土层中容易包钻,对钻进不利。笼式钻头与前述圆柱式钻头基本上相同,不同之处就是在钻头的下端加有小鱼尾形的尖端(又名超前钻),用作钻头的定向。双腰带即是导向圈起导向作用,为避免大块黏土充塞钻头中空间部分而影响钻进,故将原"笼式"钻头的内部支撑尽量除去,形成了图 5.2-31d)笼式双腰带形式的钻头,这种钻头在钻砂黏土、黏砂土或砂土层时效果较好。三翼钻头结构虽然较合理,但仍有鱼尾钻头的前述缺点。

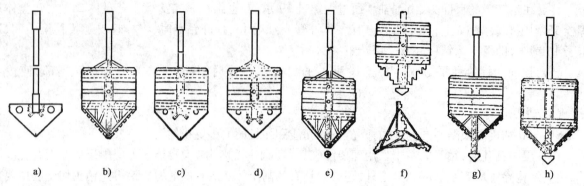

图 5.2-31 八种钻头示意图

a)鱼尾式；b)钢管笼式；c)鱼尾双腰带；d)鱼尾双腰带；e)笼式双腰带；f)三翼双腰带；g)笼式双腰带；h)笼式双腰带

上述几种钻头的特点各有差异也各有利弊，因此，必须根据钻孔时所遇土层的不同进行合理选用，即使同一个孔如土层情况有差别，也可选用几种钻头进行钻孔。

(6)钻机的钻进和钻具的拧卸

当开动泥浆泵后，钻孔内泥浆返上，再使主副卷扬机得到动力，但卷筒处于制动状态，给转盘以合适的速度，由转盘大小方补心带动主动钻杆钻进。一般情况下，刚开始钻孔如遇覆盖层时，应采用减压钻进，即用主卷扬机吊住钻具缓缓下放，不使钻具质量全部压在孔底，以便又进尺又不引起蹩钻。实现减压钻进一般有两种方法：其一是使主卷扬机卷筒先处于制动情况，而后随进尺情况缓缓放松主卷扬机制动手把、达到钻具有控制的下放，但此办法不易微调；其二是利用蜗轮蜗杆微调装置的给进手轮，使手轮处于工作状态，而后顺时针方向松动，使钻具有控制地下放，达到微调控制给进。

在钻孔过程中，如需要更换钻头，或钻至设计深度后需拧卸钻具或需要接长钻杆等，均应按一定次序进行，其拧管系统见图 5.2-32。

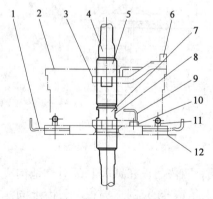

图 5.2-32 拧管系统图

1-拧管支承盘；2-转盘；3-拨叉；4-钻杆；5-母锁接头；6-拧管接头；7-公锁接头；8-公锁接头切口；9-垫叉；10-挡块；11-卡子；12-转盘底座

(7)其他转盘式钻机的不同结构

随着钻孔桩直径的不断加大，发展了大通孔式钻机，其结构是将转盘内径加大，使一般较大直径的钻头可以穿过，这样，转盘可以直接安装在地面或管柱顶上，免去在钻盘下方装拆钻头的空间和横移钻头的设备，结构比较紧凑，对施工亦较方便。

图 5.2-32 所述以 L 系列转盘内径：L-3 型为 770mm，L-6 型为 1 520mm，L-36 型为 2 110mm，在钻进时对压重环块、钻头灯的装拆都比较便利，因此可以直接安装在管桩顶上使用。

一些龙门式钻机设置有液压缸，可以灵活升降水龙头，自动减压给进，安装有机械手装拆钻杆。

2)无钻杆钻机结构(潜水钻机)

无钻杆钻机并不是完全没有钻杆，其含义是钻杆不传递主动扭矩，旋转切土的动力电机跟随钻具潜入孔底切削地层，动力损耗少，钻孔效率高，钻杆不转动，只起导向和克服反扭矩作用。日本利根公司的 RRC 系列钻机，由于设计保证，使钻头的反扭矩全部转化为公转力矩，故该机不设钻杆，用钢丝绳悬挂进行施工。

下面以 GZQ—1250A 为例，剖析钻机主要结构。

(1)GZQ—1250A 型钻机的组成(图 5.2-33)

GZQ—1250A 型潜水钻机主要由潜水电钻、钻架、钻杆、钻头、配重块、导向合箱、卷扬机电缆卷筒、开关柜、泥浆泵等组成。

与SPJ—300钻机一样,主卷扬机用于控制钻进压力、升降钻具和立钻塔等,单绳提升能力为2t,副卷扬机用于拖拉钻具等辅助工作,单绳提升能力为1t。

塔架为门形架,可以方便的分解,利于运输。

(2)传动原理及构造(图5.2-34)

电钻由电动机、行星齿轮减速器、密封装置构成。外径345mm,全长1 750mm。

电钻的电动机为22kW的JO_2系列三相异步电动机。电机的定子、转子冲片采用JO_2系列标准片。定子绕组是NQ型国产防水电磁漆包线绕制而成。电机内部充有25号变压器油。

行星齿轮减速器采用行星齿轮2K-H机构,系渐开线直齿传动,一级齿轮模数为M-4,二级齿轮模数为M-4.5,减速比i-21.5,当电机额定转速是960r/min时,减速器主轴转速是45r/min。

电动机通过齿轮联轴器,将动力传至一级行星减速器中心齿轮,带动三个一级行星齿轮自转和围绕一级固定齿圈公转,从而使一级行星轮架转动,一级行星轮架经平键与二级中心齿轮连接并带动其旋转,进而带动三个二级行星齿轮自转和围绕二级固定内齿圈公转,使二级行星齿轮转动,并通过三个切力柱将动力传至主轴,主轴经平键将扭矩传给钻头接箍并带动钻头旋转切削地层。

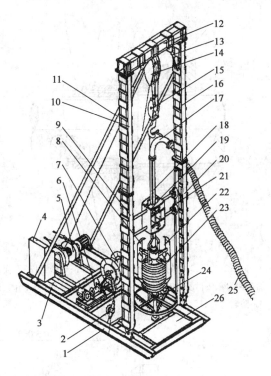

图5.2-33 GZQ—1250A型潜水钻机总图
1-底盘;2-3T拉力计;3-木垫板;4-开关矩;5-主卷扬机;6-副卷扬机;7-电缆卷筒;8-孔壁支撑;9-左下桅杆;10-左上桅杆;11-斜撑;12-天梁;13-天梁斜撑;14-固定滑轮;15-动滑轮;16-右上桅杆;17-弯头;18-钻杆;19-导向合箱;20-右下桅杆;21-滑道;22-潜水电钻;23-配重;24-钻头;25-6in胶管;26-铁门

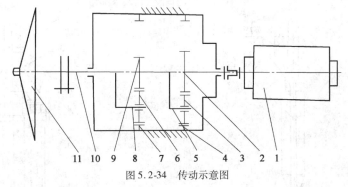

图5.2-34 传动示意图
1-潜水电动机;2-一级中心齿轮;3-一级行星齿轮;4-一级内齿轮;5-一级行星轮架;6-二级行星齿轮;7-二级内齿轮;8-二级行星轮架;9-二级中心齿轮;10-主轴;11-钻头

由于电钻是在充满泥浆和水的条件下工作,必须保证密封的可靠。电钻的密封有两部分。

①上部有一组用于送水管和机体间的密封装置。

②电机上、下端均有一组密封装置,用以隔离电机与减速箱内的油脂,以防电机的变压器油和减速箱内的齿轮油渗漏和互相窜流混合。

③下部有两道机械密封与骨架密封形成一组密封,以封闭主轴下端与机体缓冲环处(图5.2-35)。

(3)排渣系统

GZQ-1250潜水钻机配备了循环排渣系统配合钻机作业,可以正循环方式工作,更换钻杆也可以反循环方式工作。

①正循环系统。钻杆是以$\phi 89mm \times 8mm$的无缝钢管为主体,对称焊上四根40mm×40mm×

4mm 的角钢,组成 95mm×95mm 的方钻杆,用插销联结。

与潜水电钻连接的第一根钻杆长 3m,其余各根均为 5m,此外,还设计了电钻体外正循环分叉管,分叉管是由两根内径 φ50mm 和一根内径 φ75mm 的钢管组成,连接 3in 胶管与 3PN 泥浆泵配合使用。

②反循环系统。反循环钻杆是以 φ172mm×7mm 的无缝钢管为主体,对称焊上两根 10 号槽钢,开孔用的第一根长 3m,其余长 5m,全部用法兰联结(见图 5.2-36)。

反循环分叉管用两根 φ127mm×7mm 和一根 φ172mm×7mm 的钢管组成,在分叉管的中部,设一高压风喷嘴,用于空气反循环,分叉管的上端与反循环钻杆连接,中间与电钻连接。正反循环分叉管连接见图 5.2-37、图 5.2-38。

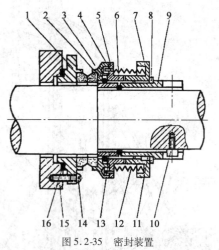

图 5.2-35 密封装置
1-静块;2-动块;3-密封圈;4-传动销;5-推环;6-密封圈;7-弹簧座;8-挡圈;9-衬套;10-固定螺钉;11-键;12-小弹簧;13-隔离套;14-防转螺钉;15-静环;16-缓冲环

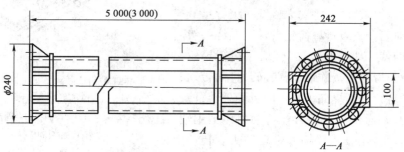

图 5.2-36 反循环钻杆(尺寸单位:mm)

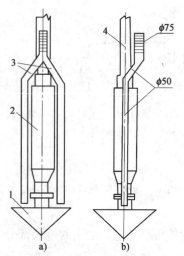

图 5.2-37 正循环分叉管安装示意图(尺寸单位:mm)
1-钻头;2-电钻;3-分叉管;4-钻杆

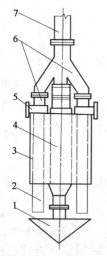

图 5.2-38 反循环分叉管安装示意图
1-钻头;2-吸渣管内径 φ111mm;3-配重;4-电钻;5-孔壁支撑;6-分叉管 φ172mm×6mm;7-钻杆

5.2.3.4 工作能力

1)确定钻机的各项工作能力

一般根据实际施工的地质情况和类似的钻机工作能力确定:

(1)钻杆工作扭矩;

(2)转盘转速和转速挡位数;
(3)计算确定原动机类型(电机或柴油机);
(4)卷扬机起升质量;
(5)卷扬机工作速度;
(6)施加钻压作用力大小。
2)按机械设计手册进行设计、计算
3)确定排渣系统形式、构造,选用适宜的排渣泵

5.2.3.5 使用技术

1)有钻杆旋转钻机钻孔(泥浆护壁)
(1)无套管条件下不坍孔,必须具备以下条件:
①保持0.02MPa以上静水压力是反循环挖掘的基本原则。
②循环水相对密度亦即泥浆相对密度要在适宜的范围,满足护壁,悬浮钻渣,增加对孔壁压力的要求,但泥浆相对密度过大,施工效率也将降低,对黏性土,如有足够的水头,可用清水护壁。在松散的砂性土中可用相对密度为$1.1 \sim 1.3 \text{g/cm}^3$的泥浆,在砂卵石中一般要用相对密度$1.4 \sim 1.6 \text{g/cm}^3$的泥浆。
③适宜的挖掘速度,它与泥浆的循环是相连的,过快会引起坍孔,一般与地质、钻头转速、泥浆吸升能力以及泥浆比重有关。
(2)钻孔时注意以下几点:
①合理选择钻头类型。
②合理选择正、反循环工作形式,一般在易坍塌地质条件,可选用正循环工作方式。
③保持钻头垂直度,防止孔斜的操作经验是轻压、慢转、大泵量。轻压是施加轻钻压,这样可以减少钻杆弯曲和钻头偏斜的可能或减轻偏斜的程度,慢转可以减少钻杆的离心力,但应注意,钻杆转动过慢会增大钻杆的扭矩。大泵量指输入钻杆或排出钻杆的泥浆流量要大,以增强排渣的功能,减少孔底的沉淀,从而减轻钻头的回转阻力;
④减少孔底沉淀。孔底沉淀过厚,除影响桩承载能力外,在灌注混凝土时还易造成事故和降低混凝土质量。解决办法是,一是清孔时间一定要够,二是尽量缩短焊接钢筋骨架和安装导管的时间,以求尽快地在终孔后灌注混凝土。

2)潜水钻机钻孔
(1)开钻前的准备工作。开钻前将电缆分别接入配电箱便于控制,在电钻的两头分别接上钻头、钻杆和进水(或泥浆)管,用卷扬机缓慢地将它放至预埋好的护筒内,并应放置到足够的高度,再关上底盘的铁门。为了防止在钻孔时电钻因钻杆断裂或其他原因而掉入孔中,在电钻上端应设置耳环,用钢丝绳将电钻保险吊住。另外,在电钻的电缆和进浆管上用油漆划以明显的尺度,并与钻杆尺度一致,以便进尺时随时校对。最后进行试运转,观察钻机工作是否正常,这时应特别注意电缆有无破损,设备应牢固接地,接地电阻不大于4Ω。现场操作人员,应穿绝缘套鞋,提升电缆时,若无电缆卷筒,应戴绝缘手套。
(2)开钻。上述试运转如一切正常,方可开钻,先启动泥浆泵和电钻空钻。待泥浆输进钻孔中心后,接着放松卷扬机钢丝绳使钻头开始钻进,在钻孔过程中应随时根据钻杆进尺相应掌握放松电缆和排渣管下降速度。在正常情况下,可观察电流表上的反应,如电流表突然上升说明超负荷,这时应将电钻向上提,若钻头钻进遇到阻碍,电机严重超负荷运转,则电机供电跳闸停转。所以在整个钻孔过程中应根据土质软硬情况,随时控制卷扬机升降。
(3)泥浆循环。泥浆循环和清孔的操作过程基本上同其他钻机钻孔一样,不同的是由于潜水电钻进尺速度快,清渣来不及,所以成孔后必须用携渣能力强的浓泥浆进行清孔,效果较好。

3)钻孔及混凝土灌注时几种设备的选择计算
(1)泥浆泵的选择计算
泥浆泵用于钻孔排渣,一般工作在孔深30m以内,泥浆泵选择要点是确定所需的流量和泵压。
①流量

$$Q = 60mA\left[K\sqrt{\frac{\delta(\gamma_0-\gamma)}{\gamma}} + \frac{\gamma_0-\gamma}{R}v\right] \tag{5.2-3}$$

式中：Q——泥浆泵流量，L/min；

m——经验系数，一般取 1.2；

A——钻孔横截面积，m^2；

δ——钻渣的粒径，cm；

K——根据钻渣颗粒形状而定的系数：圆形颗粒 $K=35\sim40$，扁平状或不规则形状的颗粒 $K=25\sim30$；

γ_0——钻渣颗粒的相对密度，取 $\gamma_0=22.6\sim2.7$；

γ——输入钻孔的泥浆或清水的相对密度；

R——输入钻孔的泥浆相对密度与返回孔口的泥浆相对密度的差值，当缺乏实测数据时，可取 $R=0.01\sim0.03$；

v——最大纯钻进速度，m/h。

钻渣的粒径由实测或按下式估计：

$$\delta = \frac{\varphi_0 v_0}{60in} \tag{5.2-4}$$

式中：φ_0——钻头给进不均匀系数，一般取为 $2\sim3$；

v_0——最大纯钻进速度，以 m/h 为单位；

i——钻头上的切削具数目：鱼尾钻头 $i=2$，带 4 个刀片的圆笼钻头 $i=4$；

n——钻头转速和钻杆转速相同，r/min。

②泵压校核

泥浆泵压力应能克服泥浆在钻杆中流动的阻力 p_1、输浆管线中的阻力 p_2、钻杆接头的阻力 p_3、泥浆在孔中流动的阻力 p_4 和钻头出浆口处的阻力 p_5。

$$p_1 = 0.1\lambda_1\gamma_1\frac{L_1}{d_1}\cdot\frac{v_1^2}{2g} \tag{5.2-5}$$

$$p_2 = 0.1\lambda_1\gamma_1\frac{L_2}{d_2}\cdot\frac{v_2^2}{2g} \tag{5.2-6}$$

$$p_3 = \xi\gamma_1\frac{v_1}{2g} \tag{5.2-7}$$

$$p_4 = 0.1\lambda_2\gamma_1\frac{L_3}{d_3}\cdot\frac{v_3^2}{2g} \tag{5.2-8}$$

式中：p_1——泥浆在钻杆中流动的阻力，Pa；

p_2——输浆管线中的阻力，Pa；

p_3——钻杆接头的阻力，Pa；

p_4——泥浆在孔中流动的阻力，Pa；

v_1——泥浆在钻杆内的流速，m/s；

$$v_1 = \frac{4Q}{\pi d_1^2}$$

d_1——钻杆内径，m；

λ_1——液流阻力系数：

$$\lambda_1 = \frac{0.3165}{\sqrt[4]{R_{el}}}$$

R_{el}——运动黏度，cSt（$1\text{ cSt}=10^{-6}\text{m}^2/\text{s}$）：

$$R_{el} = \frac{d_1 v_1}{v}$$

γ_1——泥浆相对密度;

L_1——钻杆总长,m;

L_2——输浆管总长,m;

L_3——孔深,m;

d_2——输浆管直径,m;

d_3——孔径,m;

ξ——接头阻力系数, $\xi = 1.5\left[\left(\dfrac{d}{d_1}\right)^2 - 1\right]^2$;

d——钻杆接头不等径管直径,m;

λ_2——液流阻力系数:

$$\lambda_2 = \dfrac{0.3165}{\sqrt[4]{R_{e2}}}$$

R_{e2}——运动黏度,cSt($1\ cSt = 10^{-6} m^2/s$):

$$R_{e2} = \dfrac{d_3 v_2}{v}$$

v_2——泥浆在输浆管内的流速,m/s;

$$v_2 = \dfrac{4Q}{\pi d_2^2}$$

v_3——泥浆在孔内的流速,m/s;

$$v_3 = \dfrac{4Q}{\pi d_3^2}$$

注意:p_4计算是粗略的估算,由于泥浆相对密度在孔内从上到下是逐渐递增的,这个计算值不准确,可作参考数据。

p_5为钻头出浆口处的阻力(孔底),经验数值$p_5 = 0.05 \sim 0.15 MPa$。

a. 采用泥浆泵在底面上吸浆

$$p = 1.3(p_1 + p_2 + p_3 + p_4) \tag{5.2-9}$$
$$p < p_{吸} + p_{护}$$

式中:$p_{吸}$——泵自吸能力,一般为($0.02 \sim 0.03 MPa$);

$p_{护}$——抬高护筒水位增加的水位压力,如泥浆出口高于护筒水位,则为负值。

b. 采用泥浆泵在底面上注浆(正循环施工)

$$p = 1.3(p_1 + p_2 + p_3 + p_4 + p_5) \tag{5.2-10}$$
$$p < p_{泵}$$

式中:$p_{泵}$——泥浆泵工作压力,MPa。

c. 采用泥浆泵在孔底泵举排浆

$$p = 1.3(p_1 + p_2 + p_3 + p_4) \tag{5.2-11}$$
$$p < p_{泵}$$

(2)空气反循环空压机选择

空气反循环的工作原理就是将空气通入孔底形成水、空气、钻渣三相混合体,相对密度小于1,在孔底的巨大压力下将混合体排出孔外,孔越深,效率越高,一般不宜小于5m。

H符合下式可以工作:

$$H > \dfrac{h\gamma_3 + Q(\gamma_2 - \gamma)}{\gamma - \gamma_3}$$

式中:H——孔深,m;

Q——输送泥浆流量,m^3;

h——排泥管出口处高于井内水面的高度，m；

$\gamma、\gamma_2、\gamma_3$——分别为水、泥浆和泥浆与空气的混合体的相对密度。

空气混合器至吸泥口的高度值由吸泥器本身的结构高度决定，通常为 1~1.5m。

当 H 及 h 较大时，$\partial(\gamma_2 - \gamma)$ 可略去。

$$H > \frac{h\gamma_3}{1-\gamma_3} \text{ 或 } \frac{H}{H+h} > \gamma_3$$

根据施工经验，当空气吸泥机管径为 $\phi100$mm、$\phi150$mm、$\phi250$mm、$\phi300$mm 时，需要的压缩空气供应能力每台吸泥机不小于 $6m^3/min$、$9m^3/min$、$20m^3/min$、$23m^3/min$。

需要压缩空气压力：

$$p = \frac{H}{100} + (0.02 \sim 0.05)（空压机气压表读数）$$

(3) 混凝土灌注导管

混凝土灌注导管是钻孔桩水下灌注混凝土常用机具，根据经验，它的壁厚应不小于表5.2-2所列数值，它的直径应和灌注强度相适应，见表5.2-3。

导管壁厚（mm） 表5.2-2

导管长度	导管壁厚	
	导管直径 200~250	导管直径 300~350
50 以内	3	4
50~100	4	5

导管直径 表5.2-3

通过的混凝土数量（m^3/h）	导管直径（mm）	通过的混凝土数量（m^3/h）	导管直径（mm）
10	200	30	300
20	250	40	350

导管接头形式常用的有两种：①法兰盘连接如图5.2-39所示；②螺旋接头连接如图5.2-40所示。

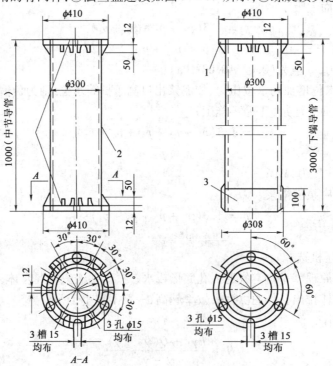

图 5.2-39 法兰盘连接（尺寸单位：mm）
1-法兰盘；2-导管体；3-加强筋

螺旋接头连接快速方便,密封性能好,承载能力大,是导管接头的更新换代产品,导管使用前应做水压力试验。在0.2~0.3MPa压力时不漏水。

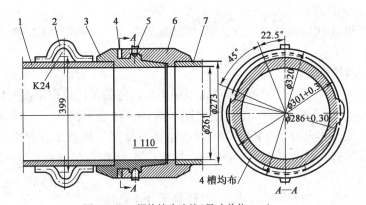

图 5.2-40　螺旋接头连接(尺寸单位:mm)
1-下管体;2-吊耳;3-公接头;4-密封圈;5-定位螺钉;6-母接头;7-上管体

5.2.4　螺旋钻机、冲击钻机、回转斗钻机

5.2.4.1　概述

1)用途及工作对象

在桩基础施工中,可以选择螺旋钻机、冲击钻机、回转斗钻机施工。

(1)螺旋钻机

螺旋钻机可用于灌注桩、砂桩、深层搅拌桩、混凝土预制桩钻打结合法等工艺,适用于土质土壤地质条件,是在基础工程中大量使用的一种钻孔设备。随着科学技术的发展,螺旋钻机已渗透到基础工程施工的各个领域,如采用混凝土预制桩钻压结合法能使混凝土预制桩的贯入更具有无噪声、无振动的先进施工法。配合全套管钻机用于管内取土,将大大提高全套管钻机的施工速度。目前国外利用长螺旋钻机,配合成槽抓斗,已用于地下连续墙的施工,还有用长螺旋钻机配合钢板桩的压入施工。斜土锚的钻进和类似钻压结合的钢管桩中挖掘法,越来越显出螺旋钻机的潜力。

(2)冲击钻机

冲击钻机用于钻孔灌注桩施工,尤其在卵石、漂石地层条件下,它具有明显的优点,其造价低、结构简单、施工简便,在国内是许多施工企业钻孔桩施工主要选用的设备之一。适应的地质条件除卵石、漂石外,从土质土壤到岩层都可以施工。冲击钻机施工虽然简单,且施工速度慢,但最后综合计算施工消耗,与其他施工方法相比有时却是最低的,这是许多施工企业选择它作为钻孔桩成孔设备的原因之一。

(3)回转斗钻机

回转斗钻孔法主要用于钻孔桩施工,除岩层外对各种土层条件都适应,用回转斗钻机施工,其排渣方法独特,不需要反循环旋转钻机施工需要的排渣系统的诸多机具和设施,施工消耗低,施工工艺简单,但施工桩直径、桩长由于设备本身的特点有一些限制。其次采用频繁提升、下降的回转斗,对孔壁的扰动较大,容易坍孔,所以对护壁泥浆的制备要求较高。

2)国内外水平

(1)螺旋钻机国内外水平

国外螺旋钻机已生产多年,螺旋钻机生产已达到了一个相当高的水平。

①钻孔直径最大可达2.5m,钻深可到40~60m。

②通过采用积木式组合设计,实现了一机多功能的要求,在主机基本不变的前提下,可组合成适合施工方法要求的机型,并开发了具有伸缩式可动钻杆的短螺旋钻、钻斗钻进、带加长桅杆的长螺旋钻和空心长螺旋钻进等。

③几乎全部采用全液压动力头传动形式。

④一般采用履带式专用底盘,便于工地的移动和就位,履带的轴距可根据工地要求,运输要求调整。

⑤配置有完善的仪表监视系统,使施工更为可靠方便。

国内从20世纪70年代开始开发螺旋钻机,现已基本系列化,并满足国内要求,近年来已有一些厂家引进国外先进技术生产螺旋钻机,提高了国内生产螺旋钻机的水平。

(2)冲击钻机国内外水平

冲击钻孔法由于施工上的一些独有特点,可以解决旋转钻施工法难以解决的问题,所以对于冲击钻孔的应用问题就是一个提高施工效率、速度的问题。国外一些企业致力于解决冲击施工与反循环施工工艺结合的问题,如日本开发了KPC工法,将冲击锤与反循环排渣结合起来,解决在虚渣中反复冲击的状况,国外还在旋转钻机上通过钻杆冲击施加冲击能,使得钻机功能更为完善,适应地质条件更为广泛。

国内在20世纪60年代初开始推广钻孔桩,研制了冲击钻机一直使用至今,一些施工单位大量使用卷扬机带冲锤实现冲击钻孔,国内也有企业开发了在旋转钻机上实现冲击功能的钻机。

(3)回转斗钻机国内外水平

回转斗钻机在国外批量生产了多年,有许多性能完善、功能齐全的回转斗钻机用于施工,回转斗钻机的一些结构与螺旋钻机相同或类似。

国内还未见报道生产此种钻机的厂家,仅有一些企业改制生产了简易桩架带驱动机构、带回转斗的简易回转斗钻机,并大量应用于中小孔径的钻孔灌注桩的施工,比较实用,满足了一些工程上的使用要求。

5.2.4.2 分类、特点及适用范围

1)螺旋钻机的分类特点及适应范围

螺旋钻机工作原理与麻花钻刀具相似,钻具旋转、利用钻具下部切削刃切土,长螺旋切下来的土沿钻杆上螺旋叶片上升,排到地面上。短螺旋短暂旋转切土附着在钻具上,将钻具提到地面上反转排土。

螺旋钻机可按如下方法分类:

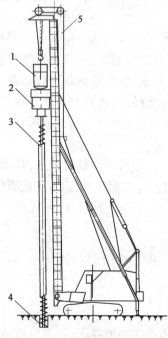

图5.2-41 长螺旋钻孔
1-电动机;2-减速器;3-钻杆;4-钻头;5-钻架

(1)按螺旋长短分

①长螺旋钻机。如图5.2-41所示,螺旋长度从地面到成孔底部,可以连续切土、提土,但成孔深度有限;

②短螺旋钻机。如图5.2-42所示,仅在钻杆底部设置部分螺旋正转切土,提出孔外反转排土,切土排土是断续的,使用加长钻杆,可使施工桩深大大增加。

(2)按底盘方式分

①使用履带底盘的螺旋钻机;

②使用汽车底盘的螺旋钻机。

(3)按驱动螺旋钻具的动力分

①电动机驱动;

②内燃机直接驱动;

③液压马达驱动。

(4)按钻孔方式分

①单根螺旋钻机,可施工钻孔灌注桩,或作为混凝土预制桩钻打结合法、钻压结合法施工设备。

②多轴式螺旋钻机,用于地基加固和排列桩等各种施工方法使用的设备。

适用范围:密实黏土类地质条件效果最好。

2)冲击钻机分类特点及适用范围

冲击成孔是用冲击锤反复冲击孔底的各种卵石黏土等,将其冲击到孔壁或冲成碎渣通过排渣机具排出孔外,冲击的作用主要是成孔进尺、制浆、造壁作用。

冲击钻机构造形式可分为三类:

①卷扬机带动冲锤。如图5.2-43所示,其驱动滚筒分为电机驱动滚筒和液压电机驱动滚筒。

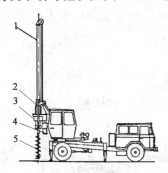

图5.2-42 短螺旋钻孔机
1-护套;2-加压油缸;3-变速箱;4-液压电机;5-钻头

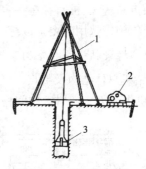

图5.2-43 简易冲击钻机
1-钻架;2-卷扬机;3-冲击锤

②冲击式钻机拖车底盘携带机械机构实现冲击动作,如图5.2-44所示。

③旋转钻机附带冲击功能。适用范围:最适合于卵石、漂石及岩层,也可用于其他地质条件,但选用时应比较其综合经济效益。

3)回转斗钻机

使用特制的斗式回转钻头,在钻头旋转时切土进入土斗,装满土斗后,停止旋转并提出孔外,打开土斗弃土,并再次进入孔中旋转切土,重复进行直至成孔。回转斗钻机可按如下方法分类:

(1)按结构形式分

①履带底盘携带回转斗旋钻机构和提升机构,如图5.2-45所示。

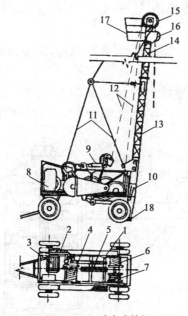

图5.2-44 冲击式钻机
1-主轴;2-三角皮带;3-电动机;4-钻具卷筒;5-冲击机构;6-泥浆卷筒;7-辅助卷筒;8-操纵箱;9-冲击梁;10-操纵杆;11-管制拉杆;12-钢丝绳;13-桅杆下节;14-桅杆上节;15-钻头泥浆滑轮;16-钢绳滑轮;17-工作台;18-桅杆支垫

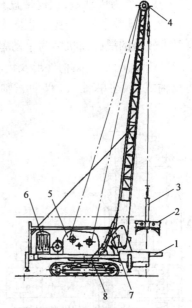

图5.2-45 回转斗钻机
1-环形齿轮;2-方形框;3-方形传动杆;4-顶滑轮;5-卷扬机;6-发动机;7-倾倒臂(卸土装置);8-旋转装置

②简易机构。电机减速机通过伞齿轮驱动钻杆,回转斗切土,整个钻机用三支腿桩架,仅适用于1m左右中小孔径、5m左右以下桩长。

(2)按驱动方式分

①电机驱动

②液压马达驱动

适用范围:适用于除岩层以外的各种地质条件。排渣设备、设施简单,对泥浆排放限制较严的地区比较有利,缺点是桩长、桩直径有一定限制,在某些地质条件下,回转斗施工的速度不理想,对泥浆质量的要求比较高,施工选用时要加以综合比较选用。

5.2.4.3 螺旋钻机主要结构及使用要求

1)螺旋钻机总体结构及特点

螺旋钻机由动刀头、钻杆、中间稳杆器及下部导向圈等组成,如图5.2-46所示。

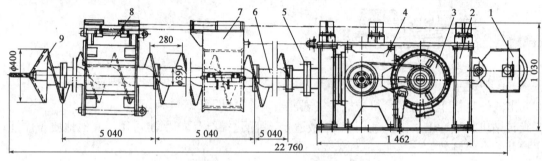

图5.2-46 螺旋钻机(尺寸单位:mm)

1-滑轮组;2-悬吊架;3-电动机;4-减速器;5-阶梯形连接盘;6-钻杆;7-中间稳杆器;8-下部导向圈;9-钻头

(1)动力头

动力头是螺旋钻机的主要驱动机构,它有单轴式、双轴式和多轴式等结构。

单动单轴式是当前使用较多的一种。它是由电动机、传动皮带、减速器组成,由单一动力带动单轴旋转,用V形皮带作为传动链,经皮带盘和减速器组成两级减速机构,这种动力头结构简单,维修方便,但过载能力低,传动效率低,因此不宜向大型方向发展。

国内引进较多的螺旋钻机多为单动单轴式电动机或液压电机通过行星齿轮减速,此种钻机动力头传动效率高且传动平稳,其结构外形及传动如图5.2-47。

双动双轴式、双动单轴式、双动三轴式钻机动力头的外形结构及传动如图5.2-48~图5.2-50所示。

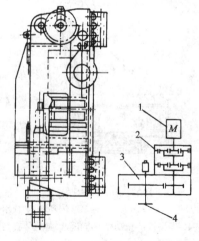

图5.2-47 单动单轴式螺旋钻机

1-液压马达;2-行星齿轮减速箱;3-齿轮减速箱;4-输出轴

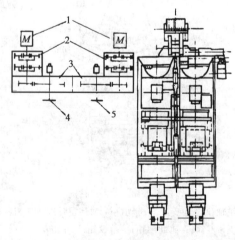

图5.2-48 双动双轴式螺旋钻机

1-液压马达;2-行星齿轮减速箱;3-齿轮减速箱;4、5-输出轴

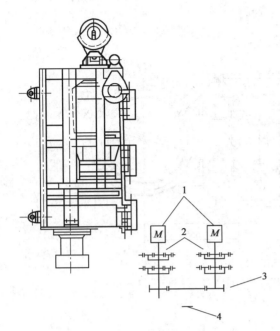

图5.2-49 双动单轴式螺旋钻机
1-液压马达;2-行星齿轮减速箱;3-齿轮减速箱;4-输出轴

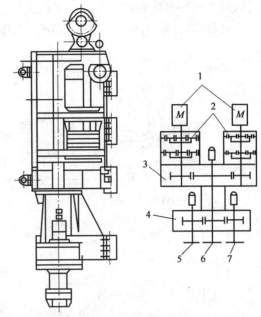

图5.2-50 双动三轴式螺旋钻机
1-液压马达;2-行星齿轮减速箱;3-齿轮减速箱;4-传动箱;5、6、7-输出轴

(2)钻杆

钻杆的作用是在作业中传递动力扭矩,使钻头切削土层,同时将切下来的泥土通过钻杆输送到孔外,形成孔柱状。

钻杆的结构一般是中心为一定直径的无缝钢管,外面焊接一定螺距的旋片,由于钻杆本身不承担切削土层的任务,为减少螺旋片与孔壁的摩擦力,因此钻杆的直径往往比钻头直径小20~30mm,螺旋片的厚度及螺距则根据钻杆强度、土层状况、机械寿命等因素确定,钻杆的分节长度一般为2.5~5m不等(图5.2-51),钻杆与钻杆的连接可采用阶梯法兰连接,也可用六角套筒并通过锥销连接(图5.2-52)。

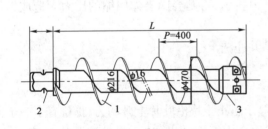

图5.2-51 钻杆(尺寸单位:mm)
1-六角连接头;2-螺旋叶片;3-六角连接套筒

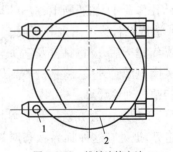

图5.2-52 锥销连接方法
1-销;2-六角套筒连接体

(3)钻头

从动力头输出的扭矩,通过钻杆传递到钻头,进行切削土层,钻头的直径与设计的孔径是一致的,考虑到钻孔的效率,一般都设计成双头螺纹型,根据土体的不同,在切削刃部分采用不同的结构和热处理工艺。

(4)中间稳杆器和下部导向圈

长螺旋钻机由于钻杆长,为了使钻杆施钻时稳定和初钻时插钻的正确性,应在钻杆长度的1/2处安装中间稳杆器,并在下部安装导向圈。

中间稳杆器是用钢丝绳悬挂在钻机的动力头上,并随钻杆动力头上下,而导向圈则基本上固定在导杆最低处(也可用悬挂方式)。

中间稳杆器和导向圈可做成相同结构,见图5.2-53。

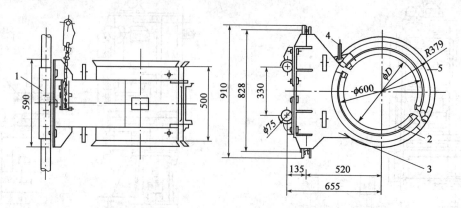

图 5.2-53 中间稳杆器(导向圈,尺寸单位:mm)
1-导向板;2-防摩圈;3-本体;4-插销;5-外套

2)使用要求(电动机驱动钻杆)

(1)正式施钻前,应查看一下电源的容量是否符合钻机所需容量。

(2)按使用说明书要求检查电路、电压范围、漏电保护开关及操作手柄。

(3)正式施钻时,应将钻机缓慢放下,使钻头对准孔位,当电流表指针偏向无负荷状态时,即开始下钻钻孔。

(4)钻孔作业过程中,应经常观察电流表,如超过额定电流时,应放慢下钻速度。

(5)为了防止电动机过载,在控制箱内设置过电流继电器,在过电流继电器动作之后,应间隔10min左右再启动,重新启动后,30min之内不应再过载。

(6)使用应尽量避免依靠点动,进行瞬时的正转和反转。

(7)钻机运转时,应防止电缆线被缠住,钻孔时要有专人看护。

(8)操作中要改变钻杆的回转方向时,须等钻杆完全停转后再启动。

(9)拔钻后,应将钻杆上残存的土除去。

(10)钻孔作业中,如遇断电,应立即将钻杆全部从孔内拔出,否则会因土体回缩的压力而造成钻机不能运转或造成钻杆拔不出来等现象。

(11)操作完毕后,应将钻杆及钻头全部提升至孔外,并冲洗干净。

(12)关闭电源总开关,将钻机放到最低位置。

3)螺旋钻机理论计算

如图5.2-54所示,存在着一种临界状态,摩擦力F_1等于阻止土块沿叶片上升的力,土块有了一个向上运动的趋势,把处在这种临界状态时螺旋叶片的转速称之为螺旋钻机的"临界转速",用n_r表示,或"临界角速度",用ω_r表示。

$$\omega_r = \sqrt{\frac{(\sin\alpha + f_2\cos\alpha)g}{(1-2k-2k^2)f_1R[\cos(\alpha+\beta)]-f_2\sin(\alpha+\beta)}} \quad (5.2\text{-}12)$$

$$k = 0.2 \sim 0.3$$

$$\tan\beta = \frac{k_s}{2\pi R} \quad (5.2\text{-}13)$$

$$F_1 = f_1 G_0 \omega_r R(1-2k-2k^2)/100 \quad (5.2\text{-}14)$$

$$F_2 = f_2[G_0\cos\alpha + F_1\sin(\alpha+\beta)]/100 \quad (5.2\text{-}15)$$

式中:ω_r——临界角速度,s^{-1};

G_0——土块重力,kg;

F_1——土块与孔壁之间的摩擦力,N;
F_2——土块与叶片之间的摩擦力,N;
α——螺旋叶片与外缘摩擦角,°;
R——螺旋叶片的半径,cm;
f_1——土块与孔壁之间的摩擦系数;
f_2——土块与叶片之间的摩擦系数。

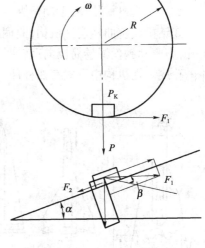

图 5.2-54 螺旋叶片上土体受力分析图

钻杆设计角速度按下式计算：
$$\omega = (1+k)\omega_r \quad (5.2\text{-}16)$$
$$n_r = \frac{30\omega_r}{\pi} \quad n_u = \frac{30\omega}{\pi} \quad (5.2\text{-}17)$$

式中：n_r——螺旋钻机的临界转速,cm/s;
n_u——螺旋钻机的转速,cm/s。

钻进速度：
$$v = \varphi n_u S \quad (5.2\text{-}18)$$

式中：φ——切土松散系数,$\varphi = 0.2 \sim 0.3$;
S——螺旋钻片的螺距,cm,$S = (1.2 \sim 1.4)R$;

钻头切土力：
$$F_0 = K\frac{v}{n} + f_2\frac{G}{2R} \quad (5.2\text{-}19)$$

式中：G——钻具重力;
K——切土比阻力,参见表5.2-4。

切土比阻力　　表5.2-4

土的等级	I	II	III	IV
$K(\text{kPa})$	50	80~100	150~200	260~400

切削阻力作用在钻杆上的扭矩 M_1、功率 P_1 由下式可得：
$$M_1 = P_0 R^2$$
$$P_1 = \frac{R}{97\,400}\left(KvR + \frac{1}{2}f_2 Gn\right) \quad (5.2\text{-}20)$$

对于输出功率计算可按以下步骤进行。土块与孔壁间摩擦消耗的功率：
$$P_2' = \frac{F_1 R n_r}{97\,400\cos\beta} \quad (5.2\text{-}21)$$

土块沿叶片上升与叶片间的摩擦及克服重力而消耗的功率：
$$W_2'' = \frac{n_u R G_0}{97\,400}\left[\sin\alpha + f_2\cos\alpha + \frac{f_1 f_2}{9\times 10^4}R n_r^2 \sin(\alpha+\beta)\right]\frac{1}{\cos\alpha} \quad (5.2\text{-}22)$$
$$G_0 = \psi\pi R^2 H\gamma$$

式中：H——钻机的设计钻深,cm;
γ——土的密度,kg/cm³。

输出功率：
$$P_2 = P_2' + P_2'' \quad (5.2\text{-}23)$$

钻机钻具所需功率：
$$P = P_2\frac{1}{\eta} \quad (5.2\text{-}24)$$

式中：η——减速机及传动系机械效率。

5.2.4.4　冲击钻机的工作原理和使用技术

1)冲击钻机原理

(1) 冲击钻机原理

①钻机的所有部件装在拖车上,包括电动机、传动机构、卷扬机和桅杆等,整体牵引。

②钻机为机械传动,手动操纵。

③钻机设有曲柄连杆机构,曲柄连杆机构往复运动,当驱动钢丝绳卷筒正向运转时,钢绳收紧,冲锤上升,当驱动钢丝绳卷筒反向运转时,卷筒直径方向上线速度大于冲锤的自由落体速度,冲锤自由落下冲击孔底。在机构中设置有四种冲程调节机构。

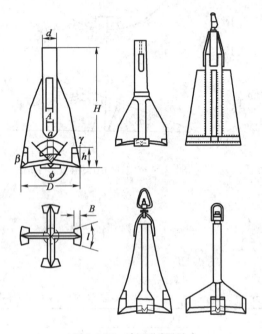

图 5.2-55 冲锤形式及尺寸

④起吊钻头的工具卷筒,用隔板分为两部分,一边缠绕工作钢丝绳,另一边储存钢丝绳的非工作部分。

⑤桅杆分为上、下两部分,上节可以缩在下节内,工作时伸出;运输时上节缩入下节内并一起卧放在机架上。

(2) 卷扬机带冲锤原理

多用3t或5t带有离合器的卷扬机带一重锤往复冲击,冲击动作靠人工操作卷扬机离合器实现,为减轻操作工人的劳动强度,可对卷扬机控制系统进行改装,实现电气控制离合器的离合,最终实现自动控制冲击动作。

(3) 冲锤构造

冲锤由锤身、刃脚和转向装置三部分组成,其外形形状多种多样,较多采用带圆弧的十字冲锤,参考尺寸见图 5.2-55,设冲锤的最大直径为 D,一般取锤高 $H = (1.5 \sim 2.5)D$,锤顶直径 $d = (\frac{1}{4} \sim \frac{1}{3})D$,侧刃高 $h = 30 \sim 50 \mathrm{cm}$。

①刃脚。刃脚位于冲锤的底部,用于直接冲击破碎土石,其刃口高度(叫作冲击角)α、β 应视地层种类变化确定以提高冲击进度。弧形刃外壁的倾角 γ,可避免冲击时卡锤。底刃中心宜略高,形成 ϕ 角。A 约为 $(1/3)d$,B 约为 $(1/8)d$。α、β、γ、ϕ 等参考数值如表 5.2-5 所示。

带圆弧十字形冲锤刃角参考表 表 5.2-5

地 质	α	β	γ	ϕ
黏土、细砂	70°	400	12°	160°
堆积层、砂卵石	80°	50°	15°	170°
坚硬漂、卵石	90°	60°	15°	170°

②转向装置。转向装置设于锤顶和起吊钢丝绳(也叫大绳)之间,利用钢绳编织拉紧、松震会形成一定的转动作用力转动冲锤,以保证利用十字形刃齿冲出圆孔,常用的几种转向装置如图 5.2-56 所示。

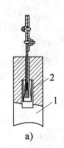 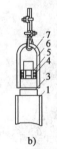 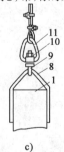 

图 5.2-56 转向装置

1-锥顶;2-合金套;3-转向套;4-螺栓;5-卡板;6-穿心杆;7-吊杆;8-连接环;9-连接销;10-螺母;11-转向环;12-吊架;13-螺母;14-连接销;15-吊芯;16-绳帽套

a. 合金套。将钢绳的一端拆散并冲洗干净,将其从锥顶的钢绳孔道穿过,再穿过带锥套的钢套,并将每根钢丝弯钩,向钢套内浇灌熔化的金属(如铅、铝、锡等合金)冷却后即成合金套,将合金套纳入套穴内即可使用。

b. 转向套。在锥顶焊一段带有较大端头的穿心杆,将转向套朝穿心杆大端套下,然后用卡板卡住(卡板似马蹄形),用定位螺栓把卡板口封住,防止它从穿心杆中滑出。转向套焊有吊环,大绳系于吊环。

c. 转向环。将直径50mm,长约1 000 mm的圆钢制成的连接环穿进连接销下端的孔眼中。连接环两脚同锥头焊接牢固,将转环套于连接销上端并上好螺母,大绳系于转向环的吊环。

d. 吊芯绳帽套。它的锥形端同钢绳连接,另一端套在冲锥的吊芯上,用销栓连接。前三种连接大绳的绳卡不得少于3个,绳卡方向一反一正,每个绳卡相距不得少于钢绳直径的6倍。使用转向环和转向套形式,大绳同吊环连接的弯曲地方,应安装特制的槽形护铁,以延长大绳的使用时间。

③锤身。锤身提供冲锥所必需的重力和冲击动能,一般地说,锤重越重越好,特别当冲击硬土层、大漂石和基岩时更是如此,但是,受起重设备的制约不可能无限制的扩大,参考施工经验,直径1m左右带圆弧十字形冲锤在各种地质中的锤重可参考表5.2-6的线压力确定,锤重等于刃口总长度乘以线压力,带圆弧十字形冲锤的刃口总长度一般大约为锤直径的2倍加刃脚处圆周长度的40%,其他形状,可根据刃脚计算。

带圆弧十字形刃脚线压力参考 表5.2-6

地　　质	线压力(N/cm)	地　　质	线压力(N/cm)	地　　质	线压力(N/cm)
黏土、砂土	60~80	砂卵石、软岩	80~100	大厚石、卵石、硕岩	100~120

实际施工,上述线压力仍会嫌低,增加线压力的办法是增加锤重,设计间断刃口以减少刃口总长度。圆弧刃的主要功用是使孔形规则,并避免形成梅花孔,其弧度一般取为刃脚圆周长度的1/10左右。

④冲锤的成形。冲锤的成形方式可采用整体铸造或分节段铸造,然后焊接成形,也有采用钢板、型钢焊铆组合而成的。

(4)掏渣筒

掏取孔内钻渣的工具叫掏渣筒,也叫抽筒、取岩筒或掏泥筒,一般用3~10mm厚钢板卷成直径为钻孔直径40%~60%的圆筒,圆筒高为1.5~2.0m,上面用直径为30mm左右的圆钢作成吊环,下面装有活门。活门有碗形、单扇和双扇三种,如图5.2-57所示。

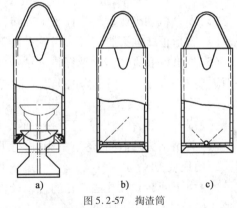

图5.2-57 掏渣筒
a)碗形阀门;b)单扇活门;c)双扇活门

2)使用技术

冲击成孔一般历时较长,要对施工中的各种情况,各种规定严格注意,防止冲击成孔各种事故的发生。

(1)用冲击钻机施工,要慢慢松出大绳,松多了会减少冲程,松少了近似打空锤,将损坏机具。要掌握少量松绳、勤松绳的原则。冲击钻机有自动松绳机构,应调整好松绳离合器。

(2)用卷扬机施工时,应在钢绳上作记号控制冲程,冲锤到底后要及时收绳,以免大绳松多反缠卷筒,同时也提高了冲击频率,但不宜过早收绳,防止打空锤。

(3)开孔阶段多加黏土块,土质疏松时加入适量的片、卵石,然后注入泥浆和清水,借冲锤的冲击加固孔壁。

(4)开孔时亦用小冲程轻捶轻打,冲击钻机用最小冲程,卷扬机使用冲程不大于1m,当进尺到护筒底下3~4m时,可根据地质情况,适当加大冲程。

(5)孔内水位应高于护筒脚0.5m以上,应比护筒顶至少低0.3m,孔内水位要比孔外水位高1.0m

以上。

（6）各种地层的钻进

砂卵石地层：泥浆相对密度 1.5 左右，冲击钻机用大冲程，使用卷扬机时，冲程可用 2～3m。

黏土层：加清水，冲击钻机冲程不宜过大，用卷扬机时冲程一般在 2.0m 以内。

砂层或淤泥层：应多投黏土，并掺片、卵石投入孔内，用低锤冲击将黏土和片、卵石挤进孔壁加固。

基岩：可在不损坏冲锤的情况下，适当采用大冲程猛击，冲程一般可在 3.0m 以上，泥浆相对密度 1.3 左右。

（7）开孔时可不掏渣，待冲进 4～5m 后即应勤掏渣，一般是每进尺 0.5～1.0m 掏一次渣，每次 4～6 筒，也可按钻孔进尺的变化来规定掏渣，当一小时的进尺在卵、漂石地层小于 5cm 时，在松软地层小于 15cm 时，即应掏渣。掏渣时注意补充泥浆或清水。

（8）成孔直径过大，冲程重力超过冲击钻机负荷可采用分径成孔的办法解决，采用的锤重以不超过机器负荷能力的 70% 为宜，一般采用二径成孔，最多三径成孔，但应注意分径成孔破坏了加固好的孔壁，严格注意防止坍孔。

（9）刃口焊补，冲锤刃口在钻进中不断磨损，特别当冲击基岩、漂石时磨损更快，当冲锤磨损到比原来尺寸小 3～4cm 或刃口磨钝时，就应及时焊补。

（10）冲击成孔注意检查转向装置，泥浆黏度和相对密度，注意在使用低冲程一段时间后要换用高一些冲程，让冲锤有转动的时间，以避免梅花孔、十字孔等出现。

5.2.4.5 回转斗钻机的工作原理及使用要点

1）工作原理及结构特点（图 5.2-45）

具体包括以下几点：

（1）回转斗钻机通过方形钻杆传递扭矩；

（2）将方形框落下，放入环形齿轮 1 的滑槽上，安装固定好；

（3）发动机动力驱动环形齿轮 1 旋转，并驱动方形框旋转；

（4）方形框 2 的刃脚与环形齿轮 1 的槽口是吻合的，因此方形框 2 在转动的同时逐渐降下；

（5）方形框和方形传动钻杆是被锁定的，在方形框 2 下降旋转的过程中，方形钻杆下降并旋转，钻头刀刃切入土中挖掘，切下来的土进入回转斗中，一次挖掘的深度为方形框 2 刃脚长度的深度，所挖掘的土量足够装满钻头；

（6）提升钻斗，在地面上打开钻头的活门卸土，同时向孔内补水；

（7）关闭钻头的活门，落下钻头，进行下一次的挖掘。

2）使用要点

（1）由于回转斗钻孔法对孔的扰动较大，所以必须设置一定长度的护筒，保护孔上部的稳定，一般要求比旋转钻机使用的护筒略长。

（2）由于是转斗提卸土，所以在桩长范围内的土层都是黏土时，则可不必灌水或注稳定液，可以干钻，效率较高。

（3）应根据钻机的挖掘能力挖掘，当深度较大时，钻机是采用接上加深杆进行挖掘的。

（4）回转斗钻孔的稳定液管理是回转斗钻孔成孔的关键，应根据地质情况决定混合泥浆的材料组成及其最佳配合比和浓度。

（5）采用适宜的泥浆（稳定液）可以产生如下效果：

①支撑土压力，对于有流动性地基土层，用泥浆能抑制其流动；

②能抑制地基土层中的地下水压力；

③在孔壁上造成泥膜，以抑制土层的崩坍；

④在挖掘砂土时，可使其碎屑的沉降缓慢，清孔容易；

⑤泥浆液渗入地基土层中能增加地基土层的强度，可以防止地下水流入钻孔内。

5.2.5 旋挖钻机电液控制系统

旋挖钻机是一种适合建筑基础工程中成孔作业的施工机械,一般采用液压履带式伸缩底盘,自行起落可折叠钻桅、伸缩式钻杆、带有垂直度自动检测调整、孔深数字显示,一般安装有主、副两个卷扬机,适用于工地多种情况的需要。电子控制系统正向多功能化、集成化、智能化方向发展,系统引进国外先进的技术,采用合理的控制算法,提升旋挖钻机的整体电控性能。

5.2.5.1 系统组成及功能

旋挖钻机电液控制系统结构框图如图5.2-58所示,主要包括控制器、倾角传感器、GPRS、人机界面、接近开关等传感器。系统采用车辆专用的CANOPEN总线通信技术,实现控制器、倾角传感器、GPRS和人机界面之间的通信。电液比例控制技术的使用大大提高了起重机操作的舒适性、微动性和可靠性,并可实现机—电—液一体化控制,其安全性也得到了提高。系统采用国际先进的控制器、显示器、传感器和高效、科学的算法实现了对旋挖钻机的机电液一体化控制,电气、液压、绳长等数据被采集到控制装置之中,采用CAN数据总线管理系统,可降低起重油耗及排放值,简化布线,使整车更加稳定、可靠、安全,操作方便。

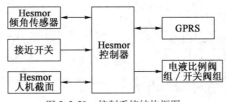

图5.2-58 控制系统结构框图

电液系统主要功能:
①桅杆自动、点动、手柄万向调垂;
②桅杆起收自纠偏控制;
③发动机监控,虚拟仪表;
④深度测量、成孔,钻头位置;
⑤回转控制;
⑥液压系统参数监视;
⑦系统动作安全互锁;
⑧系统报警记录、事件记录。

5.2.5.2 功能划分

1)调垂功能

①手动调垂:采用手柄进行调整,手柄的前、后、左、右对应控制钻桅的支撑油缸往相应的方向动作;手柄前对应左、右油缸同时伸,手柄后对应左、右油缸同时缩,手柄左对应左油缸缩、右油缸伸,手柄右对应左油缸伸、右油缸缩。在桅杆起升的过程中,由于2个油缸可能出现不同步的情况,那么桅杆往前或者往后动作的时候,手柄的左右调节将充当纠偏的功能。

②点动调垂:通过在显示器上使用按键来调节控制桅杆的前、后、左、右动作,以备在手柄出现故障的时候,可以取代手柄进行操作。不影响现场施工。

③自动调垂:在桅杆进入可以自动调垂的区域里,一般设置的角度是:x轴,$Angle\_x \leqslant \pm 5°$,即左右角度偏差在5°范围以内。y轴,$-70° \leqslant Angle\_y \leqslant 5°$,允许在显示器上按下"自动调垂"按钮自动将桅杆调整到垂直状态。

④自动收桅:允许在安全范围内进行桅杆自动收回动作。安全角度x轴$Angle\_x \leqslant \pm 5°$且$-70° \leqslant Angle\_y \leqslant 5°$。在桅杆的起收过程中,可根据倾角传感器的$x$轴角度来纠正偏差,让钻桅垂直起落。

2)回转定位

回转部分采用比例阀,那么可以实现钻机的回转自动定位功能,如果采用开关阀,无法控制旋转速度,由于动力头的机械惯性较大将难于准确控制。回转采用单圈绝对式编码器,利用绝对式编码器机制,即在断电后依然能够记忆角度值,以及其高分辨率可以在显示器上精确地显示当前的角度,并且在断电后不需要手动回零,可将任意位置为起始零点。

3)钻孔深度的实时检测

采用两个接近开关来测量深度的方法,采用的是编码器的原理。目的是产生如下的两路信号图5.2-59)。

请注意 A、B 两路信号,A、B 两路信号的相位角相差 90°,实际的安装方式可参考如下:

A 相接近开关安装正对齿的中心。B 相接近开关安装于齿轮边缘。这样产生的 2 路信号将会错开 90°相位角。一个齿和一个槽构成电角度 360°。

此两个脉冲输入进入控制器,在控制器上经过一定的算法就能够算出当前的孔深。并显示孔深的相关参数,HMI 上可以设置一次钻孔深度,并在单次钻孔深度达到设定值时提醒操作人员进行甩土动作(图5.2-60)。

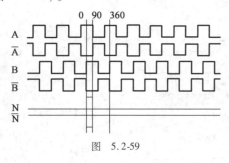

图 5.2-59

图 5.2-60

4)系统的状态参数检测

利用 CAN 总线的快速自调节的数据传输机制,通过 HMI 实时显示发动机及系统的相关参数:水温、油位、油压、油温、三主泵压力和副系统的压力情况,可以根据需要做成虚拟仪表的形式,也可以做成数字量的显示形式,主要考虑到液晶屏的大小以及一屏所需要显示的信息量。其中水温、油位、油压、油温,可以在程序中设定其限制值,当超过限定值时,将报警或是提供控制功能。此类传感器需要采用标准信号输出,即 0~5V 或者 4~20mA 信号输出的,同时控制器的电流输入最多可以有 7 路,其余的可以采用电压输出的传感器,注意传感器选型的时候,必须考虑到此因素。如为电控发动机,发动机参数可以直接从总线上获取,通过对 SAEJ1939 协议的解析。

5)电子油门控制部分

电子油门的工作原理简要介绍:电子油门上有两个控制开关"+""-"用于控制油门加大或者减小,如果"+"一直置位则油门持续加大,反之则相反。控制电位器的信号进入控制器,程序控制信号的输出,如果电子油门的反馈值达到电位计设定值,自动断开触点。发动机的怠速控制,当调度电位计的值调到高挡,转速达到 1 800r/min,中间操作人员离开或者机器没有动作,可以在程序设定的时间内,例如 1min,发动机自动进入怠速状态,当手柄有动作的时候,发动机会自动迅速将转速提升到 1 800r/min。

5.2.5.3 显示器部分

(1)发动机状态显示:发动机虚拟仪表显示。

(2)液压系统状态显示:虚拟仪表显示。

(3)设备状态显示:虚拟仪表显示。

(4)智能故障诊断和显示:故障提示出现故障的元件和位置。

(5)维护和设定:提供参数标定和首选项设置界面。可通过显示器对整个控制系统进行调试和标定。

(6) 关键技术:采用虚拟仪表技术和 CAN 总线技术。

5.2.6 主要生产厂家典型产品及技术性能和参数

5.2.6.1 徐州东明机械制造有限公司——TRM250型旋挖钻机

TRM250 型多功能履带钻机是在多年产品制造基础上开发出来的具有先进的操作性能的、代表国内最先进水平的钻机系列产品。整机质量功率匹配高于同类产品的水平,主要性能参数达到甚至超过了国外同类产品的先进水平,关键零部件全球采购,保证了先进性和可靠性。

TRM250 型系列钻机,采用模块化设计理念,全液压可伸缩式钻机专用履带底盘,为模块化设计的平台,六边形、箱体式、大断面桅杆,受力分配合理,结构强度高,稳定性好。进口三筋加强型履带板,密封自润滑式托链轮,行走缓冲性能好,容易维护。动力头选用进口三马达结构,结构坚固可靠,变速方便,寿命长。流线型机棚,圆弧形铸造式配重,外形美观,侧门内侧粘贴隔音海绵,噪声低。主油路采用恒功率极限负荷调节控制,电喷发动机功率利用率最高,油耗少。采用电脑监控系统,对发动机启动、液位、钻桅角度和钻深进行监测和报警,安全保护装置一应俱全。

TRM250 型系列钻机,桅杆具有自行起落、无解体运输、桅杆自动回折、同步起升、自动调平对中、垂直度检测及显示等功能,钻杆具有多节伸缩、钻进自由浮动、下落减震及孔深数码显示等功能,动力头具有自适应土壤钻进和甩土功能,该系列钻机最大成孔直径为 2.2m,钻深可达 75m。具有扭矩大、操作方便、机动灵活、高效节能、低噪声和无污染等特点。设计上充分考虑到客户的需求进行了多功能模块化设计,可以配置长螺旋、短螺旋和回转斗钻具,可根据客户的要求配置起重功能和连续墙抓斗功能,真正实现了一机多用,为客户节省投资。可广泛用于市政建设、公路桥梁、高层建筑等基础施工作业,是深基础施工的理想设备。详细性能参数见表 5.2-7。

主要技术参数 表 5.2-7

参数项目	单位	参数	备注
最大输出转矩	kN·m	250	
钻孔转速	r/m	6~19	
最高甩土转度	r/m	54/100	
最大加压力	kN	180	
最大起拔力	kN	220	
加压系统行程	mm	5 000	
桅杆左右倾斜角度	°	5	
桅杆前倾斜角度	°	5	
桅杆后倾斜角度	°	15	
发动机型号		QSL9-330	美国康明斯
发动机功率	kW	246	
发动机转速	r/m	2 100	
主卷扬提升力	kN	220	
主卷扬钢丝绳直径	mm	28	
主卷扬提升速度	m/min	55	
副卷扬提升力	kN	80	
副卷扬钢丝绳直径	mm	18	
副主卷扬提升速度	m/min	50	
最大钻孔深度	m	50/75	四节/六节钻杆
最大钻孔直径	mm	2 200	

续上表

参数项目	单位	参数	备注
底盘总长	mm	5 400	
履带板宽度	mm	800	
工作状态设备宽度	mm	4 300	
运输状态设备宽度	mm	3 200	
运输状态设备高度	mm	3 400	
工作状态设备高度	m	20.65	
牵引力	kN	310	
行走速度	km/h	1.8	
钻杆型号		4×13.5/5×13.5/6×13.5	
机器质量	t	59.5	含钻杆

5.2.6.2 北京三一重机有限公司——SR系列旋挖钻机

从SR系列旋挖钻机的结构从功能上分,主要包括底盘和工作装置两大部分。从使用底盘的不同又可分为履带式和汽车底盘式两种规格,SR130、SR150、SR200、SR220C、SR250、SR280旋挖钻机等皆采用了液压伸缩履带式底盘,而SRC108采用了汽车底盘,使产品具有机动性强、远距离移位便捷的优势。

旋挖钻机的工作装置主要包括变幅机构、桅杆、主辅卷扬、动力头、随动架、加压装置、钻杆、钻具等。采用了平行四边形变幅机构、自行起落折叠式桅杆;自动控制监测主机功率、回转定位及安全保护;自动检测、调整钻杆的垂直度;钻孔深度预置和监测等新技术。彩色显示屏直观显示工作状态参数,整机操纵上采用先导控制、负荷传感,最大限度地提高了操作的方便性、灵敏性和安全舒适性,充分实现了人、机、液、电一体化。

旋挖钻机所配套的短螺旋钻头、普通钻斗、捞沙钻斗、岩心等钻具,可钻进黏土层、沙砾层、卵石层和中风化泥岩等不同地质。

SR系列旋挖钻机是北京三一公司独立研发的地基基础施工机械产品,在设计和制造上吸取了国内外著名品牌产品的优点,主要性能达到国际同类产品水平。关键零部件均采用国际知名品牌的产品,提高了整机的可靠性。

目前,公司以SR220C为基础,已基本形成了旋挖钻机产品系列化,主要有SR130C、SR150、SR200C、SR220C、SR250等型号,满足了市场的多元化需求。

各型号详细性能参数见表5.2-8。

SR系列旋挖钻机性能参数表 表5.2-8

项目型号	SR130C	SR150	SR200C	SR220C	SR250
最大输出转矩(kN·m)	130	150	200	250	285
钻孔转速(r/min)	8~40	7~40	7~30	7~26	6~30
最大加压力(kN)	150	150	150	180	180
最大起拔力(kN)	160	160	160	200	200
加压行程(mm)	4 300	4 300	4 300	5 160	5 300
桅杆左右倾斜角度(°)	3	3	3	6	6
桅杆前倾角度(°)	5	5	5	5	5
最大工作斜坡(地面不平度)(°)	5	5	5	5	5
发动机生产厂家	小松康明斯(五十铃)		日本五十铃	美国卡特彼勒(康明斯)	
发动机型号	6BTA5.9-C(CC-6BG1TRP)		AA-6HK1XQP	C9(QLS9-C325)	

续上表

项目型号	SR130C	SR150	SR200C	SR220C	SR250
发动机功率 (kW)/(r/min)	128/2 100 (125/2 100)	193.5/2 000	213(261)/1 800 (242/2 100)	213(261)/1 800	(242/2 100)
主卷扬提升力 (第一层,kN)	160	160	200	240	256
主卷扬钢丝绳直径 (mm)	28	28	28	28	32
主卷扬提升速度 (m/min)	70	70	72	70	63
辅卷扬提升力 (第一层,kN)	60	60	76	110	110
辅卷扬钢丝绳直径 (mm)	14	14	20	20	20
辅卷扬提升速度 (m/min)	60	60	79	70	70
最大钻孔深度 (m)	38	46	58	67	70
最大钻孔直径 (mm)	1 200	1 500	1 800	2 300(2 500)	2 300(2 500)
底盘型号	SY230R(SY230RC2)		SY310C	CAT330D(SY420R)	
工作状态宽度 (mm)	4 000	4 000	4 000	4 300(4490)	
工作状态最高高度 (mm)	18 440	18 440	20 000	21 045(21 100)	21 600(21 655)
运输状态宽度 (mm)	3 000	3 000	3 000	3 000(3 190)	
运输状态高度 (mm)	3 305	3 305	3 375	3 360(3 520)	3 400(3 520)
履带板宽度 (mm)	600	600	700	800	800
牵引力 (kN)	220	220	360	510	510
配置标准钻杆	ZG13M412 (φ325)	ZG15M412	ZG22M513Ⅱ	ZG22M512.5	ZG22M512.5
选装钻杆	ZG13M411A	ZG15M410 ZG22J412		ZG22M514A (/514.5)/ ZG22J312 (/410/412/413C)	ZG22M514A (/514.5/514.8)/ ZG22J312 (/410/412/413C)
最大总质量(t)	40	45	60	70	70

5.2.6.3 北京三一重机有限公司——SD系列水平定向钻机

北京三一SD系列水平定向钻机融合了现代液压工程机械新技术、新工艺,主要性能参数达到国际同类产品先进水平,关键零部件采用国际知名品牌。整机操作轻便灵活,作业效率高。广泛应用于电信、燃气、水管等地下管线的铺设,是保护环境、通畅交通、铺设管线工程施工的理想设备。

水平定向钻机主要由底盘、工作装置、锚固装置、泥浆系统、夹持器和动力源组成。底盘主要实现钻机行走、转向,并构建安装平台。底盘与其他装置功能互锁,系统分离控制。工作装置分为旋转装置和推拉装置。旋转装置采用马达,减速机,高强度齿轮传动,提高了输出转矩。推拉装置采用齿轮齿条或链轮链条传动,马达之间采用串并联连接,实现了高低双速。锚固装置分为自动锚固和人工锚固,供用户选择。自动锚固装置采用大转矩马达钻进,油缸加压,把锚杆锚入地面。泥浆系统由泥浆拌和系统、动力系统、泥浆泵和泥浆控制系统等组成。在地层发生变化时,泥浆供应量随之变化,泥浆混配罐储备泥浆容量大,满足复杂工程需要。夹持器由导向装置、动静虎钳、卸扣油缸组成,实现钻杆导向、夹持、卸扣及更换功能。动力源由发动机、泵组组成,把化学能转化为压力势能,供给钻机工作。

水平定向钻机施工工艺分为:

(1)钻机施工:确定钻进中心线—钻机及相关设备的安装、就位、调试—导向钻进—扩孔(根据管道和土质情况,需进行不同规格的切扩、挤扩各一至二次)—管道回拖。

(2)管线施工:现场管线布置—管道转换接头焊接—焊接、试压—配合回拖铺设管道。

钻头钻进角度调整工作原理:动力头停止旋转,调整钻头倾斜板的方向朝向所需方向,推动动力头,只推进而不旋转,此时地面导向仪接收信号,监视进给方向,待方向正确后,继续钻进,整个钻进过程可多次调整方向,直至钻进结束,各型号详细性能参数见表5.2-9。

SD系列水平定向钻机主要技术性能参数　　　　　　　　　　　　　　　表5.2-9

项 目	技术性能指标	单 位	SD6020	SD7535	SD12065
工况	最大进给/回拖力	kN	200	500	650
	最大输出转矩	N·m	7 100	20 000	37 500
	动力头输出转速	r/min	0~72 0~144	0~60 0~120	0~45 0~90
	动力头推拉速度	m/min	0~16 0~32	0~9.6 0~19.2	0~10 0~20
	动力头行程	mm	3 600	5 400	11 000
	入射角		10°~24°	8°~22°	10°~18°
钻杆	外径	mm	φ60	φ89	φ127
	长度	mm	3 000	4 500	9 800
发动机	型号		康明斯 B3.9-125C	康明斯 QSB5.9-240	道依茨 BF6M1015C
	额定功率/转速	kW/(r/min)	93/2 200	186/2 200	273/2 100
泥浆泵	最大泵压	bar	100	100	250
	最大泵量	L/min	160	400	1 200
运输参数	长×宽×高	m×m×m	6.35×2.23×1.99	9.15×2.48×3.14	9.15×2.48×3.14
	整机质量	kg	9 600	17 500	25 000

5.2.6.4　山河智能——SWCM85工法钻机(表5.2-10及图5.2-61)

SWCM85工法钻机整体性能参数表　　　　　　　　　　　　　　　表5.2-10

项 目	技术参数	备 注
工作驱动、行走方式	电液驱动、液压履带式	
桅杆支撑方式	三点支撑	
回转角度(°)	360	
桅杆组合长度(六种组合)(m)	21;24;27;30;33;36	
桅杆两小导轨中心距(mm)	330	在主机右侧
桅杆两大导轨中心距(mm)	600	
履带接地长度(mm)	5425	
履带接地宽度(mm)	展开5000/收缩3300	
履带宽度(mm)	860	
桩架爬坡能力(°)	22	拆去桅杆
桩架爬坡能力(°)	2	带桅杆

续上表

项　目		技术参数	备　注
桩机质量(kg)		108 000	
接地比压	不带工作装置(MPa)	履带0.12；支腿1.4	
立柱可倾角度	前倾(°)	10	
	后倾(°)	15	
行走速度(km/h)		0.26	
主卷扬第一层额定拉力(kN)		120	
变幅卷扬第一层额定拉力(kN)		120	
主卷扬第一层提升速度(m/min)		25	
变幅卷扬第一层提升速度(m/min)		10	
外形尺寸	全长(mm) 装运状态	10 944	
	工作状态	10 745	
	全宽(mm) 装运状态	3 300	
	工作状态	5 779	
	全高(mm) 装运状态	3 401	
	工作状态	38 826	
液压系统工作压力(MPa)		行走29.5；油缸20	
桩机电机额定功率(kW)		55	
组合配重质量(kg)		9 700；4 500；4 000，4 000	
三轴钻孔直径(mm)		φ850×φ850×φ850	
钻杆中心距(mm)		600×600	
最大钻孔深度(m)		30.5	
钻杆额定转速(r/min)	8P	14.7	
钻杆额定转矩(kN·m)	8P	39	
钻杆直径(mm)		φ273	
工作装置电动机额定功率(kW)		180(90×2)	
导轨中心距钻杆中心距离(mm)		925	
工作装置传动方式		动力头顶驱	
钻杆连接方式		六角、插销	

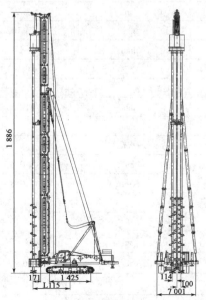

图5.2-61　SWCM85工法钻机外形图(尺寸单位：cm)

5.2.6.5 山河智能——SWSD2512套管式螺旋钻机(表5.2-11)

SWSD2512套管式螺旋钻机主要参数表　　　　表5.2-11

项　目		单　位	参　数	备　注
最大成孔直径		mm	φ1 000	钻杆带套管工作时
最大钻孔深度		m	30	为不接钻杆时的值
最小工作半径		mm	3410±100	
发动机	型号		QSB6.7-C260	2台
	额定功率	(kW)/(r/min)	194/2200	
	最大转矩	(N·m)/(r/min)	987/1500	
动力头	额定转矩	kN·m	外侧动力头250 内侧动力头120	
	转速	(r/min)	外侧动力头3.5~10 内侧动力头7~22	
主卷扬 (外侧动力头)	最大提拔力	kN	784	
	钢绳直径	mm	26/36	
	容绳量	m	280	
副卷扬 (内侧动力头)	最大提拔力	kN	490	
	钢绳直径	mm	20	
	容绳量	m	340	
竖架卷扬	最大提升能力	kN	1 320	
	钢绳直径	mm	22/40	
	容绳量	m	140	
辅助吊钩卷扬	最大提升能力	kN	78	
	钢绳直径	mm	20	
	容绳量	m	90	
载人卷扬	最大提升能力	kN	10	
	容绳量	m	90	
桩架立柱	立柱直径	mm	φ920	
	立柱长度	m	21~36	按需要安装
	主滑轨规格	mm	φ102×600	
	副滑轨规格	mm	φ70×330	
	前后倾角	°	±10	
	左右倾角	°	±2	
底盘及上车	履带最大展宽	mm	5 000	
	履带收缩宽度	mm	3 300	
	履带板宽度	mm	860	
	行走速度	km/h	0.6~1.2	
	上车回转速度	r/min	0.8~1.0	
	上车回转角度	°	360	
	配重	t	10~22	按需要安装
整机外形尺寸 (长×宽×高)	工作状态	m	12.03×6.23×38.85	不含辅吊钩
	运输状态	m	10.36×3.30×3.56	不含立柱等
整机质量		t	150	最大工作装置搭载时
接地面积		m²	9.3912	

5.2.6.6 广西玉柴重工有限公司 YCR160 旋挖钻机(表 5.2-12)

YCR160 旋挖钻机性能参数表　　　　　表 5.2-12

项　目	单位参数	项　目	单位参数
最大输出转矩	160kN·m	桅杆左右倾斜角度	4°
最大钻孔直径	1500mm	桅杆前倾角度	5°
最大钻孔深度	55m	牵引力	350kN
钻孔转速	0~28r/m	工作状态设备高度	17 100mm
最大加压力(加压油缸)	120kN	工作状态最大宽度	4 000mm
最大起拔力(加压油缸)	120kN	运输状态最大宽度	3 110mm
主卷扬最大提升力(第一层)	160kN	运输状态设备高度	3 455mm
主卷扬提升速度	80 m/min	总质量(含标配钻杆)	46t
辅卷扬最大提升力(第一层)	50kN	底盘型号	ZJ16
辅卷扬提升速度	76m/min	发动机型号	
加压油缸行程	3 600mm	发动机功率	194kW

5.2.6.7 北京南车时代重工机械有限公司 TR400C 旋挖钻机(图 5.2-62 及表 5.2-13)

图 5.2-62　TR400C 旋挖钻机外形图

TR400C 旋挖钻机性能参数　　　　　表 5.2-13

项　目	单位参数	项　目	单位参数
最大输出转矩	380kN·m	桅杆左右倾斜角度	6°
最大钻孔直径	3 000mm	桅杆后倾角度	12°
最大钻孔深度	105m	牵引力	896kN
钻孔转速	6~21r/min	运输状态长度	9 500mm
最大加压力(加压油缸)	440kN	工作状态最大宽度	5 500mm
最大起拔力(加压油缸)	440kN	运输状态最大宽度	3 900mm
主卷扬最大提升力(第一层)	350kN	运输状态设备高度	3 400mm
主卷扬提升速度	65m/min	总质量(含标配钻杆)	130t
辅卷扬最大提升力(第一层)	120kN	底盘型号	CAT365C
辅卷扬提升速度	72m/min	发动机型号	CAT C-15 电喷
加压油缸行程	16 000mm	发动机功率	350kW

5.2.6.8 长沙中联重工科技发展股份有限公司 ZR250B 旋挖钻机(表 5.2-14)

ZR250B 旋挖钻机性能参数 表 5.2-14

项 目	单位参数	项 目	单位参数
最大输出转矩	250kN·m	桅杆左右倾斜角度	4.5°
最大钻孔直径	2 500mm	桅杆后倾角度	
最大钻孔深度	84m	牵引力	423kN
钻孔转速	6～24r/min	运输状态长度	16 361mm
最大加压力(加压油缸)	200kN	工作状态最大宽度	4 400mm
最大起拔力(加压油缸)	220kN	运输状态最大宽度	3 100mm
主卷扬最大提升力(第一层)	250kN	运输状态设备高度	3 549mm
主卷扬提升速度	70m/min	总质量(含标配钻杆)	76t
辅卷扬最大提升力(第一层)	110kN	底盘型号	
辅卷扬提升速度	66m/min	发动机型号	康明斯 QSL9
加压油缸行程	5 300mm	发动机功率	252kW

5.2.6.9 徐工集团 XR150 旋挖钻机(图 5.2-63)

图 5.2-63 XR150 旋挖钻机外形图

此钻机应用徐工成熟技术制造的旋挖钻机底盘,结实的箱形臂架,具有超强稳定性;选用进口康明斯 QSL9—C325 电喷涡轮增压发动机(欧Ⅲ),动力强劲,低噪声,低排放;采用稳定、可靠、高性能的国际品牌液压系统及液压元件。详细性能参数见表 5.2-15。

XR150 旋挖钻机性能参数 表 5.2-15

型 号			XR150
发动机	型号		CUMMINS 6CTAA8.3-C185
	额定功率	kW	138
动力头	最大输出转矩	kN·m	150
	转速	r/min	6～22
最大钻孔直径		mm	Φ1 500
最大钻孔深度		m	56(5节),44(4节)

续上表

加压油缸	最大压力	kN	114
	最大提升力	kN	148
	最大行程	m	3.5
主卷扬	最大提升力	kN	155
	最大卷扬速度	m/min	≥65
副卷扬	最大提升力	kN	60
	最大卷扬速度	m/min	≥70
钻桅倾度	侧身/前倾/后倾		±3°/5°
底盘	最大行走速度	km/h	2.0
	最大爬坡度	%	40
	最小离地点间隙	mm	352
	履带宽度	mm	800
	履带间距	mm	2 250 ~ 3 300
液压系统	工作压力	MPa	30
整机工作质量		t	43.5
外形尺寸	工作状态	mm	7 310 × 4 100 × 18 150
	运输状态	mm	13 700 × 3 050 × 3 500
			12 800 × 3 050 × 3 200

5.3 架桥设备

5.3.1 概述

5.3.1.1 定义

架桥设备是一种将预制钢筋混凝土(或预应力混凝土)梁片(或梁段),吊装在桥梁支座上的专用施工机械。

目前生产和应用的架桥设备有公路、铁路架桥机,造桥机,吊篮以及龙门吊。

5.3.1.2 国内外发展现状

架桥机械行业是建筑机械的一个细分行业,经过近十几年特别是近五六年的发展,整个行业正在朝良性方向快速发展;行业在自身发展的同时,为建筑施工工程界提供了很大的经济效益并创造了巨大的社会效益。

国内第一台架桥机的起步始于20世纪50年代悬臂式铁路架桥机的研制和使用,经过工程技术人员几十年的不断努力,到90年代,在技术上进行了一次又一次的改进,架桥机已经成为我国工程机械精粹。

目前,国内具有设计制造和销售能力的制造商约10多家,其中的专业制造厂商是以市场为导向组织公司架构,具有完整的市场、销售、研发、制造等部门,如郑州大方桥梁机械有限公司、江西日月明实业有限公司等;也有将架桥机制造业务独立出去的国有大企业,如武汉桥梁工程机械厂等。部分厂商已经能根据客户的需求及时开发并销售架桥机械,形成比较完整的产品线,故能应用于大中型工程项目;而大部分厂商目前只能生产一些比较传统和相对简单的机械。

对国内架桥机制造商而言,国外的制造商是强大的挑战者。目前具有比较大影响力的国外专业架桥机械制造商有挪威的NRS公司和意大利Nicola公司。这些公司专业于架桥机械领域几十年,具有比较完整的生产线,产品性能可靠,但价格昂贵,在工程界有良好的形象和使用口碑,在国内外的大型工程项目中具有很高的市场占有率。

总的来看,国内架桥设备发展与发达国家相比,仍存在较大差距,主要表现在:

(1)行业缺少宏观导向和管理环境;

(2)行业发展处于初始状态,落后于国外的设计、制造实力;

(3)行业的整体水平偏于中下,制造商在中低端产品打价格战,而高端无人发展。

(4)配套供应产业薄弱,特别是液压和电机控制;

(5)行业内形成良好组织结构的制造商不多,大多数制造商的市场部门和研发部门实力薄弱而且不能很好地结合;

(6)海外市场的市场占有、情报网络建设、服务网点等力量薄弱。

5.3.1.3 发展趋势

架桥设备的发展状况与桥梁的结构形式及其施工工艺方法的发展水平紧密相连,架桥设备未来十年的发展趋势是:

(1)架设跨度与起重能力的显著提高

(2)多种功能兼备与适应能力的增强

希望生产的架桥机能一机多能,并在略作调整的基础上,能架设多种结构形式的桥梁。也即架桥机不仅要能够架设T形梁片,而且还应能架设箱形梁片或整体箱形梁段;即应能架设限制跨度以下的各种跨度的桥梁,还不应受到桥梁宽度以及正常曲线的限制等。

(3)多种结构形式竞相发展

只要能达到最佳的架设目标,可不局限于某种单一的结构模式。

(4)自动化程度高

架设速度快、要结构更趋合理,性能更加完善,自动化与专门化程度显著提高,在确保安全的前提下提高架设速度。

发展趋势中在性能要求上应有一定的共性,主要表现在:

(1)控制系统安全可靠

架桥不同于一般的施工作业。始终应将安全放在首位。采用计算机实现监控系统介入架桥机,配置监控报警、紧急制动装置、失速保护系统、断电保护、过压与欠压保护等。

(2)能够实现整机吊梁横移

采用整机吊梁横移或是利用架桥机自身的横移机构实现空中移梁,将会逐步取代墩顶移梁方式。

(3)照明系统

照明系统的配置以保护架桥机夜间作业有足够的灯光照明为原则。

(4)能适应纵坡、横坡及曲线上的架梁要求

在适应曲线桥梁架设要求方面,单导梁式架桥机比双导梁式架桥机更具有发展前途。但是由于存在单向横坡、桥宽两侧的水平高差相当大,有时达到2m以上,在施工中,除了采取适当调整枕木垫高方法外,还需要架桥机自身能够实现支腿高度调整,以保证架桥机基本处于水平状态。

(5)自重轻、利用系数高

架桥机起重量与自重之比称之为利用系数。采用优化设计与结构有限元分析方法来减轻结构重力,是提高利用系数的主要途径之一。此外,选择先进合理的结构形式,也十分重要。导梁作为架桥机的主要钢结构,采用空间三角桁架结构形式,不仅自重轻、受力性能优良、抗扭刚度大,而且外形美观,已逐渐受到推崇。

(6)具有双向架设功能

许多桥梁工程中,由于施工组织安排或受地理条件与场地限制,要求架桥机从中间某处若干跨限浇好(或吊装好)的桥面上进行组装后再开始架设,因此,架桥机必须能够在完成某个方向的架梁作业后,

只作简单的结构调整与换装便自行反向纵移就位进行架梁作业。

(7)液压和电控系统待改善

纵观目前国内生产的架桥机械的性能和质量,处于瓶颈并比较难以突破的是液压系统和电机控制系统,因为这两个行业的国内产品整体水平比较低。对于架桥机械而言,实现动作依靠的就是这两个系统,所以就架桥机械行业的长远发展来看,需要做一个整体性的更新,特别是液压系统,应该改变目前一个架桥机械上拥有十几个品牌液压产品的情况,兼容性差和质量的不可靠导致整机的性能和可靠性大幅下降。

5.3.2 分类、特点和适用范围

在我国目前的桥梁施工中,主要通过专用设备在桥墩上进行架设安装,这是现代桥梁施工方法的发展趋势。目前的架桥机分别按主梁形式、行走方式和过孔方式分为下列类型,如图5.3-1所示。

5.3.2.1 导梁式架桥设备

导梁式架桥机是以导梁作为承载移动支架,利用起重装置与移动机具来吊装运输混凝土预制梁片,将预制梁片吊装到桥梁支座上的专用机械设备。

架桥机一般按照纵向主梁形式可以分为单导梁和双导梁架桥机;按照架桥机行走方式可以分为步履式架桥机和轮轨式架桥机;按照架桥机过孔方式可以分为悬臂过孔式架桥机和辅助导梁式架桥机,分类如下。

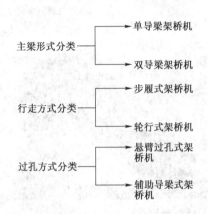

图5.3-1 架桥机的分类

(1)单导梁架桥机

单导梁式架桥机指架桥机采用单根承重主梁,图5.3-2为单导梁式架桥机实物图。架桥机由单主梁、支腿、吊梁小车、走向机构、横移机构、电控系统组成。主梁结构形式一般采用自重轻、稳定性高的箱形结构导梁,导梁可上下移动,前后伸缩,左右横移,实现全副梁片一次落梁到位,可连续架设直线、斜线、曲线等不同类型的桥梁。

图5.3-2 单导梁式架桥机

单导梁架桥机优点是结构紧凑、自重轻、效率高、对曲线及斜交桥梁架设适应性好,架桥机横移功能能够实现全副梁片一次落梁到位。架桥机架桥过程简支受力,广泛用于桥面宽度较大,且要求一次铺装完成的桥梁。缺点是主梁承载能力小,整机横向稳定性差。

(2)双导梁架桥机

双导梁式架桥机由双主导梁、支腿、吊梁小车、走向机构、横移机构、电控系统组成。主导梁通常采用三角桁架、贝雷片拼装和箱形结构等形式。三角桁架主梁基本杆件轻,易于加工,经济性好,主梁采用销式连接,易于安装和拆卸,图5.3-3为三角桁架主梁架桥机实物图。三角桁架主梁风载荷小,环境适

应性强。贝雷片式主梁结构简单,组合结构系统性好,互换性强、具有容易组装等特点,图 5.3-4 为贝雷片式主梁架桥机实物图。箱形结构主梁具有结构件轻、易于加工、安全可靠、抗扭刚度大的特点,图 5.3-5 为箱形结构主梁架桥机实物图。

图 5.3-3　三角桁架式主梁架桥机

图 5.3-4　贝雷片式主梁架桥机

图 5.3-5　箱形结构主梁架桥机

双导梁式架桥机的优点有导梁承载能力强,整机横向稳定性好,安全性高等,特别是箱形结构主梁的架桥机,其已成为专用架桥机的设计主流。

(3) 步履式架桥机

步履式架桥机整机采用跨步行进,依靠 4 个支腿作为架桥机的支撑结构,通过相互有序的换步实现架桥机纵移。架桥机主要由主梁、中部液压支腿、尾部液压支腿、前部台车、中部台车、辅助支腿、吊梁小车、电控系统等组成。步履架桥机不需在桥面上铺设纵移轨道,架桥机载荷作用在已架梁的端头,桥面荷载合理,采用支点游动支撑适应不同跨径桥梁安装,采用铺设全断面横移轨道,架桥机架设边梁一次到位。

(4) 轮行式架桥机

轮行式架桥机整机纵移时利用安装在支腿上的行走轮移动。行走轮有钢轮 + 钢轨式和轮胎式两种。钢轮 + 钢轨式(图 5.3-6)由安装在架桥机支腿上的钢轮和行走在铺设在梁面上的钢轨组成,该方式结构简单、可靠性高。轮胎式行走机(图 5.3-7)由安装在支腿上的轮胎轮直接行走在梁面上,优点是移动速度快,施工效率高,缺点是结构复杂,成本高。

图 5.3-6　钢轮 + 钢轨式行走架桥机

图 5.3-7　轮胎式行走架桥机

(5) 悬臂过孔式架桥机

悬臂过孔式架桥机是架桥机过孔时,架桥机提梁小车后移到架桥机最后端或采用配重方式使架桥机自身重心后移,主梁前端悬空,架桥机中腿支撑和后支腿驱动行进过孔,架桥机过孔到达指定位置后,前支腿前行到下一桥墩支撑。图 5.3-8 为悬臂过孔式架桥机实物图。

悬臂过孔式架桥机由主梁、前、中、后支腿、吊梁小车、行走系统、电控系统等组成。悬臂过孔架桥机特点是结构简单,过孔动作少,应用广泛,但对架桥机过孔安全性要求较高。

图 5.3-8　悬臂过孔式架桥机

(6) 辅助导梁式架桥机

辅助导梁式架桥机是架桥机利用辅助导梁过孔,过孔时架桥机前行走支腿走行在辅助导梁上(图 5.3-9),辅助导梁式架桥机优点是架桥机过孔时安全性高。但缺点是结构复杂,过孔步骤多,效率较低。辅助导梁式架桥机近年在高速铁路 900t 箱梁架设上广泛得到应用。辅助导梁式架桥机由双主梁、鼻梁、前支腿、后支腿(也称 O 形腿),走行支腿、提梁小车、辅助导梁、辅助吊具、走行系统、电控系统、液压系统等组成。

图 5.3-9　辅助导梁式架桥机

图 5.3-10 ~ 图 5.3-12 为辅助导梁式架桥机架设桥梁和过孔示意图。

5.3.2.2　缆索式架桥设备

缆索式架桥设备就是在两个塔架之间张紧一根特种承重的主索,起重小车在此钢索上来回移动提升重物。它的优点是跨度和起升质量较大(跨度为 100 ~ 1 800m,起升质量为 3 ~ 50t),适用于山区丘陵地带以及有交通线或障碍物的广大施工现场做起重运输工作。特别适用于桥隧工程和水利枢纽工程,如图 5.3-13。

(1) 索塔缆索吊架设备

适用于深山峡谷的桥梁架设,在下部设备施工期间缆索吊又可用于运送设备。这种方式缆索垂度大,需搭设较高塔架,因此起吊质量不大,除非条件受限制,一般不宜采用。

(2) 人字扒杆架设梁

该方法简单,采用圆木杆或木杆和其他钢材组合成人字形扒杆,两只扒杆可用钢丝绳在空中相连组成起吊设备,梁的纵移使用卷扬机前方牵引来完成,梁吊装在墩台上后,横移就位完成一个吊装循环。该方法适用于缺乏大型设备,相应桥梁跨径不大,构件较轻又宜就地取材的边远地区。

5.3.2.3　专用架桥机

专用架桥机是在导梁式架桥设备基础上,通过对其结构与机构进行改善而发展起来的一种定型的桥梁专用施工机械。

一、运梁车到达架桥机尾部，运梁车与架桥机，同步数据线连接，1号提梁小车提梁。

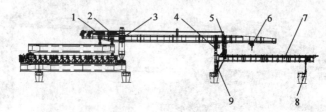

二、1号提梁小车、运梁车托梁小车同步运行喂梁。

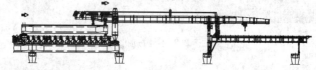

三、当箱梁提梁孔位于2号提梁小车下方时，2号提梁小车提梁，1号、2号提梁小车同步运行喂梁。

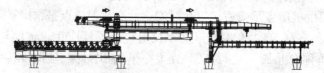

四、1号、2号提梁小车运行到指定位置后，开始落梁。

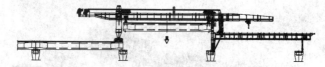

图5.3-10　辅助导梁式架桥机架设桥梁和过孔示意图一

1-2号提梁小车；2-1号提梁小车；3-后支腿；4-前支腿；5-走行支腿；6-辅助吊具；7-辅助导梁；8-辅助导梁前支腿；9-辅助导梁后支腿

五、落梁到位后，架桥机准备自过孔。

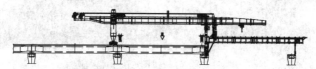

六、启动架桥机后支腿、走行支腿走行马达，架桥机开始过孔。（后支腿走行在铺设在桥面上轨道上，走行支腿走在辅助导梁上。）

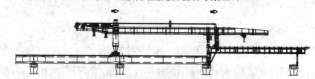

七、架桥机自行过孔到位。1号提梁小车行至导梁尾端，提起辅助导梁，辅助吊车回至走行支腿附近，辅助导梁准备过孔。

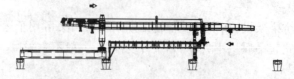

八、解除辅助导梁支腿固定，1号台车、走行支腿同时提升导梁，1号台车、走行支腿驱动辅助导梁前行开始过孔。

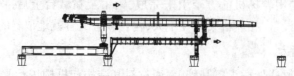

图5.3-11　辅助导梁式架桥机架设桥梁和过孔示意图二

九、辅助导梁行至辅助吊具吊点附近，辅助吊车起吊辅助导梁，1号吊梁小车、辅助吊车共同吊吊辅助导梁继续过孔。

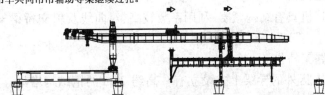

十、1号吊梁小车走行到位，解除1号吊梁小车吊具，辅助吊具、走行支腿驱动辅助导梁直到指定位置。

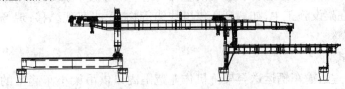

十一、固定辅助导梁支腿，1号提梁小车回至架桥尾部，准备下一孔梁架设。

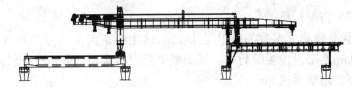

图 5.3-12　辅助导梁式架桥机架设桥梁和过孔示意图三

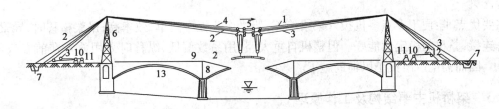

图 5.3-13　缆索式架桥设备示意图

1-主索；2-左起重索；3-右起重索；4-牵引索；5-跑车；6-塔架；7-地锚；8-扣锁架；9-扣锁；10-起重卷扬机；11-牵引卷扬机；12-收紧装置；13-预置梁段

（1）按移梁方式划分：

①墩顶移梁型

这类架桥机由于自身不具备横移功能，因此只完成吊梁与落梁工序。而梁的横移就位工序则需要在桥墩帽梁上依靠人工借助于顶升及横移机具来完成。

墩顶移梁型架桥机从实质上说，架桥机自身并未参与移梁过程，靠人工在墩顶上移梁，不仅劳动强度高，安全性差、效率低，而且受到桥梁结构特点的多方面因素限制，如过墩困难等。

②整机吊梁横移型

整机吊梁横移型架桥机是依靠自身的机构来实现梁片的起落、纵移与横移三维等空间方向动作的。架桥机自身能否吊梁横移并一次落梁就位，是衡量架桥机性能水准的一项重要特性，主要由4个支腿以及导梁、吊梁小车、液压系统电气控制系统等部分组成。

这种架桥机最为显著的优点，就是能够实现整机吊梁横移，可不受桥宽及隔离带的限制同时架设左右半幅桥梁，即使在适应范围内的曲线上架设曲线外侧的边梁时，亦无需借助人工辅助。

（2）按导梁方式划分

①双导梁型公路架桥机

双导梁形式在我国目前公路架桥机中应用最广，受到外部空间尺寸限制，且更易实现吊梁小车的布置。导梁的承载能力强，整机横向稳定性能也较好，但双导梁型架桥机存在的主要问题是，对架设曲线桥与斜交桥的适应能力较差。

②单导梁型公路架桥机

单导梁型公路架桥机具有结构紧凑、利用系数较高、对曲线及斜交桥梁架设适应能力强,容易实现架设外边梁等特点。

③钢索斜拉式公路架桥机

该架桥机在中间支腿外的导梁上方设立有一高约20m的钢结构塔架。用以安装斜拉钢索以降低导梁悬臂挠度。

斜拉钢索有利于降低导梁悬臂状态时的应力与悬臂端挠度,可减轻导梁自重。但整机重心提高,横移时稳定性能差;在架设施工中,如遇高压供电线缆等物,无法实现纵移;现场组装困难,且斜拉钢索的预拉力难以控制调整。

(3)按喂梁方式划分

将预制梁片通过运输车辆运送至架桥机作业范围内以供吊梁小车起吊的这一作业过程,我们习惯称之为"喂梁"。

①尾部喂梁型公路架桥机

目前,国内公路架桥机大多数都采用尾部喂梁,这主要是因为梁片预制场一般都设立在桥头附近,或是设立在架桥机初始架设位置的后方。尾部喂梁既容易实现,同时又不受地理环境因素的影响。

②侧向取梁型公路架桥机

用于长大桥梁施工,采用将预制梁片从开行至桥墩侧边的运输车辆上提升起来,并吊梁横向走行至梁位进行落梁。

其主要优点是:便于多点多机投入架梁施工;架梁作业程序简单,效率高;吊梁横移时,导梁不动,并可与墩台连接,整机的稳定性能好。但整机自重大,利用系数偏低,纵移时采用放置在前方墩顶上的卷扬机拖拉。因而需配以吊机予以辅助施工。

5.3.3 架桥机主要结构及工作原理

架桥机结构形式多式多样,但是如果按照工作功能来分,架桥机共同具有的结构特征可以分为主梁、支腿(前、中、后支腿)、提(运)梁小车、走行系统、横移系统、电控系统和液压系统等。下面以箱形双导梁J450架桥机为例介绍架桥机主要结构和工作原理。

5.3.3.1 总体结构

J450架桥机结构形式为两跨平衡式,能够满足450t 24m、30m、32m跨度单线单箱、双线双箱、双线三箱混凝土箱梁架设要求。该机结构简单,操作方便,稳定安全,可通过运梁车驮运实现桥间高位短途运输和低位穿越隧道,在前支腿安装轮组后可自行通过现浇梁。架桥机有自我顶升、自我行走、吊梁行车有纵移、横移等功能,能够满足一次落梁到位,无需人工横移。

J450型架桥机主要由前后两台吊梁小车、两根箱型主梁及前后横联、前支腿、中支腿、后支腿各一套及顶升装置、轨道、行走动力台车、电气控制系统、液压系统和动力系统等组成,见图5.3-14。

5.3.3.2 主梁

主梁是架桥机直接承受荷载的主要构件,主梁上设提梁小车运行轨道,提梁小车走行在主梁上。J450型架桥机主梁为箱形结构,高2.8m,宽1.2m,长77.5m,共7节,节间采用拼接板拴接,螺栓采用承压型高精度螺栓,便于装拆和运输;主梁前、后端均设有横联杆,将两主梁连接为一个整体,见结构图5.3-15。

主梁与各支腿采用高精度螺栓连接,主梁后端设有横联形成平台用于安装电控系统和发电机组,两主梁中心距9m,满足双线三箱混凝土梁横移需要。

5.3.3.3 支腿

支腿安装在架桥机主梁下方,支腿主要作用有:

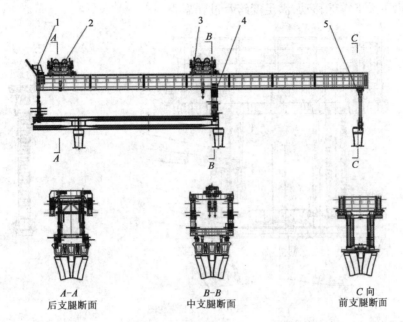

图 5.3-14 J450 型架桥机结构图
1-后支腿;2-2 号吊梁小车;3-1 号吊梁小车;4-中支腿;5-前支腿

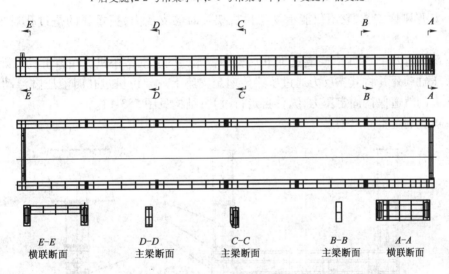

图 5.3-15 主梁结构图

①支撑架桥机,使架桥机在架设、过孔过程中受力点作用在桥梁(墩)合适位置,且作用力在桥梁和桥墩允许受力范围内。

②支腿上安装架桥机横移装置,使架桥机能够横移架设一孔多片梁。

③支腿上安装伸缩调节装置,使架桥机能够适用一定的桥梁坡度。

④前支腿在主梁上的安装位置可调,使架桥机能够架设不同跨度梁片。

⑤在支腿上安装走行机构,使架桥机能够自行过孔。

J450 架桥机支腿有前支腿、中支腿和后支腿。

(1)前支腿

前支腿为主梁前支撑点,由上至下设有摇滚、电葫芦,铰座、上横梁、固定套、油缸和伸缩套、下横梁、横移装置等,以满足桥梁纵坡作业、曲线作业和最后一孔桥梁架设需要。

前支腿上部和主梁铰接,下部通过横梁支撑在桥墩上,形成轴向受力构件。下部横梁可适应不同宽度的桥台,结构见图 5.3-16。

前支腿可以沿主梁下翼缘移动,满足变跨及过孔需要。

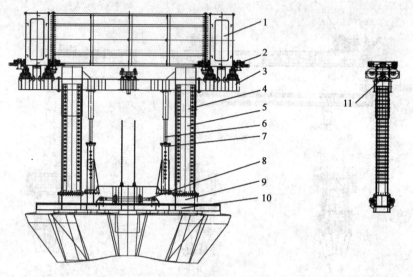

图 5.3-16 前支腿结构图

1-主梁;2-走行机构总成;3-上支撑架;4-固定套;5-伸缩套;6-液压油缸;7-副伸缩套;8-横移油缸;9-下横梁;10-垫梁;11-铰座

(2) 中支腿

中支腿为 U 形刚性支腿,它不仅能承受架桥机架梁时的支反力,更重要的是过孔对支腿支反力起调节作用。

中支腿下部装有两个主动台车,过孔时和后支腿台车共同驱动架桥机。在架桥机架梁作业时,装在台车中间的液压缸锁死并将其支反力通过桥梁传递至支座上。架桥机过孔时液压缸浮动,使台车对铺设在桥梁梁面上的轨道保持固定压力,纵移自走行过孔,结构见图 5.3-17。

台车位置可调满足不同梁型。

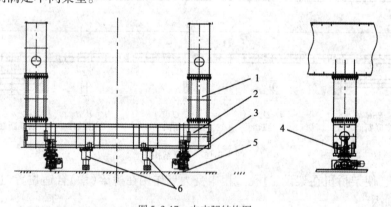

图 5.3-17 中支腿结构图

1-立柱;2-下横梁;3-走行台车;4-液压油缸;5-走行轨道;6-辅助支撑油缸

(3) 后支腿

后支腿设计成可以向后上方折叠(折叠油缸),使运梁车可以到达架桥机提梁小车下部,后支腿可以伸缩以适用架桥机在纵坡上架设要求,支腿下部装有两个主动台车,过孔时和中支腿台车共同驱动架桥机前行,所有台车上都设置了均衡铰座,以适应桥上临时铺轨轨距不准、轨道不平和倾斜情况,后支腿结构见图 5.3-18。

5.3.3.4 吊梁小车

吊梁小车共两台,前后布置,结构见图 5.3-19。

吊梁小车在走行系统驱动下在主梁上前后运行,吊梁小车纵移为双轨式,轨道设置于两主梁腹板上方。走行系统采用链条牵引,两条单排滚子链,驱动力大并能防止溜坡;采用变频制动电机+行星减速机形式。

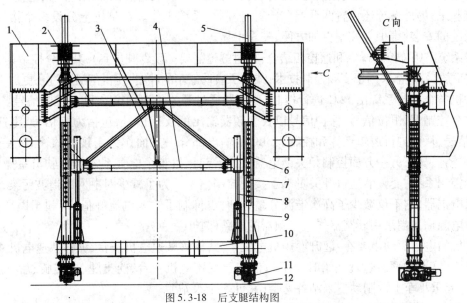

图 5.3-18 后支腿结构图

1-上横梁;2-横联杆;3-拉杆;4-横联杆;5-折叠油缸;6-外导套;7-内导套;8-顶升油缸;9-伸缩套;10-下横梁;11-走行台车;12-走行轨道

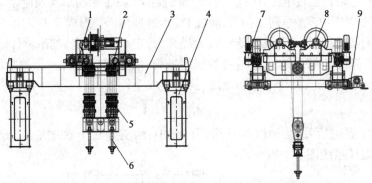

图 5.3-19 吊梁小车结构图

1-横移小车;2-定滑轮;3-横移梁;4-主梁;5-动滑轮;6-吊杆;7-横移驱动总成;8-卷扬机;9-纵向走行台车

横向移动小车共 8 个铸钢车轮,4 个平行轴减速电机驱动;台车箱体采用均衡梁技术,走行平稳、停位准确,有利于落梁就位。

为降低横向移动小车高度,车架采用下凹式。

每个起重小车上设置了两台 JM11 卷扬机,采用行星减速机内藏于卷筒中,结构紧凑;卷筒设有绳槽,保证顺利排绳;卷扬机高速端和低速端均设制动器,保证安全;选用进口高强度钢丝绳,破断拉力大,起重量 240t,绳速 6m/min,通过动、定滑轮组组成了起升和落梁系统,吊具可以适应单、双吊装孔。架桥机架梁时,前吊梁小车起吊混凝土梁体前端,和运梁车上驮梁小车同步前移到位后,后吊梁小车起吊梁体后端,前后吊梁小车同步前移。

吊梁小车纵向到位后,需要横移后才能落梁,在吊梁小车上设计了横移小车,吊梁小车的横移机构是由平行轴减速器直接驱动车轮,具有停车制动功能,确保落梁准确到位。

横移小车的横移量满足三片单箱梁落梁要求,约为±3000mm,两边梁中心距 6000mm。

吊梁小车作用还有架桥机开关后支腿时到前端配重,架桥机自行过孔时到后端配重。

5.3.3.5 电器系统

架桥机电气系统电路主要由电动机主回路、可编程控制器控制电路、电液控制电路、照明电路、遥控装置、报警装置等组成。采用 380V、50Hz 三相四线制交流供电,控制核心为可编程控制器。

J450架桥机自带动力系统,采用一台200kW道依茨柴油发电机,发动机放在主梁尾部平台上。

在主梁后部平台上设电气控制柜,在后支腿下部设有驾驶员室,两者通过一根通信电缆和多根控制电缆连接起来;另外系统还设置两台遥控装置,控制全系统工作。在整机上分设多个接线盒与按钮盒,使电气系统的安装、维护与控制更加方便、安全可靠。

电器系统采用分控站操纵和遥控相结合(因过隧道需要不设驾驶员室),其中分控站具有操纵选择,由于起升和下放、行走都采用了变频控制技术,减少了启动停车的冲击,使得落梁及过孔更加平稳与安全。

架桥机整个电气系统由PLC进行控制,变频器通过开关量端子接受PLC控制信号。PLC的输入部分来自主令控制器,限位信号,保护信号以及变频器输出的反馈信号,包括力矩信号、零速信号、超速信号、故障信号,从而进行逻辑运算和控制。PLC的输出部分一方面作为变频器的输入,使变频器按照主令的速度进行工作,另一方面控制相关继电器工作。起重机整个电气系统由驾驶员室操作控制和无线遥控两套控制系统,变频器通过开关量端子接受控制信号。为了减少对电网的谐波污染,每个变频器均加有输入电抗器,它不仅减少了高次谐波分量,同时也抑制了输入电流峰值,有利于提高整流二极管使用寿命。电源输入端采用断路器作为变频器的短路保护。

架桥机的电力驱动主要有:起升卷扬机电机4台,横移减速电机4台,纵移减速电机4台,整机行走减速电机6台(其中两台过现浇梁时使用);前支腿变跨电机4台,前支腿、中支腿、后支腿液压泵站电机各1个,起重小车上设制动器泵站各1个(总计5个泵站)。

起升和走行均采用变频调速,根据运行速度要求又分为1~3挡,通常行走机构本身的惯性较大,为防止电机被倒拖处于发电状态时产生过电压,因此大小车变频器都配备了制动单元及制动电阻来释放能量。起升系统采用日本安川的CIMR-G7A系列变频器,通过PG卡脉冲编码器形成全矢量闭环控制方式。

架桥机采用变频器驱动的优点是整机性能有较大提高,行走平顺、稳定,被吊物件定位准确,根据需要上下、前后、左右,操作都可以无级变速,适应各种使用场合,加上变频器自身保护功能齐全,如过流、过载、过压等都能及时报警及停止,减少了设备故障,提高了安全性能。

5.3.3.6 液压系统

架桥机的液压系统主要包括泵站、油缸和管路,分前、中、后支腿三个独立系统,分散布置,就近操作,图5.3-20为前支腿液压系统图。

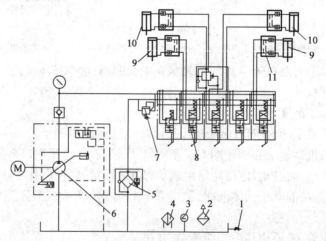

图5.3-20 前支腿液压系统图

1-球阀;2-换气阀;3-液位计;4-电加热器;5-回油滤清器;6-电动液压泵;7-溢流阀;8-手动换向阀组;9-支腿油缸;10-行走悬挂油缸;11-平衡阀

前支腿泵站控制升降油缸和横移油缸,完成架桥机调节纵坡和架曲线桥功能。

中支腿泵站控制4条中支腿油缸,对架桥机架梁及过孔时支撑力起到调节作用,图5.3-21为中支腿液压系统图。

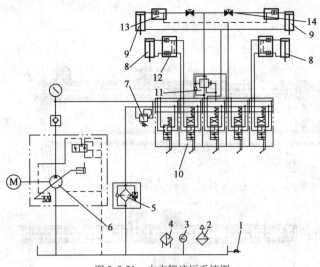

图 5.3-21　中支腿液压系统图

1-球阀;2-换气阀;3-液位计;4-电加热器;5-回油滤清器;6-电动液压泵;7-溢流阀;8-支腿油缸;9-悬挂油缸;10-手动换向阀组;11-减压溢流阀;12-液压锁;13-液控单向阀;14-球阀

工况说明:两个油缸安装在台车上,运行过程中保持中支腿受力为 2×50t 超过额定压力时卸荷,不足额定压力时泵站补充液压油,保持中支腿运行中支撑力不变;架梁时采用抱箍受力。

另两个油缸安装在两台车之间,位置可调整,适应不同梁型,运行时收起;架三箱、四箱梁时,两油缸一个收起不受力;另一个要保持一定的支撑力(力的大小可调),架左边梁时左油缸受力,架右边梁时右边油缸受力。

架桥机中支腿系统要求采用压力传感器检测压力,实现智能控制,避免人为误操作。

架单线单箱和双线双箱、双线三箱使油缸的位置不相同,布管时需考虑接头。

后支腿泵站控制升降及折叠油缸,完成架桥机后支腿的伸缩及开关门功能。图 5.3-22 为后支腿液压系统图。

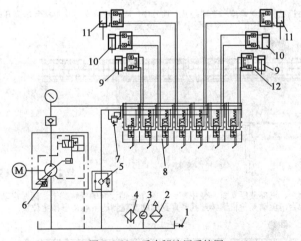

图 5.3-22　后支腿液压系统图

1-球阀;2-换气阀;3-液位计;4-电加热器;5-回油滤清器;6-电动液压泵;7-溢流阀;8-手动换向阀组;9-支腿油缸;10-行走悬挂油缸;11-折叠油缸;12-液压锁

所有液压部件的抗压能力均比回路中要求的压力至少高 10MPa。液压管路采用钢管或橡胶管,在任何条件下的最小抗爆系数为 3(破坏压力大于液压回路中运行压力的 3 倍)。

所有的液压回路都配有安全阀以限制油路中的最大工作压力。在适当部位配有压力表以检查运行压力。所有执行动作都由各安全阀组控制。

下面以步履式架桥机工作过程说明架桥机的工作原理(图 5.3-23)。

一、架桥机完成架设一孔梁片，准备过孔。

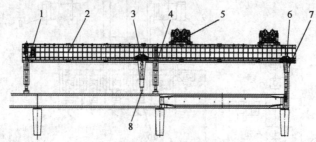

二、提梁机走行至中部台车附近，收缩中、尾部液压支腿。

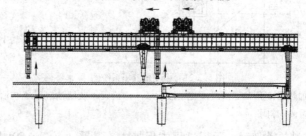

三、开动中、前部台车驱动架桥机前行，同时提梁小车相对架桥机主梁后移，提梁小车位置始终保持位于中部台车附近。

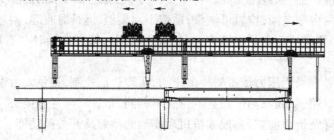

四、架桥机过孔到梁跨度一半时停止，顶升中、尾部液压支腿使中部台车离开横移梁，驱动中部台车前移至中部液压支腿附近。

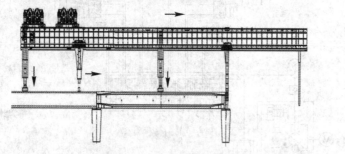

五、收缩中、尾部液压支腿，使中部台车落在已铺设好的横移梁上。同时启动中、前部台车驱动架桥机继续过孔，直到辅助支腿到达下移桥墩指定位置。

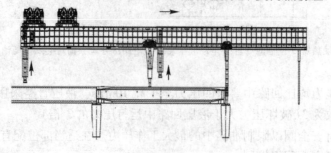

图 5.3-23

六、固定辅助支腿,顶升中、尾部液压支腿,使中、前部台车离开横移梁,同时收缩前部台车支撑油缸,驱动中前部台车前行到达桥梁架设时安装位置。

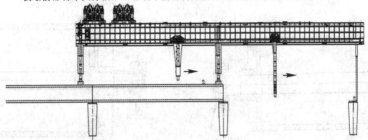

七、收缩中、尾部液压支腿,使中、前部台车落压在横移梁上,驱动提梁小车到提梁位置,架桥机过孔完成,准备下一孔梁片架设。

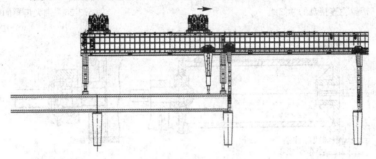

图 5.3-23 步履式架桥机工作过程
1-尾部液压支腿;2-主梁;3-中部台车;4-中部液压支腿;5-提梁小车;6-前部台车;7-辅助支腿;8-横移梁

随着国内公路、铁路桥梁建设现代化、专业化方向发展,架桥机作为桥梁施工的主要机械设备需求量迅增,国内设计和制造架桥机企业如雨后春笋般地迅速发展和壮大。

5.3.4 选型原则与步骤、主要参数计算

5.3.4.1 选型

5.3.4.2 起重设备计算

架桥设备金属结构计算一般是根据架设桥梁跨径、预制梁质量以及施工方案确定的各种施工载荷进行校核计算的,必要时予以加强或采取其他设施。下面对起升机构和运行机构的起重设备计算做一介绍。

架桥机和工地用门架需考虑起升机构装置,天车横移位置以及大车行走装置,便于重物起升降落,以及自身行走使重物准确落位。许多工程单位从充分利用现有设备考虑,使用卷扬机做上述起升和移动设备的牵引力,使用设备简单、使用费用低,但也存在施工程序麻烦、不安全因素较多,且效率较低等不足之处。近年来,架桥机和工地用门架使用了在桥式起重机上使用的一套传动机构,效率以及安全性大大提高。

起升机构设计如下。

(1)起升机构结构

起升机构可采用封闭式标准两级减速器带动卷筒旋转,速度要求低时也可采用三级大传动比减速器($i=65\sim320$),或采用标准封闭式两级减速器加一对传动比为 $3\sim5$ 的开式齿轮传动方案(图 5.3-24)。

车架采用型钢或板焊金属结构。

起升机构需设行程限位机构,防止过度提升。容纳起升钢

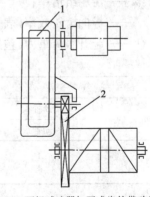

图 5.3-24 两级减速器加开式齿轮带动卷轴旋转
1-标准封闭式两级减速器;2-开式齿轮传动

绳的卷筒组可采用图 5.3-25 ~ 图 5.3-27 的结构方式。

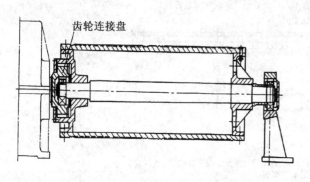

图 5.3-25 带齿轮连接盘的卷筒组

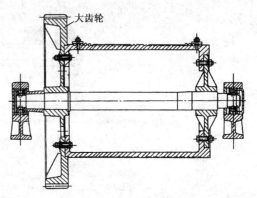

图 5.3-26 带大齿轮的卷筒组

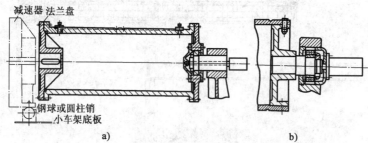

图 5.3-27 法兰盘与减速器输出轴刚性连接的卷轴式卷筒组
a) 采用定轴式短轴;b) 通过法兰盘过盈配合的转轴式短轴

由于起重小车设置的起升速度很慢,在小车可另设标准电葫芦,一般起重量 1t 左右的起升速度为 8m/min,安装在平车上作副件使用,吊运一些轻小构件。

(2) 钢丝绳最大拉力

采用单联滑轮组(绕入卷筒的钢丝绳分支数为1)时钢丝绳最大拉力见式(5.3-1);采用双联滑轮组(绕入卷筒的钢丝绳分支数为2)时钢丝绳的最大拉力见式(5.3-2)。

$$S_d = \frac{K_1 Q_q}{m \eta_1 \eta_2 \cdots} \tag{5.3-1}$$

$$S_s = \frac{K_1 Q_q}{2 m \eta_1 \eta_2 \cdots} \tag{5.3-2}$$

式中:S_s、S_d——分别为单双滑轮的钢丝绳的最大压力,N;
K_1——预制超载系数,取 $K_1 = 1.1$;
m——滑轮组倍率;
$\eta_1 \eta_2 \cdots$——导向滑轮效率(表 5.3-1 ~ 表 5.3-3)
Q_q——起升载荷重力(包括吊具重力,吊具重一般不超过 5 000kN,或按实际重力计),N。

与包角有关的 η_1(平均值)　　　　表 5.3-1

$\alpha(°)$		15	45	90	180
η_1	滑动轴承	0.985	0.975	0.96	0.95
	滚动轴承	0.99	0.987	0.985	0.98

与 $\dfrac{D}{d}$ 有关的 η_1 值　　　　表 5.3-2

$\dfrac{D}{d}$	12	14	16	18	20	30
η_1	0.96	0.97	0.975	0.98	0.985	0.99

与倍率 m 以及轴承形式有关的 η_2 值　　　表 5.3-3

轴承形式	η_1	η_2							
		m							
		1	2	3	4	5	6	8	10
滚动	0.95	1.0	0.98	0.95	0.93	0.9	0.88	0.84	0.8
滑动	0.98	1.0	0.99	0.985	0.98	0.97	0.96	0.95	0.92

（3）驱动装置传动比

$$i = \frac{n}{n_t} \tag{5.3-3}$$

式中：n——电动机额定转速，r/min；
n_t——稳定运动时卷筒转速，r/min。

$$n_t = \frac{mv}{\pi D_0} \tag{5.3-4}$$

式中：v——物品上升速度，对门架及架桥机，由于吊重均较重，一般取 1m/min；
D_0——卷筒直径（到钢丝绳中心），m。

（4）驱动装置载荷力矩

起升载荷稳定上升时作用于卷筒轴上的力矩（静矩）见式（5.3-5）；起升载荷稳定上升时作用于电动机轴上的力矩见式（5.3-6）。

$$M_{tj} = \frac{K_1 Q_q D_0}{2m\eta_0} \tag{5.3-5}$$

$$M_{dj} = \frac{K_1 Q_q D_0}{2mi\eta_c\eta_0} \tag{5.3-6}$$

式中：M_{dj}、M_{tj}——作用于卷筒轴、电机轴的力矩，Nm；
η_0——机构总效率；
η_c——传动效率，见表 5.3-4。

与传动形式有关的 η_c 值　　　表 5.3-4

常用传动形式		轴承形式	η_c
封闭式圆柱齿轮减速器传动	2级	滚动	0.94~0.96
	3级	滚动	0.92~0.94
一对开式圆柱齿轮传动		滑动	0.90~0.92
		滑动	0.92~0.94

（5）电动机选择

电动机静功率按式（5.3-7）计算：

$$P_j = \frac{K_1 Q_q v}{61200\eta_0} \tag{5.3-7}$$

式中：v——起吊上升速度，m/min；
P_j——电动机静功率，kW。

$$P_{jc} \geqslant K_d P_j \tag{5.3-8}$$

式中：P_{jc}——满足电动机启动时间与不过热要求，相应选用的 YZR 系列电动机功率，kW；
K_d——系数，对架桥机及门架起升机构，一般 K_d 取 0.9~1.0，按接电持续率 JC=40%，中级工作制选取。必要时还需按有关手册校核电动机启动时间及电机不过热条件。

(6) 制动器选择

起升机构制动器的制动力矩需要满足下面条件：

$$M_z \geq K_z M_{zj} \tag{5.3-9}$$

式中：M_z——制动器制动力矩，N·m；
K_z——制动安全系数，一般取1.75；
M_{zj}——满载时制动轴上静力矩，N·m。

$$M_{zj} = \frac{D_0 Q_q}{2mi} \eta_0 \tag{5.3-10}$$

(7) 联轴器选择

$$M_j \leq [M] \tag{5.3-11}$$

式中：M_j——联轴器传递的计算力矩，N·m；
$[M]$——联轴器许用扭矩，N·m。

对于柱销联轴器：

$$M_j = \varphi_{II} M_e K_{II} \tag{5.3-12}$$

$$M_e = \frac{P}{n} \tag{5.3-13}$$

式中：M_e——电动机额定力矩，N·m；
P——电动机额定功率，kN；
n——电动机转速，r/min；
φ_{II}——动力系数，对低速轴取1.10，高速轴取1.30；
K_{II}——安全系数1.8。

对于齿轮联轴器：

$$M_j = M_{dx} n_1 \tag{5.3-14}$$

$$M_{dx} = M_e \varphi_{dx1} \varphi_{dx2} \tag{5.3-15}$$

式中：φ_{dx1}——计及实际起重量变动影响的等效静载荷系数，1.0；
φ_{dx2}——计及机构启动、制动时的载荷对传动零件影响的等效动载荷系数，1.6。

根据计算得到的$[M]$选择相应的联轴器。

(8) 减速器选择

选择减速器时应满足下面三个条件：

① 减速器的允许输入功率等于或大于电动机静功率。

$$P_j \leq [P] \tag{5.3-16}$$

式中：P_j——电动机静功率，kW；
$[P]$——减速机允许输入功率，kW。

② 如果卷筒的一半载荷直接作用于减速机的输出轴上，则最大径向力应小于允许径向力：

$$F_{max} = F_{smax} + \frac{G}{2} \leq [F] \tag{5.3-17}$$

式中：F_{max}——最大径向力，N；
$[F]$——允许径向力，N；
F_{smax}——卷筒上钢丝绳最大拉力，N；
G——卷筒重力，N。

③ 电动机的实际最大力矩应小于允许力矩：

$$M_{dmax} = (0.7 \sim 0.8) \varphi M_e i \eta \leq [M] \tag{5.3-18}$$

式中：M_{dmax}——电动机实际最大力矩，N·m；

φ——电动机最大力矩倍数(可由电动机产品目录中查得);
M_e——电动机额定力矩,N·m;
i——传动比;
η——减速器传动效率;
$[M]$——允许力矩,N·m。

5.3.4.3 运行机构设计

1)运行机构构造

架桥机、门架的天车移动,整体移动的驱动装置构造主要有以下方式:电动机通过立式套装式减速机直接驱动车轮(图5.3-28),电动机通过卧式减速机开式齿轮驱动车轮(图5.3-29)。

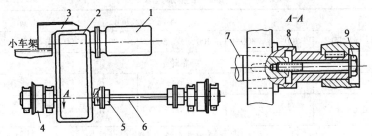

图5.3-28 套装式减速机驱动车轮
1-制动电机;2-立式套装式减速机;3-支架;4-车轮组;5-半齿轮联轴器;6-传动轴;7-车轮轴;8-减速机的空心轴;9-螺钉

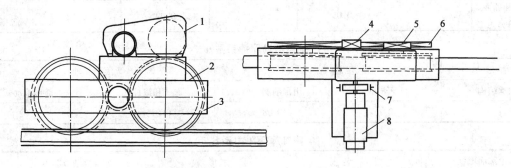

图5.3-29 卧式减速机开式齿轮驱动车轮
1-卧式减速机;2-车轮组;3-车架;4-过轮;5-小开式齿轮;6-大开式齿轮;7-制动器;8-电动机

由于架桥机、门架迎风面积较大,所以各移动机构在停止工作时均需设置可靠的与桥面或地面连接的装置。

驱动轮位置以及驱动轮占总轮数的比例,应按起重机在启动时和制动时车轮不打滑的要求确定,对架桥机或门架可取总轮数的1/4作为驱动轮,必要时可取1/2作为驱动轮。

轮距随跨距而定,一般取 $B/L \geqslant 1/4 \sim 1/6$。

当天车横梁或整个架桥机、门架有足够的水平刚度,其两侧分别驱动是非常可靠的,两侧电动机的输出力矩能互相调节,与集中驱动相比,分别驱动运行稳定且安装维修方便。

2)电动机选择

(1)运行阻力

$$F_j = F_m + F_p + F_f \tag{5.3-19}$$

式中:F_j——运行阻力,N;
F_m——运行摩擦阻力,N;
F_p——坡度阻力,N;
F_f——最大风力,N。

①运行摩擦阻力

$$F_m = (Q_q + G_0)\frac{2K + \mu d}{D_1}K_f \tag{5.3-20}$$

式中：Q_q——架桥机或门架行走携带重物重力，N；

G_0——计算天车时为天车重力，计算架桥机时为整机重力，计算门架时为门架总重力，N；

K——滚动摩擦系数，见表5.3-5；

d——轴承内径，cm；

μ——轴承摩擦系数，见表5.3-6；

K_f——附加摩擦阻力系数，见表5.3-7；

D_1——车轮直径，cm。

滚动摩擦系数 K 表5.3-5

钢轨形式	车轮直径(mm)										
	100	150	200	300	400	500	600	700	800	900	1 000
钢车轮											
平头钢轨	0.025		0.03		0.05		0.06		0.07		0.07
头部带圆弧面的钢轨	0.03		0.04		0.06		0.08		0.1		0.12
铸铁车轮											
平头钢轨			0.04		0.06		0.08		0.09		0.09
头部带圆弧面的钢轨			0.05		0.07		0.09		0.12		0.14

轴承滚动摩擦系数 μ 表5.3-6

轴承形式	滑动轴承		滚动轴承	
轴承结构	开式	用稀油润滑时	滚珠式和滚柱式	锥形滚动式
μ	0.1	0.08	0.015	0.02

附加摩擦阻力系数   表5.3-7

车轮踏面形状	机构名称	驱动形式	车轮轴承	K_f
圆锥车轮	各类移动平车	集中驱动	滚动轴承	1.2
圆柱车轮	各类移动平车	分别驱动		1.5

②满载运行时坡度阻力

$$F_p = (Q_q + G_0)\sin\alpha \tag{5.3-21}$$

式中：α——对于在钢梁上运行的平车，即为钢结构挠度引起的坡度角；对于在钢轨上运行的平车，即为运行坡度以及钢轨铺设不平引起的坡度，一般可达5%~6%。

③满载运行时的最大风阻力

$$F_f = Kq(A_y + A_u) \tag{5.3-22}$$

式中：K——风载系数，$K=1.0$~1.4；贝雷架及万能杆件类取大值，混凝土预制梁、平车取小值。

q——工作状态时的风压值（内地取100MPa，沿海取150MPa），MPa；

A_y——行走机构的迎风面积，m^2；

$$A_y = \varphi A_t \tag{5.3-23}$$

A_t——架桥机或门架的轮廓门面积在垂直于风向平面上的投影，m^2；

φ——金属结构或机构的充满系数，即结构的净面积与轮廓面积之比；

A_u——吊装物的迎风面积，m。

常用 φ 值为：

对桁架结构 $\varphi = 0.2$~0.6；

实体板结构　$\varphi=1$；

机构　　　　$\varphi=0.8\sim1.0$。

(2)初选电动机

①满载运行时的电动机静功率

$$P_j = \frac{F_j v}{61\,200 \eta m} \tag{5.3-24}$$

式中：P_j——电动机静功率，W；

　　　v——运行速度，横移天车取 $4\sim6$m/min；门架、架桥机、纵移天车取 $6\sim10$m/min；

　　　η——机构传动效率，卧式提速机取 0.95，立式减速机取 0.90，开式齿轮（干油润滑）取 $0.94\sim0.96$；

　　　m——电动机系数。

②初选电动机

$$P = K_d P_j \tag{5.3-25}$$

式中：P——所选电动机功率，kW；

　　　K_d——$1.2\sim1.4$（YZR 系列电动机）。

3)减速机的减速比和车轮的转速

$$i = \frac{n}{n_1} \quad n_1 = \frac{60v}{\pi D_1} \tag{5.3-26}$$

式中：i——减速机传动比；

　　　n——电机转速，r/min；

　　　n_1——车轮转速，r/min；

　　　v——运行速度，m/min；

　　　D_1——车轮直径，m。

4)满载运行时电动机的静力矩

$$M_j = \frac{F_j D_1}{2i\eta} \tag{5.3-27}$$

式中：M_j——电动机静力矩，N·m；

　　　i——总减速比；

　　　η——传动效率。

必要时还应做启动时间验算和车轮打滑验算。

5)制动器选择

制动器选择应使移动机构在满载顺风及下坡的情况下，其制动力矩能将移动机构制动。

$$M_z = M_j + \frac{1}{t_z}\left[0.975 \times \frac{(Q_q + G_0)v^2 \eta}{n} + \frac{K(GD_d^2 + GD_1^2)mn}{375}\right] \tag{5.3-28}$$

$$M_j = \frac{(F_f + F_p + F_{mmin})D_1 \eta}{21}$$

$$F_{mmin} = (Q_q + G_0)\frac{2K + \mu d}{D_1} \tag{5.3-29}$$

式中：M_j——电动机的静力矩，N·m；

　　　t_z——制动时间，$t_z \leq 6\sim8$s；

　　　GD_d^2——电动机转子飞轮矩，N·m²；

　　　GD_1^2——电动机轴上带制动轮联轴器的飞轮矩，N·m²；

　　　K——计及其他传动件飞轮矩影响的系数，换到电动机轴上时可取 $K=1.1\sim1.2$。

根据 $[M] > M_z$ 选取制动器。

6）减速器选择

$$F_s = F_j + F_g$$
$$F_g = (\frac{Q_q + G_0}{g})\alpha_p \tag{5.3-30}$$

式中：F_s——计算载荷，N；

F_g——移动机构启动时的惯性力，N；

α_p——平均启动加速度，对架桥机门架运行速度较低的情况下，α_p 取 0.2m/s^2。

$$P = \frac{F_s v}{61\,200\eta m} \tag{5.3-31}$$

式中：m——运行机构减速机（驱动系统个数）。

必要时还需验算减速机输出轴上的最大力矩和最大径向力。

以 $[N] \geq N$ 选择减速机。

5.3.4.4 钢丝绳的计算

$$\frac{F_s}{F_{s\max}} \geq n_s \tag{5.3-32}$$

式中：F_s——钢丝绳破断拉力，N；

$F_{s\max}$——钢丝绳工作时承受的最大移拉力，N；

n_s——安全系数，起升机构一般取 5.5。

根据 $F_{s\max}$ 选择钢丝绳。

滑轮与钢绳直径比值一般取 25 左右。

5.3.5 主要生产厂家典型产品及技术性能和参数

5.3.5.1 郑州大方桥梁机械有限公司

郑州大方桥梁机械有限公司是集研发设计、制造销售、安装服务、设备租赁为一体的大型特种施工装备国家级高新技术企业，在铁路架桥机研发、制造上具有较强优势，该公司架桥机典型产品有 1999 年研制成功的我国第一台 450 吨铁路架桥机，用于秦（皇岛）沈（阳）客运专线；2004 年研制成功的我国第一台 900t 辅助导梁式架桥机，用于铁路客运专线。

DF450 型架桥机可以与 DCY450L 型轮胎式运梁车配合，完成一片 32m、24m、20m 箱梁在桥墩上的安装架设工作。架桥机能够满足首末跨、曲线（半径大于 2000m）、变跨、跨连续梁、结合梁、连续刚构等既有桥梁等特殊架设工况的施工。可通过运梁车驮运实现桥间短途运输，经简单拆解后由运梁车驮运可以通过铁路客运专线双线隧道。

DF450 型架桥机由主梁及主梁联结系、起重大车及起重小车、1号支腿（前支腿）、2号支腿、3号支腿、4号支腿、液压系统、电气系统、集控室、驾驶室、吊具等组成，实物见图 5.3-30。

图 5.3-30 DF450 架桥机

DF450型架桥机具有如下特点：

①采用箱形主梁及4支腿受力体系,4号支腿采用O形支腿结构,使架桥机形式新颖、结构合理,支腿结构受力明确。

②整机能实现变跨作业,满足广珠城际快速轨道交通双线组合箱梁的架设要求。

③架桥机可自行过孔。

④整机重力较轻、重心较低、稳定性较好。

⑤4支腿设计,对于调整和改善已架梁体受力效果明显。

⑥行走机构、起升机构均采用变频技术,实现了平稳启动和制动。整机采用了PLC程序控制技术,安全可靠。

⑦架桥机各作业工况满足城际铁路双线组合箱梁及桥墩的施工荷载要求。

DF450架桥机主要技术参数见表5.3-8。

DF450架桥机主要技术参数 表5.3-8

项 目	参 数	项 目	参 数
最大起吊能力(t)	450	架桥机自行过孔走行速度(m/min)	0~3
主梁挠度	≤L/700	整机总电容量(kW)	150
适用纵坡(‰)	≤30	架梁作业最大功率(kW)	60
适应曲线半径(m)	≥2 000	整机总质量(t)	345
吊梁纵移速度(m/min)	0~3	外形尺寸(长×宽×高)(m)	70×8.9×9
吊梁横移速度(m/min)	0~0.42	架梁作业效率(片/d)	2
吊梁升降速度(m/min)	0~0.5		

5.3.5.2 邯郸中铁桥梁机械设备有限公司

邯郸中铁桥梁机械设备有限公司主要从事铁路、公路架梁施工设备设计制造。该公司在公路、铁路架梁设备的研制开发与制造方面,积累了丰富的经验,主要产品有客运专线900t架桥机、DJK160型铁路架桥机、GT型公铁两用架桥机、DJ系列单导梁多功能架桥机、JSH系列双导梁架桥机。DJ50m/160t型单导梁架桥机于2002年5月16日通过河北省新产品鉴定,并获得2002年河北省"十大优秀发明奖"。2003年获得国家科技部、国家质量监督检验总局、商务部等五部委颁发的"国家重点新产品"证书。该产品在公路架桥机发展史上属首创,填补了国内外公路大跨度单导梁架桥机的空白。

DJ50m/160t型单导梁架桥机用于架设公路预应力钢筋混凝土简支梁片,该架桥机单主梁简支,用于架设大跨度的简支梁(T梁、箱梁和工字梁),既可架直桥、斜桥,也可架设曲线桥,实物见图5.3-31。由于机臂能上下升降,前后移动,左右摆头,架设斜桥(0°~45°)、坡桥5%、小曲线(180m)方便快捷。整机采用步履行进,引导过孔;采用齿轮、齿条传动,整机自锁性能好;依靠行车带动支腿前移,无须配置支腿纵移动力;采用液压马达驱动卷筒,双保险制动可靠,双卷筒排绳,钢丝绳摆角小,克服了跳绳和乱绳的现象;采用整机横移,实现全幅机械化落梁;采用油缸顶推加整机横移方式,一次落边梁到位;支腿借助行车动力实现纵移,降低整机功率;电气系统采用可编程序控制器控制,互锁性能好,防止两个方位同时动作,有效地控制误操作,保证安全可靠。

DJ50m/160t型单导梁架桥机在同行业中,具有结构新颖、质量轻、运输组装方便、性能优良、自动化程度高,功能齐全等特点,整机采用简支引导过孔,既安全又灵活,而且大大降低了过孔时中支点的支反力。

5.3.5.3 郑州市华中路桥设备有限公司

郑州市华中路桥设备有限公司是生产路桥设备的专业厂家,架桥机主要产品有：HJQ系列架桥机、蜂窝梁架桥机、运架一体架桥机、运架分体架桥机、高速铁路架桥机,广泛应用于高速公路、桥梁预制及铺架工程等。

HJQ前导梁架桥机是郑州市华中路桥设备有限公司研制开发的双导梁结构的架桥设备,该系列产品形式新颖,结构合理,整机质量轻,并解决了目前国内外现有架桥机纵向悬臂挠度过大的问题,图5.3-32为HJQ50/200架桥机实物图。

图5.3-31 DJ50m/160t型单导梁架桥机

图5.3-32 HJQ50-200架桥机

该系列架桥机具有以下特点：
①整机主梁及主要联结结构均采用销轴联结,安装、拆卸方便快捷。
②整机质量轻,刚度大,整机质量比同类机械小20%～30%。
③架桥机采用导梁形式,极大减小架桥机前端悬臂挠度,更适应架设上下坡桥、曲线桥。
④前支腿不再梁面上行走、不用铺设架桥机纵移轨道。
⑤吊梁小车可以横移架设边梁,一次到位。

HJQ50-200架桥机主要技术参数见表5.3-9。

HJQ50-200架桥机主要技术参数 表5.3-9

项　目	HJQ50-200B	HJQ40-160B	HJQ35-140B	HJQ30-100B
最大起重量(t)	200	160	140	100
最大跨度(m)	50	40	35	30
适用纵坡(%)	±3	±3	±3	±3
适用曲线半径(m)	350	300	250	200
适用桥梁斜角(°)	≤45	≤45	≤45	≤45
吊梁升降速度(m/min)	0.3～0.5	0.3～0.5	0.3～0.5	0.3～0.5
吊梁纵移速度(m/min)	5.5	5.5	5.5	5.5
架桥机自行过孔走行速度(m/min)	4	4	4	4
整机总电容量(kW)	75.5	75.5	69.5	69.5

5.3.5.4 中铁武桥重工股份有限公司

中铁武桥重工集团股份有限公司的前身是铁道部大桥局桥机厂,经过50多年的发展壮大,现已成为集设计、制造、安装、施工、检测、服务为一体的科技管理型公司。其主要从事桥梁机械、起重机械、铁路机械、水工机械及自动化控制设备的研发、制造；桥梁钢结构、建筑钢结构、电厂钢结构及车站厂房、码头钢结构的制造、安装。

(1) SPJ900/32拼装式架桥机

SPJ900/32拼装式架桥机是由石家庄铁道学院针对铁路客运专线而专门设计,由中铁武桥重工股份有限公司制造,适用于32m、24m、20m双线整孔箱梁的架设,整机示意如图5.3-33所示。

基本结构组成为中车、后车、走行轨道、导梁、起重桁车、前支腿。主要特点：
①架桥机可整体悬臂过孔,无繁琐的作业程序,稳定性好,安全可靠。

图 5.3-33 SPJ900/32 拼装式架桥机

②受力合理,结构简单,主梁采用八七铁路战备钢梁制式器材及特制构件拼组的双导梁,标准化程度高,拼组方便,对工程环境具有较强的适应能力。

③各走行系统采用变频技术,调速范围大,起步稳,设计了机械、能耗两套制动系统,三套制动装置,具备制动的可靠性和过孔、移梁、对位的准确性;同时起重桁车走行系统设置自动纠偏系统,消除走行因跨度大出现的啃轨现象。

④两起重天车起升采用四点起吊三点平衡系统,保证箱梁四点受力均衡。

⑤整机采用了以工业控制计算机为核心的自动控制系统,实现了中远程操作、单控联控、自动监测、自动调整、各参数显示、声控预警、自动锁定,数据记录等全汉化提示,调试方便,操作简单。

⑥整机采用轮轨走行,结构简单,造价降低,使用了机、电、液一体化技术,工作机构动作快捷、准确、安全、可靠,架梁精度高,工作速度快。

⑦可方便地架设第一孔和最后一孔,不需任何辅助设备和复杂的操作。

⑧变跨方便,如由 32m 跨变为 24m 跨时,将中车前移 8m 即可,前支腿也可根据梁高差进行调整。

SPJ900/32 拼装式架桥机主要技术参数见表 5.3-10。

SPJ900/32 拼装式架桥机主要技术指标　　　　　表 5.3-10

项　目	设计性能指标	备　注
额定起重量	900t	
适应跨度	32m、24m、20m	
架桥机总质量	516.6t	
外轮廓尺寸	67.5m×18.2m×12.2m	长×宽×高
内部净宽	14.1m	
架梁最小曲线半径	5000m	
允许最大作业纵坡	20‰	
吊梁升降速度	0.5m/min	
最大升降高度	7m	
主机最大走行速度	过孔时 3m/min,转场时 10m/min	无级变速
桁车重载最大走行速度	3m/min	无级变速
桁车空载最大走行速度	10m/min	无级变速
起重小车横移速度	0.4m/min	
最大输入功率	148kW	
综合作业速度	每孔 3h30min	运距 10km 以内计

续上表

项　　目	设计性能指标	备　　注
允许作业最大风力	6级	
非作业风力	11级	
环境温度	-20~50℃	

(2) MDGE900轮胎式提梁机

MDGE900轮胎式提梁机是中铁武桥重工集团股份有限公司针对铁路客运专线900t箱梁吊装、转移和装车而研制的专用设备,适用于中国时速350km/h、250km/h铁路客运专线20m、24m、32m双线整孔箱形混凝土梁从预制场台座内的起吊、场内纵、横向运输、单双层存梁,并具有满足长车身的运梁车纵向驶入提梁机跨下装载混凝土箱梁的功能。整机示意如图5.3-34所示。

整机采用机、电、液控制技术,起升部分采用液压卷扬机,行走、起升动力均由发动机、液压泵提供,无需外接电源;具有全轮转向、对角转向、直行、斜行、横行和驻车制动等运行模式;全车采用16根轴线、32个轮对,其中有10个轮对具有驱动功能,其余22个轮对为从动轮对。主梁下左右两端用法兰各连接一个支腿横梁,其下用法兰连接支腿构成一个门架,门架中间留有7400mm的空位便于运梁车驶入搬运机跨下。车架与支腿用法兰连接,转向架通过大直径回转轴承与车架横梁连接,主动轮组与从动轮组分别通过轮轴安装在转向架上;在主梁下方靠近左右支腿分别安装一个驾驶室,主梁上面安有两个吊梁小车,由油缸推动小车沿主梁变换起吊位置,用以吊运不同跨度的箱梁。

①工作环境

海拔高度:≤2 000m。环境温度:-20~50℃。环境最大风力:工作状态6级,非工作状态11级。适应路面:混凝土路面、压实的级配石路面。

②技术特点

MDGE900轮胎式提梁机适用于铁路客运专线预制场20m、24m、32m双线整孔箱梁的起吊、运输、转移和装车等工作;整机采用机、电、液控制技术,起升部分采用液压卷扬机,行走、起升动力均由发动机、液压泵提供,无需外接电源;运行模式为重载90°原地转向、对角转向、直行、斜行、横行等;起升系统可以实现四点起升、三点平衡,避免箱梁受扭,同时也保证钢丝绳和吊杆受力均衡;重载原地转向时,由大吨位油缸支撑于地面,减小轮胎的压磨损。

(3) 500t门式起重机

500t门式起重机是武桥重工集团股份有限公司自行设计和制造的大型提梁设备。在高速铁路客运专线梁场,二台500t门式起重机联合作业,完成20m、24m、32m预制双线整孔预应力箱梁的吊装、移位、装车,并可实现重载直行(或空载直行)和通过小车移动实现箱梁横移,整机操作安全、平稳和可靠。整机示意如图5.3-35所示。

图5.3-34　MDGE900轮胎式提梁机

图5.3-35　500t门式起重机

该机主起升质量为500t,跨度为3m,起升高度为26.5m,副起升质量为20t,根据不同梁场的使用需求,可实现有级变跨和有级变高。

该机主梁采用双箱梁,支腿采用一个刚性和一个柔性的箱形结构。大车走行和小车走行均为单轨走行,走行机构采用变频技术,整机 PLC 控制。

提梁机主要由门架、起重小车、吊具、大车走行机构、司机室、防风装置、电缆卷筒、电气系统、梯子平台等组成。

①工作条件

工作海拔高度≤2 000m。工作环境温度 -20 ~ +50℃。工作风力 6 级,非工作风力:11 级。能夜间工作并具有安全的防雷电设施。

②主要特点

该机主梁采用双箱梁,主梁分段制造,主梁分段之间、主梁与支腿之间均采用螺栓连接,便于制造与运输,单件最大运输件为长 24.0m × 宽 3.5m × 高 1.9m,质量为 50t;可实现从跨度 36m 变成跨度 32m 的有级变跨;也可实现从吊高 26.5m 变成吊高 22m 的有级变高;为了确保混凝土箱梁起吊的安全和吊点受力的均衡,采取两台 500t 门式起重机联合作业,其中一台起重机的 2 套主起升机构采用 1 根钢丝绳,保证 2 个吊点钢丝绳受力均衡,形成 1 个平衡吊点,另一台门式起重机的 2 套主起升机构采用 2 根单独的钢丝绳,形成 2 个平衡吊点,整机 4 点起吊形成 3 个平衡吊点;主起升卷扬机构设置双制动装置,在高速轴端采用电力液压块式制动器,在低速轴端采用液压失效保护制动器,同时配备超载限制器、起吊高度限位器及报警装置,并且主起升卷扬机设有排绳装置;采用人机界面,时时监控提梁机故障类别、故障位置及运行状态;采用无线遥控装置,在两台 500t 门式起重机共同作业时,实现两台起重机纵向运行时的同步和平稳,也可实现两台起重机的提梁小车横向运行、提梁和落梁时的同步和平稳。

500t 门式起重机主要技术参数见表 5.3-11。

500t 门式起重机主要技术参数　　　　　　　　　　表 5.3-11

项　目	参　数	备　注
起重量主起升/副起升(t)	500/20	
跨度(m)	36	可变为 32
起升高度(m)	26.5	可变为 22
主起升速度(m/min)	0.5	
副起升速度(m/min)	3.5	
小车运行速度(m/min)	1 ~ 6	
大车运行速度(m/min)	1 ~ 10	
起重小车轨距(m)	2.6	
起重大车轨距(m)	36	可变为 32
起重机自重(t)	325	
起重机外形尺寸(m)	37.5 × 17 × 35	长×宽×高
整机功率(kW)	160	
电源	三相四线制,交流 380V、50Hz	全变频控制

5.3.5.5　北戴河通联路桥机械有限公司

(1) TLJ900 型架桥机

TLJ900 型架桥机是铁道建筑研究设计院、北戴河通联路桥机械有限公司在发挥各自优势的基础上,集结多年从事铁路、公路桥梁施工设备研制的经验,广泛调研、分析国内外高速铁路架桥机的前提下,吸收各家之所长而研制的一种安全可靠、配置合理、作业流程简捷的下导梁式架桥机。

该机能够满足架设 32m、24m、20m 双线预应力混凝土整孔箱梁,主要结构形式为采用双导梁简支架设、采用一跨式下导梁移位过孔。梁体采用三点吊装方式,有效保持梁体平衡和稳定;吊梁行车和卷扬机分离,有效地降低了整机高度,减小了钢丝绳的偏角;前后支腿简支支撑主梁,架设工况受力明确;后支腿采用闭式"O"形结构,满足梁体通过空间,外形美观、合理;整机移位过孔依靠自身吊具实现,不需辅助机具(图 5.3-36)。

图 5.3-36　TLJ900 型架桥机

TLJ900 型架桥机技术设计特点：

①简支架设，前、后支腿简支支撑主梁，架设工况受力明确，操作工艺简单；

②一跨式下导梁，借助一跨式下导梁，架桥机自身可以实现移位过孔，纵向稳定性强；由于下导梁长度短，架桥机能够较方便地架设第一孔和最后一孔桥；

③整机自重轻，架设过程对梁体临时荷载作用合理；

④架桥机和运梁车有效配合，解决了同步运行问题；

⑤对于短桥群区域施工，架桥机选用运梁车驮运，不需解体，不需辅助机具，转场速度快；

⑥前、辅支腿配合动作，可实现自行移位，满足变跨需要；

⑦墩顶和箱梁不需辅助预埋件，给施工带来便利。

TLJ900 型架桥机主要技术参数见表 5.3-12。

TLJ900 型架桥机主要技术参数　　　　表 5.3-12

项　目	参　数	备　注
额定起重量(t)	900	
架设梁跨(m)	32、24、20 等跨及变跨整孔箱梁	
梁体起落速度(m/min)	0~0.5	
梁体起落高度(m)	7	
梁体横向微调速度(m/min)	1.5	微调距离±200mm
吊梁纵移速度(m/min)	0~3(重载)，0~6(空载)	
梁体吊装方式	三点	
架设方式	单跨简支架设	
过孔方式	架桥机自身移位过孔移位速度 0~3m/min	桥面铺设临时轨道，轮轨形式过孔；辅助支腿运行于下导梁上；后支腿运行于桥面铺设临时轨道上
架设桥形(m)	R≥2 000	
控制方式	手动，电控，遥控	
适应纵坡(%)	2	
适应工作环境温度(℃)	-20~+5	
适应风力(级)	6(工作状态)，11(非工作状态)	
下导梁天车起重能力(t)	80	
下导梁天车移动距离(m)	19	
下导梁天车移动速度(m/min)	0~3	

续上表

项　目	参　数	备　注
下导梁移位方式	前吊梁行车、辅助支腿、下导梁天车等配合作业	
作业效率(孔/h)	2/8	运距8km
外形尺寸(m)	76×18×13.5	
整机功率(kW)	300	
机重(t)	565	不含过隧道装置

(2) MGt1450型提梁机

MGt1450型提梁机是北戴河通联路桥机械有限公司针对我国现阶段时速250km客运专线铁路双线组合箱梁的施工特点及要求而设计制造的，可满足我国客运专线铁路双线组合32m、24m和20m混凝土预制箱梁的搬运、装卸及架设等功能。根据现场不同要求，也可完成相配套的900t铁路架桥机及运梁车的现场组装、提吊就位等作业。

MGt1450型提梁机于2004年开始设计开发，并于当年投入制造及使用。其中郑西、京津城际、武广等线路使用了MGt1450型可转向提梁机，荣获多项国家新型实用专利，受到用户广泛好评。

根据多轮次的现场使用、论证及实际跟踪，产品进行了不断地完善、提高，使之每一部分都体现了实用化、科学化、人性化的设计理念。由于我国地域广阔，南北方及高原的温差差异很大，电气控制部分也进行了更完善的升级改进工作，增加了整体电气控制室、设置恒温调控装置，保证电器元件能在任何环境温度下工作的可靠性。

该提梁机主起升额定起重量为450t，是根据用户现场情况而专门设计生产的轮轨式提梁机，可实现单台单动、两台联动作业。另外设置了副起升机构，副起升额定起重量为20t，主要完成现场小件的搬运工作，可实现效率的大幅度提高。

MGt1450型提梁机主要技术参数见表5.3-13。

MGt1450型提梁机主要技术参数　　　　　表5.3-13

项　目	参　数	备　注
主起升机构额定起重量(t)	450	
起升速度(m/min)	0~0.50(重载)，0~1.0(空载)	
起升高度(m)	26	大车轨道顶面至预制梁顶面
横向运行速度(m/min)	0~2(重载)，0~4(空载)	
副起升机构额定起重量(t)	20	
起升速度(m/min)	0~6(重载)，0~8(空载)	
起升高度(m)	27.5	
大车运行速度(m/min)	0~5(重载)，0~10(空载)	
跨度(m)	38	双轨道大车运行轨距中心线
整机功率(kW)	186	
整机质量(t)	398.5	
外形尺寸(m)	42.5×17.3×34.4	
供电方式(V/Hz)	380/5	三相四线制，EM-VⅡ型恒张力电缆卷筒
起重机利用等级	U1	
起重机整机工作级别	A3	

续上表

项 目	参 数	备 注
适应环境海拔高度(m)	≤1000	
环境温度(℃)	-400 ~ +50	
工作温度(℃)	-200 ~ +500	
环境最大风力(级)	6(工作状态),11(非工作状态)	

本章参考文献

[1] 张树猷,周继祖,王修正,等.工程机械施工手册[M].北京:中国铁道出版社,1991.
[2] 何继挺,展朝勇.现代公路施工机械[M].北京:人民交通出版社,1999.
[3] 展朝勇,陈新轩.桥梁施工机械结构与使用[M].西安:西北大学出版社,1994.
[4] 何挺继,朱文天,邓世新.筑路机械手册[M].北京:人民交通出版社,1998.
[5] 吴普成.公路架桥机的现状及其发展趋势[J].建设机械技术与原理,2001(3).
[6] 成兴峰.国内架桥机械制造行业现状及发展策略[J].铁道标准设计,2002(8).
[7] 毛乾亚,于文涛.国内外架桥机的现状与展望[J].机械与电子,2008(7).

第6章 隧道机械

6.1 通风设备

6.1.1 概述

在隧道施工中,由于会产生各种有害物质,人员和设备也需要良好的空气环境才能很好地工作。因此,施工中必须向洞内源源不断地供给一定量的新鲜空气,也就是必须进行通风。

6.1.2 分类、特点及适用范围

通风机械主要分为:离心式扇风机、轴流式通风机、对旋式轴流通风机、局部扇风机等。

由于制造工业的发达,轴流式与离心式扇风机都有发展,两者各有特点。轴流式扇风机由于没有离心力产生的静压,故产生的压头低于离心式扇风机。轴流式扇风机体积小,噪声较大;离心式扇风机体积较大,噪声较小。

对旋式轴流风机具有以下特点:

①可以省略导叶,结构比较简单;
②效率高,比同样带后置导叶的二级轴流风机效率高5%,而比带前置导叶的高8%;
③反风性能好,一般对于动叶固定的风机,其反风量约为40%,而二重反转风机的反风量可达60%~70%。

因此,这种风机可广泛用于矿山、隧道、地铁、船舶的换气通风以及风洞、冷却塔和锅炉上。

6.1.3 工作原理与主要结构

(1)离心式扇风机

离心式扇风机的构造原理如图6.1-1所示,赋予空气能量的叶轮3安装在螺形外壳4内。叶轮形如轮,由两个圆盘组成,两盘之间装有十几片叶片。叶轮旋转,叶轮内的空气也被带着旋转,由于离心力作用,空气沿叶片与圆盘组成的叶道被甩出。从而叶轮内形成负压,外部的空气在大气压力作用下,源源不断地从进气口2沿轴向流入叶轮中心,再转折90°进入叶道,被甩出的空气沿着螺形外壳流动,螺形外壳的断面是逐渐扩大的,空气流速也逐渐减小,部分动能转换成静压,最后经出口6从扩散器7排入大气。

(2)轴流式通风机

轴流式通风机结构原理如图6.1-2所示,空气从集风器流入,通过叶轮使空气获得能量,再经过导叶(整流器),将一部分偏转气流的动能转为静压能;最后风流经过断面逐渐扩大的扩散器再把一部分动能转换成静压能,然后排入大气。集风器是一个断面逐渐缩小的喇叭形圆筒,用以减少入口阻力。叶轮由轮毂和叶片组成。叶片用螺栓固定在轮毂上,随轮毂旋转。

(3)对旋式轴流通风机

如图6.1-3所示,对旋式轴流通风机与普通型轴流通风机的不同之处是没有静叶,仅由动叶构成。两级动轮分别由两个不同旋转方向的电动机驱动。电动机由支承导流板固定在机壳上。在进出口端有整流罩,以形成良好的进气条件和排气条件。

(4) 局部扇风机

目前我国隧道施工中还广泛应用矿用局部扇风机,这类扇风机一般作为混合式通风的辅助风机,在风量要求不大的地方也作为主要通风设备。

我国目前生产的局部扇风机都是轴流式的。属于防爆型的有 JBT 系列与 BKJ 系列;属于非防爆型的有 JF 系列和 JFD 系列。JBT 系列已被淘汰,由 BKJ 系列代替。BKJ 局部扇风机的构造如图 6.1-4 所示。

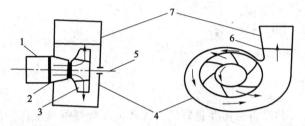

图 6.1-1 离心式扇风机构造简图
1-进气室;2-进气口;3-叶轮;4-螺形外壳;5-主轴;6-出气口;7-扩散器

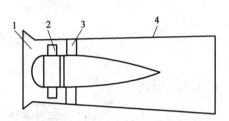

图 6.1-2 轴流式扇风机结构简图
1-集风器;2-叶轮;3-导叶;4-扩散器

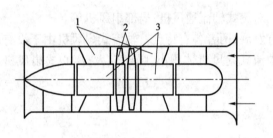

图 6.1-3 对旋式轴流通风机结构简图
1-支撑板;2-叶轮;3-电机

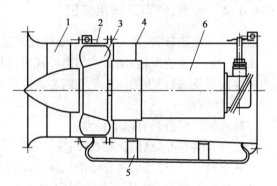

图 6.1-4 BKJ 型局部扇风机结构示意图
1-前后筒;2-主风筒;3-叶轮;4-后风筒;5-滑架;6-电动机

隧道射流风机是经电动机带动其旋转对空气做功,在设计规定的几何参数下能产生最大的推力,将气流经出气段高速射出,并带动其周围的空气一起向前流动。当空气流动到接近停滞状态时,又经下一组风机工作,来达到新鲜空气不断地补充,排出污浊的空气,实现隧道内新鲜洁净的空气循环流动。SFS 射流风机的结构简图见图 6.1-5。

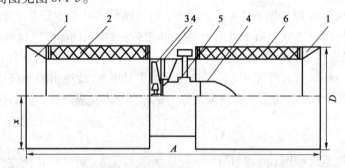

图 6.1-5 SFS 射流风机的结构简图
1-集风器;2-出气消声筒;3-叶轮;4-注油管;5-电动机;6-进气消声筒

6.1.4 选型原则与选型步骤、主要参数计算

(1) 选择施工通风设备的程序

①确定通风方式。确定通风方式常常是与确定施工方案一起进行的。在确定了施工方案以后,才能确定钻头掘进的长度和通风长度,然后才能计算工作面风量。

②计算风量。
③选择风管。
④选择风管直径。其主要依据是送风量与通风距离,还要考虑隧道断面大小。
⑤计算通风阻力。
⑥选择通风机。

(2)隧道施工风机的选型

隧道施工风机的选型,理论上可以根据公式:$R = AUL/S^3$(其中,A 为风筒布阻力系数,一般取 0.002;U 为风筒圆周长度,m;L 为风筒布长度(与隧道长度约等),m;S 为风筒布截面积,m^2;计算出阻力系数 R。

再根据公式:$P = RQ^2$(其中,P 为风压,Pa;Q 为风量,m^3/s;R 为阻力系数),已知风量 Q,计算出风压 P,查看风机性能曲线图,根据坐标,找出风量风压交叉点,选择风机型号。

另外,风机的选型还与所施工隧道的弯曲度、横截面面积,空气中 CO 浓度等客观因素有关,在选型时应一并考虑,以免影响正常施工。

对于风筒布,一般要求与风机叶轮直径尺寸相等,过大、过小、密封不严都会影响风机的通风效果。

(3)反映扇风机主要技术参数

①风量

指扇风机单位时间内输送的空气体积,用 Q 表示。单位用 m^3/s 或 m^3/h。

②风压

扇风机出口断面上风流的绝对全压与入口断面上风流的绝对全压之差,称为扇风机的全压(h_{mt})。从实际需要考虑,把扇风机全压分成扇风机动压与扇风机静压两部分,而扇风机动压等于扇风机出口断面上风流的动压,即:

$$h_{mt} = h_{mv} + h_{ms} \tag{6.1-1}$$

③功率

扇风机功率分为输出功率、输入功率或称为轴功率、电动机所需功率。

电动机所需功率(N_g)指与扇风机配套的电动机的功率,即与扇风机配套的电动机的铭牌功率。

$$N_g = N_i \cdot K_g \cdot K_2 \tag{6.1-2}$$

式中:K_g——传动系数,皮带传动取 1.05,联轴节取 1.02,电动机直接传动取 1.00;

K_2——电动机容量富裕系数,取 1.15。

6.1.5 主要生产厂家典型产品及技术性能和参数(表6.1-1)

(1)天津市通风机厂

地址:中国天津市河东区红星路古用道 2 号　邮编:300151

电话:022-24340101,24343914,24340575　网址:http://www.fans-china.cn

(2)天津市通创风机有限公司

地址:天津市东丽区程林工业区崂山道 14 号　邮编:300301

电话:022-24372750　网址:http://www.tostrong.com

(3)山西省侯马市鑫丰康风机有限公司

地址:山西省侯马市幸福街 589 号

电话:0357-4188956,4183671,4180785

(4)山西巨龙风机有限公司

地址:山西省运城市盐湖区德新路 3 号　邮编:044000

电话:0359-6391788,6391199,6391787　网址:http://www.jlfj.com

(5)洛阳高林隧道环境控制技术有限公司

地址:洛阳市南昌路兴隆花园6-2-102室　邮编:471003

电话:0379-64623447　网址:http://www.glfan.com

(6)山东中大空调集团(贝莱特集团)

地址:中国山东德州经济开发区　电话:0534-6359058　邮编:253000

(7)山东省莱芜市汶源风机厂

地址:山东省莱芜市西北开发区　电话:0634-6624191　邮编:271118

邮箱:fj@fj12.com　网址:www.fj12.com

(8)四川罗茨风机有限公司

地址:四川省成都市新都区工业区1号　电话:028-66277811,66277822,66277833

网址:http://www.rootsblower.cn　邮箱:rootsblower-cg@163.com

(9)南昌人民风机有限责任公司

地址:解放东路103号　邮编:330029

电话:0791-8230470,0791-6265220,0791-8213331　邮箱:fengji66@sina.com

(10)重庆淑维机电设备制造厂

地址:重庆市江北区石马河黄皮坡

电话:023-67662325　手机:13883150888　邮箱:swjdzyke@163.com

(11)成都运城风机制造有限公司

地址:成都郫县古城镇　电话:028-87918948,89191530

(12)上虞市贝斯特风机有限公司

地址:浙江省上虞市百官工业区　邮编:312300

电话:0575-82605555,82705111,82705222,82705333　网址:http://www.sybst.com

(13)杭州三星通风设备有限公司

地址:杭州市临平星桥开发区320国道边　邮编:311100

电话:0571-86263022,86263533,86263718

网址:www.threewind.com　邮箱:sanxingtf@126.com

(14)德州空调设备有限公司

地址:德州天街工业园东路181号,电话:0534-2358328,2356326

(15)浙江上建风机有限公司

地址:上虞市上浦镇工业区　邮编:312375　电话:0575-82366068,82361638,82361628

网址:www.sy-js.com　邮箱:manager@sy-js.com

产品的详细技术性能和参数　　　　　　　　　　　　　　　　　表6.1-1

单位	设备名称	型号	叶轮φ(m)	流量(m³/h)	全压(Pa)	功率(kW)	自重(t)
天津市通风机厂	隧道子午加速轴流风机	TZ-40	0.4	9 000	1 200	4	0.23
		TZ-45	0.45	10 800	1 900	7.5	0.29
		TZ-50	0.5	16 800	2 300	15	0.4
		TZ-56	0.56	24 000	2 400	22	0.51
		TZ-63	0.63	31 200	2 400	30	0.64
		TZ-71	0.71	38 400	2 400	37	0.72
		TZ-80	0.8	32 400	1 700	22	0.79
		TZ-90	0.9	48 000	2 000	37	1.1
		TZ-100	1	63 000	2 400	55	1.36

续上表

单位	设备名称	型号	叶轮φ(m)	流量(m³/h)	全压(Pa)	功率(kW)	自重(t)
天津市通风机厂	隧道子午加速轴流风机	TZ-112	1.12	82 800	2 200	75	1.7
		TZ-125	1.25	108 000	2 800	110	2.4
		TZ-140	1.4	120 000	2 000	90	2.7
		TZ-160	1.6	144 000	2 400	132	
	隧道对称轴流风机	DXB90-1	0.6	30 000	4 900	37+30	1.9
		DXB88-1	1	60 000	4 800	55×23.8	4.03
		DXB92-1	1.1	75 000	4 800	80×24.2	4.32
	隧道三级串联轴流风机	3SZ-100	1	65 100	4 200	37×3	2.85
		3SZ-112	1.12	80 700	4 850	55×3	3.59
		3SZ-125	1.25	98 100	5 600	75×3	4.74
		3SZ-140	1.4	137 700	7 000	132×3	6.74
		3SZ-160	1.6	144 000	4 700	110×3	9.21
	动叶可调单级轴流风机	DT-100	1	72 000	2 000	55	2.05
		DT-125	1.25	144 000	2 080	110	3.57
		DT-160	1.6	180 000	2 000	132	4.2
		DT-180	1.8	252 000	1 750	160	5.5
	动叶可调对旋轴流风机	2DT-100	1	60 000	5 000	55×2	4.67
		2DT-112	1.12	82 800	4 800	75×2	5.17
		2DT-125	1.25	108 000	5 000	110×2	5.65
		2DT-160	1.6	216 000	4 000	160×2	8.26
	对旋式轴流风机	2SZ-50A	05	10 800	2 300	5.5×2	0.8
		2SZ-50B	05	15 000	2 400	7.5×2	0.81
		2SZ-56	056	19 200	3 000	11×2	1.12
		2SZ-60A	06	22 800	3 300	15×2	1.46
		2SZ-60B	06	30 000	4 900	30×2	1.67
		2SZ-63	063	27 000	4 200	22×2	1.53
		2SZ-88-1	1	60 000	4 800	55×2	3.78
		2SZ-92-1	1.1	75 000	4 800	80×2	4.17
		2SZ-93-1	1.25	120 000	4 800	110×2	4.89
	射流风机	SDS40~180		210~4 560		7.22~55/28	
	隧道集尘器	GC500		30 000	4 000		
		GC300		18 000	3 500		
		GC150		9 000	2 500		
天津通创风机有限公司	隧道轴流风机	SDA50A-T7	05	15 000	1 200	7.5	0.29
		SDA56A-T11	056	18 000	1 500	11	0.39
		-63A-T22	063	28 800	2 000	22	0.6
		-71A-T30	071	36 000	2 200	30	0.8
		-100A-F45	1	57 600	2 100	45	1.35
		-110AF55	1.1	72 000	2 000	55	1.67
		-110AF75	1.1	90 000	2 200	75	1.79

续上表

单位	设备名称	型号	叶轮φ(m)	流量(m³/h)	全压(Pa)	功率(kW)	自重(t)
天津通创风机有限公司	隧道轴流风机	-125AF90	1.25	108 000	2 000	90	2.23
		SDA-B40B-2T2	04	7 800	1 450	2.2+2.2	0.24
		45B-2T4	045	10 200	1 940	4+4	0.31
		50B-2T7	05	15 000	2 450	7.5+7.5	0.43
		56B-2T11	056	18 000	3 100	11+11	0.59
		63B-2T15	063	22 800	3 300	15+15	0.8
		63B-2T22	063	28 800	4 200	22+22	0.9
		71B-2T30	071	36 000	4 450	30+30	1.23
		100B-2F37	1	54 000	3 700	37+37	1.98
		100B-2F45	1	60 000	4 100	45+45	2
		110B-2F55	1.1	72 000	4 200	55+55	2.6
		125B-2F75	1.25	90 000	4 500	75+75	3.2
		125B-2F110	1.25	108 000	5 000	110+110	3.8
		140B-2S90	1.4	144 000	3 200	90+90	5.2
山西省侯马市鑫丰康风机有限公司	矿用轴流通风机	KZ-4-NO8				5.5	
		KZ-4-NO9				11	
		KZ-4-NO10				15	
		KZ-4-NO11				30	
		KZ-4-NO12				45	
		KZ-4-NO13				55	
		KZ-6-NO10				7.5	
		KZ-6-NO11				11	
		KZ-6-NO12				15	
		KZ-6-NO13				22	
		KZ-6-NO14				30	
		KZ-6-NO15				45	
		KZ-6-NO16				75	
		KZ-6-NO17				90	
		KZ-6-NO18				110	
		KZ-6-NO19				132	
		DKZ-6-NO12				45×2	
		DKZ-6-NO13				18.5×2	
		DKZ-6-NO14				45×2	
		DKZ-6-NO15				55×2	
		DKZ-6-NO16				75×2	
		DKZ-6-NO17				90×2	
		DKZ-6-NO18				132×2	
		DKZ-6-NO19				160×2	
		DKZ-8-NO18				55×2	
		DKZ-8-NO20				90×2	

续上表

单位	设备名称	型　　号	叶轮 ϕ(m)	流量(m³/h)	全压(Pa)	功率(kW)	自重(t)
山西省侯马市鑫丰康风机有限公司	矿用轴流通风机	DKZ-8-NO22				160×2	
		DKZ-8-NO24				250×2	
		DKZ-8-NO26				315×2	
		DKZ-8-NO28				110×2	
		DKZ-8-NO30				160×2	
		DKZ-10-NO28				250×2	
		DKZ-10-NO30				355×2	
		DKJ-2-NO3.8				1.5×2	
		DKJ-2-NO4				2.2×2	
		DKJ-2-NO5				5.5×2	
		DKJ-2-NO5.6				11×2	
		DKJ-2-NO6				15×2	
		DKJ-2-NO6.5				22×2	
		DKJ-4-NO9.6				30×2	
		DKJ-4-NO10				37×2	
		DKJ-4-NO11				55×2	
		DKJ-4-NO12.5				110×2	
		DKJ-4-NO10				37×2	
		DKJ-6-NO11				55×2	
		DKJ-8-NO12.5				110×2	
	射流风机	6.3	063	36 000		15	
		9	09	76 020		22	
		10	1	95 520		30	
		12	1.2	135 540		55	
山西巨龙风机有限公司	隧道通风机	SFD-I-NO4		7 800	1 800	2.2×2	
		SFD-I-NO5		15 000	2 980	5.5×2	
		SFD-I-NO5.6		19 000	3 450	11×2	
		SFD-I-NO6		25 800	4 100	15×2	
		SFD-I-NO6.5		33 000	4 650	22×2	
	双速	SFD-II-NO10		87 000	3 500	37×2	
				58 800	1 600	12×2	
		SFD-II-NO11		111 000	4 200	55×2	
		SFD-II-NO11		75 600	1 950	17×2	
		SFD-II-NO12.5		168 000	5 400	110×2	
				114 000	2 480	34×2	
	三速	SFD-III-NO10		87 000	3 500	37×2	
				57 000	1 600	12×2	
				46 800	880	6×2	
		SFD-III-NO11		111 000	4 200	55×2	
				75 600	1 950	17×2	

续上表

单位	设备名称	型号	叶轮φ(m)	流量(m³/h)	全压(Pa)	功率(kW)	自重(t)
山西巨龙风机有限公司	三速	SFD-III-NO11		61 200	1 070	8×2	
		SFD-III-NO12.5		168 000	5 400	110×2	
				114 000	2 480	34×2	
				88 800	1 365	16×2	
洛阳高林隧道环境控制技术有限公司	隧道风机	DKJ-NO4		7 500	900	2.2×2	0.33
		DKJ-NO5		15 000	2 980	5.5×2	0.53
		DKJ-NO5.6		22 500	3 600	11×2	0.93
		DKJ-NO6		252 000	5 100	15×2	1
		DKJ-NO6.5		48 000	3 600	22×2	1.17
		DKJ-NO9.6		72 000	4 200	30×2	2.1
	三速	DKJ-NO010		87 000	3 650	37×2	2.6
				58 800	1 667	12×2	3.56
				45 000	977	6×2	5.2
		DKJ-NO011		108 000	4 780	55×2	
				72 960	2 183	17×2	
				55 860	1 278	8×2	
		DKJ-NO012		168 000	5 534	110×2	
				113 520	2 527	34×2	
				86 880	1 480	16×2	
	射流风机	SDS-NO63		36 000		15	0.64
		SDS-NO90		76 020		22	1
		SDS-NO100		95 520		30	1.23
		SDS-NO120		135 540		37	1.7
		SDS-NO140		174 000		45	2.4
		SDS-NO160		223 620		55	2.9
		SDS-NO180		298 620		75	3.9
南昌人民风机有限责任公司	SD-II对旋低噪声隧道轴流通风机	SD-II-50	500	15 000	2 600	Y-7.5×2	
		SD-II-50	560	19 500	3 100	Y-11×2	
		SD-II-60	600	30 000	4 600	Y-30×2	
		SD-II-63	630	35 000	5 000	Y-37×2	
		SD-II-80	800	50 000	3 600	Y-30×2	
		SD-II-90	900	56 000	4 400	Y-37×2	
		SD-II-100	1 000	62 000	5 000	Y-55×2	
		SD-II-112	1 120	86 000	5 000	Y-75×2	
		SD-II-125	1 250	121 000	4 900	Y-110×2	
		SD-II-140	1 400	150 000	4 200	Y-110×2	
		SD-II-150	1 500	180 000	4 100	Y-132×2	
		SD-II-160	1 600	221 000	4 100	Y-160×2	
		SD-II-180	1 800	241 000	4 200	Y-220×2	

续上表

单位	设备名称	型 号	叶轮 φ(m)	流量(m³/h)	全压(Pa)	功率(kW)	自重(t)
重庆淑维机电设备制造厂	SFD型隧道通风机	NO.3.55		130~80	600~1 750	2×2.2	
		NO.5.0		220~140	400~2 800	2×5.5	
		NO.5.0		250~160	500~3 200	2×7.5	
		NO.5.6		340~200	700~3 800	2×11	
		NO.6.0		400~270	800~4 500	2×15	
		NO.6.0		430~300	800~5 000	2×18.5	
		NO.6.0		450~280	900~5 500	2×22	
		NO.6.3		550~380	800~5 800	2×22	
		NO.6.3		600~370	800~6 200	2×30	
		NO.6.7		630~450	1 800~6 500	2×37	
		NO.7.1		730~450	1 200~6 700	2×37	
		NO.7.1		800~600	2 000~7 000	2×45	
		NO.8.0		1 000~670	1 500~7 800	2×55	
		NO.8.5		1 100~800	1 800~8 000	2×75	
		NO.10.0		1 300~800	1 000~4 800	2×55	
		NO.11.5		1 700~1 200	1 000~5 200	2×75	
		NO.11.5		1 900~1 200	1 000~5 800	2×90	
成都运城风机制造有限公司	SFDZ双级单速系列风机（不可调叶片）	SFDZ-1-NO.3.5	350	50~85	200~1 350	1.8×2	
		SFDZ-1-NO.4.0	400	90~130	250~1 600	2.2×2	
		SFDZ-1-NO.5.0	500	160~280	400~2 800	5.5×2	
		SFDZ-1-NO.5.6	560	180~380	550~3 500	11×2	
		SFDZ-1-NO.6.0	600	350~490	600~3 800	15×2	
		SFDZ-1-NO.6.3	650	550~850	700~4 300	18.5×2	
		SFDZ-1-NO.6.5	650	550~850	800~4 500	22×2	
		SFDZ-1-NO.7.0	700	600~900	1 000~5 200	30×2	
		SFDZ-1-NO.7.1	710	700~1 100	1 200~5 600	37×2	
	SFDZ双级单速系列风机（可调叶片）	SFDZ-1-NO.9.6	960	780~1 380	630~3 150	30×2	
		SFDZ-1-NO.10	1 000	800~1 550	780~3 500	37×2	
		SFDZ-1-NO.11	1 100	1 150~1 950	900~4 200	55×2	
		SFDZ-1-NO.11.5	1 150	1 300~2 500	1 200~5 000	75×2	
		SFDZ-1-NO.12.5	1 250	1 600~2 950	1 400~5 500	110×2	
		SFDZ-1-NO.14	1 400	1 400~2 750	700~3 050	75×2	
		SFDZ-1-NO.14	1 400	1 400~2 750	1 200~5 100	110×2	
	SFS射流风机系列	SFS-NO.6.3	630	600.4		15	
		SFS-NO.9.0	900	1 267.3		22	
		SFS-NO.10	1 000	1 592.8		30	
		SFS-NO.12	1 200	2 259.7		37	
		SFS-NO.14	1 400	2 900.2		45	
		SFS-NO.16	1 600	3 727.6		55	
		SFS-NO.18	1 800	4 799.4		75	

续上表

单位	设备名称	型号	叶轮 φ(m)	流量(m³/h)	全压(Pa)	功率(kW)	自重(t)
上虞市贝斯特风机有限公司	SDS射流系列风机	SDS-6.3	630			11	
		SDS-7	700			15	
		SDS-8	800			22	
		SDS-9	900			18.5	
		SDS-10	1 000			30	
		SDS-11.2	1 120			45	
		SDS-12.5	1 250			55	
杭州三星通风设备有限公司	隧道通风机	SDF-3.5	350	4 000	343	0.75	
		SDF-4	400	5 000	343	0.75	
		SDF-4.5	450	6 500	343	1.1	
		SDF-5	500	8 000	343	1.1	
		SDF-5.6	560	12 000	441	2.2	
		SDF-6.3I	630	17 000	490	3	
		SDF-6.3II	630	18 000	490	3	
		SDF-7	700	26 000	588	5.5	
		SDF-8I	800	30 000	441	5.5	
		SDF-8II	800	30 000	539	7.5	
		SDF-9I	900	35 000	588	7.5	
		SDF-9II	900	40 000	588	11	
		SDF-10I	1 000	40 000	490	7.5	
		SDF-10II	1 000	48 000	588	11	
		SDF-10III	1 000	50 000	686	11	
		SDF-11.2	1 120	60 000	686	18.5	
德州空调设备有限公司	SZW型隧道子午线加速轴流通风机	SZW-40	400	9 000	1 200	4	
		SZW-45	450	10 800	1 900	7.5	
		SZW-50	500	16 800	2 300	15	
		SZW-56	560	24 000	2 400	22	
		SZW-63	630	31 200	2 400	30	
		SZW-71	710	38 400	2 400	37	
		SZW-80	800	32 400	1 700	22	
		SZW-90	900	48 000	2 000	37	
		SZW-100	1 000	63 000	2 400	55	
		SZW-112	1 120	82 800	2 200	75	
		SZW-125	1 250	108 000	2 800	110	
		SZW-140	1 400	120 000	2 000	90	
		SZW-160	1 600	144 000	2 400	132	
		SZW-180	1 800	151 000	1 500	55	
		SZW-200	2 000	200 000	1 700	90	

续上表

单位	设备名称	型　　号	叶轮 ϕ(m)	流量(m³/h)	全压(Pa)	功率(kW)	自重(t)
浙江上建风机有限公司	SFD 隧道式轴流风机	3.5	350	4 000	343	0.75	
		4	400	5 000	343	0.75	
		4.5	450	6 500	343	1.1	
		5	500	8 000	343	1.1	
		5.6	560	12 000	441	2.2	
		6.3I	630	17 000	490	3	
		6.3II	630	18 000	490	3	
		7	700	26 000	588	5.5	
		8I	800	30 000	441	5.5	
		8II	800	30 000	539	7.5	
		9I	900	35 000	588	7.5	
		9II	900	40 000	588	11	
		10I	1 000	40 000	490	7.5	
		10II	1 000	48 000	538	11	
		10III	1 000	50 000	636	11	
		11.2	1 120	60 000	636	18.5	
山西巨龙风机有限公司	SFS 系列射流风机	SFS-NO.63	630	3 600		15	0.64
		SFS-NO.90	900	76 038		22	1.07
		SFS-NO.100	1 000	95 556		30	1.27
		SFS-NO.120	1 200	2 259.7		37	1.7
		SFS-NO.140	1 400	135 582		45	2.36
		SFS-NO.160	1 600	223 656		55	2.89
		SFS-NO.180	1 800	298 644		75	3.9

6.2 配电装置

6.2.1 概述

高压配电装置是将高压隔离开关、高压断路器、互感器和测量仪表，以及保护装置等安装在封闭外壳内的一种成套配电装置。

6.2.2 分类、特点及适用范围

高压配电装置分为矿用一般型和矿用隔爆型两大类。按采用断路器形式的不同，高压配电装置分为油断路器、六氟化硫断路器和真空断路器等。目前在井下应用较多的是真空断路器。

（1）矿用一般型高压配电箱

矿用一般型高压配电箱，用于井下无瓦斯、煤尘爆炸危险的主要通风巷道和井底车场的中央变电所，作为6kV(10kV)电缆线路的配电开关，也可直接控制和保护矿用变压器或水泵高压电动机。新型号为 KYGG 系列，采用真空断路器。

KYGG-2Z 型高压真空配电箱的型号含义：K-"矿"用；Y-"一"般型；G-"高"压配电箱；G-"固"定式；2-设计序号；Z-"真空"。该配电箱的一次接线共有20种，编号为01~20。

(2)矿用隔爆型高压配电箱

矿用隔爆型高压配电箱有 PB 改装系列和新型 BGP 系列。它们可以在有瓦斯、煤尘爆炸危险的井下中央变电所、采区变电站作为供电线路的配电开关用。

①改装的 PB3-6GAZ,PB2-6GAZ 型高压真空配电箱

PB2-6GAZ 和 PB3-6GAZ 型高压真空配电箱是由原有的 PB2-6 和 PE3-6GA 型配电箱改造而成,适用于煤矿井下,在额定电压 6kV 的电网中作配电开关用。其型号含义:P-"配"电箱;B-隔"爆"型;2,3-设计序号;6-额定电压(kV);G-"改"进序号;A-再次改进;Z-"真"空断路器。

②BGP 系列矿用隔爆型高压真空配电箱

BGP 系列为目前生产的高压隔爆配电箱。其特点是:使用真空断路器,电脑程控(电子)综合保护装置及压敏电阻,具有漏电、过载、短路、绝缘监视、失压及操作过电压等保护功能。在结构上使用机芯小车,维修方便。BGP 系列产品型号较多,按工作电压,可分为 10kV 和 6kV 两种;按保护装置,可分为电子综合保护和电脑程序控制保护两种。

现以 BGP30—6/400—10 为例,介绍矿用隔爆型高压真空配电箱。其型号含义:B-隔"爆";G-"高"压;P-"配"电;30-设计代号;6-额定电压,kV;400-额定电流,A;10-额定开断短路电流,kA。

6.2.3 工作原理与主要结构

(1)KYGC-2Z 型高压真空配电箱

①主体结构

KYGC-2Z 型高压真空配电箱结构如图 6.2-1 所示,外壳采用薄壁封闭式结构。箱体前面有可转动 180°的上门和下门。上门板上装有指示仪表、信号指示灯及操作开关等;上门内侧为仪表继电器室,内部安装所有继电器及二次接线,箱体可转出门外,方便检修。上下隔离开关可由前门上的操作手柄经传动机构手动操作;真空断路器的正前方设有小门,打开此门可直接手动或电动操作断路器。

为防止误操作,配电箱具有"五防"功能。所谓"五防"功能,即 a. 防止误操作断路器;b. 防止误操作隔离开关;c. 防止误挂接地线;d. 防止误入带电间隔;e. 防止误送电。

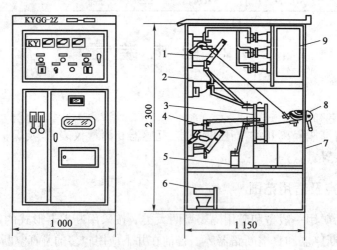

图 6.2-1 KYGC-2Z 型矿用高压真空开关柜结构示意图(尺寸单位:mm)

1-上隔离开关 1QS;2-电流互感器 TA;3-真空断路器 QF;4-下隔离开关 2QS;5-电压互感器 TV;6-压敏电阻 RV;7-断路器操作机构;8-隔离开关操作机构;9-仪表继电器室

②主要元件及其作用

a. 真空断路器 QF,由真空开关管和操作机构组成,并设有欠电压和过电流脱扣装置,用于通、断负荷电流,切断短路电流。

b.隔离开关QS,是一种有明显断开点的闸刀开关,检修配电箱时用来隔离电源,保证断电检修。由于其触头没有灭弧装置,严禁用来通、断负荷电流。

c.电压、电流互感器TV,TA。其作用是将主回路的高电压和大电流进行变换后,向仪表和保护装置提供电压和电流信号。

③电路组成

a.主回路;b.测量回路;c.控制回路。

(2)矿用隔爆型高压配电箱组成结构

①组成结构

PB3-6GAZ,PB2-6GAZ型高压真空配电箱主要由操作机构箱、断路器箱、接线箱和支架等部分组成。

②保护性能

PBZB-L2型综合保护装置具有漏电保护、绝缘监视保护、过载保护、短路保护和过电压保护等功能。

(3)BGP系列矿用隔爆型高压真空配电箱

①组成结构

图6.2-2为GBP 30-6/400-10矿用隔爆型高压真空配电箱的正面图。

隔爆外壳由箱体和底座组成。箱体正面为快开门结构,门上有按钮、工作状态显示观察窗和仪表观察窗。箱体内部分前后两腔,前腔为机芯小车,车上装有真空断路器、电脑综保、电流互感器、电压互感器、高压熔断器、压敏电阻及隔离开关动触头插销等元件。后腔上部为进线腔,下部为出线腔。箱体外面右侧有隔离开关操作手柄、断路器操作手柄、闭锁装置和紧急分闸按钮。

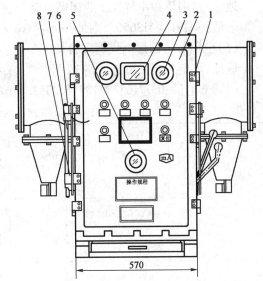

图6.2-2 GBP30-6/400-10矿用隔爆型高压真空配电箱的正面图

1-门钩;2-前门;3-仪表观察窗;4-指示灯观察窗;5-电度表观察窗;6-铰链;7-铰链轴;8-铰链座

②安全操作闭锁装置

为保证安全,配电箱设有如下机械闭锁装置。

a.隔离开关与断路器的闭锁。断路器在合闸位置时,机芯隔离小车不能拉出或推入;小车被拉出或未推入到位,断路器不能合闸。

b.隔离开关与箱门的闭锁。箱门打开后,机芯小车不能推入进行合闸操作;机芯小车处于合闸位置时,箱门无法打开。

c.断路器的正确合闸程序。先关箱门,再合机芯小车,最后合断路器;打开路门的正确程序与此顺序相反。

③保护

电脑综保具有漏电、短路、过载、绝缘监视、欠电压、过电压等保护功能。

6.2.4 主要生产厂家典型产品及技术性能和参数

主要生产厂家产品的详细技术性能和参数见表6.2-1。

(1)兖州东方机电有限公司

地址:山东省邹城市南屯　邮编:273515

电话:0537-5930490,0537-5930480　网址:http://www.yzdfjd.com

(2)河南省济源市华祥真空电器有限公司

地址:济源市宣化西街296号　邮编:454650

电话:0391-6693529　传真:0391-6693529

(3)乐清市北洋防爆电器有限公司

地址:浙江省温州市乐清市新华路95号　邮编:325600　电话:0577-83192723

网址:http://cbybeiyang.zke360.com,http://www.cby.cc

(4)河南济源市矿用电器有限公司

地址:河南济源市科技工业园区　邮编:454650

电话:(0391)6613656　网址:http://www.jykydq.com

(5)南阳一通防爆电气有限公司

地址:河南省南阳市光武路27号　邮编:473000

市场部电话:0377-63283138,63235228,61616333,61616099

产品的详细技术性能和参数　　　　　表6.2-1

单 位	型 号	额定电压(kV)	最高工作电压(kV)	额定电流(A)	额定频率(Hz)	额定短路开断电流(有效值)(kA)	额定短路关合电流(峰值)(kA)	额定动稳定电流(kA)
兖州东方机电有限公司	KYGG-2Z-01矿用一般型高压真空开关柜	6	7.2	400A(600A)	50	12.5	31.5	31.5
济源市华祥真空电器有限公司	KYGG-5(F)Z矿用一般型高压真空开关柜	6,10		200,400,630,1 000		8,12.5,20		
乐清市北洋防爆电器有限公司	BGP60-630/10F型矿用隔爆型高压真空配电装置	10	12	630	50	12.5	31.5	31.5
济源市矿用电器有限公司	BGP43-□/6矿用隔爆型高压真空配电装置	6	7.2	300	50	10	25	25

6.3 矿用变压器

6.3.1 概述

矿用变压器是一种可移动的成套供、变电装置,它适用于有甲烷混合气体和煤尘等有爆炸危险的矿井中。矿用变压器具有机械强度高、温升低、散热效果好等优点。

6.3.2 分类、特点及适用范围

矿用变压器是用来向井下低压动力设备供电的主要变电设备。按结构不同分为矿用一般型和矿用隔爆型两类。前者为油浸自冷式,后者为空气自冷式。

(1)矿用一般型变压器

目前,用于无瓦斯、煤尘爆炸危险的环境中,使用较多的动力变压器主要为KS新系列产品。

KS系列变压器为节能低耗矿用变压器,主要性能指标符合国家和国际电工委员会颁布的标准。由于其性能良好,能耗较低,在煤矿井下得到广泛应用。目前使用较多的是KS7、KS9型。

(2)矿用隔爆型变压器

矿用隔爆变压器的绕组和隔爆外壳之间的冷却介质不是绝缘油,而是空气,其循环方式为自然循

环,所以是干式空气自冷变压器,冷却标志为 ANAN。

矿用隔爆型干式变压器具有防爆性能,适用于有爆炸危险的工作面平巷,可与高、低压开关组合成移动变电站,也可作独立变压器用。当作为变压器独立使用时,设有连锁装置和急停按钮,在紧急情况下能切断进线高压电源。有 KBSG 系列隔爆型干式变压器。

在隔爆型干式变压器壳体内的器身上装有温度监视元件,在正常运行时,由于外部原因引起温度超过一定值时,能发出报警信号。KBSG 系列变压器在结构上除具有矿用一般变压器的特点外,还有如下特点:

①电气元件安装在隔爆外壳中,绕组、铁芯不浸在绝缘油液中,没有火灾、爆炸的危险,也不存在绝缘老化问题,维修简单,但散热核绝缘性能差。隔爆外壳采用波形(瓦楞钢板)结构,以便增加外壳强度和散热面积。

②箱体下部设有便于移动的滚轮。

③变压器的高压有 6kV 和 10kV;低压额定电压有 693V,120V 和 3450V。当需要变化高压绕组分接电压,应首先切断高、低侧电源,然后打开箱体上部的出线盒,在内部接线板上通过改变连线片进行变化,电压的调节范围为额定电压的 ±5%。

(3)矿用隔爆型组合式移动变电站

矿用隔爆型组合式移动变电站是向综合机械化采掘工作面供电的电源设备,矿用隔爆型组合式移动变电站是由矿用隔爆干式变压器、高压负荷开关或高压真空开关和低压馈电开关或低压保护箱等部分组合而成的移动式成套装置。高压负荷开关和高压真空开关是移动变电站高压侧的成套装置。低压馈电开关和低压保护箱是变电站低压侧的配套装置。

移动变电站用于将井下主变电所或采区变电所的 6kV(或 10kV)高压变换为 1 140V 或 660V,直接送到工作面,向综合机械化采掘设备供电。组合式移动变电站型号主要有 KSGZY 型、KBSGZY 型、KBSLZY—T 型和 KSGJY 型。型号符号中:K-"矿"用;B-隔"爆";S-"三"相;G-"干"式;Z-"组合"式;Y-"移"动变电站;J-"掘"进专用;T-"筒"式外壳。

6.3.3 工作原理与主要结构

KS 系列变压器结构如下。

该系列变压器主要由油箱(外壳)、散热器、接线盒、铁芯及线圈等组成,在外壳和绕组间充有绝缘油,可通过外壳上的散热管使油循环散热,其外形如图 6.3-1 所示。

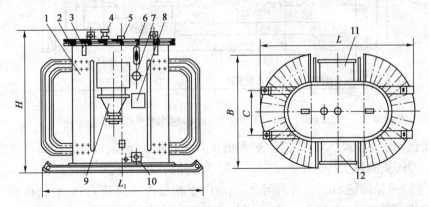

图 6.3-1 KS7 系列矿用变压器外形图

1-油箱;2-箱盖;3-吊环;4-油温度计座;5-注油塞;6-油位指示器;7-调ese开关;8-铭牌;9-喇叭嘴;10-放油塞;11-高压瓷套盒;12-低压瓷套盒

KSGZY 型移动变电站的外形如图 6.3-2 所示。

KSGZY 型移动变电站的电气原理接线如图 6.3-3 所示。高压侧的电阻 R_A、二极管 VD 和按钮 SB_2、SB_3 等组成高压电缆监视电。其中,SB_3 为闭锁按钮,当开关箱盖打开或没盖严时,SB_3 闭合,直接短接电

阻 R_A，使变电所内的高压配电箱不能合闸；SB_2 为紧急跳闸按钮，当按下 SB_2 时，使高压电缆中的监视线与地线短接，造成变电所内的高压配电箱跳闸断电。

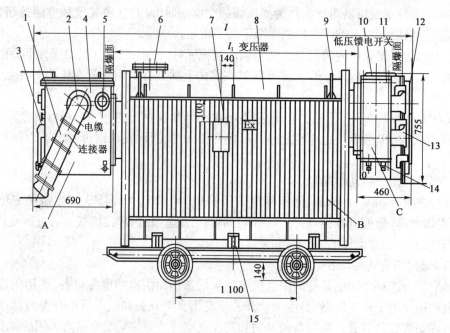

图 6.3-2 KSGZY 矿用隔爆型组合式移动变电站外形图（尺寸单位：mm）

1-高压电缆连接器；2-弯接头；3-FB 型高压负荷开关；4-观察窗；5-高压接线盒；6-铭牌；7-KSGB 型干式变压器；8-吊环；9-高压操作手柄；10-低压开关；11-低压接线箱；12-指示仪表；13-动力电缆接线嘴；14-控制电缆接线嘴；15-外接地螺栓；A-高压隔爆开关箱；B-隔爆干式变压器；C-低压隔爆开关箱

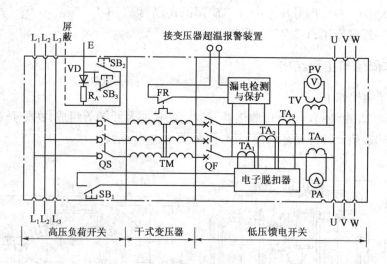

图 6.3-3 KSGZY 型移动变电站的电气原理接线图

高压侧的按钮 SB_1 用于高压负荷开关 QS 和低压开关之间的闭锁，以保证在断开负荷开关 QS 之前先切断低压开关 QF，从而保证负荷开关仅用于分断变压器的空载电流。负荷开关操作手柄平时放在高压开关箱正面，正好压住按钮 SB_1，其接点闭合；当取下手柄操作负荷开关 QS 时，SB_1 断开，使低压侧开关中的无压释放线圈断电，导致主触头 QF 在操作高压负荷开关之前先断电。

6.3.4 主要技术参数确定

KS_7 型变压器的主要技术数据见表 6.3-1。

KSGZY 型移动变电站的技术数据见表 6.3-2。

KS₇型变压器的主要技术数据 表6.3-1

型号	额定容量(kVA)	额定电压(kV) 高压	额定电压(kV) 低压	损耗(W) 空载	损耗(W) 短路	阻抗电压(%)	空载电流(%)	连接组别
KS₇-50/10	50	10/6	0.69/0.4	190	1 150	4	2.8	Y,y0/Y,d11
KS₇-100/10	100			320	2 000		2.6	
KS₇-200/10	200			540	3 400		2.4	
KS₇-315/10	315			760	4 800		2.3	
KS₇-400/10	400			920	5 800		2.3	
KS₇-500/10	500		1.2/0.69	1 080	6 900		2.1	
KS₇-630/10	630			1 300	8 100	4.5	2.0	

KSGZY型移动变电站的技术数据 表6.3-2

型号	额定容量(kVA)	额定电压(kV) 高压	额定电压(kV) 低压	损耗(W) 空载	损耗(W) 短路	阻抗电压(%)	空载电流(%)	连接组别
KSGZY-315/6	315	6	1.2/0.693	1 400	2 200	4	2.5	Y,y0/Y,d11
KSGZY-500/6	500		1.2/0.693	1 900	3 100	4	2.0	
KSGZY-630/6	630		1.2/0.693	2 100	4 000	5	2.0	
KSGZY-800/6	800		1.2	2 300	5 200	5.5	1.5	
KSGZY-1000/6	1 000		1.2	2 700	6 100	6	1.5	

6.3.5 主要生产厂家典型产品及技术性能和参数

主要生产厂家产品的详细技术性能和参数见表6.3-3、表6.3-4。

(1) 山东鲁能泰山电力设备有限公司

地址:中国山东省泰安市灵山大街12号 邮编:271000

电话:0538-6625230,6625339 网址:http://www.ltds.com.cn 邮箱:ltds@luneng.com

(2) 保定市意源达电力设备制造有限公司

地址:保定莲池南大街11里庄工业区 邮编:071000

电话:0312-2126233,2136185 网址:http://www.bdyyd.com/

(3) 长城电器集团浙江防爆有限公司

地址:浙江省温州市柳市镇长城大厦 邮编:235604

电话:0577-62731618 网址:http://www.cnc.sh

(4) 黑龙江省勃利三江特种变压器制造有限责任公司

地址:黑龙江省勃利县勃利镇南大直路215号 邮编:154560

电话:0464-8521703 网址:www.sjbyq.com

(5) 盐城市中联电气制造有限公司

地址:江苏盐城市宝才工业园区中联路1号 邮编:224055

电话:0515-8448448 网址:www.zl-electronic.com

(6) 中电电气集团有限公司

地址:江苏省扬中市中电大道188号 邮编:212200

电话:025-52095606,0511-88223722 邮箱:webinfo@ceeg.cn 网址:http://www.ceeg.cn

(7) 江西第二电力设备有限公司

地址:南昌市新建长塿外商投资工业区工业四路26号 邮编:330100

电话:0791-3708866 网址:http://www.jxed.cn

(8)太原前进变压器厂

地址:太原市晋区化工路南段　邮编:030010

电话:0351-6078181　网址:http://www.qianjinbyq.com

(9)洛阳市星合特种变压器有限公司

地址:河南省洛阳市嵩县城关开发区　邮编:471400

电话:0579-6630985

厂家产品的详细技术性能和参数　　　　　　　　　表6.3-3

单位	设备名称	10/0.4kV kVA	设备名称	10/0.4kV kVA	设备名称	35/10kV kVA	设备名称	35/10kV kVA
太原前进变压器厂	S9变压器	30	S9变压器	800	S9变压器	30	S9变压器	800
		50		1 000		50		1 000
		63		1 250		63		1 250
		80		1 600		80		1 600
		100		2 000		100		2 000
		125		2 500		125		2 500
		160		3 150		160		3 150
		200		4 000		200		4 000
		250		5 000		250		5 000
		315		6 300		315		6 300
		400		8 000		400		8 000
		500		10 000		500		10 000
		630				630		
洛阳市星合特种变压器有限公司	S9/10/0.4kV 变压器	10	S9/10/0.4kV 变压器	315	S9/10/0.4kV 变压器	10	S9/10/0.4kV 变压器	315
		20		400		20		400
		30		500		30		500
		50		630		50		630
		80		800		80		800
		100		1 000		100		1 000
		125		1 250		125		1 250
		160		1 600		160		1 600
		200		2 000		200		2 000
		250				250		
	SG干式变压器	10	HD电炉变压器	50	HS电炉变压器	320	ZGS11-H(Z)组合式变压器	
		20		100		400		
		30		200		500		
		50				630		
		100				800		
		200				1 000		
		250				1 200		
		315				1 600		
		400				1 800		
		500				6 300		

厂家产品技术性能参数　　　　　　　　　　　　　　　　　表 6.3-4

单　位	设 备 名 称	型　号	额定容量(kVA)	电 压 组 合	
				一次电压(V)	二次电压(V)
山东鲁能泰山电力设备有限公司	KBSG 型矿用隔爆干式变压器		50	6 000	693/400
			100		
			200		1 200/693
			315		
			400		
			500		
			630		
			800		1 200
			1 000		
			1 250		
保定市意源达电力设备制造有限公司	KBSG 系列矿用隔爆型干式变压器	KBSG-20/6	20	6 000	400
		KBSG-50/6	50		
		KBSG-100/6	100		693/400
		KBSG-200/6	200		
		KBSG-315/6	315		
		KBSG-500/6	500		693/1 200
		KBSG-630/6	630		
		KBSG-800/6	800		1 200
		KBSG-1000/6	1 000		1 200
	KS_7 系列矿用隔爆型移动变电站	KS7-20/2	20	2 000	230;400
		KS7-50/6-10	50	6 000	230;400
		KS7-100/6-10	100	6 000	400;693
		KS7-200/6-10	200	6 000	400;639
		KS7-315/6-10	315	6 000	400;693
		KS7-500/6-10	500	6 000	400;693
		KS7-630/6-10	630	6 000	400;693
	KS9 矿用变压器		30	600	400/693
			50	6 300	
			63	1 000	
			80	10 500	
			100	11 000	
			125		
			160		
			200		
			250		
			315		
			400		
			500		
			630		
			800		
			1 000		

续上表

单 位	设 备 名 称	型 号	额定容量(kVA)	电 压 组 合	
				一次电压(V)	二次电压(V)
黑龙江省勃利三江特种变压器制造有限责任公	KBSG系列矿用隔爆型干式变压器	KBSG-T-100/6			
		KBSG-T-200/6			
		KBSG-T-315/6			
		KBSG-T-500/6			
		KBSG-T-630/6			
	KBSGZY系列矿用隔爆型移动变电站	KBSGZY-200/6	200	6±5%	0.693/0.4
		KBSGZY-315/6	315		1.2/0.693
		KBSGZY-400/6	400		1.2/0.693
		KBSGZY-500/6	500		1.2/0.693
		KBSGZY-630/6	630		1.2
		KBSGZY-800/6	800		1.2
		KBSGZY-1000/6	1 000		1.2
中电电气集团有限公司	KBSG2-T型系列矿用隔爆干式变压器	KBSG2-T-100/10	10 000		
		KBSG2-T-200/10	10 000		
		KBSG2-T-315/10	10 000		
		KBSG2-T-400/10	10 000		
		KBSG2-T-500/10	10 000		
		KBSG2-T-630/10	10 000		
		KBSG2-T-800/10	10 000		
		KBSG2-T-1000/10	10 000		
		KBSG2-T-1250/10	10 000		
江西第二电力设备有限公司	KS9系列矿用变压器	KS9-50	11 000		
		KS9-63	10 500		
		KS9-80	10 000		
		KS9-100	6 300		
		KS9-125	6 000		
		KS9-160			
		KS9-200			
		KS9-250			
		KS9-315			
		KS9-400			
		KS9-500			
		KS9-630			
		KS9-800			
		KS9-1000			

6.4 沉埋管段施工法机械

6.4.1 概述

沉管隧道是一种跨越江河的水底交通隧道,它是由若干个预制的管段(节)组成,管段依次浮运到施工水面现场,一个接一个地沉放在预先挖好的地槽(基槽)内。

与一般公路或铁路隧道施工法(矿山法或盾构法等)相比,沉埋管段施工法(亦称沉管隧道施工法)是一种比较特殊的水底隧道施工方法,其主要特点:一是管段事先预制,二是采用加压载(如加水等)方法使管段重力大于浮力进行自水面放至水底。沉管隧道的设计施工建造涉及到土木工程、船舶工程、水利学以及水动力学和空气动力学等多门学科,技术难度较大。沉管隧道施工与一般山岭隧道的不同在于,其大部分是水下作业,因而对设备的要求也大不相同,由于此法的设备投资比例低,大部分可重复使用,从而更突出了其经济性。尽管如此,施工中的机械使用配套等一系列问题仍是至关重要的。

6.4.2 分类、特点及适用范围

沉埋管段施工机械总体上可以分为:
(1)土方机械;
(2)管段预制设备;
(3)基槽浚挖设备;
(4)浮放设备;
(5)水下基础处理设备。

6.4.2.1 土方机械

土方机械主要用作干坞的建造。干坞的土方工程量巨大而且由于土及坞址位置的不同,决定着干坞浚挖设备的种类和数量。

(1)挖泥船

对于坞址选在江滩、港口等地的工程,土大多为河砂淤泥,土质含水率高、孔隙比大、力学强度低,且水浅、风平浪静,一般围堰后采用湿挖,选择绞吸式挖泥船较为合适。

(2)铲土运输机械

对于用干挖法在陆地上建造干坞,或是先湿后干等方法施工,选用通用的铲土运输机械就可满足施工要求,如铲运机、推土机、压路机等。铲运机是土方工程中使用最为广泛的设备之一,它集挖、装、运、卸及摊铺为一体,生产效率高。对于干坞工程,选用大容量、全液压、双驱动、强制式卸土、链板装斗式铲运机最为合适。走行方式则视土的条件而定。推土机是干坞工程的常用设备之一,常被用作基坑、边坡、排水通道及铺撒碎石等施工。因此大功率、履带走行、液压操纵、液力传动的推土机应为首选之列。日本东京港隧道(20世纪70年代修筑)的土坞工程一次投入36台推土机作业,数量之多,堪称之最。不过当时所选用的D_{50}、D_{60}牵引力较小,性能不够完善,而当今同系列机型的发动机功率已达到700kW以上,较之D_{50}、D_{60}的百余千瓦有了巨大提高。另外,推土机在干坞工程中还担负着平整铺撒碎石的工作。理论上讲,坞底成形、铺撒碎石、平整等工序应由相应设备如摊铺机、平地机等来完成,而实际施工中多由推土机兼作。因此,推土机的选用应引起足够重视。

由于坞址大多为软土地带,为解决边坡及地基的稳定性,不同的工程采用了不同的桩工机械。此外,压路机的碾压、大功率的排水系统、底板的铺设等,都是船坞工程设备配套的重要内容,它们都决定着管段的预制精度。表6.4-1为日本东京港隧道干坞工程使用设备统计情况。

干坞工程使用机械情况统计 表 6.4-1

序 号	设备名称	规 格	数量(台)	用 途
1	拖船	60,120~280hp (1hp=745.7W)	9	分隔、疏浚
2	工程船	100~300t	17	分隔
3	挖泥船	$4m^3$,$2m^3$	4	疏浚
4	运土船	$90m^3$,$250m^3$	7	疏浚
5	打桩船	H=33m	6	分隔打桩
6	交通船	30hp	12	联络
7	履带打桩机		15	止水背板、基坑
8	起重船	3t	2	分隔系杆
9	起重机	8~15t	13	材料堆放、装卸板桩等
10	推土机	D_{50},D_{60}	36	整地、道路、开挖、基底
11	开挖船	300t	60	填砂、填土、撒砂
12	挖土机、动力铲	$0.6m^3$	32	开挖
13	拖拉机式机铲	D50—S	7	开挖、撒砂
14	自卸卡车	8t	170	开挖、撒砂
15	压路机	10t 12t	轮胎式8 碎石8	基底
16	平地机		8	基底
17	传送带	750mm×55m	5	运砂
18	潜水泵	6~12″	60	排水
19	砂泵	6″10″	30	污泥处理

6.4.2.2 管段预制设备

管段作用的关键技术之一是控制其质量以保证顺利起浮和沉放。这必须通过控制混凝土原材料计量及管段尺寸精度来实现。管段制作现场的主要设备有混凝土搅拌设备、模板台车及起重设备等。

1)混凝土搅拌设备

作为庞大的混凝土构件,管节浇注要求连续和计量精确,否则无法控制密度并易产生缺陷。由于混凝土用量非常大,单节管段大多超过百米长,浇注量达到每单节$10\,000m^3$以上,因此,应考虑选择大容量、连续、单阶混凝土搅拌楼(站),其优点如下:

(1)生产率高,一般搅拌楼均由数台搅拌机及大型后台配料系统组成,国产系列产品的生产率已达到$400m^3/h$以上,完全可满足大量连续的需要。

(2)自动化程度高,从数种集料的上料、计量、混合、搅拌、出料及各种添加剂的配制均由操纵台集中控制完成,适合大规模、商品化生产。

(3)计量精确,管段制作中为满足质量、密度及泵送要求,对水泥、水及各种添加剂的比例都有严格限制,管段密度一般规定为$2.30~2.40t/m^3$,误差为$-0.02~+0.01t/m^3$,一般小型分散、无精确计量装置的搅拌机根本无法达到上述要求。同时,管段预制中还要定时投入多种添加剂,如速凝剂、缓凝剂、防水剂等,数量及投放间隔都有苛刻规定,因此,自动精确计量关系重大。

(4)成品质量好,性能稳定。

2)模板台车

管段的外形尺寸是靠高精度的模板系列来保证的。由于采用了占用空间小、减少基槽施工量、断面利用率高的矩形断面,因而其模板台车系列有圆形或马蹄形的。

3)混凝土输送设备

常用的输送方式有泵送、皮带输送及混凝土输送车三种。泵送的优点是设备投资低、占用场地少、对环境污染小，但也存在密度控制难度大、对水泥用量需严格控制的问题。采用皮带运输方式当然可避免泵送缺陷，但又带来设备庞大等缺点。综合考虑以采用混凝土输送车为宜。

6.4.2.3 基槽浚挖设备

基槽的浚挖方法及使用设备视土和水工条件而定。常用的设备有链斗式挖泥船、带切削头式挖泥船和单斗式挖泥船三类。一般在水深20m以内作业，链斗式挖泥船的缺点是斗链易磨损和易出轨。

(1) 链斗式挖泥船

这种挖泥船对土的适应性能较好，通过船体移动速度与链斗转动速度的合理组合，可达到较高的生产率，尤其是施工后基槽的平整度较其他类型好，最适用于软塑性。

(2) 带切削头式挖泥船

带切削头式挖泥船包括绞刀式和铣刀式。这两种形式都是利用装在船体前端的松土装置将泥土绞松或铣削，同时利用泥浆泵将泥浆吸入，再通过泥管输送到卸泥区。这种挖泥船的生产率可达到350～500m³/h，以挖砂质、淤泥为主，一般用作浅水区及船坞施工。相比较而言，此类挖泥船的附属设备较多，对于离岸较远的作业区，泥浆要经水上浮筒排泥管、泥浆池、接力泵站、陆上排泥管等渠道才能到达卸泥区，比其他作业复杂。

上述设备均属通用类机型，较适合内陆江河、湖泊且水深在30m以内的基槽开挖，而对于水深在50～70m乃至更深的水域，则需专用设备方可实现。

6.4.2.4 浮放设备

管段的浮放是一项十分复杂的施工组织工作，因而关键不在设备。通常的浮运与沉放大多是利用一系列的拖轮、方驳及浮吊等水上常用设备的各种组合来完成，所以本节只介绍两种专用沉放设备。两种专用沉设作业船性能参数比较见表6.4-2。

两种专用沉设作业船性能参数比较　　　　表6.4-2

序号	主要技术参数	东京港作业船	涌江作业船
1	船长(m)	85.0	43.0
2	船宽(m)	8.0	16.0
3	型深(m)	3.5	3.0
4	两船间距(m)	52	
5	大梁计算跨度(m)	52	
6	大梁起吊点间距(m)	35.7	四吊点间距：横10.2，纵42.0
7	两大梁中心间距(m)	55	
8	吃水(m)	满载1.1	空载0.7
9	设计吊重(t)	438	4×100
10	主发动机	内燃5.5PS/2 200r/min	2×120kW
11	沉设用绞车	2×12t	4×100kW
12	定位绞车	8×30t(液压式)	电动480kN 主锚4×50kN(副锚)
13	方向绞车	6×8t(液压式)	4×50kN(内燃)
14	备注	双体驳船	单体式

1) 涌江隧道沉放船

其特点是：

(1) 与管段连接后的组合体能够满足顺利起浮、拖运及沉放的技术和施工要求；

(2) 吊点的设计满足了不同质量及尺寸管段的受力要求；

（3）各工作装置必须保证既能同步、又能单调。

2）日本东京港沉管隧道作业船

该工程采用双体驳船沉放作业，其中一艘设指挥室，工作船之间用两根专用起重大梁连接，两专用大梁间设四个吊点，同步起吊及沉放管段，见图6.4-1，工作船不自航，组合体由四艘拖轮拖运。

6.4.2.5 水下基础处理设备

不论基槽开挖用何种方式，开挖后的槽地都相当不平整，这尤其对矩形管段的影响较大，因此目前主要有三种处理基础方法：刮铺法、喷砂法、压砂法。刮铺法即为先铺法（基槽开挖后，管段沉放前）。将基础物质均匀铺设并刮平的工作船称刮平船，专用刮平设备自动化程度很高，不受水流影响，但体积庞大，占用航道，设备投资高，同时对矩形管段效果不理想。喷砂法也为后铺法，管段就位后在管段与基础间建造一层砂基础，采用的设备为喷砂台架。压砂与压浆的施工方法基本相同，都是事先在管段底板预设砂孔及压力阀，沉放后通过一系列管道从管段内部或管侧向管底空隙压注干砂或混合砂浆，此设备采用的是压砂（浆）系统，如图6.4-2所示。此法设备简单，投资少，压力便于调节，对管段的沉降量可有效控制，但值得注意的是，不论是压砂还是压浆，都要对输砂管道及球阀的位置设计引起足够重视，以免球阀磨损和管道故障致使阀门失灵而产生管段浸水。我国珠江和涌江沉管隧道分别采用的是管内压砂和压浆处理基础，效果好。表6.4-3为世界百座沉管隧道基础施工方法统计。

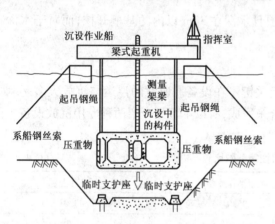

图6.4-1 东京港沉管作业船正面图

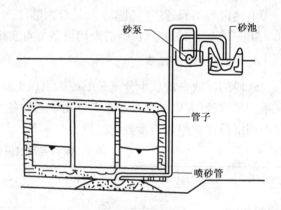

图6.4-2 压砂系统

百座沉管隧道基础施工法统计　　　　表6.4-3

施工方法	刮铺法	喷砂法	压砂（浆）法	其他
百分比(%)	29	35	27	10

注：20世纪50~60年代采用刮铺法较多，70~90年代逐步改用喷砂或压砂（浆）法。

6.4.3 工作原理和主要结构

6.4.3.1 铲运机

典型铲运机工作机构可简化为六连杆结构，该机构是铲运机最关键的部分，其设计是否合理，直接影响整机性能。反转六杆机构具有以下优点：

（1）有较大的铲取力；

（2）有良好的铲斗平动性能，且可实现铲斗的自动放平；

（3）结构十分紧凑，前悬小，驾驶员视野好。

目前，反转六杆机构被广泛地应用于铲运机上。铲运机的转斗机构和动臂举升机构组成了一个反转六杆机构。转斗机构由转斗油缸、摇臂、连杆、铲斗、动臂和机架6个构件组成。实际上，它是由两个反转四杆机构串联而成。当举升动臂时，若假定动臂为固定杆，则可把机架视为输入杆，把铲斗看成输出杆,由于机架和铲斗转向相反,所以把机构称作反转六杆机构。举升机构主要由动臂举升油缸和动臂构成。此外在运动学方面,必须满足铲斗举升平动、自动放平、最大卸载高度、最小卸载距离和各个位置的卸载角等设计要求;在动力学方面,主要是在满足挖掘力、举升力和生产率要求的前提下,使转斗油缸和举升油缸的需输出力及功率尽量减小。同时,一定保证机构在各个工况下都能正常工作,不得出现"死点""自锁"和"机构撕裂"等机构运动被破坏的现象。

6.4.3.2 推土机

推土机是以动力装置作为动力源,由履带或轮胎行走机构与地面的相互作用而产生驱动力,通过铲刀来完成推土作业的。以常用的履带式推土机为例,其工作过程是,发动机的动力经变矩器传给变速箱,再由变速箱传至中央传动,通过中央传动的一对锥形齿轮把沿推土机机体纵向传来的动力改变为横向传动的动力,分别传给左、右转向离合器,经过两边的最终传动减速增扭传给两边的驱动链轮,驱动履带行走而产生推力,由履带台车架将推力传给装在其上部的推土铲刀进行切入和推运土石方的作业。铲刀切入土中的动作是靠交接于机头和推土铲之间的液压油缸施力来实现的,主要结构如下。

(1)履带式推土机

履带式推土机由动力装置、车架、传动系统、转向系统、行走机构、制动系统、液压系统和工作装置所组成。它是在专用底盘或工业履带拖拉机的前、后方加装由液压操纵的推土铲刀和松土器所构成的一种工程机械。图6.4-3为履带式推土机结构简图。履带式推土机的动力多为柴油发动机,传动系统多用机械传动或液力机械传动(超大型机器也有采用电传动的),有些机型已开始采用全液压传动,工作装置多为液压操纵。

(2)轮胎式推土机

图6.4-4是轮胎式推土机结构简图。它是在整体车架或铰接车架的专用轮胎式底盘的前方加装由液压操纵的推土工作装置所构成的一种土方工程机械。轮胎式推土机的动力为柴油发动机,传动系统采用液力变矩器,动力换挡变速箱所构成的液力机械传动,铰接式车体转向,双桥驱动,宽基低压轮胎,工作装置为直铲式推土铲刀,液压操纵。

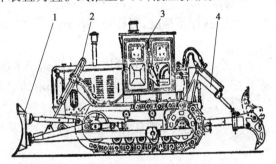
图6.4-3 履带式推土机
1-推土铲刀;2-液压系统;3-工业履带拖拉机;4-液压松土器

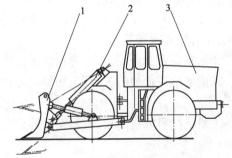
图6.4-4 轮胎式推土机
1-推土铲刀;2-液压系统;3-专用轮胎式底盘

6.4.3.3 混凝土搅拌设备

混凝土搅拌设备由搅拌系统、砂石计量系统、水泥计量系统、水及外加剂计量系统、气路系统、电气系统、控制室以及与之配套的螺旋输送机、水泥仓等组成。

(1)搅拌系统由搅拌罐、搅拌装置、搅拌驱动装置、卸料机构、上料架、上料斗、卷扬机构、供油系统、底架等组成。

(2)砂石称量系统由框架、砂石储料斗、砂石称量斗、皮带输送机、传感器总成等组成,见图6.4-5。砂石储料斗可储存四种骨料,汽缸驱动料斗门开关,向砂石称量斗投料。出料口的截面大小可调节,用于控制配料速度及控制骨料落差。在每个气缸的小腔端装有快排阀,在关门时气体快速排出,使料门快速关闭,减少落差。砂石称量斗由斗体、出料门、汽缸组成。斗体为左右两部分,分别由两个汽缸驱动两组斗门开启。四个传感器总成将砂石称量斗悬挂在框架上,在运输和长期不用时称量斗用四个开式索具螺旋扣悬挂,使传感器不受力。当使用时,将索具扣拧松使其不受力。皮带输送机由框架、电动滚筒、槽托辊组、平托辊组、改向滚筒、皮带清扫器、张紧装置组成。

(3)水泥称量系统由支架、水泥称量斗、水泥传感器总成、卸料门组成。水泥称量斗通过水泥传感器总成吊挂于支架上,计量斗底部为一气动卸料门、料门上装有一个行程开关,当料门通过汽缸驱动开闭时,行程开关显示关闭信号,见图6.4-6。

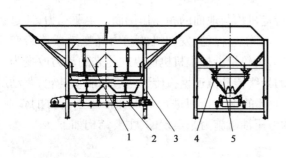
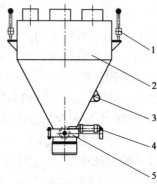

图6.4-5 砂石称量系统
1-砂石储料斗;2-皮带输送机;3-框架;4-传感器总成;5-砂石称量斗

图6.4-6 电子称粉料计量斗
1-传感器(或杠杆及传感器);2-斗体;3-振动器;4-汽缸;5-蝶阀

(4)水及外加剂计量系统由水箱、水泵、过滤器、管路、电磁阀、涡轮流量计、截止阀、喷水管、清洗管组成。水箱上装有水位控制器,用于控制水位高低。回水管路用于调节供水压力,外加剂回水管路兼有利用水流搅动外加剂溶液防止沉淀的作用。

(5)气路系统由空压机、电磁阀、管路等组成。自空气压缩机出来的高压气体,经气源三联体处理,进入电磁阀,当电磁阀接到控制信号,接通相应回路,压缩空气进入汽缸,驱动料门完成开关作用。在气控箱进气管另一端装有一去水泥仓破拱装置接头,如果不用,关闭球阀。

(6)电气系统。该站采用单片机微机控制,根据生产流程的程序要求,实现对搅拌站从计量、投料、搅拌、出料的生产过程实现自动控制,并且具有基本的管理功能。该控制系统具有下列特点:

①各秤设有调零输入,能自动去皮重、修正落差,有效地控制计量精度,对称量系统连续发生的超差现象,设有灯光报警装置;

②配置砂含水率测定仪,能在线进行砂含水率检测和补偿,亦可人工输入砂含水率,自动减水加砂;

③能准确方便地输入、调出和修改各物料的设定值及配方号,计算机内部储存10种常用的混凝土配比;

④系统具有完善的自锁、互锁功能,以保证系统准确、可靠地运行,并具有常见的故障检测及报警功能;

⑤数字跟踪各物料的实际称量值,并配打印系统;

⑥控制台设有生产流程示意图,便于监视整个设备的运行状态,见图6.4-7。

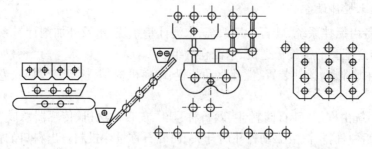

图6.4-7 HZS25混凝土搅拌站生产流程示意图

(7)工作原理。骨料从骨料仓中投入骨料计量斗内进行计量,当提升料斗下降到位时,打开计量斗门,通过皮带将骨料卸入斗内。骨料提升机构将料斗提升至道轨顶部,并打开料门将物料投入搅拌机中。水泥、粉煤灰通过螺旋输送机送入水泥计量斗,当输送量与设定值相同时,计算机发出信号停止输送,控制水泥称量斗底部的气动蝶阀,使水泥斗内的物料投入搅拌机中。水的计量由水泵、涡轮流量变送器及电磁阀构成,水泵采用自卸式、常转。计量开始,电磁阀打开,将搅拌用水泵入搅拌机中,同时涡轮流量变送器将计数送入计算机与设定值进行比效,当供水量与设定值相等时,关闭电磁阀,停止计量。外加剂的计量与水相同。在物料卸入搅拌机中后,开始搅拌计时。搅拌时间到,接通混凝土卸料门控制电磁阀卸混凝土,即完成一个搅拌过程。

6.4.3.4 绞吸式挖泥船

绞吸式挖泥船(图6.4-8)的工作方式是用装在船体前部的绞刀将泥砂不断绞松,同时利用泥浆泵将泥浆吸入并通过排泥管输送到卸泥区。此种船型的生产过程包括挖泥、运泥及卸泥均由自身及附属装置连续完成,一般不自航,对于干坞开挖这种卸泥区不会太远、配套设备相对简单的工程而言效率较高且使用经济。作为挖泥船的主要工作装置,绞刀分为开式、闭式和齿型三种,其性能比较见表6.4-4。

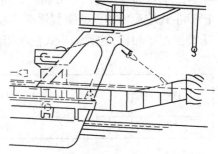

图6.4-8 绞吸式挖泥船(局部)

三种绞刀性能比较　　　　　　　　表6.4-4

序 号	类 型	形 状	效 率	适 用 范 围
1	开式	佛手	较闭式差	砂性土
2	闭式	帽状	较好	黏性土
3	齿型	齿状	较好	一般黏性土

6.4.3.5 模板台车

模板台车应注意以下几方面:

(1)模板刚度。尽管施工中每节管段又分成若干分段,但最小分段仍有数米长,因而在模板设计中不但要从钢板厚度而且要在结构上确保每套组合模板的整体刚度。由于变形总是存在的,关键在于将其控制在最小范围使之达到设计允许值,香港地铁的允许值为不超过5mm,珠江沉管为6mm。目前在模板设计中普遍采用所谓"反变形量",即在相反方向预置变量的方法来达到预矫正的目的。

(2)模板精度。模板精度包括尺寸精度和表面精度。合理的加工工艺及有效地控制环境温度是保证模板精度的重要环节,同时要避免分段误差在总段上的叠加,一旦发生,后果不堪设想。另外,模板表面质量直接关系到混凝土的表面质量,除在材料上选用优质碳素钢外还要在浇筑工艺和施工组织上加强管理,借鉴国外先进经验。

(3)模板套数。究竟采用几套模板,要视干坞规模而定。对于一次只能预制一个管节的模板至少需配三套,若同时预制几个管节的则每个作业段应具备两套。

(4)模板台车形式。台车基本形式应为液压操纵、机械锁定、外模整体移动、每一分段一次浇筑成型。同时,各执行机构油缸应既可同步又可单调,至于台车是否自行,则既可利用现场龙门吊拖行,亦可设置自力走行装置。

6.4.3.6 链斗式挖泥船

链斗式即利用一系列挖斗在链轮上连续运转,同时船体前移和横移从而完成挖泥动作。链斗式挖泥船的挖掘深度由支撑链轮的斗桥控制,泥斗挖取的泥砂一般直接由泥阱经卸泥槽卸入泥驳,由泥驳拖运到卸泥区。泥斗容量一般为每斗$0.1\sim0.8m^3$。给泥斗装上斗齿,即可用于石质土的切削。

6.4.3.7 单斗式挖泥船

单斗式挖泥船包括抓斗、戽斗、哈斗及反铲铲斗等形式的挖泥船,国外早期的沉管隧道多采用小容量($25m^3$)戽斗挖泥船,以后浚挖方式变得多样化,各种斗式设备被普遍运用。这些单斗式挖泥船的工作机构如抓斗、戽斗和哈斗等都是通过钢丝绳与斗桥相连,因而挖泥深度容易增加。许多工程实例证明,用带切泥头式挖泥船(如铣刀、绞刀式)浚挖浅槽区,用单斗式挖泥船处理深槽区的施工方法不失为上佳方案。比利时的安特卫普隧道,上部浅槽区的砂性土用铣刀式挖泥船施工,下部硬黏部分用铲斗式挖泥船浚挖,基槽深度达到30m。

单斗式挖泥船的斗容量也在不断增大,美国的Ted-williams水下隧道,浚挖时采用了"超级戽斗",斗容量17.5m³。另外,在分析研究世界近代百座沉管隧道浚挖方式(表6.4-5)过程中我们注意到,用反铲铲斗式挖泥船施工的实例逐渐多起来,其斗容量也达到15m³以上,处理深度已接近20m。与老式铲扬型挖泥船相比,这种铲斗式挖泥船为液压操纵,结构简单,性能更加完善。

国外百座沉管隧道浚挖方式统计　　　　　　　　　　　表6.4-5

隧道浚挖方式	链斗式挖泥船	带切泥头式挖泥船		单斗式挖泥船	其　他
		绞刀式	铣刀式		
百分比(%)	12	5	26	34	6

6.4.3.8 刮平船

该设备一般为桥式结构,两桁梁两端与浮筒相连,下部装有刮平器的吊车在两桁梁上轨道上行走,调节轨道的位置即可控制刮刀的工作位置,从而控制基础坡度。吊车上设有一只漏斗,通过导管将所需砾石送到刮刀前部,刮刀后部装有探头以监控刮铺的全过程,如图6.4-9所示。

6.4.3.9 喷砂台架

喷砂台架是一种专用的可移动式钢桁架,随同台架移动的三根管道是一根喷管和两根吸管,如图6.4-10所示。台架借助于管段外壁安装,管段上预装沿隧道线方向的轨道,台架可沿轨道纵移,塔架可沿台架横移,喷、吸管则既可随塔架在垂直于隧道轴线方向上移动又可绕管道垂直方向旋转,这样形成的喷头的复合运动可到达管段基础的任何部位。台架的主动力可由浮吊或其他动力船提供,喷管的旋转及平移则由液压系统完成。这种台架的优点是可兼作清淤等辅助工作,作业效率高,施工面积大,适用于矩形管段;缺点是设备体积大,投资高,且对砂径要求严。

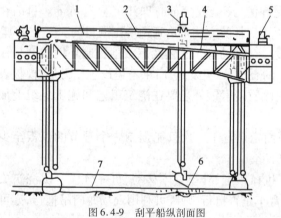

图6.4-9 刮平船纵剖面图
1-刮刀绳索;2-移动式起重机绳索;3-桥式吊车;4-调整轨道;5-定位索绞车;6-刮刀;7-刮刀基础顶

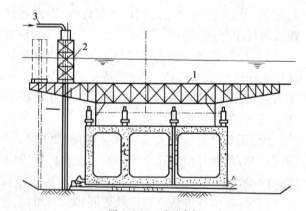

图6.4-10 喷砂台架
1-台架;2-塔架;3-喷、吸管

6.4.4 选型原则与步骤、主要参数计算

6.4.4.1 铲运机

选型原则与步骤:铲运机是土方工程中使用最为广泛的设备之一,它集挖、装、运、卸及摊铺为一体,生产效率高。对于干坞工程,选用大容量、全液压、双驱动、强制式卸土、链板装斗式铲运机最为合适。走行方式则视土的条件而定。

主要参数计算：

1）动臂上三个铰接点位置的确定

首先，按比例将已设计好的铲斗横截面外廓图画出。然后，根据工况要求的最大卸载高度 H_{max}、最小卸载距离 L_{min} 和铲斗基本参数初定动臂长度。图 6.4-11 为动臂上的三铰点设计图。

(1) 确定动臂与铲斗的铰接点 G。G 点直接影响铲取力的大小，综合考虑，G 点 x 坐标值应尽量小，且以一般设计经验，在工况 I 时，y 坐标取 250~350mm，初步确定 G 点在高位卸载工况时，通过最大卸载高度 H_{max} 和最小卸载距离 L_{min} 确定 G' 点的位置。

(2) 确定动臂与机架的铰接点 A。点 A 应在 GG' 的垂直平分线上，且根据轮胎的工作半径，将 A 点取在前轮右上方，与前轴心水平距离为轴距的 1/3~1/2 处。A 点的位置尽可能的低一点，有利于整机工作的稳定性。

(3) 确定动臂与摇臂的铰接点 B。点 B 对连杆机构的传动比、倍力系数、连杆机构的布置及转斗油缸的长度等都有很大的影响。一般 B 点在 AG 连线的上方，过 A 点的水平线下方，并在 AG 的垂直平分线左侧尽量靠近铲装工况的铲斗处。这样，动臂的形状和尺寸大概确定了，即确定了 BG 和 AG 的长度。

2）连杆与铲斗和摇臂的两个铰接点 E、F 的确定

本文采用双摇杆机构设计 $GFEB$ 四杆机构，即：

$$GF + BG > FE + BE \tag{6.4-1}$$

设 $GF = a, FE = b, BE = c, BG = d$，则：

$$K = \frac{b}{d} + \frac{c}{d} - \frac{a}{d} < 1$$

通常取 $K = 0.95~0.995, a = (0.3~0.5)d, c = (0.4~0.8)d$。确定 E、F 点位置要注意：①E 点不可与前桥相碰，并有足够的最小离地高度；②在工况 I 时，使 EF 杆尽量与 GF 杆垂直，可获得较大的传动角和倍力系数；③在工况 II 时，EF 和 GF 两杆的夹角必须小于 170°，即传动角不能小于 10°，以免机构运动时自锁；④在工况 IV 时传动角也必须大于 10°；⑤为防止机构出现"死点"、"自锁"或"撕裂"，工况 II 时，$GF + FE > GE$，工况 IV 时，$FE + BE > FB$。通过计算，初步选定 E、F 点，见图 6.4-12。

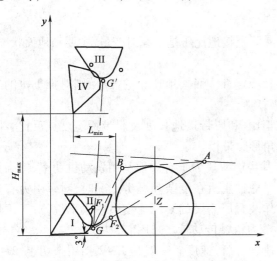

图 6.4-11 动臂上的三铰点设计图

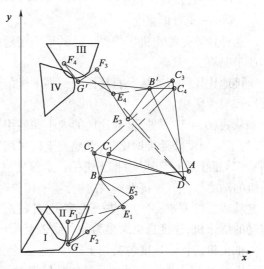

图 6.4-12 连杆、摇臂、转斗油缸尺寸设计图

3）转斗油缸与摇臂和机架的铰接点 C 和 D 的确定

初步设计时取摇臂 $BC = (0.7~1.0)BE$，既能满足较大的铲取力，且能实现铲斗各个工况的铲斗转角要求。C 点一般取在 B 点左上方，取 BC 与 BE 夹角 $\angle CBE = 130°~180°$，并使工况 I 时摇臂 BC 与转斗油缸 CD 趋近垂直；C 点运动不得与铲斗干扰，其高度不能影响驾驶员视野。转斗油缸与机架的铰接

点 D 可根据铲斗在四个工况下的 C 点的位置来确,D 点为 C_1、C_4 和 C_2、C_3 的垂直平分线的交点。实践证明,往往 D 点的位置很难满足设计要求,它或远高于 A 点,或者远低于 A 点,需反复试凑方可。

6.4.4.2 推土机

选型原则与步骤:推土机是干坞工程的常用设备之一,常被用作基坑、边坡、排水通道及铺撒碎石等施工。因此,大功率、履带走行、液压操纵、液力传动的推土机应为首选之列。为了使驱动链轮均匀磨损,延长使用寿命,其齿数一般为奇数。驱动链轮的结构和终传动的形式有直接关系,从发展趋势来看,一般采用齿圈式或齿块式,以利拆装。引导轮采用箱式结构较多。支重轮的结构为适应推土机较大冲击力和轴向力要求,一般采用凸肩轴、浮动端面油封、双金属滑动轴套结构。推土机的履带一般采用组合式履带结构,使用标准节距的单筋高履刺的轧制履带板,其连接形式,目前多采用直销轴连接。行走装置的张紧缓冲机构,一般采用调节方便、省力的油压调节式。

主要参数计算:推土机的总体参数包括重力、速度、牵引力等。初选时,一般按经验公式或相似法则来确定(所谓经验公式是在对各种类型、各种不同结构推土机进行大量的试验、分析、对比后,得知推土机的重力、功率、线性尺寸等,总体参数间保持一定的比值关系,由此统计得出的计算公式称为经验公式。所谓相似法则是主要参考现有较先进的机型,进行比拟增缩的设计方法),然后通过总体计算来校核总体性能。如果计算结果不够理想,必须对某些参数进行适当的修改,以获得良好的总体性能。

(1) 推土机重力和接地比压:推土机重力对总体性能影响很大,它是衡量发动机功率利用的一个重要参数。推土机的重力有使用重力 G_s 和结构重力 G_j。所谓使用重力是指推土机结构重力加上司机重力及油、水、工具等使用时必须附加的重力。推土机使用重力也是主机使用重力 G_T 及工作装置重力 G_g 之和,即:

$$G_s = G_T + G_g \quad (6.4-2)$$

推土机的接地比压 q 是使用重力 G_s 与履带接地面积 F 之比,一般按下式计算。

$$q = \frac{G_s}{2 \times 10^3 Lb} \quad (6.4-3)$$

式中:G_s——推土机使用重力;
L——履带接地长度;
b——履带板宽度。

这种计算是推土机于静平衡时的平均接地比压。实际上接地比压是个瞬时变量,主要和地面状况、作业工况有关。

接地比压的分布情况直接影响到推土机的牵引性和稳定性。而接地比压的大小,则对推土机的通过性有很大影响。

从式(6.4-3)可见,接地比压的大小和使用重力成正比,和履带接地长度及履带板宽度成反比。因此,为了大幅度降低接地比压,湿地推土机采用宽的三角形履带板。

(2) 推土机行走速度:推土机的行走速度直接影响其生产率。为了有效地利用发动机功率,提高推土机的动力性能和经济性能,在选择速度挡位时,既要考虑推土机在复杂和恶劣工况时,对牵引力有较大变动幅度的要求;又应考虑一机多用,各种配套的工作装置所需要的不同速度。一般来说,对于机械传动的推土机,速度挡位大多为前4后2至前6后4。液力机械传动较多采用前3后3。

推土机的行走速度包括切土速度、运土速度、返回速度、倒行速度。一般是 1~2 挡用来切土,2~3 挡运土,3 挡以上为空行返回。具体数值推荐如下。

推土机行走的理论速 v_T 度按下式计算:

$$v_T = 0.377 \frac{n_{eH} r_K}{i} \quad (6.4-4)$$

式中:n_{eH}——发动机额定转速;
r_K——驱动轮节圆半径;

i——总传动比。

由于履带或轮胎相对地面的滑转,实际行走速度v按下式计算:

$$v = (1-\delta)v_T \tag{6.4-5}$$

式中:δ——理论滑转率。计算时,农业用推土机:履带式取为 0.07;轮胎式为 0.20。工业用推土机:履带式可取为 0.10~0.15;轮胎式为 0.25~0.30。

(3)推土机牵引力:推土机牵引力是最基本的总体参数之一,牵引力选择得是否合适,直接关系到总体性能的好坏。推土机牵引力关系到切线牵引力、附着力、顶推力、比推力等。

①切线牵引力P_K:如前所述,切线牵引力是在牵引元件的作用下,地面产生的平行于地面并沿着行驶方向的总推力。

②附着力P_φ:前已述及,附着力是指牵引元件滑转时的最大牵引力,即:

$$P_\varphi = \varphi G_\varphi \tag{6.4-6}$$

式中:G_φ——附着重力,履带推土机为其使用重力,轮胎推土机为驱动轮上的负荷;

φ——牵引元件全滑转时的附着系数。

在进行推土机总体参数选择和确定发动机功率与使用重力的匹配关系时,不是以牵引元件完全滑转时的附着系数φ作为合理工况进行匹配,而是按最大生产率时的滑转率δ_H(额定滑转率)所对应的附着系数φ_H作为额定工况进行匹配。对于履带推土机,其额定滑转率$\delta_H = 10\% \sim 15\%$;轮胎式推土机额定滑转率$\delta_H = 20\% \sim 30\%$。

推土机额定有效牵引力P_H按下式计算:

$$P_H = \varphi_H G_\varphi \tag{6.4-7}$$

③顶推力P_{KP}和比推力q_{KP}:顶推力是铲刀切削刃上发挥出来的推土力。它是推土机的有效牵引力,相当于拖拉机的挂钩牵引力。P_{KP}按下式计算:

$$P_{KP} = P_K - P_f \tag{6.4-8}$$

式中:P_f——推土机行走装置的滚动阻力。

比推力q_{KP}是单位切削刃宽的顶推力。比推力是比较推土机牵引性能和作业性能的一个重要指标。比推力大说明推土机推土力大、适应性强、生产率高。q_{KP}按下式计算:

$$q_{KP} = \frac{P_{KP}}{B_g} \tag{6.4-9}$$

式中:B_g——铲刀切削刃宽。

比推力随推土机用途、功率大小而异,适应各类土的比推力列于表6.4-6中。据统计,比推力大致与推土机结构重力的2/3次方成正比,即$q_{KP} \propto G_j^{2/3}$。

推土机比推力和比压入力　　　　表6.4-6

名　称	土 的 级 别			
	Ⅰ	Ⅱ	Ⅲ	Ⅳ
比推力q_{KP}(kN/m)	<150	200~300	400~450	600
比压入力q_z(MPa)	<1.0	1.2~2.0	2.5~3.5	3.5

6.4.5　主要生产厂家典型产品及技术性能和参数

6.4.5.1　卡特彼勒公司

作为世界上最大的履带推土机生产、制造和销售企业,其产品覆盖了从小型到大型全系列履带式推土机,功率范围52~634kW,参见表6.4-7。目前最新系列为T系列,型号有D8T、D9T和D10T。

按功率等级划分,小型推土机为D3G~D5G,中型推土机为D5N~D7R,大型推土机为D8T~D11R,另外,卡特彼勒将环卫型推土机单列,主要为中大型推土机,型号为D6NWH~D10TWH,WH意思是 Waste Handling Arrangement 垃圾处理设备。

卡特彼勒公司履带推土机系列　　　　表 6.4-7

型　号	柴油机	飞轮功率(kW)	工作质量(kg)	传　动　系	推土铲
D3G XL	Cat 3406T	52	7 351	静液压传动	VPAT
D3G LGP	Cat 3406T	52	7 784	静液压传动	VPAT
D4G XL	Cat 3406T	60	7 855	静液压传动	VPAT
D4G LGP	Cat 3406T	60	8 198	静液压传动	VPAT
D5G XL	Cat 3406T	67	8 919	静液压传动	VPAT
D5G LGP	Cat 3406T	67	9 269	静液压传动	VPAT
D5N XL	Cat 3126B	86	12 818	静液压传动	VPAT
D5N LGP	Cat 3126B	86	13 665	静液压传动	VPAT
D6N XL	Cat 3126B	108	15 517	液力机械传动,可选配差速转向系统	VPAT,SU
D6N LGP	Cat 3126B	108	17 832	液力机械传动,可选配差速转向系统	VPAT,SU
D6RIIStd.	Cat C9	123	18 322	液力机械传动,可选配差速转向系统	S,SU,A
D6RIIXL	Cat C9	123	18 709	液力机械传动,可选配差速转向系统	SU,A, PAT
D6RIIXW	Cat C9	123	19 904	液力机械传动,可选配差速转向系统	SU,A, PAT
D6RIILGP	Cat C9	123	20 451	液力机械传动,可选配差速转向系统	S,PAT
D7RIIStd.	Cat 3176C	179	24 758	液力机械传动,可选配差速转向系统	S,SU,U,A
D7RIIXR	Cat 3176C	179	25 334	液力机械传动,可选配差速转向系统	S,SU,U,A
D7RIILGP	Cat 3176C	179	26 897	液力机械传动,可选配差速转向系统	S
D8T	Cat C15 ACERT	231	38 488	液力机械传动,差速转向系统	SU,U,A
D9T	Cat C18 ACERT	306	47 900	液力机械传动,差速转向系统	SU,U
D10T	Cat C27 ACERT	433	66 451	液力机械传动,湿式多片转向制动离合器	SU,U
D11R	Cat 3508	634	104 590	液力机械传动,湿式多片转向制动离合器	SU,U
D11R CD	Cat 3508B	634	113 000	液力机械传动,湿式多片转向制动离合器	CD

卡特彼勒推土机的主要零部件和结构件均为自制。作为心脏部件的发动机亦采用卡特彼勒自制柴油机。卡特彼勒的柴油发动机技术在世界上处于领先地位,最新推出的 T 系列推土机的柴油机已经达到美国环保署系列Ⅲ和欧盟第Ⅲ阶段排放法规的要求。

小型推土机 D3G、D4G 和 D5G 传动系采用静液压传动方式,操纵灵活、机动性好,推土装置标配卡特彼勒的 AccuGrade 精确平地系统中的激光平地控制系统(laser grade control system)。

其他中大型推土机采用液力机械传动,所谓的转矩分配器就是一个外分流液力机械变矩器,变矩器传递 70%~75% 的发动机转矩,直接传动轴传递 20%~25% 的发动机转矩;变速器为行星动力换挡变速器;转向有两种方式,一种为电子控制液压操纵多片湿式离合器,另一种为静液压差速转向;制动器为多片湿式离合器,弹簧制动,液压释放,安全可靠。

推土铲有直铲、半 U 铲、U 铲、角铲、万向铲、可变切削角万向铲共 6 种,另外一个特殊的运输推土铲专门给最大型推土机 D11R CD 矿山型配套,容积可达 $43.6 m^3$。

推土机后部可配装单齿松土器、多齿松土器、绞盘或平衡重。

底盘有标准型、向前加长型、加宽型、向后加长型和低接地比压型。

6.4.5.2　小松公司

小松公司的推土机产品,覆盖面更广,共有 13 个系列,功率范围 29.5~858kW,参见表 6.4-8。

小松推土机的发动机为自己生产,小型推土机 D21 和 D41 采用小松独有的 HYDRO-SHIFT transmission 减振器加行星动力换挡变速器式机械传动;D31、D37 和 D39 采用静液压传动系统;其他中大型推土机采用液力机械传动,并且 D275 以上的变矩器可自动闭锁,实现纯机械传动,提高传动效率;变速器为行星动力换挡变速器;转向主要为静液压差速转向和湿式多片转向离合器;制动器为多片湿式离合器,弹簧制动,液压释放,安全可靠。

推土铲有直铲、半 U 铲、U 铲、角铲、动力式角铲,另外一个与卡特彼勒 Carrydozer blade 运输推土铲一样的 Super Dozer,给最大型推土机 D475A 和 D575A 配套,最大容积可达 69m³。后部可配装单齿松土器、多齿松土器、绞盘或平衡重。

底盘有标准型、长履带型和低接地比压型。

小松公司履带推土机系列　　　　　　　表 6.4-8

型　号	柴油机	飞轮功率(kW)	工作质量(kg)	传　动　系	推土铲
D21A-8	Komatsu 4D94LE-2	29.5	3 940	减振器式机械传动,干式多片转向离合器和带式制动器	PAT
D31EX-21	Komatsu SAA4D102E-2	56	7 130	静液压传动	PAT
D37EX-21	Komatsu SAA4D102E-2	63	7 410	静液压传动	PAT
D39EX-21	Komatsu SAA4D102E-2	71	8 520	静液压传动	PAT
D41E-6C	Komatsu SA6D102E-2A	82	10 950	减振器式机械传动,湿式单片转向制动离合器	PAT
D61EX-15	Komatsu SA6D114E-2	116	16 520	液力机械传动,差速转向,湿式多片制动器	SU,A
D65EX-15	Komatsu SA6D125E-3	142	20 080	液力机械传动,差速转向,湿式多片制动器	S,SU,A
D85EX-15	Komatsu SA6D125E-3	179	28 000	液力机械传动,差速转向,湿式多片制动器	S,SU,U
D155AX-5B	Komatsu SA6D140E-3	231	39 200	液力机械传动,差速转向,湿式多片制动器	SU,U,A
D275AX-5	Komatsu SA6D140E-3	306	49850	可自动闭锁的液力机械传动,差速转向,湿式多片制动器	SU,U, Dual tilt SU, Dual tilt U
D375A-5	Komatsu SA6D170E-3	391	67 305	可自动闭锁的液力机械传动,湿式多片转向制动离合器	SU,U, Dual tilt SU, Dual tilt U
D475A-5	Komatsu SDA12V140E	641	106 195	可自动闭锁的液力机械传动,湿式多片转向制动离合器	SU,U, Dual tilt SU, Dual tilt U
D475A-5 SD	Komatsu SDA12V140E	641	105 000	可自动闭锁的液力机械传动,湿式多片转向制动器	Super Dozer
D375A-3	Komatsu SA12V170E	783	131 350	可自动闭锁的液力机械传动,湿式多片转向制动离合器	SU,U, Dual tilt SU, Dual tilt U
D575A-3 SD	Komatsu SA12V170E	858	1 526 000	可自动闭锁的液力机械传动,湿式多片转向制动离合器	Super Dozer

6.4.5.3 利勃海尔公司

利勃海尔推土机绝大部分配用自己生产的发动机,只有PR751矿用机配用T康明斯发动机,传动系全部采用静液压传动,其最大优点是可省略传动系中的变矩器、变速器和转向制动离合器,使结构简化,布置方便;在实际作业中,能够连续无滑移的加速和制动、前进与后退、原地转向;可充分利用发动机功率,降低燃油消耗率。Litronic是利勃海尔的电子控制系统名称,它广泛应用于利勃海尔的全系列工程机械产品中。利勃海尔推土机最早采用单手柄操纵。

推土铲6-Way Blade 6向铲与PAT铲一样,为动力式角铲。表6.4-9所列为利勃海尔履带推土机系列。

利勃海尔履带推土机系列　　　　　　　　　　　　表6.4-9

型　号	柴 油 机	飞轮功率(kW)	工作质量(kg)	传 动 系	推 土 铲
PR712BLitronic	Liebherr D924T-E	77	11 800~13 600	静液压传动	S,6-Way
PR724 Litronic	Liebherr D924TI-E	118	16 700~19 500	静液压传动	S,SU,6-Way
PR734 Litronic	Liebherr D926TI-E	147	20 900~24 500	静液压传动	S,SU
PR742B itronic	Liebherr D926TI-E	172	23 000~27 600	静液压传动	S,SU,A
PR752 Litronic	Liebherr D9406T-E	243	34 800~42 000	静液压传动	SU,U,A
PR751 矿用	Cummins KT19-C	295	39 100~45 000	静液压传动	U,A

6.4.5.4 山推工程机械股份有限公司

山推是国内最大的履带推土机制造厂,2003年曾创下年产销量2 171台的记录,位列卡特彼勒和小松之后,排名世界第3位。1980年,山推引进日本小松D85A-18推土机制造技术,同年第一台山推牌TY220推土机下线。经过20多年的发展,现已有8个履带推土机系列产品,参见表6.4-10。另外还生产推耙机和吊管机。

山推工程机械股份有限公司履带推土机系列　　　　　　　表6.4-10

型　号	柴 油 机	飞轮功率(kW)	工作质量(kg)	传 动 系	推 土 铲
SD08	LRC4105G52	59	7 651	机械传动	直
SD13	D6114ZG4B	95.5	14 000	液力机械传动	直,角
SD13S	D6114ZG4B	95.5	14 000	液力机械传动	直
SD16	WD615T1-3A	120	17 000	液力机械传动	直,角
SD16L	WD615T1-3A	120	18 460	液力机械传动	直
SD16R	WD615T1-3A	120	17 700	液力机械传动	直
SD16E	WD615T1-3A	120	17 500	液力机械传动	直
SD22	NT855-C280BCIII	162	23 400	液力机械传动	半U,U,直,角
SD22S	NT855-C280BCIII	162	25 700	液力机械传动	直
SD22R	NT855-C280BCIII	162	25 700	液力机械传动	直
SD22D	NT855-C280BCIII	162	25 800	液力机械传动	直
SD22E	NT855-C280BCIII	162	24 600	液力机械传动	U,直,角
SD23	NT855-C280	169	24 600	液力机械传动	直
TY320B	NT855-C360	235	37 200	液力机械传动	直
TMY320	NT855-C360	235	37 200	液力机械传动	直
SD32-5	NT855-C400	235	36 000	液力机械传动	半U

国内工程机械制造厂都没有能力制造发动机,因此配套发动机有各个厂家的不同型号,也可按用户要求选配发动机。表中型号后缀英文字母,S 表示湿地,R 表示环卫,L 表示超湿地,D 表示沙漠,E 表示履带加长。松土器有单齿和 3 齿,还有绞盘,都是选装件。

6.4.5.5 河北宣化工程机械股份有限公司

宣化工程机械股份有限公司始建于1950年,从1965年生产 T120 推土机以来,通过引进美国卡特彼勒公司 D6D 制造技术,主导产品 T140-1 和 SD6D 推土机是中国工程机械名牌产品。采用国际最新技术,所开发研制的 SD7(220 马力,1 马力 = 735.499W)和 SD8(330 马力)高驱动推土机填补了国内空白。目前,共生产 4 个系列的推土机产品。

表 6.4-11 所列为宣化工程机械股份有限公司履带推土机系列。表中型号后缀英文字母,HW 表示环卫。松土器有单齿和 3 齿,为选装件。

宣化工程机械股份有限公司履带推土机系列　　　　表 6.4-11

型　号	柴油机	飞轮功率(kW)	工作质量(kg)	传　动　系	推　土　铲
T140-1	6135AK-3S	103	17 000	机械传动	直,角,U
TS140	6135AK-3S	103	17 000	机械传动	直,角
T140HW	6135ZK-3S	103	17 500	机械传动	环卫铲
T165HW	6135AZK-15	122	17 600	机械传动	环卫铲
TY165	C6121ZG01a	122	16 900	液力机械传动	直,角,U
TY165HW	C6121ZG05a	122	17 400	液力机械传动	直
TYS165	C6121ZG01a	122	17 500	液力机械传动	直,角,U
SD6D	C6121	103	14 829	液力机械传动	直,角,U
SD7	NT855-C280	162	23 800	液力机械传动	直
SD8	NT855-C400	235	44 500	液力机械传动	直

6.4.5.6 上海彭浦机器厂有限公司

彭浦机器厂是一家国企老厂,成立于1959年,1963年即开始推土机的开发制造。1979年,从日本小松制作所独家引进了 D155A-1 型履带式推土机设计和制造技术,现生产型号为 PD320Y,之后又与小松合作引进 D355、D375 推土机部分图样。1986年,从美国卡特彼勒公司引进了 D6D 履带式推土机的设计制造技术,成为国内大功率推土机制造基地。现生产 8 个系列的履带式推土机,参见表 6.4-12。表中型号后缀字母,Y 表示液力传动,S 表示湿地,G 表示高原。松土器有单齿和 3 齿,还有绞盘,都是选装件。

目前,由上汽集团和电气集团对彭浦机器厂进行多元投资改制,成立上海彭浦机器厂有限公司。

上海彭浦机器厂有限公司履带推土机系列　　　　表 6.4-12

型　号	柴油机	飞轮功率(kW)	工作质量(kg)	传　动　系	推　土　铲
PD110	LR6105ZT	88.2	13 000	机械传动	直
PD120	6135K-2a	88.2	15 800	机械传动	直,角,U
PD120G	6135ZK-5	94	15 800	机械传动	直,角,U
PD140	6135AK-8	103	15 700	机械传动	直,角,U
PD140S	6135AK-8	103	17 300	机械传动	直
PD140G	6135AZK-20	112.4	15 700	机械传动	直
PD165Y-1	6121ZG05C	122	17 800	液力机械传动	直,角,U
PD165YS	6121ZG05C	122	18 200	液力机械传动	直

续上表

型　号	柴油机	飞轮功率(kW)	工作质量(kg)	传动系	推土铲
PD165YG	NT855-C280	122	17 800	液力机械传动	直,角,U
PD185Y	6121ZG07a	137	19 300	液力机械传动	直
PD220Y-1	NT855-C280	162	25 500	液力机械传动	直,角,U
PD220YS	NT855-C280	162	26 000	液力机械传动	直
PD220YG	NT855-C280BCIII	162	25 500	液力机械传动	直,角,U
PD320Y-1	NT855-C360	239	35900	液力机械传动	直,角,U

6.5　暗挖施工法机械

隧道及地下建筑工程施工时，须先开挖出相应的空间，然后在其中修筑衬砌。施工方法的选择，应以地质、地形及环境条件以及埋置深度为主要依据，其中对施工方法有决定性影响的是埋置深度。当埋置深度超过一定限度后，而采用的不开挖地面，在地下挖洞的方式施工，即为暗挖施工法。

按照施工条件及环境，暗挖法一般分为三种：矿山法、隧道掘进法以及盾构法。

6.5.1　矿山法机械

6.5.1.1　概述

矿山法是主要用钻眼爆破方法开挖断面而修筑隧道及地下工程的施工方法。因借鉴矿山开拓巷道的方法，故名。用矿山法施工时，将整个断面分部开挖至设计轮廓，并随之修筑衬砌。当地层松软时，则可采用简便挖掘机具进行，并根据围岩稳定程度，在需要时应边开挖边支护。分部开挖时，断面上最先开挖导坑，再由导坑向断面设计轮廓进行扩大开挖。分部开挖主要是为了减少对围岩的扰动，分部的大小和多少视地质条件、隧道断面尺寸、支护类型而定。在坚实、整体的岩层中，对中、小断面的隧道，可不分部而将全断面一次开挖。如遇松软、破碎地层，须分部开挖，并配合开挖及时设置临时支撑，以防止土石坍塌。喷锚支护的出现，使分部数目得以减少，并进而发展成新奥法。

6.5.1.2　分类、特点及适用范围

按衬砌施工顺序，可分为先拱后墙法及先墙后拱法两大类。后者又可按分部情况细分为漏斗棚架法、台阶法、全断面法和上下导坑先墙后拱法。在松软地层中，或在大跨度洞室的情况下，又有一种特殊的先墙后拱施工法——侧壁导坑先墙后拱法。此外，结合先拱后墙法和漏斗棚架法的特点，还有一种居于两者之间的蘑菇形法。隧道及地下工程施工的爆破与一般石方工程的爆破要求不同。为了便于装渣和不损坏附近的临时支撑或永久性衬砌，不使岩层爆得粉碎或碎落的岩块过大，又不使爆破时的岩块抛掷很远，故一般用松动爆破。由钻眼、装药、封口、起爆、排烟、临时支护和出渣等作业，组成一个爆破循环，其中钻眼和出渣占用大部分时间，应使之机械化。按照爆破循环，一般矿山法施工机械主要有以下几种。

1）穿孔机械

（1）分类

穿孔机械主要是凿岩机，凿岩机主要有：风动凿岩机、液压凿岩机、电动凿岩机、内燃凿岩机等几种类型。风动凿岩机以压缩空气作为动力，推动机体内的活塞作往复运动，撞击钎尾作功，经由钎杆将冲击功传到钻头，使岩石破碎。在活塞往复运动的回程时，内螺旋棒、棘轮棘爪迫使活塞单向旋转一个角度，此旋转运动经转动套筒传给钎杆、钻头，剪切岩石。由于凿岩机支架结构逐渐完善与凿岩台车的大量使用，要求凿岩机轻便已经不是主要考虑的问题，从而出现了分别以冲击和旋转动作驱动的风动凿岩机。可以分别调节控制其主要工作参数，称为独立回转式凿岩机。还有一种旋转冲击驱动式凿岩机分

别采用不同的两种能源即旋转为液压驱动、冲击为压缩空气驱动。其支架、导杆的运动也采用液压传动。轻便、适应性、效率、环境影响是凿岩机研究的主要课题。

(2)特点及适用范围

风动凿岩机的优缺点:结构简单,制造容易,维修使用方便,适用性强;总效率低,需要压气设备,有排气污染,噪声大。

液压凿岩机优缺点:凿岩速度快,总效率高,动力消耗少,噪声小,排气污染小;结构复杂,对使用维修要求高,有发展前途,日趋广泛使用。

电动凿岩机优缺点:总效率高,动力消耗少,动力单一,振动小,噪声小;但功率小,可靠性、耐久性、安全性均不如风动凿岩机;适用于交通不便、搬迁频繁的石方工程。

内燃凿岩机优缺点:质量轻,携带方便,但油烟污染大,适用于露天作业、流动性工程和山地、无水电地区作业,不适用于地下工程。

2)装药台车

装药器是利用压缩空气将散装炸药压入炮孔的设备。目前所使用的装药器大部分是靠压气作用的。按其原理可分为三类:喷射式、压入式和联合(喷射—压入)式。按携带方式不同可分为轻便式和自行式两种。装药台车是一种在长大隧道施工中将人员、物品提升起来送到工作面进行装药的机械设备。

3)找顶及清底机械

履带式反铲挖掘机,是隧道施工中常用的机械之一。换装适当形式的铲斗和液压锤后,可用作找顶;换装侧置式臂后,可用于隧道内挖侧沟,装用普通臂的反铲也可挖侧沟,但有铲斗的纵向对称面和水沟的纵向对称面不重合的缺点;换装成普通铲斗可用作隧道清底。

一般反铲挖掘机可供换装的铲斗有普通铲、推顶式铲斗、V形铲斗、斜坡铲斗等,如图6.5-1所示。

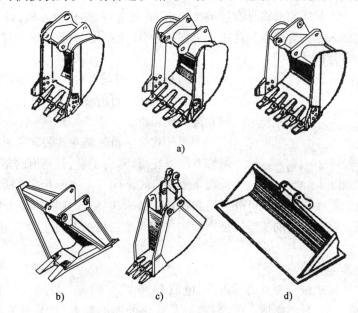

图6.5-1 反铲挖掘机铲斗
a)普通铲斗;b)V形铲斗;c)推顶式铲斗;d)斜坡式铲斗

4)初次支护机械

在铁路隧道施工中,大量采用喷射混凝土配之以锚杆、挂网、钢拱架的方法,作为临时维护,并同时构成复合式衬砌。混凝土喷射法是利用压缩空气使按一定比例配制的混凝土形成悬浮状态的气流,由喷射机喷向被敷表面,形成密实的混凝土层,以达到支护的目的。它采用的主要机械设备有喷射机、机械手、空压机、供水系统、配料及搅拌上料装置、速凝剂添加装置等。这些设备通过不同的配备组合,可实现多种工艺流程。目前已出现了将这些设备组装成一体的喷射机组,整个施工过程机械化程度大大提高。

5)注浆机械

国内外使用的注浆机械主要包括钻机、注浆泵、搅拌机和其他辅助装置。

钻机按其结构分为旋转式和冲击式两大类。旋转式钻机又称地质钻机,它是以钻机主轴旋转带动钻头切割岩体。旋转式钻机按其给进方式分为风压、液压和综合式三种。按其用途可分为地质钻机、坑道钻机和探水钻机等。

注浆泵是注浆过程中浆液运动的动力,是注浆的主要设备之一。按其性能可分为液压注浆泵、隔膜计量泵、柱塞泵及手压泵等。

6)装渣机械

(1)分类

隧道施工中,正洞、导洞及斜井出渣用的装渣机械有:装载机、爪式扒渣机、耙斗式装渣机、铲斗式装渣机等。隧道内装渣用的装载机以柴油机为动力的应装有废气净化装置和侧卸式岩石铲斗,转向灵活、转向半径小,铲斗插入力及铲起力要大。爪式扒渣机是一种连续装渣机械,机内转载,机后卸料,按扒渣爪的排列方式不同有蟹爪及蟹立爪之分。爪式扒渣机能扒装各种硬度的岩石,生产效率高,清底干净,多与梭式矿车配合使用。耙斗式装渣机不仅可用于平巷装渣,还可以在30°以下的斜井装渣。按绞车传动方式的不同,有行星轮式和摩擦式之分。铲斗式装渣机是一种间歇式装渣机械,按卸载方式分为:正装后卸式、正装侧卸式,按装渣方式分为直接装渣式、间接装渣式。

(2)装渣机械的特点、适用范围

①轮胎式装载机。在铁路双线隧道全断面开挖时,可直接在地面土方作业装载机中选用,如隧道断面较小时,可采用专门设计的地下装载机。

②履带式装载机。履带式装载机具有接地比压小,通过性好;整机重心低,稳定性好;质量大,附着性能好,牵引力大,比插入力大等优点。常用于工程量大、作业点集中、不经常转移、路面条件差的场合,在隧道施工中常作为装渣机械使用。

③爪式扒渣机。扒爪装岩机是一种连续性装岩机械,它可与各种矿车、自卸汽车等运输机械配套,实现装岩机械化。目前隧道常用的扒爪装岩机有立爪装岩机和立蟹爪装岩机。

④耙斗式装渣机。耙斗式装岩机具有结构简单,造价低,维修方便等特点,常用于平、斜巷道的施工中。耙斗式装岩机按绞车传动方式不同分类如图6.5-2所示。

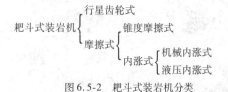

图6.5-2 耙斗式装岩机分类

⑤铲斗式装渣机。铲斗式装岩机可分为后卸式铲斗装岩机、侧卸式铲斗装岩机和装有皮带输送机的后卸式铲斗装岩机。这种类型的装岩机是在后卸式铲斗装岩机的基础上发展起来的,它适用于断面较大的巷道。

7)运输机械

铁路隧道施工中运输机械主要有自卸汽车、电瓶车、矿山车辆等。自卸汽车的各项参数(主要有:车身的长、宽、高,装载高度,最小离地高度等)要满足隧道断面的要求,并装有低污染柴油机及废气净化装置。常用的自卸汽车有意大利佩尔利尼公司生产的DP205C、DP205T、DP255及121—27等型,日本五十铃公司生产的SSZ451ZLD型,英国阿维林—巴福特公司生产的RD 030等型号自卸汽车,其载质量在12~32t之间。矿山车辆的种类很多,综合分类如图6.5-3所示。

8)二次支护衬砌机械

(1)分类

在铁路隧道施工中,混凝土模注衬砌所采用的机械设备根据不同的施工工艺,有各种配备方式。但主要机械是:混凝土搅拌站、混凝土搅拌输送车、混凝土输送泵、钢模板衬砌台车等。另有一些辅助设备,主要是供后台上料之用。

在长大隧道施工中,一般是在洞外设置搅拌站,由搅拌输送车运送混凝土进洞,经输送泵将混凝土泵入模板台车所构成的衬砌面内。也可以考虑在洞内设置移动式搅拌站,将搅拌好的混凝土直接由输送泵泵至模板台车。

在选择各机型时,应注意使搅拌站的生产能力及搅拌输送车的运输能力大于输送泵的泵送能力,以保证输送泵能连续工作,避免堵塞。各机型的具体选择及作业组织都得根据衬砌混凝土的浇筑方案进行。即选定浇筑是采用分段浇注还是连续浇筑,然后计算出混凝土浇筑工程量,从而计算出混凝土的浇筑强度,最后据此组织搅拌站,选择运输方式、捣固方式及与之相适应的机械。

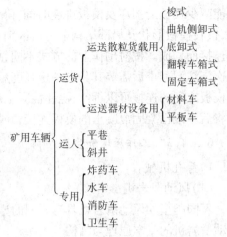

图 6.5-3　矿山车辆的分类

(2)特点以及应用范围

①混凝土搅拌站

在隧道衬砌施工中,从考虑混凝土的质量、提高作业机械化程度、降低劳动强度出发,应尽量采用中心搅拌站。搅拌站为满足不同岩层的衬砌要求或其他用途,至少应能变换两种以上的配合比,不同粒度的骨料仓应有 4~5 个,并应设有掺和剂添加装置。

设在洞外的搅拌站可采用单阶固定式,但安装过程需简便,拆卸后的大件应适合在山路用车辆装运。设在洞内的搅拌站需考虑体积、质量等因素,应可用运输车辆整机装运,以双阶移动式为宜。根据隧道衬砌施工的特点,多采用周期式搅拌站,所配搅拌机数量不必太多。

搅拌站的生产能力在由隧道断面和一次衬砌长度求得后,还应考虑超挖量、混凝土运输消耗量等因素。对双线铁路隧道,采用一次衬砌长度为 12m 的横板台车时,搅拌站的生产能力在 $50~60m^3/h$ 较为适宜。搅拌站目前在向微机自动控制方向发展,但一般仍兼有手动控制。对搅拌用水目前有磁化处理的研究。对细集料表面含水率的测定,有电导率式、热干燥式、中子静电电容式、红外线仪等各种测水计,还有利用搅拌机消耗功率测定的坍落度计。调整装置目前仅能做到将含水率调整到规定位,还无法与测定装置实行联动,调整原理是利用骨料运动产生的动能,使多余的水分呈定值排出。

②混凝土搅拌输送机

目前使用的汽车式混凝土搅拌输送车多可以实现预拌混凝土的搅动输送和混凝土拌和料的搅拌输送两种输送方式。但因隧道工地一般都没有混凝土搅拌站,所以多采用预拌混凝土搅动输送的工作方式。其平均运距在 8~12km 较为合适,输送时间过长,会使混凝土坍落度降低过多,出料困难。现在许多国家都把 $6m^3$ 的输送车视为标准容量的车型。

混凝土搅拌输送车按其拌筒形式,可分为重力式的卧筒型、斜筒型及强制式的立筒型。汽车式以采用重力式的斜筒型最为普遍,轨行式多用重力式的卧筒型。按其动力传动形式分为机械、液压两种,目前以用液压传动为主。汽车式的取力方式多采用 F.W.P.T.O(发动机飞轮端动力引出)。轨行式多设置两套搅拌动力,电机驱动与车轴驱动。轨行式多采用牵引行走,按其作业方式的不同,有可串联作业式和不可串联作业式之分,在大断面隧道中可考虑使用前者。

③混凝土输送泵

隧道衬砌采用混凝土输送泵,一般都与钢模板台车配合使用。为提高衬砌速度,对泵送能力应有合理的选择,如铁路双线隧道采用一次衬砌长度为 12m 的模板台车时,泵送能力应在 $60m^3/h$ 左右为宜。为使输送泵在洞内移动方便,以采用牵引行走底盘为宜。目前使用的混凝土输送泵以液压活塞式为主。泵的容量在向大型化发展,泵送压力在向高压型发展。可泵送的混凝土范围也在拓宽。堵塞现象力求减少,并应能自动排除。计算机自动控制已开始采用。

④全断面钢模板衬砌台车

隧道模注衬砌作业中推广混凝土泵送技术后,采用模板台车可以极大地提高衬砌速度及衬砌质量,并能减少模板的损坏及模板拼装时间,降低了劳动强度。目前所用的各种模板台车,结构形式大致相同,仅在模板形状及局部结构上有所区别。模板台车实际上是钢结构台车与模板通过液压缸、螺旋千斤顶连接而成。按衬砌作业的方式不同,可分为平移式和穿行式。平移式的台车与模板是不可分离的,一次浇注混凝土后需等其具有一定强度后,才能脱模前移,开始下一循环;穿行式备有两套模板,台车与钢模板之间的连接可以拆卸,浇注混凝土后台车即脱离模板,混凝土由模板拱形结构独立支承,台车后移将后一段已凝固混凝土的模板连接,并拆模、收拢,从前面的模板下穿行通过,到新的衬砌地段作业。

6.5.1.3　工作原理和主要结构

1) 穿孔机械

(1) 风动凿岩机

不同类型的风动凿岩机具有不同的型号、工作原理和结构特点,现以 YT23 型气腿凿岩机为例介绍风动凿岩机的基本原理与结构。

YT23 型气腿凿岩机的基本结构:YT23 型气腿凿岩机主要由 FT160 型气腿、冲击配气机构、转钎机构组成。

其结构特点:主机由柄体、汽缸、机头及其连接螺栓组成,机头装有中心式自动供水和冲洗降尘机构,柄体上装有操纵阀、调压阀和换向阀,配用 FT160 型气腿和 FY200A 型风路注油器,并装有可以改变排气方向的消音罩。

性能特点:结构简单,维修方便,质量轻,转矩较大,凿岩效率较高,控制系统集中,操作方便,风水联动,气腿可快速缩回。

适用范围:可在中硬和坚硬岩石中进行湿式凿岩,能钻凿巷井的水平或倾斜、竖井的垂直炮眼,最大炮眼直径 42mm,最大钻孔深度 5m。适用于矿山井巷掘进、铁路和水利等石方工程。

YT23 型气腿凿岩机的结构如图 6.5-4 所示。

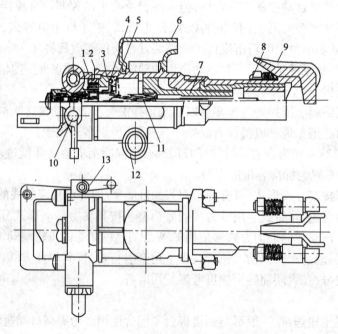

图 6.5-4　YT23 型气腿式凿岩机结构图
1-棘轮;2-定位销;3-阀柜;4-阀;5-阀套;6-消音器;7-活塞;8-机头;9-钎卡;10-水阀;11-螺旋棒;12-缸体;13-操纵手柄

YT23 型气腿凿岩机冲击配气机构结构如图 6.5-5 所示。

YT23 型气腿凿岩机转钎机构结构如图 6.5-6 所示。

YT23 型凿岩机采用的 FT160 型气腿的主要结构如图 6.5-7 所示。

第6章 隧道机械

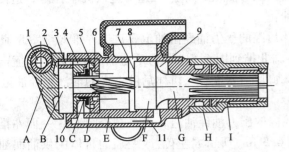

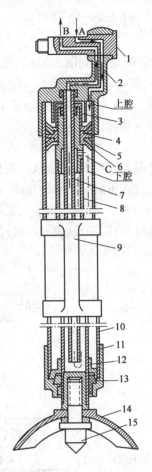

图6.5-5 YT23型气腿凿岩机冲击配气机构结构图
1-操纵阀气孔;2-柄体气室;3-棘轮气道;4-阀柜气道;5-阀套气室;6-阀套气道;7-活塞后端面;8-排气口;9-活塞前端面;10-阀柜气室;11-回程孔道;A-柄体;B-棘轮;C-配气阀;D-阀柜;E-缸体;F-活塞;G-活塞锤;H-机头;I-转动套

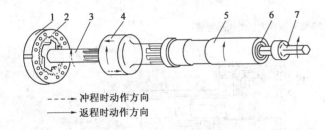

图6.5-6 YT23型气腿凿岩机转钎机构结构图
1-棘轮;2-棘爪;3-螺旋棒;4-活塞;5-转动套;6-钎尾套;7-钎子

图6.5-7 FT160型气腿的主要结构图
1-接触轴;2-架体;3-螺母;4-压垫;5-胶碗;6-垫套;7-风管;8-伸缩管;9-提把;10-外管;11-下管座;12-导向套;13-防尘套;14-顶叉;15-顶尖

(2)液压凿岩机

液压凿岩机基本工作原理:液压凿岩机由液压马达使钎杆作旋转运动,而活塞的往复运动则由活塞与滑阀的相互作用实现,其工作原理如图6.5-8所示。

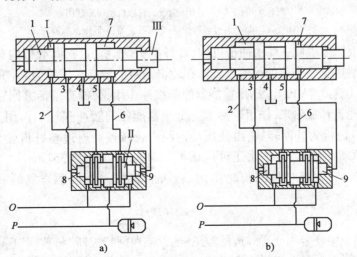

图6.5-8 YYG-80型液压凿岩机作用原理图
1-后腔;2、3、4、5、6-油道;7-前腔;8-左推阀油室;9-右推阀油室;Ⅰ-活塞;Ⅱ-滑阀;Ⅲ-钎尾

当活塞Ⅰ与滑阀Ⅱ分别处于图 6.5-8a)所示位置,压力油经滑阀室、油道 2 进入机体后腔 1,迫使活塞右行。前腔 7 内的油液则经油道 6、滑阀室排入油箱。

当活塞Ⅰ右行到图 6.5-8b)所示位置,进入机体后腔的压力油经由油道 3 进入左推阀油室 8,此时右推阀油室 9 则经油道 5、4 与回油道通连,乃将滑阀Ⅱ推到图 6.5-8b)所示之右位,同时活塞撞击钎尾。这时,压力油经滑阀室、油道 6 进入机体前腔 7,迫使活塞左行。机体后腔 1 内的油液则经油道 2、滑阀室排入油箱。

当活塞Ⅰ左行到图 6.5-8a)所示位置,机体前腔内的压力油经油道 5 进入右推阀油室 9、而左推阀油室 8 此时与回油道通连,从而将滑阀Ⅱ推回到图 6.5-8a)所示之左位,改变通向机体的供油回油油路,活塞右行,重新开始新的循环,如此往复不已,实现液压凿岩机活塞的往复冲击动作。

油路中接有蓄能器,起储放能量和稳定液压的作用。

基本机构:以瑞典阿特拉斯科普柯公司 COP1038HD 型液压凿岩机为例,说明液压凿岩机的基本结构,其结构如图 6.5-9 所示,动作原理图如 6.5-10 所示。

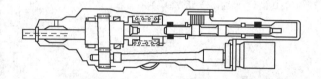

图 6.5-9 COP1038HD 型液压凿岩机结构示意图

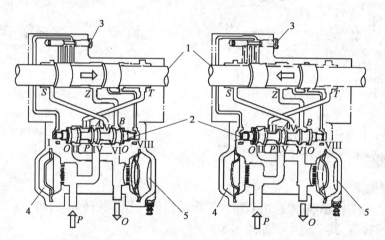

图 6.5-10 COP1038HD 型液压凿岩机动作原理图
1-活塞;2-滑阀;3-可调螺栓;4-高压蓄能器;5-低压蓄能器

COP1038HD 型液压凿岩机主要由冲击机构、转钎机构、排粉机构、润滑机构等组成。其中,冲击机构采用柱状滑阀,前后腔交替进油的配油方式。在冲击油路上设有高压蓄能器(充气压力为 11MPa)和低压蓄能器(充气压力为 0.7MPa)。高压蓄能器能起缓冲作用,又储存了活塞回程能量,而活塞作冲程运动时,又把储存的能量释放出来,作用于活塞。低压蓄能器起缓冲和补油作用。活塞的冲击行程可通过螺钉调节。转钎机构为外回转式,由液压马达经齿轮减速后通过转钎齿轮套带动钎子回转。排粉机构采用旁侧供水湿式凿岩,冲击水压可达 0.4~1MPa,冲击水量 35L/min。冲击机构及凿岩机的液压马达由液压油润滑;回转机构的齿轮由耐高温油脂进行润滑;凿岩机的其他可拆部件由油气润滑。

(3)凿岩台车

凿岩台车一般用于中硬岩和硬岩隧道的施工,现以瑞典阿特拉斯"科普柯"(Ateas CopGo)凿岩台车 TH286 四臂台车为例说明凿岩台车的工作原理。

TH286 四臂台车外形结构如图 6.5-11 所示,该台车配备四台 COP1038HD 液压凿岩机。

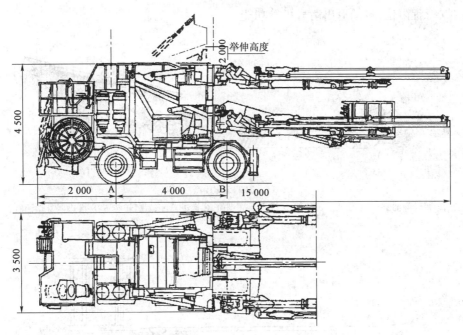

图 6.5-11　Promec TH286 型凿岩台车(单位尺寸：mm)

底盘：轮胎式行走系，刚性整体式车架，全液压动力转向，气压制动、配有柴油机和电缆(接外电源)两套动力系统。采用液力机械传动，动力由发动机输出，经液力变矩器、变速箱，最后传到驱动桥的轮轴上。车体的后部有液压支腿，工作时支腿将台车支离地面。

推进器：采用 BMH600 型系列的推进器(图 6.5-12)。该推进器设置有钻杆前支架和钻杆中间支架(与推进油缸缸套前端固接)，在钻孔过程中，钻杆中间支架始终处在钻杆前支架和凿岩机的正中。凿岩机的行程是推进油缸行程的 2 倍。滑架(用于安装凿岩机)与推进梁间用八个滚柱滚动配合。从液压臂来的软管经软管托架固定后，连接于凿岩机上，并用软管转盘张紧。

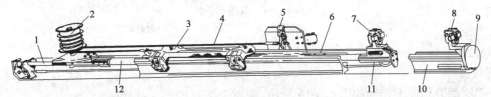

图 6.5-12　BMH600 系列推进器

1-活塞杆；2-软管转盘；3-滑架；4-回位钢丝绳；5-软管托架；6-牵引钢丝绳；7-钻杆中间支架；8-钻杆前支架；9-橡胶支撑盘；10-推进梁；11-导轨；12-推进油缸缸体

液压钻臂：采用 BUT15 液压臂。该臂有 BUT15FR(H)(固定长度的主臂和带推进器翻转装置)，BUT15E(H)(主管可延伸 1 600mm，无翻转装置)和 BUT15ER(H)(主臂可延伸 1 600mm，且有推进器翻转装置)三种，可用于隧道掘进，也可用于拱顶钻、向下钻及侧向钻。图 6.5-13 为 BUT15ERH 型液压臂。该液压臂作水平和垂直方向动作时，可保持推进器平动；其主臂可伸缩；推进器可推进或缩回，可翻转 180°，具有 0°～4°外插角。

HL75 型工作平台如图 6.5-14 所示。该工作平台具有臂的升降、臂的水平摆动、臂的延伸(两级)、平台的水平升降、平台的倾斜等功能。其小臂的升降和摆动控制可在台车的操作台上，也可在作业平台上。延伸时第一延伸缸的活塞伸出完之后，第二延伸缸的活塞杆再伸出，回缩与伸出时相反。

动力设备：包括为每台凿岩机单独提供液压动力源的各自独立的泵、阀组和共用的供电、供气、供水设施等。台车的动力装备采用 BHU38 系统，该系统是专为 COP1038 系列凿岩机设计的，也适用于其改进型 COP1238 型系列的凿岩机。每只钻臂(包括凿岩机)有一套液压、气、水系统。该系统具有自动防卡钎、缺水保护、行程限位,自动退出凿岩机等功能。

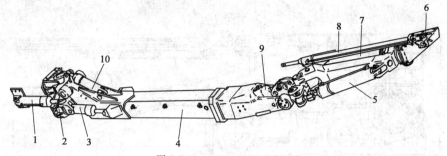

图 6.5-13　BUT15ERH 型液压臂

1-臂摆动缸;2-支座;3-臂升降油缸;4-主臂及其延伸架;5-推进器摆动缸;6-推进器座;7-翻转装置;8-推进器补偿油缸;9-推进器俯仰油缸;10-随动油缸

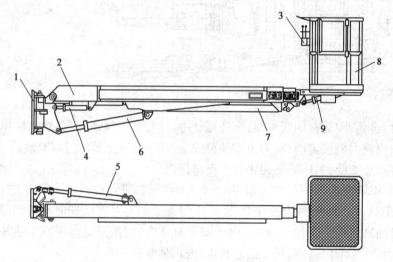

图 6.5-14　HL76 型平台

1-安装支座;2-主梁;3-操纵手柄;4-平行先导油缸;5-摆动油缸;6-升降油缸;7-伸缩油缸;8-作业台;9-平台倾斜缸

2)装药台车

(1)装药器

BQF—100 型装药器的结构如图 6.5-15 所示。

(2)装药台车

PT—100/2XHL75 型装药台车的结构特点:由 PT—100 型底盘、ANOL500DARC 装药器、BT4E 空压机和 HL75 型工作平台等部分组成,如图 6.5-16 所示。

两个容积为 500L 的炸药罐装于台车上。罐的容量大小足够一个循环所需要的炸药量,不用人力装卸炸药。每个炸药罐有两个出料口,每个出料口可供四人用四根软管同时装药。空压机为装药器提供压缩空气动力。

3)找顶及清底机械

找顶及清底机械主要有反铲挖掘机及软土隧道竖井施工用小型反铲挖掘机。

4)初次支护机械

(1)干式转子喷射机

干式转子喷射机是国内外较好的一种机型。在我国的使

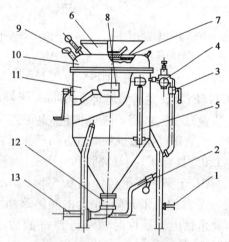

图 6.5-15　BQF—100 型装药器

1-分气支腿;2-吹风阀;3-进气阀;4-调压阀;5-抬杠;6-上药料斗;7-顶盖;8-搅拌器;9-放气阀;10-封头;11-桶体;12-排药阀;13-塑料输药管

用量约占喷射机总量的85%～90%,在干喷、潮喷、湿喷等喷射法中均有应用。转子式喷射机的结构简单,体积小,出料连续,输送距离远,操作维修方便,而且是一种配料、运输、搅拌和喷射联合作业的理想配套设备。转子式喷射机根据转子料扎的形状不同有直通料孔(助)、凹形料孔(U形)、直角料孔(L形)之分;根据橡胶密封板形状有扇形(局部密封)、圆形(整体密封)、弧形之分;橡胶密封板数量有一块、两块之分;料孔断面形状有圆形、扇形之分;转子与料斗间的布置形式有同轴重叠布置、平行错位布置、交叉垂直布置;转子层数有单层、双层之分;根据料斗与转子间的进料方式有敞开式、非敞开式、局部敞开式之分。

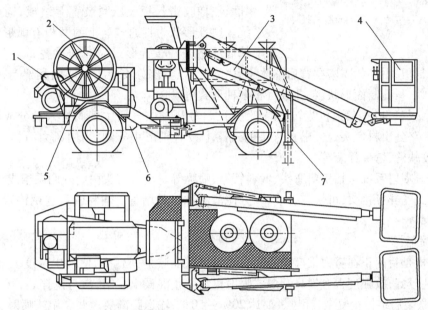

图6.5-16 PT—100/2XHL75型装药车
1-空压机;2-电缆卷筒;3-装药器;4-工作平台;5-发动机;6-变速器;7-液压支腿

转子式喷射机工作原理如图6.5-17所示。其上部是料斗,下面是转子体,转子上均匀分布着若干料孔,转子体下面是下座,其上固定有出料弯头。转子转动时,有的料孔对准了料斗的卸料口,即向料孔内加料,有的料孔对准了出料弯头,则把拌和料压送出去。

以GM090型喷射机为例说明转子式喷射机工作原理,GM090型喷射机由动力传动系统、气路系统、给输料机构、电气系统、行走底盘等组成,如图6.5-18所示。

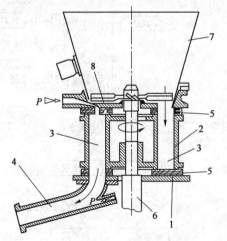

图6.5-17 转子喷射机工作原理
1-齿轮箱盖板;2-转子;3-料孔;4-出料弯头;5-橡胶密封板;6-驱动轴;7-料斗;8-搅拌叶片

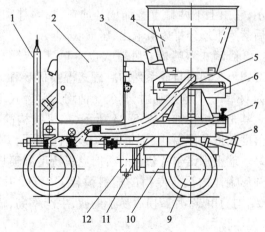

图6.5-18 GM090型喷射机
1-牵引杆;2-动力装置;3-振动器;4-料斗;5-风管(通转子料孔);6-给输料机构;7-车架;8-出料弯头;9-轮胎;10-减速器;11-风管(通出料弯头);12-皮带传动

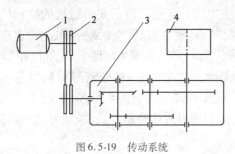

图 6.5-19 传动系统
1-双速电动机；2-皮带传动；3-三级圆锥—圆柱齿轮减速器；4-转子

动力传动系统。GM090型喷射机的动力可选用双速电机、气动马达、液压马达、柴油机。电机驱动的传动系统如图6.5-19所示，可根据生产率要求的不同，更换皮带轮以改变速比，三级减速器的速比：

$$i = i_1 \times i_2 \times i_3 = \frac{52}{17} \times \frac{60}{11} \times \frac{68}{12} = 107.17$$

GM090型喷射机给输料机构由料斗、振动器、转子、搅拌器、耐磨板、橡胶密封板及压紧装置等组成，构成给料、输料两大系统。料孔形状为直通式。上耐磨板有弧形下料孔，使得转子上部局部敞开。布置形式为同轴重叠布置。上下各使用一块圆形橡胶密封板，由环状支座在背后整体压紧。转子以上部分安装于料斗倾翻架上，保养时可倾翻。该机的转子层数、料孔断面形状、料孔数目有多种形式可供选择。

气路系统。GM090型喷射机为转子局部敞开式，故压缩空气由主气阀进入后分成两路：一路到转子料孔上面，一路到出料弯头处。出料弯头的气路上设有锥形小气阀，当用风力清扫转子时可将其关闭，以保护橡胶软管、弯头衬套等。

喷射系统。喷射系统包括出料弯头、输料管路、喷嘴等。出料弯头由内外两层组成，内层是料管，外层为法兰连接式的异径接头，可快速拆装，以方便清洗和排除堵管。输料管可选用钢管或橡胶管，钢管的输送能力大些。

（2）湿式喷射机

湿式喷射机是目前正在努力推广的机型。它可以减少喷射回弹率，使粉尘浓度下降。且水化作用好，混凝土塑性较好，故强度也有提高。湿式喷射机为防止混凝土凝结，常与搅拌装置（如螺旋输送机）联装在一起，联装后结构稍复杂，耗风量要达20%~50%，输送距离要短些。湿式喷射机现已形成了四大类40多个机型，但得到一致公认而广泛应用的机型极少，其分类如图6.5-20所示。

①并列双罐式湿喷机。并列双罐式湿喷机如图6.5-21所示，两罐交替供料，以保证喷射连续，由交换器交替接通输料管。该机型喷料均匀，喷射质量好，可喷大骨料（直径30mm）、低坍落度的混凝土。但加料较麻烦，喷射时略有脉冲。由于是双罐，体积、质量均较大。

②立式双罐式。德古曼型MT30湿喷机如图6.5-22所示，它由上下两罐重叠而成。加料、加水拌和混凝土，然后落入下罐经螺旋机输出，压气吹送。

③卧罐式湿喷机。卧罐式也有单罐、双罐之分。美国艾姆科公司有自成系列的卧罐式湿喷机6种，其中J4型为双罐式，可连续喷射，其余5种均为单罐式不连续喷射。其工作机构如图6.5-23所示，该机结构简单，可喷坍落度较低的混凝土，无需另考虑搅拌问题。喷射质量较好。瑞士别诺尔特公司的斯伯克里特型湿喷机两个水平圆形罐体内设有专门的输料搅拌器，可喷射、浇注两用，结构简单，叶片磨损后易于更换，生产率高，输送距离远，但体积大。

风动罐式湿喷机共同的特点是结构简单，制造容易，成本较低。但体积较大，输送距离短，脉动难以克服。减少回弹及粉尘的效果不如泵式喷湿机。

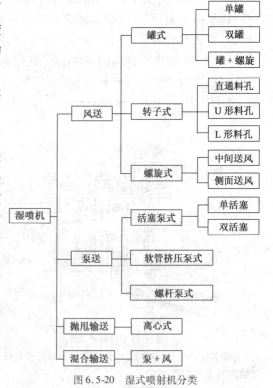

图 6.5-20 湿式喷射机分类

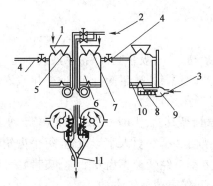 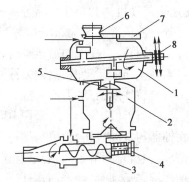

图 6.5-21 并列双罐式喷湿机

1-湿拌料；2-压气；3-出料口；4-排气口；5-第一工作罐；6-第二工作罐；7-钟形阀；8-螺旋输送机；9-环形风管；10-搅拌叶片；11-交换器

图 6.5-22 德古曼型 MT32 湿喷机

1-搅拌机；2-喷射机；3-螺旋机；4-气动马达；5-球阀；6-平板阀；7-汽缸；8-柴油机

5) 注浆机械

(1) 冲击式钻机

冲击式钻机在旋转的同时能进行冲击，该机型钻孔速度快，是钻注浆孔的理想设备。以 YYT—30 支腿式液压钻机为例说明冲击式钻机的结构和原理，该机主要由柄体、冲击装置和旋转装置三大部分组成。冲击装置是单面回油，三通阀控制差动活塞工作机构。活塞的返回行程及冲击行程工作原理如图 6.5-24 及图 6.5-25 所示。

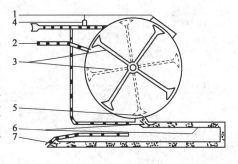

图 6.5-23 艾姆科湿喷机

1-进料口；2-进水管及水表；3-带橡胶刮板的搅拌叶片；4-进风管及风阀；5-下部出料口；6-压风；7-喷嘴

活塞的返回行程。如图 6.5-24，活塞处于冲程结束回程开始前的位置，高压油经进油口 P、阀腔 D、油孔 e 进入活塞前腔油室 A，推动活塞作回程运动。油室 C 的油经由孔 f、g、阀腔 H、I、油孔 j 流回油箱。活塞回程至一定位置，高压油从活塞前腔油室 A 流经油孔 k、m、阀腔 L 推动阀芯向左移动，油流换向。高压油经阀腔 D、H、油孔 g、f 进入活塞后腔油室 C，由于活塞的运动惯性，继续向右运动，直至制动换向。

活塞的冲击行程。如图 6.5-25，在活塞后腔油室 C 的高压油作用下，活塞向左运动，活塞前腔油室 A 的油经油孔 e、阀腔 D、H 与油泵输送来的高压油一道经油孔 g、f 进入活塞后腔油室 C，推动活塞快速向左运动，在活塞到达冲击钎尾之前数毫米，阀腔 L 中的油经油孔 m、k，油室 B、油孔 n 流回油箱，阀芯在左端高压油的作用下向右移动，油流换向，但活塞在运动惯性作用下，继续前进，最后高速冲击钎尾。在高压油入口，装有一个蓄能器，用来储蓄和补偿油流，从而提高了效率并可消除油路系统中压力的脉动冲击。

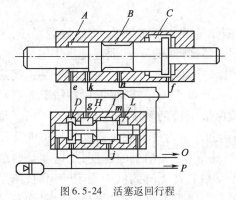 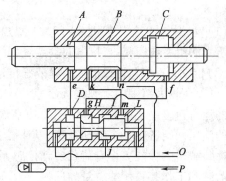

图 6.5-24 活塞返回行程　　　　　图 6.5-25 活塞的冲击行程

(2) 注浆泵

以 2TGZ—60/210 型注浆泵为例说明注浆泵结构与工作原理，2TGZ—60/210 型注浆泵由液压缸、

165

电动机、变速箱传动机构和排浆管路等部分组成。

液压部分。液压部分结构如图6.5-26所示。

液压缸工作原理:当柱塞向后运动时,缸内产生负压,排浆阀关闭,吸浆阀开启,浆液进入缸内,推动柱塞位移。当柱塞向前运动时,缸内浆液受压,吸浆阀关闭与阀座密封,排浆阀开启,向外排浆。由于两个柱塞往来做交替往复运动,因而两缸吸排浆动作也在交替进行。

动力、变速和传动部分。动力采用BJO—7.5—4型电动机,变速采用BJ—212型变速箱,变速箱输入轴通过联轴器与电动机连接,另一端与小皮带轮连接。机架内装有一对人字形齿轮,每个齿轮轴两端均有滚动轴承,大齿轮两端是曲轴,装有连杆、十字头机构。电动机经变速箱齿轮变速,皮带轮带动减速齿轮使曲轴作旋转运动,从而带动连杆、十字机构连同柱塞一起作直线往复运动。

(3) 灰浆拌和机(图6.5-27)

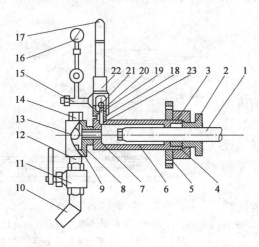

图6.5-26 2TGZ—60/210注浆泵液压部分结构

1-柱塞;2-塞规挡;3-连接盘;4-塞线;5-连接板;6-缸体;7-连接管;8-吸浆阀体;9-阀座;10-吸浆插管;11-浆量控制阀;12-连接管;13-球阀;14-阀盖;15-高压排浆连接管;16-压力表;17-安全阀;18-连接管;19-阀座;20-阀体;21-球阀;22-阀盖;23-O形密封圈

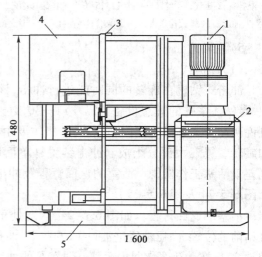

图6.5-27 日本(YAMATO)MVT—400型灰浆拌和机
(尺寸单位:mm)

1-电机;2-皮带轮;3-搅拌轴;4-搅拌筒;5-底座

6) 装渣机械

以履带式装载机为例说明装渣机械的工作原理与结构,履带式装载机具有接地比压小,通过性好;整机重心低,稳定性好;质量大,附着性能好,牵引力大,比插入力大等优点。履带式装载机常用于工程量大、作业点集中、不经常转移、路面条件差的场合,在隧道施工中常作为装渣机械使用。

以美国卡特匹勒公司953装载机为例说明履带式装载机的结构原理,其主要结构特点及工作原理分叙如下。

(1) 发动机。953装载机采用3204型四缸四冲程柴油机,直喷式燃油系统;废气涡轮增压;全流过滤的压力润滑系统;24V直接电起动系统,并可选用乙醚起动器;柴油机后置,兼起配重作用。

(2) 传动系。953装载机采用静液压传动。每侧履带由一个单独的变量泵——定量马达闭式回路驱动,可以在较大范围内实现无级变速,液压系统还设有负载自动调节系统,根据负载情况能自动调节机器的运行速度使之保持基本恒定的功率输出。953装载机液压传动系统如图6.5-28所示。每一侧履带的液压回路各有一个补油系统,以补偿泄漏和供给马达润滑。为使装载机的操作尽可能简便和充分发挥装载机的性能。设有荷载自动传感系统,该系统能"感觉"出发动机的速度,此速度是两侧履带驱动荷载和工作装置荷载总量的反映。当负载增大而使发动机转速下降到低于额定转速时,该系统能给油泵变量机构一个信号,使油泵仪油量减少,这样可使铲斗和履带不致互相"争夺"功率,而总是铲斗优先,并保证使发动机经常工作在额定功率点附近。在装载机正常运转时,传感系统要求调速器调整在高速空转位。该液压系统可分成补油和滤油系统、速度调节系统、运行—制动控制系统、伺服控制系统、泵及马达、溢流系统、油冷却系统。

7）运输机械

以自卸汽车为例，说明运输机械的基本原理与结构。佩尔利尼DP205T型自卸汽车，装有FI-AT8210—22型涡轮增压柴油机，并带有废气净化装置，适于隧道内施工。该车在车轴上装有轮边减速器，以进一步加大驱动力；采用液压动力转向系统，使其操纵轻便、转向灵敏；采用油气悬接装置，可使汽车在崎岖不平的路面上平稳行驶。其车箱采用特殊高强度钢制造，结构强度高、耐冲击，并设有驾驶室保护装置。

（1）转向系统。DP205T型自卸汽车采用半分置式液压动力转向系统。它由动力转向器1、直拉杆2、横拉杆3及动力缸4组成，如图6.5-29所示。分配阀装在转向器上，故转向器一方面操纵车轮转向，另一方面可分配压力油到动力缸去。动力缸是以油液的压力作动力完成转向加力动作的。直拉杆2将从转向器产生的必要的转向力传递到其他转向杆，它也有分配转向度的功能，从而保证车轮左右两边的转角相等。横拉杆3用于调节车轮的方位和前束。为了保持转向系统的功能正确，应经常地调整前束和作其他必要的调节，调整的周期取决于道路的情况。前束调整得不正确，可能造成轮胎的不正常磨损，特别是前束调整得过度时会造成轮胎外缘像锯齿形的磨损。

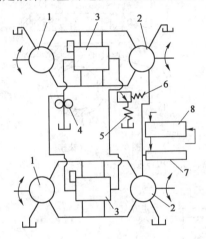

图6.5-28 953装载机静液压传动系统

1-定量柱塞马达；2-变量柱塞泵；3-补油溢流阀；4-补油泵；5-冷却器；6-溢流阀；7-泵控制装置；8-负荷自动感应装置

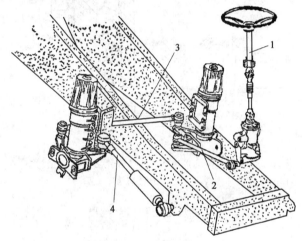

图6.5-29 DP205T型自卸汽车转向系统

1-动力转向器；2-直拉杆；3-横拉杆；4-动力缸

（2）制动系统。DP205T型自卸汽车采用双管路气压制动系统。汽车行驶中，当其中一套制动管路系统失效时，另一套管路仍然有效，以保证汽车获得一定的制功效能。该车的制动系有行车制动、停放车制动及发动机排气制动装置。

（3）悬挂系统。DP205T型自卸汽车的前、后悬拉均采用独立的油气悬挂。主要由悬挂缸和导向装置两部分组成。悬挂缸由油气弹簧和液力减振器组成。油气弹簧是油气悬挂的主要弹性元件。

（4）前悬挂。该车的前悬挂如图6.5-30所示。它采用固定主销式的悬挂装置。油气弹簧内缸筒作为转向主销固定在车架前端外伸的支座孔内，外缸筒用螺栓固定在车架上并分隔为上、下两段，前轮、轮毂与外缸筒联为一体，同时沿内缸筒（即主销）上下滑移和转动。

（5）后悬挂。后悬挂如图6.5-31所示，它的工作过程与前悬挂完全一致，但其内、外部结构却和前悬挂有所差异。后悬挂外缸筒固定在驱动桥上，无内缸筒而以管形活塞固定在车架上，活塞在外缸筒内上下运动。环形螺母用螺纹安装在活塞上，其上钻有装止回球阀的小孔，油液通过小孔和活塞上的斜油道流动。

（6）倾卸机构。如图6.5-32所示为倾卸机构。在举升阶段，油从泵2中泵出，通过分配器3和斗体降落缓冲阀4送至液压缸的举升腔内，当翻斗升到完全倾卸位置时，储存在回油腔内的油被挤出，并由双作用阀5减速和滤清器芯子7过滤。在复位阶段，来自泵2的油通过分配器3和双作用阀

5送至液压缸的回油腔内,使斗体下降,同时储存在举升油腔内的油被排出,由阀4减速并经滤清器芯子7过滤。

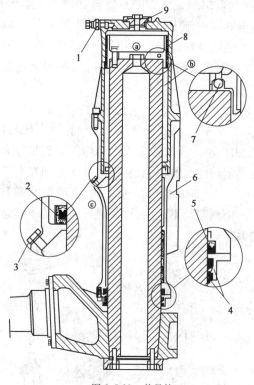

图6.5-30 前悬挂
1-充气阀;2-浮动环;3-润滑油加油口堵;4-防尘环;5-密封垫;6-内缸筒;7-止回球阀;8-活塞;9-加油口堵

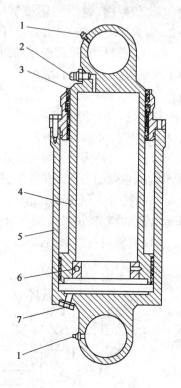

图6.5-31 后悬挂
1-黄油嘴;2-充气阀;3-防尘环;4-活塞;5-外缸筒;6-止回球阀;7-放油堵

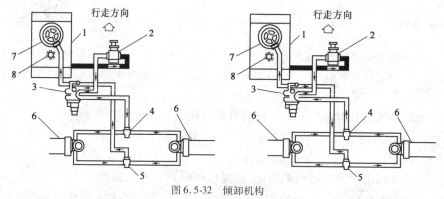

图6.5-32 倾卸机构
1-油箱;2-泵;3-分配器;4-斗体降落缓冲阀;5-双作用阀;6-油压千斤顶;7-滤清器;8-加油塞

8)二次支护衬砌机械

(1)混凝土搅拌站

以 CIFAMIX M30 型混凝土搅拌站为例说明。M30 型搅拌站由五大部分组成:主结构钢架、搅拌机、拉铲料仓、进配料及计量系统、风水系统,能以两种配合比自动拌和,备有四种骨料、一种水泥,无速凝剂添加设备,采用一台立轴混合式强制搅拌机。悬臂拉铲起骨料堆垛作用,骨料由倾翻箕斗上料,也兼作称量斗。水泥由螺旋输送机上料,在集料斗内称量。称量方式均为杠杆累计秤。电气控制系统采用继电器—接触器系统,具有手动、自动两种控制方法。自进料至出料一个循环的实际时间约为72s。

M30 型搅拌站工艺流程如图 6.5-33 所示,控制路线如图 6.5-34 所示,搅拌站如图 6.5-35 所示。

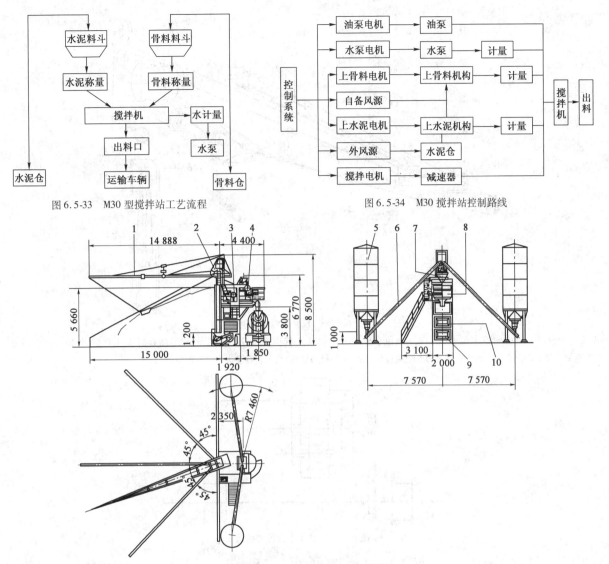

图6.5-33 M30型搅拌站工艺流程

图6.5-34 M30搅拌站控制路线

图6.5-35 M30混凝土搅拌站(尺寸单位:mm)

1-U—30型悬臂拉铲;2-拉铲驾驶员室;3-骨料秤;4-水泥秤;5-水泥罐;6-水泥螺旋输送机;7-水泥集料斗;8-G750/500型搅拌机;9-骨料箕斗;10-电气动力站

①悬臂拉铲。U—30型悬臂拉铲由铲斗及钢绳滑轮组、驱动装置、悬臂及操纵室组成。悬臂可作180°的回转。在保养时还可将操纵室翻转。拉铲的钢绳滑轮组如图6.5-36所示。

②骨料箕斗。骨料箕斗由钢绳沿轨道垂直吊升,倾翻卸料,骨料称重架设于箕斗行程下止点,箕斗在由料仓斗门泻入骨料的同时即开始称量。箕斗动力传动系统如图6.5-37所示,所用电动机为齿轮传动电动机,提升及下降均设有限位开关。

③水泥螺旋输送机及集料斗。水泥螺旋输送机由电机通过减速器驱动,其进出口均由软管与水泥罐出口、水泥集料斗入口相连。水泥集料斗的正常卸料由蝶形阀控制,紧急卸料由手轮锁闸控制。蝶形阀启闭由汽缸动作,气路受电动阀控制。

④称量计。骨料、水泥的称量均采用杠杆秤。骨料秤连杆装置如图6.5-38所示,水泥秤连杆装置如图6.5-39所示。承重架承受骨料箕斗或水泥集料斗的重力,然后通过以刀刃为支点的杠杆系统、链条传至指示盘。骨料、水泥指示盘内各有两组八个定标点及两组两个定标点,定标点与表针即构成电气控制中的一对触点。

⑤搅拌机。G750/500型搅拌机为定轴、行星混合式,一组叶片为定轴转动,另一组叶片为行星转动,其动力传动路线如图6.5-40所示。

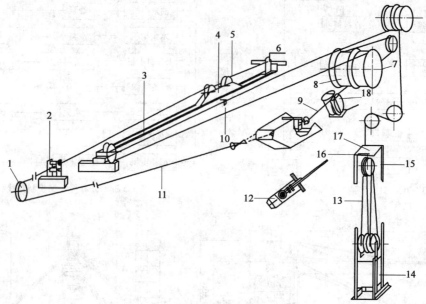

图 6.5-36 拉铲钢绳滑轮组

1-反向滑轮;2-钢绳导向;3-复位小车导向;4-复位小车;5-复位钢绳;6-挂钩突缘;7-回程卷筒;8-驱动卷筒;9-工作钢绳;10-小车连接销;11-返回钢绳;12-连接件;13-配重钢绳;14-配重;15-配重钢绳导向;16-弹簧卡;17-接头卡;18-钢绳导向

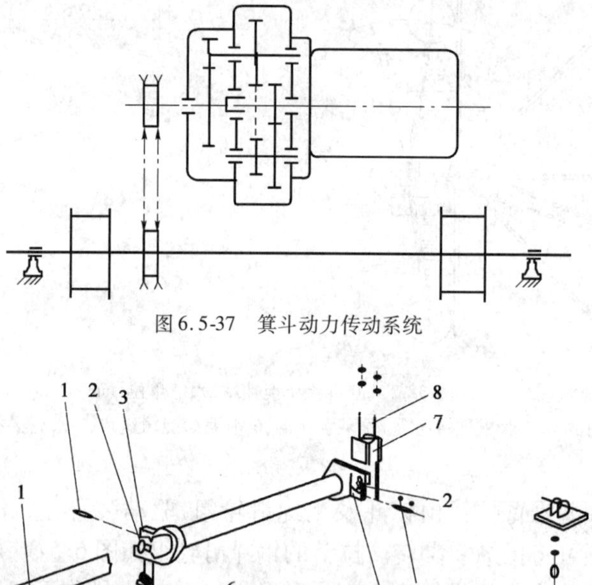

图 6.5-37 箕斗动力传动系统

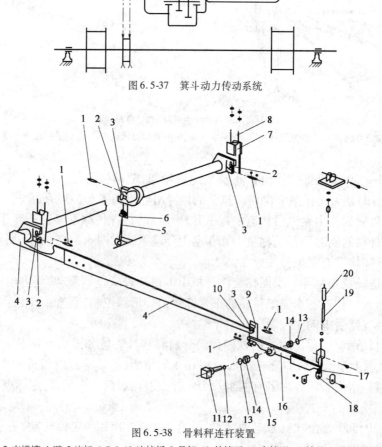

图 6.5-38 骨料秤连杆装置

1、11-销;2、10、17-刀刃;3-支撑槽;4-臂;5-连杆;6、7、9、18-连接板;8-悬架;12-外挡环;13-内挡环;14-轴承;15-隔环;16-副臂;19-调节器;20-链条

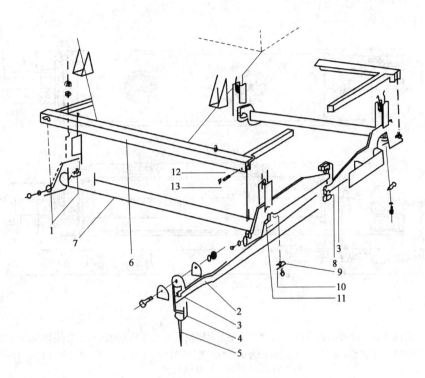

图 6.5-39 水泥秤连杆装置
1、3-刀刃;2-长臂;4-链块;5-轴;6-框架;7-短臂;8-轴承;9、10-楔块;11-连接;12-销;13-隔环

⑥风水系统。水由水泵供给,定量水表计量并控制。水加入搅拌机由电动水阀控制。风系统有两个风源,一个是自备空压机,另一个外接风源。前者用于骨料仓斗门汽缸、蝶形阀等;后者用于水泥罐、发送器等。

(2)混凝土搅拌输送机

ACl—606型搅拌输送车由搅拌筒体及驱动装置、滚轮、车架及转向架、液压系统、电气系统等组成,如图6.5-41所示。

①拌筒。拌筒为重力式的卧筒型。圆周表面上开有两个进料口,后端面上设有一个卸料口。卸料口处装有卸料叶片。拌筒内表面装有螺旋叶片。筒体外有两条滚道,由滚轮支承其转动,并有两条箍紧钢带将拌筒紧固在车架上,但不妨碍拌筒的转动。

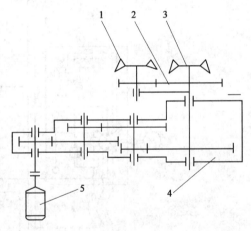

图 6.5-40 搅拌机动力传动系统
1-行星搅拌叶片;2-行星轮系;3-定轴搅拌叶片;4-三级圆柱齿轮减速器;5-电动机

②搅拌驱动装置。进料时需将拌筒转至进料口朝上,卸料时需使拌筒转动而排料。此时的动力是电动机,通过液压泵、液压马达而使拌筒转动。运行时拌筒转动而起搅动作用,此时的动力是车轴,车轴—液压泵—液压马达—齿轮减速—链传动—拌筒。两者间的转换由手动液压切换阀控制。

③液压系统。ACL—606型搅拌输送车液压系统如图6.5-42所示。电机驱动时为闭式系统,车轴驱动时为开式系统。辅助油泵有三个作用:向主回路低压区补油,向主油泵变量伺服缸供油;经温流阀向主油泵;液压马达壳体供油以冷却。其采用手动伺服变量。液压马达回路具有过载补油功能和使拌筒转速稳定的功能。

④电气系统。ACL—606型搅拌输送车电气系统原理如图6.5-43所示。

(3)混凝土输送泵

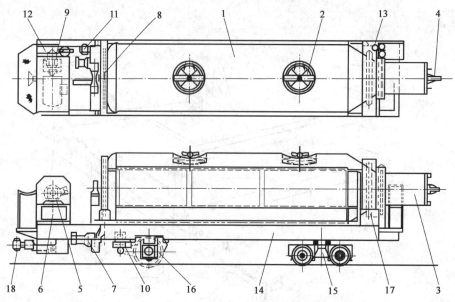

图 6.5-41 ACL—606 型混凝土搅拌输送车

1-搅拌筒体;2-入料口盖;3-出料口;4-出料口盖;5-电动机;6-主油泵及联轴器;7-液压马达及减速齿轮;8-链轮;9-油箱;10-车轴驱动的油泵及链轮;11-手动切换阀;12-开关盒;13-控制手柄及按钮开关;14-车架;15-转向架;16-车轮;17-滚轮及箍紧带;18-牵引钩

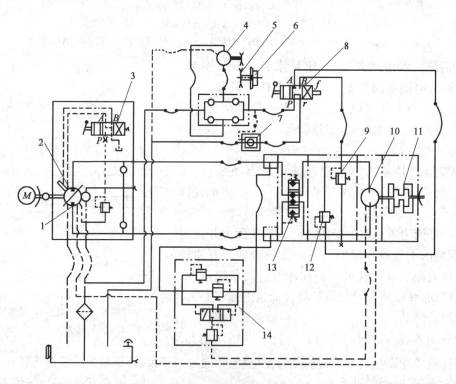

图 6.5-42 ACL—606 型搅拌输送车液压系统

1-补油泵;2-主油泵;3-变量阀;4-车轴驱动的油泵;5-链传动;6-车轮;7-液控单向阀;8-手动切换阀;9、12-过载补油阀;10-液压马达;11-行星传动;13-液动换向阀;14-控制拌筒转速稳定的阀组

  以 PTF—60S 型输送泵为例说明。PTF—60S 型输送泵由系送机构、料斗、液压系统、电气系统、润滑装置、供水系统、施送管路和底座等组成,如图 6.5-44 所示。

  泵送机构。泵送机构由主油缸、混凝土泵缸、清洗室、斜置式闸板分配阀、阀驱动缸、润滑装置等组成。该泵特点是阀室内流道合理,吸入通道为 60°倾角,进料口较大。因此,吸入阻力小,混凝土不易离析,不易在阀室堵塞。另外,在阀门导杆处有橡胶衬垫,防止漏浆,可用于泵送坍落度较低的干硬性混凝土和易离析的混凝土。

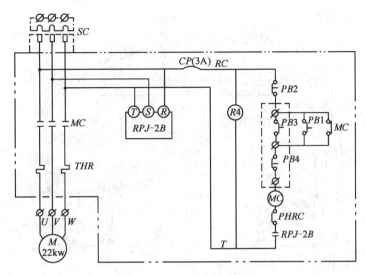

图 6.5-43 ACL—606 型搅拌输送车电气系统

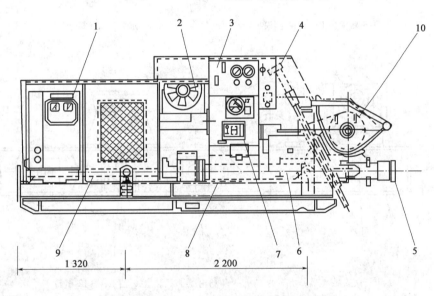

图 6.5-44 PTF—60S 型混凝土输送泵(尺寸单位:mm)

1-电控盘;2-油冷却泵;3-控制箱;4-闸板阀;5-连接管;6-油脂润滑系统;7-卸料手柄;8-混凝土泵缸;9-主油缸;10-料斗

(4)全断面钢模板衬砌台车

以佐贺模板台车为例说明。佐贺模板台车由钢模板、台车梁、液压系统、螺旋千斤顶、手动葫芦、电气系统、清扫机、振捣器等组成,如图 6.5-45 所示。

①钢模板及台车。钢模板构成一拱架结构,台车是一刚架结构,两者间通过油缸及千斤顶连接。拱架由若干块钢模板接成顶拱、侧拱、底拱三大部分。整个拱架可相对于刚架作左右、上下的微调,以对中定位。顶拱、侧拱的模板由油缸推动;底拱模板由手动葫芦起吊,自重下落。刚架是一个门式架,留有机械通过的空间,刚架与拱架间还留有铺设迎风管道的空间。台车纵断面上有四排刚架,相互之间内桁架结构连接。刚架安装在走行架上。模板上设有三个混凝土浇注口及观察窗。刚架上设有工作平台。

②走行装置。刚架柱脚通过水平轴与走行架相连,共有两个主动走行架,两个从动走行架。行走动力是齿轮电动机,经二级链传动,驱动一侧车轮,链传动速比 $i=9$。该侧车轮又通过 $i=1$ 的链传动,驱动另一侧车轮。为使台车在混凝土养生期间牢固定位,设有夹轨器。走行架总成如图 6.5-46 所示。

③液压系统。整机共有液压缸 14 个,其中用于升降顶模的 4 个是单作用式,并带有安全螺母;用于

对中定位的2个是双作用式;用于侧模的8个是双作用式。

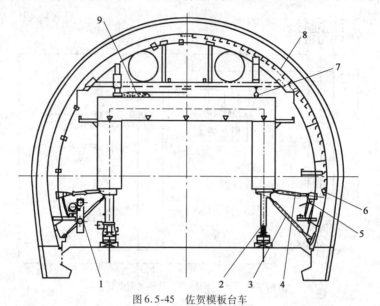

图 6.5-45 佐贺模板台车

1-清扫机;2-刚架柱脚千斤顶;3-底模板千斤顶;4-侧模板千斤顶;5-手动葫芦;6-振动器;7-顶模板千斤顶;8-观察窗;9-队中油缸

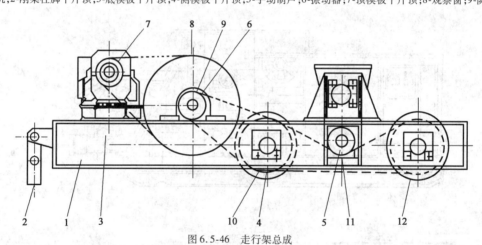

图 6.5-46 走行架总成

1-走行架;2-夹轨器;3-齿轮电动机;4-驱动轮;5-张紧装置;6-轴承;7~12-链轮

6.5.1.4 主要参数计算

液压凿岩机冲击机构的主参数为冲击能量(N·m)及冲击次数(L/min)、耗油量及效率,这些参数除了取决于液压系统的压力(MPa)以外,还与活塞质量、滑阀质量、油道位置等结构参数有关。

①基本关系式:计算简图见图6.5-47。计算时,假定活塞、滑阀的运动为等加速运动,系统压力稳定在一定值,运动摩擦阻力及背压可忽略不计或引入系数以考虑可用以下基本关系式计算,即:

$$F = ma = \frac{G}{g}a \tag{6.5-1}$$

$$F = PA \tag{6.5-2}$$

$$S = \frac{v + v_0}{2}t = \frac{1}{2}vt \tag{6.5-3}$$

$$Ft = mv \tag{6.5-4}$$

$$W = \frac{1}{2}mv^2 \tag{6.5-5}$$

式中：F——冲击机构受到的外力，N；
　　　m——冲击机构的质量，kg；
　　　a——加速度，m/s^2；
　　　G——冲击机构的重力，N；
　　　g——重力加速度，取9.8m/s^2；
　　　P——作用到活塞上的力，N；
　　　A——活塞受压面积，m^2；
　　　S——活塞行程，m；
　　　v——活塞终速度，m/s；
　　　v_0——活塞起始速度，m/s；
　　　t——活塞运行时间，s；
　　　W——冲击能量，N·m。

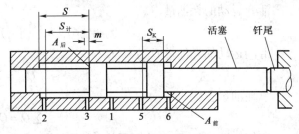

图6.5-47 计算简图

S-结构行程；$S_{计}$-计算行程；S_K-回程开阀距离；m-冲程开阀提前量；$A_前$-活塞前受压面积；$A_后$-活塞后受压面积

由上式得：

$$t = \sqrt{\frac{2GS}{Fg}} \tag{6.5-6}$$

②阀的计算：阀影响冲击次数的参数，为阀的动作使油液换向的时间 $t_换$：

$$t_换 = t_1 + t_2 + t_3 \tag{6.5-7}$$

式中：t_1——从开阀口到推阀油室油道的增压时间；

　　　t_2——阀从一端运动，到切断活塞一侧供油，并打开另一侧供油路所需时间；

　　　t_3——另一侧推阀油室油液的增压时间。

在充满油的管路中，压力传递迅速，油道又很短，t_1、t_3可以忽略不计，主要是t_2；在已定阀的重力G_V、行程长度S_V、推阀油室面积A_V时，可以计算$t_换$。

③活塞回程的计算：活塞在撞击钎尾后，因刚体的刚性碰撞以初速度V_0开始回程。在压力油的作用下，回程第一阶段移动S_K距离。回程第二阶段为打开推阀油孔到使阀移位到供油路换向这一段时间内，在压力油的作用下再回移一段距离。回程第三阶段为滑阀使供油路变更供油方向完成，缸体后腔的高压油使活塞减速，而其前腔供油切断并排油。

从而可以计算活塞回程总时间$\sum t_回$：

$$\sum t_回 = t_{回1} + t_换 + t_减 \tag{6.5-8}$$

也可以计算活塞回程总行程$S_{计}$：

$$S_{计} = S_K + S_{回2} + S_{减(回3)} \tag{6.5-9}$$

④活塞冲程的计算：

冲程第一阶段为活塞从端部向前移动$S_{计} - m$的距离。

冲程第二阶段为继续移动m距离。由于冲程第二阶段所需时间$t_{冲2}$远远少于滑阀换向时间$t_换$，则因碰撞的反弹作用而出现多次打击现象。一般认为此现象可提高凿岩效果。

⑤计算结果：每冲击一次所需的时间$\sum T$：

$$\sum T = \sum t_回 + \sum t_冲 + \sum t_弹 \tag{6.5-10}$$

式中：$\sum t_弹$——反弹过程的时间。

冲击频率f：

$$f = \frac{60}{\sum T}（\text{min}^{-1}） \tag{6.5-11}$$

冲击能量W：

$$W = \frac{1}{2}mv_{冲末}^2 \tag{6.5-12}$$

活塞运动的耗油量 $Q_塞$：

$$Q_塞 = [A_前(S_K + S_{回_2}) + A_后 S_计]f \quad (L/min) \tag{6.5-13}$$

滑阀运动的耗油量 $Q_阀$：

$$Q_阀 = 2A_V S_V f \tag{6.5-14}$$

总耗油量 ΣQ：

$$\Sigma Q = Q_塞 + Q_阀 \tag{6.5-15}$$

应使油泵排量 $Q_泵$ 略大于 ΣQ。效率 η：

$$\eta = \frac{输出能量}{输入能量} = \frac{fW}{10PQ_泵} \tag{6.5-16}$$

液压凿岩机的效率实质为：

$$\eta = \frac{冲程消耗(即吸收)的能量(W_冲)}{冲程消耗能量(W_冲)+回程消耗能量(W_回)+推阀消耗能量(W_推)} \tag{6.5-17}$$

6.5.1.5 主要生产厂家典型产品及技术性能参数

1) 穿孔机械

(1) 风动凿岩机(表6.5-1)

风动凿岩机主要生产厂家产品技术性能和参数　　表 6.5-1

生产国家	中国	中国	日本	瑞典	中国	中国	中国
制造厂商	沈阳风动工具厂	沈阳风动工具厂	古河矿业	阿特拉斯	沈阳风动工具厂	沈阳风动工具厂	宣化液动工具厂
型号	7655	YT25	322D	BBC24W	YXP-24	YSP-45	YQ-100A
机身重(含气腿)(kg)	24(40)	23	26(41)	29.5	24	44	240
汽缸内径(mm)	76	70	70	70	95	95	62
汽缸行程(mm)	60	55	70	70	47	47	75
风管内径(mm)	25	19	19/25	25	25	>25	32
水管内径(mm)	13	13	12	12.5	13	13	16
钎尾形状(mm)	22×108	22×108	22×108	22×108	22.2×108	22.2×108	φ50×110
干、湿式进风的区别	干	干	湿、干	湿、干			
空气压力(MPa)	0.5	0.5	0.5	0.6	0.5	0.5	0.5
空气消耗量(m³/min)	3.2	2.6	2.8	4.5	4.8~5.0	<5	6
冲击功(J)	58.8	54.9				>7	7.5
冲击频率(次/min)	2100	1800~2200	2000	2160	3500~3700	>2700	1650~1900
回转速度(r/min)			200	205			
转矩(N·m)	14.7	9.8				18.0	
凿岩孔径(mm)	34~42	34~38			35~42		100
凿岩速度(mm/min)	517(f=10)		G=42;350				
凿岩深度(m)	5	5			5	6	60
长×宽×高(mm)	628×232×207	660×202×155					冲击器：全长20mm 外径88mm 质量13kg 电动机：JO2-32-4型 3kW 电压220/380V
气腿 型号	FT-160A	FT-140	LB56	BMT51			
气腿 缸径(mm)			56	60			
气腿 气腿最短(mm)	1668	1650	1390	1660			
气腿 行程(mm)	1338	1320	990	1300			
气腿 推力(kN)	1.6	1.4					
气腿 质量(kg)	17	15	11.7	15			
附注		水压 0.2~0.3MPa			水压 2~3kPa	水压 2~3kPa	水压 8~10kPa

(2) 液压凿岩机(表 6.5-2)

液压凿岩机主要生产厂家产品技术性能和参数   表 6.5-2

制造厂	型号	机重(kg)	长度(mm)	最大油压(MPa)	流量(L/min)	冲击功(J)	冲击频率(Hz)	转矩(N·m)	转速(r/min)	钎杆直径(mm)
株洲东方工具厂	YYG-80	84	790	11.8	96	120~160	50	150	0~300	40(钎头)
湘潭风动机械厂	YYT30	28	648	13~14	50~55	≥85	≥44	≥40	—	35~50(钎头)
	YYG-90	80	880	11.8	125	250~330	31.7~36.7	>140	0~230	38-10(钎头)
沈阳风动工具厂	SCOP1238ME	151	1 002	25	—	—	40~60	500~700	0~300	35~50(钎头)
	SCOP1238LE	150	1 002	21.5	—	—	41~60	500~700	0~300	48-11(钎头)
阿特拉斯科普柯(瑞典)	COP1022HD	40	620	17	41	106	53.3	120	0~300	22/25
	COP1032HD	99.7	818	24.5	50	144	40~53.3	200	0~300	32/35
	COP1036HB	145	1 000	21.5	65	170	40~53.3	510	0~300	32/38
	COP1038HD	142	985	25	95	230~350	41.7~60	250	0~300	38/45
	COP1038HB	145	1 000	25	95	230~350	41.7~60	660	0~300	38/45
	COP1038HL	145	1 000	21	95	230~350	41.7~60	660	0~200	32/38
	COP1038HF	142	985	25	66	140	90~105	440	0~460	32/38
林登—阿里马克(瑞典)	AD101	115	869	12.5	127	200	56.7	240	0~230	25
	AD102	132	971	13.5	127	230	53.3	260	0~230	25/32
古河矿业(日本)	HD50	110	1 181	12	80	100	58.3~66.7	250	0~300	25
	HD100A	140	990	14	90	150	58.3~66.7	250	0~300	25
	HD100C	140	992	16	—	—	46.7~53.3	250	0~250	32
	HD135	150	998	16	—	—	46.7~53.3	250	0~260	32

(3) 凿岩台车(表 6.5-3、表 6.5-4)

国产凿岩台车参数表   表 6.5-3

项目	型号	CGJ220—2	CGJ500—3	CTJ700—2	CTJ700—3	CTJ700—3N	CGJ—2Y	CGJS—2YB	NTH530—32
	配用凿岩机型号	YGP26、YG40或YT24	YG35	YGZ70	YGZ70	YGZ70	YYG-80-	YYG-80或YYG-90A	COP1032
钻臂	数目(个)	2	3	2	3	3	2	2	2
	运动方式	直角坐标	极坐标	极坐标	极坐标	极坐标	直角坐标	直角坐标	直角坐标
	平行机构	四连杆	液压平动	液压平动	液压平动	液压平动	液压平动	液压平动	液压平动
	回转机构	—	油缸齿条齿轮	油缸齿条齿轮	油缸齿条齿轮	油缸齿条齿轮			
	向外摆角	40°	—	—	—	—	30°	33°	
	向内摆角	30°	—	—	—	—	40°	32°	
	向上仰角	47°	54°	50°	50°	50°		50°	50°
	向下俯角	26°						23°	20°
	最大回转半径(mm)		2 198	2 280	2 280	2 280			
推进器	推进方式	气动马达丝杆	油缸钢丝绳	气动马达丝杆	气动马达丝杆	气动马达丝杆	油缸钢丝绳	油缸钢丝绳	油缸钢丝绳
	推进行程(mm)	1 800	—	2 000或2 500	2 000或2 500	2 000或2 500	1 250	1 300	3 136

续上表

项目		型号	CGJ220—2	CGJ500—3	CTJ700—2	CTJ700—3	CTJ700—3N	CGJ—2Y	CGJS—2YB	NTH530—32
推进器		最大推进力(kg)	220	500	700	700	—	1 000~1 400	—	—
		回转机构形式	液压螺旋式	—						液压螺旋式
		翻转角	180°		360°	360°				360°
		向外摆角	32°					40°	32°	
		向内摆角	42°					30°	38°	
		向上仰角	28°					50°	20°	
		向下俯角	28°		40°	40°		40°	50°	
补偿机构		装置	油缸	油缸	油缸	油缸	油缸	油缸	油缸	油缸
		补偿行程(mm)	1 200	1 250	—	1 025			1 300	1 200
行走机构		行走方式	轨轮	轨轮	轮胎	轮胎	轮胎	轨轮	轨轮	履带
		轨距(mm)	600	600、762、900				600	600、762	—
		轴距(mm)	750	1 100				1 000		
		行走速度(km/h)	6~8	—	0~2.5	0~3	0~10	0~4.32	0~4.32	0~2
		驱动力	ZQ-4-2，ZQ-4-3，ZQ-4-6 直流电动机	SZM0.25A型轴向柱塞液压马达	气动马达	气动马达	低污染柴油机	CM-F32C-FL液压马达	CM-F40C-FL液压马达	
		驱动功率	3.5,3.2	5	11	11	66.2			
液压系统		驱动方式	气动马达	电动机	气动马达	气动马达	—	电动机	电动机	电动机
		液压泵型号	YB-A14B-FL	ZB-100		YB-A10C-FF		凿岩机160SCY14-1 台车用 CB-F32C-FL		径向柱塞双泵
		工作压力(MPa)	6	10	8	8	8	7~9	7~12	15~24
		功率(kW)	2.06	7.5		3.31		13		
		动力机	TM1-3	交流电机 IO3-51-4 直流电机 ZOB75		活塞式气动马达		IO3-61-4 IO3-180L		
		台车固定装置	固定气筒	液压支腿千斤顶	液压支腿千斤顶	液压支腿千斤顶	液压支腿千斤顶	液压支腿千斤顶	液压支腿千斤顶	
		适用巷道断面(高×宽)(m)	1.8×2~2.6×3.2	2.2×2~3.5×4.5	2.2×2.2~5.0×3.6	3×3~4×5	3×3.4~4×5	2.3×2.4~3×3	2.5×2.4~3.7×4	4.7×6.2
		一次凿岩深度(mm)	1 800	2 500	2 000或2 500	2 000	2 000或2 500	2 300	2 500	4 300
		最小转弯半径(m)	7	8	4.5	6.0	7	10	12	5.9
台车外形尺寸(长×宽×高)(mm)	工作		5 585×4 266×3 025	7 950×1 250×1 736	—	—	—	6 515×1 200×1 430	—	—
	运行		—	6 700×1 250×1 736	6 747×1 500×1 800	7 050×1 720×2 370	9 120×2 410×2 400		7 820×1 400×1 600	9 900×1 400×2 200
		台车自重(kg)	2 200	5 500	6 500	8 500	14 100	6 500	7 000	15 500
		备注			可钻凿锚杆眼	可钻凿锚杆眼	可钻凿锚杆眼	可钻凿锚杆眼	可钻凿锚杆眼	可钻凿锚杆眼

国外凿岩台车参数表 表 6.5-4

项目		型号	TH286	H178	H177	H174	H169	JCH3185	JCH310C	H20TU
		配用凿岩机型号	COP1038HD	COP1238ME	COP1238ME	COP1238ME	COP1038HD	HD135	HD100L	HLR438TS
钻臂		型号	BUT15ERH	BUT35	BUT35	BUT35	BUT15ERH	JE160TR	JE160TR	ZRU150H
		数目（个）	4	3	2	2	2	3	3	2
		平行机构	液压平动	液压平动	液压平动	液压平动	液压平动	液压平动	液压平动	液压平动
		向左摆角	50°	45°	45°	45°	50°	50°	50°	43°
		向右摆角	50°	45°	45°	45°	50°	50°	50°	43°
		向上仰角	55°	50°	50°	50°	55°	55°	55°	60°
		向下俯角	35°	30°	30°	30°	35°	35°	35°	30°
推进器		型号	BMH618	BMH612 BMH614 BMH616 BMH618	BMH616	BMH612 BMH614 BMH616 BMH618	BMH614	GH150—35Z	GH150—33Z	KS140H×51
		推进方式	油缸钢丝绳	油缸钢丝绳	油缸钢丝绳	油缸钢丝绳	油缸钢丝绳	油缸钢丝绳	油缸钢丝绳	液压马达 链轮链条
		推进行程（mm）	5 235	3 405 4 005 4 515 5 235	4 515	3 405 4 005 4 515 5 235	4 005	3 500	3 300	4 490
		最大推进力（kg）	1 250	1 250	1 250	1 250	1 250	1 500	1 300	1 600
		回转机构形式	液压螺旋式	液压螺旋式	液压螺旋式	液压螺旋式	液压螺旋式	液压螺旋式	液压螺旋式	液压螺旋式
		翻转角	180°	360°	360°	360°	180°	360°	360°	360°
		向外摆角	60°	45°	45°	45°	60°	50°	50°	43°
		向内摆角	60°	45°	45°	45°	60°	50°	50°	43°
		向上仰角	57°	90°	90°	90°	57°	90°	90°	90°
		向下俯角	55°	0°	0°	0°	55°	0°	0°	0°
补偿机构		装置	油缸	油缸	油缸	油缸	油缸	油缸	油缸	油缸
	补偿行程（mm）	钻臂（mm）	1 600	1 600	1 600	1 600	1 600	1 600	1 600	1 800
		推进器（mm）	1 750	1 600	1 600	1 600	1 750	1 600	1 600	1 500
底盘底		型号	DC25OH	DC16OH	DC16OH	DC16OH	DC16OH			TPA401
		行走方式	轮胎	轮胎	轮胎	轮胎	轮胎	履带	履带	轮胎
		行走速度（km/h）	0～16	0～16	0～16	0～16	0～16	0～2.3	0～2	0～16
		驱动力	Volvo TD70G 六缸柴油 发动机	Volvo TD60B 六缸柴油 发动机	Volvo TD60D 六缸柴油 发动机	Volvo TD60B 六缸柴油 发动机	Volvo TD60B 六缸柴油 发动机	6BD1 六缸柴油 发动机	6BD1 六缸柴油 发动机	Deutz Fb1413FR 五缸柴油 发动机
		驱动功率	137	116	116	116	116	77	77	118
		爬坡能力	25%	25%	25%	25%	25%	18°	18°	28.5%

续上表

<table>
<tr><th colspan="2">型号
项目</th><th>TH286</th><th>H178</th><th>H177</th><th>H174</th><th>H169</th><th>JCH3185</th><th>JCH310C</th><th>H20TU</th></tr>
<tr><td rowspan="4">液压系统</td><td>驱动方式</td><td>电动机</td><td>电动机</td><td>电动机</td><td>电动机</td><td>电动机</td><td>电动机</td><td>电动机</td><td>电动机</td></tr>
<tr><td>液压泵型号</td><td>YB-A14B-FL</td><td>ZB-100</td><td></td><td>YB-A10C-FF</td><td></td><td>凿岩机用
160SCY14-1
台车用
CB-F32C-FL</td><td></td><td>径向柱塞双泵</td></tr>
<tr><td>工作压力(MPa)</td><td>28</td><td>25</td><td>28</td><td>25</td><td>25</td><td>25</td><td>25</td><td>16.5</td></tr>
<tr><td>功率(kW)</td><td>4×45</td><td>3×45</td><td>2×45</td><td>2×45</td><td>2×45</td><td></td><td></td><td></td></tr>
<tr><td colspan="2">台车固定装置</td><td>液压支腿</td><td>液压支腿</td><td>液压支腿</td><td>液压支腿</td><td>液压支腿</td><td>液压支腿</td><td>液压支腿</td><td>液压支腿</td></tr>
<tr><td colspan="2">适用巷道断面
(高×宽)(m)</td><td>10.6×13.2</td><td>10.2×12.9</td><td>9.55×10.4</td><td>8×12.4</td><td>7×12.7</td><td>10.9×12.7</td><td>10.9×12.7</td><td>10.92×11.6</td></tr>
<tr><td colspan="2">最小转弯半径(m)</td><td>11.6</td><td>9.4</td><td>9.4</td><td>9.4</td><td>9.2</td><td>9.1</td><td>9.0</td><td>10.2</td></tr>
<tr><td colspan="2">台车外形尺寸
(长×宽×高)(mm)</td><td>15 000×
3 500×6 300</td><td>13 705×
3 050×4 150</td><td>12 785×
3 050×4 840</td><td>13 460×
2 500×3 750</td><td>12 400×
2 600×3 700</td><td>15 550×
2 880×5 040</td><td>15 550×
2 880×5 040</td><td>15 100×
2 460×3 845</td></tr>
<tr><td colspan="2">台车自重(kg)</td><td>43 100</td><td>32 200</td><td>28 500</td><td>24 200</td><td>22 500</td><td>48 000</td><td>46 000</td><td>29 000</td></tr>
<tr><td colspan="2">生产厂家</td><td>阿特拉斯·科普科</td><td>阿特拉斯·科普科</td><td>阿特拉斯·科普科</td><td>阿特拉斯·科普科</td><td>阿特拉斯·科普科</td><td>古河矿业</td><td>古河矿业</td><td>泰姆洛克</td></tr>
</table>

2) 装药台车(表6.5-5、表6.5-6)

国产装药器的技术性能　　　　　　　　　　　　　　　　　　　表6.5-5

<table>
<tr><th colspan="2">类　　型</th><th>有搅拌装置</th><th colspan="3">无搅拌装置</th></tr>
<tr><th colspan="2">项目</th><th>单位</th><th>BQF-100 型</th><th>BQ-100 型</th><th>AYZ-100 型</th><th>BQ-200 型</th></tr>
<tr><td colspan="2">药桶装药量</td><td>kg</td><td>100</td><td>100</td><td>115</td><td>200</td></tr>
<tr><td colspan="2">药桶容积</td><td>L</td><td>150</td><td>130</td><td>150</td><td>300</td></tr>
<tr><td colspan="2">工作风压</td><td>MPa</td><td>0.2~0.4</td><td>0.25~0.45</td><td>0.25~0.45</td><td>0.3~0.8</td></tr>
<tr><td colspan="2">输药管内径</td><td>mm</td><td>25 或 32</td><td>25 或 32</td><td>25 或 32</td><td>25 或 32</td></tr>
<tr><td colspan="2">装药效率</td><td>kg/h</td><td>500</td><td>600</td><td>500</td><td>800</td></tr>
<tr><td colspan="2">自重</td><td>kg</td><td>85</td><td>65</td><td>125</td><td>179</td></tr>
<tr><td rowspan="3">外形尺寸</td><td>长</td><td>mm</td><td>980</td><td>676</td><td>275</td><td>2 100</td></tr>
<tr><td>宽</td><td>mm</td><td>760</td><td>676</td><td>1 160</td><td>1 050</td></tr>
<tr><td>高</td><td>mm</td><td>1 265</td><td>1 360</td><td>1 540</td><td>1 790</td></tr>
<tr><td colspan="2">移动方式</td><td></td><td>装有抬杠</td><td>装有抬杠</td><td>装有胶轮</td><td>手推胶轮式</td></tr>
<tr><td colspan="2">生产厂家</td><td></td><td>长冶矿机厂</td><td>长冶矿机厂</td><td>太原五一机器厂</td><td>长冶矿机厂</td></tr>
<tr><td colspan="2">备注</td><td></td><td>定型系列产品</td><td>定型系列产品</td><td>定型系列产品</td><td>定型系列产品</td></tr>
</table>

常见装药台车的技术性能　　　　　　　　　　　　　　　　　　表6.5-6

<table>
<tr><th colspan="2">台车型号</th><th>PT-100/2XHL-75</th><th>BCI</th></tr>
<tr><td colspan="2">装药器</td><td>ANOL500DARC</td><td></td></tr>
<tr><td colspan="2">储药量</td><td>2×500 l</td><td>2×450kg</td></tr>
<tr><td rowspan="3">空压机</td><td>型号</td><td>BT4E</td><td></td></tr>
<tr><td>风量(m³/min)</td><td>4</td><td></td></tr>
<tr><td>电动机功率(kW)</td><td>30</td><td></td></tr>
</table>

续上表

台车型号		PT-100/2XHL-75	BCI
发动机	型号	DeutzF5912W	X4105JH
	冷却方式	风冷	水冷
	最大功率(kW)	65	47.8
底盘	型号	PT-100	QCZ60
	驱动方式	双桥驱动	双桥驱动
	车架形式	铰接式车架	铰接式车架
	铰接角	±38°	±35.5°
	最小转弯半径(m)	6.45~6.60	6.34
	最大速度(km/h)	19	15.5
	爬坡能力(%)	25	15
	最小离地间隙(mm)	262	350
	车架摆动角	±10°	±10°
	轴距(m)	3.8	3.2
	轮距(m)	1.95	1.92
工作平台	型号	HL75	
	臂架形式	三节液压伸缩臂	
	工作范围(m×m)	15×11	
外形尺寸(长×宽×高)(mm)		9 200×2 600×3 150	6 430×2 325×2 396

3)找顶及清底机械(表6.5-7)

反铲挖掘机的技术参数　　　　表6.5-7

型号		EX60	EX90	EX100	EX120	HD-850G	PC200
整机质量(t)		6.3	9.0	10.7	11.8	22	20
发动机功率(kW)		40	50	56	63	109	100
斗容	基型(标准)(m^3)	0.28	0.41	0.46	0.55	0.85	0.8
	斗容范围(m^3)	0.11~0.34	0.17~0.53	0.19~0.59	0.19~0.66	0.5~1.0	0.36~1.4
液压系统	系统形式 压力等级(MPa)	变量 22	变量 23.5~28	变量 28.5~32.5	变量 28~32	变量 21	变量 22
走行速度	最高时速(km/h)	4.0	4.1	4.0	3.9	2.8	3.2
	爬坡能力	35°	70%	70%	70%	70%	70%
	接地比压(MPa)	0.031	0.033	0.037	0.04	0.054	0.03
作业循环时间(s)						16~22	
主要作业参数	最大挖掘半径(m)	6.29~6.77	7.07~7.46	7.41~8.18	7.9~8.74	10	10
	最大挖掘深度(m)	4.10~4.6	4.6~5.12	4.72~5.57	5.12~6.02	6.46	6.5
	最大挖掘力(kN)				81	110	120
生产厂家		日立建机	日立建机	日立建机	日立建机	日本加藤	日本小松

4)初次支护机械
(1)干式转子喷射机(表6.5-8)

干式转子喷射机主要技术参数　　表6.5-8

项目	单位	型号 I型料孔									
		HP-Ⅲ	HP-30	SP3	HPH-6	GL404		260	250	240	GM090	R6
喷射能力	m³/h	4~5	4~6	2~5	2~6	3	6	9	双层6~9 单层4~5	4~5	3~4	6.4~9.7	6
最大骨料直径	mm	30	30	25	30~40	25	25	25	16~25	16~25	16~20	25	30
输料管内径	mm	50	50	50	50~75	35	50	65	50~60	50	38~50	50~90	50
耗风量	m³/h	10	6	5~8	10	6	10	14	10	8	4~6	8	15
工作气压	MPa	0.1~0.6		0.1~0.5		0.8	0.6	0.6	0.6	0.6	0.6	0.6	0.7
最大输送距离 水平	m	250	250	200	240				300	300	300	100	
最大输送距离 垂直	m	100	100	60	50				80	100	100		
原电动机 类型		e	e	e	e	d	e/a	e/a	e/a	e	e/a	e/a/d	e/a
原电动机 功率	kW	5.5	7.5	5.5	7.5	9	5.5/10.5	5.5/10.5	5.2/5.6	4.4	2.2/2.2	4.5~6.5/5.6/7.75	5.5/5.6
外形尺寸 长	mm	500	1 500	1 390	1 500	1 250	1 250	1 250	1 650	1 400	1 100	1 615	1 500
外形尺寸 宽	mm	800	1 000	890	1 000	750	750	750	850	800	600	785	785
外形尺寸 高	mm	740	1 700	950	1 600	1 200	1 200	1 200	1 650	1 550	1 230	1 385	1 800
上料高度	mm					950	950	950	1 550	1 100	950		1 500
自重	kg	900	800	700	800	520	520	550	1 000	600	280	810	880
走行方式				4轮式	3轮式				4轮式	2轮式	2轮式	4轮式	2轮式
生产厂家		上海水工机械厂		扬州机械厂		西德BSM公司			瑞士阿里瓦公司			英特拉迪姆公司	西德赫尔德公司

(2)并列双罐式湿喷机(表6.5-9)

并列双罐式湿喷机主要技术参数　　表6.5-9

项目	单位	型号			
		HLF-6	TR70	208	TB208
喷射能力	m³/h	5~6	3~5	4	3~6
骨料最大直径	mm	25	25	30	25
输料管内径	mm	50	50	50	50
耗风量	m³/min	8~10	10~12	8~14	8~12
工作风压	MPa	0.3~0.6	0.2~0.6	0.5~0.6	0.15~0.5
原动机功率	kW	4	5.6×2	4.4~6	5.5×2
最大输送距离 水平	m	80~100	100	200	200
最大输送距离 垂直	m		25	80	80
外形尺寸 长	mm	1 680	3 200	3 200	3 250
外形尺寸 宽	mm	830	1 500	1 500	1 500
外形尺寸 高	mm	1 530	1 600	1 750	1 700
自重	kg	600	1 700	1 800	1 600
生产厂家		鹤壁矿务局	日本德卡公司	西德施佩尔弗希特尔公司	日本德卡公司

(3)立式双罐式湿喷机(表6.5-10)

立式双罐式湿喷机主要技术参数 表6.5-10

项 目		单 位	型 号			
			MT-32			BSM903
喷射能力		m³/h	4	6	9	3~4
骨料最大直径		mm	15	20	25	15
输料管内径		mm	42	50	65	50
耗风量		m³/min	6~8	8~10	10~12	12
工作风压		MPa				0.5~0.6
原动机功率		kW	22			
最大输送距离	水平	m	140			50
	垂直	m	60			30
外形尺寸	长	mm	3 300			
	宽	mm	1 600			
	高	mm	2 400			
自重		kg	3 200			
生产厂家			日本技术资源开发会社			西德BSM公司

(4)卧罐式湿喷机(表6.5-11)

卧罐式湿喷机主要技术参数 表6.5-11

项 目		单位	型 号									
			S-500	S-1000	CH-22	CH-17	CH	H	J4	CG	F-2	M500
喷射能力		m³/h	4~6	4~6	5.4~6.1	5.4	2.7	2.1	3.8~5.4	2.1	3.4~4.2	8
骨料最大直径		mm	15	15	19	19	19	9	19	9		16
输料管内径		mm	50	50	51	51	51	38	51	38	50	65
耗风量		m³/min	10	8	10	10	3.5	3.5	7.1	13	7.5~8.5	12
原动机	类型		e/a	e/a	e/a	e/a	e/a	e/a	e/a	a		e
	功率	kW	20/18.75	24/22.5	2.85~5.1	2.85~5.1	2.25~3.75		7.125			18.5
罐数		个	1	1	1	1	1	1	1	2	1	2
最大输送距离	水平	m						平均			平均	
	垂直	m						30			30	
外形尺寸	长	mm	3 400	4 450	3 023	2 870	3 277	2 362	4 191	2 057		2 700
	宽	mm	1 400	1 620	1 828	1 549	1 219	915	1 956	1 956		1 270
	高	mm	1 450	1 740	2 743	2 692	1 346	1 880	2 340	762		1 200
自重			2 225	2 225	2 631	2 132	1 089	946	2 030	1 207	1 362	1 500
行走方式			2轮式	2轮式	撬式2轮式	2轮式	撬式轨轮式	撬式	2轮式	撬式		2轮式
生产厂家			瑞士别诺尔特公司		美国艾姆科公司							西德普芝梅斯特公司

注:a-气动马达;e-电动机。

5)注浆机械
(1)冲击式钻机(表6.5-12)

冲击式钻机技术参数　　　　　　表6.5-12

技术性能		机 型	YGZ90	YYT-30	ZC5527	ZC6417
凿岩机		型号	风动	液压	PD-200风动	PD-200风动
		缸径(mm)	125		130	130
		活塞行程(mm)	62		80	80
		冲击次数(次/min)	≥2 000	2 600	1 600	1 600
		旋转转矩(N·m)	120	>65	400	400
		工作压力(MPa)	0.5	13~16	0.55	0.55
		耗气量(m³/min)	≤11		14.5	14.5
		供油量(L/min)		65~68		
推进梁		型号			GC-200s	GC-200s
		长度(mm)			6 000	5 760
		进给长度(mm)			3 700	3 700
		钻杆(mm)			32	32
		钻头直径(mm)	50~80		65~100	65~100
		钻孔深度(m)				
		水平转动			40°	40°
		仰俯转动			25°	33°

(2)注浆泵(表6.5-13)

注浆泵技术参数　　　　　　表6.5-13

主要参数	注浆泵部分						动力部分				
								油泵			
型号	排量(L/min)	压力(MPa)	油缸直径(mm)	注浆直径(mm)	行程数(次/min)	行程长度(mm)	形式	转速(r/min)	流量(L/min)	压力(MPa)	电动机(kW)
PF-40A	0~113	0~15	70	90		300	轴向柱塞式		47,77	32,21.8	30
HFV-50	70	10	75	90	46	262	手动变量	1450	56	16	22
ZBE	0~90	0~10	75	110	33				43	22	7.5
2TGZ-60/210	16,19 36,60	21,18 9.5,6		52	26,31 54,96	150					

(3)搅拌机(表6.5-14)

搅拌机技术参数　　　　　　表6.5-14

技术参数 型号	形式	搅拌筒容积(L)	搅拌容积(L)	搅拌筒直径(mm)	筒深(mm)	排料口直径(mm)	电动机(kW)	转速(r/min)	外形尺寸 长×宽×高(mm)
MVT-400	涡轮上下搅拌筒	530×2	400×2			50.8	5.5	12.5	1 600× 1 164×1 480
MS-400B	双筒平行排列	400×2	3 530×2	770	900	75	14	460	1 700× 1 210×153

6）装渣机械（表6.5-15）

适用于洞内装载机技术参数表 表6.5-15

工作能力		厂牌和型号	卡特彼勒953	埃姆考627
铲斗容量(m³)			1.5	1.2
生产率(m³/h)			165	37.5
走行速度 速度范围	前进(km/h)		0~10.35	2.3
	后退(km/h)		0~10.35	2.3
爬坡能力				
最小转弯半径(m)				
装卸高度	向前卸载(mm)		2 600	
	倾向卸载(mm)		3 625	
倾斜间隙	向前卸载		1 175	1 625
	侧向卸载		290	560
铲斗形式			三向倾卸斗	侧卸和前卸
发动机	形式		增压器式、置喷式柴油机	电动发动机
	型号		3204	
	厂牌		卡特皮勒	
	输出功率		82kW/2 400r/min	400V/50Hz,48kW
	外形尺寸	长(mm)	5 706	4 400
		宽(mm)	2 080	2 127
		高(mm)	4 723(铲斗举至最大高度)	1 791
		质量(kg)	装运总量14 940	91 869

7）运输机械

（1）自卸汽车（表6.5-16）

自卸汽车主要技术参数 表6.5-16

型号	SSZ451ZLD	FV313 JDL27	121-27	DP205C	DP255	DP205T	RD039
形式	短头式,公路型	短头式,公路型	公路型	非公路型	非公路型	非公路型	非公路型
驱动形式	6×4	6×4	4×2	4×2	4×2	4×2	4×2
装载质量(t)	12	15	15	20	25	20	27
总质量(t)	25.32	25.4	27.5	25.3	42		48.3
整车尺寸 (长×宽×高)(mm)	7 570×2 490×3 850	7 445×2 490×3 080	7 350×2 750×2 600	7 320×2 940×3 200	7 345×3 200×2 880	7 030×3 350×2 620	7 480×3 062×3 486

续上表

	型号	SSZ451ZLD	FV313 JDL27	121-27	DP205C	DP255	DP205T	RD039
行走性能	最高车速(km/h)	88	88	53.9	46.64	50.70		50.2
	最小转弯半径(m)	6.8	7.3		8.5	8.5	8.5	9.1
	最大爬坡度(%)	31	27	35	24.5	36		
	最小离地高度(mm)		280	350	350	400		486
	制动距离(m)	18.5(车速50km/h)						
发动机	型号	ISUZU 10PB1	三菱 8DC81A	FIAT8810,02	底特律GM6V-71N	FIAT8210,22	FIAT8210,22	Cummins NT855-C310
	形式	四冲程、水冷、直喷式	四冲程、水冷、直喷式	四冲程、水冷、直喷式	二冲程、水冷、直喷式	四冲程、水冷、直喷式、涡轮增压	四冲程、水冷、直喷式、涡轮增压	四冲程、水冷、直喷式、涡轮增压
	气缸数—缸径(mm)×行程	10V-115×135	8V-135×130	6-137×156	6V-107.9×127	6-137×155	6-137×156	6-140×152
	总排量(L)	14.022	14.88	14	6.98	14	14	14
	最大功率(kW)/(r/min)	213.1/2600	205.88/2300	191/2200	175/2100	227/2000	227/2000	210/2100
	最大转矩(N·m)/(r/min)	901.6/1400	940.8/1400	990/1100	813.2/1400	1400/1200	1400/1200	1291/1500
举升系统	货箱容积(m³)	8	8.7	9(平装);11(堆装)	10.5(平装);13.7(堆装)	12(平装);16(堆装)		13.2(平装);17.3(堆装)
	货箱最大倾角	53°	55°	55°	55°	60°		55°(最大举升角70°)
	举升时间/下降时间(s)	20/20	20/20	15/		15/		12/
	举升泵		G1140型齿轮泵		齿轮泵	齿轮泵		带啮合叶片泵
	标定压力(MPa)		9.8					17.25
	标定转速(r/min)		1 000		1 000			2 500
	理论排量(L/min)		100		240	230		155
	举升缸结构形式		CL121	2个3节油缸安装在车厢上	2个3节油缸安装在车架外侧	2个,三级双作用型,装在车架外侧		2个,三级双作用型,倒置在主车架纵梁内侧

续上表

	型号	SSZ451ZLD	FV313 JDL27	121-27	DP205C	DP255	DP205T	RD039
举升系统	举升系统工作压力(MPa)			10		12		15.5
	悬架形式		前后均为钢板弹簧,带减振器	油气悬挂	油气悬挂	油气悬挂	油气悬挂	油气悬挂
	变速器形式	五十铃MAB6Q型,前进六挡,倒退一挡	M10sb型,前进六挡,倒退一挡	ZF机械变速器,前进七挡,倒退一挡	ZFAK6-73-3,机械变速器,前进六挡,倒退一挡	AllisonCLT754液力变速器前进五挡,倒退一挡		AllisonCLT754液力变速器前进五挡,倒退一挡
	转向系统	液压动力转向	液压动力转向	液压动力转向	液压动力转向	液压动力转向	液压动力转向	液压动力转向
制动系统	行车制动	双回路全气制动	双回路全气制动	双回路全气制动	双回路全气制动	双回路全气制动	双回路全气制动	制动系由行车制动、停放车制动、液力缓速器及应急制动四种组成
	驻车制动	Maxi式弹簧制动(手制动)	传动轴上内胀式	机械弹簧式,启动松开弹簧	机械弹簧式(手制动)作用于后轮,气动松开	机械弹簧式,装在后桥制动机器上,气动松开弹簧	机械弹簧式,作用于后轮,气动松开	
	辅助制动	排气制动	排气制动	排气制动		手动、作用在前后桥的行车制动、排气制动	排气制动	
	紧急制动					两条单排气路控桥,危险情况下保重一个桥的制动功能		
	轮胎规格/层数/气压(MPa)	11-20/14/0.66	11-20/16/0.66	13-25	14-24/28	16-25/0.6	14-24	18-25/28/0.5

(2)电瓶车(表6.5-17)

电瓶车主要技术参数　　表6.5-17

参数	型号	S4	S6	S8	S8D	JS-8
	容积(m³)	4	6	8	8	8
	轨距(mm)	600	600	600 762 900	600 762 900	600 762 900
	载质量(kg)	10 000	15 000	20 000	20 000	20 000
	转向架中心距(mm)	3 000	3 300	5 400	5 950	5 400
	最小转弯半径(m)	9	12	15	12	12
	接载高度(m)	1.2	1.2	1.2	1.2	1.2
	卸载时间(min)	1	1	1.5	2	1.5
	最大运行速度(km/h)	20	20	20	20	
牵引电机	型号	JBI2-10.5	JBI2-18.5	JI2-13	BJI2-18.5	JI2-13
	功率(kW)	10.5	10.5	13	18.5	13

续上表

参数\型号	S4	S6	S8	S8D	JS-8
外形尺寸 长×宽×高(mm)	6 250×1 280×1 620	7 014×1 450×1 650	9 540×1 570×1 640	9 600×1 560×1 780	9 540×1 570×1640
自重(kg)	6 000	8 000	10 000	9 280	10 000
生产厂家	吉林矿山机械厂 江西矿山机械厂	江西矿山机械厂			

(3)矿车(表6.5-18)

表6.5-18 电瓶车主要技术参数

参数\型号	Xk8-6/110-1A	Xk8-6/110-1A	Xk8-6/110-1A	Xk8-6/110-1A	Xk8-6/110-1A	BCR-10	BCRM-10	BCR-12	BCRM-12
整机质量(kg)	8 000	8 000	8 000	12 000	12 000	10 000	10 000	12 000	12 000
轨距(mm)	600	600	600 762 900	762 900	762 900	762 914	762 914	762 914	762 914
小时牵引力(kN)	11.18	11.18	12.83	18.93	18.93	17.6	17.6	17.6	17.6
速度(km/h)	6.2	6.2	7.8	9.6	9.6	10	10	10	10
蓄电池组 电压(V)	110	110	140	256	256	192	192	192	192
蓄电池组 容量(Ah)	370	440	440	520	520	430	430	516	516
牵引电机 型号	ZQ-11B	ZQ-11B	ZQ-15B	ZQ-30	ZQ-30				
牵引电机 功率(kW)	11×2	11×2	15×2	30×2	30×2				
外形尺寸 长×宽×高(mm)	4 430×1 054×1 550	4 460×1 056×1 600	4 490×1 192×1 660	5 250×1 450×1 900	5 250×1 450×1 900	5 540×1 450×1 500	5 540×1 450×1 500	5 540×1 450×1 500	5 540×1 450×1 500
牵引高度(mm)	210 320	320 430	320 430	320 430	320 430				
最小曲率半径	7	7	7	15	15			15	15
调速方式	电阻	电阻	斩波	蓄电池串并联	蓄电池串并联				
制动方式	机械	机械	机械	机械电气	机械电气				
生产厂家	湘潭电机厂					日本神纲电器有限公司			

8)二次支护衬砌机械

(1)混凝土搅拌站(6.5-19)

表6.5-19 混凝土搅拌站技术性能参数

类别	项目	单位	参数			
			M30	H1	HD30	MCP-500P-D
搅拌机	产量	m³/h	27	58	30	25
	容量	m³	0.75	1.5	0.75×2	0.5
	有效拌和面积	m³	0.5	1	0.5×2	
	最短搅拌时间	s	24	30	40	30

续上表

类别	项目	单位	参数			
			M30	H1	HD30	MCP-500P-D
骨料箕斗	斗容量	m³	0.8	1	0.82×2	
	提升时间	s		13	30	
水泥螺旋输送机	直径	mm	168	219	300	
	长度	mm	4 500	6 000/5 300	4 000	
	输送能力	t/h	18	40	26×2	
	安装角度	°	45	25		
悬臂拉铲	悬臂长	m	14.38	16		
	回转角度		180°	210°		
	斗容量	m³	0.31	0.66		
	拖曳速度	m/s	1	0.9		
	铲料能力	m³/h	30	95		
	每小时循环数		120	144		
水泥仓	容量	t	50	50~100	50	
	发送器风压	MPa	0.2~0.3			
骨料仓	形式		扇形	扇形	储料斗	储料斗
	有效容量	m³		100		1.05
	配料高度	m		1.05		
电动机	工作电压	V	380	380		
	装机总功率	kW	55	95	110	35
空压机	工作压力	MPa	0.65~0.7	1.1		
	排风量	m³/min	0.12			
添加剂配比泵	能力	m³/min		0.6		
	配比时间	s		2~9		
配水系统	压力	MPa	0.2	0.4~0.6		
	配水量	m³/h	18	45	20×2	
质量	主机质量	t	9	18.3	58	7
	拉铲质量	t	1.4	2.7		
生产厂家			意大利西法公司	西德斯泰特公司	武汉工程机械研究所	日本丸发

(2)混凝土搅拌输送车(表6.5-20)

混凝土搅拌输送车技术性能参数　　　　表6.5-20

项目	单位	参数			
		NTO-500D	EA05-32G	ACL-605	KAG-300D
拌筒几何容量	m³	8.9	8.9	7.6	4
搅动运量	m³	6	6	6	3
搅拌运输量	m³	5	5		
进料高度	mm	2 580	3 415	2 109	2 230
卸料高度	mm		1 200		1 200
拌筒转速范围	r/min	1~12	1~14	0~18	2~10

续上表

项 目	单位	参 数			
		NTO-500D	EA05-32G	ACL-605	KAG-300D
卸料时间	min	3	4	10	3
行走方式		汽车式	汽车式	牵引轨行式	牵引轨行式
轨距	mm			762	762
拌筒驱动方式		液压	液压	液压	液压
取力方式		P.T.O	P.T.O	电机及车轴	电机及车轴
行走车速	km/h	86	88	8	15
底盘型号		FV413JML	FV313JML		
水箱容积	m³	0.2	0.2		
适用坍落度范围	cm	5~21	6~21		
生产厂家		日本新泻	日本极东	日本丸友	日本金刚

(3) 全断面钢模板衬砌台车(表6.5-21)

模板台车技术性能参数 表6.5-21

项 目	单位	参 数		
		左贺	岐阜 GKK	SMT-12
适用断面	mm	R5540、R5410、R7390组合成的曲拱断面	R4390、R5590、R5460组合成的曲拱断面	专隧0016、专隧0025规定断面
模板长度	m	12	12	12
线路形式		直线	直线	直线、半径≥600m 的曲线
作业方式		平移式	平移式	穿行式
轨距	mm	6 000	5 700	5 100
车速	m/min	6.5	8	30~40
总重	t		96.1	90/130
下净高(宽×高)	m	4.5×4.8	4.5×4.8	4.15×4.8
模板收拢方式		铰接	铰接	铰接
生产厂家		日本左贺	日本岐阜	铁道建筑总公司科研所

6.5.2 隧道掘进法机械

6.5.2.1 概述

掘进法是一种用刀具切割岩层、开挖隧洞的多功能施工机械,见图6.5-48,能同时联合完成工作面的开挖和装渣作业,且能全断面连续推进。它由切割岩层的刀盘工作机构、斗轮式装渣机构、液力支撑和推进机构、连续转载机构和动力传动机构等组成。这些机构利用支撑液压缸能相对升降。走行机构有履带式和轨行式两种。

6.5.2.2 分类、特点及适用范围

1) 全断面掘进机

掘进机可按切削头的回转方式分为单轴回转式和多轴回转式;也可按刀盘上的刀具破碎岩石的方式分为切削式、铣削式、挤压剪切式和滚压式;最常用的分类方式,是按掘进机为适应地质条件有无护盾分为开式、单护盾式和双护盾式。

开敞式掘进机是靠支撑在洞壁上的支撑靴板提供的反力而向前掘进的,主要适用于岩层不易坍塌和地层比较稳定的硬岩和中硬岩隧洞的开挖。开敞式掘进机有结构简单,无护盾,调向灵活,机内空间大等优点,但对有断层,破碎带的地质条件适应较差。

单护盾式掘进机(图 6.5-48)主要适用于不能依靠洞壁来提供反力的地质条件,如大面积断层、破碎带,局部软岩或溶洞等。此时,其掘进时的推进力是由护盾尾部的推进液压缸支撑在衬砌上而产生的。衬砌管片通常在洞外的预制厂预制好然后由运渣列车运进隧洞,再由掘进机自带的衬砌管片拼装机进行衬砌安装。由于它作业原理与盾构类似,即向前掘进和安装衬砌不能同时进行(间歇式),这就降低了掘进速度,故应用不多。

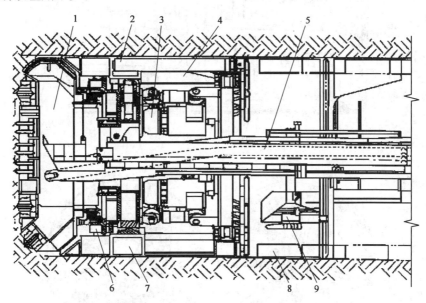

图 6.5-48 单护盾全断面岩石掘进机结构
1-刀盘;2-护盾;3-驱动装置;4-推进油缸;5-皮带输送机;6-主轴承及大齿圈;7-刀盘支承壳体;8-混凝土管片;9-管片拼装机

双护盾掘进机(图 6.5-49)在结构上既有主支撑靴又有护盾结构,它的发展解决了单护盾掘进机掘进速度慢的问题。其特点是既可依靠支撑在洞壁上的支撑靴来提供反力,也可依靠支撑在衬砌上的支撑圈形板来提供反力,因此能适应不同的岩层,尤其能方便、安全地穿过断层破碎地带,而且可使向前掘进和安装衬砌块的操作同时进行,这样就大大提高了向前掘进的速度。

双护盾式掘进机根据围岩的状态,可以采用两种不同的工作过程。

(1)硬岩作业方法

当围岩状态较好可以用支撑靴时,即围岩能给支撑靴提供足够的推进反力与刀盘切削反力矩的情况下。掘进机工作类同敞开式掘进机。

(2)软岩作业方法

当掘进机遇到软弱围岩,不能使用支撑靴时,双护盾掘进机就像一台盾构机进行作业,即将双盾构的支撑装置保持在收缩位置,支撑靴不用。切削刀盘的转矩由护盾与洞壁间的摩擦力及副推进液压缸斜置后的反力共同提供反转矩;切削刀盘的推力则由副推进液压缸支托在衬砌块上来实现。其工作过程如下:

①掘进。掘进机作业时,刀盘旋转,副推进液压缸推进。

②换步。当副推进液压缸推进一个行程后,刀盘停止转动,副推进液压缸反向供油,活塞杆回缩至油缸内,为安装衬砌块留出作业空间。

③安装衬砌块。此时,将一环衬砌管片安装好。

④再掘进。安装完一环衬砌管片后,副推进液压缸又可以支撑到衬砌块上,刀盘旋转,进行下一循环作业。

2)臂式掘进机

悬臂掘进机是一种有效的开挖机械,它集开挖、装载功能于一身,可用于采矿、公路隧道、铁路隧道、水洞、矿用巷道及其他地下峒室的开挖施工。和钻爆法相比,用悬臂掘进机开挖不会引起围岩松动,适用于城市或和矿区地下工程施工。臂式掘进机分类见图6.5-50。

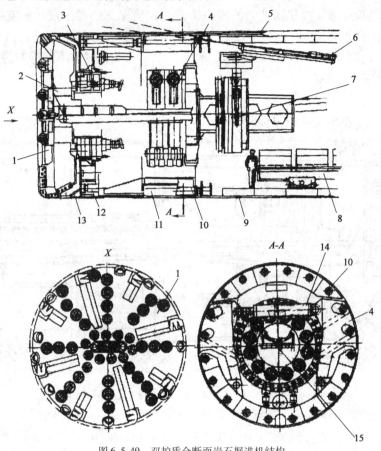

图6.5-49 双护盾全断面岩石掘进机结构

1-刀盘；2-石渣漏斗；3-刀盘驱动装置；4-支承装置；5-盾尾密封；6-凿岩机；7-砌块安装器；8-砌块输送车；9-盾尾；10-副推进液压缸；11-后盾；12-主推进液压缸；13-前盾；14-支撑液压缸；15-输送带

6.5.2.3 基本原理与结构

1）全断面掘进机

（1）掘进机的主要组成

岩石掘进机的结构一般都由下列几个部件组成，即切削刀盘、主轴承与密封装置、刀盘驱动机构、主机架、推进装置、支撑机构、排渣装置、液压系统、除尘装置与电气、操纵等装置。

图6.5-51中，切削刀盘14由刀盘主驱动装置3驱动旋转。切削刀盘14通过主轴承与密封部装置2支承在主机架4上，主机架4与主支撑架6通过推进液压缸5来连接。掘进机作业时，主驱动装置驱动切削刀盘旋转；推进液压缸推进使主机架向前推出。此时，安装在切削刀盘上的盘形滚刀一边滚动，一边切入岩体。岩石在盘形滚刀的滚压力作用下破碎成石渣，并用输送带10经转载与运输设备运送到洞外弃掉。

撑靴7撑在隧道壁上时，将掘进机固定于隧道内，支持整机后端的重力。在掘进的过程中承受掘进力的反力和扭转力矩的反力矩作用。

后支承靴11、底部前支撑13在工作循环过程中换步时，支撑机器。起重设备12吊装由洞外运进的材料和配件。

（2）工作原理

掘进机正常开挖隧道时的作业循环步骤如下：

①掘进开始。作业开始时，主支撑架相对主机架，处在前位，主支撑靴撑紧洞壁。在掘进机方向调整定位后，后支撑靴提起。驱动刀盘转动切削，同时推进液压缸伸出，掘进机向前掘进。直到推进液压

第6章 隧道机械

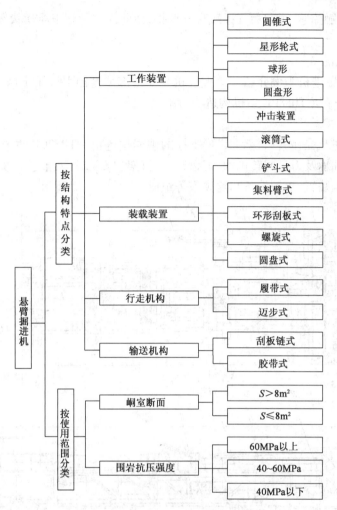

图 6.5-50 臂式掘进机分类

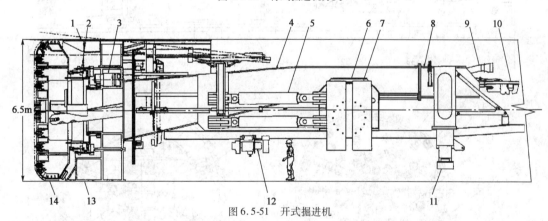

图 6.5-51 开式掘进机

1-顶部支承;2-主轴承与密封部件;3-刀盘主驱动;4-主机架;5-推进液压缸;6-主支撑架;7-主支撑靴;8-TBM后部;9-通风管;10-皮带输送机;11-后支承靴;12-起重葫芦;13-底部前支承;14-切削盘

缸全部伸出,此时掘进机向前掘进了一个行程。

②掘进终了。准备换步,切削刀盘停止转动,后支撑靴伸出抵到仰拱上以承受机器后端重力;前支撑靴与底面接触以承受机器前端重力。主支撑靴回缩。

③换步开始。当主支撑靴回缩后,推进装置液压缸反向进油,则活塞杆回缩,带动主支承架与主支撑靴一起相对主机架向前移动一个行程。

④换步终了。换步时推进液压缸活塞杆全部缩回,则换步终了,可以进行下一个掘进循环。即主支

193

撑靴伸出,再与岩壁接触撑紧,提起后支撑靴离开仰拱,使前支撑靴处于浮动状态。掘进机定位找正,开始下一循环工作。

(3)基本构造及性能

以 Wirth TB880E 掘进机为例介绍。该掘进机是铁道部从德国引进用于修筑西安至安康铁路隧道的掘进机,下面将着重介绍 TB880E 主机构造与后配套系统。

①总体结构

Wirth TB880E 掘进机是敞开式、双"X"形支撑的硬岩掘进机。TB880E 主要由以下部分组成:刀盘部件、刀盘护盾、刀盘轴承及刀盘回转机构、刀盘密封、机架、"X"支撑及推进系统、前、后下支承、出渣设备、激光导向系统、除尘装置、支护设备和驾驶室等组成,如图 6.5-52 所示。

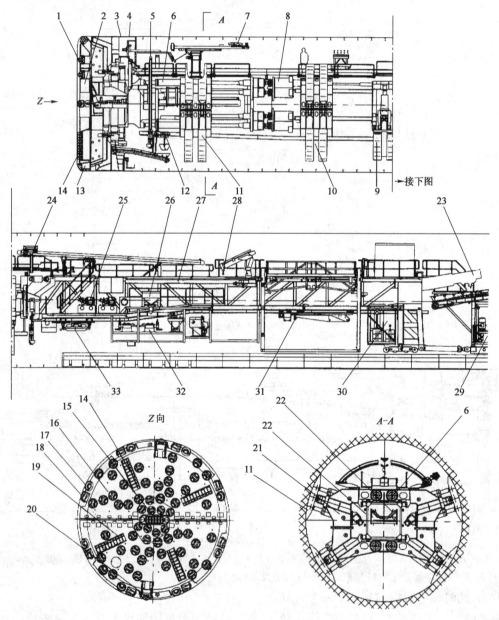

图 6.5-52 Wirth TB880E 掘进机

1-盘形液刀;2-刀盘;3-刀盘护盾;4-圈梁安装器;5-锚杆钻机;6-推进液压缸;7-超前钻机;8-刀盘回转机构;9-后下支承;10-"X"后反撑;11-"X"前反撑;12-刀具吊机;13-铲斗;14-切刀;15-中心刀;16-正(面)刀;17-边刀;18-铲斗;19-刀盘;20-扩孔刀;21-前凯氏外方机架;22-凯氏内方机架;23-出渣皮带机;24-运输小车;25-水泵;26-除尘器;27-皮带桥;28-吊机;29-平架车;30-驾驶室;31-吊机;32-注浆机;33-仰拱吊机

它采用内外凯氏(Kelly)方机架。前后外凯氏方机架上装有前后两套"X"形支撑靴,内凯氏方机架前端与刀盘支承壳体连接,后面装有后下支承。刀盘与回转机构由可浮动的前下支承、可调的顶部支承、两侧的防尘盾包围并支承着。

刀盘驱动装置位于前后"X"支撑靴之间,为锚杆钻机与紧跟在刀盘护盾后面的圈梁安装器提供尽量大的空间。联结于内凯氏机架的推进液压缸置于后部,也是为了保持前部有尽可能大的空间。

刀盘上装有73把盘形滚刀、若干切刀与铲斗,可将被破碎的岩渣送到置于内凯氏方机架中的带式输送机上。

②刀盘部件

由刀盘构架、铲斗、刀具等组成的刀盘为焊接的钢结构件,分成两块便于运输,也便于在隧道内吊运,装配时用螺栓拼成一体(图6.5-53)。刀盘上装有6把中心刀、62把正滚刀,3把边滚刀和2把扩孔刀。滚刀为后装式,便于更换。

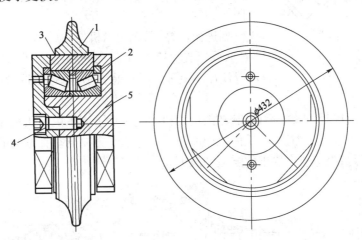

图6.5-53 盘形滚刀
1-刀圈;2-浮动油封;3-卡圈;4-螺栓;5-刀体

刮渣器与铲斗沿刀盘周边布置,用以将底部的石渣运送到顶部,再沿石渣槽送到输送带上面的石渣漏斗。铲斗的口与刮渣器向刀盘中心延伸一定距离,使得大量的石渣在落到底部之前,就已进入刀盘里面。

③刀盘护盾

护盾提供了一套保护顶篷以利于安装圈梁。它防止大块岩石堵住刀盘,并在掘进或掘进终了换步时,支持掘进机的前部。

刀盘护盾由液压预加载仰拱(即前下支承)与三个可扩张的拱形架组成。三个可扩张的拱形架均可用螺栓安装格栅式护盾,以便在护盾托住顶部时,可安装锚杆。

④刀盘回转驱动装置

刀盘回转驱动装置的动力由水冷式双速电动机经液压操作的多片式摩擦离合器、双级水冷式行星减速箱,再经过齿形联轴节、传动轴传到小齿轮上。小齿轮再驱动大内齿圈,带动刀盘转动。减速箱与电动机置于两凯氏外机架之间,另设有液压驱动的辅助驱动装置(微动装置),以使刀盘可转至某一定位置,以便更换滚刀及进行其他维修保养作业。

⑤主轴承与刀盘密封

主轴承为两重式轴向、径向滚柱的组合体。主轴承与末级传动采用三唇式密封保护,此密封为迷宫式密封,后者经常不断地由自动润滑脂系统清洗净化。

⑥机架

内凯氏方机架既作为刀盘进退之导向,也将掘进机作业时的推进力与力矩传递给外凯氏方机架。内机架的后端装有后下支承,前端与刀盘支承壳体连接,亦为上部锚杆孔设备提供支座。

连接"X"形支撑靴的外凯氏方机架可沿内凯氏方机架作纵向滑动。16个由液压操作的支撑靴将外机架牢牢固定在挖好的隧道内壁,以承受刀盘传来的反扭矩与掘进机推进力的反力。

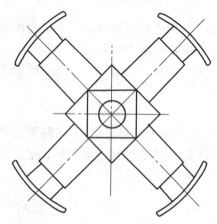

图 6.5-54 "X"形支撑

各个护盾有足够的径向位移量,以便掘进机在通过曲线时,有利于转向;如有必要,还可用以拆除刀盘后面的圈梁。在围岩条件不好时,即当一部分隧道壁不能承受支撑力时,还可以在一个或两个支撑靴板处于回缩位置时,使掘进机继续作业。

⑦"X"形支撑及推进系统

作用在刀盘的推力的反力,经由凯氏内机架、外机架传到围岩。因凯氏外机架分为前后两个独立的部件,各有其独立的推进液压缸。后凯氏外机架的推进液压缸将力传到凯氏内机架,而前凯氏外机架则将推进力直接传到刀盘支承壳体上。"X"形支撑见图 6.5-54。

掘进循环终了,凯氏内机架的后部支承伸出至隧道仰拱部上(以承重),支撑靴板回缩、推进液压缸回缩使凯氏外机架向前移动以使循环重复。推进装置示意图见图 6.5-55。

⑧后下支承

后下支承位于后凯氏外机架的后面,装在凯氏内机架上。后下支承由液压缸使之伸缩,还可用液压缸作横向调整。一旦支撑靴板缩回,凯氏内机架的位置可作水平方向与垂直方向的调节,用以决定下一个掘进循环的方向,保持掘进机在要求的隧道中线上。

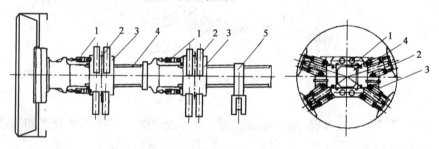

图 6.5-55 推进装置示意图
1-推进液压缸;2-"X"形支撑靴;3-外凯机架;4-内凯机架;5-后支承

⑨除尘装置

采用洞外压入式通风方式,在洞口外约25m左右装有串联轴流式风机,软风筒悬挂在洞顶。吸尘器置于后配套的前部,吸入管接到掘进机凯氏内机架与刀盘护盾。吸尘器在刀盘室内形成负压,以使供至掘进机前的新鲜空气的40%进入刀盘室,并防止含有粉尘的空气进入隧道。

⑩激光导向系统

在掘进机上安装 ZED 260 导向系统,设两个靶子与一套激光设备。前靶装在刀盘切削头护盾的后面,由一台工业用TV照相机监测,它将掘进机相对于激光束的位置传送到驾驶员室内的屏幕上。

另有一套装置用来测量掘进机的转向与高低起伏,并将数据传送至驾驶员室。驾驶员室内可对掘进机的支承系统作必要的纠正。

⑪驾驶员操作室

驾驶员操作室置于后配套的前端,其内有操纵台,台上设有必要的阀、压力表、仪表、按钮、监测装置与通信设备,以便有效地操作掘进机。

⑫支护设备

a. 锚杆钻机

锚杆钻机为两套液压凿岩设备,置于刀盘护盾后面,在凯氏内机架两边各装一套,在掘进机掘进时,用以锚固围岩。

　　b. 超前钻机

　　深孔凿岩机主要用于在掘进机前面打探测孔，此孔以小角度伸到刀盘切削头前面。打探测孔时，掘进机必须停止作业。此超前钻机置于凯氏外机架之上、前后支撑靴之间，在每次掘进行程结束后可以转动到位，可钻作业面前 30m 的 $\phi 450mm$ 孔。

　　c. 圈梁安装器

　　圈梁安装器可在掘进机掘进过程中，在刀盘后提前组合与安装圈梁。

　⑬后配套系统

　　后配套系统设计为双线，掘进机全部供应设备与装运系统均置于其上。石渣由列车运出。后配套由若干个平架车和一个过桥组成，过桥用于将平架车与掘进机连接，平架车摆放在仰拱上面的轨道上、过桥之下。掘进机前进时，通过过桥带动平架车前移。

　　后配套平架车与过桥的某些部分，分别装着掘进机的液压动力组件、配电盘、变压器、主断电开关、电缆槽、电缆卷筒、集尘器、通风集尘管、操纵台与输送带，也为混凝土喷射装置、注浆装置与灰浆泵提供了空间。

　　a. 皮带桥

　　大约为 12m 长的皮带桥直接置于掘进机后面，它向上搭桥以加大下面的作业空间，为的是便于铺设仰拱砌块与轨道。此皮带桥铰接于掘进机后部，支承在第一个平架车上。

　　b. 平架车与装运设备

　　这一列后配套列车由多台平架车组成，每一台平架车长约 8.6m，在仰拱上面的钢轨上拖行，钢轨轨距为 3m。后配套的全长均为双线。

　　平架车是门架式拖车的下层，是斗车、载人车与牵引机车运行之处，其上层则为供应设备放置之处。

　　c. 液压系统

　　除了刀盘之外，掘进机全机与辅助装置均为液压驱动，液压动力站置于后配套平架车上。

　　d. 电力安装

　　设置于后配套系统之上的有：主配电盘，电动机和辅助装置用断流器与电磁启动器，带主断路器的变压器，纠正功率因素的无功电流补偿器，可控电流变压器，应急发电机。

　　照明系统设有很多强力照明灯，以便管理掘进机进行围岩支护作业和铺设钢轨。

　⑭附属设备

　　a. 掘进机通信联络系统

　　此系统使掘进机操作人员可与三处联络，一是直接到刀盘切削头后面，二是到钢轨安装与材料卸载处，三是到后配套末尾石渣换装处。

　　b. 灭火系统

　　在后配套系统上，为液压设备与电力动力设备提供一套人工操作的干式灭火系统。此外，在掘进机与后配套上还放置若干手提式灭火器。

　　c. 数据读取系统

　　此系统将监测与记录下列数据：时间与日期，掘进距离，推进速度，每一步的行程长度与延续时间，驱动电动机的电流数，接入的驱动马达数；推进液压缸油压，支撑液压缸油压，掘进机操作人员要将换刀时间、停机时间填表记录。

　　上述数据可用来监测与存储并在任何时候都能打印进行检索。随着掘进机的推进而记录存储的数据，可制成不同表格。

　　d. 甲烷监测器

本机提供一套带三个传感器的探测甲烷的监测装置。当甲烷气浓度超过临界值,此装置报警或关机。这三个传感器,一个装在掘进机刀盘切削头后面,两个装在吸尘管内。

e. 通风管

隧道通风系统的终端,为后配套设备末尾处的通风管,根据耗风量设计后配套的通风系统,采用刚性吸管。

2) 臂式掘进机

悬臂掘进机通常由切割装置、装载装置、输送机构、行走机构、液压系统和电力系统几部分组成,如图 6.5-56 所示。

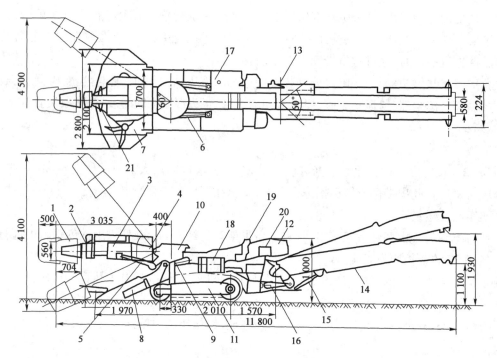

图 6.5-56 S50 悬臂掘进机(尺寸单位:mm)

1-切割头;2-伸缩臂;3-切割减速器;4-切割马达;5-切割装置升降油缸;6-切割装置回转油缸;7-装载铲;8-集料减速器;9-装载装置升降油缸;10-主车体;11-行走装置;12-一级输送机;13-一级输送机减速器;14-二级输送机;15-二级输送机升降油缸;16-二级输送机回转油缸;17-液压油箱;18-液压系统驱动马达;19-控制开关柜;20-驾驶座位;21-水喷头

当切割装置切削岩石时,装载装置将落下的石渣装入输送机构,输送机构又将石渣送到紧跟在悬臂掘进机后面的转载车辆或由其他运输设备运出洞外。

切割装置是悬臂掘进机的工作装置,由切割头、切割减速器及起动机、切割头支座、伸缩臂和油缸组成。切割头又由切割滚筒、齿架、切割齿组成。切割起动机驱动切割减速器,带动切割滚筒旋转,同时,固定在切割滚筒上的切割齿就切削岩石。

(1) 切割头。切割头种类很多,常用的有滚筒式切割头和圆盘式切割头。切割头又有纵向切割头和横向切割头之分。

(2) 切割齿。切割齿一般都是圆柱形的,其结构如图 6.5-57 所示。通常齿架是焊接在切割滚筒上的,而切割齿是直接或是用套装在齿架上,因此当切割齿磨损后可以随时更换。

装载装置有多种类型,其中以集料臂式较为常见。集料臂式装载装置由装载铲、一对集料臂、齿轮箱和起动机组成。起动机通过齿轮筏驱动集料臂

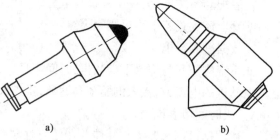

图 6.5-57 切割齿的结构

轴,一对集料臂绕各自的轴转动,将渣块装到输送机上。

输送机构的作用是将装载装置收集的石渣输送到紧跟在悬臂掘进机后面的转载车辆或其他运输设备中运出洞外。输送机构分为两种:一级输送机构;二级输送机构。

①一级输送机。一级输送机多为中心刮板链条式,有安装在机器中部的,当属于一级输送机构时,一级输送机输送的石渣直接卸入转运车辆。如属于二级输送机构时,则一级输送机输送的石渣转入二级输送机。刮板链式输送机主要由输送槽、驱动架、变速箱和马达、带刮板的链条及链条张紧装置组成。

②二级输送机。二级输送机一般为胶带输送机,位于机器后部,它将一级输送机送来的石渣输送到后面的转载车辆或其他设备中。

悬臂掘进机的行走机构多数是履带式行走机构,它由履带装置、液压马达和行星减速器、履带张紧装置组成。液压马达通过行星减速器带动驱动轮,驱动履带装置且完成行走动作。

液压系统的组成及原理。液压系统主要由液压泵、液压油缸和马达、控制阀、冷却器和滤油器、油箱和管路组成。液压泵在电机的驱动下产生高压油,通过管路送到其他装置上的液压油缸和马达中,使其完成操作功能,回油流回油箱。在各控制油路中都装有安全阀,以防止由于压力的突然增降,造成部件损坏。由于各型机器的结构和原理有差异,因而液压系统的功能有所不同,大致有以下一些:机器的行走;切割头的伸缩、上下左右移动;一级输送机的驱动;装载铲的上下移动;装载装置的驱动;二级输送机的上下左右移动。S50悬臂掘进机的液压系统见图6.5-58。

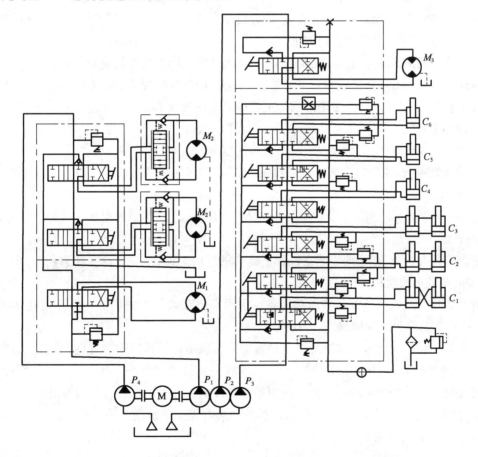

图6.5-58 S58悬臂掘进机的液压系统

P_1-装载装置供油的油泵;P_2-一级输送机驱动装置供油的油泵;P_3-油缸供油的油泵;P_4-行走机构供油的油泵;M_1-装载装置驱动马达;M_2-行走机构驱动马达;M_3-一级输送机驱动马达;C_1-切割头左右摆动油缸;C_2-切割头升降油缸;C_3-装载铲升降油缸;C_4-切割投伸缩油缸;C_5-二级输送机升降油缸;C_6-二级输送机摆动油缸

电力系统由马达、控制装置和电源设备三部分组成。

①马达。S50悬臂掘进机切割装置、液压驱动装置的马达均是全密闭风冷式三相感应马达,二级输送机驱动马达为密闭风冷式滚筒马达。

②控制装置包括以下部分:开关柜、控制台、信号箱、变压器柜、紧急制动开关、按钮开关、警报器。这些部分组装在一起,形成一个配电柜。

③电源设备包括变压器和动力电缆,动力电缆分为拖动电缆和固定电缆两部分。电源设备由使用单位自行配套选用。

6.5.2.4 主要技术参数(表6.5-22)

6.5.3 盾构法机械

6.5.3.1 概述

20世纪80年代开始,日本、德国等技术先进国家着手研制高精度全自动计算机控制的现代化盾构,现代化盾构从传统注重保持工作面稳定的问题中解放出来,满足了城市隧道建设的多样化,现已开发出适合于深层地下空间、特殊地质条件的双心圆、三心圆、多圆形盾构,异形断面盾构,超大型断面盾构,球体盾构和微型盾构等多种类型。1996年日本东京湾海底公路隧道使用的盾构为直径14.40m的泥水平衡盾构。据不完全统计,到目前为止,国外已生产直径1.80m到14.14m的盾构机约8 000台,已分别在几十个国家使用。其发展方向如下。

(1)新型盾构机的开发。开发二心圆(或异形断面)多工作面盾构机是非常必要的。可一次开挖完成铁路复线用隧道,其工程造价比两个单独的圆形隧道节约10%左右,且减少开挖面积15%。这对街道很窄,两侧为高层建筑深基础,沿街道修建地铁的区间隧道很有实际意义。

(2)刀盘和刀具的改进。研究刀盘、辐条、刀头形状数量布置形式与土质和切削速度等参数的关系,寻求优化设计方案;开发耐磨、耐热、耐腐蚀高硬度刀头材料。

(3)开发激光、陀螺仪用的自动方向控制系统,新的卫星EPX定位系统,以迅速准确的判断盾构机姿态和设计轴线的偏差。

(4)提高盾构机止水性能,加强土砂入口密封止水性能;开发新型的耐压性能和弹性止水性能良好的压力平衡式盾尾密封装置。

(5)研制开发在大坡度、小曲率半径线路上施工的盾构。机长要短,设置修边刮刀,中折装置,刀盘偏心机构和刀盘的委曲机构。

(6)管片制作、运输、拼装的新技术和装备。采用真空吸盘的方式代替吊装注浆孔螺栓方式,无需人工挂钩、卸钩和拆除吊装螺栓,减轻劳动强度。

(7)研发新一代超微盾构操作系统。这种新型盾构机由计算机操作和导向,自动采集施工参数,每分钟进行十几次数据处理,反馈指导施工。

(8)研发盾构自动控制系统。人们在地面通过监控电视和对讲机可以了解到开挖地层及工作面的全部情况。自动控制系统可以控制掘进速度、管片拼装和泥土的输送等施工全过程。

6.5.3.2 分类、特点及适用范围

按开挖面土的挖掘方式,可以分为手掘(人工挖掘)式、半机械式和机械式。

按开挖面上的挡土方式,可以分为开敞式和封闭式(土体能自立时采用开敞式,土体松软而不能自立时则采用封闭式)。

按开挖面压力平衡的方式,可分为气压式,泥水加压式、土压平衡式。

1)手掘式盾构(图6.5-59)

第6章 隧道机械

表6.5-22 臂式掘进机动技术参数

机型	工作性能				总体尺寸 长×宽×高	质量	切割装置		装载装置			一级输送机		二级输送机		行走机构				液压系统		装机总功率
	切割高度	切割宽度	向下切割深度	切割断面	围岩最大抗压强度			起动机功率	滚筒伸缩量	装载宽度	装载能力	宽度	速度	宽度	速度	接地压力	行走速度	爬坡能力	最小转弯半径	油箱容量	工作压力	
	mm	mm	mm	m³	MPa	mm	kg	kW	mm	mm	m³/h	mm	m/s	mm	m/s	MPa	m/s		mm	L	MPa	kW
S200-50	6 000	6 400	350	35	100	15 500×3 500×3 000	50 000	200/100	700	3 600	258	650	0.68	900	1.02	0.13	0.13	±15°		600	21	303
S125-24	4 300	5 000	360	27	60	13 000×2 800×2 300	30 000	125/75	500	2 800	180	600	0.68	750	1.02	0.13	0.11	±15°		400	21	166
S90-34	6 000	5 900	350	35	40	14 300×3 000×3 200	40 000	100/70	780	3 000		750	0.6	900	1.16	0.11	0.09	±10°			14	
S65	4 300	4 700	350	17	60	11 500×2 800×1 500	20 000	65	500	2 800	168	450	0.51	500	1.12	0.1	0.13	±15°		180	21	113
S50	4 500	4 660	200		40	11 720×2 800×1 800	16 500	50	500	2 800	120	450		500	1.1	0.09	0.13	±15°		300	14	83
WAV300	5 360	7 800	270	39	120	13 000×3 530×2 020	90 000	300	600	4 000	200	730				0.16	0.08	±22.5°	6 000	600	20	470
WAV170	5 400	6 340	140	24	100	11 900×2 600×3 000	56 000	200		4 200	250					0.17	0.13	±19.8°	34 000	800	20	300
WAV130	4 200	5 000	200		100	10 500×2 000×1 550	32 000	130		2 000		500				0.15	0.17	±22.5°	5 000	600	20	250
STM100	4 000	5 200	150	20	80	8 800×3 200×1 400	28 000	132		3 200	2 500	650	0.9	650	1.2	0.12	0.17	+16° -18°		1 000	16	232
STM160H	5 000	6 900	250	33	100	11 000×5 900×1 770	50 000	160		5 900	300	760	0.9	800	1.2	0.15	0.17	+16° -18°		800	16	290
STM200	5 500	7 500	220	40	120	11 750×5 900×2 000	75 000	200		5 900	300	760	0.9	800	1.2	0.16	0.17	±16°		1 200	16	330
STM300	6 100	7 500	300	47	120	14 000×5 200×4 000	110 000	315		5 200	300	760	0.9	1 000	1.2	0.16	0.17	±16°		900	18	509
ET110-Q/L Q	4 000	5 300	175	20	100	7 600×1 900×1 460	32 500	110	500	3 200		600	0.96	800	1.9	0.16		±18°		300	14	
ET110-Q/L L	4 400	5 500	300	22																		
AM-50	4 400	5 050	100	20	80	7 500×1 910×1 650	24 000	100		2 000						0.13	0.08	±16.2°			20	163
AM170	7 500	9 500	800	65	60	17 000×2 870×3 260	62 000	175		3 800			1.1	800	1.5	0.13	0.3	±15°			26	335
F6-C	3 400	4 500	250	14	50	6 970×1 620×1 425	12 000	45		2 000			0.9			0.12		±18°				75
EL-90	3 760	5 290	300	22	60	8 670×2 400×2 000	41 000	90	500	2 800	125	560	0.89	980	1.6	0.13	0.04	±10°	10 000	300	14	154

手掘式盾构构造简单,配套设备较少,因而造价低。其开挖面可以根据地质条件全部敞开,也可以采取正面支撑随开挖随支撑。

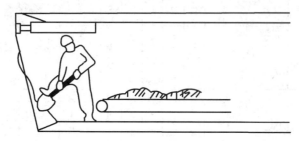

图 6.5-59　手掘式盾构

手掘式盾构的主要优点:
(1)正面是敞开的,施工人员随时可以观察地层变化情况,及时采取应对措施;
(2)当在地层中遇到桩、孤石等地下障碍物时,比较容易处理;
(3)可以向需要方向超挖,容易进行盾构纠偏,也便于在隧道的曲线段施工;
(4)造价低,结构设备简单,易制造。

它的主要缺点有:
(1)在含水地层中,当开挖面出现渗水、流砂时,必须辅以降水、气压或地层加固等措施;
(2)工作面若发生塌方和沼气爆炸事故时,易引起危及人身及工程安全的事故;
(3)劳动强度大,效率低,进速慢,在大直径盾构中尤为突出。

手掘式盾构尽管有上述不少缺点,但由于简单易行,目前在地质条件较好的工程中仍广泛应用。

2)半机械式盾构

半机械式盾构系在手掘式盾构正面装上挖土机械来代替人工开挖。根据地层条件,可以安装反铲挖掘机或螺旋切削机。如果土质坚硬,可安装软岩掘进机的切削头。半机械式盾构的适用范围基本上和手掘式一样,其优缺点除可减轻工人劳动强度外,均与手掘式相似。

3)机械式盾构

机械式盾构是在盾构的开挖面安装与盾构直径同样大小的大刀盘,以实现全断面切削开挖。若地层能够自立或采取辅助措施后能自立,可用开敞式盾构,如果地层较差,则采用封闭式盾构。机械式盾构机有气压式、泥水加压式、土压平衡式和混合式盾构机等几种。

4)气压式盾构

早期采用的气压式盾构机,由于密封压缩空气的挡板设在盾构机的尾部。操作人员要在有压的条件下工作,常造成精神过度紧张,影响正常工作,如今已很少采用。

5)泥浆式盾构机(图 6.5-60)

泥浆式盾构机的基本工作原理是把由刀盘切削下来的土砂在开挖工作面与刀盘后面的气密隔板之间形成的封闭区内施加有压水或压力泥浆。并进行搅拌,使之成为比重较大的泥浆体,然后在保持开挖工作面上有一定压力的情况下从封闭的泥水室向外输送泥浆。这样。泥浆既能防止开挖工作面发生崩坍,又可在地下水位较高时平衡地下水的压力,以防止地层发生下沉,从而达到维持开挖工作面稳定的目的。此外,在进行掘进时,操作人员是在常压的盾壳内工作,使开挖、安装混凝土衬砌块、泥浆输送和泥水处理等工作全部自动化。

6)土压平衡式盾构

土压平衡式盾构机的基本工作原理是把由刀盘切削下来的土砂先滞留在刀盘泥土仓与排土螺旋输送机内。然后按照开挖量与输出量维持相等的原则,在保持对开挖工作面施加一定压力的条件下,由螺旋输送器自动连续出土。由于对开挖工作面施加了一定的压力,这样既可防止开挖工作面崩坍,又可以起到隔离并平衡开挖工作面地下水的作用。

第6章 隧道机械

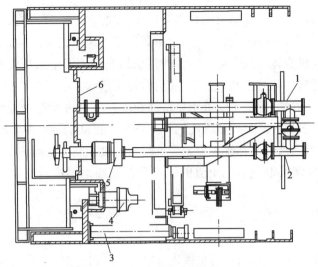

图 6.5-60　泥浆式盾构机

1-进液管;2-排泥管;3-盾构推进液压缸;4-刀盘驱动马达;5-搅拌器驱动马达;6-检查孔盖

近年来,为实现用1台机器对一条由不同地质地段组成之隧洞进行开挖,德国的海瑞克公司研制了1台直径11.6m的混合式盾构机。它既能在隧洞进出口段有地下水的黏土层、砂层和砂砾层等地区以泥浆式盾构机的方式进行掘进,也能在隧洞中部的磨砾岩层中以普通掘进机的方式进行掘进,而且从一种掘进方式改装为另一种掘进方式仅需较短的时间。由此可见,目前已很难区分掘进机和盾构机之间的差别,两者之间正在互相取长补短,以适应不同地质条件下的掘进。也正如美国罗宾斯公司的专家所说,目前掘进机与盾构机之间的差别正在闭合。

6.5.3.3　基本原理与结构

下面以德国海瑞克土压平衡式盾构机为例分析盾构机的组成及工作原理。

1)盾构机的工作原理

图6.5-61为土压平衡盾构基本构造简图。土压平衡盾构主要由盾壳、刀盘、螺旋运输机、盾构推进

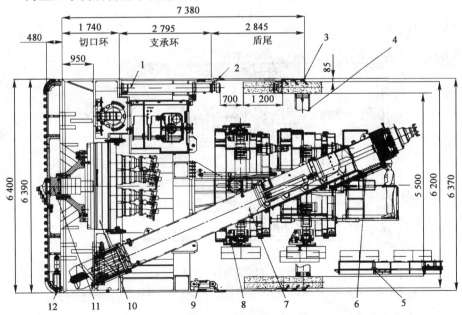

图 6.5-61　土压平衡式盾构机(单位尺寸:mm)

1-推进液压缸;2-同步注浆管;3-盾尾密封;4-整圆器;5-管片输送机;6-螺旋机出渣门;7-螺旋输送机;8-管片安装机;9-铰接液压缸;10-刀盘驱动组件;11-刀盘;12-超挖刀

液压缸、管片拼装机以及盾尾密封装置等构成。它是在普通盾构基础上,在盾构中部增设一道密封隔板,把盾构开挖面与隧道截然分隔,使密封隔板与开挖面土层之间形成一密封泥土舱,刀盘在泥土舱中工作,另外通过密封隔板装有螺旋输送机。当盾构由盾构推进液压缸向前推进时,由刀盘切削下来的泥土充满泥土舱和螺旋输送机壳体内的全部空间,同时,依靠充满的泥土来顶住开挖面土层的水土压力,另外可通过调节螺旋输送机的转速控制开挖量,使盾构排土量和开挖量保持或接近平衡,以此来保持开挖地层的稳定和防止地面变形。但由于随着土质特性和流入压力的不同,螺旋输送机排土效率亦不同,因此要直接从调整螺旋输送机转速而得到准确的排土量是不可能的,要使排土量和开挖量达到平衡就更难以掌握。所以,实际上是通过调整排土量或开挖量来直接控制泥土舱内的压力,并使其与开挖面地层水、土压力相平衡,同时直接地利用泥土舱的泥土对开挖面地层进行支护,从而使开挖面土层保持稳定。

2)盾构机的工作过程

(1)盾构机的掘进

液压马达驱动刀盘旋转,同时开启盾构机推进油缸,将盾构机向前推进,随着推进油缸的向前推进,刀盘持续旋转,被切削下来的渣土充满泥土舱,此时开动螺旋输送机将切削下来的渣土排送到皮带输送机上,后由皮带输送机运输至渣土车的土箱中,再通过竖井运至地面。

(2)掘进中控制排土量与排土速度

当泥土舱和螺旋输送机中的渣土积累到一定数量时,开挖面被切下的渣土经刀槽进入泥土舱的阻力增大,当泥土舱的土压与开挖面的土压力和地下水的水压力相平衡时,开挖面就能保持稳定,开挖面对应的地面部分也不致塌陷或隆起,这时只要保持从螺旋输送机和泥土仓中输送出去的渣土量与切削下来的流入泥土舱中的渣土量相平衡时,开挖工作就能顺利进行。

(3)管片拼装

盾构机掘进一环的距离后,拼装机操作手操作拼装机拼装单层衬砌管片,使隧道一次成型。

3)盾构机的构造(图6.5-62)

盾构机主要由9大部分组成:盾壳、刀盘、刀盘驱动、双室气闸、管片拼装机、排土机构、后配套装置,电气系统和辅助设备。

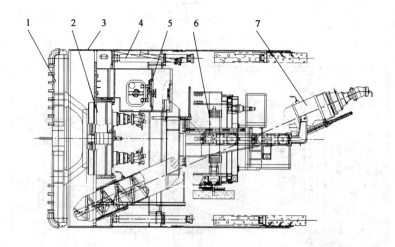

图6.5-62 盾构机的构造

1-刀盘;2-刀盘驱动;3-盾壳;4-推进液压缸;5-人员仓;6-管片安装机;7-螺旋输送机

(1)盾壳

盾壳是一个用厚钢板焊接而成的圆筒,是盾构受力支撑的主体结构。其作用有:受地下水压和地层土压力,起临时支护作用,保护设备及操作人员的安全;承受盾构千斤顶的水平推力及各种施工荷载,使盾构在土层中顶进;是盾构各机构的支承和安装基础。盾壳主要包括切口环(前盾)、支承环(中盾)和尾盾三部分,如图6.5-63所示。

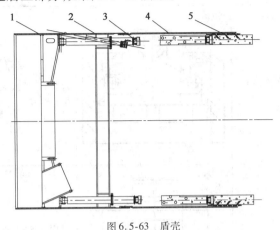

图6.5-63 盾壳
1-切口环;2-支承环;3-推进千斤顶;4-盾尾;5-盾尾密封

盾壳的切口环受力复杂,壁厚比支承环和盾尾略厚,一般取55mm,其他部分厚度为45mm。切口环内焊接有承压隔板,它是刀盘驱动机构的基座,同时将泥土舱与后部工作区分开。推进油缸的推力可通过承压隔板作用到开挖面上,以起到支撑和稳定开挖面的作用。切口环的切割端带有5mm硬化表面,以提高其硬度。承压隔板上还焊接一个双室人员舱,其内设有一道人行闸门。其下部连接有螺旋输送机。压力壁上按不同深度还安装了5个土压传感器,可以用来探测泥土舱中不同高度的土压力。

支承环和切口环之间通过法兰以螺栓连接,支承环内侧的周边位置装有30个推进油缸(或称千斤顶),推进油缸杆上安有塑料撑靴,撑靴顶推在后面已安装好的管片上,通过控制油缸杆向后伸出可以提供给盾构机向前的掘进力,这30个千斤顶按上下左右被分成A、B、C、D四组,掘进过程中,在操作室中可单独控制每一组油缸的压力,这样盾构机就可以实现左转、右转、抬头、低头或直行,从而可以使掘进中盾构机的轴线尽量拟合隧道设计轴线。盾壳上应留超前钻孔功能,以便根据需要使用超前钻机。

支承环的后边是尾盾,尾盾通过14个被动跟随的铰接油缸和支承环相连,这种铰接连接可以使盾构机易于转向。盾尾和衬砌管片之间用3排可连续供应密封油脂的钢丝刷封闭起来。

(2)切削刀盘

刀盘是一个带有多个进料槽的切削盘体,位于盾构机的最前部,用于切削土体,如图6.5-64所示。刀盘有封闭型和开放型之分。封闭型切削刀盘由辐条、切削刀具、进土槽和面板等构成。辐条的布置有多种形式,如Y形、十字形、米字形等。进土槽的形状有从切削刀盘中心部分到外围部分宽度一致的和越到外围部分宽度越大的两种。进土槽的宽度是根据切削土砂堵塞情况或砾石的最大直径等决定。但一般采用200~500mm之间较多,刀盘的开口率多为15%~40%左右,但在砂砾地层中有时也有高达50%以上的。开放型切削刀盘是由切削刀具和加劲辐条构成,辐条在盾构直径小时多为3~4根,在中口径时大多为4~5根。

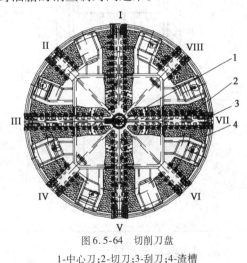

图6.5-64 切削刀盘
1-中心刀;2-切刀;3-刮刀;4-渣槽

广州地铁引进的海瑞克盾构,其刀盘的开口率约为28%,刀盘直径6.28 m,是盾构机上直径最大的部分。刀盘上一个带四根支撑条辐的法兰板用来连接刀盘和刀盘驱动部分,刀盘上可根据被切削土质的软硬而选择安装硬岩刀具或软土刀具,刀盘的外侧装有一把超挖刀,盾构机在转向掘进时,可操作超挖刀油缸使超挖刀沿刀盘的径向方向向外伸出,从而扩大开挖直径,这样易于实现盾构机的转向,超挖刀油缸杆的行程为50 mm,刀盘上安装的所有类型的刀具都由螺栓连接,都可以从刀盘后面的泥土仓中进行更换。表6.5-23为刀盘上的常用刀具。

法兰板的后部安装有一个回转接头,其作用是向刀盘的面板上输入泡沫或膨润土及向超挖刀液压油缸输送液压油。

刀盘上的常用刀具　　　　表6.5-23

名称	结构示意图	特点	名称	结构示意图	特点
单刃滚刀	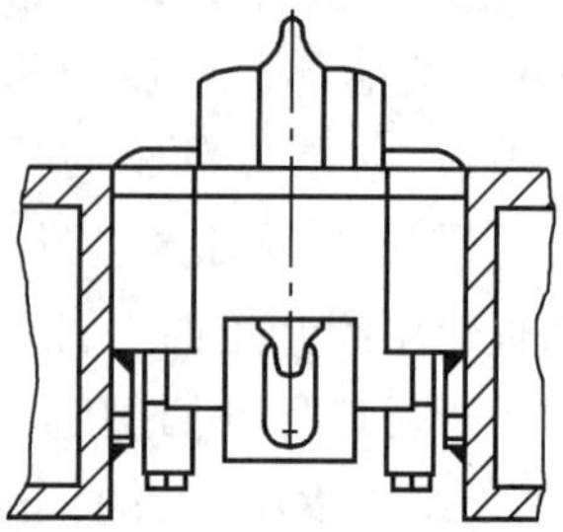	用于硬岩掘进,可换装齿刀	中心齿刀	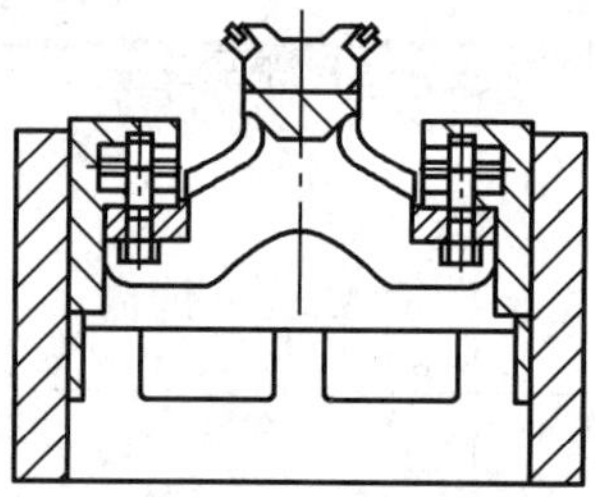	用于软岩掘进。背装式,可换装中心滚刀
双刃正滚刀	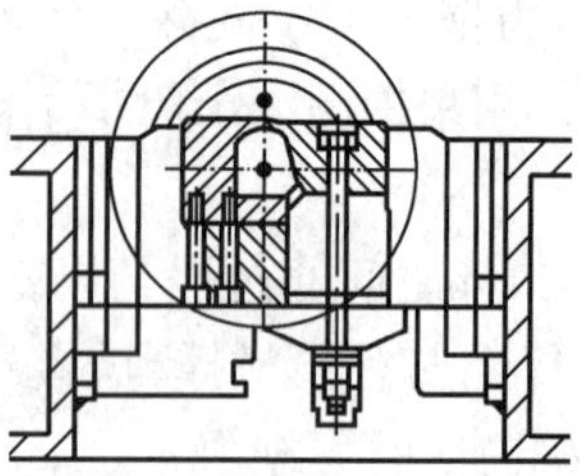	用于硬岩掘进,背装式可换装双刃齿刀	正齿刀	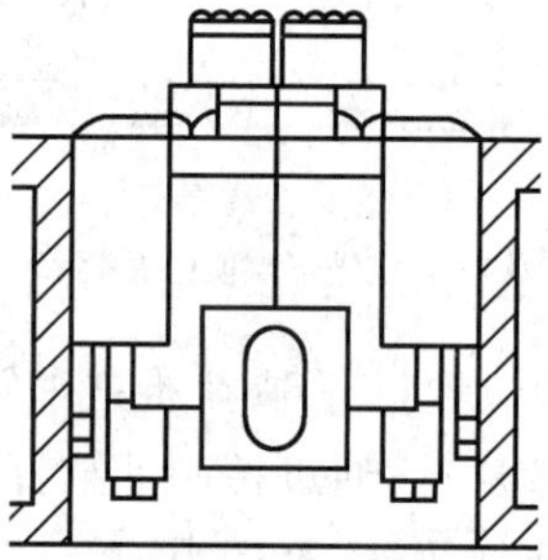	用于软土掘进,背装式,可换装正滚刀
双刃中心刀	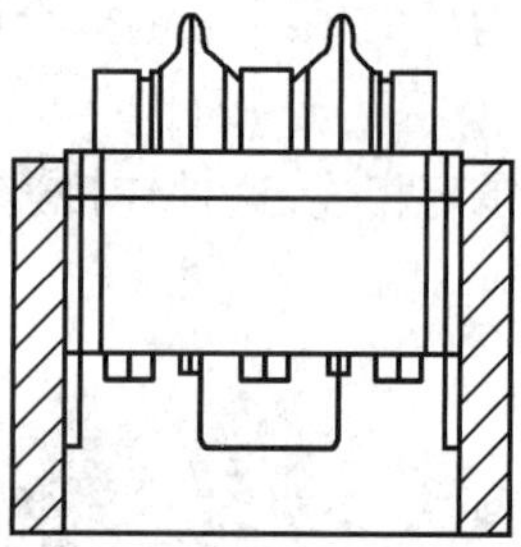	用于硬岩掘进,背装式可换装齿刀	切刀	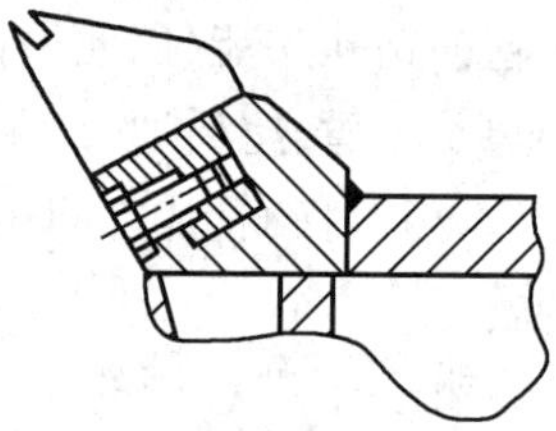	软土刀具,装于排渣口一侧
刮刀	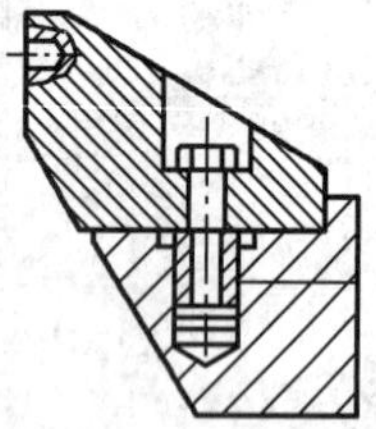	刀盘弧形周边软土刀具,同时在硬岩掘进中可用作刮渣	滚刀型仿形刀	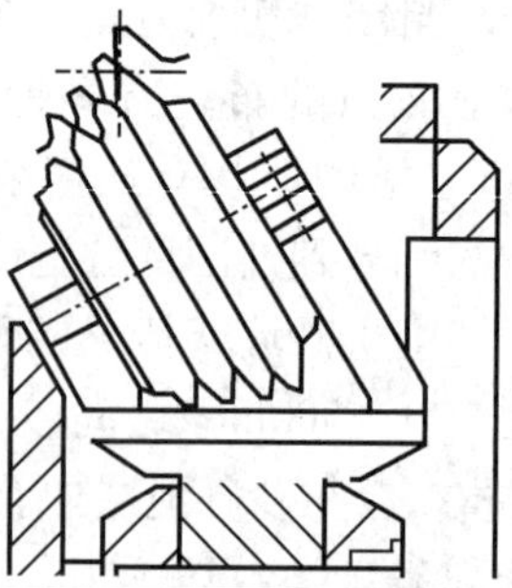	用于局部扩大隧道断面

(3)刀盘驱动支承机构

刀盘驱动支承机构用以驱动刀盘旋转,以对体进行挤压和切削。其位于盾构切口环的中部。前部与刀盘的法兰相连,后部与压力壁法兰以螺栓连接。主要由驱动支承轴承、大齿圈、密封支撑、带轴承的小齿轮、减速器及起动机等组成。

刀盘支承方式有中心支承式、中间支承式和周边大轴承支承式,如图6.5-65所示。中心支承式有一中心轴,设计简单,机械效率高。缺点是盾构中心被切削刀盘部件占满,不利于布置其他设备。周边支承式可以承受刀盘较大的和不均衡的负载,同时还可以在盾构中心留出较大的空间,并有利于设备维修和操作。

中间支承式的特点介于两者之间,同样可以承受刀盘较大的和不均衡的负载,由于轴承和密封相对较小,因此制造和维护更方便。它的另一个优点是导引稳定和刀盘辐臂能起一定的搅拌作用。中心部位的空间有利于布置向刀盘输送液体的中心回转接头。和周边大轴承支承形式一样是应用较广的支承形式。

刀盘驱动机构构造如图 6.5-66 所示，主轴承由前后两个大小不同的推力滚柱和一个径向滚柱组成，大齿圈为轴承内环，外环通过螺栓与切口环承压隔板的法兰相连。这种支承方式可同时承受前后轴向、径向推力和转矩负荷，轴承内回转环又是刀盘驱动大齿圈，结构紧凑。刀盘用高强度螺栓经连接法兰盘与大齿圈连接，起动机带动减速器输出轴上的小齿轮，小齿轮与大齿圈啮合，从而驱动刀盘旋转。小推力滚柱主要承受刀盘的自重，大推力滚柱承受盾构掘进机的推进力，是盾构掘进机的主要组成部件。

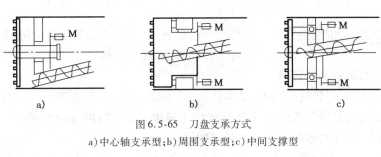

图 6.5-65　刀盘支承方式
a)中心轴支承型；b)周围支承型；c)中间支撑型

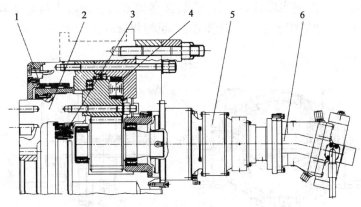

图 6.5-66　刀盘驱动机构
1-主轴承外密封；2-刀盘连接件；3-主轴承内密封；4-主轴承；5-减速器；6-液压马达

为了获得最大的主轴承寿命，设置有内外密封系统。外密封用三道密封将轴承腔和工作面舱隔开。这三道密封都是耐用的网状加强型唇密封。三道密封系统均有不间断的加压润滑油系统来润滑。内密封为一个两道的唇密封，用以密封小齿轮箱。小齿轮安装在两个球形滚子轴承上，可以消除重压下几何结构偏移对齿轮啮合的影响。

刀盘驱动，可采用液压马达或电动机传动，前者传动平稳，调速方便，但效率较低。电动机传动效率高，但起动负荷大时启动困难，对负荷变化适应能力差。

图 6.5-66 为德国海瑞克的刀盘驱动系统。刀盘驱动由螺栓牢固地连接在切口环承压隔板的法兰上。它可以使刀盘在顺时针和逆时针两个方向上实现 0~6.1r/min 的无级变速，刀盘驱动主要由 8 组传动副和主齿轮箱组成，每组传动副由一个斜轴式变量轴向柱塞马达和水冷式变速齿轮箱组成，其中一组传动副的变速齿轮箱中带有制动装置，用于制动刀盘。

安装在切口环右侧承压隔板上的一台定量螺旋式齿轮油润滑油泵，用来润滑主齿轮箱，该油路中一个水冷式的齿轮油冷却器用来冷却齿轮油。

(4) 双室气闸

双室气闸装在切口环上，包括前室和主室两部分。当掘进过程中刀具磨损、工作人员进入到泥土舱检察及更换刀具时，要使用双室气闸。

在进入泥土舱时，为避免挖面的坍塌，要在泥土舱中建立并保持与该地层深度土压力与水压力相适应的气压,这样工作人员要进出泥土舱时,就存在一个适应泥土舱中压力的问题,通过调整气闸前室和主室的压力,就可以使工作人员适应常压和开挖舱压力之间的变化。

工作人员进入泥土舱的工作程序如下:工作人员甲先从前室进入主室,关闭主室和前室之间的隔离门,按照规定程序给主室加压,直到主室的压力和泥土舱的压力相同时,打开主室和泥土舱之间的闸阀,使两者之间压力平衡,这时打开主室和泥土舱之间的隔离门,工作人员甲进入泥土舱,如果这时工作人员乙也需要进入泥土舱工作,乙就可以先进入前室,然后关闭前室和常压操作环境之间的隔离门,给前室加压至和主室及泥土舱中的压力相同,打开前室和主室之间的闸阀,使两者之间的压力平衡,打开主室和前室之间的隔离门,工作人员乙进入主室和泥土舱中。

(5)管片安装机

管片安装机的功能是准确地将管片放到恰当的位置上,并能安全且迅速地把管片组装成所定形式。因此它需具备以下三个动作,即:能提升管片,能沿盾构轴向平行移动,能绕盾构轴线回转。相应的拼装机构为举升装置,平移装置和回转装置。

图6.5-67所示,管片安装机由托梁、基本框架、转动架、管片举升装置和举重钳等组成。整个机构安装在托梁上,托梁通过螺栓与盾尾内的H形支柱相连接。安装机的移动架通过左右各两个滚轮安放在托梁上的行走槽中,管片的轴向平移由平移油缸推动移动架滚轮沿托梁行走槽水平移动来操作;管片的升降通过举升液压油缸伸缩实现;回转马达安装在移动架内。通过小齿轮驱动与回转架相连接的大齿圈转动,从而带动与转动架相连接的起升装置、举重钳将管片旋转到位。

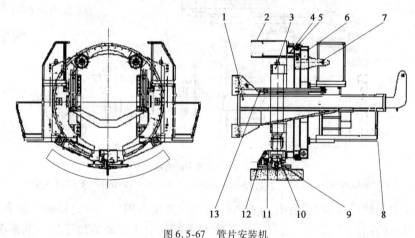

图6.5-67 管片安装机

1-托梁;2-管路支架;3-举升油缸;4-转动架;5-回转支承;6-移动架;7-回转马达;8-操作台;9-举重钳;10-抓取油缸;11-偏转油缸;12-仰俯油缸;13-平移油缸

进行管片安装时,先粗定位,即用举重钳抓住管片,举升油缸将其提升,平移机构将提起的管片移到拼装的横断面位置,回转机构再将该管片旋转到相应的径向位置;然后再用偏转油缸、仰俯油缸和举升油缸的不同步伸缩进行微调定位。最后完成安装。

管片安装机能实现锁紧、平移、回转、升降、仰俯、横摇和偏转七种动作,除锁紧动作外的其余六种动作与管片的六个自由度相对应,从而可以使管片准确就位。

安装人员可以使用遥控的控制器操作管片安装机安装管片,通常一环管片由六块管片组成,它们是三个标准块、两块临块和一块封顶块。隧道成型后,管环之间及管环的管片之间都装有密封,用以防水,管片之间及管环之间都由高强度的螺栓连接。

(6)排土机构

盾构机的排土机构主要包括螺旋输送机和皮带输送机,渣土由螺旋输送机从泥土仓中运输到皮带输送机上,皮带输送机再将渣土向后运输至第四节台车的尾部,落入等候的渣土车的土箱中,土箱装满后,由电瓶车牵引沿轨道运至竖井,龙门吊将土箱吊至地面,并倒入渣土坑中。

螺旋输送机有前后两个闸门,前者关闭可以使泥土仓和螺旋输送机隔断,后者可以在停止掘进或维修时关闭,在整个盾构机断电紧急情况下,此闸门也可由蓄能器储存的能量自动关闭,以防止开挖仓中的水及渣土在压力作用下进入盾构工作区。

(7) 后配套设备

后配套设备主要由以下几部分组成:管片运输设备,四节后配套台车及其上面安装的盾构机操作所需的操作室、电气部件、液压部件、注浆设备、泡沫设备、膨润土设备、循环水设备及通风设备等。

管片运输设备包括管片运送小车。运送管片的电动葫芦及其连接桥轨道。

管片由龙门吊从地面吊下至竖井内的管片车上,由电瓶车牵引管片车至第一节台车前的电动葫芦下方,由电动葫芦吊起管片向前运送到管片小车上,由管片小车再向前运送,供给管片拼装机使用。

一号台车上装有盾构机的操作室及注浆设备。

盾构机操作室中有盾构机操作控制台、控制电脑、盾构机 PLC 自动控制系统、VMT 隧道掘进激光导向系统、电脑及螺旋输送机后部出土口监视器。

二号台车及其上的设备有包含液压油箱在内的液压泵站、膨润土箱、膨润土泵、盾尾密封油脂泵及润滑油脂泵。

液压油箱及液压泵站为刀盘驱动、推进油缸、铰接油缸、管片拼装机、管片运输小车、螺旋输送机、注浆泵等液压设备提供压力油。泵站上装有液压油过滤及冷却回路,液压油冷却器是水冷式。

盾尾密封油脂泵在盾构机掘进时将盾尾密封油脂由 12 条管路压送到三排盾尾密封刷与管片之间形成的两个腔室中,以防止注射到管片背后的浆液进入盾体内。

润滑油脂泵将油脂泵送到盾体中的小油脂桶中,盾构机掘进时,4kW 电机驱动的小油脂泵将油脂送到主驱动齿轮箱、螺旋输送机齿轮箱及刀盘回转接头中。这些油脂起到两个作用:一是被注入到上述三个组件中唇形密封件之间的空间,起到润滑唇形密封件工作区域及帮助阻止脏物进入被密封区域内部的作用;对于螺旋输送机齿轮箱的另外一个作用,就是润滑齿轮箱的球面轴承。

三号台车上装有两台空压机、一个 $1m^3$ 储气罐,一组配电柜及一台二次风机。

空压机可提供 $8bar(1bar=10^5Pa)$ 的压缩空气,并将压缩空气储存在储气罐中,压缩空气可以用来驱动盾尾油脂泵,密封油脂泵和气动污水泵;用来给人员舱、开挖室加压;用来操作膨润土、盾尾油脂的气动开关;用来与泡沫剂、水混合形成改良土壤的泡沫;用来驱动气动工具等。

二次风机由 11 kW 的电机驱动,将由中间井输送至第四节台车位置处的新鲜空气,继续向前送至盾体附近,以给盾构提供良好的通风。

四号台车上装有变压器、电缆卷筒、水管卷筒、风管盒。

铺设在隧道中的两条内径为 100mm 的水管作为盾构机的进、回水管,将竖井外地面上的蓄水池与水管卷筒上的水管连接起来,在与蓄水池连接的一台高压水泵驱动下,盾构机用水在蓄水池和盾构机之间循环。通常情况下,进入盾构机水管的水压控制在 5bar 左右。正常掘进时,进入盾构机水循环系统的水有以下用途,对液压油、主驱动齿轮油、空压机、配电柜中的电器部件及刀盘驱动副变速轮具有冷却功能;为泡沫剂的合成提供用水,提供给盾构机及隧道清洁用水;蓄水池中的水用冷却塔进行循环冷却。

风管盒中装有祈叠式的风管,风管与竖井地面上的风机连接,向隧道中的盾构机里提供新鲜空气。新鲜空气通过风管被送至第四节台车的位置。

(8) 电气设备

盾构机电气设备包括电缆卷筒、主供电电缆、变压器、配电柜、动力电缆、控制电缆、控制系统、操作控制台、现场控制台、螺旋输送机后部出土口监视器、电机、插座、照明、接地等。电器系统最小保护等级为 IP5.5。

主供电电缆安装在电缆卷筒上,10kV 的高压电由地面通过高压电缆沿隧道输送到与之连接的主供电电缆上,接着通过变压器转变成 400V、50Hz 的低压电进入配电柜,再通过供电电缆和控制电缆供盾构机使用。

西门子 S7-PLC 是控制系统的关键部件，控制系统用于控制盾构机掘进、拼装时的各主要功能。

例如盾构机要掘进时，盾构机驾驶员按下操作控制台上的掘进按钮，一个电信号被传到 PLC 控制系统，控制系统首先分析推进的条件是否具备（如推进油缸液压油泵是否打开，润滑脂系统是否工作正常等），如果推进的条件不具备，就不能推进，如果条件具备，控制系统就会使推进按钮指示灯变亮，同时控制系统也会给推进油缸控制阀的电磁阀供电，电磁阀通电打开推进油缸控制阀，盾构机开始向前推进。PLC 安装于控制室，在配电柜里装有远程接口，PLC 系统也与操作控制台的控制电脑及 VMT 公司的隧道激光导向系统电脑相连。

盾构机操作室内的控制台和盾构机的某些现场操作控制台用来操作盾构，实现各种功能。操作控制台上有控制系统电脑显示器、实现各种功能的按钮、调整压力和速度的旋钮、显示压力或油缸伸长长度的显示模块及各种钥匙开关等。

螺旋输送机后部出土口监视器用来监视螺旋输送机的出土情况。

电机为所有液压油泵、皮带机、泡沫剂泵、合成泡沫用水水泵、膨润土泵等提供动力。当电机的功率在 30kW 以下时，采用直接启动的方式。当电机的功率大于 30kW 时，为了降低启动电流，采用星形—三角形启动的方式。

(9) 辅助设备

辅助设备包括数据采集系统、SLS-T 隧道激光导向系统、注浆装置、泡沫装置、膨润土装置。

①数据采集系统

数据采集系统的硬件是一台有一定配置要求的计算机和能使该计算机与隧道中掘进的盾构机保持联络的调制解调器、转换器及电话线等原件。该计算机可以放置在地面的监控室中，并始终与隧道中掘进的盾构机自动控制系统的 PLC 保持联络，这样数据采集系统就可以和盾构机自动控制系统的 PLC 具有相同的各种关于盾构机当前状态的信息。数据采集系统按掘进、管片拼装、停止掘进三个不同运行状态段来记录、处理、存储、显示和评判盾构机运行中的所有关键监控参数。

通过数据采集系统，地面工作人员就可以在地面监控室中实时监控盾构机各系统的运行状况。数据采集系统还可以完成以下任务，用来查找盾构机以前掘进的档案信息，通过与打印机相连打印各环的掘进报告，修改隧道中盾构机的 PLC 的程序等等。

②隧道掘进激光导向系统

德国 VMT 公司的 SLS-T 隧道掘进激光导向系统主要作用如下：

a. 可以在隧道激光导向系统用电脑显示屏上随时以图形的形式显示盾构机轴线相对于隧道设计轴线的准确位置，这样在盾构机掘进时，操作者就可以依此来调整盾构机掘进的姿态，使盾构机的轴线接近隧道的设计轴线，这样盾构机轴线和隧道设计轴线之间的偏差就可以始终保持在一个很小的数值范围内。

b. 推进一环结束后，隧道掘进激光导向系统从盾构机 PLC 自动控制系统获得推进油缸和铰接油缸的油缸杆伸长量的数值，并依此计算出上一环管片的管环平面，再综合考虑被手工输入隧道掘进激光导向系统电脑的盾尾间隙等因素，计算并选择这一环适合拼装的管片类型。

c. 可以提供完整的各环掘进姿态及其他相关资料的档案资料。

d. 可以通过标准的隧道设计几何元素计算出隧道的理论轴线。

e. 可以通过调制解调器和电话线与地面的一台电脑相连，这样在地面就可以实时监控盾构机的掘进姿态。

隧道掘进激光导向系统主要部件有激光经纬仪，带有棱镜的激光靶、黄盒子。控制盒和隧道掘进激光导向系统用电脑。

激光经纬仪临时固定在安装好的管片上，随着盾构机的不断向前掘进，激光经纬仪也要不断地向前移动，这被称为移站，激光靶则被固定在支承环的双室气闸上。激光经纬仪发射出激光束照射在激光靶上,激光靶可以判定激光的入射角及折射角,另外激光靶内还有测倾仪,用来测量盾构机的滚动和倾斜角度,再根据激光经纬仪与激光靶之间的距离及各相关点的坐标等数据,隧道掘进激光导向系统就可以计算出当前盾构机轴线的准确位置。

控制盒用来组织隧道掘进激光导向系统电脑与激光经纬仪和激光靶之间的联络,并向黄盒子和激光靶供电。黄盒子用来向激光经纬仪供电并传输数据。隧道掘进激光导向系统电脑则是将该系统获得的所有数据进行综合、计算和评估。所得结果可以被以图形或数字的形式显示在显示屏上。

③注浆装置

注浆装置主要包括两个注浆泵、浆液箱及管线。

在竖井,浆液被放入浆液车中,电瓶车牵引浆液车至盾构机浆液箱旁,浆液车将浆液泵入浆液箱中。

两个注浆泵各有两个出口,这样总共有四个出口,四个出口直接连至盾尾上圆周方向分布的四个注浆管上,盾构机掘进时,由注浆泵泵出的浆液被同步注入隧道管片与土层之间的环隙中,浆液凝固后就可以起到稳定管片和地层的作用。

为了适应开挖速度的快慢,注浆装置可根据压力来控制注浆量的大小,可预先选择最小至最大的注浆压力,这样可以达到两个目的,一是盾尾密封不会被损坏,管片不会受过大的压力。二是对周围土层的扰动最小。注浆方式有两种:人工方式和自动方式。人工方式可以任选四根注浆管中的一根,由操作人员在现场操作台上操作按钮启动注浆系统;自动方式则是在注浆现场操作台上预先设定好的,盾构机掘进即启动注浆系统。

④泡沫装置

泡沫系统主要包括:泡沫剂罐、泡沫剂泵、水泵、四个溶液计量调节阀、四个空气剂量调节阀,五个液体流量计、四个气体流量计,泡沫发生器及连接管路。

泡沫装置产生泡沫,并向盾构机开挖室中注入泡沫,用于开挖土层的改良,作为支撑介质的土在加入泡沫后,其塑型、流动性、防渗性和弹性都得到改进,盾构机掘进驱动功率就可减少,同时也可减少刀具的磨损。

泡沫剂泵将泡沫剂从泡沫剂罐中泵出,并与水泵泵出的水按盾构驾驶员操作指令的比例混合形成溶液,控制系统是通过安装在水泵出水口处的液体流量计测量水泵泵出水的流量,并根据这一流量控制泡沫剂泵的输出量来完成这一混合比例指令的。混合溶液向前输送至盾体中,被分别输送到四条管路中,经过溶液剂量调节阀和液体流量计后,又被分别输送到四个泡沫发生器中,在泡沫发生器中与同时被输入的压缩空气混合产生泡沫,压缩空气进入泡沫发生器前也要先经过气体流量计和空气剂量调节阀,泡沫剂溶液和压缩空气也是按盾构机驾驶员操作指令的比例混合的,这一指令需通过盾构机控制系统接收液体流量计和气体流量计的信息并控制空气剂量调节阀和溶液剂量调节阀来完成。最后,泡沫沿四条管路通过刀盘旋转接头,再通过刀盘上的开口,注入到开挖室中。在控制室,操作人员也可以根据需要从四条管路中任意选择,向开挖室加入泡沫。

⑤膨润土装置

膨润土装置也是用来改良土质的,以利于盾构机的掘进。膨润土装置主要包括膨润土箱、膨润土泵,九个气动膨润土管路控制阀及连接管路。

和浆液一样,在竖井,膨润土被放入膨润土车中,电瓶车牵引膨润土车至膨润土箱旁,膨润土车将膨润土泵入膨润土箱中。

需要注入膨润土时,膨润土被膨润土泵沿管路向前泵至盾体内,操作人员可根据需要,在控制室的操作控制台上,通过控制气动膨润土管路控制阀的开关,将膨润土加入到开挖室,泥土仓或螺旋输送机中。

6.5.3.4 主要技术参数计算

图 6.5-68 为盾构施工中排土量、开挖量变化与地表变形的影响示意图,即排土量与开挖土量平衡

时($P_W + P_E = P_{TBM}$),则地面处于稳定状态;排土量过大($P_W + P_E > P_{TBM}$),地面发生沉陷;排土是过小($P_W + P_E < P_{TBM}$),地面发生隆起。

P_{TBM}为盾构机泥土舱中的泥土支护压力;P_E为开挖面的地层土压力;P_W为开挖面的地层水压力(含水砂性土)。

一般在软弱黏性土体中,确定理论支护 P 值时,可参考下列公式:

$$P = K \cdot \gamma \cdot H \tag{6.5-18}$$

式中:K——土压力系数($K=0.8 \sim 1.0$);

γ——泥土重度;

H——地面至盾构中心覆土深度。

在实际盾构施工中,泥土舱中设定的支护土压力 P_{TBM},一般都小于理论土压力 P,P_{TBM} 值应根据盾构初期试推进过程中,通过不断检测地面变形和研究分析地质情况,对土压设定值 P_{TBM} 加以反复修正而确定。P_{TBM} 值实际上是一个稳定开挖面和保持地面不变形所需的当量值。

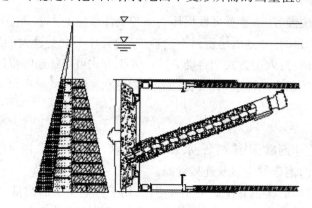

图 6.5-68 土压平衡盾构的工作原理

6.5.3.5 主要生产厂家产品及技术性能(表 6.5-24)

盾构机的主要生产厂家产品技术性能　　　　　　表 6.5-24

盾构形式 参数	1 手工挖掘式盾构	2 半机械化盾构	3 机械式盾构	4 土压平衡盾构	5 加泥型土压平衡盾构	6 泥水加压盾构	7 网格挤压式盾构
盾构外径 (mm)	φ7 760	φ7 760	φ6 970	φ7 460	φ7 350	φ9 700	φ11 300
盾构内径 (mm)	φ7 640	φ7 640	φ6 850	φ7 300	φ7 200	φ9 580	φ11 100
盾构全长 (mm)	5 420	5 420	7 145	6 900	6 860	9 000	上部 8 900, 下部 8 400
盾尾间隙 (mm)	60	60	60	75	75	40	100
盾构千斤顶 推力(kN)	1 500	1 500	1 500	1 500	1 500	2 500,3 000	2 250
盾构千斤顶 数量(个)	30	30	20	35	30	33	48
盾构千斤顶 行程(mm)	1 050	1 050	1 050	1 050	1 050	1 100	上部 12×2 500, 下部 36×1 500

续上表

盾构形式 参数	1 手工挖掘式盾构	2 半机械化盾构	3 机械式盾构	4 土压平衡盾构	5 加泥型土压平衡盾构	6 泥水加压盾构	7 网格挤压式盾构
油压(MPa)	30	30	42	30	30	30,35	32
液压泵数量(台)			1	1	1		
液压泵排量(L/min)	38L/min×3, 15.75L/min×1	38L/min×3, 15.75L/min×1	21		75	0~77L/min×2	
驱动电动机(kW)	30×4	30×4	30×1		45×1	45kW×2	
推进速度(cm/min)						5.3/4.5	
活动前檐千斤顶数量(个)	9	9					
活动前檐千斤顶推力(kN)	600	600					
活动前檐千斤顶行程(mm)	500	500					
开挖面千斤顶数量(个)	12+2	12,2					
开挖面千斤顶推力(kN)	300	300					
开挖面千斤顶行程(mm)	1 200,1 000	1 200,1 000					
工作平台千斤顶数量(个)	10	9					
工作平台千斤顶推力(kN)	300	300					
工作平台千斤顶行程(mm)	1 200	1 200					
切削刀盘形状			回转刀盘	回转刀盘	刀架式	回转刀盘	
切削刀盘支撑方式			周边支承	混合支承	中心支承式	周边支承	
切削刀盘回转方向				正,逆回转		正,逆回转	
切削刀盘回转次数(r/min)			0.25~0.125	0~0.74	0~0.76	0.6,0.52,0.44	
常用切削转矩(kN·m)			3 700	5 000	3 960	8 300,12 450,14 500	
最高切削转矩(kN·m)			7 400	7 500	5 940		

续上表

盾构形式 参数	1 手工挖掘式盾构	2 半机械化盾构	3 机械式盾构	4 土压平衡盾构	5 加泥型土压平衡盾构	6 泥水加压盾构	7 网格挤压式盾构
传动方式				液压马达		液压马达	
液压机排量（L/min）						0~150L/min ×16	
油压（MPa）			27			14,21,24,5	
电动机					30kW×11	55kW×16	
组装机形式	环式	环式	电动中空轴式	环式	环式	环式	框架式
组装机转速（r/min）					0.2~0.7	0.57,0.11	0~0.7
举升质量（kg）	2 500	2 500				3 860	6 000
伸缩行程（mm）	1 250	1 250			700	950	2 500
前后移动行程（mm）	100~200	100~-200			200	前130,后170	1 500
伸缩千斤顶推力、数量					110kN×14MPa ×2台	75kN×2	
滑动千斤顶推力、数量					40kN×14MPa ×2台	50kN×1	
制动千斤顶推力、数量					40kN×14MPa ×2台	50kN×2	
有效中空内径（mm）	φ3 000	φ3 000				φ4 040	
油压泵					30L/min×14MPa ×1台	14MPa×30~150L/min×1	
电动机					7.5kW×1台	45kW×1台	
真圆保持器伸缩千斤顶推力、行程					150kN×220×2	300kN×1 000 ×2	
真圆保持器滑动千斤顶推力、行程					20kN×1 200×7	50kN×1 500×2	
液压泵					与推进机构共用	14MPa×6~40L/min×1	
电动机					与推进机构共用	13.5kW×1	
螺旋输送机形式				中心轴式			

续上表

盾构形式 参数	1 手工挖掘式盾构	2 半机械化盾构	3 机械式盾构	4 土压平衡盾构	5 加泥型土压平衡盾构	6 泥水加压盾构	7 网格挤压式盾构
螺旋直径(mm)				φ750,φ500	φ670		
输送能力(m³/h)					119,125		
转矩(kN·m)					39,28		
转速(r/min)				0~20.7,0~20	1.4~19 1.4~20		
液压马达型号、台数				5×508BM170×12 5×505bm170	6.89kN·m ×14MPa		
液压泵					0~160L/min 14MPa×2台		
电动机					30kW×3		
出料口千斤顶推力、行程					150kN×600		
液压泵与电动机					与螺旋机共用		
搅拌机转速(r/min)				2.3	0~50,0~93		
搅拌机转矩(kN·m)					6~9,1.53~ 2.30		
搅拌机数量				2.6kN·m	底部4台 中部2台		
搅拌机叶片直径(mm)					φ1 000底部用, φ1 200中部用		
搅拌机液压马达					14MPa×0~ 150L/min×4 14MPa×0~ 70L/min×1		
液压泵					45kW×4 22kW×1		

第7章 养护机械设备

7.1 沥青路面再生机械

7.1.1 概述

沥青路面再生机械是对旧沥青路面材料进行再加工,使沥青路面恢复原有形态和性能的机械设备。不同种类的再生设备适用于沥青路面的预防性养护阶段、中小修养护阶段、大修阶段和改扩建阶段,主要用于产生裂缝、车辙、磨耗、各种变形的旧沥青路面的修复工程,是道路养护的专用机械设备之一。

7.1.1.1 国外现状和发展趋势

废旧沥青混合料再生技术最早起源于1915年的美国,该技术在20世纪30年代便已开始应用,但发展一直比较缓慢。1973年的石油危机导致石油沥青价格飞涨,促进了沥青再生技术的发展。其后,随着铣刨机械与鼓筒式拌和装置等筑路机械制造水平的不断提高,沥青再生技术研究与应用发展很快,国外开始大规模推广应用沥青再生技术。

1974年美国花费了大量的资金研究沥青再生技术,并且迅速在全国推广应用。美国联邦公路局、材料与试验协会等单位经常召开有关旧沥青路面再生利用的各种学术会议,有力地推动了该项研究工作。1981年,美国交通运输研究委员会编制出版了《路面废料再生指南》,美国沥青协会分别于1981年和1983年出版了《沥青路面热拌再生技术手册》,《沥青路面冷拌再生技术手册》,这为旧沥青路面再生利用提供了重要的理论依据。据美国联邦公路局的资料统计,1980年有25个州共使用了200多万吨热拌再生沥青混合料;1981年有40个州使用了350多万吨;到1985年再生沥青混合料的用量猛增到约2亿吨,约占当年全部沥青混合料用量的一半。这表明旧沥青路面再生利用技术在美国已相当成熟并得到了广泛的应用。

前苏联对旧沥青路面再生利用技术的研究也比较早。1966年出版了《沥青混凝土废料再生利用技术的建议》,1979年又出版了《旧沥青混凝土再生混合料技术标准》,该书详细介绍了各种再生方法,规定了再生混合料可用于高等级路面的基层和低等级路面的面层。说明当时的再生混合料的再生效果还不是很好。1984年又出版了《再生路用沥青混凝土》一书,详细阐述了就地再生和工厂再生的方法。

日本从1976年开始进行旧沥青路面再生技术的研究,1984年日本道路协会出版了《路面废料再生利用技术指南》。1980年日本废旧沥青混合料的再利用率达到了50%以上。

在欧洲,德国旧沥青路面再生技术发展最快,主要将厂拌再生混合料应用于路面养护,几乎全部利用了废弃的沥青混合料。这主要得益于德国机械工业发达,开发的再生机械门类齐全、性能优异、价格适中。芬兰、法国也将废弃沥青混合料再生后应用于路面养护和轻型交通,取得了较好的经济效益。

20世纪80年代之前,旧沥青路面再生基本上采用工厂热再生法。该方法就是将旧沥青路面铣刨后运到工厂,用专门的再生设备生产出再生混合料,然后再拉到现场用路面摊铺机、碾压机进行摊铺、碾压,形成新的沥青路面。20世纪80年代后期随着路面加热技术以及大型工程机械设备的迅猛发展,就地热再生法得到各国的普遍重视。该方法是将旧沥青路面的加热、铣刨、添加新沥青、新集料、再生剂以及拌和、摊铺等一系列工序就地完成。相对工厂热再生法来说,就地热再生法施工工艺简单、施工速度快,但是再生混合料的再生质量难以保证,再生设备也非常昂贵。因而工厂热再生法仍然是主要的再生方法。当然,还有就地冷再生法和工厂冷再生法在低等级路面上也得到了不同程度上的应用。图7.1-1

为大型车载式沥青再生设备施工示意图。图7.1-2为大型沥青再生工艺流程图。

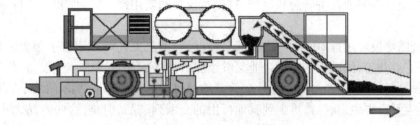

图7.1-1　大型车载式沥青再生设备施工示意图

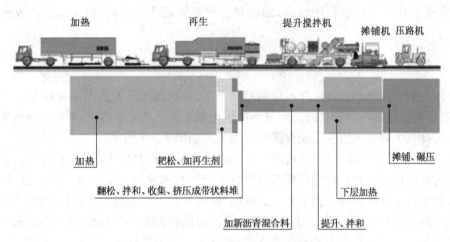

图7.1-2　大型沥青再生工艺流程图

总之,国外沥青路面再生技术已经基本成熟,并形成了厂拌热再生、厂拌冷再生、就地热再生、就地冷再生和全深度再生全面发展的良好局面。不同的再生工艺形成了不同的再生设备,完全实现了全套机械化作业。对不同的路面状况可以选择不同的再生工艺和设备来解决问题,今后再生机械设备的发展趋势是向着机械的大功率、高效率,更加集成化、更加环保、更加稳定可靠、成本更低廉等方向发展,通过再生机械设备的技术优化和不断进步来适应路面材料的变化,不断提高沥青路面再生的技术水准。

7.1.1.2　国内现状和发展趋势

在我国,再生技术也有一定的发展和应用,并有相应的标准和规范。我国开始研究沥青混合料再生技术是在20世纪70年代,但由于课题的不配套,尤其没有可供实际施工使用的沥青再生设备,沥青路面再生技术的研究与推广几乎被搁置。20世纪80年代交通部将沥青路面再生技术作为重点科研项目立项研究,1982年由同济大学组织协调山西、湖北、河北、河南、山东、江西等省开展了旧有沥青(渣油)路面再生利用研究,并累计铺筑再生试验路段600km。1989年,人民交通出版社出版了《沥青路面再生技术》一书,但由于全国各地忙于高速公路建设而未能使再生技术进一步推广应用。

进入21世纪后,国外再生设备和再生技术的运用极大地推进了我国沥青路面再生事业的发展,北京、天津、上海、广东、山东、江苏、河北等省市都相继引进了大型的沥青路面再生设备,同时我国养护设备制造商都进行了大量的研制和试生产的工作。2001年华北高速公路公司率先在京津塘高速公路和北京市城市道路实施沥青再生养护作业;2002年浦东建设在上海地区进行了再生技术的试用;2003年在沪宁高速公路上海段大中修工程中采用了沥青路面现场热再生技术,所维修路段旧料的利用率达到100%;2004年广东冠粤路桥有限公司引进美国ASTEC的再生设备,应用于广佛高速公路14km路段的大修工程,取得了较好的效果。与此同时我国在法律上也作出了相应的支持,2006年1月1日我国正式实施了《可再生能源法》,2008年7月1日交通行业推出了我国第一部沥青路面再生技术规范《公路沥青路面再生技术规范》(JTG F41—2008),在有法可依、有章可循的大好形势下,我国的沥青路面再生设备的研制和生产取得了巨大突破,出现了就地冷再生、就地热再生、厂拌冷再生、厂拌热再生、全深度再生和微波再生修补车等成系列设备的研制生产厂家,并且有些厂家还具有施工资质,参与到路面再生养护施工市场中,更好地完成设备研制和生产,对提高设备的实用性、易用性和施工可靠性都起到了很大作用。

目前,我国公路建设经过近30年的发展,从公路设计、施工工艺等方面有了很大的提高,基本达到了发达国家水平。近几年,国内一些施工企业又继续引进国外的沥青路面再生设备,使用效果非常好,实践证明这也是一项具有重大经济效益和社会效益的环保施工方法。虽然我国的沥青路面再生设备已经具备了从热再生到冷再生,从厂拌再生到就地再生的全系列产品,但是,这些产品大多处在模仿国外类似机型的阶段。由于我国与国外国情不同,政策法规不同,路面材料、结构和典型损坏形式也与国外不同,今后的发展目标应该根据我国国情,发展和研制更加高效的、具有自主知识产权和特点的新产品上。

7.1.2 设备分类、特点和适用范围

根据再生地点的不同可以分为厂拌再生和就地再生;根据再生温度的不同可以分为热再生和冷再生;冷再生又根据再生厚度不同分为沥青层就地冷再生和全深式就地冷再生;就地热再生根据是否加铺新磨耗层分为复拌再生和加铺再生。沥青路面再生分类如图7.1-3所示。

根据我国2008年2月1日实施的《公路技术状况评定标准》(JTG H20—2007)规定,沥青路面等级公路每年应该由专业公路检测咨询公司或建设单位对公路技术状况(MQI)进行评价,这种评估报告是公路管理部门制定公路维修计划和施工方案的基础,根据检测报告所提供的数据、路面历史信息和维修的时间,咨询公司或建设单位可以制定出几套解决当前路面病害的维修方案,组织由政府、建设单位、设计单位和承包人等相关方面专家组成的专家委员会,在考虑工程目标和经济目标的基础上,通过对这些维修方案进行综合评价,确定采取哪种维修方案和工艺,其中就包括沥青路面再生维修方案。一个好的维修方案是既考虑工程目标又考虑经济目标,在恰当的时机,及时地对道路进行维修,就好像一位德高望重的老医生给病人开出的药方,既要医治好病人,又不能开大处方,还要告诉病人服药的剂量和时间,所以说确定一个好的维修方案是一项具有艺术性的工作。

沥青路面病害波及层位和要解决的路面病害种类的不同,决定了再生维修方案、工艺和采用的机械种类,如图7.1-4所示。

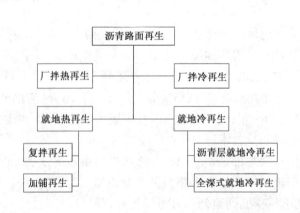

图7.1-3 沥青路面再生分类

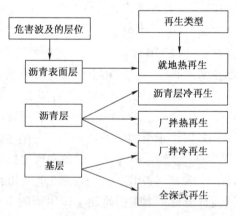

图7.1-4 再生方案和工艺

厂拌热再生,适用于对各等级公路回收沥青路面材料(RAP)进行热拌再生利用,再生后的沥青混合料根据其性能和工程情况,可用于各等级公路的沥青面层及柔性基层。

就地热再生,适用于仅存在浅层轻微病害的高速公路及一级、二级公路沥青路面表面层的就地再生利用,再生层可作上面层或者中面层,再生深度一般为20~50mm。它是一种预防性养护技术,再生时原路面应具备以下条件:①原路面整体强度满足设计要求;②原路面病害主要集中在表面层,通过再生施工可得到有效恢复;③原路面沥青的25℃针入度不低于20(0.1mm)。

厂拌冷再生,适用于各等级公路的回收沥青路面材料(RAP)进行冷拌再生利用,再生后的沥青混合料根据其性能和工程情况,可用于高速公路和一级、二级公路沥青路面的下面层及基层、底基层,三、四级公路沥青路面的面层。当用于三级、四级公路沥青路面的上面层时,应采用稀浆封层、碎石封层、微表处等做上封层。厂拌冷再生可使用乳化沥青或者泡沫沥青作为再生结合料。厂拌冷再生层施工前,必须确认再生层的下承层满足要求。厂拌冷再生混合料每层压实厚度宜大于160mm,且不宜小于60mm。

就地冷再生,适用于一级、二级、三级公路沥青路面的就地再生利用,用于高速公路时应进行论证。沥青路面就地冷再生分为沥青层就地冷再生和全深式就地冷再生两种方式。对于一级、二级公路,再生层可作为下面层、基层;对于三级公路,再生层可作为面层、基层,用作上面层时应采用稀浆封层、碎石封层、微表处等做上封层。

沥青层就地冷再生应使用乳化沥青、泡沫沥青作为再生结合料,再生厚度通常在50～100mm之间;全深式就地冷再生既可使用乳化沥青、泡沫沥青作为再生结合料,也可使用水泥、石灰等无机结合料作为再生结合料。当使用水泥、石灰等无机结合料作为再生结合料时,再生层只可作为基层,再生厚度根据原路面的结构而定,通常在100～300mm之间。

沥青路面就地冷再生时,再生层的下承层应完好,并满足所处结构层的强度要求;使用乳化沥青、泡沫沥青时压实厚度不宜大于160mm,且不宜小于80mm;使用水泥、石灰时压实厚度不宜大于220mm,且不宜小于150mm;使用水泥、石灰等无机结合料作为再生结合料时的全深式就地冷再生,沥青层厚度占再生厚度的比例不宜超过50%。再生方法适用范围如表7.1-1所示。

再生方法适用范围 表7.1-1

再生方式	适 应 性	限 制 条 件
厂拌热再生	①HMA性能优,可用于沥青路面表层; ②可以用来修正原沥青路面的设计问题,使其性能优化; ③可修复路表面的绝大多数的破坏,如车辙、松散、泛油、推挤、集料磨光、裂纹等; ④可以在厚度不变或变化较小的情况下改善路面结构; ⑤可以维持原路面的线形和高程不变	①生产过程中的常量和生产效率受RAP用量的影响; ②厂拌热再生施工对交通的干扰大; ③混合料运输的费用较高
就地热再生	①主要目的是修正非结构承载力不足而引起的表面破坏; ②适用于沥青路面基层稳定的任何表面破坏形式; ③不会改变排水、路缘、下水道、人行道、路肩及其他结构物; ④交通控制要求较低,城市地区路面的高程和桥梁的净空能得到保证	①仅限于路面有足够承载能力时使用,只适用于表面25～50mm或适当厚一点的路面; ②结构不足的道路不适用此方法; ③老路有明显路基层破坏、不规则的频繁修补,以及对排水进行较大改进时,该方法不能使用; ④不能改变沥青路面的基层或底基层的性能
厂拌冷再生	①修复面层和基层的病害; ②对反射裂纹和行驶质量低下等病害的修复效果良好; ③可改善路面的几何线形和修复任何类型的裂纹	①需要相对温暖干燥的施工条件,气候条件要求高; ②再生后路面水稳定性差,易受水分侵蚀和剥落; ③通常需2周养生时间; ④维修路面等级较低; ⑤混合料运输费用较高
就地冷再生	①能够对大多数路面破坏类型进行结构性的处置; ②能够拓宽路面,改善行驶质量; ③可以使路面恢复所需的线形、断面和高程; ④消除原路面的车辙、不规则和不平整的区域; ⑤可以消除横向、纵向和反射裂纹; ⑥对交通的影响减少	①需要相对温暖干燥的施工条件,气候条件要求较高; ②再生后路面水稳定性差,易受水分侵蚀和剥落; ③路面通常需要2周养生时间

续上表

再生方式	适 应 性	限 制 条 件
全深式再生	①在不改变路面几何尺寸或不改造路面的情况下,可以显著提高路面的结构强度; ②可以将旧路面恢复到需要的线形,消除轮迹处的车辙,恢复路拱和坡度; ③可以消除龟裂、横向、纵向及反射裂缝,提高路面行驶质量; ④可以提高路面的抗冻能力; ⑤生产费用低,工程造价低,工艺环保	①需要相对温暖干燥的施工条件,气候条件要求较高; ②再生后路面水稳定性差,易受水分侵蚀和剥落; ③路面通常需要2周养生时间

沥青路面再生与传统的沥青路面维修方式相比,能够节约大量的沥青、砂石等原材料,节省工程投资,同时有利于废料处理、保护环境,因而具有显著的经济效益和社会效益。随着人们对环保、社会效益的关注及技术的进步,沥青路面再生利用技术越来越受到人们的重视。

7.1.3 工作原理和主要结构

根据沥青路面再生机械的分类,下面依次介绍厂拌热再生、就地热再生、厂拌冷再生、就地冷再生的工作原理和典型设备的主要结构。

7.1.3.1 厂拌热再生

厂拌热再生技术是先将旧沥青路面铣刨后运回工厂,通过破碎、筛分,并根据旧料中沥青含量、沥青老化程度、碎石、级配等指标,掺入一定数量的新集料、沥青和再生剂进行拌和,使混合料达到规范规定的各项指标,再按照与普通沥青路面完全相同的方法重新铺筑。厂拌热再生技术利用旧沥青回收料(RAP)一般不超过50%(通常用10%～30%),因此,掺入数量较大的新集料和新沥青,使再生混合料的级配和沥青结合料性能均得到充分改善。而且,在RAP用量不大的情况下,不需要使用专门的再生剂,使混合料具有稳定的质量。只要采用适当的配合比设计和严格的质量控制措施,厂拌热再生沥青路面具有与普通沥青路面相同的路用性能和耐久性。

厂拌热再生按照再生拌和方式分为:强制间歇式和连续滚筒式两大类。我们国家沥青混凝土规范要求采用强制间歇式工艺,因此强制间歇式厂拌热再生设备是国内比较常见的沥青混合料厂拌热再生方法,国外对沥青混凝土拌和方式没有强制要求,因此国外连续滚筒式厂拌热再生设备发展的比较快,应用程度比较广泛。

1)强制间歇式厂拌热再生设备

间歇式沥青混凝土拌和机是20世纪80年代以来在我国开始逐渐推广应用的一种新型沥青混凝土拌和设备,同以前采用的连续式沥青混凝土拌和机相比,其温度控制、沥青用量控制、级配控制均有了很大的改善,能拌出符合国家规定的各种沥青混凝土。我国目前的强制间歇式沥青混凝土搅拌设备是在吸收国外先进技术的基础上,根据国情自行研制开发的集机、电、气技术于一体的新一代热态沥青混凝土搅拌成套设备。该系列设备自动化程度高、计量准确、拌和质量稳定(如图7.1-5所示)。

(1)工作原理

强制间歇式厂拌热再生设备主要有以下四种形式:

①RAP输送至热料提升机底部;

②RAP通过再生料环输入干燥滚筒;

③RAP通过输送计量后进入搅拌缸;

④RAP通过专设的第二干燥筒烘干和加热;

前三种再生方式中旧料是通过吸收新集料的热量而升温的,故成品料的出料温度与旧料的掺配数量、新集料经烘干筒加热后的温度、旧料本身具有的温度有关。为保证成品料能达到足够高的温度,必须首先提高新集料的加热温度(通常是采取新集料加热到220～250℃),因此,该方法又称为过热集热法。所以前三种再生方法旧料的加入量较小,一般不超过20%。

目前普遍认可的是形式④,即第二烘干筒加热再生技术。该种设备需在原有拌和设备的基础上配备一套专门的系统。

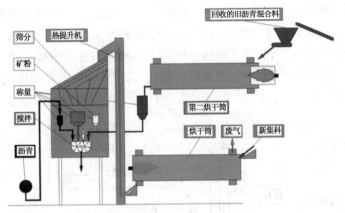

图7.1-5 间歇式厂拌热再生设备方案

强制间歇式厂拌热再生的工艺流程如图7.1-6所示。

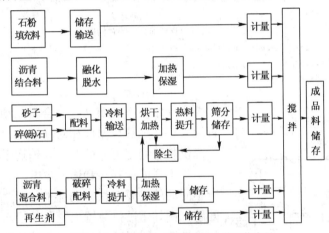

图7.1-6 强制间歇式厂拌热再生的工艺流程

(2) 主要结构

强制间歇式厂拌热再生设备主要包括RAP破碎筛分系统(如需要)、料斗、提升系统、再生剂供给系统、干燥系统、储存及称量系统、废气处理系统和控制系统(如图7.1-7所示)。

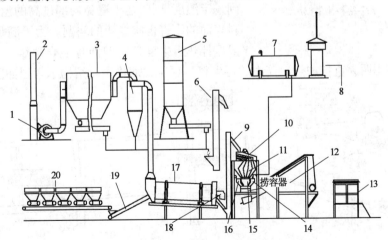

图7.1-7 强制间歇式厂拌热再生设备主要结构

1-引风机;2-烟囱;3-布袋除尘系统;4-旋风除尘系统;5-矿粉罐;6-粉料提升机;7-沥青供给系统;8-导热油加热系统;9-热料提升机;10-振动筛分系统;11-热集料储料仓;12-成品料仓;13-中心控制室;14-沥青计量斗;15-石料计量斗;16-矿粉计量斗;17-干燥滚筒;18-燃烧器;19-皮带输送机;20-冷料供给系统

①旧沥青混合料(RAP)破碎筛分

一般沥青路面回收料通常都是通过铣刨机或者挖掘机回收,使用时随刨随用是最经济的方法。但是实际上往往都是堆放很久以后才使用,这样原来松散的再生料又结成团。为了保证混合料加热的均匀性,这种块状的材料使用前必须经过破碎筛分机将大块的旧料进行破碎。这种破碎不同于普通石料的破碎,既要打破块状料又不能将旧料中的集料打破,否则将影响再生料的级配(如图7.1-8)。

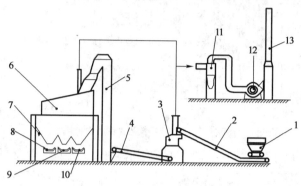

图7.1-8　沥青回收料前处理装置构造图

1-回收料地配斗;2、4-皮带输送机;3-锤式破碎机;5-破碎料提升机;6-振动筛分装置;7-超大料落料口;8-粗料输送带;9-细料输送带;10-废料输送带;11-旋风除尘器;12-引风机;13-烟囱

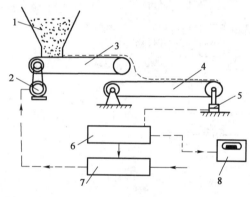

图7.1-9　给料集料输送和计量装置

1-料斗;2-调速电机;3-给料机;4-称重皮带机;5-计量组件;6-给料速度传感器;7-给料流量控制器;8-给料流量指示器

②配料系统

由于常温下的旧沥青混合料流动性较差,为了保证旧沥青混合料在加热后温度相对稳定,厂拌热再生设备必须要有一套供料量稳定可靠的配料和输送系统。

再生料的配料斗和输送皮带与普通设备配料系统类似,所不同的就是要解决好再生料流动性差、易附着、易起拱的问题。例如带破拱装置大倾角的喂料斗、带高效清扫器的皮带输送机、缺料报警装置、湿度传感器等(如图7.1-9)。

③加热系统

此系统在厂拌热再生设备中属于核心部分,因为在旧沥青混合料加热过程中,此系统不但要保证加热后的再生料达到一定温度,同时还得避免局部过高的温度导致旧沥青混合料表面的沥青再次老化的问题。为了满足以上两个条件,一般厂拌热再生设备中旧沥青混合料烘干筒的加热方式为顺流式,并且不能使用明火直接加热滚筒内的再生料。顺流式加热滚筒结构示意图如图7.1-10所示。

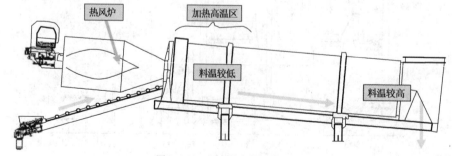

图7.1-10　沥青混合料加热系统

④热风炉

国内大部分热风炉都会使用大量的耐火材料(例如耐火砖)。此种结构热风炉最大的优点就是利用高温烟气加热旧沥青混合料,避免了火焰直接加热旧沥青混合料导致旧沥青老化的问题,但同时此种

热风炉也有其不足之处。刚开始点火生产时热风炉内大量的耐火材料会吸收大量的热能,导致开工时间延长,同时对于每天施工时间较短的设备而言能源有少量浪费。

⑤燃烧器

高精度的温度控制系统必然少不了先进的燃烧器。厂拌热再生设备为了避免火焰接触到再生料,一般都要求燃烧器火焰形状要短而粗,同时要求燃烧器不仅操作简单,同时可以燃烧多种牌号燃油。

⑥干燥滚筒

干燥滚筒除了可以烘干加热旧沥青混合料的作用以外,还应尽可能地避免加热后的再生料粘连筒体。

⑦储存及计量系统

由于加热后的再生料粘附性较强,所以储存仓内热料不应储存过久。为了避免粘连,储存以及计量斗内一般都需要内衬防粘连材料(例如不锈钢板),外部设计有保温装置(例如电加热保温或者导热油保温)。有些设备在料仓或称量斗入口处安装有防粘剂喷洒装置(例如我国台湾省和日本的再生设备)。

⑧再生料拌和

一般厂拌热再生设备都是与原生沥青搅拌站配套使用的,所以加热后的旧沥青混合料最终是要送到原生机搅拌缸内与再生剂、新沥青、新集料混合。但是这种搅拌方式使得再生剂与不需要还原的新材料结合在一起,不但浪费了昂贵的再生剂,同时对新沥青的性能也有很大的影响。

针对这个问题有专家提出加热后的旧沥青混合料在进入原生机搅拌缸前应首先和再生剂充分混合搅拌均匀后再送入原生机搅拌缸与新沥青混合料一起搅拌,也就是说需要两个搅拌缸分别搅拌新旧沥青混合料。这样就避免了再生剂与新沥青混合料的结合,同时这种方式也节约了再生剂,提高了再生料的品质。

⑨废气处理系统

一般旧沥青混合料温度达到130℃以上时就会释放出大量烟气,此烟气中含有大量轻油分。如果直接排到大气中将对环境产生二次污染。如果直接排到原生沥青搅拌站的布袋除尘系统中,则轻油分物质会粘在布带上,时间久后布袋的透气性就会下降,整套设备的除尘效果就会变差。

针对此问题,多数设备将第二顺流式干燥滚筒排出的尾气送进原生料干燥滚筒内进行二次燃烧,也有部分设备配有一套尾气燃烧炉(日工),将有害气体二次燃烧后再进到布袋除尘(如图7.1-11)。

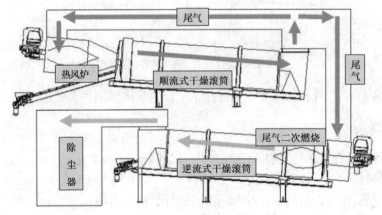

图7.1-11 废气处理系统

⑩控制系统

控制系统与主拌和楼的形式一致,采用全触摸屏式的微电脑系统(图7.1-12)。

2)连续滚筒式厂拌热再生设备

(1)工作原理

连续滚筒式厂拌热再生设备是将新集料和RAP在再生滚筒内完成再生过程,有双滚筒和三滚筒式,其工作原理的核心是再生滚筒的设计结构形式,如图7.1-13所示。内筒的作用是把配比计量好的

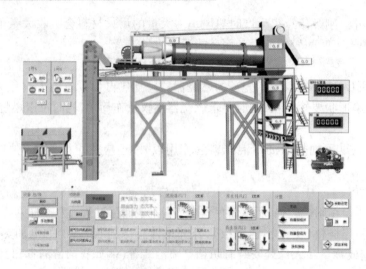

图 7.1-12 厂拌热再生控制系统

新集料进行逆流式干燥除尘,加热后的新集料流入外滚筒,外滚筒包裹在内筒的外面,里面装有搅拌叶片,靠内筒的余热对 RAP 进行加热,通过不断旋转把新集料和 RAP 进行混合搅拌,同时根据设计喷入一定数量的再生剂,再生好的沥青混合料在外滚筒出料口直接排出,进入储料仓或者运料车,整个再生过程中新集料、RAP 和再生剂的添加都是由微机控制系统自动控制完成。

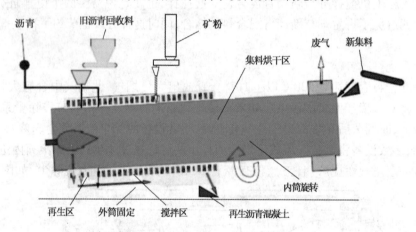

图 7.1-13 双滚筒式沥青混凝土再生搅拌设备结构示意图

双滚筒将集料烘干、旧沥青料加热和强制搅拌三个作用集中于同一装置中,具有连续再生和强制搅拌的双重优点:

①沥青蒸气进入除尘器之前先经过燃烧室二次燃烧,不会造成二次污染,布袋寿命长;
②旧沥青料与新的沥青是在外筒加入的,完全与火焰隔开,不会老化;
③混合料采用强制搅拌,搅拌效果良好;
④旧沥青料的加热、再生,与新料的搅拌都有充分时间,旧沥青融化彻底;
⑤计量准确,再生沥青混凝土品质好。

连续滚筒式厂拌热再生的工艺流程如图 7.1-4 所示。

(2)主要结构

连续滚筒式厂拌热再生设备主要由 RAP 破碎筛分系统、新集料料斗及计量称重系统、RAP 料斗及计量称重系统、输料皮带、沥青和再生剂供给系统、干燥系统、废气处理系统、控制系统及再生料储存系统,按照设备技术的发展过程,经历了顺流式烘干搅拌筒的料帘技术,加长的逆流式中置火焰烘干搅拌筒技术,"三滚筒"再生拌和设备,双滚筒式沥青混料再生拌和设备等。主要结构如图 7.1-5 ~ 图7.1-17所示。

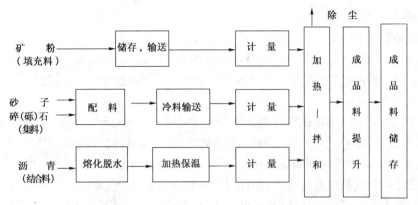

图 7.1-14　连续滚筒式厂拌热再生的工艺流程

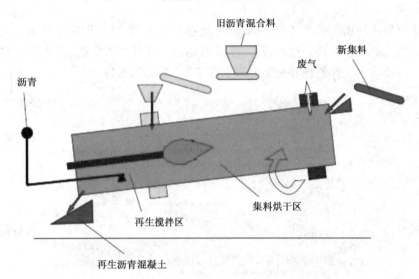

图 7.1-15　连续式加长滚筒再生设备

图 7.1-16　顺流式滚筒和中间加入式结构示意图

图 7.1-17　三滚筒再生设备

7.1.3.2 就地热再生

就地热再生是把原沥青混凝土路面在道路现场100%再生,包括加热、铣刨、喷洒再生剂(视情况)、添加新集料、拌和、摊铺和碾压等工序。通常处理路面表面层的病害,处理深度一般在2~5cm深度。

就地热再生设备根据是否加铺新磨耗层分为:复拌再生机组和加铺再生机组。

1)复拌再生机组

复拌再生工艺是通过添加按试验室确定的级配和油石比的新沥青混合料、再生添加剂,经现场搅拌、摊铺、压实,可改进(修正)包括集料级配、抗滑系数、沥青含量、沥青的流变特性、混合料稳定性和空隙性等,再生后的路面特性可得到明显改善,达到《公路沥青路面施工技术规范》(JTG F40—2004)的要求。适合于老化路面和重载路面的改造、非稳定磨损路面的恢复,恢复路面摩擦特性和防水性能,改善横坡度,消除车辙,大幅提高路面强度,对于处治车辙、松散、老化和其他50mm以内的路面缺陷是最经济有效的解决方案。

复拌作业法可形成高质量的磨耗层,其寿命可超过8~12年,具体取决于原有路面、添加混合料和再生剂的质量。施工时所用新料的比例很少,施工后路面高程基本不会增加,与传统方法相比具有较强的经济可比性。复拌再生工作原理和施工原理如图7.1-18、图7.1-19所示。

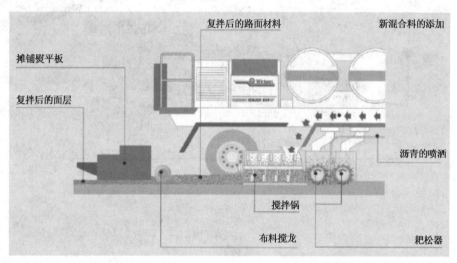

图7.1-18 复拌再生工作原理图

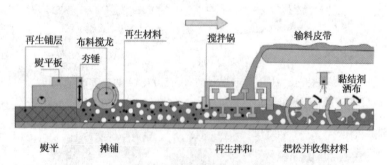

图7.1-19 复拌再生法的施工原理图

复拌再生机组由二台路面加热机、一台加热铣刨机、一台加热复拌机组成,摊铺机、压路机、自卸车为必备的辅助设备,施工时共同编组进行连续作业,用于高等级公路的大面积连续翻修作业,具有就地加热、翻松(铣刨)、添加再生剂、添加新集料、新旧料复拌、烘干、摊铺、整平、压实等功能,可一次成型新路面,旧路沥青混合料100%就地再生利用,具有节约资源、减少环境污染、作业时不封闭交通、经济和社会效益都非常显著等特点。

该机组采用集成化设计,大量应用液压驱动、总线控制、电子传感、热风循环等先进技术,成为国内外技术最复杂、机群智能化程度最高的成套养护设备,可彻底实现路面施工自动化流水作业,整套机组作业和施工工艺如图7.1-20和图7.1-21所示。

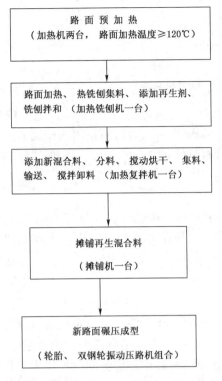

图 7.1-20　复拌再生施工工艺

图 7.1-21　复拌再生工艺流程及设备

复拌再生机组有以下特点:

(1) 采用多步法作业、全程加热、工艺柔性好

该机组由4台设备组成,总加热量为800多万大卡,可确保机组在较高的施工速度和较低的环境温度下正常施工;

路面加热器总加热面积为 $125m^2$,可使每处路面的加热时间达到 13min 以上,热传导时间可达 40min,保证集料芯部充分受热,路面底层温度达到90℃,混合料摊铺温度130℃以上,通过压路机的碾压,这不仅有利于再生面层和下面层热连接,完全为一体,杜绝层间连接不良现象,而且还有利于路面底层裂纹的病害的愈合,同时也可保证改性沥青路面摊铺温度的要求,利用专业的摊铺机进行摊铺,保证了路面的成型度。

(2) 以柴油为燃料,采热风循环加热技术

①以柴油为燃料,来源可靠,现场加注方便,较传统燃烧方式可节省燃料30%以上;

②由于可对回风温度进行控制及热空气的含氧量极少,因此施工过程中路面沥青不会烧焦、老化;

(3) 该机组结构合理,运输方便,行走系统采用全液压驱动,无级变速,施工速度稳定,转向机构采用四轮转向,由液压控制并可自动复位,施工作业时行进路线的调整灵敏快捷,侧向行走功能使机组在车道间迁移非常方便。

(4)采用基于总线的智能控制技术,利用友好的人机交互接口可实现如下功能:
①系统工作状态的快速监测;
②系统的故障诊断;
③新混合料添加比例的动态精确控制;
④再生剂添加量动态精确控制;
⑤路面温度的控制。
(5)机组施工速度可达5m/min,每日可再生7 680~12 000m^2的沥青路面。
(6)施工后路面的各项性能指标完全满足《公路沥青路面施工技术规范》(JTG F40—2004)和《公路工程质量检验评定标准》(JTG F80—2004),可与新筑路面相媲美。
(7)与传统工艺相比,原有路面材料可100%再生利用,可降低节省35%的成本和50%的施工周期。

复拌再生机组分为如下部分:

(1)沥青路面热再生加热机

路面加热机用于对路基完好、路面破损的沥青路面进行大面积的连续加热。以红外线辐射和热风循环的方式对沥青路面进行均匀加热,使路面平均温度高于120℃,满足再生施工的要求,保证翻松时集料不会被打碎。热风循环技术可节省燃油消耗30%以上。具有加热均匀、热得快、效率高、无烟无尘、利于环保等优点。

①工作原理

发动机通过分动箱带动五个液压泵工作。使五个泵系统可以同时、也可以单独工作。系统中的泵驱动液压马达带动发电机工作,以满足加热机的用电需要和液压系统中的散热器工作需要。两个系统中的两个泵分别驱动两个液压马达带动两套加热系统的循环风机工作,以满足加热系统对沥青路面加热。闭式系统中的变量泵驱动定量马达带动行走系统工作,以满足加热机在不同的速度下行驶。系统中的泵带动油缸工作,用来调整路面加热器与地面距离及路面加热器对路面的加热宽度;该泵还通过优先阀、转向器带动油缸工作,用来控制行走转向。

加热机驱动桥采用双离合变速器,加热机在低速作业时,则使后桥上的变速箱处在大速比的位置上,加热机需要高速转场行驶时,则使后桥上的变速箱处在小速比的位置上。各挡的无级变速及前进后退均由操纵行驶手柄来改变变量柱塞泵的排量来实现。

该机的加热系统采用热风循环大面积连续加热技术,以柴油为燃料,通过热风炉对强制循环的空气进行加热,经加热后的高温空气受炉膛内的正压作用被送到路面加热器,对路面进行加热。加热能力可通过调节燃烧器的压力及更换喷嘴进行调整。由于加热器箱罩内压力高,可防止冷空气的侵入,热风的排风量大。

工作时,热风炉的燃料燃烧产生高温,将炉内的空气加热至700℃后,循环风机将温度可达700℃的热空气高速喷射到路面加热器,使路面加热板产生红外线及喷射高温气流,路面温度逐渐升高,逐渐软化沥青,达到需要的工作温度。传热方式以辐射和对流为主。热空气的热量一部分传给路面,余温300~350℃的热空气通过循环风机送回到热风炉再次加热使温度上升到700℃,形成热空气循环。这样既可提高热效率又能节省燃料的消耗。由自动控制装置控制加热温度。作业时,首先设定热风温度给定值,自动控制系统根据各传感器回馈的信号,通过控制燃油量和热量,将温度自动稳定在设定的范围内。同时,可以采用提高或降低加热机的行驶速度,来适应路面加热的需要。为了改善高温环境下操作人员的适应条件,该机不配备无线遥控驾驶系统,操作人员可在车下控制该车的行走方向和速度。热风循环式加热装置如图7.1-22所示。

②主要结构

该机主要由发动机、分动箱、专用底盘、加热系统、液压系统、自动控制系统等组成(如图7.1-23)。

目前微波加热式加热机利用微波能加热沥青混合料及路面的技术已引起广泛的注意。微波加热是一种全新的热能技术,与传统加热不同,微波加热不需要外部热源,而是向被加热材料内部辐射微波电

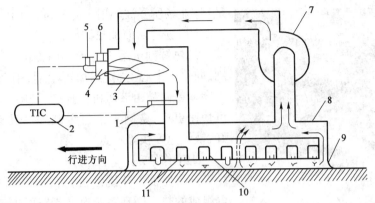

图 7.1-22　热风循环式加热装置

1-温度传感器;2-温度控制装置;3-热风发生装置;4-燃烧器;5-燃料;6-空气;7-循环风机;8-罩壳;9-裙部;10-风道;11-喷嘴

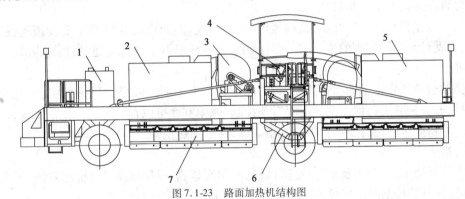

图 7.1-23　路面加热机结构图

1-发动机;2-热风炉;3-循环风机;4-操纵台;5-热风炉;6-行走机构;7-路面加热器

磁场,推动其可动粒子运动,使之相互碰撞,摩擦而生热。也就是被加热物体极性分子的取向在电场中随电场的极性变化而变化,电场越强,极化越强,分子运动和摩擦作用越剧烈。微波加热的效率只与两个因素有关:微波电磁场的能量密度和被加热材料内部可动粒子的数量。控制适当的功率与绝热条件,微波加热可实现超快速升温(400~600℃/min)和超高温加热(>2000℃/min)。

微波是一种电磁波,它的波长很短,频率很高,一般在 300~300 000MHz。当微波以 2 450MHz 的频率工作时,能带动被加热物体中的极性分子以相同的频率来回摆动、摩擦,分子在彼此摩擦的过程中产生热量,从而把热量传递给被加热物体,达到加热物体的目的。

微波加热再生养护设备一般利用汽车通用底盘,搭载微波沥青路面加热器、沥青料加热器、小型压路机、乳化沥青喷洒设备及一些专用养护工具。

微波沥青路面加热器是利用微波将沥青路面加热后进行修补的养护设备。它是微波养护车进行施工作业的主要执行机构,主要由微波系统、冷却系统、机架结构系统、电气控制系统及安全保护装置五部分构成,包括加热器框架、磁控管、灯丝变压器、波导、聚四氟乙烯板、轴流风机、冷却水管组件及微波防护装置等部件,具备路面加热、路面温度检测、微波屏蔽以及微波泄露检测的功能。

美国在 20 世纪 80 年代开始试行用微波加热再生沥青混合物,实现沥青路面的现场热再生。微波加热式综合养护车微波加热装置见图 7.1-24。微波加热路面有如下 4 个特点:

a. 加热速度快。微波加热是使物体本身成为发热物体,特别适合短时间内对热传导较差的物质迅速加热。

b. 加热均匀。微波加热迅速,热惯性小,特别适宜有严格加热规范的领域;不论物体形状如何,都能被微波均匀穿透,因此不会产生沥青外层烧焦而内层未加热的现象。

c. 易于控制。电磁波的穿透力强,加热深度达到 18~22cm,能解决公路较深处的病害。

d. 微波在金属制成的封闭加热室内和波导管中工作,可对病害路面进行反复多次的加热。

选购微波加热沥青路面修补装备时应注意作业场所微波辐射的卫生安全,装备的微波辐射量应满

图7.1-24 微波加热装置

足《作业场所微波辐射卫生标准》(GB 10436—89)的要求。

(2)沥青路面加热铣刨机

加热铣刨机用于对预热路面的二次加热、路面两侧铣刨、向路面中心集料、添加再生剂、中间路面铣刨及拌和等工序。铣刨鼓由液压机构控制,铣刨深度可精确调整,刀具可快速更换,铣刨中集料无破碎。具有操作简便、可控性好、铣刨速度快等特点。

①工作原理

沥青路面加热铣刨机,由自身带的热风炉和路面加热器组成的热风循环系统对沥青路面进一步加热软化。两侧铣刨鼓铣刨已软化了的沥青路面,同时用刮板把铣刨翻松了的沥青混合料向路面的中央集料。

微处理器会根据机组的工作速度、铣刨宽度、铣刨深度、旧沥青混合料的比重及预先设计好的混合料设计方案,自动计算出再生剂的使用量。再生剂泵送系统把再生剂自动地、按预先设计好的比例均匀地洒在集料堆上。

中间铣刨鼓边铣刨软化了的沥青路面,边对洒有适量再生剂的混合料堆进行搅拌、翻松,并进一步向路中央集料,形成一条集料带。铣刨深度自动控制,铣刨宽度可以在一定的范围内无级调整。全液压驱动无级变速的超低速行驶的加热铣刨机专用底盘,保证加热铣刨机与机组同步。

②主要结构

由发动机及分动箱、全液压驱动超低速行驶的专用底盘、热风加热系统、铣刨系统、再生剂系统、液压系统、含有微处理器控制的电气仪表系统组成(图7.1-25)。

铣刨系统由两个铣刨鼓和一个中间铣刨鼓组成,铣刨鼓由液压机构控制,铣刨深度可精确调整,刀具可快速更换。

再生剂添加系统包括添加剂储罐、油泵和控制阀,系统由计算机控制。设置丙烷燃烧器,通过加热降低添加料黏度。在侧铣刨鼓与中间铣刨鼓之间洒再生剂,通过中心铣刨鼓使用旧料与再生剂充分混合。

底盘所有轮胎具有耐高温性,制动系统为气动控制,另装有停车制动器以方便操纵。操纵台设在机器后部,驾驶座椅可旋转。

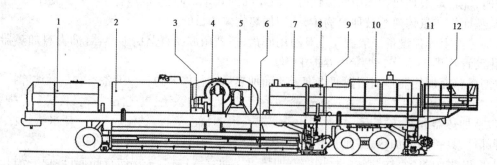

图7.1-25 沥青路面加热铣刨机结构图

1-柴油箱;2-燃烧室;3-燃烧器;4-燃烧涡流风机;5-循环热气风机;6-加热板;7-再生剂储箱;8-液压油箱;9-左右侧铣刨鼓;10-柴油机;11-中心铣刨鼓;12-操作面板

(3)沥青路面加热复拌机

加热复拌机主要用于连续完成新沥青混合料的添加、混合料的摊平、搅动烘干加热、集料、上料、搅拌卸料等工序。新混合料出料可自动比例控制,并与搅拌和摊铺功能相匹配。特有的后期搅动、烘干、加热工艺设计,可确保旧料与新添加料的充分加热,排除旧混合料的固有水分。通过边沿和底层的加热,实现优良的热接缝和边界黏结,再生路面厚度可达60mm,路面质量极佳。

①工作原理

沥青路面加热复拌机在施工过程中主要与摊铺机配合作业,通过变速操纵使其行驶速度与摊铺机的速度相一致。机头前方的受料斗用于从自卸车上接受新沥青料,并由微处理器自动控制受料斗刮板的速度,使其自动按一定的比例补充新的沥青混合料到经铣刨翻松后的旧沥青混合料堆上。然后,用分料螺旋将新、旧沥青混合料边进行就地混合,边向两侧摊开。

由热风炉和带有柔性搅动齿的路面加热器组成的热风循环加热系统对摊开了的沥青混合料再进行充分加热,以排除混合料中的固有水分。路面加热器大量的柔性搅动齿可使混合料进一步翻松,从而使混合料快速均匀受热。然后由集料螺旋把摊开了的沥青混合料重新收集起来,经倾斜输送器输送到搅拌锅内,进行最后一次的强制搅拌。拌和好的再生混合料由出料闸板控制,根据摊铺机的摊铺能力自动落入摊铺机的受料斗内进行摊铺作业。

全液压驱动、无级变速、超低速行驶的热再生复拌机专用底盘,可以与机组工作速度同步。

②主要结构

由发动机及分动箱、全液压驱动超低速行驶的专用底盘、受料斗、分料螺旋、热风炉和带有特殊装置的路面加热器的加热系统、集料螺旋和倾斜输送器、搅拌锅、液压系统、含有微处理器的电气仪表系统等组成(见图7.1-26)。受料斗在运输时可与主机方便分离。

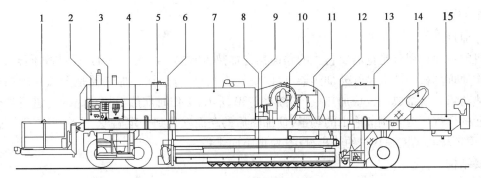

图 7.1-26　加热复拌机结构图

1-料斗;2-操作板;3-柴油机;4-操作台;5-液压油箱;6-螺旋分料器;7-燃烧室;8-加热混合板;9-燃烧器;10-燃烧涡流风机;11-热气循环风机;12-螺旋集料器;13-柴油箱;14-刮板送料机;15-双轴搅拌锅

2)加铺再生机组

加铺再生工艺是在复拌再生工艺的基础上加铺一层超薄的磨耗层的工艺,不采用加铺工艺时就是复拌再生,这种设备配备两级布料螺旋和两级熨平板,新集料添加在拌缸中就是复拌再生,新集料添加在第二级布料螺旋前面就是加铺再生。加铺再生的工作原理,施工原理和工艺流程如图7.1-27~图7.1-29所示。

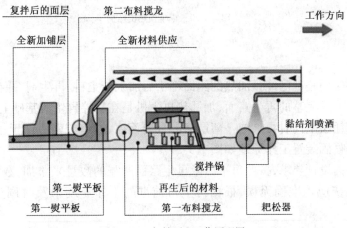

图 7.1-27　加铺再生工作原理图

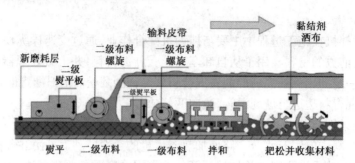

图 7.1-28　加铺再生法的施工原理图

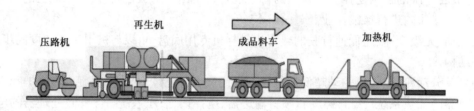

图 7.1-29　加铺再生工艺流程图

(1)预热机

①工作原理

预热机的主要作用就是把需要再生的路面预先加热,使之软化,为后面的再生机进行热铣刨创造条件。其工作原理的核心部件是红外加热器,以丙烷气为燃料,每个红外加热器是个独立的加热单元,多个红外加热器组合拼结成一整块加热板,如图 7.1-30 所示,工作时加热板扣在路面上进行加热,通过调节加热单元的燃气压力来调节输出的热量,使加热后的路面软化到一定温度,预热机在工作过程中要缓慢移动,根据环境状况控制热量的输出,以避免把路面烤焦。

②主要结构

加铺再生机组的预热机主要由以下部分构成:操作台、发动机、液压驱动系统、行走系统、转向系统、电气系统、燃料罐、加热板和燃气系统组成。

图 7.1-30　再生预热机结构

(2)热再生机

①工作原理

热再生机的主要作用是把已经预加热的路面耙松后加入新集料、再生剂,并在下卧式搅拌缸中进行搅拌,然后摊铺碾压,形成完整的再生路面,加铺热再生机是在复拌再生的基础上加装了一套加铺机构,可以在复拌再生的磨耗层上同时再加铺一薄层新混合料面层,这道工序由位于一级熨平板后面的二级熨平板完成。再生剂喷洒装置工作原理如图 7.1-31。

再生剂的添加根据设计要求,按照每平方米再生路面所需的数量来添加,数量一般都比较少,因此再生剂的计量控制系统应该准确无误,根据再生机前进的工作速度来及时调整流量,确保达到设计要求。

②主要结构

热再生机主要由操作台、发动机、驱动行走系统、燃气罐、计量料斗、再生剂罐、接料斗、油箱、红外加热板、耙松器、搅拌缸、布料螺旋和熨平板等组成,如图 7.1-32 所示。

7.1.3.3 厂拌冷再生

当我们拥有平时积攒下来的回收沥青路面材料(RAP)或当不能现场再生路面时,采用厂拌冷再生是可行的办法,回收沥青路面材料(RAP)可以来自附近的路面铣刨工程、路面破碎后形成的油皮或者是施工废弃的热混合料,为了确保再生混合料的质量,这些 RAP 在进行厂拌冷再生前通常要进行破碎、筛分处理,

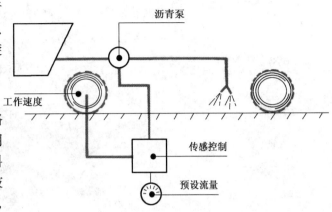

图 7.1-31　再生剂喷洒装置工作原理图

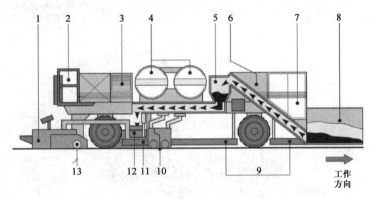

图 7.1-32　热再生机主要结构

1-液压伸缩式熨平板;2-操作台;3-发动机;4-燃气罐;5-计量料斗;6-燃油箱;7-再生剂储罐;8-接料斗;9-红外加热板;10-液压伸缩式耙松器;11-红外加热板;12-机载搅拌锅;13-布料螺旋

以控制 RAP 的最大粒径。厂拌冷再生可分为移动式和固定式两种。

1)移动式厂拌冷再生

(1)工作原理

把破碎筛分好的回收沥青路面材料(RAP)用装载机加入到配料斗中,通过上料皮带及称重装置,回收沥青路面材料(RAP)被送入搅拌锅,根据冷再生配比设计,加入一定百分比的水泥、水、热沥青(乳化沥青)在拌缸中连续拌和后落到卸料皮带上,输送到自卸车斗内,或者堆成料堆备用,这些工艺过程全部在控制室内由一人操作完成,它是一种由微机控制的连续式的再生工艺,如图 7.1-33 所示。

(2)主要结构

移动式厂拌冷再生设备主要由控制室、动力总成(发动机和液压系统)、集料斗、搅拌锅、水箱、水泥配料装置、集料配料皮带、卸料皮带、再生黏结剂喷洒系统等组成,如图 7.1-34 所示。

2)固定式厂拌冷再生

(1)工作原理

固定厂拌冷再生设备和普通强制间歇式沥青混合料拌和楼工作原理相似,是强制间歇式搅拌再生。把破碎筛分好的回收沥青路面材料(RAP)用装载机加入到配料斗中,通过上料皮带回收沥青路面材料(RAP)被送入料仓中,根据冷再生配比设计,每一个搅拌周期把一定数量的(RAP)加入到拌锅中,再加入一定百分比的水、水泥、乳化沥青等黏结材料,充分搅拌后的成品料卸到自卸车斗内,这些工艺过程全部在控制室内由一人操作完成。

(2)主要结构

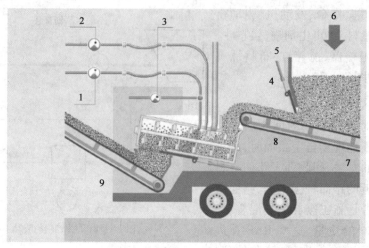

图 7.1-33 移动式厂拌冷再生原理
1-微机控制的热沥青泵;2-微机控制的加水泵;3-微机控制的发泡用水泵;4-添加水泥;5-配料斗;6-加入材料;7-配料皮带;8-双轴连续式搅拌锅;9-卸料皮带

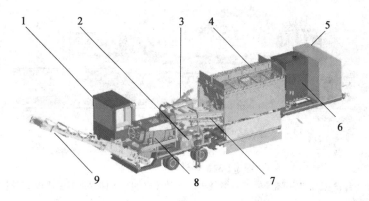

图 7.1-34 移动式厂拌冷再生结构示意图
1-可以摆动的驾驶室;2-水、乳化沥青、泡沫沥青喷洒系统;3-水泥配料;4-集料斗;5-178HP 的柴油发动机;6-4500L 的水箱;7-集料配料皮带;8-双轴强制卧式搅拌锅;9-卸料皮带

固定厂拌冷再生设备主要由控制室、动力总成(电机)、料仓、搅拌锅、水罐及喷水系统、水泥上料及称重装置、上料皮带及称重装置、乳化沥青罐和泵送计量装置等组成(如图 7.1-35)。

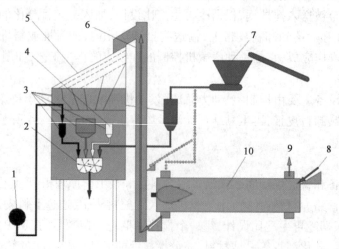

图 7.1-35 间歇式厂拌冷再生设备
1-沥青;2-搅拌;3-称量;4-矿粉;5-筛分;6-热提升机;7-回收的旧沥青混合料;8-新集料;9-废气;10-烘干筒

7.1.3.4 就地冷再生

就地冷再生是利用现有旧铺层材料(面层甚至基层),需要时加入部分新集料,按比例加入一定量的添加剂,在自然环境温度下连续地完成材料的铣刨、破碎、添加、拌和、摊铺及压实成型的作业过程(如图7.1-36)。冷再生所生成的一般作为改造后的路面基层,在轻交通道路上在上面封层即可,重交通道路需摊铺沥青混凝土。沥青路面就地冷再生分为沥青层就地冷再生和全深式就地冷再生两种方式。

图7.1-36 就地冷再生配套机组及施工作业简图

1)沥青层就地冷再生

(1)工作原理

多机式的沥青层就地冷再生设备的工作原理是:后出料式大型铣刨机(3~3.7m)把50~100mm(视设计情况,有时可达150mm)厚度的路面沥青面层铣刨后,通过后出料式铣刨机卸料皮带,这些RAP被直接卸在后面跟随的带破碎筛分功能的平板拖车上进行破碎和筛分,随后完成破碎和筛分的RAP连同一定比例的水、乳化沥青(或泡沫沥青)被直接送入搅拌缸中进行搅拌再生,随着机组的行进,再生后的混合料被堆成纵向料堆,然后用拾料机和标准的摊铺机进行摊铺碾压工作,也有些设备将拌和设备直接放置在摊铺机上,或者将拌和好的混合料直接卸在摊铺机上。其工作原理和作业流程如图7.1-37、图7.1-38所示。

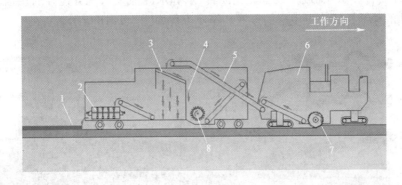

图7.1-37 沥青层就地冷再生设备工作原理图

1-再生路面层;2-搅拌机;3-振动筛;4-超尺寸材料;5-材料传送带;6-铣刨机;7-冷铣刨;8-冲击破碎

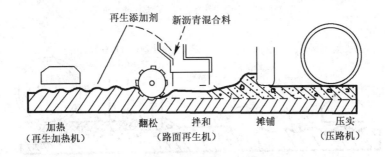

图7.1-38 沥青层就地冷再生作业流程

多机式的沥青层就地冷再生设备能很好地控制RAP的最大粒径,拌和机上的上料和黏结剂的喷洒都经过准确计量控制,因此这样生成的再生混合料和厂拌冷再生具有同样的质量效果。

（2）主要结构

多机式的沥青层就地冷再生设备通常由后出料式大型铣刨机(3~3.7m)、装在拖车上的破碎机、筛分机和拌和机以及(必要时增加拾料机)摊铺机组成(图7.1-39)。

图7.1-39　沥青层就地冷再生设备主要结构图

2）全深式就地冷再生

（1）工作原理

全深式就地冷再生设备是在大型路拌机的基础上发展起来的,主机的工作原理如图7.1-40所示,按照就地冷再生配合比设计,铣刨与拌和转子把一定深度的路面材料铣刨下来的同时,向铣刨罩壳内喷洒一定数量的泡沫沥青和水泥稀浆(或者乳化沥青、水和水泥稀浆),充分搅拌后由后面随车的摊铺装置、平地机或单独的摊铺机完成再生层的摊铺。作业流程如图7.1-41所示。

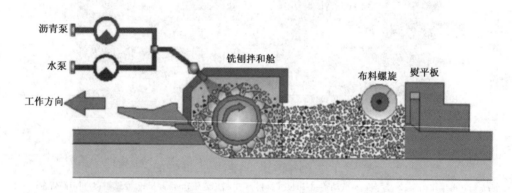

图7.1-40　全深式就地冷再生设备工作原理图

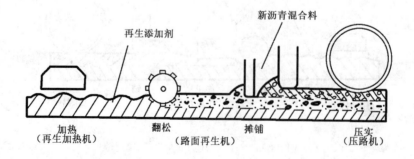

图7.1-41　全深式就地冷再生作业流程

(2)主要结构

全深式就地冷再生一般是单机组作业,也有的机型是在单机组的基础上再增加拾料机和摊铺机联合作业,其主机核心部分的主要结构包括:由动力系统、行走转向装置、车架结构、液压系统、电控系统、铣刨与拌和转子、乳化沥青计量装置(泡沫沥青发生及计量装置)、水或水泥稀浆喷洒系统、(摊铺装置)、驾驶室等组成。配备微机自动控制的多种黏结剂喷洒系统如图7.1-42所示。

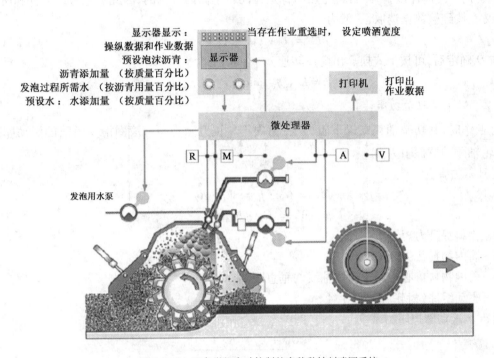

图 7.1-42 配备微机自动控制的多种黏结剂喷洒系统

7.1.4 选型原则与步骤、主要参数计算

7.1.4.1 主要参数计算

烘干滚筒体容积 $V(\mathrm{m}^3)$ 直接影响单位时间内通过筒内的燃气量,确定筒体容积的简便方法可根据水分的小时蒸发率 A(即筒体容积 $1\mathrm{m}^3$ 在 $1\mathrm{h}$ 内所蒸发水分的质量)来计算,此时:

$$V = \frac{W}{A} = \frac{w \cdot Q}{A} \tag{7.1-1}$$

式中:W——单位时间蒸发水分的质量,kg/h;

w——砂石料的含水率,%;

Q——烘干筒的生产率,kg/h;

A——烘干筒的蒸发率,kg/(m^3/h)。

筒体的长度 $L(\mathrm{m})$ 及安置角 α(相对于水平线的倾角)决定着砂石料在筒内的移动速度和停留时间,因此也影响着烘干与加热的效果。筒长可根据被烘干的砂石料在筒内的稳动情况及所需停留时间 t 来确定:

$$L = h_{\mathrm{cp}}\tan\alpha \cdot Z \cdot n \cdot t \tag{7.1-2}$$

式中:h_{cp}——砂石料的平均提升高度,m,$h_{\mathrm{cp}} = 0.6D$;

α——筒体安置角,$\alpha = 3° \sim 6°$;

Z——筒体提升次数;

h——筒体转速,r/min;

D——筒径,m。

由于 $h_{cp} = f(D)$,因而可以根据现有沥青混凝土搅拌设备的烘干筒尺寸选取 D。

通常 L 与 D 之间有如下关系:

$$\frac{D}{L} = \frac{1}{4} \sim \frac{1}{7} \tag{7.1-3}$$

对于连续式滚筒搅拌设备,砂石料与热沥青是在同一个筒内进行的,因此必须考虑为拌和所需的筒的长度,建议 L' 按经验数据选取,一般为

$$L' = L + (0 \sim 1.5) \tag{7.1-4}$$

在 L 与 D 确定后,可按下式换算出筒体转速 $n(\text{r/min})$:

$$n = L/(h_{cp}\tan\alpha \cdot Z \cdot t) \tag{7.1-5}$$

7.1.4.2 烘干筒驱动功率计算

烘干筒工作时,其功率消耗在以下阻力上:筒内物料提升阻力 W_1;滚圈沿支承滚的滚动摩擦阻力 W_2;支承滚轮轴颈的摩擦阻力 W_3。

物料提升阻力 W_1:

$$M_1 = G_M \cdot b = W_1 \cdot R_Z \tag{7.1-6}$$
$$W_1 = G_M \cdot b/R_Z$$

式中:M_1——物料提升力矩,kN·m;
G_M——筒内物料重力,kN;
b——筒内物料重心相对于筒体轴线的垂直距离,m;
R_Z——驱动组件(齿轮、齿圈)半径,m。

滚圈沿支承滚动摩擦阻力 W_2:

$$W_2 = \frac{(G_M + G_\delta)(R_\delta + r)k_1}{rR_Z\cos\gamma} \tag{7.1-7}$$

式中:G_M——筒内物料重力,kN;
G_δ——筒体重力,kN;
R_Z——支承滚轮半径,m;
R_δ——滚圈半径,m;
r——支承滚轮半径,m;
k_1——滚圈沿滚轮的滚动摩擦系数,$k_1 = 0.0002 \sim 0.0005$。

支承滚轮轴颈的摩擦阻力 W_3:

$$W_3 = \frac{(G_M + G_\delta)k_2 \cdot r_0 \cdot R_{\delta 1}}{rR_Z\cos\gamma} \tag{7.1-8}$$

式中:k_2——支承滚轮轴颈摩擦系数;
r_0——支撑滑轮轴颈半径,m。

克服阻力 W_1、W_2 和 W_3 所需的圆周力为:

$$\sum W = W_1 + W_2 + W_3$$

所以有驱动功率 P:

$$P = \sum W \cdot v_Z/\eta \tag{7.1-9}$$

式中:$\sum W$——圆周力,kN;
v_Z——驱动齿轮圈的圆周速度,$v_Z = \pi \cdot R_Z \cdot n/30 = 0.105 n \cdot R_Z$;
η——烘干筒驱动机构的机械效率。

7.1.4.3 拌和器及参数计算

叶桨式拌和器是沥青混凝土混合料的拌和设备,是制备路面混合料全工艺过程的最后主要装置。

在拌和器内把按一定配合比称量好的砂石料、矿粉和沥青,均匀搅拌成所需要的成品料。

为了保证混合料既沿拌和器机壳纵向又沿横向高速循环,沿拌和容积各组分均匀分布速度取决于桨叶与轴线的安装角,拌和设备各机组的配置方式,矿料向拌和器内进料方式以及拌和器内混合料运动方式。

沿拌和容积各组分均匀分布时间的确定:集料沿拌和筒体分布的原始不均匀性决定于热料漏斗,集料计量给料器及粉料计量给料器与拌和器筒体的配置关系,质量漏斗计量给料器的结构及其与拌和器筒体的布置关系。这些也决定了拌和器筒体的形状。

按集料计量和进入拌和器的方式,备料斗的布置又可以分为集料和粉料在同一个计量斗称量和粉料在独立的计量斗内称量两种。根据集料和粉料沿拌和筒长度分布均匀性分析,可见各装置纵向布置方案不合理,而横向布置和综合布置方案比较理想,因为它们能在最短时间内得到最均匀地分布,因而得到广泛采用。

拌桨轴转速确定:

$$v_1 \geq v_\infty \quad 或 \quad wR = gt \tag{7.1-10}$$

式中:v_1——桨叶端部速度,m/s,$v_1 = wR$;

v_∞——混合颗粒从高度 h_2 下落的速度(m/s),$v_\infty = gt$;

w——桨叶角速度,s^{-1};

R——桨叶外缘半径,m;

g——重力加速度,m/s^2;

t——颗粒从 h_2 高度下落的时间,s。

混合料下落时间可以从下落高度公式中确定:

$$h_2 = gt^2/2 \tag{7.1-11}$$

由此得:

$$t = \sqrt{\frac{2h_2}{g}} = \sqrt{\frac{(2.6 \sim 3)R}{g}}$$

将 t 带入 $wR = gt$,得:

$$wR = g\sqrt{\frac{(2.6 \sim 3)R}{g}} \tag{7.1-12}$$

由式(7.1-12)可求得角速度:

$$w = \frac{g}{R}\sqrt{\frac{(2.6 \sim 3)R}{g}} = (1.61 \sim 1.73)\sqrt{\frac{g}{R}} \tag{7.1-13}$$

此时,桨叶端部的圆周速度为:

$$v_1 = wR = (1.61 \sim 1.73)\sqrt{gR} \tag{7.1-14}$$

拌桨轴的转速 n(r/min):

$$n = \frac{w}{0.105} \frac{(1.61 \sim 1.73)}{0.105}\sqrt{\frac{g}{R}} = (15.3 \sim 16.5)\sqrt{\frac{g}{R}} \tag{7.1-15}$$

试验表明,当 $v_1 > 3$m/s 时,在拌和器底和桨叶端部的间隙中将产生过多的碎石,并有楔住现象发生,因而增大了功率消耗,也增加拌和器零件的磨损及不适当的粉碎石料。为此,近年来双速传动的拌和器得到了采用。在搅拌砂质和细粒混合料时,拌桨轴应采用标准转速;在搅拌中粒和粗粒混合料时,采用低转速,此时 $v_1 = 2.5 \sim 3$m/s,一般为 $v_1 \leq 2.7$m/s。

拌和器驱动功率计算:

筑路用拌和器的驱动功率计算可以按下述四种方法进行。

①根据物理学和动力学定律建立的解析式计算;

②根据足够合理的半分析基础上的经验公式计算;

③在相似理论和因次分析基础上导出的公式计算;

④按经验公式计算。

研究双轴桨叶式拌和机的工作主要目的是得到第一类计算公式，也就是得到普通方程。但是，由于第一类方程问题的解特复杂，到目前尚未得到，而第二类和第三类公式要求引入一个修正系数 $\beta = 1.5 \sim 9$。

经验公式拌和机的驱动功率为：

当 $m \leqslant 1\,400\,\mathrm{kg}$ 时：

$$N = \frac{v}{2.3}0.0353m \tag{7.1-16}$$

当 $m \geqslant 1\,400\,\mathrm{kg}$ 时：

$$N = \frac{v}{2.58}(29.1 + 0.0173m) \tag{7.1-17}$$

式中：v——叶片末端的圆周速度，m/s；

m——拌和物质量，kg。

7.1.5 主要生产厂家典型产品及技术性能和参数

7.1.5.1 厂拌热再生设备

厂拌热再生设备的主要生产厂家如下：

（1）福建铁拓机械有限公司，主要的产品型号有 RGB、RLB 和 RLBZ 系列沥青混合料再生设备。

①RGB 系列（图 7.1-43）特点：RGB 系列产品采用模块式设计，转场快，安装就位方便快捷；可单独使用，也可与原有的拌和楼配合使用。产品部分参数如表 7.1-2

RGB 系列厂拌热再生设备参数   表 7.1-2

型号	RGB-600	RGB-800	RGB-1000	RGB-1200	RGB-1500
生产能力（t/h）	45	60	80	100	120
整机功率（kW）	220	240	300	320	360
燃料消耗（kg/t）	燃油：6.5；燃煤：15				
计量精度	集料：±0.5%；再生剂：±0.2%；沥青：±0.2%				

②RLB 系列（图 7.1-44）特点：完全利用再生；旧料的破碎不破坏原旧集料集配；独特的旧料加热系统使火焰不直接接触旧料，旧料上的沥青不会老化；独特的干燥滚筒提料叶片有效地防止了旧料与滚筒附着；计量准确可靠；热料输送快捷，顺畅，不粘料；热料温度控制准确可靠。产品部分参数如表 7.1-3。

图 7.1-43 RGB 系列厂拌热再生设备

图 7.1-44 RLB 系列厂拌热再生设备

RLB 系列厂拌热再生设备参数   表 7.1-3

型号	RLB-600+600	RLB-1000+1000	RLB-1500+1500	RLB-2000+2000
生产能力（t/h）	96	160	240	320
整机功率（kW）	350	420	600	720
搅拌缸容量（kg）	1 200	2 000	3 000	4 000

续上表

型号	RLB-600+600	RLB-1000+1000	RLB-1500+1500	RLB-2000+2000
燃料消耗(kg/t)	燃油:5.5~8;燃煤:13~18			
再生料最大添加比	1:1			
计量精度	集料:±0.5%;粉料:±0.2%;沥青:±0.2%			

③RLBZ系列(如图7.1-45)。特点:基于用户已有原生沥青混合料搅拌站基础上改造,加装附楼式沥青混合料再生设备,提高了原生机组的使用率,为用户减少设备投入。该设备将回收料的加热在一个专门的干燥筒内完成,该设备与强制间歇式的沥青混合料搅拌设备配套使用。它主要由回收料供给系统,提料系统,干燥系统,热回收料储存仓,热回收料称量斗,有害气体吸收管道及控制系统等组成。产品部分参数如表7.1-4。

RLBZ系列厂拌热再生设备参数　　　　　　　　　　　　　　表7.1-4

型号	RLBZ-600	RLBZ-800	RLBZ-1000	RLBZ-1500
生产能力(t/h)	48	60	80	120
整机功率(kW)	120	140	160	200
燃料消耗(kg/t)	燃油:5~7.5;燃煤:3~1.5			
再生料最大添加比	1:1			
计量精度	再生集料:±0.5%;再生剂:±0.2%;沥青:±0.2%			

(2)无锡雪桃集团,主要产品有PRD系列沥青混合料再生设备。

PRD系列(如图7.1-46)。产品主要参数如表7.1-5。

图7.1-45　RLBZ系列厂拌热再生设备

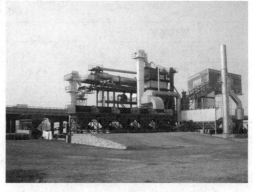

图7.1-46　PRD系列厂拌热再生设备

PRD系列厂拌热再生设备参数　　　　　　　　　　　　　　表7.1-5

型号	PRD500	PRD1000	PRD1500	PRD2000
总装容量(kW)	50	85	116	155
旧料加热产量(t/h)	30~40	60~80	90~120	120~160
配套机型	AMP1000	AMP2000	AMP3000	AMP4000
产量(t/h)	60~80	120~160	180~240	240~320
旧料最多添加量(%)	≤45			
主机占地面积(长×宽,m)	9×3.5	10×3.5	12×3.5	14×3.5
燃油消耗率(kg)	≤6.0			
燃油种类	重油/轻油/天然气			
温度控制(℃)	±5			

7.1.5.2 就地热再生设备

就地热再生设备的主要生产厂家和产品介绍如下。

(1) 中联重科，主要产品为 LZ4500 沥青路面就地热再生成套设备（图 7.1-47）。

图 7.1-47 中联重科 LZ4500 沥青路面就地热再生设备

该产品特点如下：可满足多种就地热再生工艺（如复拌、加铺等）的施工要求；采用热风循环的加热方式，热效高，施工无烟气，与进口同类产品相比，燃料费用节约 40%，更环保节能；以柴油为加热燃料，采购成本低，燃料使用上更方便、更安全，也容易获得施工许可；针对国内路面基层含油低的问题，特别增加了喷洒乳化沥青的功能，可同时进行再生剂和乳化沥青的喷洒，更适于国内用户；整套热再生设备均采用全液压驱动，施工时可随时无级调整各工作装置的作业宽度，操作可靠方便；复拌机采用再生料防离析装置及控制，有效避免国外同类机器在施工中的出现的离析现象；复拌机采用前后桥全驱全转行走系统，转弯半径小，并可蟹行，行动灵活，设备维护空间大，便于保养维修；整机控制采用工程机械专用控制器显示器，使用 CAN 总线通信技术，具有人机交流、自我诊断、维护向导、数据管理等功能，智能化水平更高，大大方便了设备的操作和维护。主要参数如表 7.1-6。

中联 LR4500 型就地热再生设备参数　　　　　表 7.1-6

项　目	单　位	参　数
LR4500 热风循环加热机		
加热宽度	mm	2 800 ~ 4 500
加热能力	kcal/h	240×10^4
工作速度	m/min	0 ~ 5
行驶速度	km/h	0 ~ 5
加热形式/燃料		热风循环/轻柴油
热风返回温度	℃	550 ~ 750
发动机型号及功率		道依茨 BF6M1030/133kW/2300rpm
整机质量	t	22
外形尺寸	mm	1 200 × 2 800 × 2 775
LF4500 综合式复拌机		
再生宽度	mm	3 000 × 4 500
再生深度	mm	0 ~ 66
再生加铺厚度	mm	0 ~ 66
工作速度	m/min	0 ~ 5
行驶速度	km/h	0 ~ 3.5
加热能力	kcal/h	120×10^4
加热形式及燃料		热风循环/轻柴油
搅拌生产率	t/h	150
摊铺拱度调节范围	%	0 ~ 3
发动机型号及功率		道依茨 BF6M1015CP/330kW/2100rpm
整机质量	t	56
外形尺寸	mm	16 900 × 3 400 × 3 200

（2）维特根4500型热再生机组（如图7.1-48、图7.1-49）。

图7.1-48　维特根4500型热再生机组

图7.1-49　维特根4500型热再生机组

该产品特点：采用燃气红外加热原理加热路面，加热效率高、清洁环保；机组构成简单、紧凑，工作时，交通协调容易、施工运营成本低、停放时占地少；新黏结剂/再生剂、新混合料的添加为自动控制，精确、可靠；全封闭式机载搅拌锅（双卧轴强制式），拌和均匀、再生质量高；耙松装置工作宽度无级调节，精确、适用性强；耙松装置后面配备刮平铲，保证耙松下来的材料均进入拌和锅得到再生；机载摊铺熨平装置无级伸缩，工作宽度精确，适用性强；加热宽度根据需要变化且始终大于工作宽度，适用性强、纵向接缝可靠；可配备再生加铺层系统，在现有旧路面得到再生的同时，在其上摊铺出全新的优质磨耗层，两层之间热对热连接，连接可靠。因此可以使表面层很薄（2cm左右），节约大量昂贵的磨耗层材料；再生机为全轮驱动，牵引能力强，工作可靠；再生机和加热机均为全轮转向并可蟹行，机动性高，调车容易，提高有效工作时间；配备精确的自动找平系统，使面层获得符合设计要求的纵横坡度。主要参数如表7.1-7。

维特根4500型热再生机组参数　　　　　　　　　表7.1-7

参　数	4500型热再生机	HM4500型加热机	备　注
工作宽度(mm)	3 000~4 500	3 000~4 680	
工作深度(mm)	0~6		
共度调节能力(%)	2.5		
加热能力(kW)	2210	3388	加热机带附加加热板
加热原理	红外加热	红外加热	
加热原料	液化石油气	液化石油气	
发动机功率(kW)	220	37	
冷却方式	水冷	气/油冷却	
工作速度(m/min)	0~5	0~20	
行走速度(km/h)	0~7	0~7	
最大爬坡能力(%)	20	40	
离地间隙(mm)	350	500	

续上表

参　　数	4500 型热再生机	HM4500 型加热机	备　　注
运输质量(kg)	42 320	14 960	加热机带附加加热板
工作质量(kg)	48 820	20 960	加热机带附加加热板
燃油罐容积(L)	750	125	
液压油罐容积(L)	900	125	
沥青罐容积(L)	1 500		
燃气罐容积(L)	5 200	6 000	
料斗容积(m³/t)	3/6		
电系统(V)	24	24	
整机运输尺寸(长×宽×高,mm)	15 200×3 000×2 900	9 300×3 000×2 960	

7.1.5.3　厂拌冷再生设备

(1)江苏华通动力重工有限公司,ARC300E/400E 型固定式厂拌冷再生设备(图 7.1-50)。

ARC300E/400E 系列的产品主要参数如表 7.1-8 所示。

图 7.1-50　ARC300E/400E 型固定式厂拌冷再生设备

ARC300E/400E 型固定式厂拌冷再生设备参数　　表 7.1-8

名称	ARC300E	ARC400E
生产能力(t/h)	300	400
生产功率(kW)	183.25	232.25
主电机功率(kW)	2×55	2×75
集料计量精度(%)	±2	±2
粉料计量精度(%)	±1	±1
水计量精度(%)	±1	±1
乳化沥青计量精度(%)	±1	±1
上料高度(m)	3.6	3.6
卸料高度(m)	3.5	3.5
集料仓容量(m³/只)	10	10
粉仓容量(t)	可选 40、50、80	可选 40、50、80
控制方式	计算机控制、自动、手动操作、报表打印、空调控制室	

(2)维特根 KM200 型移动厂拌冷再生设备(如图 7.1-51)

产品主要参数如表 7.1-9 所示。

图 7.1-51 维特根 KM200 型移动厂拌冷再生设备

维特根 KM200 型移动厂拌冷再生设备参数　　　　表 7.1-9

项　　目	参　　数
拌和能力	200t/h
最大集料尺寸	45mm
运输尺寸及质量	
长度,不含/含控制室	13 400mm/14 710mm
宽度	2 500mm
高度	4 000mm
总质量	约 30 500kg
配料系统	
料斗容积	$2 \times 6m^3$
上料宽度	3 710mm
上料高度(平均)	3 600mm
搅拌锅	
形式	双轴强制卧式
工作原理	连续搅拌式
装机功率	$2 \times 30.0kW$
耐磨保护	全范围耐磨衬板
动力装置	
发动机制造商	道依茨
型号	TCD 2012 L06
冷却方式	水冷
汽缸数	6
功率	131kW/176hp/178PS
发动机转速	2100/min
排量	6 060cm³
满负荷时耗油量	36L/h
箱体容积	
水箱	4 500L
燃油箱	400L
液压油箱	400L
电系统	24V

续上表

项 目	参 数
供料能力	
黏结剂输料螺旋能力	13m³/h
输水能力	200L/min
乳化沥青输送能力	180L/min
发泡热沥青输送能力	160L/min
沥青加热系统	42V
输料系统	
上料皮带宽度	1 000mm
卸料皮带宽度	800mm
卸料皮带摆动角度(右侧/左侧)	20°/35°
控制室尺寸(长×宽×高)	2 000mm×1 310mm×2 450mm

(3) 就地冷再生设备

① 山东德工 WB600/DGL600 WB525 DGL400 系列就地冷再生设备(图 7.1-52)

图 7.1-52 山东德工就地冷再生设备

设备特点如下:旧料全部就地利用,节约资源,保护环境;施工工期缩短一半,施工费用降低三分之一以上;受天气条件影响小,雨天暂停施工,晴天马上恢复施工;施工速度快,可强化基层,提高旧路等级;对公共交通影响显著减少,道路半幅施工时另半幅可照常开通。设备主要参数如表 7.1-10 所示。

山东德工就地冷再生设备参数　　　　表 7.1-10

车型名称	WB600/DGL600	WB525	DGL400
发动机型号	KTA19-C600	KTA19-525	NTA-855-400
额定功率(kW)	448	392	298
拌和宽度(mm)	2 450	2 450	2 310
拌和深度(mm)	0~400	0~400	0~400
作业速度(m/min)	0~15	0~15	0~15
行走速度(km/h)	0~12	0~12	0~18
整机质量(kg)	30 000	30 000	18 000
驱动方式	双驱	双驱	单驱
外形尺寸(长×宽×高,mm)	9 873×3 380×3 530	9 873×3 380×3 530	8 760×3 270×3 500

② 维特根 WR2500S 型就地冷再生机(图 7.1-53)

设备主要参数如表 7.1-11 所示。

图 7.1-53 维特根 WR2500S 型就地冷再生机

维特根 WR2500S 型就地冷再生机　　　　表 7.1-11

项　目	WR2500S 冷再生机配宽度 2438mm 转子	WR2500S 冷再生机配宽度 3048mm 转子
最大铣刨宽度(mm)	2 438	3 048
铣刨深度(mm)	0～500	0～500
转子		
刀间距(mm)	30	37
刀具数量(个)	224	224
含刀具的转子直径(mm)	1480	1480
发动机		
制造商	梅赛德斯-奔驰	梅赛德斯-奔驰
型号	OM444LA	OM444LA
冷却方式	水冷	水冷
汽缸数	12	12
功率(kW/hp/PS)	500/670/680	500/670/680
发动机转速(r/min)	2 100	2 100
排量(cm^3)	21 930	21930
全负荷油耗(L/h)	120	120
2/3 负荷油耗(L/h)	80	80
速度/爬坡能力		
1 挡前进速度(m/min)	0～15	0～15
2 挡前进速度(m/min)	0～40	0～40
3 挡前进速度(m/min)	0～80	0～80
4 挡前进速度(m/min)	0～200	0～200
理论爬坡能力(°)	57	57
转子最大横向倾角(°)	8	8
离地间隙(mm)	370	370
质量		
前轴负荷、满箱(kg)	17 500	18 300
后轴负荷、满箱(kg)	15 500	16 000
自重(kg)	31 500	32 800
工作质量、CE^{-3}(kg)	32 000	33 300

续上表

项　目	WR2500S 冷再生机配宽度 2438mm 转子	WR2500S 冷再生机配宽度 3048mm 转子
工作质量、满箱(kg)	33 000	34 300
轮胎		
形式	人字形	人字形
前/后轮规格	28L26	28L26
箱体容积		
燃油箱(L)	1 500	1 500
液压油箱(L)	270	270
水箱(L)	500	500
电系统(V)	24	24
运输尺寸		
机械尺寸(长×宽×高,mm)	8 500×3 200×3 200	8 500×3 800×3 200

③WR4200 型就地冷再生设备(图 7.1-54)

图 7.1-54　维特根 WR4200 型就地冷再生设备

设备主要参数如表 7.1-12 所示。

维特根 WR4200 型就地冷再生设备参数　　　表 7.1-12

项　目	WR 4200 型冷再生机
工作宽度	2 800～4200mm
工作深度	0～200mm
伸缩式转子	
刀间距	24mm
刀具数	每个 90
含刀具时转子直径	1000mm
固定式转子	
刀间距	20mm
刀具数	150
含刀具时转子直径	1000mm
发动机	
制造商	卡特彼勒
型号	2×15ATAAC
冷却方式	水冷
缸数	2×6(直列)
功率	2×(433kW/580hp/589PS)
发动机转速	2 100r/min

续上表

项　目	WR 4200 型冷再生机
排量	15 200cm^3
满负荷油耗	2×103L/h
2/3 负荷油耗	2×69L/h
电系统	24V/42V/380V
双轴搅拌锅	
尺寸(长×宽×高)	3 200mm×2 000mm×1 150mm
拌和能力	4m^3/h
速度/爬坡能力	
工作挡	0~16m/min
行走挡	0~3.6km/h
工作挡爬坡能力	45%
行走挡爬坡能力	15%
离地间隙	700mm
履带尺寸	2 550mm×500mm×800mm
质量	
自身质量	74 500(kg)
工作质量、CE^{-3}	77 000(kg)
最大工作质量	79 500(kg)
箱体容积	
燃料容积	2 070L
液压箱容积	1 600L
水箱	2 900L
摊铺熨平板	
型号	福格勒 AB500TV
摊铺宽度	2 550~5 000mm
最大路拱能力	4%
运输尺寸	
机器(L×W×H)	12 650mm×3 000mm×3 000mm

7.2　沥青洒布车

7.2.1　概述

7.2.1.1　定义

沥青洒布车是一种黑色路面施工机械,它是公路、城市道路、机场和港口码头建设的主要设备,在采用沥青贯入法、沥青层铺法、表面处治法修筑沥青路面或养护沥青路面和油渣路面时,沥青洒布车可用来运输和洒布液态沥青(包括热态沥青、乳化沥青和渣油),此外它还可向就地松碎的土质供给沥青结合料,修建沥青稳定土路面或路面基层。

7.2.1.2　国内外发展现状及发展趋势

沥青洒布车主要用在沥青贯入法或沥青表面处治法修筑与养护沥青路面,或在基层表面上喷洒沥青透层、黏层,或混合料就地拌和沥青稳定土等施工及养护工程中,进行各种液态沥青材料(包括热态沥青、乳化沥青等)的运输和洒布。此外,大容量的沥青洒布车可用来作为热沥青和乳化沥青等的运载工具。沥青洒布车已成为公路、城市道路、机场、港口码头、水库工程施工中必不可少的机械。

早期的沥青洒布作业是通过柴火、煤或燃油加热沥青后,用人工以瓢泼的方式进行洒布。沥青洒布车于20世纪初问世,20世纪40年代在国外发展成功能较完善的产品,并逐渐系列化,其代表产品是自行直排式沥青洒布车。大型洒布车的沥青箱容量在10 000L以上,洒布宽度在7.5m以上,可喷洒200℃高温的改性沥青。洒布车多采用液压操纵,并配以先进的控制仪表,包括行驶速度、泵的转速、温度、压力、流量等计量仪。洒布宽度调节一般都是用液压机构控制喷嘴开启数量的方法,所有喷嘴都能独立地打开和关闭,所以宽度调节方便、精确。先进的洒布车采用计算机自动控制,在沥青洒布车驾驶室内设有计算机及输入键盘。计算机内储存多种作业配方。在喷洒沥青或乳化沥青黏结层等不同材料时,驾驶员根据洒布规范,将洒布材料的密度、洒布量作为常量,洒布速度、洒布宽度、沥青泵转速等作为变量,通过键盘输入计算机,洒布车就会自动进行喷洒作业。喷洒作业完成后,计算机自动打印出作业的喷洒量、喷洒路面的长度、平均宽度、平均洒布率、温度等数据。沥青泵的结构形式不断地发展,新型结构如圆弧泵等已在工程中使用,提高了对黏稠沥青的适应性能及减磨性能等。

我国于20世纪60年代开始,以国产解放牌汽车底盘为基础车,研制并生产沥青洒布车。其主要特点是:沥青采用火管加热;采用容积式沥青泵;用更换多喷嘴、喷杆的方式改变喷洒宽度;采用调节车速与沥青泵转速的匹配关系来达到预定的洒布量。这种技术在国内几乎保持到90年代都没有显著变化。随着我国公路黑色路面的发展和技术的进步,沥青洒布车也有了很快的发展和提高,至今已有不同型号、多种规格的沥青洒布车。在技术性能上,导热油加热方式替代了原有火管加热方式;折叠式或伸缩式洒布杆取代了通过更换不同长度的洒布杆来改变洒布的宽度;通过液压系统和微机可以更精确地控制和调整沥青的洒布量;电子技术的应用使整车操作更加向智能化、自动化方向发展。但目前国产沥青洒布车在操纵性能、沥青泵的寿命等方面,与国外产品相比仍有一定差距。高性能的沥青泵及洒布系统、计算机控制操纵系统等均有待开发和提高。

随着黑色路面的迅速发展、通车里程不断增加、施工工艺的改变和施工质量要求的不断提高,对沥青洒布车的数量需求越来越多,技术要求也越来越高。沥青洒布车的主要技术进步有以下几个方面:①导热油加热方式取代了传统的火管加热方式。②洒布杆采用折叠和液压伸缩方式改变洒布宽度,取代了以往通过更换不同长度洒布杆改变洒布宽度的方式。③液压传动技术的引入,改变了以往机械式沥青洒布车洒布量调节范围过小的缺陷,现在的沥青洒布车洒布量范围可以在0.3~3 kg/m范围内连续可调。④电子技术的应用使得沥青洒布车向智能化方向发展。⑤先进的测控技术可以消除动力半径变化和地面滑转等因素对洒布量的影响,使洒布精度进一步提高。

7.2.2 分类、特点和适用范围

沥青洒布车可以根据其沥青箱容量、移动形式、喷洒方式及沥青泵的驱动方式进行分类。

(1)根据沥青箱的容量,可将沥青洒布机分为小型(容量小于1 500L)、中型(容量1 500~3 000L)和大型(容量大于3 000L)三种。

(2)根据移动形式,可将沥青洒布车分为手推式、拖运式和自行式三种。

①手推式沥青洒布车是将沥青储箱(有的自制设备直接用200L油桶)、洒布设备装置在手推车上,洒布能力一般在30L/min以下,现已很少使用。

②拖式沥青洒布车是将所有部件和设备装置在一辆拖车上(一般都为单轴二轮拖车),由牵引车牵引运行作业。其沥青储箱容量大多为400~600L,可用喷燃器加热储箱内的沥青并进行保温。动力装置一般为小型风冷柴油机,洒布能力一般在30L/min以上。这种沥青洒布车大多用于简易的乡村公路养护和小面积的洒布作业。

③自行式沥青洒布车是现在常用的沥青洒布车,有车载型和专用型两种,其特点是将沥青储箱及洒布系统等都放置或安装在同一辆汽车底盘上,具有加热、保温、洒布、回收及循环等多种功能。其沥青贮箱容量一般大于1500L,沥青洒布量可进行调节控制。由于自行式沥青洒布机具有洒布质量好、工作效率高、机动性好等优点,目前广泛地用于黑色路面施工中。

专用型沥青洒布车分为普通型和智能型两种，普通型沥青洒布车结构简单，价格便宜，但洒布量不能精确调控，管道易堵塞，清洗较麻烦，不适合高等级公路路面的施工；智能型洒布车配有导热油加温系统和洒布控制系统，可以比较精确地控制洒布量和保持管道通畅，广泛用于各种高等级沥青路面的施工中。车载型沥青洒布车在不进行洒布作业时，可将沥青储箱及洒布系统等部件卸车后，单独作为汽车使用。

（3）根据喷洒方式，可将沥青洒布车分为泵压喷洒和气压喷洒两种型式。

①泵压式沥青洒布车是利用齿轮式沥青泵等把液态热沥青从储箱内吸出，并以一定的压力输送到洒布管并喷洒到地面上。泵压喷洒式沥青洒布车具有以下功能：在沥青库自行灌装沥青；利用沥青泵将库内沥青输入其他容器；储箱内沥青可在循环中被加热到工作温度。

②气压式沥青洒布车是利用空气压力使沥青经洒布管进行喷洒作业。气压式沥青洒布机的一大优点是作业结束时，可将管路中的残留沥青吹洗干净，在喷洒乳化沥青时，不会产生破乳现象。

（4）根据沥青泵的驱动方式，可将沥青洒布车分为汽车发动机直接驱动和独立发动机驱动两种型式。

7.2.3 工作原理及主要结构

7.2.3.1 工作原理

自行式沥青洒布车主要由基础车、保温沥青箱、加热系统、传动系统、循环—洒布系统、操纵机构及检查、计量仪表等组成（图7.2-1）。另外，洒布机上还设置有手提式洒布器及手提式喷灯。其工作原理是：沥青泵将溶化池中的热沥青吸入沥青箱中，基础车将沥青运输到施工现场，通过加热系统将沥青加热到工作温度，控制机构将喷洒阀门开启；沥青洒布车在行驶过程中，沥青泵将沥青罐中的沥青通过循环—洒布管以一定的压力输送到后喷系统，并从喷嘴按一定的洒布率喷洒到路面上，使路面形成一层均匀的沥青层。作业结束后，沥青泵反向运转，将循环管路中的残留沥青吸回到沥青箱中。

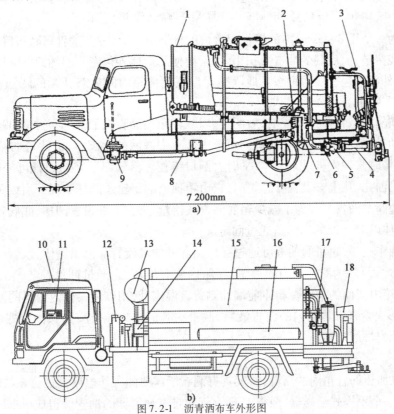

图7.2-1 沥青洒布车外形图
a) 普通型沥青洒布车外形图；b) 智能型沥青洒布车外形图
1-沥青箱；2-主三通阀；3-洒布操纵机构；4-管道系统；5-左管道三通阀；6-放油口；7-沥青泵；8-传动轴；9-动力输出箱；10-基础车；11-前控制器；12-液压系统；13-导热油系统；14-燃烧器；15-沥青罐；16-气动系统；17-管道和喷洒系统；18-后控制柜

7.2.3.2 主要结构

(1)沥青箱

沥青箱主要由箱体、隔热层、外罩、溢流管、过油管、阀门、隔板、加热火管、浮标及固定架等组成(图7.2-2)。

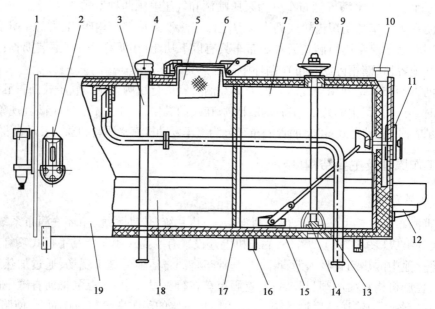

图 7.2-2 沥青箱结构图

1-灭火器;2-温度计;3-溢流管;4-排气管;5-进料网;6-进料口盖;7-箱体;8-总阀门操纵手轮;9-保温层;10-排烟口;11-刻度盘;12-固定燃烧器;13-进油管;14-总阀门;15-浮标;16-箱体固定架;17-隔板;18-加热火管;19-沥青箱外罩

沥青储料箱为一个用 3~5mm 厚的钢板焊接成的椭圆形断面长筒,这种形状可降低洒布车重心,减少箱内底部沥青残留量、前后端受冲击面积小、加工简便。筒体外包有一层约 50mm 厚的玻璃绒或矿渣棉隔热保温层,其外部再包一层薄钢板。此隔热保温层可使箱内的热态沥青的降温速度大大降低(在环境温度为 12~15℃时,温度下降不大于 2℃/h)。

箱体内所焊横隔板将箱体分隔成前、后两室,以减轻箱内沥青在洒布行驶中的冲击振荡,为使沥青在箱内可自由流动,横隔板上、下设有缺口。箱顶中部有带滤网的大圆口,由此可向箱内直接倾注热态沥青,同时也供维修时修理人员进入箱体,平时大圆口盖住。由外部送来的沥青可经进油管进入箱内。在箱底后部开有出油孔,孔上方设置有总阀门,它由箱顶上的手轮及阀杆实现开启或关闭。出油孔的下方装有一个主三通阀及沥青泵。为了减少箱底沥青残留量,常在底部设置凹槽,底阀置于凹槽内且位置偏近箱体后壁,箱体以 1°~2° 的后倾角通过固定架与车架连接。

在吸油或加油作业时,超量的油液可通过穿出箱底外的溢流管溢流出箱体,该管也是沥青箱的透气孔(气压喷洒式无此管)。为测定箱内的液量,在箱内装有浮标,它通过杆件等与箱后壁外刻度盘上的指针相连,以观测箱内液面的高度。箱体前端外侧置有温度计,用以观察箱内液料的温度。在箱内中下部设置有两根 U 形火管来加热箱内的沥青液料,两根火管的进口端装有一只固定式燃烧器,火管的另一端在箱体后壁处与排烟口相连。

(2)加热系统

加热系统用来加热沥青箱内的沥青,使其具有洒布所需要的工作温度。加热系统由一个燃油箱、两个固定式喷燃器、一个手提式喷燃器、两根 U 形火管和带有滤清器的油管等组成(图7.2-3)。

燃油箱为一圆形筒,通常安装在沥青洒布车的左侧台板上(图7.2-4)。它由汽车上的贮气筒通入压缩空气,使燃油在压力(通常为 0.3~0.4MPa)作用下从出油管压出,经滤清器分别送往固定式喷燃器或手提式喷燃器。每只喷燃器设有单独的开关,以调节燃油量或停止供油。

固定式喷燃器主要由喷嘴和无缝钢管制成的螺旋管等组成(图7.2-5)。

从图7.2-5上可以看出,由钢管绕制成螺旋状的螺旋管,其一端通过开关与油管连接在燃油滤清器上,另一端通过接头接装喷嘴。喷嘴外面的套管引导火焰向前喷射,螺旋管下面的油盆盛有煤油,作为点燃之前预热喷管用,整个喷燃器用固定架安装在加热火管的进口处。

手提式喷燃器在沥青洒布车作业前加热沥青泵、各三通阀门、管路等外部部件,使其内部凝积的沥青熔化,便于沥青泵正常运转。手提式喷燃器的结构与固定式喷燃器的结构基本相同。

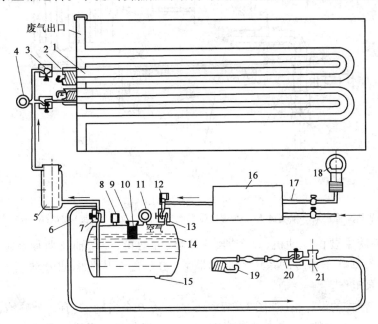

图7.2-3 加热系统

1-U形火管;2-固定式喷燃器;3-喷燃器开关;4-压力表;5-燃油滤清器;6-手提式喷燃器软管;7-燃油箱开关;8、12-安全阀;9-油箱盖;10-滤网;11-燃油箱压力表;13-进气开关;14-燃油箱;15-放油塞;16-储气筒;17-气管;18-空压机;19-手提式喷燃器;20-手提式喷燃器开关;21-滤网

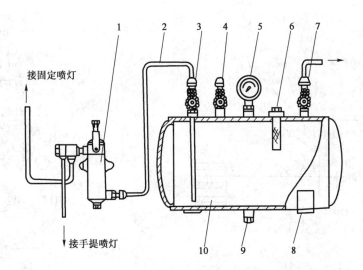

图7.2-4 燃油箱结构图

1-燃油滤清器;2-输油管;3-输油开关;4-放气开关;5-气压表;6-加油口;7-进气开关;8-固定脚架;9-放油塞;10-燃油箱

(3)传动系统

沥青洒布车的传动系统包括:基础车的传动系统和沥青泵驱动传动机构。基础车的传动系统除了传递动力使车辆行驶外,还驱动沥青泵工作。

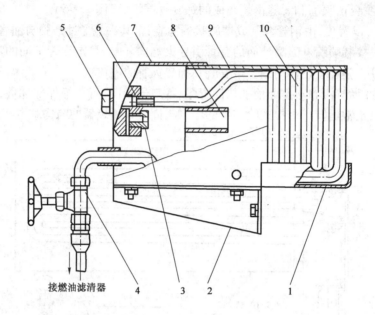

图 7.2-5　固定式喷燃器结构图
1-油盆;2-固定架;3-喷嘴;4-开关;5-螺栓;6-喷嘴接头;7-后罩;8-套管;9-前罩;10-螺旋管

沥青泵的传动系统主要由发动机、离合器、变速器、分动箱、传动轴及沥青泵组成(如图 7.2-6 所示)。发动机的动力经基础车的传动系传到变速器后,由装置在其侧面的分动箱引出动力,再经传动轴、联轴节驱动沥青泵工作。

分动箱是一个三轴式的齿轮箱(如图 7.2-7 所示),共有 6 个齿轮,具有 2 个顺挡、1 个空挡和 1 个倒挡,装置在基础车变速器的右侧,由设在驾驶室内的专用操纵杆进行操纵。两个顺挡用于完成按不同的洒布率进行洒布、吸油及输送等;倒挡用来将管道中残余沥青吸送至储箱。分动箱主动齿轮与基础车变速器中的中间轴常啮合齿轮相啮合。高、低挡从动齿轮装在输出轴的花键上,由拨叉拨动。倒挡传动齿轮由另一拨叉来拨动。两个拨叉由驾驶室内的专用变速杆来操纵。

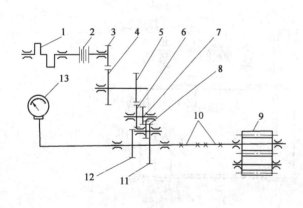

图 7.2-6　沥青泵传动简图
1-发动机曲轴;2-离合器;3-变速箱第一轴齿轮;4-中间轴常啮合齿轮;5-中间轴中间传动齿轮;6-分动箱第一轴高速挡主动齿轮;7-分动箱低速挡主动齿轮;8-分动箱倒挡齿轮;9-沥青泵齿轮;10-万向节传动轴;11-分动箱第二轴低速挡从动齿轮;12-分动箱第二轴高速挡从动齿轮;13-转速表

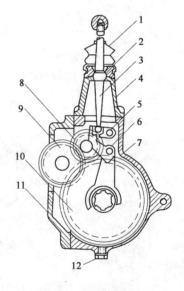

图 7.2-7　分动箱结构图
1-防尘橡皮罩;2-压盖;3-变速杆;4-支架;5-倒挡拨叉;6-高低挡拨叉;7-箱体;8-倒挡传动齿轮;9-主动齿轮;10-从动齿轮(高低挡);11-盖板;12-放油塞

(4)循环—洒布系统

循环—洒布系统主要由沥青泵、主三通阀、左右管道三通阀、管道、洒布管、喷嘴等组成(如图7.2-8所示)。工作中通过分动箱传递过来的动力使沥青泵工作,并通过分动箱的不同挡位变换及倒挡实现沥青泵的不同转速及正反向的旋转,再通过转动左、右三通阀及主三通阀来实现吸油、放油、过油、洒油、循环、左洒布、右洒布、少量全宽洒布、人工洒布等工作。

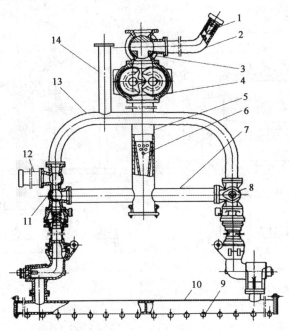

图7.2-8　循环—洒布系统结构图

1-加油管滤网;2-加油管;3-沥青泵三通阀;4-沥青泵;5-输油总管;6-输油总管滤网;7-横管;8-右横管三通阀;9-喷嘴;10-洒布管;11-左横管双三通阀;12-放油管;13-循环管;14-进油管

循环—洒布系统有两个作用:一是将沥青箱内的沥青通过沥青泵、循环管道泵入沥青箱内,使沥青在沥青箱→沥青泵→循环管道→沥青箱之间循环流动,进行循环加热;二是完成沥青的洒布作业。由于伸入沥青箱内的加热火管只是与部分沥青接触,为了使全部沥青能得到均匀加热,必须使沥青箱内的沥青在循环管道内不断地流动。每次洒布作业结束时还需要吸尽洒布管内的沥青余料。

洒布管中央两节是固定的,两侧可临时接装活动洒布管,通过调节洒布管的节数来实现2~7m宽的路面喷洒。洒布管大多为圆钢板。国外一些沥青洒布车的洒布管采用钢板压制成的箱形截面钢管,管内装有若干喷嘴及其启闭阀门。这些喷嘴的启闭阀门通过一根主操纵杆实现同步启闭或分别启闭,以适应于不同洒布宽度的需要。洒布管可利用球铰式连接管实现上下翻折和前后摆转,其离地面高度可通过调节器进行调节,在现代洒布车上,调节器通过液压装置驱动,并可通过控制装置自动校正洒布管的高度。

在洒布管上按一定间距装有喷嘴,喷嘴端口开有长缝隙,缝隙的两侧通常做成45°斜角,以使沥青能按90°角向外喷洒。缝隙宽度一般为2.5~4mm。安装喷嘴时,其缝隙与洒布管轴线成15°~30°斜角,使相邻喷嘴间的喷洒扇面可相互搭接;在洒布管端部安装一块挡块或一个特殊喷嘴,可使边缘洒布整齐。

沥青泵多为大模数外啮合齿轮泵,如图7.2-9所示。由齿轮、轴、泵壳、前后盖等组成。泵轴和轴套是靠泵内的沥青自溅润滑的。沥青泵是通过联轴节与万向节轴和分动箱输出轴连接而被驱动。联轴节与泵轴间的横销对沥青泵起保护作用。沥青泵是由专业厂家生产的。选用时,其规格大小及驱动功率应由最大洒布宽度时所需的泵送量来确定。泵的转速一般控制在400~800r/min范围内。三通阀为转阀,可用来控制液态沥青在管道中的流动方向。

(5)操纵机构

沥青洒布机的操纵机构包括三通阀的拨动和洒布管的操纵两部分,国内常用沥青洒布车的操纵机构如图7.2-10所示。操纵机构可根据工作需要启闭相应的三通阀,并可调节洒布管的位置,使其降低、升高或横向侧移。在洒布机运输途中,可利用升降手轮将洒布管升起,洒布作业时则放下并实现洒布高度的调节;通过调整手柄可使洒布管在路面上做90°范围内的转动,以实现喷洒角的调整,并可操纵推杆实现左右方向的摆动。

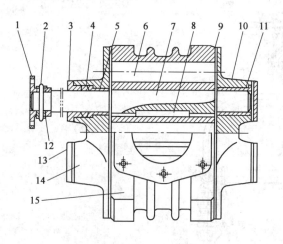

图7.2-9 沥青泵结构图
1-联轴节;2-横销;3-封盖;4-石棉绳填料;5、11-轴套;6-齿轮;7-主动轴;8-键;9-垫片;10-泵体后盖;12-销子垫套;13-盖板;14-泵体前盖;15-泵壳

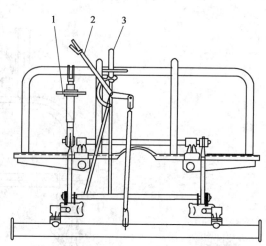

图7.2-10 沥青洒布车操纵机构
1-洒布管升降手轮;2-洒布管喷洒角调整手柄;3-洒布管左右摆动推杆

7.2.4 选型原则与步骤和主要参数计算

7.2.4.1 选型原则与步骤

沥青洒布车是一种行驶和作业同时进行的机械,一般这类施工机械(非牵引型机械)都是以恒速为前提的,从而保证作业质量,例如摊铺机、压路机作业过程中要进行恒速控制。但由于底盘动力分配,地面条件和车本身负荷等因素的影响,恒速控制对于智能型沥青洒布车来说比较困难,因为它们大多采用机械式底盘,所以现在的智能型沥青洒布车都是根据车速的适时变化对沥青的供应量进行控制,来保持洒布过程中洒布量恒定。驾驶员在驾驶室用专用微型工控机可完成全部的设定和操作。通过雷达测速系统,比例控制洒布量,洒布均匀,显示屏可显示必要的动态参数,如车速、沥青泵流量、转速、沥青温度、液位等,以便驾驶员随时了解设备运行情况。沥青洒布车是行走和作业同时进行的路面养护施工机械,首要的控制指标是作业质量:即洒布质量(这里包括洒布厚度和宽度两个指标),其次才是作业效率。在实际施工当中对于沥青洒布车的作业质量主要是从两方面来衡量:洒布量(这里专指洒布厚度)横向均匀性和纵向均匀性。而实现这些目标最终都是洒布车行驶速度和洒布管动作的精确控制为前提的。在这里洒布车的行驶速度方案应包括两个阶段,一是以洒布前,根据施工要求输入的洒布量和洒布宽度值,洒布车控制器自动推荐一个合适的行驶速度(挡位);二是自动洒布过程中,速度只作为被检测量,用来作为保持洒布量恒定的依据。洒布车在洒布过程中,处于较高的行驶速度(一般在5~25km/h范围内)。因此沥青泵转速随车速的实时随动调节是一个相当短暂的过程,为保证洒布量,就要求液压系统动态响应迅速,很快进入稳态即沥青泵速很快达到控制系统理论计算值。为此在传统的控制的基础上进行智能控制,从而达到洒布量的精确控制,即为沥青洒布车智能控制提供了基础。目前已开发的沥青洒布车的智能控制只是实时调节,而未达到真正利用人工智能技术进行智能控制,提高沥青洒布车的智能性,满足工程需要和提高工作效率以及质量,尤其是快捷性、实时性和智能性。

选型基本原则为:在适合施工条件的沥青洒布车中,优先选择罐体容积较大和智能化程度较高的沥青洒布车。配件的选择也应优先考虑进口配件,以减少返修率。

选型步骤为:

(1)根据工程所需沥青洒布量及运输距离等实际情况确定洒布箱容积;

(2)根据施工路面宽度要求确定最大洒布宽度;

(3)根据施工质量要求确定沥青洒布车的智能化程度;

(4)最后根据所能承受的价格和服务情况确定生产厂家和配件。

7.2.4.2 主要参数计算

(1)罐体容积

$$总容量(m^3) = \frac{最大装载质量(含驾驶室准乘人员质量)(kg)}{700(kg/m^3)} \times 1.05 \tag{7.2-1}$$

(2)洒布量

沥青洒布车的主要控制指标为洒布量,而洒布量的精确控制与行驶速度密切相关,它们的理论关系如下:

$$n \times q \times k_Q = v \times \lambda \times B \times k_v \times 60 \tag{7.2-2}$$

式中:n——沥青泵转速,r/min;

q——沥青泵排量,L/r;

λ——洒布量,L/m^2;

v——洒布车行驶速度,m/s;

B——洒布宽度,m;

k_Q——沥青泵容积效率修正系数;

k_v——速度修正系数。

(3)洒布管高度

洒布管高度与喷洒角等机械参数的关系如下:

$$H = L \times n/(2\cos\beta) \times \tan\alpha/2 \tag{7.2-3}$$

式中:H——洒布高度;

L——喷嘴间距;

n——搭接层数;

β——喷嘴开口中心线与洒布管轴线之间的夹角(一般为20°~30°);

α——喷洒角(≥60°)。

(4)行驶牵引力的确定

确定沥青洒布车行驶牵引力时,首先应计算其行驶阻力。此时应按沥青储箱加满沥青后的整机质量来考虑,整机质量G为:

$$G = G_1 + G_2 + G_3 + G_4 + G_5 = G_1 + G_2 + CG_2 \tag{7.2-4}$$

式中:G——整机质量,kg;

G_1——基础车本身质量,kg;

G_2——满储箱沥青质量,kg;

G_3——储箱自身质量,kg;

G_4——沥青泵、传动系及操纵机构等质量,kg;

G_5——专用发动机质量,kg;

C——系数,0.1~0.5,储箱容量较大时取较小值。

沥青洒布车作业时行走阻力为:$R = Ggf$。其中,R为沥青洒布机行走阻力;f为行走阻力系数,取0.015~0.03。

沥青洒布车行驶牵引的必要条件：$F_k \geq R$。其中，F_k 为发动机驱动牵引力。

另一方面，沥青洒布车的行驶还受地面附着条件的限制，否则会发生车轮划转现象。因此，发动机提鼓驱动牵引力不能大于地面附着力。即沥青洒布车在道路上行驶的充分条件为：$F_k \leq P_\varphi$；$P_\varphi = Gg\varphi$。其中，P_φ 为地面条件决定的附着力；φ 为地面附着系数，见表7.2-1。

附着系数 φ 的值   表7.2-1

地面类型		干路面		湿路面	
		48km/h 以下	48km/h 以上	48km/h 以下	48km/h 以上
混凝土路面	新建成的	0.8~1.0	0.70~0.85	0.50~0.80	0.40~0.75
	车辆较少行驶	0.60~0.80	0.60~0.75	0.45~0.70	0.45~0.65
	已磨损	0.55~0.75	0.50~0.65	0.45~0.65	0.45~0.65
沥青路面	新建成的	0.80~0.10	0.65~0.70	0.50~0.70	0.45~0.70
	车辆较少行驶	0.60~0.80	0.55~0.70	0.45~0.70	0.45~0.65
	已磨损	0.65~0.75	0.45~0.65	0.45~0.65	0.40~0.60
碎石路面	铺油的	0.55~0.85	0.50~0.80	0.40~0.80	0.45~0.60
	一般的	0.40~0.70	0.40~0.70	0.45~0.70	0.45~0.75

因此，沥青洒布车行驶牵引力可表示为：$R < F_k < P_\varphi$。

(5) 循环洒布系统的计算

循环管路的内径应和储箱的出口底阀、总三通阀和沥青泵的进出口内径相适应。

洒布管的总长度视所要求的最大洒布宽度而定。一般是中间安置 1.0~1.5m 长的固定管两根，两边各有不同长度的接长管数根，以备选用。洒布管的最小内径 $d_{\min}$ 可按式(7.2-5)确定：

$$d_{\min} = \sqrt{4Q/\pi v} \tag{7.2-5}$$

式中：$d_{\min}$——洒布管的最小内径，m；

Q——沥青泵的流量，m^3/s；

v——沥青沿该管道的流速，m/s，采用低压(0.5MPa 以下)沥青泵时，取 $v = 3 \sim 4m/s$，采用高压(0.5~2.5MPa)沥青泵时，取 $v = 5 \sim 6m/s$。

沥青泵的流量 Q 应根据不同工况的不同洒布定额而定。其定额参考数据如下：

用于贯入法洒布，$2 \sim 7L/m^2$；

用于表面处治洒布，$0.75 \sim 2.5L/m^2$；

用于防灰尘洒布，$0.8 \sim 1.5L/m^2$；

用于底层料黏结的洒布，$0.5L/m^2$；

用于路拌稳定土的洒布，$10 \sim 15L/m^2$；

对用于多种工作的沥青洒布机，在计算时应按其最高洒布定额的工况来考虑。

洒布喷嘴的喷洒压力，一般取 $P_h = 0.3 \sim 0.5MPa$，当用于贯入法洒布时应取较高值。

在确定沥青洒布车的循环洒布管的长度和内径时，应考虑工作时的热量损失和压力损失。

(6) 沥青泵的计算

沥青泵的功用是抽吸、转送或计量沥青。沥青泵的零件应具有必要的强度、耐磨性和耐热性；其结构应紧凑，拆装维修要方便。沥青泵的理论流量应按式(7.2-6)确定：

$$Q = qvl/1\,000 \tag{7.2-6}$$

式中：q——最大洒布定额，L/m^2；

v——洒布的行驶速度，m/s；

l——洒布宽度，m。

驱动沥青泵工作所需的功率可按式(7.2-7)计算：

$$N = 9\,081PQ\rho/10\eta \tag{7.2-7}$$

式中：N——沥青泵驱动效率，kW；

ρ——沥青密度，kg/m^3，一般取 950；

η——由发动机至泵的传动效率，一般取 0.80～0.85；

P——洒布工作时泵所产生的计算压力，MPa。

沥青泵的工作压力是按照克服了循环洒布系统中的全部阻力后，使沥青能从洒布管以 0.5MPa 左右的压力喷洒出去来计算的，即：

$$P = 1.1(P_q + \sum P_m + P_h) \tag{7.2-8}$$

式中：P_q——沥青在管路中沿程压力损失，MPa；

$\sum P_m$——管路各处局部压力损失，MPa；

P_h——洒布压力，$P_h \geq 0.5\text{MPa}$。

7.2.4.3 沥青洒布车的使用要点

沥青洒布车的使用要点为：

(1) 沥青洒布车在工作前，首先要检查沥青泵是否被冷沥青凝固，如发现有凝固现象，则需用手提喷灯将其烤热熔化，直到泵能运转自如为止。

(2) 利用虹吸管或沥青泵对沥青储料箱加注沥青，加注时通过测油量指示器观察箱中油位，充油完毕后，将洒布车开至沥青喷洒地段。

(3) 喷洒前先调整好喷管长度（老式洒布车），将喷管根据作业要求调至合适高度，一般为离地面 25cm 左右。

(4) 操纵主三通阀及左、右三通阀以实现全喷洒或左、右半喷洒。对新式沥青洒布车可通过开闭喷嘴开关来完成不同洒布作业要求。

(5) 可根据泵的生产率、洒布宽度及洒布量确定出洒布车的行进速度，如表 7.2-2 所示。洒布车的作业速度为：

$$V = Q_L/q \cdot B \tag{7.2-9}$$

式中：V——沥青洒布车工作速度，m/min；

Q_L——沥青泵生产率，L/min；

B——沥青洒布密度，m；

q——每平方米面积洒布量，L/m^2。

沥青洒布机工作速度　　　　　　表 7.2-2

洒布量 (L/m^2)	泵生产率（L/min）					
	1 090	870	651	560	447	337
	洒布宽度为 2.5m 时的洒布车行驶速度（m/min）					
1.5	290	232	174	150	126	90
2	218	174	133	112	89	68
2.5	174	139	106	90	70	56
7	62	50	38	32	26	19

对于普通型洒布车，因车速与泵速二者相应的增减关系调整配合比较困难，尤其是泵的运转和汽车本身采用同一台发动机的更是如此。为保证喷洒质量，应先定出沥青泵在某转速下的流量值，然后再调整相应的车速，并力求其稳定行驶。若洒布车配有第五车轮测速仪和沥青泵转速表，则可通过仪表随时了解车速与泵速的变化，及时分别调整分驱动泵和整机工作的发动机节流阀，使车速及泵速得以协调。工作中测试仪的第五车轮若粘有沥青或磨损超限，应及时清除或更换，以免引起测试的误差。

(6) 工作中若用燃烧器加热沥青时，应经常观察沥青温度，并保证沥青在循环系统中能连续循环。

表 7.2-3 国内沥青洒布车主要技术性能表

项　　目	浙江美通机械制造有限公司						西安达刚公路机电科技有限公司			
	LMT5050GLQ	LMT5080GLQ	LMT5110GLQ	LMT5130GLQ	LMT5160GLQ	LMT5250GLQ	EQ5110GLQ	SX5160GLQ	SX5250GLQ	
沥青洒布车型	车载式普通型						车载式智能型			
沥青罐容量（装载）(L)	2 000	3 500	7 000	7 500	10 000	12 000	4 200	8 000	12 000	
沥青罐内部尺寸（mm）长×宽×高	2 300×1 460×1 100	3 100×1 550×1 300	3 200×1 900×1 340	3 400×2 000×1 440	3 800×2 140×1 500	4 500×2 200×1 600	3 200×1 950×1 300	3 200×2 200×1 550	4 500×2 300×1 800	
洒布宽度 (m)	2~4.5			2~6			0~4.3		0~6	
洒布管宽度调节方式	手动瞬间开关式	三段折叠有级调整					三段折叠有级调整			
洒布量范围 (kg/m²)				0.5~3				0.3~3		
基础车型号	1050T51DJ3AC	EQ108lT4 EQ 0DJ4A	EQ1110T5ADJAC	EQ1126G6DJ15	EQ1168G7DJ2	ZZ1256M4646F	EQ1110TSADJAC	SX1164BL461	SX1254BM434	
驱动用的发动机 型号规格	CY4102BQ	CY4102BZQ	EQB125-20	EQB160-20	EQB180-20	WD615.62	EQB125-20	WD615.56	WD615.50	
功率/转速(kW)/(r/min)	70/3200	88/3200	92/2800	118/2600	132/2500	196/2200	92/2000	193/2200	206/2200	
沥青泵形式				圆柱齿轮式				容积式齿轮泵		
沥青泵流量 (L/min)	250		360		720		870	950		
沥青泵驱动方式				液压式				液压式		
洒布管形式	柴油低压式/2台			全循环恒压式			全循环恒压式			
喷嘴数 标准/最长	7/13		23/39		25/48		17/33		20/48	
加热装置 燃烧器类型/数量			柴油低压式/1台				柴油全自动/1台			
功率 (kW)	100		180				120	170	210	
工作速度	2~6							2~18		
运输速度(km/h)	76	80		72		60	78	92		
外形尺寸 (m) 长×宽×高	6 350×1 980×2 230	7 650×2 180×2 410	8 030×2 240×2 650	8 750×2 480×2 930	8 995×2 495×3 250	10 500×2 490×3 220	7 800×2 250×2 900	8 900×2 200×3 300	10 250×2 500×3 400	
最大载重量	1 550	3 000	4 750	4 980	6 700	9 250	4 200	8 000	12 000	
整机质量 (kg) 总质量	5 495	8 395	11 395	13 125	16 000	24 900	11 000	16 000	25 000	

续上表

项 目		杭州市政机械制造有限公司				成都市交通工程机械厂				
		HZJ5050GLQA	HZJ5050GLQC	HZJ5080GLQ	HZJ5160GLQ	CTT5050GLQ	CTT5060GLQ	CTT5090GLQ	CTT5150GLQ	CTT5160GLQ
沥青洒车车型		车载式普通型	车载式普通型	半智能型	车载式智能型	车载式普通型				车载式智能型
沥青罐容量(装载)(L)		2 000	3 000	5 000	10 000	3 000	2 000	4 500	8 000	8 000
沥青罐内部尺寸(mm) 长×宽×高		2 780×1 300×880	2 710×1 480×1 020	3 400×1 800×1 150	3 840×2 110×1 500	2 650×1 500×1 050	2 500×1 500×980	3 400×1 850×1 220	4 500×φ1 548	3 420×φ1 800
洒布宽度(m)		0~4		2~4	1~6	1~3.6			1~6	
洒布管宽度调节方式		三段拆卸有级调整		三段折叠有级调整		三段拆卸有级调整			折叠有级调整	
洒布量范围(kg/m²)		0.4~1.5		0.4~3	0.5~3	0.6~3			0.125~6	
驱动用的发动机	型号规格	CY4100ZLQ		CY4102BZLQ	EQ1168G7DJ2	CY4100ZLQ		CY4E1400-20/EQ6100-1	EQB180-20	EQB180-20
	功率·转速(kW)/(r/min)	70/3200		88/2800	132/2500	70/3200		105/2800 99/3000	132/2500	
沥青泵形式		外啮合齿轮泵			内啮合齿轮泵	齿轮泵				
沥青泵流量(L/min)		300		380	588	400	1 920	2 880	2 880	950
沥青泵驱动方式		机械式		液压式	液压式	链传动	机械式		液压式	
洒布管形式		手动瞬间开关头		手动瞬间全循环恒压式 开关头	全循环恒压式			全循环恒压式		
喷嘴数 标准/最长		15/31		15/31	16/48	14/28	18/36		16/48	20/48
加热装置	燃烧器类型/数量	柴油低压式 1 台		柴油低压式 1 台		柴油低压式 1 台	煤油燃烧器 1 台		煤油燃烧器 2 台	柴油低压式 1 台
	功率(kW)	89~172		71~237		89~172	80~120		80~120	95~213
工作速度		10~30		10~30	1.2~6.5	5~20	5~20		6~30	6~30
运输速度 (km/h)		95		90		75	70	85	90	90
外形尺寸(m) 长×宽×高		5 950×1 950×2 150		7 320×2 240×2 310	8 985×2 462×3 200	5 912×1 970×2 140	5 790×2 040×2 170	7 400×2 400×2 600	7 840×2 462×3 100	8 405×2 490×3 350
最大载质量		5 455		8 440	16 000	5 445	6 030	9 550	14 800	16 000
总质量 (kg)		3 460		4 790	6 800	3 460	3 830	5 745	7 995	10 620

续上表

项　目		CZL5250GLS	CZL5210GLQ	CZL5153GLS	路桥集团郴州筑路机械厂 CZL5154GLS	CZL5152GLS	CZL5151GLS	CZL5081GLS	CZL5043GLS
沥青罐容量（装载）(L)				普通/智能型	普通型		普通/智能型	普通型	
沥青罐内部尺寸(mm) 长×宽×高		10 000	10 000	8 000/9 000	8 000	8 000	8 000/9 000	4 500	2 000
洒布宽度(m)		4 492×2 000× 1 400	4 492×2 000× 1 400	3 862×2 000× 1 400	3 092×2 000× 1 400	3 092×2 000× 1 400	3 862×2 000× 1 400	3 030×1 710× 1 050	2 294×1 274× 794
洒布管宽度调节方式					2～6				1.5～3.5
洒布量范围(kg/m²)									拆卸有级调整
基础车型号									
驱动用的发动机		ZZ1256M4346F	EQ1208GJ5	EQ1141KJ	EQ1141KJ	EQ1141G7DJ	EQ1141G7DJ	EQ1081T40DJ4A	EQ3030T14DJ9
沥青泵形式			EQ1208GJ5	EQ1141KJ	YSD490Q	YSD490Q	EQ1141G7DJ	EQ1081T40DJ4A	—
沥青泵流量(L/min)		213/2200	155/2500	136/2500	45.6/3200		132/2500	88/2800	—
沥青罐容量（装载）(L)									800
沥青泵驱动方式			液压式		机械式		液压式		机械式
洒布管形式					全循环恒压式				手动瞬间开关
喷嘴数	标准/最长				16/48				10/35
加热装置	燃烧器类型/数量				柴油低压式/1				煤油喷灯
功率(kW)		110～213			89～172				
行驶速度(km/h)	工作				25				
	运输				90				
外形尺寸(m) 长×宽×高		10 460×2 500× 3 620	9 460×2 500× 2 980	8 420×2 480× 3 060	8 390×2 496× 2 920	8 430×2 496× 2 920	8 460×2 480× 3 060	7 210×2 250× 2 620	5 232×1 860× 2 150
整机质量(kg)	最大载质量	25 000	14 900	14 900	14 805	14 805	14 805	8 395	4 430
	总质量	15 370	12 180	9 290/8 450	8 820	8 680	9 200/8 560	5 100	2 955

第7章 养护机械设备

表7.2-4 国外沥青洒布车主要技术性能表

名称	日本 Niigata ND40	日本 Niigata ND60	日本 崛田 DRG M1-15	日本 崛田 L1-150	日本 TOYOTA DA-110-3	瑞典 Dynapac Salco HC系列	英国 Phoenix I	英国 Phoenix II	英国 Phoenix III
沥青罐容量(装载)(L)	4 000	6 000	1 500	1 500	5 100	4 500~9 000		2 727~15 911	
沥青罐内部尺寸(mm) 长×宽×高	3 150×1 600×1 190	3 550×1 800×1 400			2 500×2 200×1 270	3 000~4 000 2 200~2 450 1 500			
洒布宽度(m) 标准	3.0				2.48	2.5	2.29	4.11	6.25
洒布宽度(m) 最大	4.8		2.8	2.58	3.66	5.5			
洒布能力(泵流量)(L/min)	约1 500		410	250	400	650			
装用底盘	6~6.5t	8t	三菱 Canter T93AHY型	五十铃 TLC62型					
沥青泵类型			双螺旋内齿式		转子式	定量齿轮式			
沥青泵驱动方式							全循环恒压式		
驱动用的发动机 类型	四冲程水冷柴油机		汽油机	汽油机	水冷二缸	单缸、风冷四冲程柴油机			
驱动用的发动机 功率(kW)	23(2200r/min)	12(1800r/min)	3.7(1800r/min)	17.8(2400r/min)	7.4(3500r/min)	4.5(1500r/min)		14.4(1800r/min)	
洒布管类型			全循环式	手动瞬间开关关头		全循环式			
喷嘴数(个)	轻油低压喷雾式(两只)		重油低压喷雾式(两只)	标准14,加长后24	标准12,加长后22	带罩喷雾式(两只)	汽化式或喷雾式(一或两只),轻柴油,油耗9.091Mh(每只)		
加热装置 燃烧器	0.417				低压重油(两只)				
加热装置 鼓风机排量(m³/min)			0.835		油耗15L/h(每只)				
行驶速度(km/h) 工作									
行驶速度(km/h) 运输					80(最大)				
外形尺寸(m) 长	5 260		4 770		7 785				
外形尺寸(m) 宽(运输时)	1 990		1 800		2 485				
外形尺寸(m) 高	2 310		2 350		2 800				
最大载机质量	3 600	5 400			4 590	3 000~4 500			
总质量(kg)					11 705			1 273	

(7) 每次喷洒完毕均要将循环—洒布系统管道中的残余沥青排吸尽;当天工作完毕,应将沥青储料箱、沥青泵和管道用煤油或柴油冲洗干净。

7.2.5 主要生产厂家典型产品及技术性能和参数

国内、外沥青洒布车的主要技术性能指标见表7.2-3、表7.2-4。

7.3 扫 路 车

7.3.1 概述

7.3.1.1 定义

扫路车作为环卫设备之一,是一种集路面清扫、垃圾回收和运输为一体的新型高效清扫设备。可广泛用于干线公路、市政以及机场道面、城市住宅区、公园等道路清扫。路面扫路车不但可以清扫垃圾,而且还可以对道路上的空气介质进行除尘净化,既保证了道路的美观,维护了环境的卫生,维持了路面的良好工作状况,又减少和预防了交通事故的发生以及进一步延长了路面的使用寿命。目前在国内利用路面扫路车进行路面养护已经成为一种潮流。扫路车极大地解放了环卫工人的工作强度,提高了工作效率,减少了扬尘等二次污染。

7.3.1.2 发展现状

我国扫路车行业历经数十年的发展,产品从单一的纯扫式发展到目前的多种形式,产品性能和产品质量迅速提高。特别是在改革开放以后,通过进口关键构件使扫路车产品性能和可靠性大大提高。但目前我国扫路车的水平与国外发达国家相比,还存在一定的差距,特别是在产品的可靠性方面。为尽快提高我国扫路车的水平,缩小与先进国家扫路车水平的差距,满足我国环卫部门对路面清扫作业的要求,扫路车生产企业应选择一个合适的扫路车研究方向。随着社会的发展、进步,不再满足于单纯意义上的吸尘车,将从多功能、环保、经济等方面提出更多的要求,市场急需能满足各种需求的吸尘车。在上述情况下,由中国建筑二局洛阳建筑工程机械厂与洛阳驰风车业有限公司联合研制的具有自主知识产权的全新的多功能全吸式扫路车目前已正式投放市场。这种全新的车型可一次完成地面清扫、马路道牙边清扫、马路道牙清洗及清扫后对地面的洒水等工作,适用于各种气候和不同路面的清扫作业,更适合于广场、公路、住宅小区、停车场、码头、机场、车站、水泥厂、电厂等场所的清洁除尘。

7.3.1.3 发展趋势

随着高等级公路的发展,公路养护作业现代化问题已经提上了议事日程。清扫养护作业是养护工作中作业量大且频繁的作业项目之一,而扫路车具有足够的行驶和作业速度,符合高等级公路对车辆行驶速度的要求,并能在尽可能短的时间内完成养护作业,以减少对交通的妨碍。以小型底盘或拖拉机为基础发展的各种悬挂和拖挂式小型扫路车具作为一般公路或市政街道清扫的机械,对于提高我国公路养护机械化和环卫机械化程度,是不可缺少的。但是,清扫高等级公路则需要技术性能良好、作业速度快的扫路车,同时,扫路车在技术性能和品种规格上形成系列,将对我国公路养护机械化具有重要的意义。

在发达国家的扫路车市场上,中小型全液压扫路车的数量远远高于汽车底盘改装车的数量,这主要因为发达国家路面较清洁,垃圾为生活垃圾,垃圾量也较少。此外,中小型全液压扫路车采用单台发动机传动,油耗低;行驶无级变速,清扫效果好,清扫效率高;驾驶室视野好。因此备受用户青睐,特别是非城市街道和非公路扫路车用户。据统计,汽车底盘改装扫路车与中小型全液压扫路车市场占有比例约为2:8。

由于我国目前扫路车用户主要为城市环卫部门和公路养护管理部门,且路面垃圾成分复杂,包括生活垃圾、建筑垃圾,加之道路状况也较差,所以多采用汽车底盘改装的扫路车。国内先后有几家工厂采用喷水压尘、湿式除尘、吸扫结合等工作方式试制扫路车,还有些厂家引用国外先进吸扫式扫路车工作装置的生产技术,与国产汽车底盘配套生产扫路车,大大提高了国产扫路车的技术性能。

由于受条件的限制,国产配套液压件不能满足产品的需要,加上扫路车开发水平较低,所以我国开发的中小型全液压扫路车不能满足市场的要求。但可预言,随着我国经济的发展,城市垃圾成分的单一化,中小型全液压扫路车的使用比例将迅速增加。目前,我国中小型全液压扫路车除与汽车底盘改装的扫路车存在同样的缺陷外,还存在舒适性差、噪声大、空车质量大、外形不够美观等缺点。因此,要彻底摆脱我国全液压扫路车的落后状况,必须加强研究和开发,其发展趋势主要体现在以下三个方面。

(1)多功能型扫路车。目前的国产扫路车基本上是单纯意义上的扫路车,即只能扫路,不能它用。而从全国许多环卫局的信息看,有的需要能清洗道路护栏,有的要求能铲雪等。因此,扫路车多功能是其一个发展方向。

(2)全天候扫路车。目前的扫路车需要喷水压尘除尘,在缺水地区和北方的冬季无法使用,要解决这一问题,必须要开发干式吸扫和湿式吸扫两用车或称全天候扫路车,该车若开发成功不但能解决上述难题,同时可节约用水,降低使用成本。

(3)环保型扫路车和单发动机全液压驱动扫路车。目前的扫路车尾气污染和噪声污染相对来说都较大。随着国家对环保要求越来越高,人们环保意识的普遍增强,现有扫路车就将很难适应需要,因此开发环保型扫路车势在必行,单发动机全液压驱动扫路车的应用也将有较好前景。

综上所述,生产企业要调整好产品开发方向,顺应市场的需求和国家政策的要求。

7.3.2 分类、特点和适用范围

扫路车的类型较多。扫路车的类型按行走方式,可分为手推式、手扶式、自行式;按作业方式,可分为纯扫式、吸扫式、纯吸式;按除尘方式,可分为干式和湿式。扫路车的类型见图7.3-1所示。

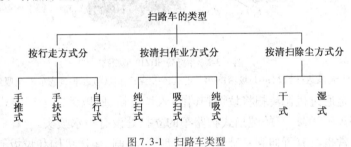

图7.3-1 扫路车类型

7.3.2.1 扫路车按行走方式分类

(1)手推式扫路车

手推式扫路车是一种小型扫路车。清扫作业时操作人员在扫路车后面用手推动扫路车前进。这种扫路车清扫宽度一般在800~1 200mm之间,且大多在1 000mm以下,平均清扫速度一般为3km/h,最高清扫速度一般为5km/h。由于手推式扫路车操作时,操作人员有一定的劳动强度,所以它仅适用于路面平整区域的清扫,如室内、广场等。

(2)手扶式扫路车

手扶式扫路车是在手推式扫路车上安装行走传动装置,使清扫作业时操作人员不需要推动扫路车,只需步行在扫路车后操纵扫路车。所以,手扶式扫路车操作时,操作人员的劳动强度比手推式扫路车低。其适用范围也由此在手推式扫路车的基础上扩展到稍有坡度的室外路面。

(3)自行式扫路车

自行式扫路车都有一套完整的行走传动和控制系统,操纵人员乘坐在扫路车上对扫路车进行操纵。自行式扫路车规格很多,清扫宽度从1.2m到数米,结构形式也多种多样。不过,自行式扫路车都是由底盘和作业装置两部分组成。大部分自行式扫路车都带有驾驶室,只有少量的小型自行式扫路车不带驾驶室。由于扫路车作业环境较恶劣,所以大部分自行式扫路车的驾驶室中都配备了暖气和空调系统,

以改善操作人员的操作环境。

自行式扫路车行走系统传动有机械传动和液压传动两种传动方式。自行式扫路车的底盘有两种，一种是定型汽车底盘，另一种是专用底盘。大多数中大型自行式扫路车是采用定型汽车底盘改装，一般只有小型自行式扫路车和全液压扫路车采用专用底盘。

7.3.2.2 扫路车按清扫作业方式分类

(1) 纯扫式扫路车

纯扫式扫路车上不安装风机，其清扫作业是通过边扫将路边的垃圾扫到扫路车下，再通过滚扫或滚扫和抛料机构将垃圾扫入垃圾箱。早在20世纪80年代初期我国就开发了纯扫式扫路车(如图7.3-2，长沙中标公司生产的SHZ12型扫路机)，并在一些大城市的环卫部门使用。后来，随着吸扫式扫路车的开发和发展，纯扫式扫路车逐渐地被吸扫式扫路车所取代，一般只有在小型扫路机上偶尔使用。

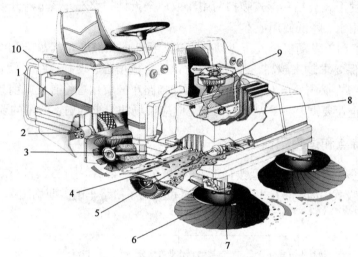

图7.3-2　中标牌SHZ12型扫路

1-液压油箱；2-行走马达；3-卧扫；4-垃圾箱；5-振动电机；6-扫盘；7-扫盘马达；8-过滤布袋；9-吸尘风机；10-水箱

纯扫式扫路车只是通过机械清扫将垃圾扫(抛)入垃圾箱，所以无需进行湿式除尘或干式除尘。为了使清扫作业时扫路车不扬灰，有的纯扫式扫路车的立扫处设有喷水喷头。

纯扫式扫路车通常也具有可伸到基础车以外的盘刷、柱刷、输送机构和垃圾箱等。与吸扫式扫路车的盘刷相同，纯扫式扫路车的盘刷也用于将路缘、边角、护栏下的垃圾输送到柱刷前方，柱刷在滚转的过程中，其刷毛将垃圾尘粒抛射到输送带或链板上，使垃圾尘粒随输送带的动而进入垃圾箱。因此，纯扫式扫路车具有清扫范围宽、适应性好的特点，但对微细尘粒的除净率较低，适于人口稠密的市区、街道以及以大颗粒块状垃圾为主的场合使用。

(2) 吸扫式扫路车

吸扫式扫路车是世界上使用最普遍、品种最多的扫路车。吸扫式扫路车不仅有干式和湿式，而且各种结构形式都有。自20世纪80年代末，长沙建设机械研究院开发出我国第一台吸扫式扫路车以来，吸扫式扫路车在我国发展迅速。目前我国生产和使用的扫路车大多属于吸扫式扫路车。

吸扫式扫路车通常具有可伸到基础车体以外的盘刷或柱刷以及风机和吸口。盘刷用于将路缘、边角、护栏下的垃圾输送、集中到吸口前方，利用风机提供的空气动力通过吸口将垃圾捡拾和输送到垃圾箱中。吸扫式扫路车具有清扫范围宽、适应性好，对微细垃圾尘粒的捡拾、输送效果好等特点。需要说明的是，在开放吸扫式扫路车中，作为载体的空气进入垃圾箱，经过除尘后排向大气；而在循环式扫路车中，空气进入垃圾箱经过除尘后重新送回吸口再一次作为载体参与工作。对于前者，若除尘系统的除尘效果不佳，排向大气的空气中仍然残留很多垃圾尘粒，尤其是微细尘粒，将造成二次污染；对于后者，虽然不直接向大气排放空气，但如果循环空气在吸口内的导向不良，封闭不严，又将吹起路面上的垃圾尘粒，同样会造成二次污染。

(3) 纯吸式扫路车

到目前为止,在路面清扫作业中极少有纯吸式扫路车,但纯吸式扫路车的确作为扫路车的一种形式存在。我国从20世纪80年代开始至今,陆续有几种规格的纯吸式扫路车进入市场(如长沙中标公司的ZLJ5065TSL纯吸式扫路车)。纯吸式扫路车相对于吸扫式扫路车有相对的优缺点:由于没有扫盘,所以在清扫作业时不会出现像吸扫式扫路车的扫盘扬尘现象;但是由于没有扫盘,所以在清扫路沿时效果没有吸扫式扫路车的扫盘刷扫干净。

纯吸式扫路车不安装立扫等清扫装置,吸嘴宽度就为清扫宽度,因此,纯扫式扫路车多为小型扫路车。纯扫式扫路车的除尘方式也有干式和湿式两种。

7.3.2.3 按清扫除尘方式分类

(1) 干式扫路车

干式扫路车采用干式除尘方式,也就是扫路车在进行清扫作业时除尘过程中不喷水,因此,干式扫路车在垃圾箱或风道中必须设置过滤器。干式扫路车清扫作业时,从吸口处吸入的比重较大的垃圾在进入垃圾箱时,由于垃圾箱中风速急剧下降而引起自然沉降,而吸入的轻比重的细小灰尘在随气流一道经过过滤器时,被过滤器截留下来。根据扫路车的过滤器型式的不同,有些干式扫路车可对立扫采用喷水压尘,而有些干式扫路车为防止过滤器堵塞则不能采用喷水压尘。

由于干式扫路车除尘时不使用水,不存在由于环境温度太低而引起清扫用水结冰的现象,所以干式扫路车特别适合于缺水地区或寒冷期较长的地区使用。长沙中标公司吸扫结合的干式扫路机整车结构如图7.3-3所示。

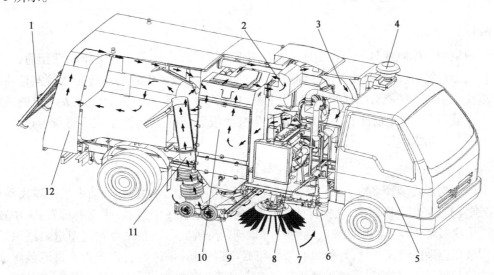

图 7.3-3　中标牌 ZLJ5051TSL 干式扫路车

1-垃圾箱门;2-除尘箱排风口;3-风机;4-空气预滤器;5-庆铃二类底盘;6-扫盘吸尘管道;7-扫盘;8-发动机;9-吸嘴;10-除尘箱;11-吸风管道;12-垃圾箱

(2) 湿式扫路车

湿式扫路车采用湿式除尘方式,即扫路车在清扫作业过程中,除在立扫处采用喷水压尘外,在吸嘴和吸管处采用喷水除尘。立扫处喷水压尘的目的是使扫路车在清扫作业时立扫处不冒灰,在吸嘴和吸管处喷水除尘,目的是使通过吸嘴吸入的细小灰尘在水雾中湿润、聚结成更大体积的颗粒,以便在垃圾箱中沉降。

由于湿式扫路车清扫的灰尘通过喷水聚结后无需采用其他措施便能在垃圾箱中自然沉降,所以其风道结构便相对简单,也无需采用灰尘过滤器。但是在北方冬天的时候气温在零度以下,所以对于采用喷水压尘的湿式扫路车就无法进行压尘处理,造成环境二次污染。因此,在我国北方冬天气温大部分时间处于零度以下的地区,干式扫路车的适应性远强于湿式扫路车(如图7.3-4所示)。

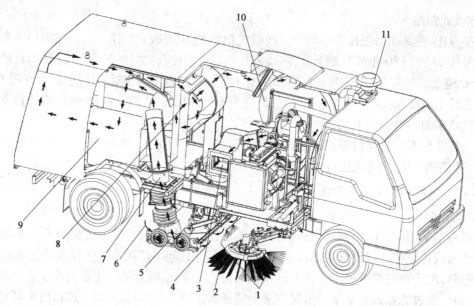

图 7.3-4　中标牌 ZLJ5050TSL 湿式扫路车

1-压尘喷水；2-扫盘；3-排风管道；4-进入吸嘴的气流；5-吸嘴；6-进入吸嘴的气流；7-吸风管道；8-滤清装置；9-垃圾箱；10-风机；11-空气预滤器

7.3.3　工作原理及主要结构

7.3.3.1　工作原理

驾驶扫地机的工作原理与手推式扫地机的工作原理相似，与吸尘器的工作原理相通，主要包括边刷、主刷、垃圾储存箱、过滤网等装置来共同完成清洁任务。①边刷由外向内将角落等其他难以够着的地方的垃圾集中扫往主刷能清扫到的范围；②主刷（即滚刷）再将垃圾，甚至是较大一点的垃圾卷起后投掷到垃圾存储箱；③位于前部的抽气系统能产生强大吸力，再通过滤系统再将灰尘过滤，以防止排出的气体污染环境和影响操作人员身体的健康。

7.3.3.2　主要结构

扫路车的结构形式多种多样。扫路车的底盘采用汽车底盘或专用底盘；动力采用单发动机或双发动机（即带副发）或采用电瓶驱动；立扫有前置式、中置式和前置＋中置式；吸嘴有前置式、中置式、后置式、宽吸嘴、中窄吸嘴、窄吸嘴、反吹风吸嘴、带卧扫吸嘴等；风机布置在垃圾箱风道进口或风道出口，风机驱动采用液压驱动或机械传动；垃圾箱有带水箱或不带水箱，带过滤装置或不带过滤装置，布置在驾驶室前面或驾驶室后面；灰尘过滤装置置于垃圾箱中或置于风机排风风道中。

1）底盘

扫路车的底盘有两种，一种是采用现有汽车底盘，另一种是设计专用底盘。采用汽车底盘改装的扫路车，通常有较高的最高行驶速度，这对于作业区距车库较远或需远距离转场的地区，这种扫路车有转场速度快的优点。采用汽车底盘改装的扫路车多采用双发动机的动力形式。采用专用底盘的扫路车，行走和工作装置多采用液压传动，其动力仅需一台发动机，这种扫路车大多数为中、小型全液压扫路车。

2）动力

扫路车的动力多采用汽油发动机或柴油发动机，只有极少数小型扫路车以电瓶为动力。在采用汽车底盘改装的扫路车中，绝大多数是采用双发动机，也就是扫路车为工作装置专门配备了一台发动机（通常称这台发动机为副发）。用汽车底盘改装的扫路车采用双发动机的优点是：行走系统和工作装置在动力上各自独立，行走速度和行走操作不会对工作装置的作业效果产生影响，操作人员从而可根据地面的污染状况选择最合适的清扫速度，进行最有效的清扫。其缺点是：油耗较大，噪声较高。采用单发动机的扫路车多为中、小型专用底盘扫路车。采用电瓶作为动力的扫路车多为清扫宽度在 1.5m 以下的中小型扫路车。采用单发动机的扫路车,如果行驶系统机械传动,则在清扫作业时,风机的转速随发动机转速变化而变化,因此而影响清扫效果,特别是在车辆上、下坡或在换挡等操作过程中,对清扫效果影响更大;如果行驶系统液压传动,则行驶和作业装置互不干扰,可达到满意的清扫效果。此外,采用单发动机可降低扫路车噪声,减少油耗。

3)清扫系统

吸扫式扫路车的清扫系统由一组扫盘装置构成,包括前扫盘、后扫盘和卧扫等。其布置通常与吸嘴有关,如图 7-3.5 所示。

(1)中置四扫盘后置普通吸嘴(图 7.3-5a)的扫路车具有视线好、操作方便、清扫宽度宽、清扫效果好、清扫速度快、吸入粒度大及二次污染小等特点,适合我国各种硬化路面、广场的清扫作业。但不便于清扫直角转弯的路面。

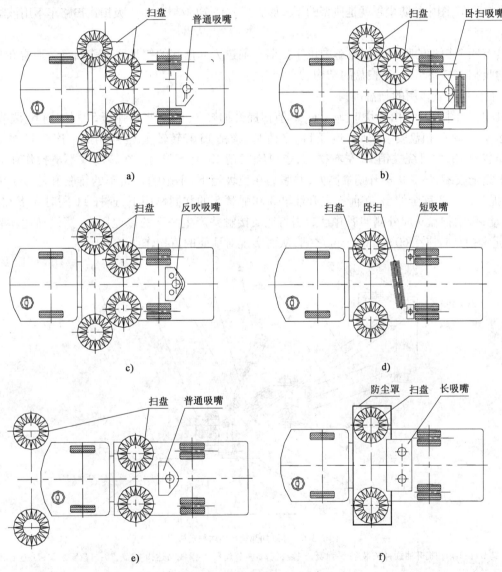

图 7.3-5 吸扫式扫路车的清扫系统
a)中置四扫盘后置普通吸嘴;b)中置四扫盘后置卧扫吸嘴;c)中置四扫盘后置反吹吸嘴;d)中置二扫盘及长卧扫及二短吸嘴;e)前置二扫盘中置二扫盘及普通吸嘴;f)中置二扫盘及长吸嘴

(2)中置四扫盘后置卧扫吸嘴(图 7.3-5b)的扫路车除具有上种扫路车的特点外,其清扫效果更好,清扫速度更快,但使用费用较高,调整、维护较复杂。

(3)中置四扫盘后置反吹吸嘴(图7.3-5c)的扫路车除具有上种扫路车的特点外,其制造、使用费用低,调整、维护较简单,是一种值得推广的布置形式。

目前国内吸扫式清扫车大多采用以上三种布置形式。

(4)中置二扫盘及长卧扫和二短吸嘴(图7.3-5d)的扫路车基本具有中置四扫盘后置普通吸嘴的扫路车特点;但相同情况下清扫速度较慢、清扫宽度较窄、吸入粒度较小和二次污染较大,砂石路面清扫效果欠佳。

(5)前置二扫盘中置二扫盘及普通吸嘴(图7.3-5e)的扫路车具有清扫直观、清扫效果较好、吸入粒度较大、清扫速度较高等特点;但因前置扫盘在灰尘较厚时压尘不理想,所扬起的灰尘会直接影响驾驶员视线。

(6)中置二扫盘及长吸嘴(图7.3-5f)的扫路车具有视线好、操作方便、扫刷消耗小等特点;但在相同情况下与中置四扫盘后置普通吸嘴的扫路车相比,清扫宽度稍窄、清扫速度较慢、吸入粒度稍小。常用于干式吸扫式扫路车,图中的防尘罩就是典型的干式吸扫式扫路车的结构,湿式吸扫式扫路车不用该防尘罩。

4)前扫盘

在具有四个扫盘的吸扫式扫路车中位于扫路车前进方向前端的扫盘称为前扫盘。通常在只具有两个扫盘的吸扫式扫路车中,其扫盘的结构、原理与前扫盘相同。

(1)油缸加弹簧作用的扫盘机构

该机构(见图7.3-6)由滑块1、调节杆2、前扫提升油缸3、安装架4、弹簧5、螺纹筒6、调节丝杆7、摆线马达8、扫盘9、扫盘安装架10、连杆11、立销12、横销13和转轴座14等组成。连杆11的下端铰接着扫盘安装架10,并可绕立销12左右摆动,也可绕横销13上下摆动。在转场或不清扫作业时前扫提升油缸3完全收缩,扫盘9提升到最高处,并紧靠在垃圾箱下,不影响扫路车的行驶和停放。清扫作业时,前扫提升油缸3完全伸出,在前扫提升油缸3和弹簧5的共同作用下,连杆11同时向下和向左(或向右)摆动,带动扫盘9向外侧伸展并且扫刷与地面接触并产生一定的接地压力,摆线马达8驱动扫盘9旋转,通常扫盘转速在60~150r/min之间,从而实现对地面的清扫作业。

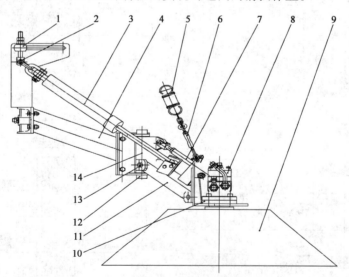

图7.3-6 油缸加弹簧作用的扫盘机构

1-滑块;2-调节杆;3-前扫提升油缸;4-安装架;5-弹簧;6-螺纹筒;7-调节丝杆;8-摆线马达;9-扫盘;10-扫盘安装架;11-连杆;12-立销;13-横销;14-转轴座

清扫作业时,扫刷会磨损,当扫刷磨损到一定的程度后必须对扫盘9进行调整。调节螺纹筒6可调整扫盘的离地高度;调节调节丝杆7可调整扫盘的前后倾角;调节扫盘安装架10可调整扫盘9左右倾角。

(2)其他形式的扫盘机构

扫盘机构的结构形式多种多样,除上述的油缸加弹簧作用的扫盘机构外,还有双油缸作用的扫盘机构,即扫盘的上下摆动和内外收缩分别各由一根油缸控制。还有油缸加钢丝绳作用的扫盘机构,在此不再赘述。

(3)避障机构

扫路车工作时扫盘处于向外突出位置,由于路牙结构及人为堆砌的障碍物等将会影响扫盘的工作,因此扫盘设置有避障机构。避障机构根据扫盘在机架上的固定方式以及推进或拉动方式,通常采用拉伸簧弹簧式避障机构或压缩弹簧式避障机构(见图7.3-7)。

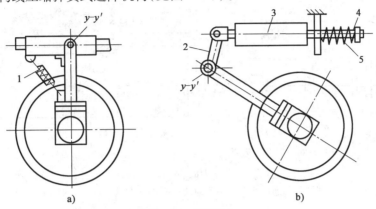

图7.3-7 避障机构
a)拉伸弹簧式避障机构;b)压缩弹簧式避障机构
1-避障弹簧;2-曲柄;3-液压缸;4-芯轴;5-避障弹簧

拉伸弹簧式避障机构当扫盘遇到障碍时,扫盘在碰撞力作用下克服弹簧力,摆臂绕 $y\text{-}y'$ 轴向后方摆动,拉伸弹簧被拉长,吸收碰撞能量,避免了刚性撞击带来的机件损坏。当清扫车继续前进时,扫盘及其动臂在前方阻力作用下进一步拉伸弹簧,并绕轴向内摆动收缩,减小清扫车的横向尺寸,避让障碍物。当扫盘通过障碍物后,即可回复到正常工作位置。

压缩弹簧式避障机构,采用压缩弹簧作为缓冲复位元件的避障机构,该机构工作时液压油缸处于闭锁状态。当扫盘遇到障碍时,扫盘绕 $y\text{-}y'$ 轴向后方摆转,通过曲柄带动闭锁液压缸连同压缩弹簧芯轴一起前移,使压簧进一步压缩,直至越过障碍后重新回到原来的位置。

油缸加弹簧作用的扫盘机构在清扫作业时,图7.3-6中扫盘9具有防撞避让功能,遇到前进方向的障碍物发生碰撞时,扫盘9可克服弹簧5的拉力向内收缩避让,越过障碍物后在弹簧5的作用下自动恢复到工作位置,属拉伸弹簧式避障机构。而双油缸作用的扫盘机构和油缸加钢丝绳作用的扫盘机构均属于压缩弹簧式避障机构。

(4)卧扫

吸扫式扫路车的卧扫通常有两种布置,一种是布置在扫路车的前后轴之间,用清扫和驱赶垃圾到吸嘴底下,便于吸嘴吸拾垃圾,此时卧扫可以左右摆动,卧扫向左(或向右)摆动,便将垃圾向左边(或向右边)驱赶。图7.3-8中所示就是卧扫向左摆动,把垃圾向左边驱赶的情形,此卧扫称为清扫卧扫。另一种是布置在卧扫吸嘴的吸口之后,把遗漏的垃圾重新扫到吸口处,提高吸嘴的吸拾能力,此卧扫称为吸嘴卧扫。

(5)清扫卧扫

清扫卧扫如图7.3-8所示,主要由卧扫提升油缸1、安装架2、横销3、卧扫连杆4、环链5、限位块6、卧扫7、摆线马达8、立销9和卧扫摆动油缸10和卧扫安装架11等组成。卧扫连杆4一端与安装架2铰接,另一端与卧扫安装架11铰接。卧扫提升油缸1通过链条与卧扫连杆4连接。当清扫车行驶或停放时,卧扫提升油缸1收缩,卧扫连杆4在油缸的作用下绕横销3向上摆动带动卧扫安装架11和卧扫7向上摆动直至限位块限位。同时卧扫摆动油缸10处于中间位置,卧扫7与车架中心线垂直,如图所示。清扫作业时,卧扫提升油缸1伸出,卧扫连杆4在重力的作用下绕横销向下摆动带动卧扫安装架11和卧扫7向下摆动,直到扫刷与地面接触并产生一定的接地压力,同时根据需要操纵卧扫摆动油缸10伸出(或收缩)使卧扫7与车架中心线成一定角度,摆线马达8驱动卧扫7旋转,通常卧扫转速在300~

500r/min 之间，从而实现对地面的清扫作业。

清扫作业时，扫刷会磨损，当扫刷磨损到一定的程度后必须对卧扫进行调整。调节环链 5 可调整卧扫的离地高度，即调整扫刷的接地压力，满足清扫作业要求。

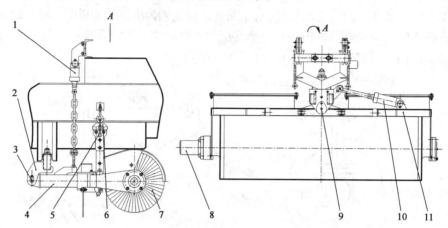

图 7.3-8　清扫卧扫

1-卧扫提升油缸；2-安装架；3-横销；4-卧扫连杆；5-环链；6-限位块；7-卧扫；8-摆线马达；9-立销；10-卧扫摆动油缸；11-卧扫安装架

（6）吸嘴卧扫

吸嘴卧扫如图 7.3-9 所示，安装于吸嘴内，主要由吸嘴体 1、摆线马达 2、摆臂 3、紧定螺栓 4、卧扫 5 和销轴 6 等组成。摆臂 3 一端通过销轴 6 与吸嘴体 1 连接，一端安装卧扫 5 和摆线马达 2，卧扫 5 随吸嘴一起上下移动。清扫作业时，卧扫 5 随吸嘴体 1 一起向下移动到地面，此时扫刷也与地面接触，摆线马达 2 驱动卧扫 5 向前旋转，把遗漏的垃圾重新扫到吸口处，再一次由吸嘴来吸拾。松开紧定螺栓 4，使摆臂绕销轴 6 上下摆动可调整扫刷的接地压力，满足清扫作业要求。

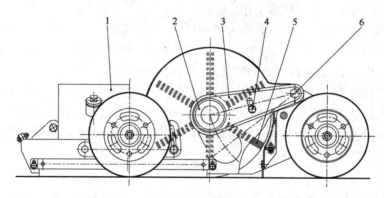

图 7.3-9　吸嘴卧扫

1-吸嘴体；2-摆线马达；3-摆臂；4-紧定螺栓；5-卧扫；6-销轴

5）气力输送系统

湿式吸扫式扫路车的气力输送系统由风机 1、排风口 2、垃圾箱 3、吸嘴 4 和提升装置 5 等构成（见图 7.3-10 所示）。

清扫作业时，先由提升装置 5 放下吸嘴 4，副发动机带动风机 1 转动，在垃圾箱 3 和吸嘴 4 内形成较大的负压和气流，尤其是吸嘴 4 内的负压和气流更大。随着清扫车向前行驶，由扫盘扫至清扫车中央的垃圾进入吸嘴 4 中，在强大的负压和气流的作用下，垃圾随气流向上运动至垃圾箱 3 内，气流受挡沙板的阻挡而改变流向经滤网进入风机 1，然后过滤后的气流经排风口 2 排出。在此过程中，由于垃圾箱 3 的容积突然增大，气流速度骤减，大颗粒的垃圾由于惯性的作用继续向上运动，直至碰到挡沙板而落到垃圾箱 3 的后部。小颗粒的垃圾随气流在垃圾箱 3 内流动时由于重力的作用会沉降在垃圾箱 3 底部，轻飘物由于滤网的阻隔而不能进入风机。

干式吸扫式扫路车的气力输送系统与湿式吸扫式扫路车的基本类似,但由于干式吸扫式扫路车没有喷水降尘,垃圾比较干燥,沉降除尘效果比较差,还要增设多道除尘装置,如旋风除尘装置、脉冲滤筒除尘装置和布袋除尘装置等。

排风方式有多种形式,除上述的下排风方式外,还有上排风方式,即过滤后的气流从垃圾箱的顶部排入大气。此种排风方式在地面特别脏时,由于除尘负荷大,除尘效果不理想,外观上看排风扬尘特别明显。

(1) 风机

吸扫式扫路车的风机有用专用风机的,也有用通用风机改制,但基本上是高压离心式风机的结构形式(见图7.3-11所示)。

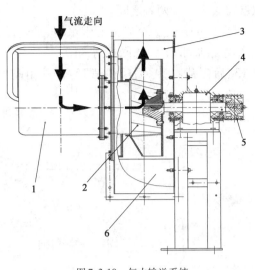

图7.3-10 气力输送系统
1-风机;2-排风口;3-垃圾箱;4-吸嘴;5-提升装置;6-排气口

风机由进气室1、风机叶轮2、风机机壳3、轴承座4、皮带轮5、传动轴6和机架7等组成。进气室1的一端与垃圾箱连接,风机的排气口与副车架上的排风口连接。工作时,副发动机通过皮带传动带动皮带轮5转动,而皮带轮5和传动轴6及风机叶轮2又通过平键连接成一个整体,故风机叶轮2也跟着一起转动。在风机的作用下,垃圾箱内的气体经进气室进入风机叶轮2中央,由于风机叶轮高速旋转,进入风机叶轮2中央的气体被叶片抛至风机机壳3的外缘并沿外缘流向风机的排气口经副车架的排风口进入大气。风机结构参数一定时,风机转速越高,气流的流量和压力也就越大,清扫效果也就越好,但噪声和油耗也就越高。

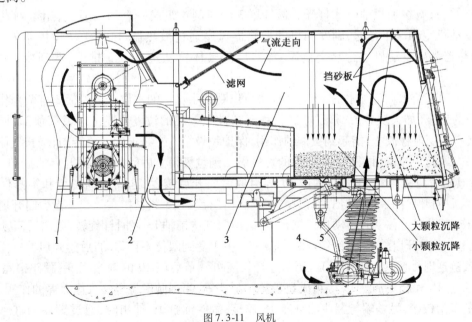

图7.3-11 风机
1-进气室;2-风机叶轮;3-风机机壳;4-轴承座;5-皮带轮

(2) 垃圾箱

吸扫式扫路车的垃圾箱的形式有多种多样,有带水箱的和无水箱的,有斜底板的和平底板的,有双层垃圾箱体、单层垃圾箱体和半双层垃圾箱等(见图7.3-12)。带水箱的垃圾箱的水箱随垃圾箱一起运动,垃圾箱举起时,副车架上的零部件一目了然,便于维修和清洗,但翻斗油缸的负荷大,副车架的受力也大,需要刚性大、强度高的副车架;斜底板的垃圾箱便于倾倒垃圾,但垃圾箱制作复杂;单层垃圾箱造价较低,但箱体内的骨架容易挂垃圾,影响倾倒垃圾,双层垃圾箱则反之,垃圾倾倒性能好,造价较高;半双层垃圾箱介于两者之间。

图 7.3-12 是一个典型的带水箱、平底板、半双层垃圾箱。它由垃圾箱体 1、加油口小门 2、透气罩 3、风网 4、加水口 5、滤网 6、水箱 7、挡砂板 8、风筒 9、后门 10、后门开启油缸 11、连杆 12、后门锁钩销轴 13、后门锁钩 14、后门锁销 15、翻斗销座 16、翻斗销 17、翻斗油缸座 18、翻斗油缸 19 和水标管 20 等组成。

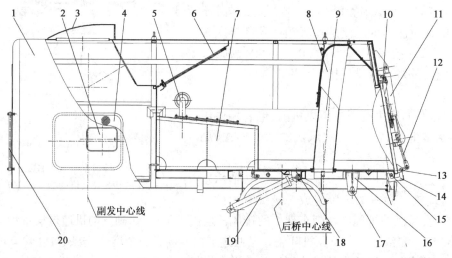

图 7.3-12 垃圾箱

1-垃圾箱体；2-加油口小门；3-透气罩；4-风网；5-加水口；6-滤网；7-水箱；8-挡砂板；9-风筒；10-后门；11-后门开启油缸；12-连杆；13-后门锁钩销轴；14-后门锁钩；15-后门锁销；16-翻斗销座；17-翻斗销；18-翻斗油缸座；19-翻斗油缸；20-水标管

垃圾箱体 1 是垃圾箱的主体，连接垃圾箱内的各个功能部件。加油口小门 2 是用来加燃油的，平时是关闭的，只有在加燃油时才打开。透气罩 3 和风网 4 组成一个通风通道，用于副发动机通风，以利于副发动机冷却。工作时，副发动机的散热器风扇通过散热器、风网 4 从垃圾箱外部抽出冷气体，经过散热器和副发动机进行热交换后，加热后的气体再从透气罩 3 排出，达到冷却副发动机的目的。

加水口 5 用来给水箱 7 加水的，通过水标管可以观察水箱 7 的水位。挡砂板 8 有两个作用，一是在吸入大颗粒的垃圾（如大块砖头、卵石等）时，由于惯性大颗粒的垃圾会撞击垃圾箱顶部，损伤垃圾箱；挡砂板上装有一层厚橡胶板，能起到缓冲的作用，保护垃圾箱。二是迫使气流转向，增长气流的路径，增强除尘效果。风筒 9 的作用是把吸嘴吸拾的垃圾引入到垃圾箱。后门 10、后门开启油缸 11、连杆 12、后门锁钩销轴 13、后门锁钩 14 和后门锁销 15 等组成后门开启装置，起到倾倒垃圾和维修保养的作用。关闭后门时，后门开启油缸 11 伸出，后门锁钩 14 和后门锁销 15 紧紧扣在一起。当后门开启油缸 11 收缩时，拉动连杆 11 向上移动并带动后门锁钩 14 绕后门锁钩销轴 13 逆时针旋转，脱离后门锁销 15，后门锁被打开，此时后门开启油缸 11 继续收缩，连杆 12 由于受到限位不再移动，后门开启油缸 11 拉动后门 10 绕后门铰链逆时针旋转，打开后门。调节连杆长度可调节后门 10 的锁紧程度；翻斗销座 16、翻斗销 17、翻斗油缸座 18 和翻斗油缸 19 等组成垃圾箱倾翻装置，起到倾倒垃圾和维修保养的作用。翻斗油缸 19 一端与副车架铰接，另一端与翻斗油缸座 18 铰接；翻斗油缸 19 伸出时，通过翻斗油缸座 18 推动垃圾箱绕翻斗销 17 顺时针旋转，翻斗油缸 19 完全伸出后，垃圾箱的倾角最大。翻斗油缸 19 收缩时，拉动垃圾箱绕翻斗销 17 逆时针旋转直至垃圾箱水平放置。

吸扫式垃圾箱为密封式、骨架及薄钢板焊接结构。垃圾箱内设有水箱 7 及滤网 6，垃圾箱内灰尘经滤网 6 进行过滤后，再进入风机以减少风机磨损。后门装有密封条，应保证密封效果，不允许漏气漏水。垃圾箱铰支在副车架上，由翻斗油缸 19 控制倾翻卸料。垃圾箱上风筒与副车架上的吸管接管口对接，用密封条作平面密封，应保证不漏气。

收车后应用高压水清洗垃圾箱内部、滤网和密封条边缘。

(3) 吸嘴

吸扫式扫路车的吸嘴形式有多种。按结构形状分有普通吸嘴、长吸嘴和短吸嘴等。按功能分有普通吸嘴、卧扫吸嘴和反吹吸嘴等。

①普通吸嘴

普通吸嘴由连杆支架1、连杆2、调节翘板3、支承滚轮4、支承滚轮支架5、调节螺栓6、后轮轮架7、连接螺栓8、吸嘴体9、吸管10和钢丝绳11等组成(见图7.3-13)。

连杆支架1安装在副车架上,一端与连杆2铰接;吸嘴体9通过连杆2及连杆支架1与副车架连接,下端装有滚轮4(通常3~4只),清扫作业时,先由提升装置放下吸嘴体9(见图7.3-13),当清扫车向前行驶时,吸嘴体9被连杆2拖引着向前行驶,同时吸拾由扫盘扫至扫路车中央的垃圾。清扫作业完成后,吸嘴提升装置通过钢丝绳11将吸嘴体9提升到最高位置,便于扫路车转场和停放。

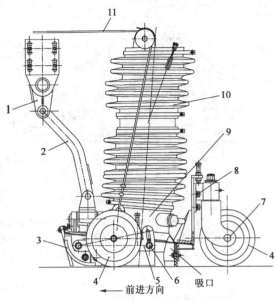

图7.3-13　普通吸嘴
1-连杆支架;2-连杆;3-调节翘板;4-支承滚轮;5-支承滚轮支架;6-调节螺栓;7-后轮轮架;8-连接螺栓;9-吸嘴体;10-吸管;11-钢丝绳

为确保最佳清扫效果,支承滚轮4着地后,底边和路面的间隙应保持在5~10mm左右,该间隙可以通过提高或降低吸嘴后部和两侧支承滚轮4的安装高度来调节。支承滚轮磨损后,要及时调整。调节两侧支承滚轮4的高低时,先松开调节螺栓6,转动支承滚轮支架5,使之到合适位置,再拧紧调节螺栓6。调节后部支承滚轮4时,先松开连接螺栓8,使后轮轮架7沿腰形槽上下移动至合适位置,再拧紧连接螺栓8。

普通吸嘴的特点是结构简单、造价低、功率消耗小等。但吸拾效率比较低。

②卧扫吸嘴

卧扫吸嘴由连杆支架1、连杆2、橡胶挡板3、橡胶压板4、支承滚轮5、支承滚轮支架6、调节螺栓7、后轮轮架8、连接螺栓9、销轴10、卧扫11、紧定螺栓12、摆臂13、摆线马达14、吸嘴体15、吸管16和钢丝绳17等组成。与普通吸嘴相比多了一套滚扫装置,其工作原理和调整方法见图7.3-14。吸嘴体15的行驶和支承滚轮5的调整同普通吸嘴,本节不再赘述。

卧扫吸嘴的特点是吸拾效率比较高、吸拾能力强。但结构比较复杂、造价高、使用成本高和功率消耗大等。特别适用于重底污染地面的清扫作业。

③反吹吸嘴

反吹吸嘴的组成与普通吸嘴的相同(见图7.3-15)。吸嘴体9的行驶和支承滚轮4的调整同普通吸嘴,本节不再赘述。

反吹吸嘴与普通吸嘴的区别在于反吹吸嘴在吸嘴体上有两个反吹管(左右各一)、反吹气室和反吹嘴。清扫作业时,在风机的作用下,吹拾气流从吸嘴体9的四周涌进吸嘴体9,并经吸管10进入垃圾箱,同时在强大的负压和气流的作用下,吸嘴体内的垃圾随气流向上运动至垃圾箱内。如果吸嘴体内的垃圾较多,扫路车的行驶速度过快,就可能在地面上遗留部分垃圾。而反吹气流通常是从排风口通过反吹软管引入到吸嘴体9的反吹管中,经反吹管、反吹气室及反吹嘴吹向地面。反吹气流有两种作用,一是把遗留的垃圾吹到吸嘴体9的吸口处重新吸拾,二是把吸嘴体9内的垃圾搅动起来,便于吸拾。这二种作用都有利于提高吸嘴的吸拾效率。反吹吸嘴的特点是结构比较简单、造价比较低、吸拾效率高、吸拾能力强、功率消耗小等。但气道较复杂。

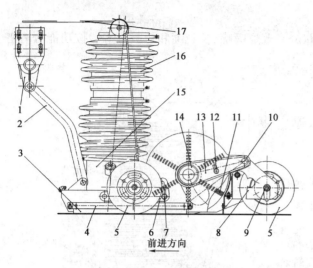
图7.3-14 卧扫吸嘴
1-连杆支架;2-连杆;3-橡胶挡板;4-橡胶压板;5-支承滚轮;6-支承滚轮支架;7-调节螺栓;8-后轮轮架;9-连接螺栓;10-销轴;11-卧扫;12-紧定螺栓;13-摆臂;14-摆线马达;15-吸嘴体;16-吸管;17-钢丝绳

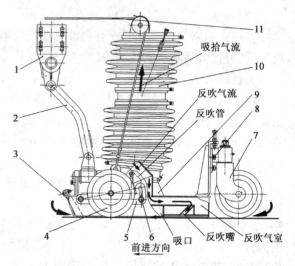
图7.3-15 反吹吸嘴
1-连杆支架;2-连杆;3-调节翘板;4-支承滚轮;5-支承滚轮支架;6-调节螺栓;7-后轮轮架;8-连接螺栓;9-吸嘴体;10-吸管;11-钢丝绳

(4) 提升装置

提升装置的形式有多种,如油缸单作用提升装置和油缸钢丝绳组合的多作用提升装置等。油缸单作用提升装置是用油缸直接提升吸嘴或其他装置,由于其结构相对较简单,本节不再赘述。

油缸钢丝绳组合的多作用提升装置由提升滑轮1、提升钢丝绳2、挡砂板滑轮3、挡砂板提升钢丝绳4、提升油缸5、机架6、过渡滑轮7、吸嘴提升钢丝绳8和吸嘴滑轮9等组成(见图7.3-16)。它能同时提升吸嘴和挡砂板。

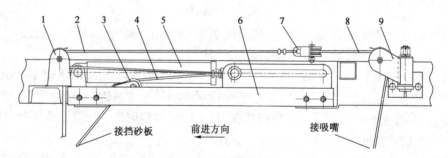
图7.3-16 提升装置
1-提升滑轮;2-提升钢丝绳;3-挡砂板滑轮;4-挡砂板提升钢丝绳;5-提升油缸;6-机架;7-过渡滑轮;8-吸嘴提升钢丝绳;9-吸嘴滑轮

提升滑轮1、挡砂板滑轮3和吸嘴滑轮9安装在机架6上,提升油缸5一端与机架6铰接,另一端可在机架的滑槽中滑动;提升钢丝绳2和挡砂板钢丝绳4的一端固定在提升油缸5的活塞杆端,其中提升钢丝绳2的另一端绕过提升滑轮1与过渡滑轮7连接,挡砂板钢丝绳4的另一端与挡砂板连接;为保证吸嘴的平稳提升,在机架的对称位置布置二个吸嘴滑轮9(图7.3-16中只能看到机架左侧的),吸嘴提升钢丝绳8穿过过渡滑轮7和两个吸嘴滑轮9,其两端分别与吸嘴上的连接环连接。提升油缸5收缩到最短时,吸嘴和挡砂板处于最低位置,即工作位置(见图7.3-16)。当提升油缸5伸出时,其活塞杆端向后滑动,由于提升滑轮的换向作用,带动过渡滑轮向前运动,从而拉动吸嘴提升钢丝绳8向上运动提升吸嘴;同时提升油缸5的活塞杆端向后滑动也拉动挡砂板钢丝绳4向上运动提升挡砂板。提升油缸5伸出到最长时,吸嘴和挡砂板提升到最高位置,便于扫路车转场和停放。

调节钢丝绳的长度可调整吸嘴和挡砂板的最高位置以及工作位置。

（5）水路系统

扫路车水路系统的功用是利用安装在扫盘附近及吸嘴内的喷嘴,将水雾化,利用粉尘微粒的亲水性使得粉尘微粒结合,质量增加,再通过重力除尘原理,达到除尘效果,防止空气二次污染。喷水量可根据待清扫垃圾的性质、数量及路面湿度进行调整。

常见的水路系统由水箱1、排水球阀2、总球阀3、滤清器4、水泵5、安全阀6、右球阀7、右后喷嘴8、右前扫喷嘴9、吸嘴喷嘴10、左后喷嘴11、左前扫喷嘴12、吸嘴球阀13和左球阀14等组成。其原理见图7.3-17。

前扫喷嘴安装在前扫盘的前端（通常两到三只）,后喷嘴安装在前扫盘与后扫盘之间（通常一到两只）。清扫作业时,喷嘴喷出的水雾将前扫盘的外侧包住,阻止扫盘扫起的灰尘外溢。

吸嘴喷嘴10除增强除尘效果外,其另一个重要作用是防止出现吸管堵管的现象。喷水量越大,越不容易堵管,但喷水量过大又会影响扫路车的作业时间。排水球阀2的作用是排放水箱中的余水,同时可作为其他工作的水源。

工作时储存于水箱1中的水,经过总球阀3和滤清器4,进入水泵5升压后进入各喷嘴球阀,驾驶员根据路面状况,控制球阀通断,实现不同位置喷嘴的开启与关闭。如在公路右侧清扫时,且路面垃圾不太多,清扫车左侧几乎没有垃圾,就可

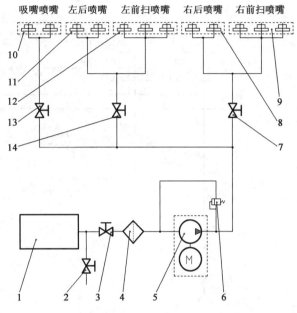

图7.3-17 水路系统

1-水箱;2-排水球阀;3-总球阀;4-滤清器;5-水泵;6-安全阀;7-右球阀;8-右后喷嘴;9-右前扫喷嘴;10-吸嘴喷嘴;11-左后喷嘴;12-左前扫喷嘴;13-吸嘴球阀;14-左球阀

只开右球阀,右侧喷水,左侧不喷水,减少喷水量,延长清扫车的作业时间。

用电磁水阀取代球阀,能提高清扫车的操作自动化程度。但由于目前国产的电磁水阀质量差,可靠性不高,反而降低了清扫车的可靠性。

水箱中应加入干净水,冬季收车时应放净,防止结冰冻坏水箱及管路,有些清扫车中设有排气除水装置,利用气压将管路中的水彻底排出。

（6）液压传动系统

液压传动系统是清扫车中的一个重要系统,它利用液体（通常为液压油）作为工作介质,在密封的液压回路里,以液体的压力能进行能量传递,实现传动要求。

清扫车液压传动系统主要实现以下功能:实现垃圾箱的倾卸及箱门的启闭;挡砂板、吸嘴和扫盘的升降;驱动扫盘和卧扫旋转。有的还驱动风机旋转（单发动机系统的清扫车）。

液压传动系统由吸油过滤器1、球阀2、齿轮油泵3、手动泵4、单向阀5、电磁换向阀6、溢流阀7、压力表8、电磁换向阀9、液控单向阀10、前扫油缸11、后扫油缸12、吸嘴油缸13、翻斗油缸14、背压阀15、阻尼塞16、启盖油缸17、摆线马达18、电磁换向阀19、电磁换向阀20、电磁换向阀21、单向节流阀22、回油过滤器23和液压油箱24等组成。其原理见图7.3-18。

齿轮油泵转动时,储存于液压油箱24中的液压油经过吸油过滤器1和球阀2后,进入齿轮油泵3升压,然后进入电磁换向阀6,不工作时,液压油经电磁换向阀6、回油过滤器23流回液压油箱24。如图7.3-18所示。

工作时,驾驶员根据工作需要选择接通不同的电磁换向阀实现不同的动作,此时电磁换向阀6会自动切换到截止状态。如接通电磁换向阀9就能控制前扫油缸的伸缩,实现前扫盘的升降;接通电磁换向阀19就能使摆线马达18驱动右前、右后和左前扫盘旋转,再接通电磁换向阀20就能驱动四个扫盘一

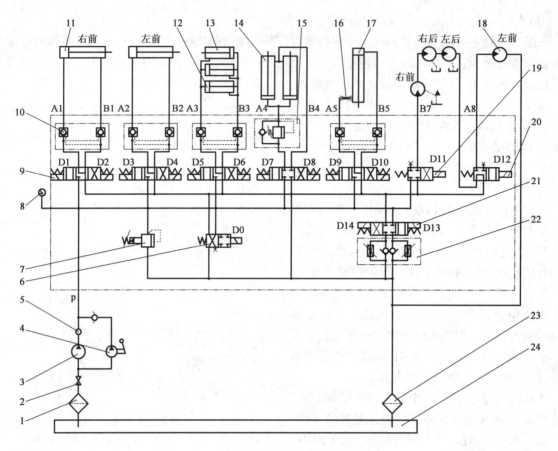

图 7.3-18 液压传动系统

1-吸油过滤器；2-球阀；3-齿轮油泵；4-手动泵；5-单向阀；6-电磁换向阀；7-溢流阀；8-压力表；9-电磁换向阀；10-液控单向阀；11-前扫油缸；12-后扫油缸；13-吸嘴油缸；14-翻斗油缸；15-背压阀；16-阻尼塞；17-启盖油缸；18-摆线马达；19-电磁换向阀；20-电磁换向阀；21-电磁换向阀；22-单向节流阀；23-回油过滤器；24-液压油箱

起旋转。变换电磁换向阀 21 就能改变扫盘的转速，可实现三种转速变换。

溢流阀 7 是控制系统溢流压力的，调节手柄顺时针旋转，压力升高；逆时针旋转，压力降低，完成调整后拧紧锁定螺母。

手动泵是在动力系统发生故障时应急完成一些动作的，如垃圾箱、扫盘以及吸嘴的升降，以便进一步对扫路车的故障进行处置。

(7) 电路控制系统

电路控制系统是扫路车中非常重要的一个系统，分底盘电路控制系统和上装电路控制系统，它们共用一组蓄电池，其上装部分的动作都要通过上装电路控制系统来操作和控制，其原理及组成见图 7.3-19 所示。

工作时，把钥匙开关 SA1 转动"工作"的位置，上装电路系统被接通，此时电源指示灯 HL1 亮起，表示电路系统正常，可以进行下一步工作。继续转动钥匙开关 SA1 到"启动"的位置，接通副发动机的起动机 M1，起动机 M1 转动并起动副发动机。然后再把钥匙开关 SA1 转到"工作"的位置，此时副发动机转动、上装电路系统接通，电源指示灯 HL1 和充电指示灯 HL2 亮起，表示电路系统正常，可以开始清扫工作。当把钥匙开关 SA1 转动"停止"的位置，副发动机停止工作、电源指示灯 HL1 和充电指示灯 HL2 熄灭，表示整个上装电路系统被切断。

在副发动机转动、上装电路系统工作正常时，就可以操纵上装部分的各个机构，如操纵旋钮开关 SA5 就可以控制水泵 M1 和 M2 是否工作、如操纵旋钮开关 SA 就可以控制前扫盘的升降等。

图 7.3-19 是简化了的上装电路系统，真正的上装电路系统还有一些保护电路和联动电路。

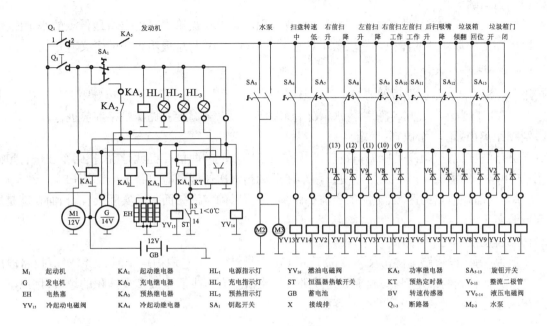

图 7.3-19 电路控制系统

7.3.4 选型原则与步骤、主要参数计算

7.3.4.1 选型原则与步骤

根据总体性能的要求,经过认真分析和反复比较后,在制造条件许可情况下,确定扫路车的机型及各总成结构形式。

扫路车的性能参数包括:专用性能参数、行驶性能参数、质量参数、结构参数。其中:专用性能参数主要有:清扫宽度、最高清扫速度、清扫能力、最大吸入粒度、清扫效率等。行驶性能参数主要有:最高行驶速度、最大爬坡度、制动距离、最小转弯直径等。质量参数有:整车总质量、整备质量、额定装载质量等。结构参数有:整车外形尺寸、轮距、轴距、垃圾箱有效容积、水箱容量等。

清扫宽度是指扫路车进行清除和收集路面垃圾尘土等污物作业时,在整个标定的清扫速度范围内一次作业能连续稳定地达到的最大有效作业面宽度。实际上,对于带有立扫的扫路车来说,在新扫刷时的清扫宽度比扫刷磨损到需更换时的大。企业提供的清扫宽度数值,一般是新扫刷时的扫宽值,在扫刷磨损到需要更换时的清扫宽度比其使用说明书中的要小些。选购者在选购扫路车清扫宽度时一定要注意到这一点。

清扫效率就是清扫车清扫作业时的清洁效果。清扫效率试验是扫路车在平均污染量为 $40g/m^2$(污染物为细沙粒)的平整路面上进行。清扫效率的计算是试验时所测得的被清除的路面垃圾尘土等污物的质量与作业前路面垃圾尘土等污物的质量之比。由此可知,扫路车的清扫效率与路面污染量有关,扫路车在清扫作业时,如果要保证其清扫效率,必须根据路面的污染程度对清扫速度进行调整。

扫路车的最高清扫速度就是扫路车以其性能参数中标定的清扫宽度进行清扫作业时,清扫效率均能达到其性能参数或产品标准中的规定的最大的清扫速度。从以上叙述可以看出,在实际清扫作业时,根据路面污染状况的不同,扫路车实际的最高清扫速度可能高于或低于扫路车性能参数中的最高清扫速度。

扫路车的清扫能力是扫路车进行清扫作业时,在达到规定的清扫效率的前提下,单位时间内能完成的最大作业面积,其值等于最大清扫速度与清扫宽度之积。也就是说,清扫能力是根据扫路车试验结果得出的一个计算值。

最大吸入粒度就是扫路车清扫作业时能吸入的密度为 $1.5 \sim 2g/cm^3$ 的砂、石或砖块的最大颗粒折算成体积相当的圆球直径值。

对于纯扫式可吸扫式扫路车来说，垃圾箱有效容积就是以垃圾箱中吸管出口最低点的水平面为限，该平面以下存留垃圾部分的体积。它反映了垃圾箱的真实大小，与垃圾箱容积的含义有很大差别。

7.3.4.2 主要参数计算

扫路车规格主要由清扫路段的清扫距离(或清扫面积)、污染程度、清扫作业转场距离等来确定，扫路车的除尘方式根据当地的气候、自来水供水情况等来确定。所以在确定扫路车规格前应进行以下工作：

1) 清扫距离(或清扫面积)的确定

对于道路清扫，清扫距离是所需扫路车进行清扫路段长度的两倍。也就是说，扫路车在进行道路清扫时，所选扫路车的清扫宽度必须足够使扫路车往返清扫一次便能覆盖道路上全部清扫区。对于广场、码头、仓库等大面积清扫的区域，不能确定清扫距离，但可以确定清扫面积。实际上，清扫面积就是所需清扫区域的面积。

2) 污染程度的确定

具体地说，每一段道路上的污染程度都不一样。但是，在为了选购扫路车时，无需对清扫路段的污染程度进行如何精确的确定，只要确定该路段进行一次清扫有多少质量或多少体积的垃圾，用以确定所购扫路车的额定装载量和垃圾箱的有效容积。

3) 清扫作业的转场距离

扫路车的泊车地距所清扫路段的距离和从一个清扫路段到另一个清扫路段之间的距离叫做转场距离。转场距离的确定，主要用来选择扫路车的行驶速度，也就是说转场距离是用于选择扫路车底盘的一个指标。

4) 确定扫路车的某些性能参数范围

根据以下工作步骤，可初步确定所需扫路车的某些性能参数。

(1) 扫路车的清扫宽度和最高清扫速度的确定

扫路车清扫路面时其清扫宽度范围确定的原则是：清扫宽度必须大于所需清扫道路任一侧清扫区域内的宽度，也就是说，扫路车清扫路面时，只需一个来回便能覆盖路面上全部所需清扫的区域。

扫路车最高清扫速度可按如式(7.3-1)进行确定。

$$v_{\max} = 2KL/H \tag{7.3-1}$$

式中：$v_{\max}$——扫路车的最高清扫速度，km/h；
 K——修正系数；
 L——所需清扫路段的距离，km；
 H——每天实际清扫作业的时间，h。

修正系数 K，与路面平均污染程度、路面平整状况、作业时交通拥挤状况有关，按如式(7.3-2)进行计算。

$$K = k_1 \times k_2 \times k_3 \tag{7.3-2}$$

式中：k_1——路面平均污染程度系数；
 k_2——路面平整状况系数；
 k_3——作业时交通拥挤状况系数。

k_1、k_2、k_3 选值范围推荐见表7.3-1。

k_1、k_2、k_3 推荐值　　　表7.3-1

路面平均污染程度系数 k_1		路面平整状况系数 k_2		作业时交通拥挤状况系数 k_3	
≤30g/m²	1.1~1.5	很平整	1.05~1.1	不拥挤	1
>30~50g/m²	0.95~1.05	较平整	0.95~1	一般	0.92~0.98
>50~80g/m²	0.8~0.9	不平整	0.8~0.9	拥挤	0.8~0.9
>80~120g/m²	0.55~0.65				
>120g/m²	<0.5				

第7章 养护机械设备

国内扫路车主要技术性能表

表 7.3-2

项　目	长沙中联重工科技发展股份有限公司					东风汽车	天津扫地王专用汽车有限公司（扫地王）		
	ZLJ5063TSL	ZLJ5064TSL	ZLJ5065TSL	ZLJ5153TSL	ZLJ5154TSL	TSW5041TSL	TSW5042TSL	TSW5050TSL	TSW5062TSL
底盘吨位(t)		6.436			16	8.8	4	5	4.2
底盘型号	庆铃 NKR77LLLACJAY（欧Ⅲ）			东风 EQ3168KJ（欧Ⅲ）		东风康明斯 EQ3141G7DJ	庆铃 NKR55ELEACJAY		庆铃 NKR77LLLACJAY
底盘发动机型号	庆铃 4KH1-TC			东风康明斯 ISDe185 30		东风康明斯 EQB180-20	庆铃 4JB1-TC		庆铃 4KH1-TC
底盘发动机功率(kW)/(r/min)	96/3400			136/2500		132/3600	70/3600		96/3400
副发动机型号	庆铃 4JB1 或 4JB1-T			东风康明斯 EQ6BT5.9		东风康明斯 EQ4BT3.9	庆铃 4JB1-TC		无
副发动机功率(kW)/(r/min)	57/3600 或 67/3600			118/2600		77	70		无
最大清扫宽度(m)	3	2.7	2.8	3.5		2.3	3.3	3.2	1.0
最大清扫能力(m²/h)	60 000	54 000	56 000	105 000	87 500	57 500	82 500	80 000	80 000
最大吸入粒度(mm)		110		120	110		120		
清扫效率(%)	≥96			≥96		80	≥90		92
清扫速度(km/h)	3~20			5~25		5~15	5~15		3~25
保洁速度(km/h)	15~20			15~25			15~25		
最高行驶速度(km/h)		100			80	80	98		100
作业油耗(L/h)	≤5	≤5.8	≤6.5	14	≤12.6	3	1.5	1.2	1.3
不锈钢垃圾箱容积(m³)	5	4		8	6	6	2	5.4	5.4
不锈钢水箱容积(L)	1 000		干式吸扫，无水箱	2 000（塑料水箱，不锈钢选装）	1 000	1 200	600	700	700
垃圾箱最大倾翻角(°)	≥45			≥45		60	45		45（右侧倾倒）
最小转弯直径(mm)	≤13.6			≤14		14	10.4	13.6	13.6
最大爬坡度(%)	30			28			≥30		
外形尺寸(长×宽×高, mm)	5 690×1 990×2 420	5 690×1 990×2 445	5 690×2 160×2 445	7 020×2 470×2 980	6 980×2 470×3 195	6 410×2 470×3 250	5 980×1 870×2 350	6 300×2 000×2 300	6 300×1 990×2 350
满载最大总质量(kg)	6 400	6 410	6 380	14 805	10 685	14 700	4 148	5 300	6 436
驾驶室配置	冷暖空调						冷暖空调		

续上表

项目	福建龙马环卫装备股份有限公司(福龙马牌)		扬州盛达特种车有限公司(金鸽牌)			泸州熊猫机器制造有限公司(熊猫牌)		
	FLM5050TSL	FLM5150TSL	YZT5070TSL	JT5161TSL	YZT5160TSL	LZJ5140TSL	LZJ5055TSL	LZJ5056TSL
底盘吨位(t)	3	8	4	10	10	8	2.8	
底盘型号	庆铃(欧III) NKR55LLHACJAY	东风(欧III) EQ3141G7DJ	庆铃(欧III) NKR77LLPACJAY	东风(欧III) EQ3168KJ	庆铃(欧III) FV34G2	东风 EQ3141G7DJ	庆铃 NKR55LLHACJAY	
底盘发动机型号	庆铃 4JB1-TC	东风 EQB185-30	庆铃 4KH1-TC	东风康明斯 ISBE185 30	庆铃 6KH1TC	东风康明斯 EQB180-20	庆铃 4JB1-TC	
底盘发动机功率(kW)/(r/min)	96/3600	132/2500	96/3600	136/2800	191/2800	132/2500	70/3400	
副发动机型号	庆铃 4JB1-TC	康明斯 4BT3.9-C77-09	庆铃 4JB1	东风康明斯 EQ4BT309-C77		康明斯 4BT5.9	庆铃 4JB1	
副发动机功率(kW)/(r/min)	57/3600	77/2800	57/3600	77/2800		67	67	
最大清扫宽度(m)	3	3.5	3	2.5		3.5	3	
最大清扫能力(m²/h)	45 000	>95%	48 000	52500		52 500	9 000～45 000	
最大吸入粒度(mm)	110	120	≥110	≥110	≥120	100	100	
清扫效率(%)	96	96.5	95	98		90	90	
清扫速度(km/h)	5～10	5～10	3～16	3～20		3～20	3～20	
保洁速度(km/h)	10～15	10～20	20	25		3～20	3～20	
最高行驶速度(km/h)	95	85	98	80		80	95	
作业油耗(L/h)	5.6	9.2	7	11.77		10.5/100	9.5/100	
不锈钢垃圾箱容积(m³)	5.3	8	5	8		8	4.6	
不锈钢水箱容积(L)	1 000	2 000	1 000	2 000		1 700	800	
垃圾箱最大倾翻角(°)	46	54	53	56	46	45	45	
最小转弯直径(mm)	14	16	13.6	15		136	136	
最大爬坡度(%)	22	28	27	28		26	28	
外形尺寸(mm) 长×宽×高	5 990×1 990× 2 380	6 500×2 490× 2 990	5 800×1 900× 2 430	6 700×2 470× 2 860	7 000×2 490× 3 020	6 870×2 470× 3 040	6 890×2 000× 2 450	5 810×2 000× 2 450
满载最大总质量(kg)	6 460	14 330	7 300	16 000	16 000	15 000	5 261	5 261
驾驶室配置	冷暖空调	冷暖空调		冷暖空调		冷暖空调		

对于大面积清扫的区域,扫路车的清扫宽度和清扫速度不能单一地对其进行确定,应按扫路车的清扫能力来确定。从理论上说,扫路车所需清扫的面积除以每天实际清扫作业的时间就是扫路车的清扫能力。但是,在实际的清扫作业时,扫刷应与清扫过的区域有一定的重叠量,此外,还与所需清扫区域的平均污染量有关。所以对于大面积清扫的区域,先设定扫路车的清扫宽度或清扫速度,然后确定其清扫能力。如果先设定扫路车的清扫宽度,则所需扫路车的清扫能力可按式(7.3-3)进行确定。

$$A = WS/k_1(W - 100)H \tag{7.3-3}$$

式中:A——扫路车的清扫能力,m^2/h;
S——扫路车所需清扫的面积,m^2;
W——扫路车清扫宽度,mm。

若先设定扫路车的清扫速度,则扫路车的清扫能力可按式(7.3-4)进行确定。

$$A = S/0.85k_1H \tag{7.3-4}$$

(2)垃圾箱有效容积和装载量的确定

根据以上确定的垃圾体积和质量,来确定垃圾箱的有效容积和装载量。确定垃圾箱有效容积和装载量时,垃圾箱的有效容积必须大于垃圾体积,装载量必须大于垃圾质量,二者必须同时满足。如果垃圾容积或质量太大,可决定是否在清扫作业中倾倒垃圾,以选择合适的垃圾箱有效容积和装载量。

(3)扫路车最高行驶速度的确定

按扫路车到作业场地时间的要求,确定扫路车的最高行驶速度的最小值。

7.3.5 主要生产厂家典型产品及技术性能和参数

国内扫路车主要生产厂家产品的主要技术性能指标见表7.3-2所示。

7.4 除雪机械

7.4.1 概述

清除道路上的积雪和冰,以保障车辆、飞机和行人安全,是公路(包括城市道路)和机场冬季养护的一项重要作业。除雪机械便是完成这项养护作业的专用设备,是寒冷积雪地区公路、城市道路、机场等养护部门必备的冬季养护机械。

目前国外发达国家的除雪机械,品种规格比较齐全,保有量较多。各生产厂商在不断采用新技术、新材料、新工艺的同时,还注意提高产品的作业性能和操作性能,以适应社会对冬季除雪提出的更高要求,提高自己产品的竞争力。国外发达国家除雪机械的主要发展趋势有以下几个方面:

(1)开发高性能专用底盘,普遍采用液力变矩器、动力换挡装置和自动电液控制系统,可在除雪作业时实现自动变速换挡功能,使作业速度自动适应除雪作业的负荷变化,不仅减轻了驾驶员的负担,还能保证高速除雪的要求。

(2)开发多功能的除雪车,如在除雪车上搭载滑雪装置、高雪堤处理装置、药剂撒布装置等多种作业装置,以提高作业效率和减少更换装置的时间。

(3)发展大型除雪机械,以满足高速、高效除雪的要求,目前已出现了588.3kW(800马力)至735.5kW(1000马力)超大型除雪机。

我国对除雪机械的开发生产起步较晚,规格品种较少,以拖拌顶推式螺旋转子式为主。最近几年,一些厂家参照国外先进技术,虽研制出了适合我国除雪生产急需的犁式和转子式除雪机、拖式撒盐机等,但与世界先进国家除雪机发展相比,产品数量及性能差距较大,且远不能适应我国目前的公路除雪需求。

我国北方广大地区每年都有3~5个月的降雪期,几十万公里的道路大部分存在清除积雪的问题。

随着我国经济发展和高等级公路里程的不断增加,除建立完善的公路与城市道路雪情收集与监测、预报系统及综合冬季养护体制外,还必须加强对雪质、雪性的基础研究和防雪、除雪的理论研究,开发适合我国多雪、积雪地带的防雪设施和除雪机械。

在发展除雪机械装备方面,国外发达国家的成功经验是值得我们学习和借鉴的。目前国外主要采用的除雪方式有三种:融雪除雪、机械除雪和综合式除雪。

(1)综合式除雪

综合式除雪是将推雪、清雪及吹雪等多种除雪方式混合在一起的一种除雪作业方式,在国外常用于机场跑道的除雪作业。目前国外的除雪机主要生产厂家有瑞士的 BOSCHUNG 公司和美国的 S&S 公司瑞士的 BOSCHUNG 公司的机场除雪机目前在我国已有销售。该机的行走驱动功率约为 16kW,吹吸雪功率约为 140kW,可完成推雪、扫雪、吹雪、收雪和喷洒融雪溶液等作业。除雪机械和行走采用液压驱动,结构非常复杂,但作业功能单一,是机场跑道不可缺少的养护设备之一。

(2)融雪除雪

该方式利用热能或撒布化学药剂使冰雪融化。使用融雪的方法,所需费用除车辆燃油消耗外,还要加上融雪的成本。采用热能融雪可供利用的热源主要有远红外加热和发动机废气等。采用撒布化学药剂融雪容易对环境造成污染和对路表面产生腐蚀,因此,这种方法的使用目前仍在探讨研究之中。目前国外尚无专用机械,均采用非公路汽车改装,冬季需要时安装好储液罐,加装撒布装置,进行喷洒融雪作业。具有该类功能改装能力的公司主要有德国的 DAIMLER-BENZ 公司、瑞士的 MARCELBOS-CHUNG 公司和英国的 SCHMID 公司等。

(3)机械除雪

机械除雪是通过机械对冰雪的直接作用而解除冰雪危害的一种方法。机械除雪可分为犁式除雪机械和螺旋转子式除雪机械两种。行走主机有非公路汽车底盘、工程机械专用底盘和拖拉机。目前国外除雪技术装备主要是以机械除雪的方式为主。以汽车底盘为主机扩展的除雪机,同时具有其他多种作业功能,除雪仅作为在冬季作业机具。该类除雪机械国外的代表公司有德国的 DAIMLER—BENZ 公司、德国的 VOLKSWAGEN 公司、瑞士的 MARCELBOSCHUNG 公司和英国的 SCHMIDT 公司,其代表机型分别为 Unimog、Multicar、Pony 和 SK150,后两种与 Multicar 是同一种吨位等级和同一种功能的机器。该类机器的主要特征是以汽车为基础,采用机械式变速箱或静液压机械传动方式,作业速度较高,非常适合高速公路作业。Unimog 多用底盘车辆的发动机为柴油机,功率 38~124kW,运行速度 0.11~90km/h,工作速度范围大,且前后桥驱动,具有很好的越野性能及较大的牵引能力,同时备有机械、液压、气动多个动力输出。Multicar 的除雪车装置的结构采用柴油发动机,功率 62kW(或 78kW),采用 ZF 专用变速箱作为传动部件,前后设置液压动力输出和快速悬挂机构,前后桥驱动,车辆行驶速度为 1~85km/h。这两种车辆在冬季均可装备撒布化学药剂融雪装置和机械除雪装置,除雪装置大约有十几种,以螺旋除雪装置为多,其余为犁式。当积雪的厚度在 20mm 以下时,用螺旋式除雪机作业是不实用和不经济的。这时可用除雪板完成堆积作业,然后由螺旋式除雪机完成抛雪作业。犁式除雪器具有路面障碍保护机构,其最佳除雪宽度 2 375mm。除雪铲高 1 000mm,分雪的最大角度为 36°,最佳除雪的速度 16km/h,最佳生产率 47 500m²/h,残留雪的厚度不大于 10mm。

这两种车辆的螺旋式除雪结构形式较多,其中一些具有鼓风机吹雪的功能。螺旋式除雪装置的主要参数为:除雪宽度 2 600mm,滚筒直径 900mm,抛雪距离可达 16 000mm,除雪效率约 800t/h,工作速度小于 15km/h,抛雪方向 180°。

除雪装置作为一种工作装置,拆装方便。安装时必须在一块平整坚固的地面上进行,并放于高度为 10cm 的方形垫木上。通过支承轮的调节,将除雪装置连接后板稍稍向上倾斜一些,以便于与主机连接。连接板上安装有一排快换接头,将主机液压系统与工作装置液压系统连接起来。

以工程、农业车辆为主机扩展的除雪机,结构紧凑、机动灵活、越野性好,具有行走和作业两个速度挡。国外具有代表性的公司为美国 BOBCAT(山猫公司)、美国 s86 公司和瑞士 STEYR 公司等。其通过前置螺旋式除雪和犁式除雪装置,完成除雪作业。该类机型以中小型功率为主,发动机功率21~12kW,最高行驶速度30km/h以下。小型机器具有多功能作业的特点,工作装置可根据需要进行更换。中型机器多为螺旋式除雪的专用机器。

螺旋式除雪是利用与行驶方向垂直的一个旋转滚筒将雪切成小块卷起。并通过一个抛雪竖筒将雪抛走。该抛雪竖筒可以180°转动。因此可以调整抛雪的方向,同时利用一个调节板可将雪装入载重汽车的货箱中。除雪滚筒的传动由液压马达或机械传动轴驱动,通过联轴器带动一对锥齿轮传动,并将动力分至两侧。除雪滚筒具有安全剪切销,起安全保护作用,以避免障碍物卡死除雪滚筒,造成机器损害与危及人身安全。在每个除雪滚筒上有三个剪切保险销孔,但在每个除雪滚筒上只允许安装一根剪切保险销。剪切保险销的用途是当除雪滚筒上的叶片被夹在雪中的障碍物卡住时对滚筒起保护作用。但是剪切销剪断后,虽切断了动力,旋转的滚筒仍然储存有大量的能量。

7.4.1.1 国外除雪机械的发展现状

国外普遍采用的除雪理念是"即时除雪",就是根据天气预报的情况,在开始降雪前就采取防滑,防结冰的措施;开始降雪时,就出动人员及设备,清除道路上的积雪。做到"雪中路畅,雪过路清,雪后不滑"。

1) 国外除雪作业方式

根据所在地区的位置、气温的高低和降雪量的大小,国外普遍采用"机械除雪与化学除雪"相结合的方式,进行除雪防滑作业。

天气预报降雪前的1~2h,路表温度在-20~0℃时,先在路面上快速均匀的撒布5~10g/m³的融雪剂。路表温度低于-20℃时,一般不撒布融雪剂而撒布砂子、细石、炉灰或碎木炭等材料。防止降雪后,降雪遇低温路面而结成薄冰。这种撒布作业,国外在一些湿度大、气温低,容易冻冰的地区,特别是桥面、坡道、弯道、立交桥区、收费口地区等,即使不降雪也会在撒布融雪剂或其他防滑材料,防止结冰与打滑。

当路面降雪厚度超过2cm时,就开始使用推雪铲和撒布融雪剂相结合的方式进行除雪工作。国外在两车道和三车道的公路除雪作业时,大多在15~20km里程左右作业的范围内,配置一组除雪设备同时工作(三个推雪铲、一个融雪剂撒布机、三辆承载推雪铲和撒布机的工程车辆),每组中每台车间距在50~100m。使用三个推雪铲将路面积雪推薄,一个撒布机同时在推薄后的路面再撒下一定量的融雪剂,防止路面上残余的雪结冰或压实,并且,只要降雪在继续,只要路面积雪厚度超过2cm,这种作业就是循环持续进行的。即使是在深夜也持续这样的除雪作业,只是根据气温的不同,撒布不同的材料。只有这样才能做到"雪中路畅,雪过路清,雪后不滑"。当中央分隔带宽度超过3.7m时,采取两侧铲雪方式。当中央分隔带宽度小于3.7m时,采取一侧铲雪方式,否则雪将被抛向对方车道。

2) 国外发达国家公路除雪机械的配置情况

(1) 推雪铲和撒布机

推雪铲和融雪剂撒布机是国外发达国家公路和市政道路使用得最多的除雪、防滑设备。一般在15~20km里程的作业范围内,配置一组推雪铲和撒布机同时工作(三个推雪铲、一个融雪剂撒布机、三辆承载推雪铲和撒布机的工程车辆)。

推雪铲的选择,国外发达国家用户普遍重视以下几个情况:

①推雪铲铲刃要求耐用、不伤路面。由于推雪铲在铲雪过程中,钢质铲刃的磨损很快,并且容易伤害路面(特别是在道路的拥包、道钉、标志线和桥梁伸缩缝等处),国外客户多采用坚实、耐用的橡胶铲刃。

②推雪铲能够跨越障碍物,对承载车辆的冲击小。由于推雪铲在铲雪过程中,难免遇上障碍物(如井盖、拥包、道钉和桥梁伸缩缝等),推雪铲需要有越障功能。并且跨越障碍物后,雪铲应立即恢复到正常铲雪工作状态,为了减低推雪铲和障碍物冲击力造成的对除雪车辆的反冲击(雪天这种冲击较大时,

除雪车辆容易打滑甚至翻车,很危险)。国外较多采用整体分为几段的推雪铲。

③推雪铲要求功能齐全、使用方便。考虑到推雪铲需要方便与多种不同类型的底盘车挂接使用,国外客户普遍配置自带动力、控制、液压等系统的推雪铲。这样的推雪不需要对底盘车做很大改装,也不需要选用专门的底盘车提供给推雪铲动力来源,并且推雪铲和底盘车的安装和拆卸非常方便。

④推雪铲要求升降、转向方便,对承载车辆的负荷小。根据路况、雪情等的不同,推雪铲还需要能够方便、快速地升降和左右偏转;铲刃与路面的间隙应该方便调整。推雪铲在推雪过程中的自重应该有支撑机构,这样可以提高推雪的作业速度、减少车辆的负荷。

撒布机的选择:国外发达国家用户普遍重视以下几个情况:

撒布要求精确、均匀、快速。国外发达国家对环境保护的要求很高(融雪剂的过量使用对道路及绿化植物影响大),对融雪剂的使用剂量要求控制得很严格;要求融雪剂的撒布必须是精确、均匀、快速的。要求撒布机的撒布剂量精确,无论承载撒布机的底盘车车速的快慢怎样变化,单位路面的融雪材料撒布剂量能精确、均匀到1g;撒布的精确度与均匀度与承载车的车速没有关系,无论是车速是5km/h,还是100km/h,撒布的精确度与均匀度都是一样的。

撒布剂量、撒布方式的调整要求方便、准确。并且根据气温、降雪量等多种因素的变化,撒布机能方便地调整撒布剂量和撒布宽度;并且当路况等变化,撒布机也能方便地调整撒布的方向与角度。

撒布机要求功能齐全、使用方便。考虑到要求撒布机方便安装在多种不同类型的底盘车上进行撒布作业,国外配量的撒布机要求自带动力、液压、控制等全套系统。不需对承载车辆进行改装,也不需要选用专门的底盘车提供给撒布机的工作动力来源,只需要承载车辆提供行走动力(拖着撒布机行走),并且要求底盘车和撒布机的安装和拆卸都非常方便。

撒布机要求作业范围宽。撒布宽度要求到达3条、甚至4条车道的作业幅度,并且根据弯道、匝道、收费站等区域的宽窄变化,能够方便、准确地调整撒布宽度和撒布方向。并且根据气温的不同,要求能够撒布不同类型的除雪防滑材料,如碎石、砂子、炉灰、碎木炭等。

撒布机必须有融雪剂预湿撒布功能。为了提高融雪材料的融雪效率,减少融雪剂的使用量,从而达到降低除雪作业材料使用成本和最可能地满足环保要求,国外发达国家公路及市政道路管理部门要求撒布机必须有融雪剂预湿撒布功能。

撒布机存储融雪材料的容积要求大(城区小道路也使用一些小容量的),考虑到融雪材料都是固定堆存在某些仓库,往往撒布机撒完后,返回来装料,再行驶到需要撒布的区域,需要几十、甚至上百公里,无法满足除雪的及时性需求。为减少每次撒布完后往返添加材料的次数,提高除雪作业的效率和人工、油耗等成本,国外一般配置尽可能多装料的撒布机。

(2)除雪车辆(承载除雪设备,如推雪铲和撒布机)。

国外发达国家,道路管理部门或所有者一般不配置专门的除雪车辆,而是有具体负责承包除雪、防滑工作的作业单位自己提供。进入雪季前,各除雪作业单位将除雪机具(如推雪铲,撒布机,抛雪机等),安装在其自己的工程车辆上(如自卸车、载货车)。一般除雪作业单位都拥有很多数量的如自卸车,载货车,也有工作单位从社会上租赁这样的车辆。雪季结束后,再将除雪机具从这些工程车辆上拆卸下来。这样,既可以节省车辆的购置费用,也可以提高作业单位这些工程车辆的冬季使用率。国外发达国家,超过95%以上的公路及市政领域管理部门采取这种方式。

(3)抛雪机

抛雪机主要是用在降雪量特别大的地区,适合于未被压实雪的清除。当使用推雪铲无法满足及时将积雪推薄时,使用抛雪机将积雪向公路两侧抛出,再配合推雪铲铲雪、撒布机进行撒布融雪剂的方式,达到除雪防滑的要求。国外一般在降雪量很容易快速达到80cm以上的区域或路段,配置抛雪机进行抛雪。也有些地区使用抛雪机将推雪铲推到紧急停车带内积雪抛出到道路两侧。

抛雪机主要分为两大类,一类是安装在装载机等工程机械车辆上面,借助装载机的动力,推动抛雪机的作业,国外90%以上的抛雪机采用这种形式。另一类为抛雪车,即将抛雪机和专用底盘改装为一个专用的抛雪车,进行抛雪作业。但由于抛雪车的价格高,专用底盘使用率低,国外比较少采用,专用的抛雪车比较多的是用在飞机场领域。

3)国外其他除雪机械或设备的配置及应用情况

国外除雪机械主要有:

①扫雪刷。扫雪刷的优点是能把雪清扫得干净,但是有工作速度慢,刷子和雪容易黏结在一起,形成雪柱等缺点,在公路及城市主干道很少采用。发达国家主要是用在人行道、停车场、重要建筑周围和机场跑道的除雪工作中。以直径为40cm的扫雪刷为例,当扫刷的转速为2000r/min(对这类直径的物体,已经是很高的转速)时,外沿扫毛线速度为8km/h,即当驱动扫雪刷的车辆行驶速度超过8km/h,扫刷无法起到扫雪的功能,而是被动滑行。这样的速度显然是无法满足公路及城市主干道快速除雪作业需要的。同时积雪很容易和扫毛粘结在一起,形成一个雪柱,无法起到扫雪的功能。

②吹雪机。国外在飞机场跑道等区域也使用一些吹雪机,吹雪机依靠大功率发动机驱动鼓风机产生的冷风进行吹,多数和扫刷联合作业(前扫后吹)。主要是将清扫过程中,飞扬起来的雪吹走,但无法将积雪融化后的雪糊、特别是压实后的雪吹走。并且这样的吹雪机造价昂贵,在公路及市政道路中极少采用。

(1)除雪设备的购置

国外发达国家,除雪设备(车辆除外)均由道路管理部门或道路所有者负责购置,按工作小时计算租赁给作业单位使用。

(2)国外发达国家冬季除雪、防滑作业的管理

国外发达国家,冬季道路除雪、防滑是道路管理部门一项非常重要的工作,每年道路管理部门在冬季除雪、防滑工作中投入的费用占整个道路养护、维护总费用的15%~20%。丹麦、芬兰、瑞典、挪威和加拿大等国家这一比例甚至达到25%左右。除雪、防滑工作和其他道路养护工作一样,也分段承包给道路养护公司或工程建设公司负责进行。道路管理部门负责除雪防滑工作的指挥、协调、监督、核算和管理。

国外发达国家,冬季除雪管理系统主要分为雪情及结冰预警、除雪指挥、除雪作业实施和监控、雪后评估与统计四个部分。

①雪情及结冰预警部分:

国外发达国家在道路的很多地点,安装有专门的气象监测站,监测到的气象信息(如气温、地温、空气中温度、风力、风向等)经无线传输到除雪指挥中心的气象信息接收和分析设备中,经设备处理后的雪情、结冰预警信息(如某个局部区域在某个时段可能降雪,雪量大小;某个局部区域在某个时段可能结冰等),传送到除雪指挥系统的计算机管理软件和公众气象信息网中(方便公众及时,准确了解降雪、结冰信息)。

②除雪指挥部分:

除雪指挥中心根据气象处理设备传递的准确、即时的降雪、结冰预警信息,及时指挥除雪作业单位,作业人员进行除雪工作(包括设备使用时机和除雪材料使用的种类和数量)。

③除雪作业实施和监控部分:

除雪作业单位及人员接到指挥中心的命令后,立即开始除雪工作。按指挥中的要求,准确掌握除雪时机和除雪材料使用的种类和数量。

同时,先进除雪设备上的监控设备和仪器将作业车辆的准确除雪数据。如:何时使用推雪铲,何时使用撒布融雪材料,以及在具体某个位置、某个时间使用了多少融雪材料,当时融雪材料撒布的作业范围(宽度),除雪车在某个时间段的具体作业位置等信息,通过无线网络和GPS的方式随时反馈到指挥中心的计算机上。计算机内安装的除雪指挥管理软件即时将这些信息自动处理,生成各种可方便查寻的图表、数据库等形式,方便指挥人员随时掌握准确的除雪作业进程,更有效地指挥除雪作业。

④雪后评估和统计部分：

道路上每个时段，每个区域的除雪作业情况，都被自动储存在指挥中的管理软件系统中。雪后，道路管理部门可进行详细评估和评比，促进除雪工作的更好完成。

每次除雪结束后，指挥中心管理软件准确记录了除雪车辆、设备、人员的作业时间和里程，准确记录了融雪材料的使用剂量和设备油耗，从而准确地核算出每次除雪作业的成本。

同时，雪天交通很容易引起交通事故，这些作业数据和图表也是判定雪天交通事故责任的有力证据之一（雪天交通事故时，驾驶员经常将责任推卸到道路管理部门或道路所有者，认为造成事故的原因是由于道路积雪未及时有效清除或道路已结冰所致）。

4）融雪材料的使用

(1) 国外发达国家使用的融雪剂

自20世纪50年代开始，西方发达国家就开始使用融雪剂作为除雪、防结冰、防滑的主要手段。直到现在，在环保要求很高的发达国家仍然在普遍使用融雪剂，国内部分客户使用经验也表明，融雪剂是除雪工作中必需的材料，可以起到其他除雪机械无法达到的防结冰防滑效果。

融雪剂主要为氯盐类和非氯盐类融雪剂两类，氯盐类如氯化钠、氯化钙、氯化镁等；非氯盐类如乙酸盐、醇类等。

非氯盐类融雪剂的环保性能较好，对道路、环境、植物影响较小。但是其冰点高，融雪效果较差，而且融雪后容易再结冰，并且非氯盐类融雪剂价格昂贵，即使在西方发达国家，也仅在机场跑道等区域使用。公路及市政道路很少使用非氯盐类的融雪剂。

氯盐类融雪剂由于冰点低，资源丰富，价格低廉的优点在西方发达国家普遍采用，但是使用过量的氯盐类融雪剂，特别是未添加防腐蚀材料的融雪剂，对道路、环境、植物会造成很大的影响。

为更好地选用融雪剂的种类，更科学地确定融雪剂的使用量，首先我们分析不同融雪材料的冰点（地温低于冰点时，会结冰）。图7.4-1为几种常用融雪材料不同浓度的冰点值。

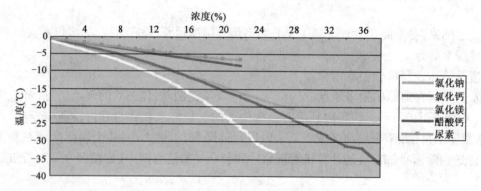

图7.4-1 几种常用融雪材料不同浓度下的冰点值

上述融雪剂溶液浓度是按单位降水量（质量）需要加融雪剂的质量百分数计算的。如降水量为0.2mm时（需要达到0.2mm的降水量，折合需要的新降雪厚度大约为5mm）时，$1m^3$路面上有0.2kg水，此时为达到20%的溶液浓度，需要40g融雪剂。当然40g的融雪剂绝不是一次撒布在路面上，而是分多次撒布的。

从表7.4-1、图7.4-1可以看出，降雪时气温在-5~-15℃，氯化钠的冰点更低，适合使用。气温在-15~-25℃，氯化钙的冰点更低，适合使用。而醋酸钙和尿素的冰点与氯化钠和氯化钙相比，冰点更高，气温在-5℃以上时，可以采用，但成本高。氯化镁的价格相比氯化钠和氯化钙更贵，同时，氯化镁溶液有毒性，在国外发达国家使用不多。实际上，国外发达国家目前使用最多的融雪材料主要成分还是氯化钠和氯化钙。

至于不同厚度的降雪，应该使用多少量的融雪剂，与融雪剂的成分、气温密切相关。为氯化钠为类，不同气温、不同降雪厚度，需要达到不结冰的情况需要使用的氯化钠量见表7.4-1。

不同气温、不同降雪厚度需要使用氯化钠的剂量(g)　　　　表 7.4-1

雪厚度(mm) \ 温度(℃)	-1.2	-2.4	-3.6	-4.7	-5.9	-7.1	-8.3	-9.7	-11.2	-12.6	-14.2	-15.8	-17.6	-19.2	-20.5
2.5	2	4	6	8	10	12	14	16	18	20	22	24	26	28	30
5	4	8	12	16	20	24	28	32	36	40	44	48	52	56	60
7.5	6	12	18	24	30	36	42	48	54	60	66	72	78	84	90
10	8	16	24	32	40	48	56	64	72	80	88	96	104	112	120
12.5	10	20	30	40	50	60	70	80	90	100	110	120	130	140	150
15	12	24	36	48	60	72	84	96	108	120	132	144	156	168	180
17.5	14	28	42	56	70	84	98	112	126	140	154	168	182	196	210
20	16	32	48	64	80	96	112	128	144	160	176	192	208	224	240

上表说明：气温越低，融化相同厚度的雪时，需要的融雪剂越多；积雪越厚，在相同气温下，需要的融雪剂越多；这就是为何降雪厚度超过2cm时，必须使用推雪铲先推薄、后撒布融雪剂，并且只要降雪不停，就必须使用推雪铲和撒布融雪剂循环作业的原因。

所以，融雪剂的正确使用量，应根据融雪剂的冰点、气温、和天气预报可能的降雪量，分批多次洒布。

(2)国外发达国家融雪剂的使用情况

环保要求严格的西方发达国家如何合理地使用融雪剂：

①采用雪前撒布办法。降雪之前1～2h，为防止降雪遇路面而后结冰，一般1m³路面撒布5～10g的融雪剂，有效地防止结冰。

使用高精度的撒布设备。根据降雪量的大小、气温的高低和融雪剂种类，准确使用需要的融雪剂剂量；为保证精确地向路面撒布融雪剂，必须使用高精度的撒布设备才可能完成，国外发达国家严禁人工或使用低精度的撒布设备进行融雪剂的撒布，撒布设备的剂量精确与否由专门的检定机构进行检定，以确定是否可以继续撒布，检定不通过的设备，严禁上路进行除雪作业。

②采用推雪铲和融雪剂撒布联合、持续、循环的作业方式。因为积雪厚度越厚，需要的融雪剂量就越大，所以尽可能将雪推薄。

③采用预湿撒布的方式。为保证撒布到路面上的融雪剂快速有效地发挥效率，西方发达国家普遍采用预湿撒布的方式，即融雪剂在撒布到路面上之前，撒布设备已经将融雪剂预融化，撒布到路面上的融雪剂是溶化后的糊状融雪剂。

预湿撒布的好处如下。

a. 氯化钠(目前绝大多数发达国家融雪剂的主要成分是氯化钠)在溶解成盐水的过程中，需要从外界吸收热量(1kg氯化钠溶于水时需吸热75kJ左右)。颗粒状的干式融雪剂撒布到路面上，溶解过程中，需要从地面吸收大量的热量，导致路面湿度急剧下降而开裂，从而影响路面的寿命。而预湿撒布，是撒布设备将融雪剂撒布到路面之前，就将融雪剂进行了提前融化；这个溶解过程中，吸收的热量主要来自设备的机械部分和大气中，从而减少了对路面的致冷作用。

b. 融雪剂只有溶解后，才能产生融雪的功能。而颗粒状的固态融雪剂撒布到路面后，需要借助过往车辆的多次碾压，才能融化。这样融雪的效果自然就慢。特别是在一些车流量不大的道路。干式融雪剂自然溶解过程很慢，无法产生融雪的功能。

c. 颗粒状固体融雪剂撒布到路面上后，很容易被过往车辆的轮胎及风带走。造成道路两侧(绿化带)的融雪剂的堆积，而非常需要融雪剂的车道内又缺少必需的融雪剂，如果增大融雪剂的撒布量，就会大大消耗了融雪剂的用量，严重破坏道路、环境及植物。

d. 西方发达国家的实验表明，为达到同等的融雪防滑效率，采用具备预湿能力的撒布设备作业，与不具备预湿能力的撒布设备作业相比较(在设备其他撒布功能完全相同情况下),最少可以减少和节约50%的融雪剂使用量。这对于降低总的除雪作业费用和满足环保要求都是极为重要的。假如某地区每年使用颗粒状固体融雪剂2万吨。如采用预湿撒布功能的设备进行撒布,则可以节省1万t。按目前一般融雪剂的价格在1 100～1 500元/t,则每年单融雪剂的费用就可以节省1 100～1 500万元,这远不包括由于过量使用融雪剂造成路面破损和植物死亡而带来的附加维护费用。

(3)国外如何防止融雪剂的破坏作用

氯盐类融雪剂对路面(特别是桥面内的结构钢筋)和绿化植物的损害是肯定的,西方发达国家除采用上述三条合理使用办法外,也采用了如下的一些措施来降低氯盐类融雪剂的破坏。

①普遍采用加有缓蚀剂的阻锈型融雪剂,使氯盐类融雪剂中氯离子的破坏作用降低。

②路面(特别是桥面)在建造时,增设隔离层,防止氯离子渗入桥体。同时设计合理的排水系统,使融雪剂溶液能够方便流走。避免因为冬季除雪作业而可能导致的日后路面维修费用。

③为防止融雪剂对植物的危害,在可能接近融雪剂的路旁及中央隔离带,选择耐盐植物,也可以对植物采取冬季遮挡的办法。

7.4.1.2 国内除雪机械的发展现状

1)国内除雪机械概况

我国除雪机械的研制起步较晚,真正的研制与开发是从20世纪80年代以后,随着改革开放的不断深入,道路的不断升级与新建,各种机动车辆猛增而开始的,研究单位集中在中国的三北地区,先后有十几种型号的样机被生产出来,在除雪作业中发挥了一定的作用。在大力发展中国除雪机械的同时,有关部门也注意引进吸收国外先进的道路养护技术,近年来先后从国外引进了一定数量的道路综合养护设备,其中一些设备具有除雪功能,比较典型的有奔驰U1650型万能工程车、乌尼莫克道路综合养护车等。

(1)犁式除雪机

犁式除雪机主要适用于未经压实的积雪,特别是密度较小的新降积雪,由于价格低、效率高、工作可靠,是使用最广泛的除雪机械。犁刀的形式主要有V形犁、U形犁、单向犁和侧翼铲等。国外的犁式除雪机,大多数具有避让功能,此外,还可以实现犁刀升降以及作业角度的变化。

犁式除雪机是国外使用较早的除雪机械。早在1943年,日本就开始把V形犁装在载货汽车上用于道路除雪,经过多年的发展,国外犁式除雪机已具有较高的技术水平,以俄罗斯新产品KO-812-2型犁式除雪机为例,这种除雪机基础车采用MT3-80/82型拖拉机,其功能有除雪、清除垃圾和砂堆,既可以用于街道、人行道,也可用于公路和建筑工地的除雪;工作装置有推土板、犁刀和圆盘刷,除雪宽度:推土板2 500mm,犁刀2 500mm,圆盘刷1 800mm。

20世纪90年代初,在我国的沈大高速公路上,引进了德国产的乌尼莫克道路综合养护车,辅机备有犁式除雪器,其总质量为1 000kg,最佳除雪宽度2 375mm,除雪铲高1 000mm,最佳除雪速度20km/h,最佳生产率47 500m^2/h,残留雪厚度不大于10mm。

国内的犁式除雪机械,虽然起步较晚,但也取得了一定的成绩,先后成功研制了一些犁式除雪机和除雪器。主要有西安公路研究所研制的L9280型除雪车,吉林交通科学研究所研制的CL-3.6,CL-3.5型系列除雪犁,以及与磐石县公路管理段联合研制的CL-2.4型公路除雪器,哈尔滨林业机械研究所研制的CBX-216综合破冰除雪机,其前部除浮雪装置的犁式除雪器等,这些除雪机械在某一方面的性能具有一定的优势。

(2)旋切式除雪机

旋切式除雪机一般具有切削、集中、推移和抛投功能,具有结构复杂、功能多的特点。旋切式除雪机可分为单级式和双级式两种,其中单级式又分为铣刀型和风扇型,双级式分为单轴螺旋风扇型及双轴螺旋风扇型。

俄罗斯、日本是生产旋切式除雪机的主要国家,技术较成熟,其产品性能居世界领先水平。日本产高速行走旋切式除雪机,作业速度为 70 km/h,该除雪机采用四轮驱动方式,利用盘式制动,全长为 7 790mm,机宽 2 490mm,最大除雪宽度 2 490mm,发动机功率 220kW,最大除雪速度 70km/h,最大除雪量 3 000t/h。

国内已研制成功的旋切式除雪机主要有吉林工业大学等单位研制的 CX-30 型除雪机,哈尔滨林业机械研究所研制的 CBX-216 型城市道路破冰除雪机,吉林交通科学研究所研制的 CBX-1600 型除雪机,此外还有 XLB-212 型、15-l 型等。其中一些型号的除雪机已进行过工业性试验,效果较好。

2)国内除雪机械目前存在的主要问题

尽管几十年来,国内的许多单位在除雪机械的研制与改进上做了许多工作,但迄今为止,除雪机械并没有大面积推广使用,其主要原因如下。

(1)作业速度低

目前国外犁式除雪机最大除雪速度可 50km/h,旋切式除雪机最大速度选 70km/h。20 世纪 90 年代初期,吉林省交通科学研究所研制的 CBX-1600 型除雪机,集离心冲击破碎、圆周力旋切和弹簧储能冲击破碎三种切削功能于一体,方法先进,是国内技术水平较高的除雪机械。但其最大除雪速度仅为 2.15km/h,与国外同级别的除雪机械相比,作业速度较低。

(2)整机利用率低、成本高

尽管中国的北方地区冬季降雪期可达 3~4 个月,可是资料表明冬季降雪次数并不太多,最多也只是十几次而已,如果除雪机功能单一,只能用来除雪,那么机器一年里大部分时间处于闲置状态,这就大大提高了除雪作业的成本,增加了公路养护部门的负担。

(3)避让功能不理想

在除雪过程中,常常因遇路障而使主机或者除雪装置损坏,国内已有的犁式除雪机械,大部分回避路障的能力较差。吉林省交通科学研究所与磐石县公路管理段联合开发的 CL-2.4 型公路除雪器,安装了避让装置和防止过度避让锁链,可以保证在除雪作业过程中避让路障,防止主机或除雪器的损坏,还可同时防止过度避让锁链,因过度避让使避让回位弹簧损坏。该装置居国内领先地位,达到了 20 世纪 90 年代国外同类产品水平,但在机器的运行中还需进一步跟踪测试、验证。

(4)对路面保护能力差

当路面凹凸不平时,除雪机作业时会对路面造成破坏,虽然除雪机对路面的损坏程度目前还没有一个衡量标准,但国内的除雪机械在路面仿形能力、对路面保护等方面,与国外相比还存在一定差距。

3)国内除雪机械的发展方向

(1)加强雪的力学性质研究,建立道路气象系统

为了提高除雪机设计水平,需要对雪的力学性质进行深入研究。此外应建立道路气象信息系统。该系统是由设置在各地的传感器与具有先进软件的微机构成,用于预测道路的冻结和除雪状况,利用其传感器可获取路面温度、湿度、风向、风速等方面的信息,这样能够及时、准确地掌握路面状况,以便灵活、高效地使用除雪机械。

(2)向小型化、高速度的方向发展

在除雪作业中,除雪机机身的大小及除雪速度是影响交通的两个重要因素,机身过大,除雪机占道影响交通;速度过低,影响车流通畅,同时狭窄路面的除雪也要求机身体积不宜过大。为了不妨碍交通,今后我国的除雪机械要向小型化、高速度的方向发展。

(3)向多功能、机—电—液一体化的方向发展

为了提高机器的使用率,除雪机械应向一机多用的方向发展。中国的除雪机械应该向兼用型的方向发展,可对多种机械如卡车、推土机、建筑机械等实施改造,只是在冬季降雪时进行除雪作业,其余时间可进行洒水、清扫等多种路面养护作业及其他作业。除雪机械应尽量采用机-电-液新技术,实现自动控制,提高除雪机械的科技含量。

(4)要注意提高安全性、舒适性

由于除雪机械的驾驶操作具有一定危险,所以要提高安全性,舒适性。

我国现阶段的除雪机械应该向多功能方向发展,除雪机械应能一机多用,以提高使用率。如对现有的工程农业机械(装载机、推土机和拖拉机等)和环卫机械(清扫车等)实施技术改造,在冬季降雪时安装除雪工作装置,进行除雪作业,其余时间可进行其他工程施工作业或道路清扫养护作业等。专用除雪机械应采用机—电—液新技术,实现自动控制和自动保护功能,避免除雪装置的损坏。为最大限度地减轻驾驶员的操作强度,还应改善提高除雪机械的操作性能和舒适性能。

7.4.2 分类、特点及适用范围

除雪机械按除雪工作装置特性分类见表7.4-2,按主机特性分类见表7.4-3。

按工作装置分类的除雪机 表7.4-2

名 称	特 点	适 用 范 围
犁式除雪机	以雪犁或刀板为主要除雪方式,可推雪、刮雪	可装在载货汽车、推土机、平地机、拖拉机、装载机等底盘上,适应各种条件下的除雪
螺旋式除雪机	以螺旋式刮雪刀为主要除雪方式,侧向推移雪和冰渣	新雪、冻结雪、冰辙
转子式除雪机	以高速风扇的转子的抛雪为主要除雪方式,抛雪或装车	新雪或同犁式机配合
组合式除雪机	多种除雪式的组合	新雪、压实雪
清扫式除雪机	以旋转扫路刷为主要除雪方式	高速路、现场进行无残雪式除雪、薄雪
吹风式除雪机	以鼓风机的高速气流为主要除雪方式,吹出路面	公路新降雪
化学消融式撒布机	以化学融剂消雪,防结冰为主要方式	降雪前撒化学消融剂于路面,降雪后撒灰渣
加热式融雪机	把雪收集、加热融化成水	特殊场合

按主机特性分类的除雪机 表7.4-3

名 称	特 点	适 用 范 围
旋转式除雪机	工作装置由集雪螺旋和风扇转子等转动件组成,一般为装载机底盘	除厚雪或同犁板式除雪机配合
除雪载货汽车	在载货汽车底盘上装各种除雪板和作业装置	新雪、压实雪、公路、街道
除雪平地机	刮雪刀片在平地机机体中部	主要清压实雪
除雪推土机	在推土机前加装各种除雪犁板,有履带式和轮胎式	清除较厚雪
扫雪机	工作装置为扫刷或扫刷加吹气	新雪、薄雪、高速路、机场
路面除冰机	工作装置有螺旋刃切削式和转子冲击式,底盘一般为装载机	压实需、冻结雪、冰辙
手扶式除雪机	无驾驶室	人行道、狭小地方除雪
消融剂式撒布机	在载货汽车底盘上装有料仓、输送器、撒布圆盘等装置	撒布防止结冰消融的可防滑用的药剂或砂子
装雪机	斗式、带式、螺旋式装雪机	必须把雪运走的地区
固定式除雪机	在固定地段安装的永久性除雪装置	特殊地段

7.4.3 工作原理和主要结构

7.4.3.1 除雪机关键装置介绍

(1)除雪铲

城市道路上白天下雪时,由于车辆的不断碾压,雪边下边被压实;夜晚下雪时,由于车辆少,自然降

落的雪花有时可达到数厘米厚,早晨大批车辆出行前,高速清除这层浮雪是保证白天安全正常行车的必要条件。为此除雪机配备了高速除雪铲。除雪铲铲面是个多曲率半径组成的曲面体,设计多曲率半径是为了使雪顺利抛出。除雪铲三点悬挂在铲架上。铲架的两端分别通过平行上杆机构与拖拉机的前轴壳联接。平行四杆机构保证了除雪铲的垂直升降。铲架左端(驾驶员位置为准)的两个水平连杆可以伸缩。当它们伸长时,铲面向右倾斜一个角度,积雪可以沿铲面滑向机器右侧,连接工作后,路面积雪被堆积在路边。在铲架上安装一个安全装置,下雪后,浮雪覆盖了路面上的下水道检查口等设施,工作时驾驶员无法看到这些障碍,如果没有安全装置,将会损坏机器或路面设施。

(2)路面冰雪粉碎装置

该装置是清除路面压实雪和路面结冰比较理想的定型产品,该破冰除雪机采用了锤击方式来清除路面压实的冰雪。在一根长轴上铰接地安装许多方形锤头,锤头通过安装板和销轴铰接在回转轴上。正常工作条件下,锤头遇到路面冰雪时,依靠其转动产生的惯性力将冰雪粉碎。此时,锤头在路面冰雪的反力作用下,在瞬间有一定的滞后运动,当回转轴继续回转时,锤头重新吸收能量,恢复到正常位置。当锤头遇到路面局部凸起时,锤头在较大的反力作用下进行反时针旋转,如果结构不允许它旋转,锤头或其他零件可能因反力过大而损坏。为避免这种情况,设计的工作装置结构允许锤做大于360°的放置并且在锤柄上制有长孔槽,允许锤头的旋转和位移,避开了路面局部凸起造成的阻力,保护了锤头销轴等零件不致被损坏。生产实践证明,这种避让机构确实起到了应有的保护作用。

(3)碎冰雪输送清扫装置

城市道路破冰除雪机设置了输送清扫辊。它的功能是将粉碎的冰雪输送到路边,并把清除过冰雪的路面清扫干净,输送清扫辊由两部分组成,其一是螺旋输送装置,其二是在螺旋输送板背面(输雪方向为前面)安装的清扫刷,清扫刷是用固定在输雪板上的钢丝绳作刷丝的。散开后钢丝高于螺旋板外缘一定的长度。正常工作时,钢丝和地面接触,将路面上残留的碎冰雪向前清扫到输送辊里,输送到机器的右侧。

7.4.3.2 犁式除雪车结构及工作原理

犁式除雪车是把犁刀安装在拖拉机、载货汽车、装载机、平地机或专用底盘上的除雪机的总称。犁刀一般安装在车辆前部、中部或侧面,有单向犁、V形犁、变向犁、刮雪刀及复合犁,工作装置的提升、降落靠液压控制,这种车结构简单,换装容易,机动灵活,效率高,适宜于清除新雪。采用载货汽车底盘的除雪机一般称作除雪载货汽车,外形结构如图7.4-2所示。犁式除雪车的基本工作装置为除雪犁。除雪犁主要由犁刃与导板两部分组成,如图7.4-3所示。

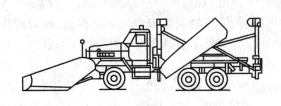
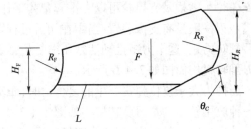

图7.4-2 犁式除雪车外形　　　　　　图7.4-3 除雪犁结构示意图

切削角θ_c是在行进方向上犁刃与地面间的夹角。具有一定切削角θ_c的犁在垂直力F作用下,随着犁体前进,将积雪剥离其附着面,并沿着导板的特殊曲面向斜上方运动,最后以一定速度排出后端部。单向犁切削角θ_c一般取40°~50°,行进角θ指的是犁体长度方向与车辆行进方向所夹的锐角(见图7.4-4)。除雪阻力的大小与行进角有很大关系,行进角若小,则除雪阻力较小,同时排雪性能较好,但必须有较长的犁体才能保证必需的除雪宽度;若行进角θ大,犁体可短些,但除雪阻力增大,排雪性能也变差。行进角θ一般取50°~55°。

7.4.3.3 除雪犁的主要结构

(1) 单向犁

单向犁一般都以固定的行进角装于除雪车前部,其结构如图7.4-3所示,导板的形状一般为复杂的曲面。犁刃的结构形式较多,通常犁刃固定在导板底部,可更换。除此之外,目前用较为广泛的有翻转式犁刃,分段铰接在导板上,有复位装置。

(2) V形犁

V形犁的主要结构及工作原理与单向犁相向,它的结构成左右对称,如图7.4-4所示,一般犁刃与导板固接,可更换。V形犁作业速度较低,工作时向两边排雪。其切削角一般取20°~30°,行进角一般取为36°~45°。

(3) 变角度犁

变角度犁是指犁的排雪方向及行进角可改变的除雪犁,这种犁由悬架装在除雪车的前端,导板形状有圆弧面和圆弧面与平面相组合两种形式。导板两端高度相等。按犁体结构不同可分为整体式和分段式两种,整体式雪犁的导板由薄钢板卷制而成,背部焊有不同形状的加强筋。犁刃有铰接式和固接式两种,犁体中部有垂直铰轴与三角体悬架前部铰接,犁体背部铰轴两侧的耳环与单作用液压缸一端相连,另一端均悬架后部连接,悬架侧向为平行四杆机构,悬架底部有耳环与液压缸一端铰接,其结构简图7.4-5所示。

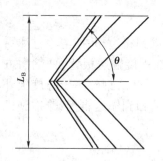
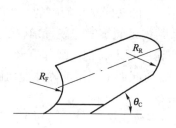
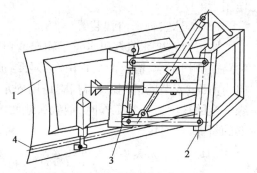

图7.4-4 V形犁　　　　　　　　　图7.4-5 变角度犁工作立体结构图
　　　　　　　　　　　　　　　　　1-犁体;2-悬架;3-垂直铰轴;4-铰链

犁体的变向是利用牵引车的液压系统,水平方向液压缸动作时,可推动犁体绕铰支点转动,改变犁的行进角与排雪方向,竖直液压缸的动作可使犁升降。

为防止路面障碍物损坏犁刃,使犁能够适应路面的不平变化,固接式的犁刃在犁体背部装有滑雪橇或支撑轮。雪橇及支撑轮可以支撑起犁体工作时的全部向下负荷,其高度可随路况不同进行调整。铰接式犁刃一般没有支撑装置,当犁在切雪过程中遇到障碍物时,障碍物对犁刃产生一个推力,犁刃产生向后翻转力矩,这个力矩推动活塞压缩复位弹簧,复位弹簧产生一个反作用力使犁刃保持平衡状态。其犁刃翻转机构简图如7.4-6所示。

当推力大于复位弹簧产生的复位力时,犁刃翻转;越过障碍物后,在弹簧的作用下,犁刃恢复原位。另一种应用较多的犁刃反转机构如图7.4-7所示,当犁突然遇障物时,犁刃反转。图7.4-8是靠犁的上下运动实现躲让的机构,犁体为四杆机构的一杆件。犁在推雪时,受到雪地作用力、地面支承力,犁遇障碍物时,地面对犁的反作用力骤增,破坏了犁体原有的平衡,使犁上移,越过障碍物后,在弹簧力及重力作用下犁体下移复位。

分段式犁体一般分为三段,装在一根水平横管上,可各自绕横管转动。正常情况下靠释放爪保持其工作位置。除雪中遇到路面障碍,阻力大于释放爪的开口力时,对应的一段犁体就被释放开作保护性翻转,其结构如图7.4-9所示。

(4) 复合犁

复合式雪犁亦即铰接雪犁,采用两翼中折式结构,中间垂直铰接,可自由改变形状,形成单向犁、V

形犁、反V形犁等(如图7.4-10),扩大了作业范围,提高了除雪精度,适用于干线公路、山区公路和街道等不同场所的除雪。复合式雪犁与机动车的连接如图7.4-11所示。

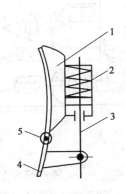

图7.4-6 犁刃翻转躲让机构简图
1-犁体;2-复位弹簧;3-活塞;4-犁刃;5-铰链

图7.4-7 犁刃翻转机构图

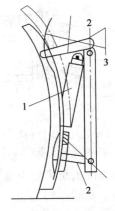

图7.4-8 犁体躲让机构图
1-复位弹簧;2-活动拉杆;3-固定构件

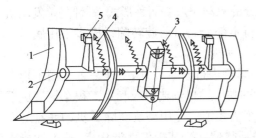

图7.4-9 分段式犁体结构
1-犁体;2-横管;3-垂直铰耳;4-复位弹簧;5-释放爪

图7.4-10 复合雪犁

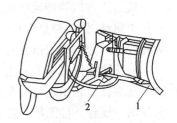

图7.4-11 复合犁与机动车的连接
1-雪铲;2-T形支架

(5)刮雪器

刮雪器安装在犁式除雪车中部,刃口与地面间的夹角即切削角是不变的。刮雪器的升降用液压缸来操作,行进角依靠刮雪器随支架绕底盘车架回转盘的回转而变化,这种变化后来由手动改为液动。这种形式出于其支撑机构只是利用了货厢和驾驶室之间的空间,回转等动作受到一定限制。另一种安装形式的行进角一般固定为60°,其升降动作由液压缸通过平行四连杆机构进行操纵,切削角通过操纵液压缸进行调整,整个机构紧凑并有加固底盘车架的作用,有效地利用了车架下面的空间。现代的刮雪器多采用这种安装形式。

(6)侧翼板

侧翼板装在除雪车的侧面,主要进行加大除雪宽度或某些特殊作业。侧翼板又可分为单向侧翼扳和双向侧翼板。单向侧翼板主要装在轻型犁式除雪车上,侧翼板宽度一般为2.8m,高度0.7m。双向侧翼板安装在大吨位除雪车上,其长度一般可达3.65m,小端高度为0.7m,大端高度1.0m。它的结构和操纵装置比较复杂,具有多种作业功能,除进行一般的加宽除雪和阶梯作业外,还可进行侧面推雪,从雪墙上扒雪作业。

侧翼板靠两端铰接点与车架连接,前部铰接点支撑在除雪车升降机构的联系杆件上,侧翼板的升降动作由这里决定。后部铰接点支撑在除雪车的伸缩机构上,侧翼板的侧向伸出和收缩由该机构完成。升降装置采用全液压机构如图7.4-12所示。侧翼板的伸缩装置使用长行程的盲动伸缩液压。

7.4.3.4 旋转除雪机

(1)旋转除雪机结构及工作原理

边前进边用机械的旋转部分排雪的车辆叫旋转式除雪机。它很少以新雪等浅雪为作业对象,主要是以被犁排除所形成的雪堆或者被风吹成的雪堆为作业对象。是把各种旋转除雪装置安装在汽车、拖拉机、装载机等工程车辆或专用底盘上的除雪机的总称，其典型结构如图 7.4-13 所示。

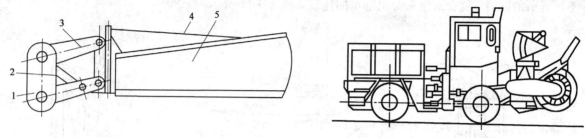

图 7.4-12　侧翼板升降机构
1-支架；2-升降液压缸；3-连杆；4-钢缆；5-侧翼板

图 7.4-13　旋转除雪机外形

旋转除雪机主要由工作装置及底盘车辆组成。工作装置由集雪螺旋、抛雪风扇、抛雪筒及其连接装置组成。集雪螺旋主要负责积雪的切削、输送，其叶片一般布置为左右旋向，便于雪从两边向中间运动至抛雪风扇处。抛雪风扇叶片为辐射状，进入风扇的雪在高速旋转的叶片离心力作用下，沿着叶片表面运动至风扇壳体顶部开口处抛出，由抛雪筒导向合适区域。

旋转除雪机的传动系统较为复杂，其工作装置和行走部分的驱动一般有两种形式，一种是单发动机的集中驱动，另一种是由两个发动机来分别驱动工作构件和行走部分。目前旋转除雪机多采用底盘车辆的液压系统驱动工作装置，容易调整除雪速度，传动操作容易实现。

旋转除雪机可分为兼用型和专用型。兼用型是利用工程车辆进行改装设计，工作装置利用工程车辆现有装置或利用连接架连接在主机前部，动力从工程车辆的功率输出轴输出或利用工程车辆液压系统驱动。还有一种工作装置自带动力，仅利用连接架与牵引车辆相连。专用型旋转除雪机的底盘为专门设计，动力分配合理，更能适应除雪负荷变化对除雪速度的调整要求，其操作性能优良、技术性能先进，在国外较为多见。

（2）旋转式除雪机工作装置结构

旋转式除雪机工作装置包括集雪抛雪装置和抛雪筒。

①螺旋式

螺旋轴鼓上的叶片呈左右旋向，左右旋向的叶片在轴线中部相结合形成 U 形抛雪槽，U 形抛雪槽底部微向后倾，内侧光滑，工作轴鼓上的叶片刀刃切削破碎积雪并将雪集中送到中部 U 形槽内抛出。螺旋式工作装置抛雪距离与轴转速成正比。为提高抛雪距离，其轴转速较高，雪在叶片间的填充性变差，通常采取增加螺旋轴鼓的直径及降低叶片高度来改善叶片的填充性，但其轴向输雪能力降低，因此这类工作装置的轴向尺寸不宜太长。为提高其工作效率，增加除雪宽度，可把两套工作装置并排使用，也可在其一侧增加集雪犁。

②转子式

转子式除雪机主要以新雪为作业对象，转子叶片可完成切雪、扒雪和抛雪工作。该除雪装置除雪宽度较小，一般把两套装置并排使用增加除雪宽度，也可采用侧置雪犁拓宽除雪宽度，雪犁的后部即排雪部与转子壳体成为一体，使雪流流向转子，图 7.4-14 为这种工作装置结构简图。

③单螺旋转子式

单螺旋转子除雪装置由转子和一根螺旋组成。螺旋水平布置于转子前，螺旋叶片做成左右旋向，当螺旋轴转动时，把两边的雪集中到中间，再由转子抛出。图 7.4-15 为该工作装置结构简图。

这种螺旋叶片的切削能力不强，为改善切削性能，常把螺旋叶片做成带状，外缘做成齿形，有很大间隙，便于把雪送进转子。这种装置可以消除密度较大的雪，是目前应用较广的一种除雪装置。

④双螺旋转子式

双螺旋转子工作装置的两根螺旋上下平行地置于转子前面，如图 7.4-16 所示。

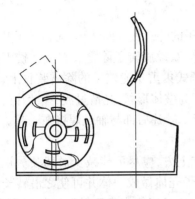
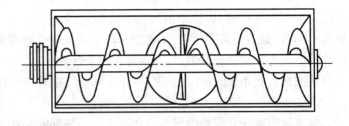

图 7.4-14　转子犁式除雪装置　　　　　　　图 7.4-15　单螺旋转子除雪装置

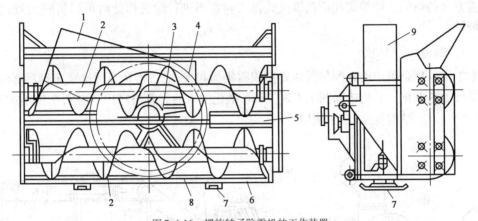

图 7.4-16　螺旋转子除雪机的工作装置
1、9-抛雪导管；2-螺旋；3-转子；4-上连接板；5-劈开器；6、8-刀片；7-雪橇

这种螺旋叶片空间尺寸较大，切削能力不强。对转子的供雪在相当大的程度上决定于机器的前进运动，主要以新雪为作业对象。

另一种耙爪式双螺旋转子工作装置对雪块的破碎作用较为明显，适宜于清除块状实雪，但这种装置的轴向扒雪与螺旋叶片式的差别较大，一般轴向尺寸不宜过大，通常采用增加转子数量来增加除雪宽度，图 7.4-17 为该工作装置结构简图。

⑤立轴螺旋转子式

该工作装置是将螺旋竖放于转子两侧，螺旋叶片为左右旋向。工作时，雪的移动方向为上、下运动，这种工作装置给转子的供雪与双螺旋转子式相向，在很大程度上取决于机器的前进运动，螺旋外侧有一刮板，与机器前进方向成倾斜夹角，也有的铰接于螺旋壳体上，由液压缸进行调整，机器前进运动时，刮板可把雪刮向螺旋，由螺旋把雪送入转子，转子叶片前部为螺旋铣刀状，可切雪和轴向扒雪，如图 7.4-18 所示。具有这种装置的除雪机，除雪能力可达 6 000t/h，厚度可达 170cm。

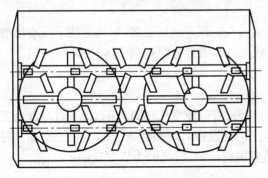
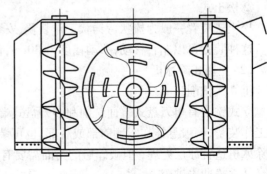

图 7.4-17　耙爪式双螺旋转子装置　　　　　图 7.4-18　立轴螺旋转子装置

⑥除雪转子

除雪转子可分为回盘转子、无盘转子和铣刀型转子。圆盘转子的叶片做成曲线形,无盘转子叶片做成辐射形式与半径成10°以下的倾角。这两种转子主要使用于单、双螺旋转子除雪装置上。铣刀型转子具有切雪、扒雪及抛雪功能,主要用于转子式及双立轴螺旋转子式集雪功能较差的除雪装置上,转子叶片的前部为带状螺旋铣刀,后部为圆盘转子叶片状,前部与后部为整体形状,光滑过渡,在叶片的背部有环状或板状肋条,加强叶片强度,防止在切抛雪过程中叶片变形。叶片后部与轴鼓焊接在一起。

⑦抛雪筒

抛雪筒用来任意调整抛雪方向和距离。一般都安装在驾驶室上方,应尽可能减少对驾驶员视野的影响。改变抛雪方向的方法有两种:图7.4-19a)是将抛雪筒与转子壳体做成一体并可使之沿转子回转圆周转动,这样抛雪方向就可以改变了;图7.4-18b)是将抛雪筒制成可以绕自身立轴回转的形式,以达到改变抛雪方向的目的。伸缩式和活动罩板式抛雪筒在不进行除雪作业时可以拆转横置,从而改善驾驶员的视野。

7.4.3.5 融雪车

融雪车工作原理是采用前方的集雪装置把积雪集拢起来,通过传送装置送到车辆后部的融雪槽中,积雪在这里被加热融化。其构造如图7.4-20所示,融化的水通过管道排出。融雪车使用在某些特定的场所,作业效率较低,结构复杂,较少使用。

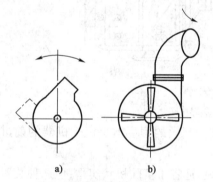

图7.4-19 改变抛雪方向的方法

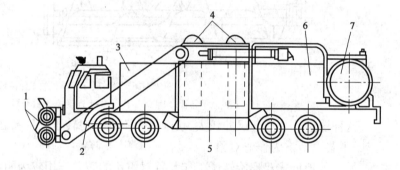

图7.4-20 融雪车构造示意图
1-旋转除雪装置;2-传送带;3-行走及旋切装置用发动机;4-燃炉;5-融雪槽;6-燃炉用发动机;7-燃炉燃料箱

7.4.3.6 路面除冰机

(1)平切式除冰机

①犁板式

利用犁板以锐角强制压入压实雪层破碎推送,这种装置的除冰机适宜于压实雪层,破冰层能力有限。由于这种机型切削阻力大,需要大动力,避让措施复杂,使用较少。

②松土式

松土式装置一般为梳状弯钩状工作装置,安装在平地机及工程车辆前后部,靠机重往下压裂压破冰雪。这种装置可以左右移动,移动幅度为30cm,作业比较灵活且质量分配有利于冰层破碎作业。

(2)立切式除冰机

①立式铣削

立式铣削有单刀盘式端面铣削和多刀盘式端面铣削两种,目前较常见到的有单刀盘、双刀盘及三刀盘工作装量,一般悬挂在车辆前部或后部,也可装在旋切除雪机后部,切除路面上的垄包或车辙。刀盘式除冰机适宜冰层处理,但破碎后的路面需要有清扫装置进行清理,常见的为后置滚刷式扫滚。

②立式冲击破碎

这种工作装置切削是基于冰的高结晶体硬而脆的物理性质和冲击、振动效能的理论,工作铲刀的运动为上下垂直往复运动,冲击破碎压雪。我国研制的 CBX-1 除冰雪机以 R175 型柴油机为动力,经带轮传动使凸轮轴旋转,通过摆动滑体,促使凸轮轴旋转连动转变为冲击铲刀的垂直往复运动,从而冲击破碎压雪。

(3)旋切式除冰机

卧式旋切是这类除冰机中使用较多的一种,其工作装置以旋切转鼓上螺旋型布置的多个切削刃的连续不断地旋转铣削进行除冰雪。日本 LX80 型结冰路面切削机以旋转式除雪装置的螺旋为基础,切削机的主机是轮式装载机,工作装置由螺旋切削刃和副刃两部分组成,切削螺旋借左右倾斜机构,以适应路面的横坡变化,刮刀呈右前进角变形,刃部开缝,具有向车体左方强制排雪功能,并且切削后的路面形成沟槽。

卧铣锤击式结构,是在一根回转轴上铰接地安装许多带刃口的方形锤头,当回转轴转动时,锤头也随之转动,锤头每公转一周,它将打击路面冰雪一次。为适应路面条件变化,锤头的安装采用了避让机构(图 7.4-21)。铰接在回转轴上的锤头是通过安装板和销轴实现的。正常情况下,锤头遇到路面冰雪,依靠其转动惯性力可以将冰雪破碎。当锤头遇到路面局部凸起时,锤头的惯性力不能将路面破碎,而是在路面较大反作用力的作用下,产生逆时针旋转运动,并且在锤板上还制有长孔槽,旨在避开路面局部凸起造成的过大阻力,保护锤头和销轴不被损坏。

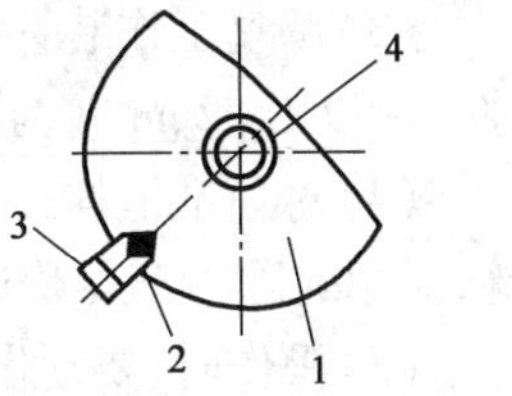

图 7.4-21 锤头安装示意图
1-安装板;2-销轴;3-锤头;4-回转轴

冰层切沟机,它是一种在动力旋转轴上安装单片成多片圆盘铣刀、主要用于冰层切削。

7.4.3.7 消融剂式撒布机

化学融解法是一种十分有效的除冰方法,但由于中国地域辽阔,受气候条件、车流量的制约,机械除雪效率受到一定影响。目前在中国很多地区采用的除雪方法还是化学融解法。但这种方法成本较高,并会对环境造成一定的破坏。

对于消融剂式撒布机(又称撒盐机)而言,撒布量一般在 10~100g/m 范围内,精地地控制撒布量是至关重要的。撒布量太小起不到融雪作用;若撒布量太大,一是造成浪费,二是加大了对环境的污染。撒盐机(车)有圆盘式撒布车和拖式撒布车两种形式。

圆盘撒布车工作装置由储料仓、输送装置、撒布装置和控制装置等组成,底盘一般为汽车底盘,料仓容积一般为 0.5~6m³,多为不锈钢或玻璃钢制造。

输送装置为螺旋输送器或皮带输送机。控制装置有手动、半自动、全自动三种形式。全自动型具有车速、撒布宽度同步适应器,即撒布率设定后,控制系统会根据车速和撒布宽度等参数的变化自动保持撒布量不变。各种工作参数可在控制台输入,计算机自动控制,可随时手工干预某些设置。液体融雪剂按一定比例自动加入。

另一类型撒盐机是拖式撒盐机,见图 7.4-22。它的工作原理如下:当牵引车通过牵引架牵引撒盐机行驶时,车轮两侧的 2 个链轮,通过滚筒链条和搅拌轴链条,分别驱动滚筒和搅拌轴。滚筒上的拨齿随着转动顶开料门,把盐粒撒出。由于盐粒易吸水,在料斗内容易成拱或形成板结,这时搅拌轴上的搅拌齿在转动时,就会破拱或将板结盐粒打碎,以便滚筒顺利完成撒布。料门由拉簧拉紧其上的大臂使料门紧贴滚筒的表面,贴紧力大小由拉簧调力杆在侧臂外伸架的孔内上下移动来调整,由其上的螺母锁紧。撒布量大小的调节由调量杆来

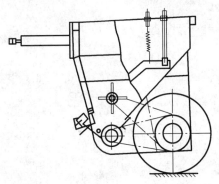

图 7.4-22 某种拖式撒盐机结构

完成,调量杆下压料门大臂下移,料门绕铰链向外侧转,使料门板与滚筒之间贴缝变宽,撒布量随之变大。当调量杆上移时,拉簧将料门大臂向内拉紧,粒斗向内侧收,料门板与滚筒表面贴缝变窄,撒

布量变小。压簧的作用是盐中有料径较大的颗粒时,挤压压簧使之变形,大颗粒撒布出,又由压簧反弹力将料门板复压在滚筒表面。

7.4.4 除雪机械使用维护注意事项

(1)在使用除雪机进行除雪作业时,首先要对工作路段的雪质、雪的厚度、积雪硬度及路面设障情况进行全面调查了解,然后按照计划除雪量选用除雪机类型及型号。

(2)使用前检查液压管路及连接部位是否有松动、渗漏现象,检查液压油温是否过低。若不符合要求,要进行预热处理后方可作业。

(3)调整工作装置雪橇及支撑轮,使工作装置底部与路面之间的间隙满足路面不平的需求,这个间隙一般以1~2cm较为适宜。

(4)对顶推拖挂式除雪车,要考虑牵引车的抗滑性能及雪雾对驾驶视野的影响,必要时安装防滑链,对犁式除雪车尽量选用平头牵引车。

(5)操作时,要动作平稳,工作速度适宜,以免损坏工作装置。

(6)要在除雪机前后适当范围内设立除雪作业标志,以保证行车安全。

(7)除雪机工作结束后,要对除雪装置上的污块、冰渣进行清理,尤其是轴承、转子叶片与壳体接触面更应及时清理,以免结冰损坏风扇叶片等。

(8)除雪机在闲置不用时,为避免液压油在低温时黏度增高及各部件锈蚀,需将机器晾干停放在车库。

(9)车辆在车库停放时,应使液压油温保持在一定范围,从而保证系统随时可以进行工作。

(10)选择液压油时,不仅要考虑其黏度等级,还有考虑油液黏度指数,相对来说黏度指数高的所适应的温度范围大。

7.4.5 除雪机械主要参数计算

(1)牵引平衡计算

我们研究螺旋转子式除雪车工作的牵引与运输工况。在牵引工况下,除雪车以工作速度匀速运行时,其总的运行阻力包括:运行阻力以及用螺旋给料器切削雪时产生的阻力和清理刀切削产生的阻力。

$$W_P = (G_M - G_{PO})\phi + G_{PO}(f_1 + i) + \left(150 \times 10^{-4} C K_C B \left(\frac{\pi v_M}{30 n_E}\right)^{0.6} + K_C B h\right) \quad (7.4\text{-}1)$$

式中:G_M、G_{PO}——除雪车和工作机构相应的质量,N;
ϕ——道路阻力系数;
f_1——摩擦系数;
C——自然状态下雪的常数,$C=1.9$,对于人口密集的雪,$C=1.3$;
K_C——切削雪的阻力系数,N/m²;
B——清扫宽度,m;
v_M——除雪车工作速度,m/h;
n_E——螺旋回转频率,min/r;
i——螺旋头数;
h——被扫雪层高度,m。

螺旋转速n_E:

$$n_E \geq \frac{\Pi_T}{i \cdot 0.25\pi(d_E^2 - d_B^2) 60 t_E \phi_E \rho_C} \quad (7.4\text{-}2)$$

式中:Π_T——除雪车技术生产率,t/h;
i——螺旋头数,$i=2\sim3$;

d_E、d_B、t_E——分别为螺旋直径、轴径、螺距，m；

ϕ_E——雪的密度，g/cm³。

螺旋一般做成单头，直径为 0.4~0.55m，螺距等于螺旋直径。螺旋轴直径取值大约等于 $0.25d_E$，螺旋的圆周速度为 8~10cm/s。

螺旋转子式除雪车的工作运行总阻力 W_p 按车轮与路面附着条件不应超过车的牵引力和驱动发动机在主动轮上发出的力。在运输工况，总阻力 W_v 和车的运行情况按下式确定：

$$W_T = G_M\phi + v_B(v_T + v_B)^2 + \delta_{BP}jG_M/g \tag{7.4-3}$$

$$\delta_{BP} = 1 + 0.05(1 + i_k^2)G_a/G$$

式中：i_k——变速箱传动比；

G_a——满载额定车重力 b，N；

G——带载车 b 重力，N。

为克服主动轮打滑，并保证发动机的牵引力，应实现下面的条件：

$$W_T \leq k_{\rho 2}G_a\varphi \leq T_g \tag{7.4-4}$$

式中：$k_{\rho 2}$——在后主动轮上载荷分配系数(考虑启动时车加速)，$K_{P2} = 1.1~1.3$；

φ——附着系数；

T_g——总的牵引力。

(2) 生产率计算

当把雪抛掷到一定地方去时，其生产率为：

$$\Pi_P = bv_M h_c K_H \rho_c \tag{7.4-5}$$

式中：h_c——雪堆平均高度，m；

ρ_c——雪的密度，g/cm⁴；

b——清扫带宽度，m。

7.4.6 主要生产厂家典型产品及技术性能和参数

(1) 哈尔滨拖拉机厂破冰除雪机械

哈尔滨拖拉机厂是我国拖拉机行业大型重点企业，该厂借鉴国外的先进除雪机械技术，结合我国雪质、道路和使用条件，近 20 年来已先后研制犁铲式、铲刮式、旋抛式、多功能联合式和手扶等大、中、小型除雪机械十几种，产品性能和质量得到广大使用单位的好评。

①80A 犁铲式除雪机

主要适用于各种道路的自然积雪和一般压实积雪的清除作业。它以 90 马力 80A 拖拉机为驱动底盘，四轮驱动，折腰转向。其特点是爬坡能力强、综合功能多。其前悬除雪铲为全液压操纵，可双向摆动，分别向左右排雪，最大除雪宽度为 3.3m，除雪深度为 0.9m。除雪车时速可达 25km，最大除雪效率为 5 万 m²/h。

②CH2 400 型联合式破冰除雪机

主要适用于城镇干线道路坚硬压实积雪的清除作业。已经提供给哈尔滨、辽宁盘锦等地环卫部门以及公路部门使用。该机型以大功率多轴驱动汽车以及装载机等机械为驱动底盘，配装强力弹性刮雪铲和高强度除雪刷，除雪宽度 2~2.4m，对坚硬压实积雪的除雪车时速为 8~15km，除雪效率可达 1.2 万 m²/h，其除雪除净率可达 95% 以上。

③CZ2 500 型旋抛式除雪机

主要用于通车道路一般积雪的清除、抛扬，雪路拓宽和高效装车作业。该机种以大型拖拉机、货运汽车或装载机等工程机械为驱动底盘。前悬大功率旋抛除雪装置。除雪宽度 2~2.5m，除雪厚度可达 12m 以上。最大抛雪量 2 500m³/h，抛雪距离 15~20m。

④CH1 400型联合式多功能除雪机

该机动力为25马力,除雪宽度1.4m,一般除雪车时速2～8km/h,抛雪距离8～10m。最大抛雪量(装车量)450m³/h,地面除净率可达99%。

(2)黑龙江省农业机械研究院

黑龙江省农业机械研究院会同哈尔滨有关高校、科研院所开发的TBX-2.4A型清冰除雪机,该机主要用于北方寒冷地区城市街道、公路、机场或场院的清冰除雪作业。该机采用铁654L型拖拉机为主机,前部配置推雪装置,后部配置清除冰雪装置,既可推除浮雪,又可清除压实的冰雪。该机主要工作部件技术指标如下。

①推除浮雪装置(前部位置)

工作幅宽2.4 m;除雪厚度5～50 m;除净率大于60%;作业速度小于39k m/h。

②清除冰雪装置(后部配置)

工作宽度2.2m;除雪厚度5～50m;除净率大于80%;作业速度2～5 km/h;主机动力为铁654L型拖拉机。

③主要任选附件技术指标

装载装置(装载机);额定容积0.6m³;最大装载质量1t;最大卸料高度2.5m;最大卸料距离1.33m;配套机型为铁654L型拖拉机。

(3)哈尔滨清华机电设备开发公司除雪机

哈尔滨清华机电设备开发公司开发的QH-01型除雪机,以180型拖拉机为牵引动力,主机前配置浮雪除雪铲,主机后挂接压实除雪装置。除雪后,主机与除雪机即可分离,装拆时间不超过30min,不占用动力,适合东北地区城市降雪量少的情况。该机运行费用低,机械结构紧凑,能在车辆高峰期降雪时随车流一起行走,清除车站、坡路等严重影响交通的路面积雪,能在雪后清除路面的压实雪,机过雪清,显现路面。越障性能好,除雪部件能安全通过高出路面的马葫芦盖等路面凸起物,对路面无任何损坏现象。QH-01型除雪机主要技术参数见表7.4-4。

QH-01型除雪机主要技术参数 表7.4-4

项　目	规　格	项　目	规　格
功率(马力)	18	单程除雪宽度(m)	1.5
油耗(kg/h)	2.5～4	压实雪除雪厚度(mm)	<30
除雪速度(km/h)	5～10	除净程度(%)	70(能显现路面)

(4)哈工大工程机械制造厂除雪机械

PY80/100平地除雪机,采用单级三无件液力变矩器和一拖LR4105G79发动机匹配,为该机提供可靠的动力。变速箱为定轴式动力换挡变速箱,性能可靠,操纵轻便;后桥为驱动桥,三段式结构,两级减速带有"NO-SPIN"差速器、铰接机架、前桥摆动角以及上下摆动的平衡箱,大大提高了该平地除雪机的作业性能。可以根据用户需要,加装前推土板、后松土器和自动调平系统。PY80/100平地除雪机主要技术参数见表7.4-5。

PY80/100平地除雪机主要技术参数 7.4-5

项　目	规　格	项　目	规　格
额定功率(kW)	59	回转角度(°)	360
最大除雪深度(mm)	300～350	最大清雪角度(°)	110

(5)重庆市迪马实业股份有限公司

重庆市迪马实业股份有限公司是中国目前技术设备先进,并且大规模生产公路养护车、除冰车、撒布车、打桩拔桩车、隧道清洗车、标志杆及防护栏清洗车、路缘除草车等冬季公路养护与市政养护系列专用车的厂家。具有年生产专用特种车3 000辆的生产能力。该公司产品有:

①推雪车:用于城市及乡村地区,适用于各种汽车公路、高速公路及机场。通过调整车辆前端推雪板的角度,能迅速地将道路上的积雪推至路边,清除道路主干线上的积雪,清除宽度1.4~6m。

②抛雪车:对于大量堆积或积层的雪、雪墙,通过动力驱动的切雪和抛雪设备,把积雪抛至远离道路的地区。用于清理雪墙、刮除较厚的积雪或在山区及机场用来取得高质量的清理效果。

③撒布车:通过动力驱动传送设备,采用可自动控制撒布范围及撒布量的控制执行设备,能向地面均匀地撒面盐、沙、融雪剂等物质,用于北方清理公路及机场的积雪和冰,便于雪融化及防止雪的堆积和结冰。

④除冰车:通过除冰滚轮紧贴地面滚动,利用滚轮上的除冰铲清除地面上的冰,配合撒布设备使用,可保持道路及机场长时间不结冰。

迪马牌施密特公路除雪专用车型见表7.4-6。

迪马牌施密特公路除雪专用车型　　　　表7.4-6

车型	推雪车			除冰车	撒布车				除雪车		
机具类别	侧翼推雪板型	定位推雪板	变化推雪板		撒布器	料仓式撒布器	双料仓式撒布器	料仓式撒布器	拖式料仓撒布器	抛雪切雪机	抛雪机	切雪机

(6)山东汇强重工科技有限公司

山东汇强重工科技有限公司是一家生产机场港口除雪机械、工程机械、公路养护机械、道路环卫机械和交通设施等研发制造、生产、销售于一体的综合性企业。

①撒盐机

撒盐机是现代化城市环卫、高等级公路、城市道路、机场、广场、风景区融雪、融冰、撒布融雪剂(盐)的高效维护设备。HQS-4融雪剂撒盐机见图7.4-23。

HQS-4融雪剂撒盐机主要技术参数见表7.4-7。

图7.4-23　HQS-4融雪剂撒盐机

HQS-4融雪剂撒盐机主要技术参数　　　　表7.4-7

项　目	规　格	项　目	规　格
储料仓容积(m^3)	4	最大撒布速度(km/h)	70
撒布宽度(m)	1.22~13	液压系统工作压力(MPa)	16
撒盐量(g/m^2)	10~30	发动机动力(马力)	13

②除雪设备

推雪板是现代化城市环卫、高等级公路、机场等场所必须配备的除雪装备,该公司生产的推雪板结构合理可靠,技术先进,能适用于各种场合的除雪工作。HQC/C-3 300型推雪板见图7.4-24。

图7.4-24　HQC/C-3 300型推雪板

HQC/C-3 300型推雪板主要技术参数见表7.4-8。

HQC/C-3 300型推雪板主要技术参数 表7.4-8

项 目	规 格	项 目	规 格
铲板宽(mm)	3 300	翻转弹簧个数	4
铲板高(mm)	1 050	左右转角(°)	≥±35
铲板质量(kg)	1 050	避障高度(mm)	310
铲刃(厚×宽,mm)	18×165	工作电压(V)	12/24

7.5 稀浆封层车

7.5.1 概述

7.5.1.1 稀浆封层车定义和用途

1) 定义

稀浆封层车是在专用汽车底盘上将水、乳化沥青、添加剂、集料、矿物细料等各种原料按一定比例充分搅拌混合,通过特制的搅拌器混合拌制成糊状的稀浆混合料,并且在很短的时间内能够摊铺至路面上并尽快开放交通的路面施工和预防性养护稀浆封层施工技术的特种作业车辆。

其工作的流程是:集料通过输送机、矿物细料通过螺旋输料装置进入搅拌箱;水、乳化沥青、添加剂等通过液压泵(或者是压缩空气)进入搅拌箱,所有原料通过搅拌箱进行充分拌和成为稀浆混合料,拌和时间在4~6s,稀浆混合料随后流入被牵引的摊铺装置——摊铺箱,摊铺箱在稀浆封层机牵引装置的牵引下把稀浆混合料摊铺至待养护路面,根据使用的石料级配、乳化沥青的品种、添加剂的成分、摊铺装置的结构、路面养护的目的等因素其厚度在3~15mm之间;施工速度在1.6km/h左右。

2) 用途

稀浆封层机的特点是在常温状态下在待施工路面现场拌和摊铺,大大降低了工人的劳动强度、加快了施工速度并节省了资源和能源。其稀浆封层混合料具有较好的流动性、渗透性、黏附性,有利于填充和治愈路面裂缝,有利于旧路面的结合,有利于适应气候的变化(低温不裂与高温不软),能提高路面的密实性和防水性,可用于地方道路和城市道路。采用质坚耐磨擦集料和改性乳化沥青,可以提高路面的防滑和耐磨。因而改性乳化沥青稀浆封层,可用于高等级公路、飞机场跑道、滑行道、停机坪、停车场等面层;也可用于新建路面施工的下封层。它适于防护性养护,但当路面出现如坑槽、车辙、泛油等病害,应事先修补消除,而后再在其上作改性稀浆封层,同样可以取得理想的效果。具体应用在下几方面:

(1) 旧沥青路面的维修养护。沥青路面由于长期暴露在自然环境下,受到日晒、风吹、雨淋和冻融的作用的同时还要承受车辆的重复载荷作用。路面经过一段时期的使用后,会出现疲劳、开裂、松散、老化和磨损等现象。如不及时维修处理,破损路面将会受地表水的侵蚀,使基层软弹,路面的整体强度下降,导致路面的破坏。如果沥青路面在没有破坏前就采取必要的预防性养护措施——乳化沥青稀浆封层,将会使旧路面焕然一新,并使维修后的路面具有防水、抗滑、耐磨等特点,是一种优良的保护层,起到了延长路面使用寿命的作用。

(2) 新铺沥青路面的封层。在新铺筑的粗粒式沥青混凝土路面上,为了增加路面的防水和磨耗性能,可在该路面上加铺一层乳化沥青稀浆封层保护层,其厚度为5mm,仅为热沥青砂厚度的一半,可以节省资金,并具有施工简便和工效高的特点,用于高速公路下封层。高速公路稳定土层施工完后,进行稀浆封层施工,再铺热沥青面层,能有效提高路面的防水性能。这项施工工艺在今后高速公路施工中将普遍使用,例如京珠高速公路就使用了这种施工工艺。

(3)在砂石路面上的铺磨耗层。在平整压实后的砂石路面上铺筑乳化沥青稀浆封层,可使砂石路面外观具有沥青路面的特征,提高砂石路面的抗磨耗性能,防止扬尘,改善行车条件。通常用于县、乡级农村公路改造上。

(4)隧道中的路面,采用改性稀浆封层养护,缩短封闭交通时间。封层的厚度薄,不会影响隧道中的净空高度。

(5)改性稀浆封层便于做成各种彩色路面,显示各种标志,多应用于城市道路。

7.5.1.2 国内外现状和发展趋势

1)国外状况

1917年德国人发明了乳化沥青,1920年德国人用连续级配集料、乳化沥青和水,在一个铁锅里经铁锹搅拌使之成稀浆状混合料,混合料拌好后,装入一只罐,用马车运到工作地点(随着汽车的发展以后改用汽车)。到达工作地点后,在后部牵引一个布料槽,将稀浆混合料流入布料槽,然后通过人工将稀浆混合料摊铺在路面上,这就是最早的稀浆封层技术。图7.5-1是早期的稀浆封层车。

1950年在美国得克萨斯州、加利福尼亚州出现了带搅拌装置的稀浆封层车。这种稀浆封层车最大的改进有两点:一是布料槽由原来的木制改用金属材料并增加布料螺旋;二是将各种材料经过称量后由人工加入到带搅拌装置的罐体中,在驶往工作地点的过程中在罐体内进行搅拌制浆。

1960年,美国得克萨斯州的维克稀浆封层公司生产出了第一代大型车载稀浆封层机。如图7.5-2所示,该机具有独立的集料仓、水箱、乳化沥青箱、矿物细料仓;乳化沥青采用正排量泵,水采用离心泵;集料采用皮带输送机、矿物细料用叶轮将料送到皮带机上,所有材料均进入搅拌箱。其供应的动力都连锁在一起,以防止发动机速度变化时配比发生变化。搅拌箱采用单轴空心螺旋制浆。

图 7.5-1 早期的稀浆封层车

图 7.5-2 第一代大型车载稀浆封层机

20世纪60年代中期,第二代稀浆封层机开始进入市场。第二代与第一代的主要区别在于:

(1)搅拌形式不同:第一代是单轴空心螺旋,第二代是双轴叶片强制拌和;

(2)摊铺箱不同:第一代只有布料的功能,第二代兼有布料和二次搅拌的功能;

(3)驱动形式不同:第一代以机械为主为主,第二代以液压驱动为主;

(4)控制、操作形式不同:第一代以机械为主,第二代以电、液为主。

20世纪70年代中期,随着材料技术的一项重大发展(改性乳化沥青及其应用),在德国诞生了微表处(Micro-Surfacing)技术。微表处技术的开始应用预示着第二代稀浆封层设备将有重大的改进和变化,这种改进和变化形成了所谓的"微表处设备"(Micro Asphaltum Paver),即第三代稀浆封层机。第三代改进和变化是:发动机的动力更加强劲(110kW以上);优化液压系统的设计,提高了液压系统的效率;

高效、双轴强制快速拌和装置（4~6s）；适合微表处在内的各种稀浆封层工艺施工的摊铺箱；各种材料计量更为准确；电、液控制操作。同时用于车辙填补的车辙摊铺箱应用到实际中去，扩大了应用范围（如图7.5-3所示）。

20世纪90年代末期，由于微电子技术的发展、微电脑处理器的大量使用、传感技术的日益完善，以电脑控制为主、全自动闭环计量控制的第四代稀浆封层机在美国和德国进入市场。同时，不同形式连续式稀浆封层设备也先后在美国和欧洲投入市场，如图7.5-4、图7.5-5所示。

图7.5-3　第三代稀浆封层机

图7.5-4　德国全电脑自动控制稀浆封层机

图7.5-5　美国VSS公司产连续式稀浆封层机

2）国内现状

我国在20世纪70年代初期，借鉴外国技术开展了乳化沥青技术的研究，并在70年代末取得了成功；80年代，国家将"阳离子乳化沥青筑路技术"列为重点技术推广项目，稀浆封层技术开始在我国得到应用。此间，辽宁省生产出我国第一台稀浆封层机——牵引式稀浆封层机。随后陕西咸阳、辽宁沈阳、吉林、河南孟州、河北秦皇岛等地先后参照国外的产品和技术仿制生产了车载式等第一代国产稀浆封层机。90年代初期，徐工引进了德国WEISIG公司的稀浆封层机；2001年，北方交通公司仿制德国BERINING公司的PM8稀浆封层机进入市场；2002年，中交西安筑路机械有限公司（以下简称西筑公司）设计生产的我国第一台具有独立自主知识产权的MS9稀浆封层机进入市场形成四种规格的系列产品如图7.5-6所示。

图7.5-6　MS9稀浆封层机

MS9稀浆封层机吸收了国外设备如AKZONOBEL的HD10、德国Breining的S-Hy8000等的优点,结合我国的实际情况设计制造。该机具有外观、后置油门、双螺旋液压无级变宽摊铺、液体染料添加、纤维添加等5项专利。同时具有PLC编程控制、人性化设计,性能可靠、操作简单;创新的后置汽车速度控制,施工质量更高;乳化沥青、水、液体添加剂电子计量数字显示,配比更准确;大容量搅拌箱、复合耐磨材料的搅拌叶片,生产效率更高、寿命更长;摊铺箱液压无级伸缩,带有第二刮平器,最大摊铺宽度为4 000mm;进口原装道依茨发动机:BF4L91 374kW,故障率低;美国进口变量转子活塞沥青泵,乳化沥青无剪切破乳,特别适用改性乳化沥青施工;美国进口水泵、添加剂泵、液压泵及各类液压元件,效率更高;耐腐蚀复合材料处理的乳化沥青箱、水箱,适应性更强;三位一体的储料仓设计、铝合金卷帘,维修方便、美观大方;适配底盘的种类多,适应不同的客户要求;独立的纤维添加和细料添加装置,电子计量数字显示,准确可调,可做彩色稀浆封层路面;设有搅拌箱水平调节装置,范围±5°,施工适应性强等十二大技术特点。其生产效率、控制等性能指标已超过了同类进口产品,可靠性已经接近国外进口产品,但价格仅是进口产品的三分之一,满足了我国稀浆封层技术发展的需要。

3)发展趋势

(1)实现多品种、系列化。目前,国内生产稀浆封层机的厂家均是单一品种,底盘选型也各不相同,随着稀浆封层施工逐年增大,大型封层机将会出现,集料仓容积将会达到12m³。除了引进国外先进技术和部件开发系列封层机外,还应努力开发全部采用国产部件价格较低的改性稀浆封层机,这将对我国改性稀浆封层技术的推广应用起到重要作用。

(2)向大型化方向发展。

(3)由间断式作业向连续作业方向发展。

(4)努力向一机多用方向发展、使其既能进行封层作业,又能进行冷料薄面摊铺作业。

(5)采用专业汽车底盘、机械/静压复合驱动,努力使其在低速区域作业行走稳定并具备高速运输的能力。

(6)充分利用底盘发动机的能力,减少能源消耗、减排环保。

(7)生产率的提高。针对高速公路、重交通路面的预防性养护,国际稀浆封层协会提出了Ⅳ型封层及改性稀浆封层,集料最大粒径12mm,铺层厚度达15mm,要求稀浆封层机有更高的生产率,新一代的稀浆封层机配置了更大功率的辅助发动机,发动机功率由70kW发展到100kW以上。

(8)自动化及易操作性。计算机、传感器等新技术的运用,提高了机器的自动化程度和摊铺质量。把操纵装置集中在操纵台,将多种操作手柄集成,使操作更简单、方便。

7.5.2 分类、特点和适用范围

(1)按封层机的机动性可以分为拖式封层机、半挂式封层机(图7.5-7所示)和车载式封层机(图7.5-8所示)。

图7.5-7 半挂式稀浆封层机

图7.5-8 车载式稀浆封层机

拖式封层机选用略加改造的挂车安装各种装置,集料仓容积多为2~4m³,装有独立的辅助发动机,工作时由拖拉机或运料车牵引进行摊铺作业。这类封层机机动性较差,摊铺作业速度受牵引车的影响,故生产率较小,适用于县乡道路或小型稀浆封层工程,现已被淘汰。

车载式封层机均采用载货汽车底盘,由底盘提供行驶和作业的全部动力,行驶速度快,可自行转移工地,机动性好,生产量大,对于坡道和弯道摊铺质量好,是目前国内外封层机采用的主要结构形式。半挂式封层机结合以上二者的优点,着重在操作的方便性、维修的简便性以及多装料使其提高生产率上进行改进设计。

(2)按作业方式分为:间歇式(车载式)、连续式(图7.5-9所示)。

(3)按驱动方式分为:机械式、全液压式和机械液压复合式。

图7.5-9 连续式稀浆封层机

7.5.3 基本原理及主要结构

7.5.3.1 稀浆封层机工作原理

稀浆封层的基本原理是各种原料如水、乳化沥青、添加剂、集料、矿物细料等能够按一定比例充分搅拌混合,并且在很短的时间内能够摊铺至路面并尽快开放交通。如图7.5-10所示,所有稀浆封层机都必须有以下几个组成部分:水箱、乳化沥青箱、添加剂罐、集料仓、矿物细料仓、皮带输送机、搅拌箱和摊铺箱并配有动力系统和控制系统以及行驶系统。其工作的流程是:集料通过输送机、矿物细料通过螺旋输料装置进入搅拌箱;水、乳化沥青、添加剂等通过泵(或者是压缩空气压入)进入搅拌箱,所有原料通过搅拌箱进行充分拌和成为稀浆混合料,拌和时间在4~6s,稀浆混合料流入摊铺箱,摊铺箱在稀浆封层机牵引下把混合料摊铺至待养护路面。其厚度主要取决于集料的级配和最大集料粒径,一般情况下为最大集料粒径的0.8~1.2倍,同时也与使用的石料级配、乳化沥青的品种、添加剂的成分、摊铺装置的结构、稀浆的稠度等因素有关。各种不同工艺其厚度也不同,普通稀浆封层5mm左右,改性稀浆封层9mm左右,改性乳化沥青稀浆封层和微表处12~15mm,车辙填补20mm左右,施工速度在1.6km/h左右。

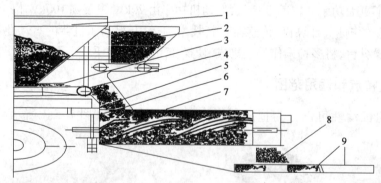

图7.5-10 稀浆封层机工作原理图

1-集料仓;2-矿物细料(水泥);3-集料控制器;4-集料输送带机;5-乳化沥青控制阀门;6-水控制阀门;7-搅拌器;8-稀浆混合料;9-摊铺箱

7.5.3.2 稀浆封层机的结构组成

稀浆封层机机整体示意图,如图7.5-11所示。

(1)底盘系统

底盘的功能为承载、行走,并且提供一些其他功能,如气路、热水回路等。选用汽车底盘一般为三轿工程翻斗车底盘,车速在1.5~1.8km/h(发动机1 000r/min)时能够平稳工作,进口机型有选用VOLVO底盘、奔驰底盘的,配国产底盘一般可以配北方奔驰、斯泰尔等,并对底盘的变速箱和后桥箱做一些相应的改动。

第7章 养护机械设备

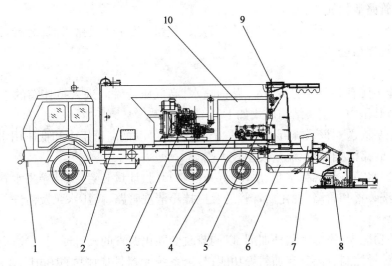

图 7.5-11 稀浆封层机整体示意图

1-水系统;2-乳化沥青系统;3-工作发动机及附件;4-液压系统;5-材料配比系统;6-搅拌器;7-电气控制系统;8-摊铺箱;9-集料输送统系;10-水泥、纤维添、液体染料添加系统

主要组成部分:汽车载重底盘(26~32t)、副车架及连接装置、安全保护设施。

(2)工作发动机及附件

工作发动机要求能够给整机系统提供足够大的动力储备,自第二代稀浆封层机发动机功率足够大了,特别是第三代,达到110kW以上,工作发动机燃油管与底盘燃油箱相连,同底盘发动机共用一个燃油箱。

主要组成部分:发动机、底座及减振装置、飞轮连接及动力输出装置、起动电机和发电机。

(3)电气控制系统

电器系统的先进与否直接代表了稀浆封层机的技术水平,主要形式有:

①机械式:用于第一代的控制操作。

②继电器式:用于第二代的电控制操作。

③微处理器(PLC)式:用于三代机的电液联控。

④智能电脑闭环控制:用于四代机的控制操作。

主要组成部分:主令控制器(按钮或操作开关)、数字控制器(PLC)或继电器、控制程序、保险装置、信号和照明灯、电瓶、接线端子和电缆。

(4)液压系统

液压系统是稀浆封层机的工作机构的动力传递系统,其结构形式如下:

①多回路组合简单的齿轮泵—阀—马达系统,维修简单方便,但管路复杂。

②负载敏感伺服变量系统,管路简单,故障排除较复杂。

主要组成部分:液压泵、各类控制阀、连接管路、液压油及油箱、液压油冷却器、工作机构的驱动马达和执行油缸、回(出)油油滤器等。

(5)乳化沥青系统

乳化沥青系统是稀浆封层机用于乳化沥青储存并按要求向搅拌器喷洒乳化沥青,具有搅拌箱进油、标定、自加载或自循环三个功能,整个系统元器件应耐强酸(pH<2~3)。主要结构形式如下:

①容积式机械泵输送,流量稳定、控制简单,管路清洁复杂。乳化沥青泵一般采用高黏度低速齿轮定量容积泵,以减少齿轮咬合时对乳化沥青剪切破乳。技术先进稀浆封层车则采用变量泵,适应各种工艺配比调节,个别选用喉管式高黏度泵,结构比较特殊。为了防止沥青泵内沥青硬化,增加了热水循环系统来加热软化泵内沥青,以减少起动阻力。

②气压输送；管路清扫简单、流量波动较大。

主要组成部分：乳化沥青箱、过滤器、乳化沥青泵（气泵）及加热回路、计量装置、三通阀、标定管路、自加载循环管路、搅拌箱进油管路。

(6) 水系统

水系统的功能主要有调节浆的稀稠度、路面喷水、高低压清洗。进入搅拌箱的水要能控制其流量，清洗用水要能调节其压力。主要结构形式如下：

①离心式机械泵输送。该系统可以做成一个回路，也可以把高压用水和低压用水分成两路来实现。

②气压输送。管路清扫简单、流量波动较大。

主要组成部分：水箱、过滤器、水泵、手动阀门、控制阀门、计量装置、搅拌箱进水管路、地面喷水装置和管路、低压水清洗装置和管路、乳化沥青管道及搅拌箱清洗管路、高压水泵及清洗装置、自加载管路。

(7) 添加剂系统

添加剂系统的功能为：添加一些外加剂，以调节改变乳化沥青的破乳时间，以适应外界环境的变化；具有搅拌箱添加、计量控制、标定、自加载等功能；整个系统元器件应耐强酸（pH < 2～3）。主要结构形式如下：

①容积式机械泵输送。流量稳定、控制简单。

②气压输送。管路清扫简单、流量波动较大。

主要组成部分：添加剂罐、过滤器、泵、调节阀、计量装置、添加管路、标定管路、自加载管路。

(8) 集料输送机

集料输送机用于稀浆封层机对集料的输送，如图7.5-12所示。其结构形式分为皮带输送和链式输送两种形式。

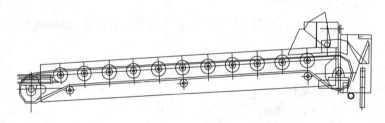

图7.5-12 集料输送机结构示意图

主要组成部分：机架及连接装置、上下托棍、驱动滚筒（驱动链轮）、改向滚筒（改向链轮）、胀紧装置、环形皮带、减速机等。

(9) 集料仓

集料仓用功能：存储级配集料并保证材料连续到达集料运输机；要求容积足够大，能满足施工过程的需要，并且料仓侧壁要有一定的倾斜度如42°～45°，保证料仓中的集料能够顺利下落到输送机皮带上；料门调节装置用来调节出料量；为了防止集料的悬空、减少对输送机的材料压力，增加具有振动破拱功能的减压振动梁或设置仓壁振动器。

主要组成部分：（集料、乳化沥青、水）储存仓、减压振动梁及破拱装置、料门调节装置；底架、副车架等。

(10) 配比系统

该系统保证各原料能够按一定的比例进入搅拌箱并稳定，其结构形式如下：

①机械式。

②液压式或机液复合式。液压马达驱动离合器轴，离合器轴带动集料输送带、乳化沥青泵、添加剂和细料纤维送料器的液压泵；采用两个电控离合器以控制乳化沥青泵、集料输送带、添加剂和细料纤维送料器的液压泵的启停；所有原料供给以这种方式结合在一起，在操作中无需改变混合物配比就可以改变稀浆产量。

③全液压式。

主要组成部分：驱动马达、离合器、传动轴、传动链条等部件。

(11) 搅拌器

搅拌器的功能是使稀浆混合料材料充分混合,要求该系统搅拌轴要有足够高的转速,能在很短的时间内拌和混合料并且把混合料送入摊铺系统中(4~6s),搅拌叶片要求为耐磨金属材料制成,如图7.5-13所示,结构形式如下：

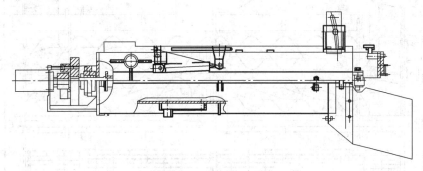

图7.5-13 搅拌器结构示意图

①单轴连续螺旋叶片式。拌和能力差,拌和效率低,只能做慢裂慢凝的稀浆封层。
②后来发展为双轴搅拌式。拌和能力高,效率也高,满足了改性稀浆封层发展的要求。
③双炮筒式双轴搅拌叶片式。拌和能力强,效率高,清理方便,用于微表处稀浆封层机。

主要组成部分：驱动马达、联轴器、同步齿轮、前后支撑轴承、搅拌轴、搅拌叶片、乳化沥青添加管、水及液体添加剂添加管、出料机构等。

(12) 水泥、纤维、液体染料添加系统

系统功能：储存矿物细料、着色料、纤维和添加剂,并按要求向搅拌器连续提供所需的材料。随着稀浆封层技术的发展,为了改善稀浆封层混合料的成浆性和提高改性稀浆封层稀浆的和易性、摊铺层的强度、调节破乳时间、摊铺彩色稀浆封层而设计的。普通稀浆封层是不需要该系统的,尤其是纤维添加装置是更高要求的稀浆封层应该具有的。根据用户需要增加液体染料添加装置可做彩色稀浆封层,增加路面的标示功能。

主要组成部分：储存仓、驱动马达、输送计量螺旋、破拱机构等。

(13) 摊铺箱

摊铺箱的功能：存储稀浆混合料、把混合料均匀地摊铺至所养护的路面。主要结构形式如下：

①按结构形式上可以分为无搅拌轴摊铺箱、双搅拌轴摊铺箱甚至三轴摊铺箱。改性稀浆封层摊铺箱为双轴搅拌形式,通常要求搅拌轴转速高,有二次拌和能力和输送混合料的功能。
②按所能适应的工艺可分为：微表处改性稀浆封层摊铺箱(Microsurfacing Box)、稀浆封层摊铺箱(Slurry Box)、车辙摊铺箱(Rut Box)、斜坡摊铺箱(Slope Box)等。
③从变宽的方式分：机械有级伸缩变宽和液压无级伸缩变宽,二者各有优缺。前者纵边成形好、不漏浆、宽度变化范围大(2 500~4 500mm),但变宽操作复杂、运输不方便,适应欧洲产短搅拌器(1.1~1.2m),需要再搅拌的间断螺旋叶片。不足是由于速度高容易引起破乳导致施工失败。后者操作手在施工中可以很容易地依据路面变化调整摊铺宽度,伸缩中继续保持搅拌功能。宽度调整由在摊铺箱两边行走的施工人员控制,这种快速简易宽度调节也使摊铺箱在运输中更加容易、安全。该摊铺箱可以用于各种稀浆封层工艺施工,适应美洲产搅拌锅长(1.3~1.4m),无需再搅拌的连续螺旋叶片。特点是速度低不易引起破乳,特别适合于改性稀浆封层、改型乳化沥青稀浆封层、微表处路面养护工艺。但两侧漏浆、纵边成形不好、变宽的范围受限制(2 500~3 800mm,2 600~4 000mm,2 700~4 200mm);车辙摊铺箱宽度在1 350~1 750mm之间调节。其示意图如图7.5-14所示。

主要组成部分：左右框架、布料螺旋、牵引及滑靴支撑机构、驱动马达及快速连接管、二次刮板装置。

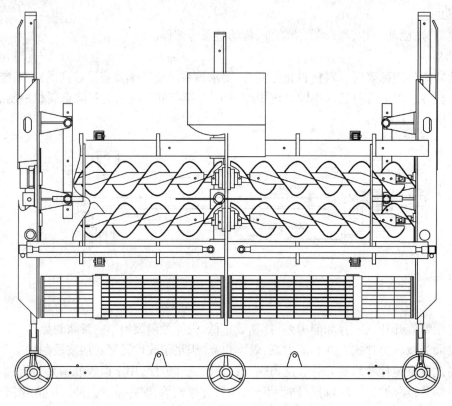

图 7.5-14　液压无极变宽微表处摊铺箱示意图

7.5.4　稀浆封层机的使用和故障分析

7.5.4.1　稀浆封层机的计量标定

正确标定稀浆封层机是用好设备的基础。各类稀浆封层机的计量控制系统在施工前应进行严格的计量标定工作,保证施工时能够准确地控制混合料的配合比。施工时,在矿料有大的变化情况下或每半年或一年重新进行标定复验。具体标定方法有两种:单位时间出料量标定(常用)和计数器数字标定(仅用于带计数器的设备)。

1) 单位时间出料量标定

(1) 集料的计量标定

①将符合要求的集料装满集料储存仓;

②称量整车的总质量(包括集料质量),计入表 7.5-1;

③使集料闸门(控制门)开度指针在"5、10、12、14、16…"的位置上;

④启动发动机;

⑤结合总离合器,使输送带运转经搅拌器输出集料 3min;

⑥称量输出集料后的整车质量、出料时间计入表 7.5-1;计算出料量和单位时间出料量(kg/min),并计入表 7.5-1;

⑦每个刻度进行三次;

⑧将料门各开度(控制门)及单位时间输出集料量的平均值填入坐标,x 轴为集料质量,y 轴为闸门开度值。将 x 轴、y 轴的对应值填到坐标位置,将各点连接即为集料用量与闸门开度的曲线,制成坐标图(如图7.5-15)。

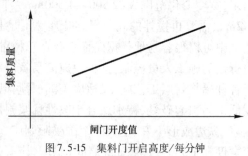

图 7.5-15　集料门开启高度/每分钟集料输送量坐标图

集料的计量标定表 表7.5-1

项 目		集料门开启高度(cm)							备注
		5	10	12	14	16	18	20	
第一次	出料前								
	出料后								
	出料量								
	出料时间								
	kg/min								
第二次	出料前								
	出料后								
	出料量								
	出料时间								
	kg/min								
第三次	出料前								
	出料后								
	出料量								
	出料时间								
	kg/min								
平均值	kg/min								

(2)填料计量标定(矿物细料、着色剂、纤维、液体添加剂)

①将符合要求的各种填料装满储存箱(仓);

②启动发动机;

③短时结合总离合器,使填料从出口进入搅拌器,分离离合器;

④准备50L开口器皿,放在填料出口(标定口)处;

⑤使填料控制旋钮指针在"2、4、6、8、10"的位置上;

⑥结合总离合器,输出填料3min;

⑦称量输出填料质量、出料时间计入表7.5-2,计算出单位时间出料量(kg/min),并计入表7.5-2中;

填料计量标定表 表7.5-2

项 目		控制旋钮指示刻度						备注
		2	4	6	8	10	12	
第一次	出料量							
	出料时间							
	kg/min							
第二次	出料量							
	出料时间							
	kg/min							
第三次	出料量							
	出料时间							
	kg/min							
最终平均值	kg/min							

⑧每个刻度进行三次;

⑨将各开度(控制旋钮)及单位时间输出填料量的平均值填入坐标图,x 轴为开度值,y 轴为单位时间输出填料质量,将 x 轴、y 轴的对应值填到坐标位置,将各点连接即为填料用量与闸门开度的曲线,制成坐标图(略)。

(3)水的计量标定

①将符合要求的水装满储水箱;

②启动发动机;

③短时结合总离合器,使水从喷水管进入搅拌器,分离离合器;

④准备 200L 开口容器 3~4 个,放在标定口处;

⑤转动控制阀门手轮,从最大位置依次减少两圈"2、4、6、8、10、12、…"至不同位置上;

⑥结合总离合器,出水 2~3min;

⑦称量出水质量、出水时间计入表 7.5-3;计算出单位时间出水(kg/min),并计入表 7.5-3;

⑧每值进行三次;

⑨将指示值及单位时间出水量的平均值填入坐标图,x 轴为阀门手轮转动圈数,y 轴为单位时间水出量,将 x 轴、y 轴的对应值填到坐标位置,将各点连接即为出水量与阀门手轮转动圈数的曲线,制成坐标图(略)。

水的计量标定表　　　　表 7.5-3

项　目		控制阀门手轮转动圈数							备注
		2	4	6	8	10	12		
第一次	出水量								
	出水时间								
	指示值								
	kg/min								
第二次	出水量								
	出水时间								
	指示值								
	kg/min								
第三次	出水量								
	出水时间								
	指示值								
	kg/min								
最终平均值	kg/min								

(4)乳液计量的标定

①将符合要求的乳化沥青装满储存箱;

②启动发动机;

③准备 200L 开口容器 3~4 个,放在标定口处;

④结合总离合器,循环 2~3min,分离离合器;

⑤转动控制手轮,从最大位置以次减少两圈"2、4、6、8、10、12、…"至不同位置上;

⑥结合总离合器,向容器输出乳化沥青 2~3min;

⑦称量乳化沥青输出质量、输出时间计入表 7.5-4;计算出单位时间输出(kg/min),并计入表 7.5-4;

⑧每值进行三次；

⑨将控制手轮旋转圈数及单位时间乳化沥青输出量的平均值填入坐标图图，x轴为圈数值，y轴为单位时间乳化沥青输入量，将x轴、y轴的对应值填到坐标位置，将各点连接即为单位时间乳化沥青输入量与控制手轮旋转圈数的曲线，制成坐标图（略）。

乳液计量的标定表　　　　　　　　　　　　　　　　　　　　　　　　表 7.5-4

项　目		控制旋钮指示刻度						备注
		2	4	6	8	10	12	
第一次	出料量							
	出料时间							
	kg/min							
第二次	出料量							
	出料时间							
	kg/min							
第三次	出料量							
	出料时间							
	kg/min							
最终平均值	kg/min							

（5）稀浆混合料配合比例的控制

稀浆混合料的配比主要是集料、乳化沥青、水、各种添加剂之间的比例。

①根据施工配方比例，以乳化沥青单位时间最大输出量的90%作基数，计算其他材料所需的单位时间输出量；

②根据计算各种材料的单位输出量值，参照相应材料的输出量坐标图确定相应材料控制位置（刻度、控制阀门手轮转动圈数等）；

③试拌料，取样做试件，按照规范对试件进行试验室试验，符合要求，锁定集料和乳化沥青的位置，不符合要求，校核材料的单位时间输出量的准确性和配方比例正确性；

④开始施工后，根据依据环境变化（温度、湿度、气压、阴晴），随时观察稀浆混合料的破乳速度，及时调整添加剂的用量、水量，以保正常的摊铺质量。

2）计数器数字的标定

计数器数字的标定精度要好于单位时间合料量标定，宜采用此方法，但此方法仅用于带计数器的设备，如用户使用此方法，请参阅所购设备的使用说明。

7.5.4.2　稀浆封层机的使用要点

（1）施工前的技术准备

机器在施工前，应检查机上的油泵、水泵系统和油（乳液）、水管道，查看各控制阀有无故障。应对机上的各系统分别进行启动和停止试验，检查运转情况是否正常，对具有自动控制功能封层机，则使用自动控制操作其空载试车，以检查各部件之间顺序的联动情况。在机器整体运转正常后，须对机上的给料系统进行标定。标定的方法是：固定发动机的输出转速，调节各料门或阀门的开度，求得单位时间内各种材料在不同开度下的出料量。根据室内试验得出的混合料配合比，在标定曲线图上找出其相应的料门开度，然后将各料门开度调整好并固定，以保证施工中能按此配比供料。

（2）施工中的操作

先将稀浆封层机驶至摊铺施工的起点处，并调整机前的导向链轮，使其对准机器的行走方向控制线，将摊铺槽调整至要求的宽度，并挂在机器的尾部，摊铺槽与机尾的位置须保持平行。确认机上的各种材料的输出刻度,分离机上的各传动离合器,然后启动发动机并使其达到正常转速,再结合发动机离合器,起动离合器传动轴。结合输送带离合器,同时迅速打开水阀和乳液阀,使集料、乳液、水和水泥等同时按比例进入搅拌筒(若使用自动控制操作系统,则只需按动一按钮,启动后所有材料就可同时按设计出料量进入搅拌筒)。待搅拌筒内的稀浆混合料达到半筒的量时,打开搅拌筒出口,使混合料流入摊铺槽内。此时还须仔细观察稀浆混合料的稠度,调节给水量,使稀浆混合料达到要求的稠度。当稀浆混合料注满摊铺槽容积的2/3时,底盘开始行走进行均匀的摊铺,同时打开封层机下部的喷水管以喷水湿润路面;当封层机上的备用材料中有一种料已用完时,应立即脱开输送带离合器,开关闭乳液阀和水阀,待搅拌筒和摊铺槽内稀浆混合料全部摊铺完后,机器即停止前进,清理摊铺箱,待重新上料后进行摊铺。

(3)稀浆封层机的操作注意事项

①启动底盘上的柴油机后,应使之达到发动机额定转速运转,以保持各系统工作的均匀性、稳定性。

②机器启动后,当接上集料及皮带输送机的离合器使集料输送器进入工作状态后,须在集料开始进入拌和筒时打开水路球阀,并须等5s左右后才转动乳液三通阀,使乳液喷入拌和筒。

③当稀浆的量达到拌和筒的容量的1/3左右时,才开启稀浆出料门,并调节好拌和筒出料门的高度,应使其在乳液筒的存量保持为筒容量的1/3。

④随时观察稀浆混合料的稠度,及时调整水量和乳液量。

⑤依据环境变化(温度、湿度、气压、阴晴),随时观察稀浆混合料的破乳速度,及时调整添加剂的用量、水量,以保证正常的摊铺质量。

⑥根据左、右摊铺槽内稀浆的存留情况,调节分料器的倾料方向,调节左、右螺旋推进器,将稀浆快速地推向两侧。

⑦控制摊铺槽内保持2/3容量的稀浆,以保证摊铺槽作业的连续性。

⑧在每车料摊铺完毕而重新装料的间歇,须摘下摊铺槽,并将其移至路边用水喷刷冲洗。

⑨施工完毕后,应关闭各总开关,升起摊铺箱,以便于机器能方便地开到清理场地;再用稀浆封层车上备有高压水冲洗搅拌筒和摊铺箱,尤其对摊铺箱后面的分料螺旋、橡胶刮板必须冲洗干净;对乳液输送泵和输送管道应先用水冲洗,之后将柴油注入乳液泵内。

7.5.4.3 稀浆封层机维护与保养

常见故障及排除方法见表7.5-5~表7.5-9。

动 力 系 统　　　　　　　　　　　　　　　　表7.5-5

故　障	原　因	排除方法
发动机无法启动	停车按钮开关关闭	急停开关处于打开状态
	电源指示灯不亮	打开总电源开关
	蓄电池无电或电力不足	蓄电池充电至24V以上
	柴油供油不畅	手动泵油使供油管道内空气排空
转速达不到额定转速	推动油门时无反应	打开气路开关,使压力达到8MPA
	油门气缸未到最大	推动气缸至伸出最大
	发动机油门卡住	拨动油门使其转动灵活

集 料 输 送 系 统　　　　　　　　　　　　　　表7.5-6

故　障	原　因	排除方法
集料离合器不吸合或打滑	电源保险烧坏	更换电源熔断丝
	离合器间隙太大或太小	调整间隙为0.3um
	碳刷弹簧无弹力、磨损过大	更换碳刷、恢复弹性、使其接触
	离合器和碳刷接触处有油污、脏物	拆开离合器,用汽油清洗干净
	自动控制情况下不动作	控制开关打在手动状态下

续上表

故障	原因	排除方法
输送机跑偏或打滑	检查皮带是否跑偏	调整皮带、张紧螺栓,使其走正
	输送皮带太松	使皮带张紧
	滚筒打滑	在皮带和滚筒处喷水增加摩擦力
无料输出或料少	集料架空	打开仓壁振动器或人工辅助落料

乳化沥青输送系统　　　　表 7.5-7

故障	原因	排除方法
离合器不吸合	电源保险烧坏	更换电源熔断丝
	离合器间隙太大或太小	调整间隙为 0.3μm
	碳刷弹簧无弹力,磨损过大	更换碳刷,恢复弹性,使其接触
	离合器和碳刷接触处有油污、脏物	拆开离合器,用汽油清洗干净
	自动控制情况下不动作	控制开关打在手动状态下
吸合但不转动	沥青泵温度低	启动汽车发动机,打开热水系统开关,使乳化沥青泵加热至 70~80℃
	乳化沥青泵发卡	旋松固定乳化沥青泵主轴的螺栓
转动不出料	乳化沥青出口阀门关闭 三通阀打不开 搅拌箱内乳化沥青出口堵塞	把乳化沥青阀门开启到正确位置 电源保险烧坏,更换保险 气压不够,打开气压阀,充气压力 8MPa 三通阀内有杂物,清理干净清理搅拌箱出口,使其畅通
计量不准确	显示器数字飘浮不定	使其归零
	K 系数不准确	调整 K 系数
乳化沥青泵主轴处泄露	密封压盖过松	旋紧固定压盖的螺栓

水 系 统　　　　表 7.5-8

故障	原因	排除方法
无水输出	阀门关闭	调整阀门至开启位置
	气动阀门打不开	电源保险损坏,更换打气压阀门,气压为 8MPa
	过滤器堵塞	清理水过滤器
	出水调整阀门关闭	打开出水调整阀门
	水泵调压阀门太小	调大优先阀,调整流量
	水泵里有空气	打开水泵顶部螺栓,排空
	水泵液压阀调整	旋紧或旋松液压阀,调整压力
流量不准确	无数据,流量不显示 调整 K 系数重新作标定	叶轮堵塞,清理叶轮

摊 铺 箱　　　　表 7.5-9

故障	原因	排除方法
螺旋不旋转无法启动	快换接头连接虚连	重新连接,使油路畅通
	调速旋钮在最小位置	变动调速旋钮至适当位置
	螺旋叶片变形相碰	修复校正叶片
	连接十字联轴螺栓松	固定螺栓,用铁丝穿防松

续上表

故　障	原　因	排除方法
螺旋不反转	换向开关坏	更换换向开关
	换向阀坏	更换换向阀
拌和不均匀	调整螺旋主轴和地面的距离	
	频繁切换螺旋正反转	
路面有划痕	伸展开橡胶刮皮,使其不打折	
	刮板内侧有破乳后凝结混合料,清理干净	

7.5.4.4　机器长期停用时的维护保养

①应按照发动机说明书上的有关规定,对机器的底盘发动机和副发动机进行日常保养;对液压系统也应按设备使用说明书的要求进行日常保养。

②应用柴油清洗枪对搅拌器、摊铺器等沾有乳液的部分进行喷洗,并用棉纱擦拭;应将乳液输送系统内的乳液彻底放净,并清洗过滤网,还应用柴油对系统进行清洗。

③清洗各种料斗、料箱。

④对各运动件应加注润滑油或润滑脂。

⑤在冬季,若机上的发动机未采用防冻液,则应将冷却水全部放净。

7.5.4.5　稀浆封层工艺选择

根据路况和环境确定稀浆封层工艺种类和材料的配比是用好设备的关键,选择工艺种类所考虑的因素如下:

①路面的交通量小的选普通或改性;交通量大的选改性或改性乳化沥青稀浆封层、微表处。

②应用目的:维修收缩网裂纹、防水层、表面集料松散、泛油,选普通、改性、改性乳化沥青稀浆封层;增加摩擦性能、小于10mm的校准,选用改性乳化沥青稀浆封层、微表处;下封层,选用普通或慢裂慢凝改性乳化沥青稀浆封层。

③成本:普通、改性、改性乳化沥青稀浆封层、微表处的成本按成本依次增大。

7.5.5　主要生产厂家及其典型产品技术性能和参数

7.5.5.1　国外稀浆封层机的主要生产厂商

德国:BREINING Maschinen – und Fahrzeugbau GmbH、WEISIG 公司。

美国:Valley Slurry Seal Co、Bergkamp Inc、California Pavement Maintenance Co, Inc。

7.5.5.2　国内稀浆封层机的主要生产厂商

中交西安筑路机械有限公司、徐州工程机械集团公司、沈阳北方交通工程机械公司、河南省高远公路养护设备有限公司、河北卢龙机械厂、西安达刚路面机械股份有限公司。

7.5.5.3　国外车载式稀浆封层机典型产品主要参数(表7.5-10)

国外车载式稀浆封层机典型产品主要参数　　　　表7.5-10

型号		SP 8 000	PavementSaver II	Macropaver® 10B	M210	HD-10
产地		德国	美国	美国	美国	美国
主要材料存储能力	集料(m^3)	8	9.2	7.7	7.7	7.7
	乳化沥青(L)	2 000	2 838	2 632	2 250	2 270
	水(L)	1 000	2 838	2 632	2 250	2 270
	液体添加剂(L)	300	340	570	200	189
	矿物细料(m^3)	0.35	0.4	0.34	0.24	0.283

第7章 养护机械设备

续上表

液体材料添加方式	气压	泵送	泵送	泵送	泵送
工作发动机功率(kW)	50	110	82	75	74
生产率(t/min)	1.8		2.7~3.6	1.8	2.8
摊铺宽度(m)	2.5~3.8	2.44~3.86	2.44~4.27	2.4~4.0	2.8~4.3
底盘承载能力(t)					

7.5.5.4 国内车载式稀浆封层机典型产品主要参数(表7.5-11)

国内车载式稀浆封层机典型产品主要参数　　　　表7.5-11

型号		MS9	SX5315XJFC	HRF-100	LL5151TYL	PM10-C	HGY5250TXJ
产地		西安	西安	秦皇岛	秦皇岛	沈阳	新乡
主要材料存储能力	集料(m³)	8.6	10	10	8	15	12
	乳化沥青(L)	2 730	2 500	2 700	2 600	4 400	4 000
	水(L)	2 270	2 500	2 700	2 400	4 400	4 000
	液体添加剂(L)	230	250	200	300	500	600
	矿物细料(m³)	0.28×2	0.4	0.12×2	—	0.6	0.5×2
液体材料添加方式		泵送	泵送	泵送	泵送	气压	泵送
工作发动机功率(kW)		74	—	74	53	75	110
生产率(t/min)		2.5	2.85	2.8~4.2	3~3.75	2.4~3.8	3.5
摊铺宽度(m)		2.5~3.8	2.44~3.86	2.44~4.27	2.4~4.0	2.8~4.3	2.4~3.8

7.5.5.5 连续式稀浆封层机典型产品主要参数(表7.5-12)

连续式稀浆封层机典型产品主要参数　　　　表7.5-12

型号		Minimac CR-1000	M1
产地		美国	美国
主要材料存储能力	集料(m³)	3	
	乳化沥青(L)	1 173	
	水(L)	1 173	—
	液体添加剂(L)	246	—
	矿物细料(m³)	0.17	0.4
液体材料添加方式		泵送	泵送
工作发动机功率(kW)		104	246
生产率(t/min)		1.5~2.0	2.725
摊铺宽度(m)		2.44~4.27	2.4~4.0

7.5.5.6 半挂式稀浆封层机典型产品主要参数(表7.5-13)

半挂式稀浆封层机典型产品主要参数　　　　表7.5-13

型号		M216	SP11 000	SOM1 000-3
产地		美国	德国	德国
主要材料存储能力	集料(m^3)	12.2	11	10
	乳化沥青(L)	4 540	5 000	4 500
	水(L)	3 780	4 000	3 500
	液体添加剂(L)	200	500	600
	矿物细料(m^3)	0.24	0.6	0.6
液体材料添加方式		泵送	气压	气压
工作发动机功率(kW)		75	—	—
生产率(t/min)		1.8	—	—
摊铺宽度(m)		2.4~4.0	2.5~3.8	2.5~3.8

7.6 同步碎石封层设备

7.6.1 概述

7.6.1.1 定义

同步碎石封层即采用专用设备将碎石和黏结材料(改性沥青或乳化沥青)同步铺洒(撒)在路面上,通过及时碾压和适时通车自然碾压形成单层沥青碎石磨耗层。它主要作为路面表层处理使用,用于各种等级旧沥青混凝土路面罩面封层、旧水泥路面改造为沥青路面的防水黏结层、高速公路及高等级公路的下封层、桥面防水层和乡村公路建设等。铺筑上封层可以增强原路面的抗滑性能和防水性能,铺筑下封层则能够增强基层的防水性能,防止水分下渗到基层对基层产生破坏,也可用于低等级公路面层。在同步碎石封层中用于同步铺洒(撒)沥青和碎石的设备称为同步碎石封层设备,同步碎石封层设备亦可以作为沥青洒布车或碎石撒布车单独使用。同步碎石封层设备(车)以轮胎式牵引车为底盘,配以加热系统、沥青罐、组合料仓、沥青循环系统、导热油循环系统、沥青喷洒系统、碎石撒布系统、液压系统、气动系统、控制系统等组成。

7.6.1.2 国内外发展现状和发展趋势

早在19世纪,人们就开始采用瓢泼沥青、锨撒沥青的方法进行碎石封层作业,养护受损的道路。19世纪末20世纪初,出现了第一台畜力驱动的沥青洒布装置和第一台手推碎石洒布车。

柴油机技术成熟以后,许多依靠人力或畜力完成的工作,纷纷被以柴油机为动力的机器所代替,碎石封层技术得到了快速发展,采用汽车底盘的沥青洒布车和碎石撒布机取代人工作业,大幅度提升碎石封层的施工速度和质量。采用沥青洒布车和碎石撒布机两台设备,通过两次洒布进行碎石封层施工的技术直到今天仍在使用。

(1)国外发展现状和发展趋势

1985年,SECMAIR公司的Chambard. Pierre发明了同步碎石封层工艺与设备,2001年6月,E. D. Etnyre & Co.的Barnat. James J.等人发明了采用专用供料车供料的同步碎石封层技术和设备,2002年Barnat. James J.等人又发明了用于同步碎石封层设备供料的专用运料车。

国外著名的同步碎石封层设备的制造厂家主要有:法国SECMAIR公司、德国FAYAT BREINING公司、德国Schäfer-technic公司等。

SECMAIR公司生产有Chipsealer系列30、40、41等多个型号的同步碎石封层车和"凯撒路霸"——连续型同步碎石封层车,是牵引式和举升料斗式同步碎石封层车的代表,"凯撒路霸"连续型同步碎石封层车还是目前唯一一款具有连续作业能力的同步碎石封层车。ECMAIR公司的数字导航系统(The Digital-Age Piloting System)能够有效提高同步碎石封层施工质量、节约建设资金:以前,同步碎石封层车的驾驶员在驾驶机器同时,必须盯着路面,确定需要进行碎石封层的路段,并通过开关发出操作指令,这就要求驾驶员必须精神高度集中,操作熟练、灵活,自然也就容易疲劳;新的数字导航系统应用以后,驾驶员可以通过驾驶室里的屏幕进行作业监控,通过手柄发出操作指令,驾驶员的操作强度降低,能够集中精力于机器的操作,控制精度更高;后操作台无需操作人员,节省了机器空间,提高了机器操作安全性,节约同步碎石封层成本。碎石撒布量控制系统(GRAVIDOS)的使用可以完全取代以前人工操作,并能对碎石撒布量进行精确控制,减少碎石的飞溅,减少碎石浪费10%~15%;GRAVIDOS系统能够根据碎石的设定撒布量、级配、状态(干燥、潮湿、是否水洗)、车速、料斗和路面的倾斜角度对碎石撒布量进行控制。该系统还可以移植于不同厂家的采用液压控制的碎石撒布系统中。

FAYAT BREINING公司的同步碎石封层车是车载式和固定料斗式同步碎石封层车的代表:固定式料斗碎石落料角度恒定,碎石撒布量易于控制;旋转式计量棒可调整石屑的提取高度,流量与车速成正比;采用双排喷嘴实现沥青的三重叠洒布,可优化洒布质量(横向误差小于3%);Videoview图像监控管理系统将路面宽度在显示器上分成8部分,通过图像确定需要处理的路面,操作者可在驾驶室内控制物料的洒(撒)布,安全性和舒适性得到了进一步的优化。

综上所述:随着科学技术的快速发展,国外的同步碎石封层设备已经进入了数字化的时代,智能化控制技术已经成为同步碎石封层设备发展的主流。

(2)国内发展现状和发展趋势

2002年,我国辽宁省沈阳三鑫公司,首先从法国引进了同步碎石封层技术和第一台同步碎石封层车。其后,同步碎石封层技术在我国高等级公路下封层施工中得到广泛使用,在辽宁、湖南、安徽、吉林、河南、广西等地,也进行了碎石封层罩面施工的尝试,总的来说,同步碎石封层的应用主要还集中在技术要求相对较低的下封层和乡村道路面层施工。

瞄准国内同步碎石封层市场,许多从事公路养护的部门纷纷从国外引进同步碎石封层设备,国内很多的筑养护机械制造企业也开始从事同步碎石封层产品的开发,并推出了产品。例如西安达刚的TBS3500B型沥青同步碎石封层车,西安筑路机械有限公司的TS4000型同步碎石封层车,杭州美通的LMT5310TFC型同步碎石封层车(美通机械LMT5310TFC型号同步封层车在吸取国内外先进技术的基础上,由长安大学主导、美通公司技术研发部具体实施开发而成,具有国际水平的高科技设备。与同类产品相比,自动化程度高、撒布均匀、操作简单、装载容量大、效率高、主要部件全部采用国际品牌,外观设计新颖等特点,是高等级路面施工的理想设备),河南高远的GYKT0616A型同步碎石封层车、河南新友的XY5250TSF型同步碎石封层车和欧亚机械的联合洒布车等。但这些设备的设计开发大多还停留在仿制的层面,机器的作业性能与国际先进水平还存在较大的差距。同步碎石封层设备设计制造水平的提高是目前国产设备迫切需要解决的问题。

7.6.2 分类、特点和适用范围

同步碎石封层车可按施工材料、储料罐容量、移动方式、沥青喷洒方式、工作装置驱动方式、集料撒布系统结构等进行分类。

(1)根据施工材料分为:橡胶沥青碎石同步封层车、沥青碎石同步封层车。

(2)根据储料罐(箱)容量分为:小型、中型、大型。

(3)根据移动形式分为:车载型、专用型。

(4)根据沥青喷洒方式分为:泵压喷洒式、气压喷洒式。

(5)根据工作装置驱动方式分为:汽车发动机直接驱动式、独立发动机驱动式。

(6)根据集料撒布系统的结构分为:举升料斗式、固定料斗式,其中 SECMAIR 公司的 40 通用型同步碎石封层车是举升料斗式同步碎石封层车的典型代表,也是 2002 年同步碎石封层设备进入中国的机型,也是很多国产品牌设计制造的原型;固定料斗式中比较著名的有法国 FAYAT 集团 BREINING 公司的产品。

(7)根据供料形式分为:料场装料式、现场停车装料式、连续装料式。

7.6.3 设备基本原理及主要结构

7.6.3.1 工作原理

同步碎石封层设备的一般作业流程:由车载沥青泵(或储料罐配装的沥青泵)从储料罐中将热沥青吸入沥青罐中,由装载机将料场存储的碎石装入碎石料箱中;运输到施工现场,预热洒布杆,设定沥青和碎石洒(撒)布系统参数;按作业方向匀速行驶,操纵控制系统,由沥青泵将沥青按设定洒布量,通过喷洒杆、喷嘴喷洒到路面上,由布料辊将碎石按设定撒布量,通过布料器均匀撒布到路面上。作业结束后,将循环管路中残留的沥青吸回沥青罐,并用压缩空气吹净循环管路。

7.6.3.2 主要结构

如图 7.6-1 所示,同步碎石封层设备主要由底盘车、沥青洒布系统(包含沥青罐、沥青循环喷洒管道等)、加热系统、碎石撒布系统(包含碎石料箱和撒布装置)、传动系统、控制系统等组成。

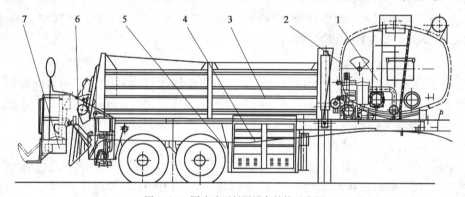

图 7.6-1 同步碎石封层设备结构示意图
1-加热系统;2-沥青罐;3-碎石料箱;4-控制系统;5-传动系统;6-沥青洒布管道;7-碎石撒布装置

1)沥青洒布系统

沥青洒布系统的主要作用是向沥青罐吸进液态沥青、工作结束后抽空沥青罐和洒布管内的余料、转输液态沥青、完成液态沥青的洒布工作、液压沥青通过循环管道不断循环,使沥青罐内沥青温度均匀,如图 7.6-2 所示。

沥青罐为一个用厚钢板焊接成的椭圆形断面长筒,筒体外包一层由玻璃绒或矿渣棉制成的隔热保温层,隔热保温层外再包裹一层薄钢板外罩,保持外界温度为 12~15℃ 时,降温速度不大于 2℃/h。为了减缓箱内液料在行驶时所产生的冲击振荡以及加强箱体的坚固性,在箱体中间焊有隔板,隔板上下设有缺口,液料在箱内仍能自由流动。箱顶一侧设有带滤网的大加油口,维修时便于人员进入,另一侧设有溢流管,也作通气之用。箱体中下部排列有加热油管。箱底后部开有出油孔,孔口装有一个主三通阀和沥青泵。箱内置有浮标和温度计,可测知箱内液面高度和沥青温度。

沥青泵一般采用内啮合齿轮泵,其规格大小和驱动功率由最大洒布宽度、最大洒布量时所需要的泵送量来确定。

组合阀的功能是控制液态沥青在管道中的流向,通过组合阀和沥青泵的运转可以实现多种作业。

喷洒杆为不同长度的双排并列方钢管,中间一段为固定段,两侧加接两根喷洒杆(通过回转接头与中间段连接),扩大洒布宽度,同步碎石封层设备的最大洒布宽度因不同机型各异。

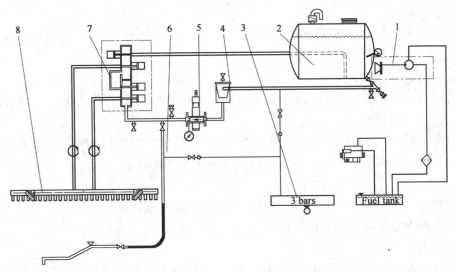

图7.6-2 沥青洒布系统图
1-喷燃器;2-沥青罐;3-压缩空气罐;4-滤清器;5-沥青泵;6-手喷枪;7-组合阀;8-喷洒杆

在喷洒杆上按一定间距安装有喷嘴,喷嘴缝隙与喷洒杆的轴线成25~30°角,使相邻沥青的喷雾角有适当的重叠,以提高洒布均匀性。喷洒杆的离地高度可通过液压缸调节。喷嘴的启闭通过气缸控制,以改变喷洒宽度。

2)沥青加热系统

装有液态沥青的同步碎石封层设备在长途运输以后,沥青温度势必会下降,必须进行加热保温。

现有的同步碎石封层设备加热系统一般采用导热油加热方式,主要由导热油膨胀箱、U形加热火管、导热油泵和加热管路组成,如图7.6-3所示。导热油泵不断运转,以确保整个导热油管路内油温均匀。

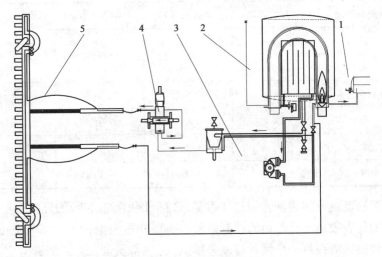

图7.6-3 导热油加热系统图
1-导热油膨胀箱;2-U形加热火管;3-导热油泵;4-沥青泵加热油管;5-喷洒杆加热油管

同步碎石封层中所用黏结料无论是普通沥青、乳化沥青还是改性沥青均应满足规范要求。使用改性沥青时,为保证雾状喷洒形成均匀、等厚度的沥青膜,沥青温度要加温并确保在160~170℃范围内;为减少沥青的热量通过罐壁向大气散发,必须对沥青罐进行保温,即在罐壁外侧设保温层。加热系统的作用是保持沥青的工作温度,使沥青可以从120℃加热到180℃。

一般情况下应有下面六种加热和工作模式:加入导热油、加热沥青罐、全循环、加热沥青泵、热喷油管、自吸导热油。

(1)加热导热油

当导热油加热系统内导热油温度较低,并利用柴油燃烧器加热导热油时,可采用此循环方式,所有的热油阀1~5都打开。

(2)加热沥青罐

当对沥青罐中沥青进行加热升温时,可采用此循环方式,即需要打开热油阀4(热油旁路阀)。

(3)全循环

当同时对沥青泵、沥青过滤器、沥青循环管路、沥青喷洒管进行加热升温时,可采用全循环方式,即需要打开热油阀1、热油阀2和热油阀3,关闭热油阀4(热油旁路阀)。

(4)加热沥青泵

当对沥青泵、沥青过滤器和沥青循环管路进行加热升温时,可采用此循环方式,即需要打开热油阀1和热油阀3,关闭热油阀4(热油旁路阀)。

(5)加热喷洒管

当对沥青喷洒管进行加热升温时,可采用此循环方式,即需要打开热油阀2和热油阀3,关闭热油阀4(热油旁路阀)。

(6)自吸导热油

当从外部自吸导热油时,先将吸油软管套在导热油加热系统的吸油管上,打开吸油阀,外部导热油经吸油软管、吸油管、吸油阀和热油泵,进入导热油加热系统。当导热油加注到位后,应立即关闭吸油阀、打开热油阀5。此外,还可将外部导热油经膨胀罐顶部的加油口,灌注入导热油加热系统中。建议使用320号导热油,严禁不同标号、不同性质的导热油混用。同时,要求导热油经脱水处理后,才允许注入导热油加热系统。

其各功能实现时,各种热油阀和吸油阀的开关状态见表7.6-1。

各种热油阀和吸油阀的开关状态 表7.6-1

功　能	热油阀1(手动)	热油阀2(手动)	热油阀3(手动)	热油阀4(手动)	热油阀5(手动)	热油阀6(手动)
加热导热油	开	开	开	开	开	关
加热沥青罐	关	关	关/开	开	开	关
全循环	开	开	开	关	开	关
加热沥青泵	开	关	开	关	开	关
加热喷洒管	关	开	开	关	开	关
自吸导热油	开	开	开	关	关	开

这一部分的主要功能就是实现沥青加热和保温,管路当中的阀门手动开启,只要在喷洒前手动预制好就不会影响将来的沥青喷洒。这里面的控制对象就是燃烧器根据检测的沥青温度自动点火和熄灭。因此将来的温控扩展模块需提供一个沥青温度采集点,通过和预先设置的沥青温度相比较来启闭燃烧器,不过一般这部分控制功能在外购的燃烧器上就可以实现。

3)碎石撒布系统

碎石撒布系统主要由料斗、碎石布料器、可控制斗门、传动机构和操作机构等组成。

(1)碎石布料器

布料器与碎石撒布车辆的连接通常有两种形式,即悬挂式和牵引式。国内生产碎石撒布车的厂家主要有:西安达刚、杭州美通、欧亚机械、河南高远、新友机械、路太、陕西德维等,其撒布车配套的碎石布料器形式多样。表7.6-2是各厂家的碎石布料器的技术参数,从表中可以看出目前国内各厂家生产的碎石布料器最大布料宽度都在3 000mm左右,而一般车道的宽度为3 500~4 000mm,作为养护机械,特别是碎石撒布机施工时的快速高效需求,变宽幅碎石布料器的出现是必然的。在碎石撒布的施工中,根据作业路面要求的防滑性能不同而使用不同的碎石料。碎石的粒径分为:2~4mm,4~6mm,6~10mm,6~12mm,6~14mm 几种,其中第一层多用 4~6mm,6~10mm,6~12mm,6~14mm;第二层(面层)多用2~4mm。碎石要经过反击破碎,针片石限定在 12% 以内,不含杂质、石粉(要求进行严格的水洗风干),压碎值≤14%。碎石布料器在工作过程中,将流下来的碎石料均匀地撒布在一定宽度的施工路面上。

施工工艺对碎石布料器的基本要求是碎石布料均匀,同时有效地控制碎石的落料飞溅。目前常见的布料器有以下几种形式:分隔型平整布料器、分隔型曲面布料器、光滑型平整布料器和光滑型曲面布料器。上述几种布料器中,光滑型平整布料器不能进行变宽幅布料,要进行变宽幅布料时,需增加其他机构,以增加布料宽度;而光滑型曲面布料器的最大布料变宽幅范围也受到限制;分隔型平整布料器由于有导料槽,能够实现较大的变宽幅布料,但布料器两侧的布料均匀性差,不能用于对碎石撒布精度要求高的养护作业;分隔型曲面布料器是目前在大变宽幅布料情况下,仍能实现均匀撒布的主要结构(图 7.6-4)。

图 7.6-4 宽幅分隔型曲面布料器

各厂家的碎石布料器的技术参数　　　　　　表 7.6-2

生 产 厂 家	碎石撒布机型号	碎石布料宽度(mm)	连 接 方 式
西安达刚	SS3 000	250~3 000	牵引式
	XS3 000	250~3 000	悬挂式
路太机械	LTSX-3 000 型	3 000	悬挂式
新友机械	Xly-8-315	3 150	悬挂式
杭州美通	SS3 100	200~3 000	悬挂式
杭州马赫	GS3 000	3 100	悬挂式

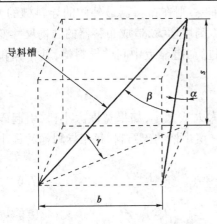

图 7.6-5 布料槽空间结构
α-布料器自身的倾斜角度;β-变宽度引起的倾斜角度;γ-导料槽与水平面的夹角;s-导料槽高度;b-导料槽宽度

(2)碎石布料器结构分析

①碎石布料器的布料过程中碎石运动学分析

碎石布料器进行布料时,下落的碎石料在满足动安息角的要求情况下,才能确保流料顺畅。在常规的材料手册中都可以查出碎石料的动安息角为 35°,碎石与钢板间的摩擦系数为 $\tan\phi = 0.70$。为了保证整个布料宽度范围内的碎石料都顺利流动,就要求每一个料槽都能够满足碎石料安息角的要求。

每一个料槽上碎石料的下料角度均由两部分组成,即布料器自身的倾斜角度 α 和变宽度引起的倾斜角度 β。建立曲面布料器倾斜导料槽的空间模型(图 7.6-5)。

为实现碎石料顺利流下,必须满足如下两个条件:

a. $\gamma > \phi$(ϕ 为碎石料与钢板间的摩擦角);

b. $\gamma > \delta$(δ 为碎石料的动安息角)。

经过推导,可得出如下结果:

$$\gamma = \arcsin(\cos\alpha\cos\beta) \tag{7.6-1}$$

碎石料在流料的过程中,为了防止碎石下滑速度太高产生的碎石飞溅,还有必要对碎石料的下滑速度进行控制。图7.6-6所示为碎石料下滑示意图。

根据力学分析,该碎石下滑的加速度为:

$$a = g(\sin\gamma - f\cos\gamma) \tag{7.6-2}$$

设碎石下滑垂直高度为S,则碎石下滑至下沿时的速度为:

$$v = +2gS(1 - f\cot\gamma) \tag{7.6-3}$$

碎石下滑至下布料端所用时间为:

$$t = (v - v_0)/a \tag{7.6-4}$$

式中:v——碎石下滑至导料槽下沿时的速度;
　　v_0——碎石下滑的初始速度;
　　S——碎石下落的垂直高度;
　　a——碎石下落时的加速度。

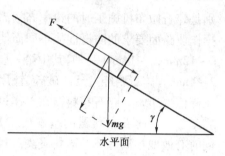

图7.6-6　碎石下滑过程中受力分析
γ-导料槽与水平面的夹角;F-碎石所受的综合摩擦力,$F = fmg\cos\gamma$(其中f是综合考虑碎石相互间的摩擦力及碎石与导料槽间摩擦力后的等效摩擦系数)

在v值有意义的情况下,v值随r增加而增加,所以要控制碎石的飞溅,就要降低碎石落料的速度,所以要求v值小,即要求γ值尽量小。

②碎石布料器变宽结构分析

由式(7.6-3)可知,为了实现碎石下料速度的一致性,即要求碎石料在同一水平面内各处下滑速度一致,则必须使每个导料槽的γ相等。

当每个导料槽的γ相等时,即有:

$$\gamma = \arcsin(\cos\alpha\cos\beta) \tag{7.6-5}$$

$$\gamma_0 = \arcsin(\cos\alpha_0\cos\beta_0) \tag{7.6-6}$$

式中:γ_0——布料器上$\beta = 0$处的γ值。

所以有:

$$\cos\alpha = \cos\alpha_0/\cos\beta \tag{7.6-7}$$

对图7.6-5布料器导料槽进行几何分析得到

$$\beta = \arcsin\left(\frac{b}{S}\cos\alpha_0\right) \tag{7.6-8}$$

对上式进行分析,如果各导料槽的γ相等,要实现变宽幅的布料,则在布料器最外侧的导料槽的b值应尽量大,为了保证β有意义,则S会变得很大,会导致布料端弧高度增大,造成布料器的结构尺寸变大。为了在实现变宽幅布料同时减小结构尺寸,可采取下面方法进行:越靠近中间的导料槽,其γ角稍大,而两侧的导料槽,其γ角稍小。

③碎石布料器导料槽宽度分析

碎石布料器导料槽的宽度直接影响布料的质量,其宽度不能太大或太小,如果宽度太小,易引起碎石料的卡料、堵料,而宽度太大会影响布料器落料的均匀性,对于一定规格的碎石料,每个导料槽的最小宽度必须满足下式

$$W \geq 3 \times [d] \tag{7.6-9}$$

式中:W——导料槽宽度;
　　$[d]$——碎石料的最大有效直径。

由于碎石布料器将碎石料从料斗宽度L撒布至作业宽度L_2,所以每个布料槽也相应的上窄下宽。为了尽可能提高碎石落料的均匀性,可以在满足式(7.6-9)的前提下尽量减小每个导料槽的宽度。一般布料器中间的导料槽和两侧的导料槽布料宽度不相等,即两侧的导料槽落料宽度稍宽。为了保证物料在施工路面纵向上布料的均匀性,可采取两种办法来解决。

a.增加两侧导料槽接料宽度,即相应增加两侧的接料量。

b. 增加两侧导料槽对应的料门开度,同样可以增加导料槽的接料量。每个导料槽的宽度均是上窄下宽,且由于 β 角的存在,特别是两侧的导料槽,当碎石料在流料过程中,很容易形成一个料束,而不是一个料层。为了消除料束状下料对布料均匀性产生的影响,可以在布料器下沿增加物料冲散装置。常用的做法是在布料器下沿焊接圆钢,可以有效地打散每个束形料。

④曲面碎石布料器的端面弧度分析

图 7.6-7 是碎石布料器的外形图,图中 L 为基本宽度,L_1 为加宽度。在保证碎石的顺利布料的情况下,布料端弧高 h_0 必须满足:

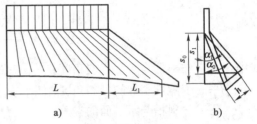

图 7.6-7 碎石布料器外形图
a)正面图;b)侧面图

$$h_0 = (s_0 - s_1)/\sin\sigma \tag{7.6-10}$$

该处布料器底端的圆弧半径 R_0 为:

$$R_0 = (L_2^2 + 4L_0^2)/8h_0 \tag{7.6-11}$$

式中:h_0——布料器底端弧高;

R_0——布料器底端的圆弧半径;

L_2——布料器底端宽度,m,$L_2 = L + 2L_1$。

当 $s_0 = s_1$ 时,布料器为一平面分隔型;当 $s_0 \neq s_1$ 时,布料器为一曲面分隔型。

由上述结论可知,为了保证碎石的顺利下滑,γ 值应尽量大,而为了保证碎石较小的下落速度,γ 值应尽量小。

为了保证碎石料的布料精度,要求从接料端接收到的碎石料能够同时到达布料端,由式(7.6-2)、式(7.6-3)及式(7.6-4)知道,当整个布料器上的所有导料槽的 γ 值相等时,则布料器为一曲面布料器,且各个导料槽在同一个水平面的下料速度是一致的,即可保证每个导料槽的碎石料同时到达导料槽下沿。而由前面的分析得到,当 γ 值相等时,会造成结构尺寸偏大,所以应综合考虑。所以可以得出以下结论:在保证碎石料下滑的条件下,尽量减小 γ 值,以保证碎石料较小的下落速度。在确定 γ 角时,应尽量保证各导料槽的 γ 角相等,为了减小结构尺寸,可进行修正,靠近中间的导料槽,其 γ 角稍大,而两侧的导料槽,其 γ 角稍小。同时满足导料槽宽度的要求。

综上所述,宽幅碎石布料器要实现宽幅的碎石料撒布,就要满足下料流畅及落料均匀两个条件。

a. 在保证碎石料下滑的条件下,尽量减小 γ 值,以保证碎石料较小的下落速度。

b. 尽量保证各处的 γ 值相同,同时满足导料槽宽度的要求。最后,碎石布料器必须具有一定的强度及耐磨性等,以获得较长的使用寿命。

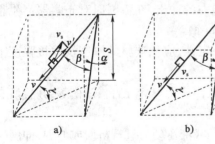

图 7.6-8 布料器正反向布料

(3)车速对布料器的影响

当碎石布料器进行实际作业时,车辆的行进速度也会对布料器产生影响。下面是分别按照正向(车辆向布料器导料槽一侧行走)布料和反向(车辆向布料器导料槽背面一侧行走)布料两种情况进行讨论。

图 7.6-8a)是布料器正向布料示意图,车辆向布料器导料槽一侧行走,此时碎石料有向布料器压紧的趋势,当牵引速度 v 在导料槽水平方向上的分量 v' 足以抵消下滑速度 v 时,碎石料将不能下滑,只有当 $v > v'$ 时,碎石料才能够正常下滑,即

$$v' = v_车 \sin\alpha\cos\beta < v$$

则有

或
$$v_{车} < \frac{v}{\max[\sin\alpha\cos\beta]}$$

$$v_{车} < \frac{\sqrt{v_0^2 + 2\alpha S(1-f\cot\gamma)} - v_0}{\max[\sin\alpha\cos\beta]} \tag{7.6-12}$$

式中：α——布料器自身的倾斜角度；
β——变宽度引起的倾斜角度；
γ——导料槽与水平面的夹角；
v——碎石下滑至导料槽下沿时的速度；
v_0——碎石下滑的初始速度；
S——碎石下落的垂直高度；
a——碎石下落时的加速度；
f——综合考虑碎石相互间的摩擦力及碎石与导料槽间摩擦力后的等效摩擦系数；
$v_{车}$——同步碎石封层车速。

图7.6-9b)是布料器反向布料示意图,车辆向布料器导料槽背面一侧行走,此时碎石料有离开布料器的趋势,当碎石料下滑的速度的水平(平行于牵引速度方向)分量小于 v 车时,碎石料将离开导料槽而自由下落,不能够按要求的宽度进行撒布。如果要保证碎石料能够沿导料槽正常下滑,则应满足

$$v_{车} < v\min[\sin\alpha\cos\beta]$$

或
$$v_{车} < [\sqrt{v_0^2 + 2aS(1-f\cot\gamma)} - v_0]\min[\sin\alpha\cos\beta] \tag{7.6-13}$$

在常见的同步碎石封层设备中,沥青洒布与碎石撒布均是前后布置,所以在施工中沥青先落地而碎石后落地,两者有一定的时间差。由于车速的变化,时间差是会随着发生变化的——当车速较高时,时间差应小一些,而行进车速较低时,则时间差应大些。一般机型中没有将时间差设置为可随 v 车变化。为了较好地实现两种物料的洒(撒)布,通常要求车速控制在一定的范围内,根据施工经验,该范围一般为 3~6km/h。

施工中,应将沥青洒布与碎石撒布的宽度对应起来,并依据实际作业宽度来确定沥青洒布宽度,由此来确定碎石放料宽度。在施工工程中,当作业宽度发生改变时,应及时地对撒布宽度进行调整。

相对较低的稳定车速是确保碎石撒布精度的必要条件,同步碎石封层设备在"低速挡"工作最佳。

(4)宽幅碎石布料器的结构要点

①结构尺寸满足下料的平稳及均匀性要求。

②布料器的耐磨性要求。由于碎石料在下料时对布料器有很大的冲击,在流料时对布料器产生很大的磨损,所以应有效地提高布料器的材料耐磨性,一般优先用 Mn 钢。

③布料器强度的要求。强度决定了布料器工作的可靠性及稳定性,应从选材的厚度及焊接强度上充分保证。

④布料器的表面光滑。为了保证碎石料流料的顺畅,导料槽表面应无焊缝、凸台、凹槽等,并且所有拼接处及折弯处应处理光滑。

⑤为了保证布料器的正常运输,两侧加宽部分应能够通过气动或液压动力进行折回或伸展,伸展时保证伸展及折回动作灵活。

⑥碎石布料器的安装。采用悬挂式,并充分考虑布料器安装与接料处的对接,保证导料槽的接料量。

在这个结构中,碎石撒布主要控制的因素有拨料辊转速、料门开度和车速。因为车速的检测控制在下面的内容中都有涉及到,所以将车速单独在下面介绍。

拨料辊转速的调节用变量泵定量马达容积式调速,如图7.6-9所示。

由其的速度特性可知,液压马达的转速为:

$$n_{\mathrm{m}} = \frac{Q_{\mathrm{mo}}}{q_{\mathrm{m}}} = \frac{Q_{\mathrm{m}}}{q_{\mathrm{m}}\eta_{\mathrm{mv}}} = \frac{Q_{\mathrm{p}}}{q_{\mathrm{m}}\eta_{\mathrm{mv}}} = \frac{n_{\mathrm{p}}q_{\mathrm{p}}\eta_{\mathrm{pv}}}{q_{\mathrm{m}}\eta_{\mathrm{mv}}} K \cdot x_{\mathrm{p}} \cdot \eta_{\mathrm{pv}} \cdot \eta_{\mathrm{mv}} \tag{7.6-14}$$

式中:Q_{mo}——定量马达的理论流量;

Q_{m}——定量马达的实际流量;

q_{m}——定量马达的排量;

Q_{p}——变量泵的输出流量;

q_{p}——变量泵的排量,$q_{\mathrm{p}} = x_{\mathrm{p}} \cdot q_{\max}$,$x_{\mathrm{p}}$为液压泵调节参数,在 0~1 之间变化;

n_{p}——液压泵驱动机转速;

η_{mv}——定量马达容积效率;

η_{pv}——液压泵的容积效率;

K——常数。

从上面的公式可知,q_{m} 为定值,不考虑液压泵和液压马达的容积效率,当泵的转速不变时,只要调节液压泵排量,就可调节进入液压缸或液压马达的流量,从而控制运动速度。马达的转速 n_{m} 与变量泵的排量 q_{p} 成正比。关系如图 7.6-10 所示。

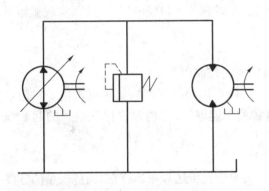

图 7.6-9 拨料辊转速的调节示意图

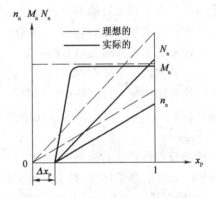

图 7.6-10 拨料辊转速与撒布量的关系图

在拨料辊转速与撒布量的关系图中可以看到,当拨料辊转速提高到一定的值时,撒布量不再增加,调节拨料辊调速阀使其在 30r/min 以上。

a. 料门开度的控制

料门的启闭控制通过电磁阀控制料门启闭气缸来实现,并采用料门开度横梁进行限位。料门启闭能够独立控制,以满足作业宽度变化的要求;料门开启和关闭能够同时进行,以保证整齐的起步撒布质量。

b. 斜坡式碎石撒布的控制

这种形式的车型,本文以高远圣工的 A 型同步碎石封层车为例,说明其举升料斗控制。其参数如下:

产品型号:GYKT0616A;底盘型号:斯太尔王 ZZ4192S3 516V;辅机功率:22kW;撒布宽度:200~4 000mm;沥青洒布量:0.2~2.0kg/m²;加热方式:进口柴油燃烧器;满载质量:40t;空车质量:20.2t;喷洒介质:热沥青、热改性沥青、稀释沥青、乳化沥青;撒料规格:S3~S24mm;沥青罐容量:6m³;料仓容量:16m³。

举升料斗的控制采用单向顺序阀的平衡回路控制,由图 7.6-11 可见,当换向阀左位接入回路使液压缸活塞上行,从而举起料斗,当换向阀处于中位时,活塞停止运动,不再移动。当要使料斗下降时,使换向阀接入右位,但须克服回油路上单向顺序阀的阻力,只要将单向顺序阀的开启压力调到大于外负载在液压缸下腔引起的背压,活塞就可以平稳地下降,达到控制的要求。

当料斗举升至倾斜角度约30°,调整好料门开度并打开后,碎石经料门流向布料辊,布料辊在电机的驱动下旋转,将碎石料经布料器撒布到路面上,完成碎石撒布。

其中,布料辊由直流电机驱动,电机由车上的发电机供电;料门的启闭控制通过电磁阀控制料门启闭气缸来实现,并采用料门开度横梁进行限位。料门启闭能够独立控制,以满足作业宽度变化的要求;料门开启和关闭能够同时进行,以保证整齐的起步撒布质量。撒布量主要取决于布料辊转速调节控制和料门开度,在料门开度一定的情况下,撒布量主要取决于布料辊的转速。撒布量控制系统采用单片机智能控制,控制系统根据设定的撒布定额、测速装置的车辆行驶速度,自动调节布料辊转速,实现撒布量的控制。撒布的最大宽度为4 000mm。

该车撒布量的定量撒布控制,采用单片机控制下的撒布量控制系统。系统主要由C8 051单片机、X9 241数字电位器、LED数码显示器、输入键盘、布料辊转速传感器、车速测量装置、直流调速电机等组成。

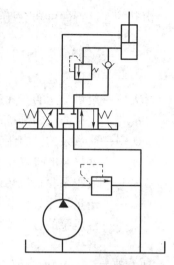

图7.6-11 举升料斗的控制示意图

工作时转速传感器不断检测车辆的行驶速度信号,单片机则根据侧的速度信号、设定料门开度。设定的撒布定额等计算布料辊转速与布料辊的是测速度进行比较,实时调节布料辊的转速,从而实现撒布量的控制。用数码显示器显示撒布量和撒布速度。

c. 后顶举皮带轮式碎石撒布的控制

其被控制的因素主要有料门启闭控制和传送带电机转速的控制以及车速。

料门的启闭控制通过电磁阀控制料门启闭气缸来实现,并采用料门开度横梁进行限位。料门启闭能够独立控制,以满足作业宽度变化的要求;料门开启和关闭能够同时进行,以保证整齐的起步撒布质量。

d. 传送带电机转速的控制

同步碎石封层车工作时,其工作速度在3~6km/h,又因为传送带送和车速存在,当传送带的速度大于车速时,碎石撒布量不再随着传送带的速度增大而增大。

转速的测量方法很多,根据脉冲计数来实现转速测量的方法主要有M法(测频法)、T法(测周期法)和MPT法(频率周期法),该系统采用了M法(测频法)。由于转速是以单位时间内转数来衡量,在变换过程中多数是有规律的重复运动。根据霍尔效应原理,将一块永久磁钢固定在电机转轴上的转盘边沿,转盘随测轴旋转,磁钢也将跟着同步旋转,在转盘下方安装一个霍尔器件,转盘随轴旋转时,受磁钢所产生的磁场的影响,霍尔器件输出脉冲信号,其频率和转速成正比。脉冲信号的周期与电机的转速有以下关系:

$$n = \frac{60}{PT}$$

式中:n——电机转速;

P——电机转一圈的脉冲数;

T——输出方波信号周期。

根据上式即可计算出直流电机的转速,然后根据转速调节电压来调节电机转速。

e. 牵引车车速检测与控制

在同步碎石封层质量的控制环节中,车速的检测与数据处理是进行碎石撒布量控制的依据。

车速检测技术的发展先后经历了标定法、发动机或轮边检测法、"五轮"测速法和雷达测速法几个重要阶段:

标定法是最早的测速方法之一,其测定的是同步碎石封层设备的平均速度,无法考虑因车重变化引起的发动机转速、牵引车速驱动半径变化对车速的影响,且不同的道路状况(几乎每一次施工前)需要重新标定,极不方便,现已很少采用。

发动机和轮边检测法,无法考虑驱动轮驱动半径变化和车辆滑转系数对同步碎石封层设备车速的影响但由于使用方便,价格低廉,现在依然大量使用。

"五轮"测速法就是在同步碎石封层设备上安装一只专门用于检测车速的自由轮,由于自由轮不承受载荷,能够较准地反映同步碎石封层设备的车速,但安装固定是"五轮"测速法主要解决的问题,现在仍有少量采用。

图7.6-12为最新的雷达测速技术中用于检测车速的帝强Ⅱ地面雷达传感器,可以不借助任何中间环节,直接测量同步碎石封层设备相对于地面的速度,输出变频信号。测速范围为0.33~44mile/h(0.53~70.8km/h);通过内部校准,速度误差可控制在1%~3%之间。

测速雷达输出信号为变频方波,常用的数字式速度测量方法M法、T法和M/T法均可用于车速测量。

M法:又称频率法,即在规定的时间间隔$T_g(s)$内,测所产生的脉冲数m_1来获得被测速度值,如图7.6-13所示。

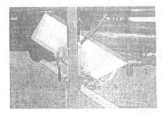

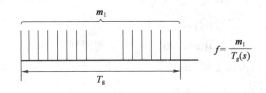

图7.6-12　帝强Ⅱ地面雷达传感器　　　　　　图7.6-13　M法测速原理

此方法虽然检测时间一定,但检测的起始时间具有随机性,因此测量过程在极端情况下会产生±1个光电脉冲的检测误差,则相对误差为$1/m_1$。当被测车速较高时,才有较高的测量精度。即随着车速增加,m_1即增大,相对误差会减少,说明M法适用于高速测量场合。

T法:又称周期法,即测量相邻两个光电脉冲的时间间隔来确定被测速度的方法。用一已知频率为f_c的高频时钟脉冲向计数器发送脉冲数,此计数器由测速脉冲的两个相邻脉冲控制其起始和终止。若计数器的读数为m_2,则车速信号的频率为f_c/m_2,如图7.6-14所示。

在极端情况下,时间的检测会产生±1高频时钟脉冲周期的测速误差。因此T法在被测车速较低(相邻两个光电脉冲信号时间较大)时,才有较高的测速精度。亦即随着车速m_2的升高,T法测速的分辨率Q值增大,车速愈低,Q值愈小,T法测速在低速时有较高的分辨率。

可见随着车速的升高,检测时间将减少。确定检测时间的原则是:既要使周期尽可能短,又要使控制器在高车速运行时有足够对数据进行处理。

M/T法:又称频率/周期法,即同时测量检测时间和在检测时间内的脉冲数来确定被测速度,其原理如图7.6-15所示。

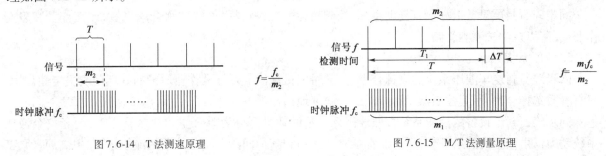

图7.6-14　T法测速原理　　　　　　图7.6-15　M/T法测量原理

(5)碎石放料

碎石放料由放料门及碎石撒布辊组成。可根据所要求的撒布宽度来确定料门的开启数量,每个放料门的开关由单独气缸控制,料门的开度由限位油缸来控制;撒布辊由液压马达驱动,转速可调。如图7.6-16所示。

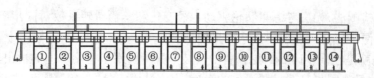

图 7.6-16 碎石放料示意图

(6) 碎石分料部件

碎石料由放料的 2.4m 均匀摊开至 4m 宽,非工作状态时碎石分料的两侧延伸板可折回 90°,折回动作由气缸操作。示意图如图 7.6-17 所示。

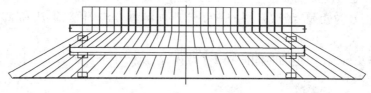

图 7.6-17 碎石分料部件示意图

(7) 碎石溜料装置

将摊开的碎石均匀导流到路面上,实现碎石料的打散并可避免碎石的飞溅。碎石溜料装置是一个可伸缩机构,可由 2.4m 伸开至 4m 宽,非工作状态时延伸板可缩回,其伸缩动作由气缸操作。其示意图如图 7.6-18 所示。

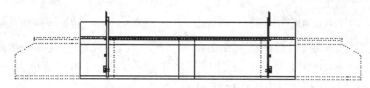

图 7.6-18 碎石溜料装置示意图

料斗用来承接、存储石料,可以通过液压缸控制倾斜角度,料斗的末端设有可调开度的活动斗门,控制碎石撒布量和撒布宽度。

撒布器由布料辊、布料器和溜料器组成。布料辊是一根钢管,启动布料辊就可以将石料定量而均匀地撒布在布料器上,再通过布料器和溜料器将碎石撒布在刚喷洒完沥青的路面上。

4) 传动系统

同步碎石封层设备由独立的上装发动机提供动力,经由液压泵、液压阀、液压马达或油缸驱动工作装置,采用液压驱动的工作装置包括:沥青泵驱动液压马达、导热油泵驱动液压马达、布料辊驱动液压马达、石料斗举升油缸(仅限于料斗举升式同步碎石封层车)、石料斗料门开度调节油缸、车身调平油缸、沥青喷洒杆伸展马达、沥青喷洒杆提升油缸和沥青喷洒杆侧移油缸等,如图 7.6-19 所示。

同步碎石封层设备上亦设有气动系统,控制喷嘴气缸、石料门气缸和组合阀气缸,改变作业宽度与作业循环,以及吹洗喷洒管路。

5) 液压系统

同步碎石封层车液压系统的设计合理与否,对整机性能的发挥及作业质量的好坏起着决定性作用,只有参数选择合理,后续控制器设计才能最大限度地满足设备工作要求。

同步碎石封层设备的液压系统按照液压系统泵的数量可分为单泵驱动和多泵驱动,前者整个液压系统动力仅由一个液压泵提供,后者沥青泵驱动回路和其他回路分别用不同的液压泵,以提高沥青泵工作时的稳定性和控制精度;按照控制方式可分为容积调速(变量泵+定量马达)和节流调速(比例流量调节阀+定量马达)。

(1) 采用液压驱动装置的同步碎石封层设备,可以通过运料车添加沥青和碎石,能够不间断工作,路面没有接缝,也就没有拥包或断裂,整个路面封层为一整体,路面均匀度、平整度好,能够延长路面的

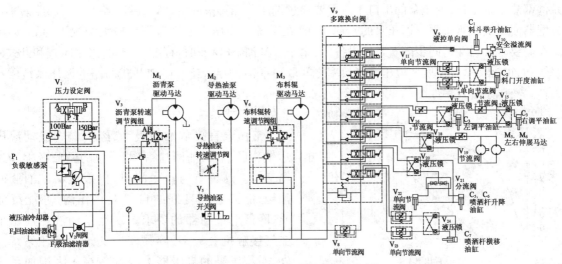

图 7.6-19 典型同步碎石封层设备液压系统

使用寿命。由于采用了运料车装填料,作业半径加大,施工过程中可以不再考虑工地与料场之间的距离。

(2) 采用液压驱动装置的同步碎石封层设备,作业精度主要通过稳定车速来控制,车速控制可以直接采用现有技术中如沥青混凝土摊铺机的恒速控制。洒布量的调整通过改变车速来实现,沥青喷嘴的出口流量保持不变,喷洒均匀度和扇面形状也不发生改变,洒布精度高。同样,由于车速不变,碎石的撒布亦可获得非常高的均匀度。

(3) 采用液压驱动装置的同步碎石封层设备,车速可以调节,并且可以达到很低的工作速度,很容易实现最大洒布宽度条件下最大洒布量作业,特别是碎石撒布质量进一步得到提高。

(4) 与传统的同步碎石封层设备的制造成本相比,采用液压驱动装置的同步碎石封层设备,取代了通用轮式底盘,增加了一套碎石输送装置,制造成本略微增加。在使用过程中,虽然增加了运料车辆的使用成本,但却节省了同步碎石封层设备往返于料场和工地之间的费用。因此,成本变化不大。

以赛格玛公司 40 通用型同步碎石封层车为代表的同步碎石封层车设备主要液压执行元件包括:

(1) 沥青泵驱动液压马达。用来驱动沥青泵泵出适量沥青,该马达的转速能够通过比例调速阀进行调节,以适应车速变化下的沥青撒布作业的需要。其需要较高的速度精度和实时调节。

(2) 导热油泵驱动液压马达。用来驱动导热油泵,使导热油在加热管内循环,保持作业过程中沥青温度不发生改变。速度精度要求低,无需调节。

(3) 布料辊驱动液压马达。固用来驱动布料辊旋转,均布石料。速度要求高,但不需要实时调节。

(4) 其他执行元件。石料斗升举油缸、石料门开度调节油缸、车身调节油缸、洒布杆伸展马达、洒布杆提升油缸和洒布杆侧移油缸。但这些执行元件只在作业开始和作业结束后工作,工作过程中不作调节不会对正常作业过程中其他三个液压马达的转速造成影响。

目前,同步碎石封层设备的液压系统大多采用开式回路,多负载并联结构,各负载通过调速阀进行调速;系统中采用负载敏感泵,泵的出口压力通过选压分配器来设定,泵的排量能够根据系统需求自动调节,只提供系统需求的流量。充分考虑各执行元件的工作压力范围,系统正常工作压力一般确定为100bar,系统另可在 150bar 的压力下,短时间工作。

部分厂家也在研究采用闭式和开式两套回路的液压系统驱动(主要用于不需要举升料斗的同步碎石封层设备):闭式回路由变量泵和定量液压马达组成,驱动沥青泵;开式回路由定量泵供油,各工作回路并联,通过定量液压马达驱动导热泵、布料辊和喷洒杆的伸展,通过液压缸驱动喷洒杆的升降等,采用节流阀调节各负载回路的速度。

开式液压系统虽然采用了负载敏感泵,但由于液压系统中的执行元件工作压力不同,为保证每个执行元件都能正常工作，液压泵的出口压力需要通过选压分配器来调定，然后供给各个执行回路。采用选压分配器使得负载敏感泵以恒压泵的工况工作，在系统工作压力变动范围比较大情况下，系统效率较低。在需要举升料斗的同步碎石封层设备中，由于举升油缸缸径和行程度比较大，采用闭式和开式两套回路驱动，很难在举升速度和液压系统效率之间取得平衡，因此，还是以纯开式回路的液压系统驱动方式为佳。液压系统效率如图7.6-20所示。

① 开式系统

液压泵直接从油箱吸油，经换向阀驱动液压马达做功后，液压油回油箱，即油液的循环必须经过油箱交换。这种结构较为简单，构成灵活。油液回到油箱，能够起到良好的自然散热作用，亦能沉淀杂质，降低对过滤器的要求。缺点是油液在油箱中同空气接触机会较多，容易使空气进入液压系统。此外，对液压泵的自吸能力要求较高。为增加系统的稳定性，有时要在回油路上增加背压阀，增加了回油阻力，并且油箱的容量要求较大，增加整机的质量。

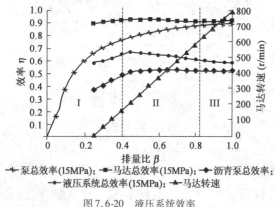

图7.6-20 液压系统效率

② 闭式系统

液压泵输出的液压油进入液压系统驱动液压马达输出机械功后，直接回到液压泵的吸油口，自成闭路循环，无需通过油箱交换。系统无回油背压损失，补油泵从油箱吸油后补偿系统的泄漏损失。采用闭式系统的优点是：液压油基本上都在主管路内循环，且保持有一定的压力，大大减少了空气进入液压油的机会；也减少了液压油因夹带空气而引起管路振动和产生噪声的可能性；防止杂质进入液压系统，容易保持液压油的清洁度；结构紧凑，油箱尺寸较小，自重轻；效率较开式系统高。缺点是液压油基本在主系统管道中流通，补油量小，散热情况较差，油液中的污物也不能在油箱中沉淀，对滤油器的要求较高。

同步碎石封层车液压系统设计最终目标是满足沥青洒布量的要求，保证液压系统工作的高效率，维持沥青泵工作在合理的转速范围，是控制系统可靠的控制目标。液压系统的调节要能与牵引车行驶速度进行匹配，保证通过控制系统的调节能控制沥青泵转速随车速的变化进行变化，以满足洒布量的要求。

6) 控制系统

同步碎石封层车控制系统的主要任务目标是作业时准确地控制沥青洒布与碎石撒布，精确调节和控制沥青的洒布量及其均匀性，并能智能联动沥青，碎石同步封层，使施工中的沥青洒布要求和集料撒布需求在同一时间内同步进行，保证路面的施工质量，在控制方式上，同步碎石封层车控制系统要求实现"联动/分动"模式切换。联动模式下由控制系统实现沥青喷洒与碎石撒布的自动同步进行，分动模式下由操作人员根据实际情况手动操控沥青喷洒与碎石撒布的进行，根据施工要求单独进行沥青洒布作业或碎石撒布作业。性能上，同步碎石封层控制系统与主车参数实现精确匹配以达到最佳控制效果：控制精确有效，人机交互方便，具有高温、高振动恶劣条件下的高可靠性。

(1) 控制系统功能分解

同步碎石封层车控制系统包括基本电气系统、工作装置控制系统、人机交互系统、故障诊断系统、通信系统等几个主要模块（图7.6-21）。

工作装置控制系统实现沥青喷洒与碎石撒布的自动控制，精确调节和控制沥青的洒布量与洒布宽度，碎石撒布量与撒布宽度，能够保证同步碎石封层车工作时，平稳有序地按照工艺流程及工作流程完成各种动作，可进行

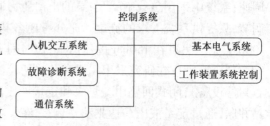

图7.6-21 同步碎石封层车控制系统功能模块

"联动/分动"模式的切换。

通过对沥青喷嘴气阀、沥青循环电磁阀及沥青泵的控制,实现沥青喷洒的自动控制,单位面积沥青洒布量一经设定后,控制系统能够根据车速和喷洒宽度的变化对沥青泵转速进行实时调节,使沥青洒布量不随车速及喷洒宽度的变化而变化。

通过对料斗、主调节板、碎石布料器、挡料板及布料辊的控制,实现碎石撒布的自动控制,单位面积碎石撒布量一经设定后,控制系统能够根据车速及撒布宽度的变化对布料辊转速进行实时调节,使碎石撒布量不随车速以及撒布宽度的变化而变化。

(2)控制系统要实现的基本功能

同步碎石封层设备是一个集机、电、液于一体的大型复杂系统,其控制系统是一个多输入、多输出的系统,作业过程中需要完成数据采集、状态监测、参数打印以及沥青泵转速控制等工作。控制系统应能实现以下功能:

①设备设计有"手动/自动"两种工作模式,不同模式切换能平缓过渡。设备在作业状态时能平稳有序地按工艺流程完成各种动作。另外,手动模式时,控制器能对沥青泵转速进行手动调节(这时沥青洒布量的大小将随着车速的增大而减小),作业状态中不启用故障诊断程序;自动模式时,控制器能自动对沥青泵转速进行调节,沥青泵转速随着车速与洒布宽度的增大而增大,最终保证沥青洒布量为设定值,同时,作业状态中启用故障诊断程序。

②设计合理的控制算法,对沥青泵的转速进行精准的闭环控制,使沥青的洒布精度达到 ±1%。

③通过键盘或触摸屏能够进行单位面积沥青洒布量、沥青洒布宽度、沥青系数、沥青泵转速、沥青温度上下限、导热油温度上下限等数据的设定。

④显示器能够通过数字、图形、曲线等方式实时显示设备作业中的实时状态,状态信息包括:沥青洒布量、洒布宽度、喷嘴状态、车辆速度、沥青泵速、布料辊速、沥青温度、导热油温度、报警等。

⑤待机状态中能打印设备作业时存储的设定参数和采集到的数据。

7)沥青喷洒装置系统概述

喷洒系统(见图7.6-22)主要包括洒布管、喷嘴、升降和横移气缸及其他连接装置等,其中洒布管是同步碎石封层车的工作装置,它的制造精度和控制功能是否完善在很大程度上决定了最终洒布质量。

智能型沥青洒布车沥青喷洒管可实现的动作,可总结为如下四种。其实现的动作及各气缸的工作状态,皆列于表7.6-3中。

(1)喷洒管同步升降

通过控制左右两个升降气缸同时缩回或伸出,来实现喷洒管同步上升或下降。当沥青洒布车不工作或处在运输状态时,必须将喷洒管升起、连接环19挂在挂钩18上,喷洒管距地高度约为400mm,当布车准备工作时,需先通过升降气缸稍稍提起喷洒管,将连接环19从挂钩18上摘下,再慢慢放下喷洒管至要求的喷洒高度(一般约为250~300mm)。

(2)喷洒管倾斜

当用压缩空气吹扫沥青喷洒管下的各个喷嘴时,喷洒管处于倾斜状态,这利于对喷嘴中残余沥青的彻底清理。当沥青洒布车喷洒结束后时,可升起或降下左右两个升降气缸中的任一个,使喷洒管倾斜。

(3)喷洒管左右横移

当为了扩大喷洒管的沥青喷洒范围(或宽度)时,可通过控制横移气缸伸出或缩回,来实现喷洒管的左横移或右横移。

(4)喷洒管手动折叠

当沥青洒布车不工作或处在运输状态时,或者喷洒宽度为基本喷洒宽度(即2m)时,喷洒管应处在折叠状态。当为了扩大喷洒管的沥青喷洒范围(或宽度)时,可根据需要,由操作人员手动将折叠着的左喷洒管或右喷洒管打开。

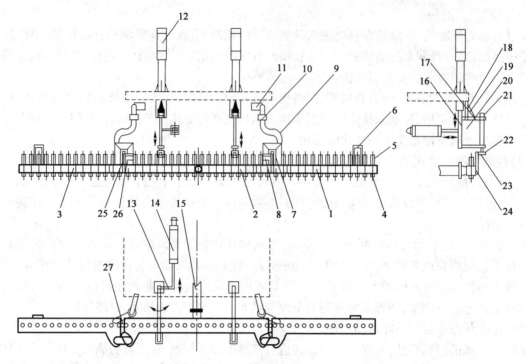

图 7.6-22 沥青喷洒系统

1-右喷洒管;2-主喷洒管;3-左喷洒管;4-喷嘴;5-喷嘴气缸;6-把手;7-连通管;8-铰接头1;9-回沥青管1;10-铰接头2;11-回沥青管2;12-升降气缸;13-摇臂;14-横移气缸;15-进沥青管;16-升降气缸伸长杆;17-立板;18-挂钩;19-连接环;20-连接板;21-转动销;22-"I"形板;23-销轴;24-搭接板;25-连接销;26-连接座;27-支块

沥青喷洒管实现的动作及各气缸的工作状态表　　　　　　表 7.6-3

实 现 动 作	左升降气缸	右升降气缸	横移气缸
喷洒管同步升降	缩/伸	缩/伸	—
喷洒管倾斜	伸/缩	缩/伸	—
喷洒管左右横移	伸	伸	伸/缩
喷洒管手动折叠	—	—	—

这部分属于洒布车的主要工作装置,其中的洒布管和喷嘴都属于非标准件,结构复杂,加工精度较高,一般要根据所实现的功能来工制造。

沥青喷洒装置由横移装置、喷洒装置及转轴组成。横移装置实现沥青洒布杆在宽度方向上作横向移动,保证横向准确的洒布位置及接缝质量,横移动作由液压缸完成;同时沥青喷洒杆可在竖直方向上进行调整,保证洒布能够按两重叠或三重叠进行喷洒,其动作由液压缸操作;沥青喷洒装置由主喷洒杆及两个侧喷洒杆组成,喷嘴的打开/关闭动作靠气缸进行,喷洒杆内有导热油保温管;转轴可实现沥青侧喷洒杆的伸开及折回,并且保证沥青的流动通畅。

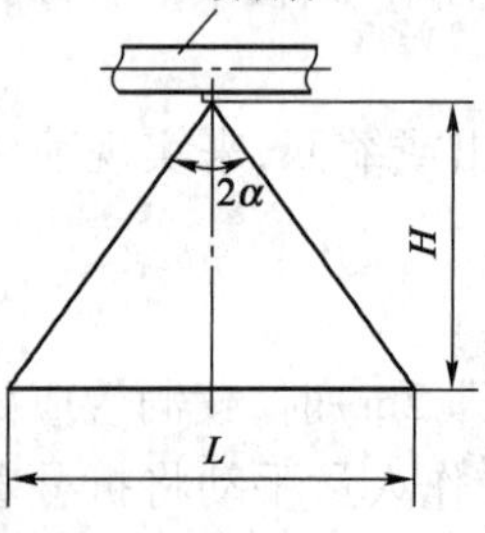

单个喷嘴的洒布车常用的喷嘴均为梭形开口,经梭形口喷洒出的沥青扇面截面为梭形(见图 7.6-23),梭形喷嘴较其他形式的喷嘴更容易实现多重叠洒布,并且在多重叠洒布时两个相邻喷嘴的喷洒扇面不会相互干涉。

多重叠洒布是指沥青洒布车在洒布沥青时,为保证较高的洒布精度和洒布均匀性而采取的一种洒布方式。多重叠洒布时,相邻的 2 个或 3 个喷嘴的喷洒扇面相互重叠,为了保证重叠的喷洒扇面不相互干涉,在安装喷嘴时可将

图 7.6-23 单喷嘴喷洒示意图

喷嘴的梭形喷孔旋转一定角度。按照喷嘴扇面的重叠次数,多重叠洒布可分为无重叠洒布、两重叠洒布和三重叠洒布(图7.6-24)。

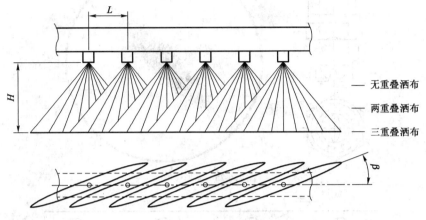

图7.6-24 多重叠洒布示意图

单重叠洒布形成的沥青洒布层横向均匀性较差,实际进行喷洒作业时基本不采用。而两重叠或三重叠洒布大大提高了沥青洒布均匀性,故常被采用。

现代技术条件下,沥青纵向洒布量的精度要求基本能够满足规范要求,但是沥青横向洒布的精度容易被忽视,洒布层常常出现纵向条纹,即明显的横向不均匀性。许多沥青洒布车标示的沥青洒布精度都是指纵向洒布精度,相关技术研究也都集中在提高纵向沥青洒布精度方面,对提高沥青洒布横向精度研究很少。影响沥青横向洒布精度的因素包括:沥青喷嘴的安装角度、沥青喷洒杆的高度、沥青喷洒压力和沥青喷洒压力的一致性等。

影响多重叠洒布质量的主要因素有:喷嘴距地高度H、喷嘴间距L、喷洒扇面角度α、喷嘴安装角β等。提高多重叠洒布质量的方法主要如下:

(1)重叠的次数越多,洒布的均匀性越好;但是在其他参数不变的情况下,重叠次数增加,则喷嘴距地高度H就会成倍增加,从而引起飞溅,常用的多为两重叠洒布或三重叠洒布。

(2)减小喷嘴间距可以提高洒布的均匀性;喷嘴间距的缩小可以提高重叠的次数,从而提高洒布均匀性,但是当喷嘴间距太小时,相邻两个喷嘴的喷洒扇面就会相互干涉而影响洒布均匀性,因此常用喷嘴间距为250~300mm。

(3)增大喷嘴的喷洒扇面角度可以很好地提高洒布均匀性;喷洒扇面角度的增大可以提高重叠的次数,同样也可以提高洒布均匀性,但随着扇面角度的增加,将会带来单个喷嘴喷洒的不均匀性,从而造成洒布均匀的不确定性。

(4)减小喷嘴安装角可以提高洒布的均匀性,但当喷嘴安装角减小时,相邻两个喷嘴的喷洒扇面就会相互干涉而影响洒布均匀性,所以常用喷嘴安装角为15°~30°。

(5)为保证较高的洒布均匀性,除以上方法外,在施工中还应保持洒布车行进车速的稳定,以保证喷洒流量的稳定和喷洒扇面角度的稳定,从而确保洒布均匀性。

围绕提高沥青喷洒均匀性这一课题,工程设计人员作了很多努力,其中最为成功的就是采用了三重叠洒布方式。

为了避免相邻沥青喷嘴喷出的沥青帘幕在空中发生干涉,三重叠洒布通常采用扇形喷嘴,其结构形式见图7.6-25。

为避免相邻两喷嘴喷洒出的沥青幕帘产生干涉,喷嘴应旋转一定的角度,即喷嘴口部开的长缝中心线与喷洒管轴线形成一定夹角(图7.6-26)。

封层车按多重叠进行洒布时(见图7.6-24),喷嘴高度与喷洒扇面角度、喷嘴间距等满足以下关系:

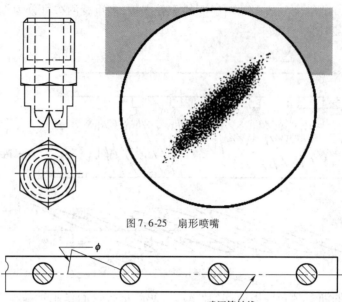

图 7.6-25 扇形喷嘴

图 7.6-26 单个喷嘴旋转一个角度

$$H = \frac{N \times L}{2\tan\frac{\alpha}{2} \times \cos\beta}$$

式中：H——喷嘴距地高度；

N——多重叠洒布重叠次数；

L——两个相邻喷嘴的间距；

α——喷嘴喷洒扇面角度（见表 7.6-4）；

β——喷嘴安装角（喷嘴口轴线与喷洒杆轴线之间的夹角）。

喷嘴旋转角一般为 15°~30°，喷嘴距地高度 H 常取 250~300mm，喷嘴间距 100~150mm。

不同洒布参数条件下对喷洒扇形角的要求　　　　表 7.6-4

重 叠 数	b(mm)	H(mm)	ϕ(°)	2α(°)
两重叠	100	250	15	45.0
			30	49.6
		300	15	38.1
			30	42.1
	120	250	15	54.7
			30	60.0
		300	15	46.7
			30	51.4
三重叠	100	250	15	63.7
			30	69.4
		300	15	54.7
			30	60.0
	120	250	15	75.7
			30	81.8
		300	15	65.8
			30	71.6

从表 7.6-4 计算结果可以清楚地看出：①喷嘴间距 b 稍大,则喷洒扇形角 2α 应大一些；②喷嘴距地高度 H 稍高,则 2α 可以稍小一些；③喷嘴旋转角 ϕ 越大,要求 2α 越大。在上述洒布参数下,若要实现两重叠洒布,喷洒扇形角 2α 的最小值约为 38°；若要实现三重叠洒布,2α 的最小值约为 55°。

7.6.4 选型原则与步骤、主要参数计算

同步碎石封层所用石料粒径范围有严格要求,必须经过反击破碎(或锤式破碎)得到碎石,针片状石料严格控制在 15% 以内,几何尺寸要好,不含杂质和石粉,压碎值小于 14%,对石料酸碱性无特殊要求,并严格经过水洗风干或经沥青搅拌站加温除尘,喷洒 3‰~5‰ 的热沥青裹覆。考虑到石料加工的难易程度及路面防滑性能的要求不同,石料可分为 2~4mm、4~6mm、6~10mm、8~12mm、10~14mm 等五档。比较常用的粒径范围为 4~6mm、6~10mm 两种,而 8~12mm、10~14mm 两档主要用于低等级公路过渡型路面的下面层或中面层。

碎石撒布量控制系统的使用可以完全取代以前人工操作并能对碎石撒布量进行精确控制,减少碎石的飞溅,节约碎石 10%~15%。碎石撒布量控制系统能够根据碎石的设定撒布量、级配、状态(干燥、潮湿、是否水洗)、车速、料斗和路面的倾斜角度对碎石撒布量进行控制。

同步碎石封层车的碎石撒布系统分为：①拨料辊刮板式；②斜坡式；③皮带轮式。这三种石料输送系统的石料计量如图 7.6-27。

由图 7.6-27 可知,碎石流量 Q 可以表示为：
$$Q = H \cdot 2\pi R \cdot n \cdot L = H \cdot v \cdot t \cdot L$$

式中：H——料门开度,即刮板每次所带出的石料厚度；

v——拨料辊辊轮的切线速度；

R——拨料辊辊轮的半径；

L——辊轮宽度；

$v_车$——同步碎石封层车的车速；

H——铺设到地面的厚度；

n——拨料辊的转速。

当碎石撒布到地面时,其撒布到地面的效果,即均匀撒布到地面上的厚度 h：

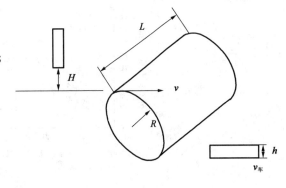

图 7.6-27 拨料辊刮板式

$$h_厚 = \frac{Q}{v_车 \cdot t \cdot L_{路面}} = \frac{H \cdot v \cdot t \cdot L}{v_车 \cdot t \cdot L_{路面}} = \frac{HvL}{v_车 \cdot L_{路面}}$$

碎石撒布量是指在单位面积上碎石的量,即,碎石撒布量 $Q_撒$ 可表示为碎石撒布的厚度在单位面积上的体积,其单位为(L/m^2)

按照我国道路设计规范,车道宽度为 3.75m,如果采用最大洒(撒)布宽度为 3.5m 的同步碎石封层车进行作业,会导致封层的接缝偏离车道分界点,而处在车道范围内的区域,受轮胎碾压机率较高,容易出现泛油。因此,同步碎石封层洒(撒)布宽度选为 4m 是比较合适的,所以这里取同步碎石封层设备的洒(撒)布宽度确定为 4m。

其中,$L_{路面}$ 为施工时碎石撒布的路面宽度,其宽度是取 4m,这也是现在路面施工时常取的撒布宽度。所以在这个公式中的变量是 H、v、$L_{路面}$,也就是说这三个变量影响着碎石撒布厚度,影响碎石的撒布效果。

由公式可知：碎石的撒布量 Q 是由辊轮的切线速度 v、料门开度 H 和车速所决定的。因此,当车速一定时,碎石撒布施工中碎石撒布量的调节形式可分为 3 类：固定的拨料辊转速,调节料门开度；固定料门开度,调节拨料辊转速；料门开度、拨料辊转速同时配合调节。理论上其应是线性关系,但考虑到实际因素的影响,试验得其关系如下：

(1)料门开度与撒布量的关系

拨料辊转速一定时(不同粒径碎石,拨料辊转速设定不同),多种粒径碎石的料门开度与撒布量的关系曲线见图7.6-28,图中系列1~系列5代表不同的碎石粒径。由图7.6-29可见撒布量和料门开度之间不是纯线性关系。

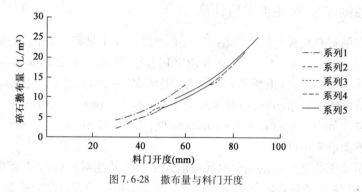

图7.6-28 撒布量与料门开度

(2)拨料辊转速与撒布量的关系

料门开度一定时(不同粒径碎石,料门开度设定不同),多种粒径碎石的拨料辊转速与撒布量的关系曲线见图7.6-29,系列1~系列5代表不同的碎石粒径。

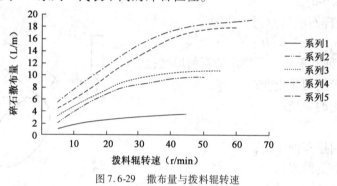

图7.6-29 撒布量与拨料辊转速

从图7.6-29中可以看出,当拨料辊转速提高到一定程度后,撒布量不再增加。换言之,当拨料辊线速度等于或大于碎石的流动速度(即供料速度)时,撒布量不再增加。目前西安达刚公路机电科技有限公司已对封层常用的5种粒径碎石作过详细测试标定,并编程输入电脑控制。在整个施工过程中撒布量误差可控制在±5%。

在施工中所用到的碎石性质(含水率、含粉量、含灰土量等)可能差异很大,因此实际撒布量也与测试标定时有差异。如适当调整设定的修正系数值,可使撒布量控制得更准确。

(3)料门开度与拨料辊转速的关系

撒布量为定值(不同粒径碎石,撒布量设定不同)时,多种粒径碎石的料门开度与拨料辊转速的关系曲线见图7.6-30,系列1~系列5代表不同的碎石粒径。

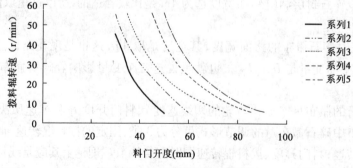

图7.6-30 料门开度与拨料辊转速

由图7.6-30可见,碎石的粒径规格较多,对撒布量的要求也各不相同,如果要得到便于使用的曲线,要做大量的测试标定工作。

在碎石撒布的过程中,为了防止碎石下滑速度太快,产生飞溅,还需要对碎石的下滑速度进行控制,在前面章节布料器的结果分析中,我们可知:

碎石由导料槽顶部下滑至下沿时的速度v_1为:

$$v_1 = \sqrt{v_0^2 + 2gs[1 - f\cot(\gamma)]}$$

式中:v_0——碎石沿导料槽下落的初速度,m/s,即拨料辊提供给导料槽的初速度;

f——综合考虑碎石之间以及碎石与导料槽间的等效摩擦系数;

g——重力加速度。

分析可知,当拨料辊提供的初速度v_0过大时,v_1会随之增大,要防止碎石飞溅,应该控制拨料辊的转速,不能使其过大。

在施工过程中,如果是较小的撒布量,若按照控制拨料辊转速、料门开度的方法来进行,这样使得施工速度降低,施工效率低下。所以可以适当提高车速,而不用减少拨料辊转速或料门开度,这样可以提高施工速度。

同步碎石封层车在施工作业时,其作业速度将同时受到沥青洒布量、洒布宽度、碎石撒布的综合影响。为了保证沥青洒布量、洒布均匀度及碎石布料器的正常布料,要求车速的调节范围能够满足沥青泵流量的调节、洒布杆高度的调节及碎石料的正常下滑,所以实际的车速范围将比沥青洒布车的作业速度范围小。根据施工经验,该作业速度一般为3~6km/h。

石料撒布采用按规范要求量撒布,并根据石料级配、清洁度、干湿状况,在撒布过程中微调,以使撒布更精确、均匀,设计规定石料撒布量为5~8m³/1 000m² 经现场多次试铺,总结出如果碎石撒布量超过7.0m³/1 000m²,则钻心发现有烂底现象,面层与基层联结效果不佳;碎石撒布量小于5.0m³/1 000m²,则由于碎石面积占撒布面的面积太小,高温施工时黏轮现象较为严重。经过多次试验,总结出碎石撒布量以5.5~6m³/1 000m²为最佳。

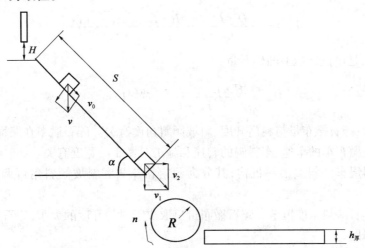

图7.6-31 斜坡式碎石撒布原理简化图

H-料门开度;v_0-石料沿斜面下滑时的速度;v_1-石料下滑的料斗底部时的速度;v_2-石料速度在水平方向上的分量;α-斜坡的角度;$h_{厚}$-撒布到地面上的碎石厚度;S-斜坡的长度;n-布料辊的转速,rad/s;R-布料辊的半径

斜坡式碎石撒布的原理简化图如图7.6-31。当施工开始,即料门开启后,碎石自行下滑到斜坡底部时,碎石流量可以表示为:

$$Q = H \cdot v_2 \cdot t \cdot L$$

其中:
$$v_2 = v_1 \cdot \cos\alpha$$
$$v = 0 + g \cdot t \cdot \sin\alpha$$

v_1 是石料在斜面底部时的速度：

$$v_1 = g \cdot t \cdot \sin\alpha$$

因为斜坡的长度是一定的，所以：

$$S = \frac{1}{2} \cdot v_1 \cdot t$$

石料由斜坡下滑至底部所用的时间，可以表示为：

$$t = \frac{2S}{v_1}$$

$$v_1 = g \cdot \frac{2S}{v_1} \cdot \sin\alpha$$

所以：

$$v_1 = \sqrt{2gs \cdot \sin\alpha}$$

$$v_2 = \sqrt{\frac{1}{2}gs(\sin 3\alpha + \sin\alpha)}$$

石料沿布料辊的切线速度 $v_筒 = v_2 + n \cdot 2\pi R$，这速度是碎石打到碎石布料器上的速度，但是布料辊的速度和碎石流量的速度存在一种匹配，如果布料辊的速度远大于碎石从斜坡下来的流量速度（供料速度），那么会产生碎石供料不足，即产生碎石撒布量不再随布料辊转速增加，更有甚者会产生断断续续的撒布。所以要使两者达到一种合理的匹配。

由上面的计算公式可知，石料到达斜坡底部的速度 v_1 只取决于 α 和料门开度 H。

$$Q = H \cdot \sqrt{2gs \cdot \sin\alpha} \cdot t \cdot L$$

碎石撒布道路面的厚度：

$$h_厚 = \frac{Q \cdot L}{v_车 \cdot L_路 \cdot t} = \frac{H \cdot L \cdot \sqrt{2gs \cdot \sin\alpha}}{v_车 \cdot L_路}$$

碎石撒布量 $Q_撒$，是单位面积上的碎石量：

$$Q_撒 = \frac{H \cdot L \cdot \sqrt{2gs \cdot \sin\alpha}}{v_车 \cdot L_路}(\text{L/m}^2)$$

由上述公式可知：碎石撒布量与料门开度、斜坡倾斜角度有关。碎石撒布在路面上的厚度是与料门开度、斜坡倾斜角度、撒布车的车速、布料辊的转速和施工时撒布的宽度有关。

对于同步碎石封层车的斜坡滚料机构，其分为固定料斗式和斜坡倾斜角可调式同步碎石封层车（图7.6-32）。

①固定料斗式碎石落料角度恒定。碎石撒布量只取决于料门开度的大小，碎石撒布量易于控制，碎石撒布在路面上的厚度。

②斜坡倾斜角可调式（图7.6-33）。在这种车型中，斜坡角度是可调的。

$$Q_撒 = \frac{H \cdot L \cdot \sqrt{2gs \cdot \sin\alpha}}{v_车 \cdot L_路}(\text{L/m}^2)$$

其中：$0 < \alpha < \frac{\pi}{2}$，$20\text{mm} < H < 100\text{mm}$，$S = 2\,000\text{mm}$，$L$ 取 $2\,500\text{mm}$。

在车速一定时，路面宽度取 4m 时，碎石撒布量与料门开度在不同的倾斜角下的关系如图 7.6-34 所示。由图可以看出，当料门开度 20mm 以下时，撒布量很小，这样是施工时由于料门开度很小，车速一定，降低了施工速度。可以采取调大料门开度，也适当地提高车速，这样施工效果相同，而且还提高了施工的速度。

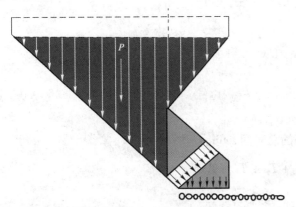

图 7.6-32 固定料斗式

图 7.6-33 斜坡倾斜角可调式

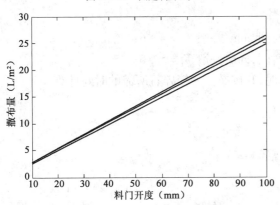

图 7.6-34 碎石撒布量与料门开度的关系

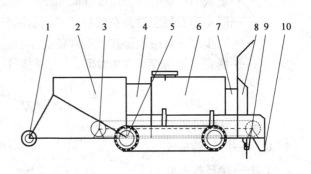

图 7.6-35 皮带轮式石料传送车简图

1-顶推辊;2-接料斗;3-皮带输料机;4-发动机和液压系统;5-行走机构;6-沥青罐;7-沥青泵和管道;8-驾驶台;9-沥青洒布杆;10-带螺旋分料的集料洒布机构

后顶举料斗皮带轮式如图 7.6-35 所示,根据图 7.6-36 所示的关系,可列出:

$$Q = V_{带} \cdot H \cdot L \cdot t$$

碎石撒布到路面的厚度 $H_厚$ 可表示为:

$$H_厚 = \frac{Q}{v_车 \cdot t \cdot L_路}$$

$$= \frac{v_带 \cdot H \cdot L \cdot t}{v_车 \cdot t \cdot L_路}$$

$$= \frac{v_带 \cdot H \cdot L}{v_车 \cdot L_路}$$

$$Q_撒 = \frac{v_带 \cdot H \cdot L}{v_车 \cdot L_路} (L/m^2)$$

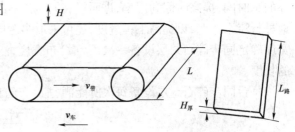

图 7.6-36 碎石撒布传送带

H-料门开度;$v_带$-碎石撒布传送带的速度;L-碎石传送带的宽度;$H_厚$-碎石撒布到路面的碎石层厚度;$L_路$-碎石撒布道路面的宽度;$v_车$-碎石撒布车的车速

由上述公式可知:

碎石流量 Q 由料门开度 h、传送带的宽度 L 和传送带的速度 $v_带$ 所决定的。

施工中碎石撒布到路面的厚度 $H_厚$ 和碎石撒布量 $Q_撒$ 是由料门开度 H、传送带的宽度 L 和传送带的速度 $v_带$、撒布车的车速 $v_车$ 和碎石撒布道路面的宽度 $L_路$ 所决定的。

同步碎石封层设备的生产率:

$$G_1 = \frac{60v_1 k}{T} \text{ 或 } G_2 = \frac{60v_2 k}{T}$$

式中：G_1——同步碎石封层设备的洒布沥青的能力，L/h；

G_2——同步碎石封层设备的撒布碎石的能力，m^3/h；

v_1——沥青罐的有效容积，L；

v_2——碎石料箱的有效容积，m^3；

k——时间利用系数；

T——同步碎石封层设备工作时每一循环所需的总时间，min。

$$T = T_1 + \frac{S}{v_1} + \frac{S}{v_2} + T_2 + T_3 + T_4$$

式中：T_1——同步碎石封层设备在料场装料时间，min，一般取 10~15；

S——料场到工地之间的距离，km；

v_1、v_2——重载与空载的行驶速度，km/min；

T_3——同步碎石封层设备在料场和工地的调车时间，min，一般 $T_3 = 4~6$；

T_4——同步碎石封层设备在工地准备的作业的时间，min，一般 $T_4 = 5~6$；

T_2——洒完一罐沥青所需的时间，碎石料箱较小时，T_2 按撒完一箱碎石所需的时间计算，min；

$$T_2 = \frac{v_1}{v_0 \lambda_A b} = \frac{v_1}{Q_A} \text{ 或 } T_2 = \frac{v_2}{v_0 \lambda_a b} = \frac{v_2}{Q_a}$$

式中：v_0——喷洒时的工作速度，m/min；

λ_A——沥青洒布量，L/m^2；

λ_a——碎石撒布量，m^3/m^2；

b——洒（撒）布宽度，m；

Q_A——沥青流量，L/min；

Q_a——碎石流量，m^3/min；

从 T 的计算公式可以看出，每一循环的各个时间基本上都是变数，若生产组织良好，可减少每一循环的总时间，提高时间利用率，进而提高同步碎石封层的生产率。此外，为了保证同步碎石封层能在工地进行流水作业，以提高工程进度，还可采取多台同步碎石封层设备进行流水作业。为此，可根据路面宽度确定同步碎石封层设备一次洒（撒）布宽度，然后计算出每台同步碎石封层设备每次可能洒（撒）布的长度。

每台同步碎石封层设备每次所能洒（撒）布的长度：

$$l = \frac{v_1}{\lambda_A b} \text{ 或 } l = \frac{v_2}{\lambda_a b}$$

每台同步碎石封层设备每个台班所能洒（撒）布的面积 A：

$$A = bln$$

式中：n——每台同步碎石封层设备一个台班所能完成的作业循环数。

7.6.5 主要生产厂家典型产品及技术性能和参数

(1)法国赛格玛 40 通用型同步碎石封层机

法国赛格玛 40 通用型同步碎石封层机是根据多年在各种施工现场的施工经验设计，能满足操作和性能可靠的要求，具有极大的耐用性和经济性优势，工作效率高，可应用于各种公路施工现场，尤其适合大规模道路施工现场。其特点如下：

①配有导热油加热系统，可喷洒改性沥青、乳化沥青、普通沥青；

②专利设计的电脑稳控器，控制沥青喷洒量在 $0.3~3.0 kg/m^2$ 范围内可调整；

③洒布宽度可在0.25~4m范围内调整,自动洒布。见图7.6-37。

赛格玛40通用型同步碎石封层机主要技术参数见表7.6-5。

赛格玛40通用型同步碎石封层机主要技术参数 表7.6-5

沥青罐储量 (L)	集料斗容积 (m³)	撒布宽度范围 (m)	理想撒布速度 (m/s)	平均撒布周期 (min)	日平均撒布面积 (m³)
6 000	12	0.30~4.00	1.0	6	35 000

(2)法国赛格玛41型同步碎石封层机

法国赛格玛41型同步碎石封层机在保留原有40通用型设备众多优点基础上,采用创新技术设计,包括新型集料斗设计,工作时设备最高为3.70m,有效地解决了在有横跨电线或桥涵、隧道施工难的问题,而且在有坡度的路面施工也能确保集料的撒布量精准。后部操作平台采用防尘装置设计,为操作者提供最佳的作业环境。该型设备可应用于各种规模的公路施工现场,更加适合我国公路建设路况复杂的施工条件。其特点如下:

①配有导热油加热系统,可喷洒改性沥青、乳化沥青、普通沥青;

图7.6-37 赛格玛40通用型同步碎石封层机

②专利设计的电脑稳控器,控制沥青喷洒量可在0.3~3.0kg/m²范围内调整;

③洒布宽度可在0.25~4m范围内调整,自动洒布;

④新型两级料斗设计,皮带输送集料,工作时主料斗只需抬高15°;

⑤配有防尘装置设计,可有效地防止灰尘及烟气的扩散。

赛格玛41型同步碎石封层机主要技术参数见表7.6-6。

赛格玛41型同步碎石封层机主要技术参数 表7.6-6

沥青罐储量 (L)	集料斗容积 (m³)	撒布宽度范围 (m)	理想撒布速度 (m/s)	平均撒布周期 (min)	日平均撒布面积 (m³)
6 000	10	0.30~4.00	1.0	6	35 000

(3)百灵VIASEALER JUMBO40同步碎石封层设备

百灵VIASEALER JUMBO40同步碎石封层设备的发动机功率为35kW,配备专利设计的容积为12m³的"漏斗式"集料仓,作业时不需要举升集料仓,集料即可依靠重力下落,料流稳定均匀。该设备沥青罐容量为8 000L,并带有100mm保温层,保温效果好;喷洒梁设计独特,可实现沥青喷洒的三层重叠。拥有两条独立的喷洒/撒布线路,可分别单独进行沥青喷洒或碎石撒布。

(4)德国百灵SUPER VEGA智能石屑撒布设备

德国百灵SUPER VEGA智能石屑撒布设备由计算机控制石屑计量、撒布,结构紧凑,安装拆卸方便,其撒布宽度为3.2m。该设备连接便捷,可利用用户现有的自卸车,只需要24V直流电和压缩空气即可连接。专利设计的出料口保证料流均匀下落;配备高精度的撒布设备;带有位置控制器的电气驱动计量杆控制石屑撒布量,并且根据自卸车的速度,由HELIOS计算机控制系统自动调整计量杆的位置。该设备特点如下:

①机身低且置于一个非常低的底盘上,确保机器有出色的机动性。此外,完全符合道路规章对最高轴载的要求;

②喷把和石屑撒布机的配置可根据实际应用进行调整;

③驾驶舱安全性高,完全符合最高轴载要求;

④钢制的固定料斗为方筒状,便于物料自行流出;

⑤旋转式计量棒可调整石屑的提取高度。

(5) 德国 SHEAFER 公司 RZA7000 型同步碎石封层机

德国 SHEAFER 公司 RZA7000 型同步碎石封机特点如下：

①产量高,安装在一个双桥拖车上,能精确计量和喷洒沥青,自动同步石料撒布；

②可在现场直接从翻斗车内卸石料,并由专用传送带运送至进集料仓内；

③配备精确的沥青和集料用量控制和反馈系统；

④配有车载式沥青储罐和 $7m^3$ 的集料仓,确保产量高(见图 7.6-38)。

图 7.6-38　德国 SHEAFER 公司 RZA7000 型同步碎石封层机

德国 SHEAFER 公司 RZA7000 型同步碎石封层机主要技术参数见表 7.6-7。

RZA7 000 型同步碎石封层机主要技术参数　　　　表 7.6-7

项　目	参　数
工作宽度(m)	2.4(标准工作宽度),3(延长折叠部分工作宽度)
集料箱(m^3)	7(容量的自装载系统,7min 的装载速度)
喷嘴间距(mm)	100(可折叠喷洒杆)
工作速度(m/min)	30～80
产量(m^2/d)	15 000(维修),25 000(全路面养护)
沥青泵泵速(L/min)	400
发动机	柴油发动机
控制	908-5 触摸式,电动控制/气压控制/液压控制
底盘	底盘钢板、BPW12 000kg 轴、气压制动系统
运送速度(km/h)	80
沥青储罐(L)	12 000(直接加热)
空载质量(kg)	5 200
宽度(m)	2.75

(6) 西安达刚路面机械股份有限公司 SX5250TBS 型沥青碎石同步封层车

西安达刚路面机械股份有限公司研制生产的 SX5250TBS 型沥青碎石同步封层车可进行公路路面的下封层、上封层施工；新旧路面加铺磨耗层施工；沥青路面的层铺法施工；沥青、碎石特殊情况下的分别洒(撒)布,适合各种不同等级公路。施工质量好、效率高。它是目前沥青路面施工较先进的设备之一。本车主要由底盘车、加热系统、沥青罐、组合料仓、沥青循环系统、导热油循环系统、沥青喷洒系统、碎石撒布系统、液压系统、气动系统、控制系统等部分组成。该设备主要性能特点如下：

①各种洒(撒)布要求均可在驾驶室内完成；

②智能控制沥青洒布量,洒布精度高,喷洒过程由计算机适时全程控制,喷洒量不受车速影响；

③智能控制碎石撒布量,撒布精度高,撒布过程由计算机适时全程控制,喷洒量不受车速影响；

④智能联动沥青、碎石同步封层;
⑤具有先进的加热系统及循环系统,确保管道和喷嘴畅通无阻,无需柴油清洗;
⑥具有特殊料仓,有效解决高架桥下及隧道内施工问题,并保证重心相对稳定,使工作平稳;
⑦控制系统采用模块化设计,故障率低,维修快捷、简便;
⑧具有行驶过程中加热保温的功能;
⑨备有灵活的沥青手喷洒系统,可对路面特殊部位喷洒沥青;
⑩有效解决沥青喷洒两边单层无重叠问题,从而提高了封层质量;
⑪料门开闭全气动,便于自动控制;
⑫通过显示屏可以随时观测洒布过程;
⑬具有自吸功能,可实现自加沥青;
⑭具有外排功能,可将未用完沥青输回贮藏罐或给其他设备加沥青(见图7.6-39)。

图7.6-39 SX5250TBS型沥青碎石同步封层车

SX5250TBS型沥青碎石同步封层车主要技术参数见表7.6-8。

SX5250TBS型沥青碎石同步封层车主要技术参数 表7.6-8

型号	SX5250TBS
集料粒径(mm)	5~25
封层宽度(mm)	250~3 800(级差250)
封层速度(m/min)	50~70
沥青洒布量(kg/m^2)	0.5~3
碎石撒布量(m^3/m^2)	2~22/1 000
沥青罐容积(m^3)	6
石料仓容积(m^3)	10
底盘型号	SX1254JM434
发动机型号	WD615.50
发动机排量/功率(mL/W)	9 726/206
最大总质量(kg)	2 500
外型尺寸(长×宽×高,mm)	9 750×2 500×3 750

(7)美通机械的LMT5310TFC型同步碎石封层车

美通机械LMT5310TFC型同步碎石封层车在吸取国内外先进技术的基础上,由长安大学主导、美通公司技术研发部具体实施开发而成,是具有国际水平的高科技设备。与同类产品相比,自动化程度高、撒布均匀、操作简单、装载容量大、效率高、主要部件全部采用国际品牌,外观设计新颖等特点,是高等级路面施工的理想设备(见图7.6-40)。

(8)国内外主要生产厂家典型产品主要技术参数见表7.6-9。

图7.6-40 美通机械LMT5310TFC型同步碎石封层车

国内外主要生产厂家及典型产品技术性能参数　　表7.6-9

生产厂家	型号	结构形式	沥青罐容积（L）	碎石料仓（m³）	最大洒布宽度（m）	最大撒布宽度（m）
法国赛格玛 Secmair	Chipsealer 61	车载式/3轴	3 500-6 000	4-6	3.1/4.5	3.1/4
	Chipsealer 20	车载式/2轴	3 500-6 000	3-5	4.5	3.1
	Chipsealer 41	牵引式/2轴	6 000	12	4	4
	Chipsealer 40	牵引式/2轴	6 000	12	4	4
	Chipsealer 30	车载式/2轴	3 500	7	3.1	3.1
	凯撒路霸	连续式	6 000	16	4	4
德国百灵 Fayat Breining	Viasealer 15	车载式	2 000	2.5	3	3
	Viasealer 19	车载式	3 000	4	3	3
	Viasealer 26	车载式	5 000	6	3	3
	Viasealer 32	车载式	8 700	6	3	3
	Viasealer 40	牵引式	6 000	12	3.7	3.7
德国 schäfer-technic	RZA 8000	拖挂式	8 000	7	3	3
	RZS 14000	拖挂式	14 000	7	3	3
	OB 4500	拖挂式	14 000	12	4.5	4.5
	RM 4000	拖挂式	12 000	9	4	4
	RM 4100	拖挂式	13 000	9	4.1	4.1
西安达刚	SX5255TBS	车载式/3轴	6 000	10	3.8	3.8
浙江美通	LMT5250TFC	车载式/3轴				
	LMT5310TFC	牵引式/2轴			3.5	3.5
中交西筑	TS4000	牵引式/3轴	10 000	12	4	4
欧亚机械	CB632	车载式/3轴	6 000	7	3.2	3.2
	CB836	车载式/4轴	8 000	10	3.6	3.6
	BI839	牵引式/2轴	7 000	12	4	4
	VS738	牵引式/2轴	7 000	12	4	4
河南新友	XY5290TSF	牵引式/2轴	6 000	12	3.5	3.5
河南高远	GYKT0616A	牵引式/2轴	6 000	16	4	4
	GYKT0616B		6 000	16	4.5	4.5

（9）国内外主要生产厂家典型产品见图7.6-41。

a) SECMAIR Chipsealer 40

b) SECMAIR Chipsealer 41

图 7.6-41

c)SECMAIR

d)SECMAIP"凯撒路霸"连续式

e)Breining Viasealer

f)schafer-technic RZS14000

g)西筑TS4000型同步碎石封层车

h)美通LMT5310TFC型同步碎石封层车

i)达刚TBS3500B型同步碎石封层车

j)高远GYKT0616A型同步碎石封层车

k)欧亚GB838型同步碎石封层车

图7.6-41　国内外主要生产厂家典型产品图

7.7　乳化沥青设备

7.7.1　概述

7.7.1.1　定义及应用

乳化沥青设备是用来将沥青热融,经过机械剪切的作用,使沥青以细小的微滴状态分散于含有乳化剂的水溶液之中,形成水包油状沥青乳液的机械装置;其生产特点是在乳化剂的作用下,通过机械力将沥青破碎成微小的颗粒,并均匀的分散在水中,形成稳定的乳状液,即乳化沥青。在《石油沥青名词术语》(SH/T 0652—1998)中,将乳化沥青的名词术语定义为:沥青和水在乳化剂存在下制成的沥青乳化液。

由于乳化沥青使用时不需加热,可以在常温状态下进行施工。它广泛地应用在道路工程建筑屋面及洞库防水、金属材料表面防腐、农业土壤改良及植物养生、铁路的整体道床、沙漠的固沙等方面。其中道路工程、建筑屋面的用量最大。在道路工程中,乳化沥青适用于沥青表面处治路面、沥青贯入式路面、常温沥青混合料路面,以及透层、黏层与封层。在建筑工程中,乳化沥青主要作为防水涂料用。乳化沥青和其他类型的涂料相比,其主要特点是可以在潮湿的基础上使用,而且还有相当大的黏结力。

由于乳化沥青具有良好的施工性能和其他材料无可比拟的优点,随着科学技术的进步和发展,乳化沥青在各种领域中的应用会越来越多,越来越普遍。

7.7.1.2 国内外发展现状及发展趋势

1) 国外技术现状

乳化沥青的研究始于20世纪初,最早被用于喷洒以减少灰尘;1917年德国开始商品化的乳化沥青生产,至今已有90余年的历史。

20世纪20年代乳化沥青在道路建设中普遍使用。起初乳化沥青的发展速度相对较慢,受制于可利用的乳化剂和人们对如何使用乳化沥青缺乏足够的知识。20世纪30年代至50年代中期,乳化沥青的使用数量在缓慢但稳定地增长。第二次世界大战后,随着道路承载量的加大,道路设计者们使用开乳化沥青。从1953年起,沥青黏结料的使用率迅速增加,乳化沥青的使用数量也在稳定的上升,其原因如下:

(1) 20世纪70年代的能源危机,美国联邦能源署对中东石油禁运迅速采取的保护措施。乳化沥青不需要用石油溶解为液体,乳化沥青还可以在不需要特别加热的情况下用于许多地方,这两点因素都有助于能量的储蓄。

(2) 可以较少污染环境。从乳化沥青中游离出的碳氢化合物的数量几乎为零。

(3) 一些型号的乳化沥青能够包裹在潮湿的石料表面,这就可以减少因加热和风干石料所需要的燃料。

(4) 乳化沥青多种型号的可利用性。最新的沥青型号和试验室程序的改良可以满足计划和所需要的条件。

(5) 在偏远地区能够用冷材料施工。

(6) 乳化沥青的适用性使其对于现有的道路细微缺陷的预防性保养方面可以达到延长使用寿命的作用。

节能减排和环境保护这两个因素加速了乳化沥青在实际中的应用。美国联邦公路局早期活动中的一项,就是发布了一条公告,直接关注燃料的节约,这样就使乳化沥青代替稀释沥青成为现实。从那时起,美国所有的州都允许或命令用乳化沥青代替稀释沥青。

交通运输是国民经济的命脉,公路运输是交通运输的主要方式之一,因此各国都在一方面重视各级公路的建设的同时,也十分重视已铺路面的经常性维修和养护,在能源危机的影响下,在筑路养路工程中要求节省能源、节约资源、保护环境、减少污染的呼声越来越高。在这种形势下,如何节省能源和资源,如何改善热沥青施工的工作环境,已引起筑路和养护部门的重视。在长期的筑路实践中,人们越来越深刻地认识到:发展和应用乳化沥青技术,是达到上述要求的可取途径。

随着近代界面化学和胶体化学的发展,近30年来,阳离子乳化沥青发展速度很快。阳离子乳化沥青中的沥青微粒上带有阳离子电荷,当与矿料表面接触时,由于异性相吸的作用,使沥青微粒很快地吸附在矿料的表面上。即使在阴湿或低温季节,阳离子乳化沥青仍可照常施工。阳离子乳化沥青可以增强与矿料表面的黏附力,提高路面的早期强度,铺后可以较快地开放交通,同时它对酸性矿料和碱性矿料都有很好的黏附能力。因而,阳离子乳化沥青既发挥了阴离子乳化沥青的优点,同时又弥补了阴离子乳化沥青的缺点,这样,就使乳化沥青的发展进入了一个新的阶段。

由于用于乳化沥青施工简单,现场不需加热,节省能源效果显著,尤其在旧沥青路面的维修与养护中更显示了其特有的优越性,因此目前世界上许多国家如西班牙、德国、英国、法国、瑞士、瑞典、加拿大、美国、俄罗斯等国家,都在公路工程的铺筑和养护上大量应用乳化沥青。尽管这些国家热沥青搅拌厂很多,他们每年仍使用大量的乳化沥青修路和养路,其中90%为阳离子乳化沥青,从而提高了国家公路的好路率与铺装率。沥青乳液在道路工程中的主要应用范围见图7.7-1。

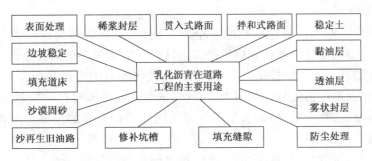

图 7.7-1　沥青乳液在道路工程中的主要应用范围

由于乳化沥青具有众多长处,近几年来,乳化沥青还在建筑防水、防潮、金属材料的防腐、水利建设的防渗透以及农业土壤改良、植物生养等方面都得到了广泛地使用。目前,乳化沥青的应用在欧洲许多国家较为普遍,乳化沥青在加拿大约占沥青总用量的一半,在美国已将乳化沥青用于铺筑州级公路。2005年,全球道路乳化沥青用量达到780万吨;其中日本20.5万吨、法国近99.7万吨、美国约为240万吨、墨西哥约65万吨、中国约30万吨、俄罗斯约20万吨、印度约10万吨;西班牙在1978年路用沥青乳液占沥青总用量的36%,其他如德国、英国等沥青乳液的用量也在迅速增长。使乳化沥青的应用迅速扩大到公路建设和养护、高速铁路建设、建筑工程、农业土地的改良等领域。

乳化沥青生产设备伴随着乳化沥青技术、装备加工技术、电子技术的发展,更加完善。国际上专门从事沥青乳化设备生产制造的厂商,近几年推出的成套沥青乳化设备,已经采用各种现代先进技术,能够满足各种沥青乳液的需要。归纳起来,这些设备有以下几个特点:

（1）自动化程度高,对沥青、水、乳液剂及各种添加剂的计量都能自动控制,并能自动补偿,自动记录和调校。

（2）组合式,各主要部件组合搭配,便于移动拆装。如美国斯堪道路公司(Scan Road)把胶体磨、控制柜、泵、计量装置等核心部分连接好装在一个标准集装箱中,工作时只要接通管路和电源即可。图7.7-2～图7.7-4为几种常见的乳化沥青设备。

图 7.7-2　丹麦产连续式乳化沥青生产厂

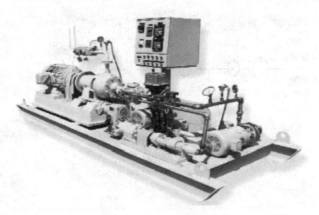

图 7.7-3　美国产乳化沥青生产单元

图 7.7-4　德国产集装式乳化沥青生产设备

2)国内技术现状

我国在新中国建立前只有个别的市政工程部门使用了少量的阴离子乳化沥青,解放后一直都没有接触这项技术。至20世纪70年代后期,为了在我国开展这项新技术的应用,由交通部组织成立了"阳离子乳化沥青及其路用性能研究"课题协作组,对这项技术进行攻关研究。该课题1981年列为交通部重点科研项目,1983年列为原国家计划委员会与国家经济委员会的节能应用项目。经过"七五"期间的推广,我国在公路部门的乳化沥青应用得到了更大的发展。

目前我国的乳化沥青生产基地已经遍布全国各地,大部分省地都建有设备完整的乳化沥青车间。在新疆、西藏等偏远地区也都已开始生产应用乳化沥青。现在全国公路部门已拥有乳化沥青车间500多座。乳化沥青车间生产技术水平不断提高,乳化沥青的生产从开口自流、凭经验控制油水比例,逐步发展成密封加压由流量计控制油水比例,进而达到计算机自动控制油水比例和油水温度。乳化沥青的生产质量提高,产量增加,满足了公路工程和养护工程的需要。随着乳化沥青技术的发展和在我国大量推广应用,对沥青乳液的质量、产量都提出了更高的要求,沥青乳化设备则将改变目前品种杂乱、故障率高、产量小的状况,向规范化和合理化方向发展。图7.7-5、图7.7-6为两种国内乳化沥青生产设备。

图7.7-5 国产移动乳化沥青生产设备

图7.7-6 国产集装式乳化沥青生产设备

7.7.2 分类、特点及适用范围

沥青乳化设备根据沥青和乳化剂水溶液进入乳化机时的状态不同,分为开式系统和闭式系统两种类型。开式系统(图7.7-7a)的特点是用阀门控制流量,沥青和乳化剂靠自重流入乳化机的进料漏斗中。其优点是比较直观,设备组合简单;缺点是容易混入空气而产生气泡使乳化机的产量明显下降。其主要用于简单普通乳化沥青的生产和自制的简单生产装置。闭式系统(图7.7-7b)的特点是用两个匹配完好的泵直接把沥青和乳化水溶液经管路泵入乳化机内,靠流量计指示流量,优点是不易混入空气,便于自动化控制,乳液质量和产量比较稳定。目前,乳化沥青生产设备产品普遍采用闭式系统。

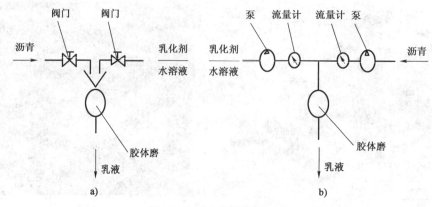

图7.7-7 开式系统与闭式系统

根据沥青乳化设备的工艺流程不同,可以分为分批作业和连续作业两种类型。分批作业的特点是乳化剂和水的掺配,预先在一个容器内完成,然后用泵将其输入乳化机中,一罐乳化剂水溶液用完后,再进行下一次的掺配,整个生产流程是分批进行的,如图7.7-8所示。

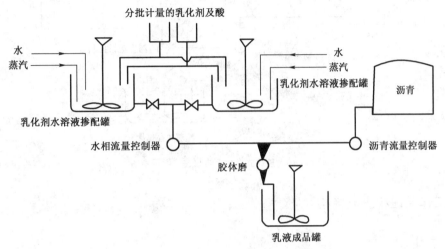

图7.7-8　分批式沥青乳化设备流程图

连续作业的特点是乳化剂水溶液连续不断地进入乳化机中。这类设备还有三种型式,一般是采用两个容器交替掺配乳化剂水溶液,尽管是分批作业,但可以实现连续输送乳化剂水溶液而不间断,见图7.7-8。

第二种设备是分批掺配乳化剂水溶液然后将其泵入一个储存罐中,生产时从储存罐中抽出乳化剂水溶液送入乳化机中从而实现连续生产,见图7.7-9。

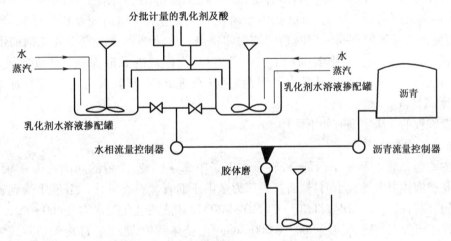

图7.7-9　分批掺配连续式乳化沥青设备流程图

第三种设备是将水、乳化剂和其他添加剂(酸、氯化钙)分别用计量泵将其送入乳化机中,乳化剂水溶液的掺配在管道中完成。这种设备可以实现大流量连续作业,同时可以使罐体的容积大大减小,自动化程度也很高,见图7.7-10。

另外,根据设备的布局及机动性,沥青乳化设备可分为移动式、组合式、固定式等结构型式。

移动式的沥青乳化设备将乳化剂掺配系统、乳化机、沥青输送泵、控制装置固定在一个专用拖式底盘上,可以及时转移施工地点。这种设备一般是中、小生产能力的设备,多用于工程分散、用量较少、频繁移动的公路施工工程。

固定式沥青乳化设备一般布置在大型沥青储存库或炼油厂附近,一般不需要搬迁,形成有一定服务半径的沥青乳化生产基地。

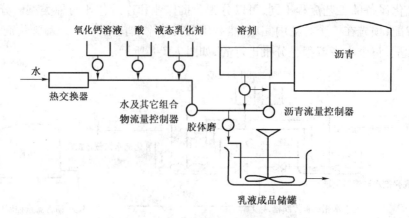

图 7.7-10　连续式乳化沥青设备流程示意图

7.7.3　工作原理和主要结构

7.7.3.1　工作原理

沥青乳液的主要成分是沥青、水、乳化剂和稳定剂。几乎各种标号的石油沥青,都可用于制备沥青乳液。通过乳化机械的高速搅动或剪切作用,将沥青破碎成微小颗粒,分散在有乳化剂作用的表面活性物质的水溶液中,则可获得一种均匀分散肢体。乳液中沥青颗粒直径大致在 $1\sim5\mu m$ 范围之内。乳化剂的基本作用是降低表面张力。其特点是分子中有一个水溶性(亲水性)的极性基团和一个油溶性(憎水性)的非极性基团。在沥青—水体系中,乳化剂分子移动于沥青与水界面间,其分子的憎水基团吸附于沥青的表面,并使其带有电荷,而亲水基团则进入水相,从而将沥青颗粒与水连结起来,降低了两者之间的界面张力。同时,由于沥青粒子带有同样电荷而互相排斥,妨碍它们之间互相凝聚,因而使沥青乳液能保持一定时期的均匀和稳定。电荷的性质决定于乳化剂的憎水基团或烃链部分的电荷,如其为负电荷,则沥青粒子带有负电荷,而形成的乳液为阴离子沥青乳液。反之,则为阳离子沥青乳液。如沥青粒子既具有负电荷,又具有正电荷,则乳液为两性离子沥青乳液;此外,还有非离子型沥青液。

制备沥青乳液的方法主要有如下两种:

(1)胶体磨或均油机法。

胶体磨主要包括转子和定子两部分,转子在定子中高速旋转,两者的间隙约为 $0.035\sim0.05mm$。乳化效果主要视液体剪力的大小而异,而这种剪力是由于沥青颗粒在乳化剂溶液中受到转子旋转表面切割而产生的。制备沥青乳液时,将热沥青($110\sim120℃$)和热的乳化剂水溶液($60\sim90℃$)以固定的比例分别进入转子已经在高速旋转($3\,000\sim8\,000r/min$)的胶体磨中,沥青通过转子切割成粒子并与乳化剂水溶液混合后即可连续制备沥青乳液。产品的沥青颗粒平均为 $1\sim3\mu m$;需要注意的是加料要适量和均衡,这是保证产品均匀的重要因素。水的硬度必须控制,必要时应使用软化设备。目前,乳化沥青生产设备的产品均采用此法。

(2)搅拌器法。

这是一种间歇式生产沥青乳液的方法。搅拌器上装有桨叶,其位置需偏离搅拌器的中心,以免形成漩涡。制备乳液时,先将定量的热乳化剂水溶液倾入搅拌器中,然后将热沥青在搅拌状态下逐渐注入搅拌器,并继续搅拌($100\sim800r/min$)。采用此法制备的沥青乳液不如上法均匀,有的颗粒小于 $1\mu m$,有的则大于 $10\mu m$。此种方法主要用于施工工地临时生产沥青含量较低、阴离子的质量要求不高的乳化沥青生产,成本低。

制备沥青乳液的流程如图 7.7-11。

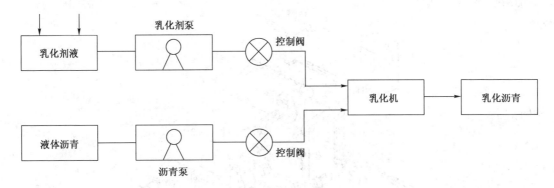

图 7.7-11　沥青乳化工艺图

7.7.3.2　主要结构

1) 总体结构

乳化沥青设备总体结构布置示意图如图 7.7-12 所示。

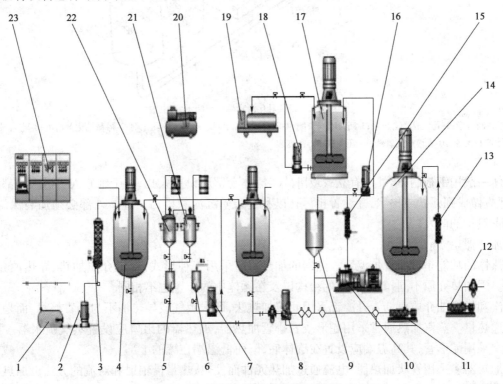

图 7.7-12　乳化沥青设备总体结构示意图

1-储水罐；2-水计量给水泵；3-水升温器；4-皂液掺配罐；5-乳化剂/胶乳储存罐；6-盐酸计量罐；7-皂液掺配泵；8-皂液计量及添加泵；9-乳化沥青取样罐；10-胶体磨；11-沥青计量及添加泵；12-沥青输送泵；13-沥青在线升温器；14-沥青恒温稳压储存罐；15-乳化沥青冷却器；16-乳化沥青输送泵；17-乳化沥青成品储存罐；18-乳化沥青成品装载泵；19-成品运输车；20-阀门操作压缩空气动力系统；21-乳化剂计量罐；22-胶乳计量罐；23-操作控制及电源系统

2) 主要结构

根据乳化沥青生产工艺要求，一般沥青乳化生产设备的结构由五部分组成：沥青配制系统、乳化剂水溶液掺配系统、沥青乳化机、计量控制系统及电器系统、沥青乳液储存系统，见图 7.7-13。

(1) 沥青供给系统

沥青供给系统的作用是为生产乳化沥青提供符合生产要求的沥青制品。因此，沥青供给系统应该具有对沥青升温、控温、保温的功能，并具有一定的容量。沥青供给系统一般由罐体、加热器、温控器、搅拌器、液控器、沥青泵等组成。

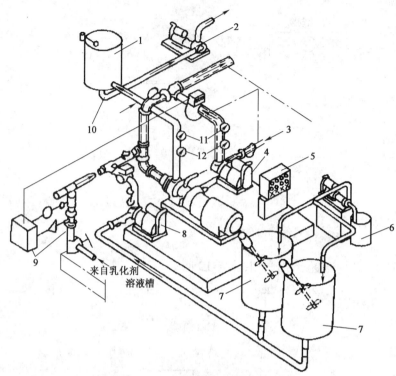

图 7.7-13 乳化沥青生产车间示意图

1-乳化产品调压槽;2-乳化成品输送泵;3-沥青喂料管线;4-沥青喂料泵;5-操纵管;6-浓乳化剂;7-稀释乳化剂溶液;8-乳化剂喂料泵;9-交替搅拌控制系统;10-乳液产品管线;11-压力表;12-密度表

①罐体

罐体一般用钢板制作,外形有立式或卧式。罐体上部应设置人孔,便于维修人员进入内部维修或清行,底部应做成圆弧状或梯状,并设置排污孔以利于杂质沉淀和排污。罐体外部必须加装保温材料,以减少沥青热量的散发。

②加热器

加热器的功能是对沥青加温。加热器的加热目前采用三种形式:蒸汽介质加热、导热油介质加热、电加热。因加热介质不同,其加热器的结构以及在罐体中的布置也不相同。

蒸汽和导热油介质对沥青升温都采用间接加热法,即水蒸气或导热油不与沥青接触,而是通过金属壁来传递热量。蒸汽加热通常采用蛇形或者排管加热器,加热器的出口应设置蒸气疏水器。导热油加热器通常采用蛇形管,其高温端应设置在罐体底部,而低温端在罐的上部。

电加热器多采用管状加热器,电流通过加热元件而发热,热量借辐射和对流的方法由加热元件传给被加热的沥青。电加热器一般设置在罐底部,为了使三相电用电量平衡,电加热管应布置三支或者是三的倍数。

无论是何种加热装置,罐体中沥青的最低液面要能够淹没这些装置。

③温控器

温控器的功能是准确显示和控制沥青温度。温控器由测温仪表和控制阀两部组成,常用的测温仪表有压力式温度计和热电阻温度计,均可以实现现场显示和远传显示。将温度计与调节器、中间继电器以及电磁阀等组合,可以实现沥青温度的自动控制。

④搅拌器

大容量的沥青罐(立式),为了使上部和下部沥青温度不至于相差太大,或为了在沥青中添加改性材料,使其混合均匀,在罐上部应设置搅拌器。搅拌器由电动机、减速器、搅拌轴组成,一般布置成立式,搅拌浆叶布置成一层或者多层,浆叶常采用可使沥青在罐中上下运动的结构,以达到温度均匀的目的。

(2)乳化剂水溶液掺配系统

乳化剂水溶液掺配系统根据生产工艺不同有两种类型：搅拌溶解和管道混合。

①乳化剂水溶液搅拌溶解系统

该系统用来溶解乳化剂及其他添加剂，并具有升温、保温、计量等功能，以制备符合沥青乳化工艺要求的乳化剂水溶液。配方不同所要求的设备也有差异，一般来讲，乳化剂水溶液掺配系统主要由热水罐、乳化剂水溶液调配罐（或储存罐）和输送泵等组成。

a. 热水罐

热水罐的作用是为乳化剂水溶液制取，生产装置的预热和清洗等提供热水，罐体容量一般为乳化机单位小时用水量的 1~3 倍。热水罐的加热方式可以采用电热管或导热油加热器。采用蒸汽加热方式可以采用直接通入蒸汽，较多使用的是无声加热器，热水罐外表面应加保温层，以减少热量损失，热水罐还应设置控制液面高低的液位计和控制温度的温度控制器。

b. 调配罐

乳化剂水溶液调配罐是制取合格乳化剂水溶液的关键设备，有以下用途：

ⓐ稀释乳化剂。处于非液态的乳化剂（中裂型较普遍）在连续生产的乳化沥青生产工艺中一般要配水溶解成含量为 10%~20% 的液体。稀释后的乳化剂，通过泵输送到管道中与热水再度混合，进入乳化机。

ⓑ制取乳化剂水溶液。热水、乳化剂和添加剂按比例进入罐体中，经过搅拌器分散、混合形成乳化剂水溶液。

ⓒ储存乳化剂水溶液。单一的乳化剂水溶液调配罐不能进行连续生产，可以设置贮存罐，将乳化剂水溶液暂存，供乳化机生产使用，与调配罐交替进行，实现连续生产。尽管调配罐用途有差异，但都必须具有一定容量，能对液体计量、控温、混合等，乳化剂水溶液调配罐主要由罐体、加热器、搅拌器、液位计、温度计等组成。罐体常采用立式，顶部为平盖板，底部为椭圆形封头或者 90°锥角无折边锥底。如果采用平底将不利于乳化剂水溶液排尽。进水管要插到罐的底部，以减少乳化剂的泡沫。

加热器多采用蛇形盘管（导热油或蒸汽），也可以作为搅拌器的导流筒，起到增强混合效果的作用。

搅拌器在保证乳化剂水溶液混合效果和混合速度方面起到关键作用，乳化剂水溶液调配罐中传统的搅拌器多采用低速大桨叶型式，由电动机、减速器、搅拌轴组成，桨叶采用折叶式。目前，乳化剂水溶液调配罐中，趋向采用高速小桨叶搅拌器，由电动机直接驱动搅拌器，转速为 1 500r/min 左右，采用螺旋桨叶片，搅拌器倾斜一定方向，混合力度、效果都较好，而且大大简化了搅拌器的结构。

液位计是为了控制每次进入罐体中热水的总量，常采用浮球式液位计，可以实现液面上、下限的控制。乳化剂和添加剂每次进入罐中的量很少，多采用流量测量控制。

温度计是为了检测乳化剂溶液的现场温度，当热水和乳化剂水溶液温度下降时可以启动加热器调温。

c. 输送泵

乳化剂水溶液掺配过程中需要用泵将热水、乳化剂、添加剂等液体输送到相关的容器中，输送液体有多种型式，但比较常用的是离心泵。离心泵具有流量大，结构简单，造价低的特点，如普通卧式离心泵、管道泵等。除了输送热水可用普通离心泵外，输送添加剂（酸性）、乳化剂、乳化剂水溶液均需选耐腐蚀泵。

②乳化剂水溶液管道混合系统

大生产量连续式乳化沥青生产设备一般采用计量泵输送热水、乳化剂、添加剂等溶液，乳液的混合溶解是通过一组静态混合器完成。

(3) 沥青乳化机

乳化机是整套沥青乳化设备的核心，它的作用就是通过增压、冲压、剪切、研磨等机械作用，使沥青形成均细化颗粒，稳定而均匀地分散于乳化剂水溶液中，成为水乳状液。采用不同的力学作用原理，沥青乳化机的结构型式也不相同。一般常用的乳化机有均化器、胶体磨等形式。

①均化器类乳化机

均化器类乳化机主要由增压泵和均化头组成。各种均化器的区别主要在均化头的构造上，适用于沥青乳化机的均化器主要是柱塞式均化器，这种乳化机是利用齿轮泵将沥青和乳化剂水溶液加压，经混合器初混,然后通过阀杆和阀座间的缝隙高速喷射,由于弹性柱塞所形成的缝隙作用和湍流、振动作用,从而使沥青混合液受到挤压、膨胀、扩散和雾化,达到乳化的目的。这种沥青乳化机具有结构简单,制造容易,耗电量小,粒度均匀等优点;但存在有齿轮泵不耐用,易磨损,以及产量较小等缺陷,目前在沥青乳化生产设备中很少使用,而在沥青乳化室内试验机中仍有使用,见图7.7-14。

② 胶体磨类乳化机

胶体磨类乳化机是沥青乳化设备中采用最多的机型。

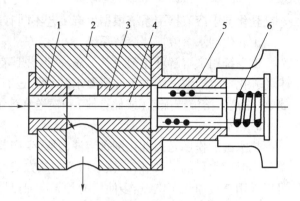

图7.7-14 柱塞式均化器
1-柱塞座圈;2-阀体;3-衬套;4-柱塞;5-调节装置;6-弹簧螺母

胶体磨是制造胶体产品最主要的机械分散设备。早在20世纪20年代,世界上就出现锥形的由定子、转子组成的钢制胶体磨。由于定子、转子之间有可调间隙,每分钟转速可以达到数千转或上万转,是比较理想的胶体分散设备。随着时代发展,虽然在胶体磨的控制部分和磨体材料以及体形设计上有很大的改进和提高,但基本组成没有很大改变,主要是通过定子、转子之间由于高速运转所产生的剪切力起到研磨、分散作用。

沥青乳化设备较多使用卧式胶体磨,转子和定子之间的配合一般是锥形。根据整机结构以及磨体的形状和液体流向的不同,沥青乳化机主要分成以下几类:

a. 齿形锥面胶体磨。在锥形的定子内表面和转子外表面做出许多方向不同的斜槽,使通过两锥面极小间隙的沥青混合液受到反复的剪切、摩擦,因而分散、均化形成均匀的微粒悬浮在水溶液中。结构型式有立式和卧式,见图7.7-15为立体胶体磨。

b. 平面同心槽式胶体磨。此类胶体磨原先用于乳制品及化工工业,乳化细度达到 $2\mu m$ 以下。近几年,此类胶体磨用于沥青乳化生产中,其乳化能力也很强,定子和转子是两个相对的平面,其表面有许多同心的环槽。沥青混合液从胶体磨体中部进入内部,在离心力的作用下高速通过定子和转子间的缝隙,并受到剪切力、摩擦力、高频振动、漩涡等复杂力的作用,因而混合液被有效地分散、破碎、均化和乳化,见图7.7-16。

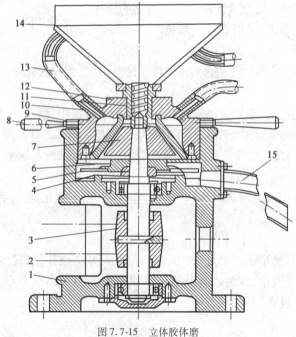

图7.7-15 立体胶体磨
1-壳体;2-轴;3-皮带轮;4-甩盘;5-叶轮;6-座;7-转子;8-手柄;9-调节螺母;10-连接管;11-搅龙;12-定子;13-软管;14-漏斗;15-出口管

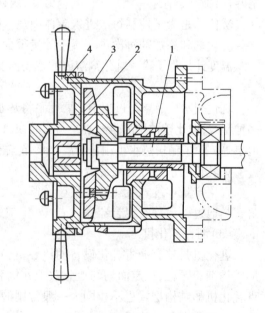

图7.7-16 90W胶体磨的结构
1-壳体;2-轴;3-带轮;4-甩盘

c.光滑锥面胶体磨。光滑锥面胶体磨一般用于制取各类乳状液。胶体磨中定子和转子的表面为光滑面,转子的高速旋转,以及转子与定子之间微小的间隙和沥青混合料的黏度作用使定子和转子之间形成逆向的强大剪切力。在剪切力、摩擦力作用下,沥青混合料被分裂成微细颗粒,形成均匀的乳液。

图7.7-17为日本精工生产的乳化机的结构及外形图,在日本称作"均油机"。该机的定子和转子均为光滑锥面,当沥青混合液进入均油机的转子中后,液体借助与转子间的摩擦力随转子一起旋转,在离心力的作用下,高速喷射到定子上,然后通过定子与转子间的缝隙,在剪切力与摩擦力作用下,液体被分裂成细小颗粒,均匀地形成乳液,从左、右两边流出。

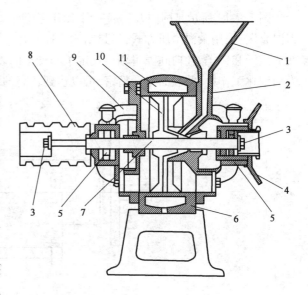

图7.7-17 精工生产乳化机的结构及外形图
1-料斗;2-前端盖;3-固定螺钉;4-间隙调整器;5-轴承;6-壳体;7-轴;8-带轮;9-后端盖;10-转子;11-水套

均油机中定子和转子的锥角很小,一般在6°~8°之间。如果太大,则液体受定子反向的轴向分力就大,这使得右出口流量增大,而左出口流量减小,致使乳液中的沥青颗粒不均匀;如果太小,则调整间隙时的行程量将会太大。

图7.7-18是国内于20世纪80年代开发的沥青乳化机,该机的定子和转子具有光面胶体磨和槽式胶体磨的特点,是专为生产乳化沥青而设计的乳化机。

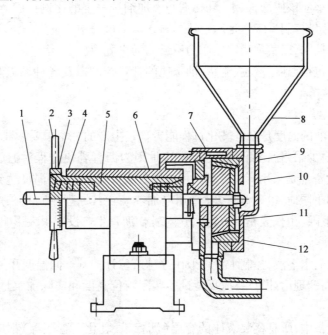

图7.7-18 AL-6000型乳化机构造
1-轴;2-调节柄;3-刻度环;4-表线板;5-滑动套;6-壳体;7-定子壳;8-漏斗;9-端盖;10-叶轮;11-转子;12-定子

该机的沥青乳化过程分为三个步骤:沥青混合料进入乳化机中,最先受到进口处轴上加装的六个搅拌叶片的强力搅拌和混合,并在离心力的作用下压向定子和转子的缝隙中。在定子和转子的表面前半段加工有凹槽,使液体通过时受到很大冲击和剪切,并形成漩涡运动,后半段为光滑表面,液体在此段完成均细化工作,最终形成高质量的沥青乳状液。

图 7.7-19 所示是国内开发的一种 RHL 型沥青乳化机。该机在完成乳化过程中有两个区域,前部为混合区,采用漩涡增压方式,半封闭式搅拌叶片,具有增压搅拌能力强的特点。后半部为锥形光滑表面的定子和转子,径向间隙可调。在定子和转子的表面前半段,表面有许多同向的齿形槽纹。在后半段为均细化工作段,共表面光滑精密,可以达到较高的均细化程度。

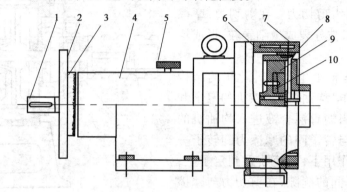

图 7.7-19 RHL 型沥青乳化机
1-轴;2-调节手轮;3-刻度环;4-壳体;5-紧定螺钉;6-定子壳;7-端盖;8-定子;9-转子;10-叶轮

乳化机是乳化设备中最关键的部分,对乳液质量影响很大,从使用的角度看,除要求乳化机经久耐用、高效低耗、使用方便、安全可靠之外,主要看选用的乳化机是否满足对乳液质量的要求。衡量乳液质量的一项重要指标是沥青微粒的均细化程度。均细化程度越高,乳液的使用性能及储存稳定性就越好。一般来说胶体磨类乳化机在均细化方面是比较理想的。

3)计量控制装置

沥青乳化设备一般都应该使沥青、水、乳化剂和添加剂按一定的比例掺配,在连续运动过程中完成乳化,形成沥青乳液。计量控制系统就是对上述物料在运动过程中所发生的温度、压力、流量、配合比等因素的变化实行监测与控制,以实现稳定生产高质量的沥青乳液。

计量控制系统主要包括温度、液位、流量、油水比的计量控制以及各种动力装置的顺序启动和定时控制。

(1)温度控制

沥青与乳化剂水溶液的温度是沥青乳化过程能否稳定生产的一个重要参数,其具体值由工艺决定。目前,乳化沥青生产中很少采用温度的伺服控制,这是因为沥青乳化过程对温度的控制精度要求不高(±15°)。因此,多数设备都是采用开关控制。用温度仪表进行监测,当温度达到上限时,电磁阀(通蒸汽或导热油)关闭;达到下限时,电磁阀打开(采用电加热装置其原理相同),采用开关控制都有滞后效应,使温度超过上限或下限(由仪表精度决定),这对乳化沥青生产没有很大影响。

(2)液位控制

在罐体中掺配乳化剂水溶液,控制水量一般用浮球液位计控制。同温度开关控制一样,也会出现滞后效应。因此,对液位高度理论计算后,应反复试验实际液位高度和实际加水量,最后确定液位计的实际定位高度。

在乳化沥青自控设备中,所有盛装液体的容器(沥青罐、乳化沥青罐等)都应设置控制液位高低的液位控制器,这对于连续大批量生产乳化沥青中保证稳定有序地工作是必不可少的装置。

(3)计量控制

在乳化沥青生产过程中,按比例控制沥青和水溶液的输送量送入乳化机中是生产出合格乳化沥青的重要因素之一。

国内早期的乳化沥青油水比例控制装置多采用人工控制的方法,即手动控制阀门,需进行繁琐的配比计量和油水比检验。其产量较小,控制不准确,油水比波动大,产品质量不稳定。近几年,自动控制油水比的装置不断出现,并且自动化程度越来越高。

油水比自动控制的原理:在沥青乳化生产过程中,沥青和乳化剂水溶液受温度、压力等因素的影响而引起流量不断地变化,液体流量就是我们要控制的对象。通过测量仪表、调节器和执行机构就可以实现对沥青和乳化剂水溶液流量的自动控制。

沥青和乳化剂水溶液的流量比例在生产前就已经确定,常讲的"6∶4"就是指单位量的浮化沥青中,沥青含量为6份(质量比),乳化剂溶液为4份。目前各种类型的沥青和乳化剂水溶液比例调节装置都属于定值调节系统,即在生产中要求调节系统的被调参数保持在一个固定的生产技术指标,而这个技术指标是给定的。

目前,油水比控制中采用单回路调节系统较多,其调节方式有两种:

方式一(见图7.7-20),此种方式的检测对象是乳化剂水溶液和乳液,而调节的对象是水溶液和沥青的供给量。其主要设计思想是:沥青具有物理形态很不稳定的特点,在不同的温度阶段,黏度发生很大的变化,加上沥青产地不同,组分差别大,黏度各异,不同标号的沥青黏度也有较大差别。目前,国内尚无合适的检测沥青的流量仪表,因此,将沥青流量作为不可检测的对象。

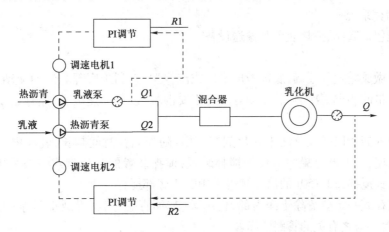

图7.7-20 油水比自动控制方式(一)

乳化剂水溶液泵和沥青泵由两个独立的回路调节系统控制,避免相互干扰。但乳液的流量检测受乳液的汽化影响较大,严格控制乳化剂水溶液和沥青的生产温度是此种方案控制精度和稳定运行的重要因素之一。

方式二(见图7.7-21),目前国内有的采用椭圆齿轮流量计或靶式流量计测量沥青的流量。按上述方式,沥青和乳化剂水溶液各自作为检测和调节对象,在运行前,需要将两个回路流量各自设定,输入计算机中进行运算,而后调节执行机构。

此种方案,乳化剂水溶液泵和沥青泵可以是齿轮泵,也可以是其他容积式泵。两个独立的单回路调节系统,必须保证乳化剂水溶液和沥青进入乳化机时,压力一致。因此,要注意乳化剂水溶液泵和沥青泵的合理选用匹配。

上述的定值调节系统采用的是PID调节方式(比例、积分、微分),它可以使系统运行稳定和准确。首先将产量设定值和油水比设定值送入计算机系统,输入沥青流量给定值和乳化剂水溶液流量的给定值,然后经过执行机构(调速器、电动阀门等)的作用,使输出的流量值与给定值相等。即设定多大油水比,输出就是多大油水比,达到高精度控制。系统中的D调节是用于加快调节速度,PI调节是保证系统稳定运行,抗干扰能力强。

4)电路系统

成套沥青乳化设备中电器系统主要包括各电动机的控制系统、电源、各执行电器元件及电器显示系统。

成套沥青乳化设备中主要采用计算机集中控制设备,一般都装有自动控制和手动控制两套控制系

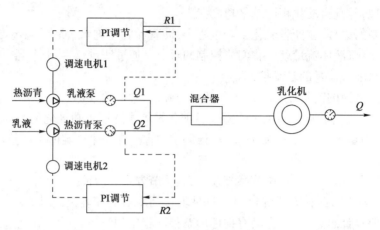

图 7.7-21 油水比自动控制方式(二)

统,操作时可以自由切换。任何形式的控制系统必须遵守工艺路线中各设备起动和停机的程序。

5)沥青乳液储存系统

乳液储存系统包括罐体、搅拌装置和输送设备。

(1)罐体

①储存罐一般做成立式圆柱罐,底部做成平底或流线型,以利于底部乳液的流动,储存罐的容积至少要满足一般生产量的要求。冷、热乳化沥青最好不要混装,以免加速破乳,储存罐要设置两个作交替使用。

②沥青乳液中的沥青以微粒分散于乳化剂溶液中,随着储存时间越长,乳液中沥青离析现象越严重。为延缓离析速度,大型储存罐中应设置搅拌装置,搅拌装置的叶片型式一般采用桨叶式,10~30t 的储存罐可采用立式搅拌,30~50t 的储存罐可采用卧式底部搅拌。

③初次使用储存罐一定要清除干净内部,代用罐(如沥青罐、热沥青洒布车等)更要清除干净内部的沥青,并且还要保证与之有关的管路清净。

④沥青乳液的储存温度允许在 10~80℃ 之间,如果储存罐没有保温装置,冬季应将罐内剩余乳液排尽,以免乳液受冻后,产生分离破坏。

(2)乳液输送设备

齿轮泵是乳液输送中常用的设备。用齿轮泵连续抽送乳液时,由于齿轮相对运动,互相摩擦,造成泵内齿轮表面乳液破乳,停机后容易黏固齿轮,使泵无法运转。因此,用泵抽送乳液时应注意以下两点:

①为便于泵的起动,应将泵加热至 65℃ 左右,切不可用加热器喷烤加热,可以用废蒸汽或热气加热。

②无法加温的泵,使用完毕要用煤油清洗。

7.7.4 主要生产厂家典型产品及技术性能和参数

7.7.4.1 国内外主要生产厂商

(1)国外主要生产厂商有 DALWORTH MACHINE PRODUCTS,INC;Valley Slurry Seal Co.;BREINING Maschinen-und Fahrzeugbau GmbH;MASSENZA S. R. L;Denimo Tech A/S;ENH Engineering A/S。

(2)国内主要生产厂商有中交西安筑路机械有限公司;上海尚贵流体设备有限公司;河南省高远公路养护设备有限公司;山东奥邦机械设备制造有限公司;鑫路通用设备有限公司;西安达刚路面机械股份有限公司。

7.7.4.2 典型产品技术性能和参数

(1)YLQ 型系列乳化沥青生产设备技术参数(表 7.7-1)

第7章 养护机械设备

YLQ 型系列乳化沥青生产设备技术参数 表7.7-1

成套设备型号	生产能力(t/h)	占地面积(长×宽×高,m)	装机功率(kW)
YLQ-2R	2	10×2.6×3.2	38.8~42.3
YLQ-5R	5	12×2.7×3.3	50~64.6
YLQ-10R	10	14×2.8×3.3	59~92.4
YLQ-15R	15	16×3×3.7	86~123.9
YLQ-30R	30	22×3.5×4	117~151.9

(2) DSRH 型系列 SBS 改性乳化沥青生产设备主要技术参数(表7.7-2)

DSRH 型系列 SBS 改性乳化沥青生产设备主要技术参数 表7.7-2

型号	产量(t/h)	外形尺寸(长×宽×高,m)	总装机功率(kW)	备注
DSRH-1M(手动型)	10	8×2.5×2.6	76.6	控制柜内置
DSRH-1M/A(手、自一体型)	10	8×2.5×2.6	76.6	控制室外置
DSRH-2M(手动型)	15	12×2.5×2.6	78.8	控制柜内置
DSRH-2M/A(手、自一体型)	15	12×2.5×2.6	78.8	控制室外置
DSRH-3M(手动型)	20	6×2.5×2.6	16	与 DSGX 系列改性沥青模块对接使用
DSRH-3M/A(手、自一体型)	20	6×2.5×2.6	16	

注：表中产量均指乳化 SBS 改性沥青,SBS 含量≥4%,沥青含量≥65%。

(3) LRS6000 型乳化沥青生产设备主要技术参数(表7.7-3)

LRS6000 型乳化沥青生产设备生产设备主要技术参数 表7.7-3

规格	参数	规格	参数
产量(t/h)	1~6	成品罐(长×宽×高,mm)	1×1.06×1.5
乳化沥青细度(<5μm 占%)	85	沥青调速泵(型号,配用电机,流量,t/h)	LCP-3A,YCT160-4B,3
外形尺寸(长×宽×高,mm)	6000×2220×2300	乳液调速泵(型号,配用电机,流量,t/h)	LCS-3B,YCT160,3
乳化液掺配罐(长×宽×高,mm)	1280×1060×1500	乳化机(型号,配用电机,流量,t/h)	LR6,Y160M2-2,6
沥青过渡罐(长×宽×高,mm)	2120×1200×1500	输送泵(型号,配用电机,流量,t/h)	LCBS-6A,Y132M1-6,6

(4) 典型胶体磨主要技术参数

①DALWORTH 胶体磨主要技术参数(表7.7-4)

DALWORTH 胶体磨主要技术参数 表7.7-4

型号	乳化沥青生产能力(t/h)	聚合物改性沥青生产能力(t/h)	功率(马力)
MP-3S	15~18	—	30
MP-4S	25~30	8~10	50/75
MP-8S	—	15	100
MP-10S	40~50	20	150
MP-11S	—	30	200
CM-9S	N/A	40	250
CM-12S	N/A	60	300

②SUPRATON 胶体磨主要技术参数(表 7.7-5)

SUPRATON 胶体磨主要技术参数　　　　　表 7.7-5

聚合物类型	聚合物含量(%)	349-5.03 产量(t/h)(Gpm)	449-5.03 产量(t/h)(Gpm)	549-5.03 产量(t/h)(Gpm)
SBS	4~20	3~12(12~54)	10~30(45~135)	20~60(90~270)
SBS 颗粒	4~20	3~12(12~54)	8~30(32~135)	16~60(65~270)
SBS 碎屑	4~18	3~12(12~54)	8~30(32~135)	16~60(65~270)
APP 颗粒	10~25	5~6(22~45)	5~10(22~45)	10~20(45~90)
聚烯烃颗粒	5~12	3~6(22~25)	5~10(22~45)	10~20(45~90)
粒状废胶末	2~15	3~10(22~45)	10~30(45~135)	20~60(90~270)

③JMJ 胶体磨主要技术参数(表 7.7-6)

JMJ 胶体磨主要技术参数　　　　　表 7.7-6

规格型号	产量(t/h)	配用电机 型号	配用电机 功率(kW)	进口口径(mm)	出口口径(mm)	允许介质温度(℃)	转速(r/min)	外形尺寸(长×宽×高,mm)
JMJ5	5	Y225M-2	45	80	65	300	2 970	2 226×545×838
JMJ10	10	Y228M-2	90	80	70	300	2 970	2 584×660×865
JMJ20	20	Y315M-2	132	100	100	300	2 980	3 006×750×1 040
JMJ30	30	Y315L-2	200	150	125	300	2 980	3184×860×1 075

④HSC 胶体磨主要技术参数(表 7.7-7)

HSC 胶体磨主要技术参数　　　　　表 7.7-7

型号	磨盘可调距离(mm)	处理量(t/h)	电机功率(kW)	转速(r/min)	进出口尺寸(mm)	类型
HSC-003G	0.01~2	0.02~0.5	4	2 950	40/25	立式、卧式
HSC-004G	0.01~2	0.1~3	7.5	2 950	50/32	立式、卧式、分体式
HSC-005G	0.01~2	0.5~6	11	2 950	50/40	立式、卧式、分体式
HSC-006G	0.01~2	1~10	15	2 950	65/50	立式、卧式、分体式
HSC-01(02)G	0.01~2	5~20	18/22	2 950/1 400	80/65	卧式、分体式
HSC-03(04)G	0.01~2	10~40	30/37	2 950/1 400	100/80	卧式、分体式
HSC-05(06)G	0.01~2	20~60	45/55	2 950/1 400	125/100	卧式、分体式
HSC-08(07)G	0.01~2	30~80	65/70	2 950/1 400	150/125	卧式、分体式
HSC-09-G	0.01~2	40~90	75	2 950/1 400	150/125	卧式、分体式
HSC-10-G	0.01~2	90~100	90	2 950/1 400	125/100	卧式、分体式
HSC-20-G	0.01~2	100~120	132	2 950/1 400	150/125	卧式、分体式
HSC-30-G	0.01~2	120~140	160	2 950/1 400	200/175	卧式、分体式
HSC-50-G	0.01~2	140~200	200	2 950/1 400	250/200	卧式、分体式

7.8 沥青路面修补机

沥青路面在交通载荷和气候影响的作用下,随着时间的推移,路面状况和服务能力将逐渐恶化。为了保持沥青路面的使用性能和延长其使用寿命,在寿命周期各个不同阶段需要采用不同的养护维修措施。沥青路面的养护维修工作对保持路面的服务能力,延长寿命周期,改善行车噪声、振动等对周边环境的污染改善有着重要的作用。在我国高速公路建设初期,路面养护的工作量不是很大,人们容易产生重建设、轻养护的思想。但随着我国公路建设的重点逐步向中、西部地区转移,在发达的东南沿海地区将迎来一个路面养护维修的高潮,因而养护维修技术正日益成为人们关注的热点。沥青路面修补机是一种常用的公路养护设备,用于沥青路面的小修保养和修补坑槽等,已成为现代公路路面维修中不可或缺的设备。

7.8.1 概述

7.8.1.1 用途与作业对象

沥青路面在使用过程中,会产生诸如坑槽、裂缝、拥包、啃边、麻面、脱皮、松散等各种病害。在车辆不断撞击和雨雪侵蚀下,这些病害将迅速扩大,影响车辆正常行驶,造成更大面积的病害。沥青路面修补机械(一般称为沥青路面修补车)是一种专用于及时修补这些沥青路面损坏部分的工程机械。同时修补车又是公路沥青路面日常小修养护的多功能专用工具车,除了日常养护任务外,也可用于公路其他设施的维护,如交通设施的喷涂和清洗,除雪,清扫路面,清除杂草,喷洒药剂,栽植和修剪花草树木等工作,是公路养护管理部门重要的配套养护机械。

7.8.1.2 国内外沥青路面修补机械的现状及发展趋势

为了快速修补被损坏的沥青路面,以保持良好的道路状况,世界经济发达国家实现了沥青路面修补作业的机械化。早期国外沥青路面的养护作业也是采用多道工序多机流水作业的方式。在修补沥青路面损坏部分时,先用破碎挖掘机将损坏部分挖成规整的路槽,再用运料车运来沥青混合料将路槽填上,最后用小型压实机进行压实。这种单机方式方式作业占用设备多、耗费人力物力、大、作业周期长、养护成本高,后逐步被一机多能的综合修补机械所替代。一些欧美国家在20世纪40年代就着手研制各种类型的具有多种作业功能的沥青路面修补车。实践证明,多功能修补车适合沥青路面日常小修养护的需要,与不同工序单机分别作业相比有很大的优越性。因此,多功能沥青路面修补车,在世界各地得到普遍使用。国外沥青路面修补机械大多为自行式,用专用底盘或汽车底盘,将所需要的设备装置和作业机具组装在底盘上,由原底盘发动机提供动力或另设发动机,用以驱动各种工作装置与机具。

目前国外生产沥青路面修补车的企业以美国为最多,都具有一机多能、操作方便、作业速度快、养护成本低的特点。日本崛田铁工所研制的HMMA型道路保养车是一种液压驱动的沥青路面修补车,具有挖切坑槽、喷洒沥青、载运材料和滚动压实等功能。美国MULTICA特种车辆股份有限公司生产一种具有清扫、冲洗、除雪、剪草、喷洒沥青、自装自卸等多种功能的道路养护机。前苏联、瑞典等一些国家也研制和生产了各种类型的沥青路面修补车。目前,一些国家和地区仍在继续研制性能更为先进的新型沥青路面修补机械,并采用高科技机电液一体化等新成果,使之具有更强的作业能力。以下为国外各种的沥青路面修补机的介绍。

(1)拖挂式沥青路面修补车

拖挂式沥青路面修补车(图7.8-1)的作业特点:主要是装载修补材料,一般不需要搭载作业工具,而作业工具如铲及夯实机具等由主牵引车载运,修补时的取料由人工铲取,取料口位于料箱侧底部。该修补车结构简单,成本低。该沥青路面修补机的适用范围:适用于普通公路,乡村道路及其交通流量不大的高等级公路养护。有的拖挂式沥青路面修补车机架上还配置有一个小型沥青罐,在主车的拖引下可在一定距离内小范围的进行沥青路面维修保养。

(2)带保温箱的沥青路面修补车

带保温箱的沥青路面修补车的特点:带有能保温的沥青混合料储箱。箱体后部设有出料口,还挂有手工工具,如挖铲、取料工具、压实工具等。当修补需要填补用料时,打开出料门,人工取料,并将料填入修补处,再用压实工具压实平整即完成修补作业,如图7.8-2所示。箱体和工具等可组成一整体,安装在卡车底盘上。修补车没有任务时,取下箱体后可恢复卡车的功能。

图7.8-1 拖挂式沥青路面修补车

图7.8-2 带保温料箱的沥青路面修补车

(3)带保温料箱和沥青罐的沥青路面修补车(一)

图7.8-3是一种带保温料箱和沥青罐的沥青路面修补车。沥青罐内可装入热沥青或乳化沥青,修补时先喷洒黏结油,可使修补更牢固。料箱内存放热沥青混合料或干碎石料。可进行不同工况的修补,即将沥青混合料直接填入修补处,或干碎石用于分层铺修补。

(4)带保温料箱和沥青罐的沥青路面修补车(二)

图7.8-4是另一种带保温箱和沥青罐的沥青路面修补车。其特点是:沥青贮箱和混合料贮箱组合成一个整体,下部为V形沥青箱,上部为混合料箱。V形沥青箱下部有加热管道,燃烧加热后的热烟气流经管道对沥青进行加热,热沥青通过上箱壁对沥青混合料进行加热保温。箱体尾端有液压操纵阀及悬挂的液压镐和压实工具等。可用液压镐破碎挖掘修补槽,混合料贮箱底部是液压驱动的螺旋输送器,当需要填补料时,由螺旋输送器将混合料送出。将热混合料填入坑槽刮平压实即完成作业。

图7.8-3 带保温料箱和沥青罐的沥青路面修补车(一)

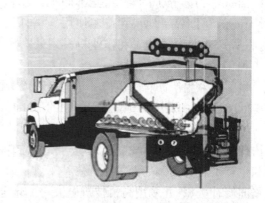

图7.8-4 带保温料箱和沥青罐的沥青路面修补车(二)

(5)电加热沥青路面修补车

图7.8-5是另一种带保温料箱的沥青路面电加热修补车。电加热修补车安装有电加热储料箱,可保持混合料的温度,并配有材料滑槽和废料仓。所需的工具放置在人员易于接近的位置,液压夯板和破碎工具放置在液压升降台上。运输时可将升降台升高以避免损坏。修补车后部设有交通指示标牌,保证作业时的交通安全。电加热修补机可组装在载货汽车或拖车底盘上,根据不同的用途配置不同的料箱。修补车还带有液压(或气动)镐,振动夯板或手扶振动压路机。作业时用液压镐破碎挖掘整理修补槽,喷洒黏结油,填入热沥青混合料,用压实工具压实平整即完成作业。

(6)单人操纵的沥青路面修补车

图 7.8-6 是一种单人操纵的沥青路面修补车,作业时只需驾驶员一人在驾驶室内操作。全部工作装置位于驾驶室前端,保温混合料箱固定在驾驶室后汽车大梁上。混合料底部有螺旋输送器,送料器送出的料落在皮带输送机上向前输送到汽车前部卸于路面修补处。皮带输送机前端装有沥青喷洒管,压缩空气喷吹管及振动夯板等。皮带输送机可在汽车前部左右摆动及前后伸缩,以便作业位置的对位,且驾驶员在驾驶室内观察操纵方便。

图 7.8-5　电加热沥青路面修补车

图 7.8-6　单人操纵的沥青路面修补车

(7) 带红外线加热装置的沥青路面修补车

图 7.8-7 是一种带红外线加热装置的沥青路面修补车。普通带保温箱的沥青路面修补车所装沥青混合料虽然是热的,但在寒冷季节及雨天等不能进行有效地作业。而带有红外线加热装置的修补车可不受气候的影响,实现全天候作业。液化气红外线加热板可将沥青路面加热软化,无需挖掘清渣,填入沥青混合料整平压实后即完成修补作业。这种设备作业工效高,操作人员少,修补质量好。

(8) 喷射式沥青路面修补车

喷射式沥青路面修补车属于冷补作业法。作业时无需对待补坑槽进行挖掘开凿,只需对坑底进行清吹除尘,并喷洒乳化沥青,然后用压缩空气输送集料,其在混合管中与乳化沥青混合后喷入坑槽内并填平。由于喷射是在一定压力下进行的,填补层有一定的密压度,所以无需碾压,短时封闭即可通车。该修补方法与其他方法相比,不仅修补工效高,质量好,而且可减少因作业引起的交通阻塞,另作业不受阴雨天气等影响。图 7.8-8 是在前部进行作业的喷射式沥青路面修补车,图 7.8-9 是在尾部进行作业的喷射式沥青路面修补车。

图 7.8-7　带红外线加热装置的沥青路面修补车

国外沥青路面修补机械的发展趋势,主要表现在以下几个方面:

图 7.8-8　前部作业的喷射式沥青路面修补车

图 7.8-9　尾部作业的喷射式沥青路面修补车

① 致力于生产或研制公路养护机械专用的底盘。
② 追求性能先进、操作可靠、作业安全。
③ 结合养护工艺尽量做到一机多能,以满足各种养护作业的需要。

④随着沥青冷补材料的使用,已开发出与之相适应的养护机械。
⑤各种操纵与控制实现自动化。
⑥注重控制废气排放,回收利用旧的沥青路面材料等,以解决环境污染的问题。

20世纪70年代初,我国有些省、市公路交通部门已研制出了多功能沥青路面修补车。但大多是将沥青加热装置、砂石料烘干机及混合料拌和装置组合在车上,基本上是一部移动式的沥青混合料搅拌车。实践证明,这种修补车是不适合沥青路面日常维修养护用的,主要缺点是效率低、耗能多、质量难保证、可靠性差、管理不便等。这种修补车很快就被能携带热沥青和已拌制的热沥青混合料,并能输出动力驱动各种作业机具的多功能修补车所代替。到了80年代初,沥青路面修补车的研制与生产有了很大的进步,研制并生产出多种类型的拖式和自行式的沥青路面修补车。自行式的主要选用国产通用汽车底盘,采用电动或液压传动方式。随后许多国家的路面修补车及其技术相继进入我国,促进了我国沥青路面修补车的发展。国内有的厂家现已研制出性能类似国外的沥青路面修补车投入市场。

目前我国研制和生产的各种不同类型的沥青路面修补车技术水平在不断提高,但市场需要量还不大,还没有形成大批量生产,随着我国公路交通事业的发展,对沥青路面修补车的需要量将不断增加,技术水平也将不断提高。

我国的沥青路面修补机械的发展方向如下:
①提高可靠性。我国目前生产的沥青路面修补车与国外产品比较,主要缺点在于整机和主要工作装置的可靠性差,故障多。所以,首先要抓好产品质量,提高可靠性,选用性能良好的底盘和配套件,完善保修系统,做好零部件供应和售后服务。
②增加品种型号。研制与生产各种类型的沥青路面修补车,以适应不同的需要。
③一机多能。根据沥青路面小修养护作业项目多、工程量少的特点,应该尽量增加沥青路面修补车的功能,充分做到一机多用,不但能完成沥青路面的修补作业,还能进行公路其他设施的维修,以提高机械利用率和公路养护生产效益,降低公路养护成本。
④采用国内外先进的技术和新的科研成果,结合养护工艺,不断改善和提高沥青路面修补车的使用性能,保证工程质量和生产安全,并做到便于操作,节省能源,保护环境。

7.8.2 沥青路面修补机的分类、特点及适用范围

7.8.2.1 沥青路面修补车的分类

(1)按载质量分

由于目前国内生产的沥青路面修补车,一般均选用通用汽车底盘,因此可按汽车底盘载质量的大小,相应地将沥青路面修补车分为小、中、大三种类型:小型:载质量小于3t;中型:载质量3.5t;大型:载质量大于5t。

(2)按行驶方式分

按行驶方式的不同,沥青路面修补车可分为拖式和自行式两种。

①拖式沥青路面修补车:这种修补车是将各种设备和装置安装在拖挂底盘上,一般情况用自备的发动机输出动力驱动各种装置和机具,由汽车或拖拉机牵引到路上进行养护作业。

②自行式沥青路面修补车:这种修补车是将各种设备和装置安装在汽车底盘上或专用的自行式底盘上,作业动力系统有从底盘主机取出动力和独立发动机两种。国内外生产的沥青路面修补车大部分是自行式的。

(3)按传动方式分

按传动方式的不同,沥青路面修补车可分为机械传动式、液压传动式、电传动式、气压传动式及综合传动式五种类型。

(4)按发动机类型分

按发动机类型的不同,沥青路面修补车可分为汽油发动机沥青路面修补车及柴油发动机沥青路面修补车两种。

7.8.2.2 各类沥青路面修补车的结构特点

拖式沥青路面修补车具有结构简单、不进行养护作业时不占用牵引动力的特点,但机动灵活性和操作条件差。自行式沥青路面修补车具有机动灵活、便于操作的优点。机械传动直接驱动工作装置的方式已逐步被淘汰。气压传动因其效率低、振动大、不易控制和操作而不多采用,仅用于喷洒沥青和清扫路面。液压和电力传动具有简单方便、容易控制和操纵的特点,是沥青路面修补车常用的传动方式。其中,由发动机驱动发电机,在用电能驱动作业机具的传动方式,布局简单、使用方便,更适合公路养护及时、快速的需求。

7.8.2.3 沥青路面修补车的适用范围

依据公路技术等级、质量状况和数量多少的不同,选用不同类型的沥青路面修补车。高等级沥青路面公路里程在300m以上的,适合使用自行式大型沥青路面修补车;自行式中型沥青路面修补车适用于公路里程为200~300km的高等级沥青路面小修养护;公路里程为200km以下的高等级沥青路面适合使用自行式小型沥青路面修补车;一般沥青路面日常养护适合使用小型自行式沥青路面修补车和拖式沥青路面修补车。

沥青路面修补车除了用于沥青路面日常养护外,也可用于公路其他设施的维修,诸如交通工程设施的喷涂和清洗、除雪、清扫路面、剪除杂草、喷洒药剂、栽植和修整花草树木等工作。

7.8.3 沥青路面修补车构造及工作原理

7.8.3.1 一般结构

沥青路面修补车一般由基础车、动力设备、传动系统、装运和制备材料装置、作业机具、操纵及控制机构等部分组成(见图7.8-10)。

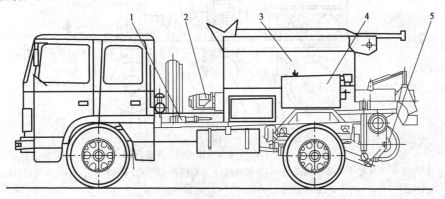

图7.8-10 沥青路面修补车外形图
1-液压冲击镐;2-螺旋输送器;3-料箱;4-液压系统;5-碾压系统

基础车提供人员乘坐、操作驾驶、承载所用的设备、装置、材料和机具。动力设备有发动机、发电机、空气压缩机、液压泵、沥青泵、水泵等。装运和制备材料装置有沥青罐、混合料箱、油箱、水箱、拌和机等。作业机具主要有破碎挖掘、压实、喷洒、清扫、加热等机具。

由于沥青路面修补车的类型和功能不同,其动力源也各异,自行式修补车可利用基础车发动机或自备发动机两种,拖式修补车必须是自备发动机。

利用基础车发动机提供动力的修补车其功率一般均能满足各工作装置和机具的需要,因为进行养护作业时,修补车处在低速或静止状态。若自备动力,一般为最大负荷的1.2~1.5倍。由于修补车是一种专用工程车,除了行驶转移和巡查路况外,主要是通过提供动力驱动各种机具完成路面的修补作业,所以选用的基础车动力或自备动力以柴油发动机为宜。

如前所述,沥青路面修补车的各种工作装置和机具的驱动方式主要有机械式、液压式、电力、气压等传动方式。

通常来自基础车取力箱的动力驱动液压泵或发电机、空压机,再由液压气压或电力驱动工作装置和机具;也可以直接驱动发电机,再由发电机提供的电力驱动液压泵、空压机、电动机具及加热装置。自备动力的修补车,多采用小型发电机组或全液压传动。

7.8.3.2 拖挂式沥青路面修补车

拖挂式沥青路面修补车一般由拖车底盘、动力设备、各种工作装置和作业机具组成。拖车底盘可选用一般挂车底盘,也可自行设计制造。

(1)拖挂式风动沥青路面修补车

拖式沥青路面修补车是将柴油发动机、混合料拌和筒、空气压缩机、沥青箱、集料箱等组装在3t挂车上,并配有风镐、风枪、沥青喷洒器、碾压砣等作业机具。这种修补车能够进行挖坑、清理、将沥青与砂石搅拌成混合料、喷洒沥青、压实沥青混合料、清扫等沥青路面修补作业,载有一定数量的沥青和砂石料,能对沥青和拌和筒进行加热。当要进行沥青路面修补作业时,柴油发动机通过传动系统驱动空气压缩机,压缩空气经储气筒驱动各种风动机具,并可向沥青箱、燃油箱加压,以便进行喷洒沥青、燃烧加热;由传动箱带动拌和筒转动和混合料,用风镐挖掘坑槽,将混合料填入坑槽内,用风砣压砣压实。

(2)拖式电动气动组合型沥青路面修补车

这种类型的多功能沥青路面修补机械是将空气压缩机、柴油发电机组、乳化沥青罐、料斗、拌和筒、工具箱等设备和装置安装在3.5t拖车底盘上,如图7.8-11所示。车上还带有风镐、冲击夯、振动压实砣、路面加热器、清扫器、手持喷枪等作业机具。

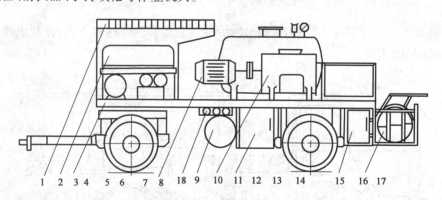

图7.8-11 DY15型沥青路面修补车示意图

1-防雨篷;2-座椅;3-底盘;4-气泵电机;5-发电机;6-气泵;7-柴油机;8-减速机;9-储气筒;10-拌和机;11-工具箱;12-加热器;13-沥青罐;14-料斗;15-工具箱;16-压实器;17-冲击夯;18-气液输出装置

该修补车由发电机输出电力驱动各种电动机具和空气压缩机,再由压缩空气驱动各种气动机具,进行路面清扫、挖掘坑槽、喷洒沥青、路面加热、拌和乳化沥青混合料、填补坑槽、压实路面等沥青路面养护作业。

乳化沥青的输送与喷洒采用气压方式,通过开关可控制乳化沥青喷洒量。使用电能外加热器对沥青路面的局部加热可在环境温度较低情况下进行养护作业。

如图7.8-12所示为HR21型拖式沥青路面修补车。它是一种连续作业的沥青路面罩面养护组合设备,已在美国和加拿大等国使用,在沥青路面养护作业时可一次完成沥青喷洒、矿料摊铺和碾压作业,由计算机实现自动控制。

HR21型修补车的后部有一个接料斗,养护所需要的矿料由运料车运来,卸入接料斗内。中部是储料斗,卸到接料斗的矿料通过皮带输送机送进储料斗内。储料斗下部装有矿料撒铺系统,有7个各自独立的撒料斗门,口料的撒铺量由计算机控制。储料斗的前部有一根沥青喷洒管,用安装在机架上的沥青泵进行喷洒沥青的作业,沥青由专用沥青罐车供给。沥青喷洒管有7个各自独立的喷嘴,与7个矿料斗门相对应,沥青的喷洒量同样由计算机控制。修补车后部有3个压实碌,前排2个后排1个,呈三角形排列,可对作业宽度内进行一次压实。当修补车转移工地时,用液压缸将后轮压下,使压实轮离开地,即可拖走。

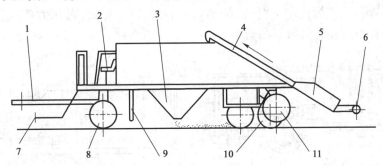

图 7.8-12 HR21 型沥青路面修补车
1-牵引杆;2-乘座;3-贮料斗;4-皮带输送机;5-接料斗;6-挡滚;7-标志杆;8-前轮;9-沥青喷洒管;10-压实滚;11-后轮

HR21 型修补车前边有一根标志杆,可用来指示作业范围和前进方向。当修补车被拖到路面修补处时,通过标志杆驾驶员可观察到修补作业的范围,再通过操作系统实现全宽度内或部分宽度内的修补。作业总宽度为210cm,工作速度为2~3km/h,转移拖引速度为20km/h。计算机根据修补车作业时的行走速度自动调节沥青泵转速和矿料斗门开度大小,实现沥青砂石料计量控制,以保证修补路面的质量。这种修补车每台班罩面修补沥青路面 8 000~12 000m²,其生产率较高。

7.8.3.3 自行式沥青路面修补车

沥青路面日常修补工作量少、作业地点分散,要求做到及时、快速修补。自行式修补车适合沥青路面的日常养护作业要求。

(1)电动型沥青路面修补车

JY-4 型电动沥青路面修补车的构造如图 7.8-13 所示,该修补车工作量是可养护 300km 高等级公路沥青路面。其中选用了 CA15D2 底盘和 6102Q 型柴油发动机,其除双排座驾驶室、取力箱和传动系统安装在原车底盘上外,其余的设备与装置均安装在机架上,再用螺栓将机架固定在原车大梁上。主要设备与装置有:20kWSTC—20 型发电机及其配电系统,容量为1t的青罐罐、沥青泵及其操作系统;容量为2t的混合料箱、石料箱及工具箱;空压机及其配气系统等。修补车上配备的机具有手持沥青喷枪、清扫器、振动夯板、远红外路面加热器、电动铲等电动或气动机具。工作中,该修补车由取力箱从基础车变速器取出动力,通过传动系统驱动发电机,再由发电机通过配电系统带动所有设备,机具及照明等,能完成路面清扫、铲挖、加热、喷洒沥青、输出混合料、夯实等作业。这种类型的修补车具有机动性好,乘坐舒适,容量大,适合于公路的日常养护。图 7.8-14 所示为利用电力来驱动各工作装置工作的 LY-10 型

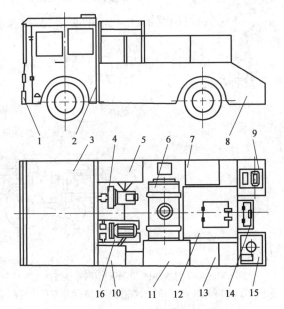

图 7.8-13 JY-4 型电动沥青路面修补车简图
1-驾驶室;2-机架;3-顶盖;4-发电机;5-配电柜;6-沥青罐;7-工具箱;8-围板;9-振动夯板;10-配电柜;11-沥青泵箱;12-混合料箱;13-工具箱;14-出料口;15-路面加热器;16-空气压缩机

沥青路面修补车结构图,各工作装置和机具均由通过基础车变速器的取力器,经皮带传动驱动的发电机所提供的电力驱动。该沥青路面修补车选用 NJl061DASX 双排座柴油机二类汽车底盘为基础车,其主要工作装置和机具由混合料箱、混合料拌和机、沥青罐、振动碾压滚、冲击夯、电镐、路面加热器、材料转运车等组成。该车具有装运沥青混合料与级配砂石料、开挖沥青路面、夯实坑槽、碾压路

面、搅拌沥青混合料、喷洒沥青、加热路面、再生利用旧沥青路面材料、废气清洗沥青管道、余热加热沥青、为养护机具提供电能、工地材料转运、公路巡查等功能,能满足沥青路面修补作业要求。整车布局合理,施工转移快,操作方便备有废气、废热利用装置,且消耗低,操作方便,适合公路养护使用,是一机多功能的沥青路面综合修补设备。

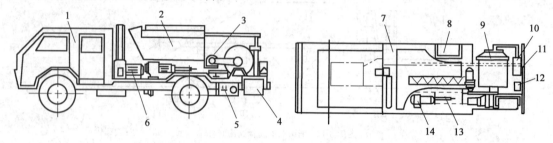

图 7.8-14 LY-10 型沥青路面修补车结构简图

1-基础车;2-混合料箱;3-拌和电机;4-振动碾压滚;5-冲击夯;6-发电机组;7-沥青罐;8-配电柜;9-拌和机;10-燃烧装置;11-沥青喷管;12-起重器;13-电镐;14-电机

(2) 液压驱动型沥青路面修补车

图 7.8-15 为液压驱动型修补车结构示意图。该修补车选用 5t 柴油汽车底盘改制而成,其主要的工作装置有:

①料箱:可自卸,也可人工卸料。箱内有隔板,可装运 2.5t 不同规格的沥青混合料或石料。

②拌和装置:该装置由可转动的保温拌和筒、柴油燃烧加热及温度显示与控制装置组成,用以拌和沥青砂石混合料。拌和筒内有一对叶片和一对耙,由液压马达驱动实现正转拌和、反转出料。

③沥青喷洒装置:由沥青保温箱、沥青泵、阀与管道、沥青喷枪组成。利用发动机余热使泵、阀保温。利用底盘车气压缩空气清除管道、喷枪内的剩余沥青。

④碾压装置:由钢辊、可收放的辊架、刮板及油水淋洒装置组成,用来对摊铺开的小面积热沥青混合料进行压实。

⑤液压镐:该液压镐为国产 PPSY6 型,装在车右后部,配有 8m 长的高压软管,可用来破碎已损坏的小面积沥青面层。

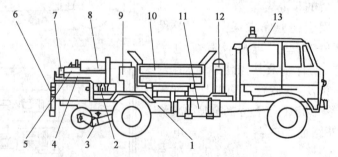

图 7.8-15 液压驱动型沥青路面修补车外形图

1-5t 柴油汽车底盘;2-操纵手柄;3-碾压机构;4-燃烧加热柴油箱;5-温度显示器;6-液压镐;7-沥青保温喷洒装置;8-拌和装置;9-油水箱;10-自卸车箱;11-液压油箱;12-备用胎;13-平头双排座驾驶室

该修补车能装运沥青路面养护材料和各种冲击夯,能进行路面挖掘、材料拌和、路面修补后的压实等项作业。整机采用全液压传动、效率高、操纵方便、灵活可靠。

图 7.8-16 为带有保温料箱液压驱动型沥青路面修补车结构图。该修补车主要由容积为 $1.8m^3$ 的保温箱料及螺旋输料器、300L 的沥青箱及沥青泵、加热器、沥青喷枪、清洗箱、液压系统及组合控制阀、液压镐、碾压系统等组成,其结构布局和图 7.8-15 相似。该修补车的各种装置采用全液压传动,不仅能装运养路材料,还能完成旧沥青路面的破碎、凿边、挖掘、喷洒沥青、填补坑槽、压实补修路面等养护作业项目。该机的主要特点是行驶可靠,功能齐全,但压实作业时灵活性差。

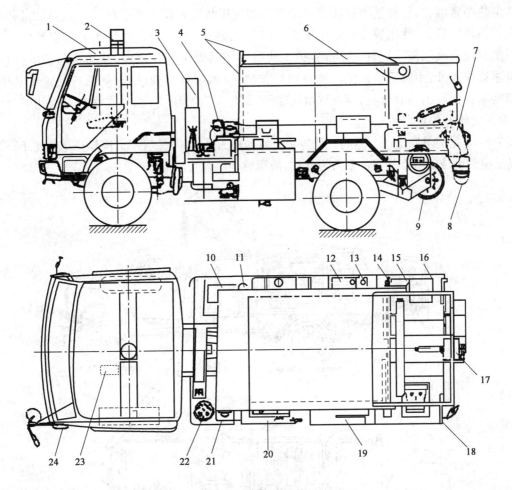

图 7.8-16　带保温料箱型的液压驱动修补车

1-底盘车；2-警视灯；3-备用胎；4-复原器；5-油杯；6-混合料斗；7-尾门；8-油槽；9-滚轮；10-液压油箱；11-液压镐；12-水箱；13-柴油箱；14-料斗拉手；15-后控制箱；16-分配器手柄；17-注油嘴；18-按钮；19-工具箱；20-沥青箱；21-冲洗油箱；22-煤油燃烧器；23-驾驶室；24-手柄

日本崛田路面修补车是在日产三菱载货汽车二类底盘上改装而成的，其结构与图 7.8-16 相类似。柴油发动机是修补车总的动力，除了驱动整车行驶外，还由变速器取出动力驱动液压泵，以提供液压动力，液压系统最高工作压力可达 100MPa，用液压动力驱动各种液压机具和装置。驾驶室内装有操纵各种作业机具的控制系统和用于离合动力输出的手柄车的中部是一个带有密封盖的混合料箱，其底部有螺旋输送器，以输出混合料，出料螺旋由液控制阀控制。车的左侧设有煤油燃烧器、煤油箱、冲洗油箱、沥青箱及手持沥青喷枪等。碾压碌装在车后轮后部的车架下方。车的右侧装有液压箱、液压镐、水箱、柴油箱及后部控制箱等。崛田修补车用液压镐完成路面铲挖和破碎。沥青箱内装有液态沥青，使用时可先用煤油燃烧器进行加热升温，然后用喷枪进行喷洒作业。料斗内装有拌和好的沥青混合料，用时经螺旋输送器推出，用以填补挖好的坑槽，整平填补料后，用液压缸使压实碌着地并将车后轮升起，开动整车对填补处进行压实。为了不使沥青管路因沥青凝结而堵塞，采用发动机排出的废气或用清洗油清洗。该修补车的主要特点是机动灵活、速度快、功能多，便于坑槽修补作业。

图 7.8-17 为美国俄亥俄州公路养护部门生产的一种全液压沥青路面修补车，该修补车将各种设备、装置组合在汽车底盘上，采用全液压传动方式。车上装有保温储料

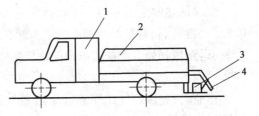

图 7.8-17　全液压沥青路面修补车示意图

1-沥青箱与液压装置；2-保温储料箱；3-液压镐；4-卸料槽

箱可携带热沥青混合料，驾驶室后部装有沥青罐和液压装置。车上配备的液压机具和液压操纵机构集中安装在车的后部，使用较方便。压实作业使用内燃机夯板，夯板悬挂在尾部框架内，方便取放。车的左侧悬挂有液压镐等机具。进行养护作业时将车驾驶至修补地点，开动交通警示控制标记，尾部尽量靠近作业处，用液压镐铲挖坑槽并切边整形，取出废料，向坑槽内喷洒热沥青或其他黏结剂，驱动螺旋输料器取出热混合料，填入坑槽内整平，用振动夯板压实，然后在修补处周边喷涂沥青等黏结剂，即完成修补作业。

图 7.8-18 是前苏联生产制造的一种多功能沥青路面日常养护工程车，该修补车是在 TA3-53A 型汽车底盘上组装而成的。修补车的动力为电动、液压驱动综合式。

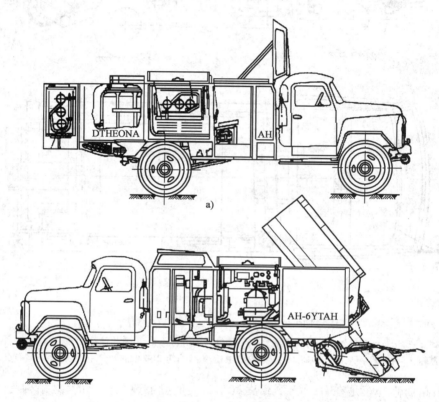

图 7.8-18　前苏联生产制造的一种沥青路面修补车

为了驱动空压机、振动压实磙、电镐等电动机具，修补车装有 4kW 的汽油发电机来提供电源，所有电器设备均有可靠的绝缘控制，并通过仪表能自动切断发电机激磁线圈电路。液压系统使用的液压泵由装在汽车变速器上的取力器驱动，提供液压动力，驱动各执行机构的液压油缸。

在可拆卸的车箱内装有养护沥青路面的各种装置与机具，车厢前部为 3 座位的驾驶室，驾驶室内设有操作人员与驾驶员联系的信号装置。车厢上有升降挡板、侧门，供操作人员进出。除了汽油发电机组外，车箱内还装有空气压缩机、保温料斗和液化石油气瓶等，配备的机具有燃气红外线路面加热器、电镐、电锤、电动振动磙等。

路面加热器是由专用外壳和燃气喷灯组成，加热面积为 $1.8m^2$，用点火器点燃。保温料斗内能装 $0.8m^3$ 的混合料，有较好的保温性能。卸料时可操纵液压油缸使料斗向后倾斜，同时用小运料车接装混合料，运到修补处。手扶式电动振动压实磙固定在可翻转的挡板上，通过液压油缸使挡板翻转卸下或装在车箱内。

作业时，先用燃气红外辐射加热器加热要修补的路面 3～5min，使 3～5cm 深处温度达到 120～160℃，再掺拌一些新的沥青砂石混合料，用整修工具将拌和好的路面材料整平，再用振动磙压实，也可以用电镐铲除旧路面材料，挖好坑槽，填上新的混合料并整平压实。路面清扫、喷涂交通工程标法的装置和设备均使用空压机提供压缩空气。

（3）气动式沥青路面修补车

图 7.8-19 为美国 E·M 公司制造的气动沥青路面修补车,该修补车是一种多功能的自行式沥青路面日常维修工程车,以压缩空气为动力,除了能进行修补沥青路面的各种作业外,还能进行扫雪、撒砂、喷漆、拆除小型构造物等作业。车上设有操作人员的乘座,能装载一定数量的养路材料,并配备有各种风动机具,一次可完成多种作业,改变了各种机具循环作业方式,提高了工效,节省了人力。这种气动修补车是将所需要的设备、装置和机具组装在一部汽车底盘上,在驾驶室后部并列安装沥青箱和空气压缩机。空压机和贮气罐为风动机具提

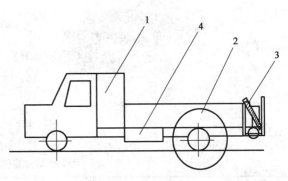

图 7.8-19　美国 E.M 公司气动修补车示意图
1-左侧为沥青箱、右侧为空压机;2-材料箱;3-手扶式振动压路滚;
4-水箱、液化气罐

供气动力。沥青罐与喷洒装置相接;车的后部为料箱,用以存放养护用料及回收旧料。压实用的手扶式振动压路机挂在车厢的后端,加热用的液化罐和水箱安装在车架的侧面。

修补车上的空压机用一台汽油发动机驱动,利用压缩空气驱动风镐可对旧路面进行破碎挖掘、拆除小型构造物及清除碎渣和尘土;压缩空气进入沥青罐内,利用气压喷洒沥青或喷洒油漆及药剂。用液化气加热装置对路面和沥青进行加热,使之在气温较低时也能进行养护作业。

（4）加热型沥青路面修补车

加热型沥青路面修补车如图 7.8-20 所示,作业时用液压油缸将加热器放下,对旧路面进行加热,使之软化,便于铲挖和填补作业。车上装有各种机具和装置,从驾驶室后部开始依次排列有：沥青箱、平台、侧卸料斗、工具箱等,由于装置比较多,修补车车架采用加长型梁。沥青箱能储存 2t 沥青,沥青箱的顶面及两端均有阀门,便于沥青的注入与流出,沥青箱内附有丙烷燃气红外线加热装置,使沥青保持在使用温度以内。沥青箱后面为平台,平台装有振动夯板及交通控制标志等。平台下面为存物箱,用来存放工具等物。平台后部为丙烷燃气罐,以供沥青箱和路面加热器燃烧用气。与丙烷气罐相邻的是侧面卸料的料箱,用液压油缸使其一端升起,向另一端倾斜出料。车的最后面有左右两个工具箱,存放一些必要的工具。

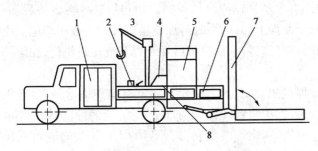

图 7.8-20　美国加热型沥青路面修补车示意图
1-沥青箱;2-平板夯;3-起重架;4-丙烷气罐;5-侧卸料箱;6-工具箱;
7-红红外线加器;8-平台

7.8.3.4　PM 型沥青路面修路王

PM 型沥青路面修路王是南京英达机械制造有限公司制造的沥青路面加热修补设备。它能在施工现场对需修补路面进行加热,加热后对坑槽及破损面的挖掘整理很简易,设备携带有乳化沥青及热沥青混合料,它可以在任何时间、任何地点、任何气候条件下对沥青路面的破损进行维修养护。由于采用热补方式,新旧料的黏接牢固,修补质量可靠,延长了道路的使用寿命。

（1）主要技术参数

PM 沥青路面修路王有两种结构型式（见图 7.8-21）,其主要技术参数如表 7.8-1 所示。

图 7.8-21 PM 型沥青路面修路王外形图
a) PM400-48TRK 型；b) PM200-36TLR 型

PM 型沥青路面修路王技术参数表 表 7.8-1

型号		PM400-48TRK	PM200 36TLR
结构		车载式	拖挂式
底盘		平头载重车 总质量 15 000kg 发动机功率 142kW	
加热板	面积（mm²）	1 830 × 2 440	1 830 × 1 830
	热能（10/m²h）	169 886 ~ 450 986	169 886 ~ 450 986
液化石油气罐		1 100L	528L
储料仓	容积 m³	3.06m	1.34
	温度（℃）	38 ~ 144	38 ~ 144
乳化沥青罐（L）		163	132

(2) 主要结构及特点

修路王具有加热、耙松、载料、喷洒乳化沥青等功能。由载重车底盘、混合料储箱、液化石油气罐、加热板、液压系统及操纵控制装置等组成。修路王用于沥青路面坑槽、龟裂、裂缝、拥包等病害的维修养护。高效热辐射加热板能使沥青路面在 3 ~ 5min 内软化，实现快速修补，节省材料，是一种高效节能型沥青路面修补设备。

高效热辐射加热板是该公司的特有技术，以液化石油气燃料的 100% 热辐射加热式"辐射墙"加热速度快，温度可按需要控制，加热板分为 4 个独立的加热区，作业时可根据修补区面积的大小选择加热区的个数，单区独立作业或多区组合作业，加热方式有手动操作或自动控制。加热板悬挂在设备后部，通过液压油缸控制其升降，作业时加热板下降平放于路面上部，运输时将加热板提升并立放于车尾。加热板可左右横移和回转一定角度，使加热板易于和修补区对位。加热板后端装置有液压疏松耙，在修补区被加热后，可用疏松耙进行耙松作业。

混合料储箱为 V 形双层结构，中间带有 25mm 厚的隔热保温层；储料箱下部有螺旋输送器，由液压马达驱动螺旋桨旋转，将箱内混合料送出，螺旋上方有保护装置，以防止加料时对螺旋的冲击；箱内有 4 个 15825kJ 的红外加热器，可对箱内的混合料进行加热，实现恒温控制；破碎后的大块旧混合料可直接加入箱内，经加热器加热升温到适宜的工作温度，实现旧料的再生利用。加热器采用美国热力公司独特的射线型红外加热器，使沥青的加热均匀。

(3) 修路王的作业工序

①将加热板放置于待修补区上部，并调整到合适位置；
②用加热板加热修补处路面，一般经 3 ~ 5min 后路面被软化；
③耙松被加热软化的路面；

④喷洒乳化沥青;
⑤从混合料储箱中输出新的混合料并填入修补处;
⑥将补后的沥青混合料搅拌摊平;
⑦将摊铺后的沥青混合料压实。

采用上述工序,若修补面积为 1.5m×1.5m、深度为 5cm 的坑槽,大约需 15min 即可完成。

7.8.4 选型原则与步骤及总体设计

7.8.4.1 选型原则与步骤

选用沥青路面修补机的主要依据是公路的技术等级、质量状况和维修数量的大小。不同类型的沥青路面修补车的底盘、结构、功能及配备的机具不同,其具体使用技术也有所不同,修补车的使用应遵照使用说明书的有关规定。在实际使用中应遵循以下步骤:

(1) 技术培训

使用修补车除了至少有 1 名正式汽车驾驶员外,还要有根据修补车所要求的数名修补作业操作人员,这些人员必须经过专门的业务技术培训,了解修补车结构和工作原理,在使用中能够熟练操作、保养作业、排除故障。

(2) 出车前的检查

每次出车上路进行沥青路面修补时,出车前都要进行认真检查,检查内容有以下几方面:
①按规定进行车辆的例行保养;
②检查液压油、燃料油、润滑油、清洗油及水是否加到要求的数量;
③装入修补沥青路面需要的砂石料、混合料、沥青等材料,能满足作业的使用;
④检查所有的作业机具是否齐全,安放是否牢固。

(3) 基础车

自行式沥青路面修补车的基础车,一般都是选用通用的载货汽车作为基础车,所以有关使用技术及新车检查、磨合、驾驶与操作、保养要按基础车技术标准和使用说明书中的规定执行。拖式沥青路面修补车的使用技术按照全挂车的标准与使用说明书进行。

(4) 主要工作装置

修补车在路上行驶进行路况巡查和长距离转移时,除行驶以外的动力装置要停止工作,取力器与基础车变速箱脱开。修补车在进行作业前,先将动力装置发动,待运转和输出动力正常后再开始工作。各使用动力的装置和机具应尽量避免同时启动使用,总负荷要低于动力输出功率,并尽量减少有动力输出无负荷的时间。取力器挂上挡后,要避免发动机空转,以免降低油泵使用寿命和引起故障。

(5) 混合料箱

①装入混合料箱的混合料温度不能低于要求的使用温度,一般在150℃以上。
②装混合料时,料门或箱盖要全打开,对准进料口进料,防止混合料散落在箱外。
③及时关闭斗门或箱盖,以便保温和防止杂物混入料箱内。
④收工回到住地,要把剩余在箱内的混合料全部排除干净。
⑤及时清除黏结在混合料箱内内壁的残余混合料。

(6) 沥青罐

①向罐内装沥青时,先将沥青罐放气孔打开,确定沥青泵、管路、阀门都通畅,无凝结沥青后开动沥青泵,吸入管头要有过滤器。
②装入罐内的沥青,除了质量性能指标符合要求外,其温度也要达到要求,一般石油沥青在160℃以上。
③装入罐内的沥青的数量达到总容量的80%即可,最低液面应使加热管路在沥青面以下100mm。
④修补车行驶中不能对罐内沥青加热,停车后才能加热。加热时要打开放气孔,并调节阀门启动沥

青泵,使沥青在罐内循环,在动态中加热,以利热交换,使沥青均匀加热。

⑤每个工作台班结束前,要将罐内剩余沥青排除干净,并调节阀门用清洗油将沥青泵、管路、阀门洗净,不能有残余沥青。

(7)拌和装置

①在进行混合料拌和前,要启动拌和装置空转几分钟,待运转平稳后,再投入混合料拌和。

②混合料拌和均匀后,要当即出料,不能久留在拌装置内。

③不连续进行拌和混合料时,要将拌和装置内残留的混合料清除干净。

(8)作业机具

①修补车上所配备的各种作业机具的使用技术,均要遵照各种机具的使用说明书进行。

②各种作业机具在修补车行驶和转移时,都要安放在固定位置,并且要锁紧牢固,行进时不能发生撞击。

③收工时,要将各种作业机具清理干净,不能黏结沥青或污物。

7.8.4.2 总体设计

1)基本要求

(1)机动灵活。要具有一般汽车或挂车装载和行驶的各种性能,符合一般运输车辆的一切技术要求。

(2)安全可靠。在行驶和作业工程中,要保证操作人员和机具的安全,并且不妨碍其他交通安全。

(3)功能齐全。要充分做到一机多用,满足养护沥青路面的要求,不仅能装载一定数量的养路材料,还要配备能完成各项作业的机具。

2)基础车的选用

由于汽车是大批量生产的产品,可靠性好,价格合理,因而国内外自行式沥青路面修补车大多是选用通用的汽车底盘作为基础车,亦有自制专用底盘。拖式修补车的底盘可直接选用相当载质量的双轴全挂车底盘,也可以参照双轴全挂车的底盘自行设计制造,但所有的技术参数均应符合双轴全挂车的标准要求。拖式修补车的底盘必须有性能可靠的牵引机构和制动装置,以确保牵行驶的安全。制动装置通常采用气压制动方式,由拖车头气泵供气。

3)工作装置的总体设计

工作装置包括修补路面的清扫,铲挖,加热,喷洒,填补,压实等作业机具,以及维修各种公路设施的机具。在进行沥青路面修补车的总体设计时,要考虑以下几方面的问题:

(1)修补路面生产能力的计算:在已确定修补车最大养护工作量后,应首先进行修补车生产能力的计算,以确定装载各种材料的数量,配备的机具和需要的功率。为了降低路面修补成本和提高养护生产率,应尽量采用基础车的动力源,尽量做到动力与负荷,装载的材料与携带的机具及操作人员相匹配。

(2)整车总质量与轴荷分配要符合相应的汽车或挂车吨位的技术标准。

(3)整车外形。路面修补车的外形尺寸,要符合相应的基础车或全挂车规定的标准,以保证修补车有良好的通过性。外形尽量采用箱式封闭结构,以保护设备和工作装置,并重产见造型的色彩的设计。

(4)装备的合理布局:修补车上所有的设备,装置和机具要合理的组装在一起,使之达到结构紧凑,便于传动、进出料、安放机具、操纵控制及施工作业,并能确保生产运行的安全。

4)动力与传动

(1)动力源。由于沥青路面修补车的类型和功能不同,其动力源也各异,自行式修补车可利用基础车发动机或自备发动机两种,拖式修补车必须是自备发动机。

(2)发动机功率。利用基础车发动机动力的修补车,其功率一般均能满足各工作装置和机具的需要,因为进行养护作业时,修补车处在低速或静止状态。自备动力,一般为最大负荷的1.2~1.5倍。

(3) 发动机的选用。修补车是一种专用工程车,除了行驶转移和巡查路况外,主要用其提供动力驱动各种机具完成路面的修补作业,所有选用的基础车动力或自备动力以柴油发动机为宜。

(4) 传动方式。沥青路面修补车的各种工作装置和机具的驱动方式主要有机械,液压,电动气压传动方式。

通常来自取力箱的动力驱动液压泵或发电机,空压机,再用液压或电、气压驱动工作装置和机具;也可以直接驱动发电机,再用发电机提供的电力驱动液压泵,空压机,电动机具及加热装置。总之,要根据修补车的功能和基础车发动机情况合理设计传动方式。自备动力的修补车,多半选用小型发电机组或全液压驱动。

7.8.5 沥青路面修补车的主要装置、机具

修补沥青路面的主要材料为沥青与砂石混合料。因为日常维修路面所用的材料较少,加之在修补车上进行沥青与砂、石料的拌和质量不易控制,同时造成备和传动变得复杂化。目前国内外大多数沥青路面修补车上不再设置混合料拌和设备,而只设置混合料箱。在上路进行沥青路面的修补作业前,先到固定地点将场设备拌生产的沥青砂石料装进混合料箱,随车装运到作业地点使用。

(1) 混合料箱的总体构造

混合料箱一般由箱体、保温层、箱盖、卸料门、螺旋输料器等部分组成,如图 7.8-22 所示。混合料箱多为方形结构,其容量是由整体设计确定的。热拌的沥青砂石混合料要求应保持一定的使用温度,一般在 110~150℃,在环境温度 20℃ 下,要求 150℃ 的混合料,3h 内应保持在 110℃ 以上,所以混合料箱必须有保温措施。箱体一般由厚 2~3mm 钢板焊成,在外侧用角钢、木条制成支撑框架,再用 1mm 左右厚的薄钢板包裹作为外壳并固定在框架上。箱体与外壳之间填充 40~60mm 厚的性能良好的保温材料,如玻璃棉、岩棉、珍珠岩等,以使沥青混合料每小时温降不大于 5℃。

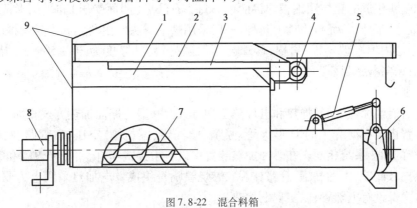

图 7.8-22 混合料箱
1-箱体;2-箱门;3-齿条;4-箱门马达;5-出料门油缸;6-出料闸门;7-螺旋输料器;8-液压马达;9-外壳

混合料箱的进料口及箱盖设置在顶部,有扣盖和拉盖两种形式,同样要有保温措施。扣盖有扣紧装置,拉盖有滑轨和锁紧装置。

混合料箱出料有斜面出料、倾斜出料和输送出料三种方式。斜面出料是将箱底做成斜面,靠混合料自重下滑出料。倾斜出料是用液压油缸将混合料箱向后或向侧面倾斜卸料。输送出料是用螺旋叶片将混合料推出料箱。

采用螺旋输料器从料箱内推出混合料比较方便,容易操作和控制,是采用较多的卸料方式。螺旋输料器由螺旋、外壳、出料口、动力和传动机构组成,螺旋由轴与装在轴上的叶片构成;外壳用钢板焊成,底部呈半圆形,与箱体连在一起,设有保温层;动力装置由动力源、减速器、联轴器等组成。

(2) 沥青罐

①沥青罐的总体构造

如图 7.8-23 所示,沥青罐主要由内壳、罐盖保温层、外壳、加热装置、进出沥青管路、沥青泵、温度计

量仪表、固定支架等部分组成。

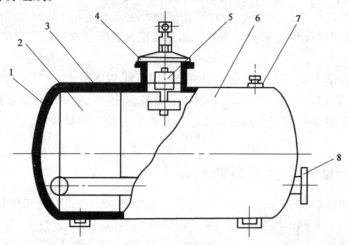

图 7.8-23　圆形沥青罐筒简图
1-封头;2-内壳;3-保温层;4-罐盖;5-温控及报警装置;6-外壳;7-进出总管;8-U 型火管

沥青罐一般要具有装运、加热、吸入、喷洒沥青的功能。按罐体形状的不同,可分为圆形、椭圆形、方形三种;按喷洒沥青方式的不同,可分为泵压式和气压式两种。由于沥青容易凝固,易使各管道发生堵塞现象,因此,在罐装、加热和载运过程中,罐体内易产生内压力,所以气压式沥青罐为压力容器,并经过耐压试验。

沥青是一种温感性很强的黏性材料,用来修补沥青路面时必须达到要求的使用温度,一般为 160～180℃左右。为此沥青罐要有保温措施,并配备有加热装置。

由罐内壳和封头组成的罐体用钢板焊接而成。封头有凸形(凹面受压)和平面形两种形式,凸形封头又有椭圆形、蝶形、半球形、无折边球形几种,一般采用蝶形封头。由角钢和木条支撑的罐体与外壳之间为保温层,保温层内填有玻璃棉、岩棉、珍珠岩等保温材料,其厚度为 30～50mm。罐盖设有扣紧装置,与罐口之间有密封条密封。

②沥青罐的加热

沥青罐加热有燃油加热、燃气加热和电加热三种方式。一般与路面加热方式相同。

燃油加热装置由浸在沥青中的 U 形火管、喷嘴、储气罐、燃料箱、空压机、管路、阀、仪表等部分组成,与沥青洒布车的加热系统相同。在燃油加热装置中设有手提式喷灯,用于沥青罐和沥青路面的局部加热。燃气加热比较简单,由燃气罐、管路、阀门、燃烧喷嘴等组成。电加热采用电力驱动的修补车,其沥青罐多在罐内底部设有电热管,以实现电加热。

(3)拌和装置

有的沥青路面修补车是现场拌制混合料,因而设有沥青与砂、石料拌和装置,以便作业进行混合料拌和及旧料回收利用拌和。修补车上的混合料拌和装置按搅拌方式分为卧式单轴强拌式、盘式和筒式搅拌器等三种。

①盘式拌和器

盘式拌和器主要由圆形盘、十字形拌和架、铲状拌片、进料口 1、出料门及传动机构等组成,如图 7.8-24所示。工作中通过传动机构驱动十字形拌和架 3,带动拌片 4 在圆形盘内转动,混合料在有一定角度的拌片翻动下拌和,并在拌片和离心力推动下,

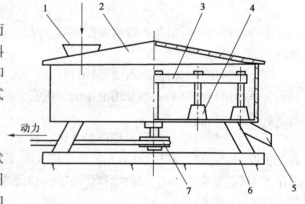

图 7.8-24　盘式拌和示意图
1-进料口;2-箱体;3-拌和架;4-拌片;5-出料口;6-机架;7-传动机构

使混合料翻到圆形盘边缘出口出料。有的在圆形盘底下设有燃油或燃气加热装置。这种盘式拌和结构简单,操作方便。

②卧式单轴强拌式拌和器

该拌和器主要由传动机构、拌和器箱体、箱盖、进出料口、搅拌轴、搅拌浆臂和固定在浆臂上的搅拌叶片等组成,如图7.8-25所示。拌和箱内一般装耐磨衬板,箱体的上部为方形,下部分为半圆形。工作中传动机构使搅拌轴旋转,焊在搅拌轴上的浆臂带动搅拌叶片转动,利用叶片与转轴夹角和正反转可对沥青与砂、石料进行反复搅拌与推移出料。这种拌和方式一般适合于混合料冷拌工艺。

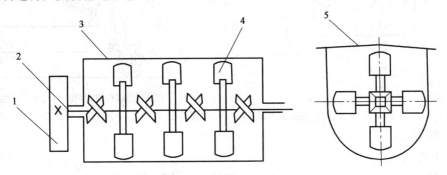

图7.8-25 卧式单轴强拌式拌和器示意图
1-传动机构;2-搅拌轴;3-拌和器箱体;4-搅拌叶片;5-箱盖

③筒式拌和器

筒式拌和器主要由传动机构、滚筒及固定于滚筒内壁上的叶片、进出料口、支承机构、加热装置等部分组成,如图7.8-26所示。筒式拌和器工作过程是:传动机构带动支承在支承机构上的滚筒转动,通过筒内的叶片将砂石与沥青拌和,筒式拌和器一般采用间歇式拌和,以便计量控制,正转拌和,反转出料。在拌和过程当中,可用燃油喷灯式的加热装置进行加热。为了回收利用旧料,可将铲挖出来的沥青路面材料破碎后,加进拌和装置内转动加热,并与新的砂石料、沥青拌和,随即用来修补路面,其效益是明显的。

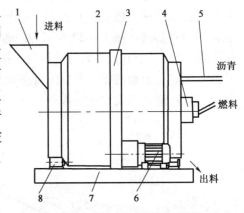

图7.8-26 滚筒式拌和器结构示意图
1-进料口;2-筒体;3-齿圈;4-燃烧器;5-沥青进口;
6-电机及减速传动机构;7-支架;8-滚动支承机构

(4)沥青喷洒系统

在沥青路面养护作业中,要求喷洒沥青的工序如下:

①铲挖整齐、清理干净的坑槽内填充混合料前,要向坑底和周边喷洒沥青,以增强新旧路面之间的黏结;

②损坏路面需要进行局部罩面处理时,需向清扫干净的原路面表面喷洒沥青后,再撒砂石矿料;

③路面出现裂缝,需要进行喷灌沥青的封缝处理;

④沥青路面修补车在工作中若自身可进行沥青混合料的拌制,在混合料拌和过程中,需要计量并向搅拌器内喷入沥青。

沥青喷洒系统主要由沥青泵、阀门、管路、喷头等部分组成,如图7.8-27所示,沥青喷洒系统中有两个三通旋阀,通过不同的旋阀可向沥青罐中泵入沥青或向外喷洒沥青,也能使罐内热沥青边加热边循环。为了实现不同喷洒沥青的需要,可改换不同的喷头。

(5)路面加热器

根据修补车的工作条件,所配备的路面加热器类型也不尽相同。按热源可分为:燃气加热器、燃油加热器和电加热器三种;按沥青路面受热方式不同分为火焰直接加热和红外辐射加热;按加热器移动方式不同分为手提式和手推式路面加热器。图7.8-28是能调辐射距离的手推式红外线路面加热器外形图。

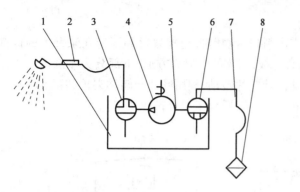

图 7.8-27 沥青喷洒系统简图
1-沥青罐；2-喷枪；3-三通旋阀；4-沥青泵；5-管路；6-三通旋阀；7-吸入管；8-吸入管

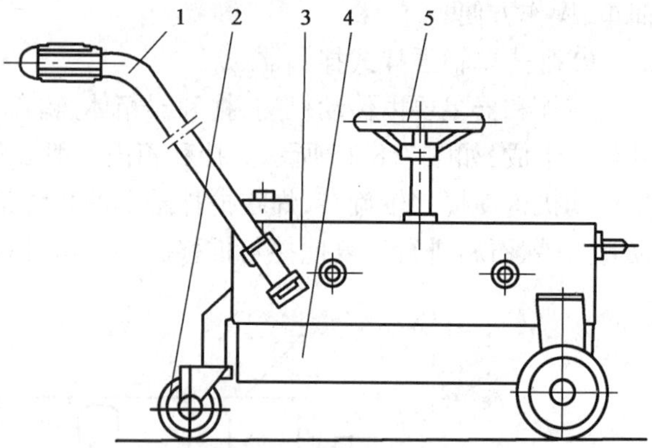

图 7.8-28 能调辐射距离的推式红外辐射路面加热器
1-扶手；2-行走轮；3-红外辐射箱；4-围裙；5-升降手轮

(6) 压实机具

为保证修补车作业时对铺后沥青混合料有良好的压实效果，修补车上均配备有小型振动压实机械，一般有夯板和滚轮两种类型。

① 振动夯板

振动夯板是利用动力驱动振动器对物料发生冲击与振动综合作用，来压实小面积沥青混合料铺层的板式夯实机械。按驱动方式不同有内燃机驱动式和电动式两种；按振动夯板的振动器不同，有非定向和定向两种形式。图 7.8-29 所示为内燃机驱动的非定向振动夯板，该振动夯板是由动力源、传动机构、振动器、工作平板和操纵装置等组成。振动夯板能在狭小工作空间作业，结构简单，使用方便，压实效果较好。内燃机驱动的振动夯板因自备动力，能在较大范围内使用；电动夯板质量轻，便于移动，起动容易，故障少，适合小面积压实作业。

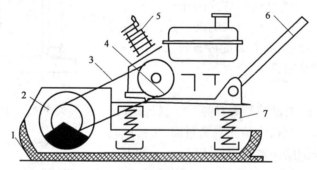

图 7.8-29 内燃机驱动的非定向振动夯板示意图
1-工作平板；2-振动器；3-V形皮带；4-发动机底架；5-内燃发动机；6-操作手柄；7-减振弹簧

② 振动碾

振动碾是在小型滚轮内安装一个电动或气动振动器，通过滚轮振动来对被压实的物料进行小面积的压实作业的压实机具。图 7.8-30 所示为气动振动滚外形图。该振动滚由动力装置滚轮、振动器、机架、操纵扶手等部分组成，振动频率为 40~50Hz，激振力大于 4 900N，工作压力达 0.5MPa，因其具有滚动振压功能，工作中轻巧灵便，且对沥青混合料铺层的压实效果好。

③ 碾压滚轮

一些大、中型沥青路面修补车一般在其尾部悬挂一个碾压滚轮，作业时将滚轮撑地顶起车后轮，使整车后部负荷作用在滚轮上，以实现对路面修补后的沥青混合料铺层进行压实。碾压滚轮外形如图 7.8-31 所示，该碾压滚轮由滚轮、支撑液压油缸、托架、支座等部分组成。滚轮在支撑液压油缸控制下，不用时可收在车尾大梁底部。液压系统中设置了双向液压锁,以保证作业时的稳定性。为防止滚轮表面黏附路面材料,除轮表面装有刮板外,还应喷洒少量的油或水。

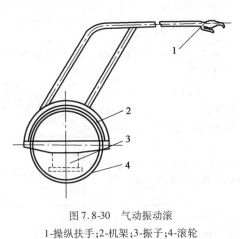

图 7.8-30　气动振动滚
1-操纵扶手;2-机架;3-振子;4-滚轮

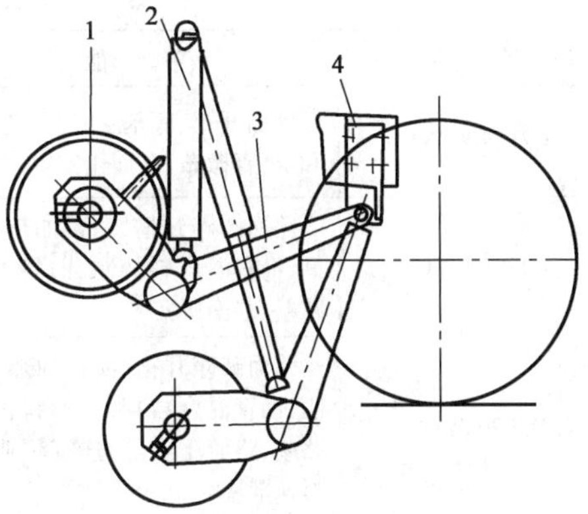

图 7.8-31　碾压滚轮示意图
1-滚轮;2-支撑液压缸;3-托架;4-支座

7.8.6　主要生产厂商、典型产品及技术性能和参数

7.8.6.1　主要技术参数(见表 7.8-2)

主　要　技　术　参　数　　　　　表 7.8-2

序号	项目	序号	项目	序号	项目	序号	项目
1	整车	3	柴油机	5	振动碾	7	沥青喷洒系统
			底盘型号		型号		激振力		沥青泵型号
			型号		额定转速		频率		流量
			驾驶室定员		额定功率		功率		压力
			整备质量		油耗		质量		电热管功率
			最大质量		型号		型号		沥青箱容积
			外形尺寸		额定电流		功率		电机型号
		4	发电机		额定功率	6	电镐	额定电压		额定容积
			最高车速		额定电压		冲击次数		加热功率
			油耗		额定转速		质量	8	拌和箱	电机功率
2	发动机	型号					数量		卸料速度
		最大功率					工作效率		保温性能
		最大转矩							

7.8.6.2 典型产品技术性能和参数(表7.8-3)

部分沥青路面修补机械的产品目录　　　　表7.8-3

型号	功能	主要性能参数	生产厂家
CZL5090TYH	路面开挖、底基层夯实、现场拌和、沥青撒布、路面压实等	沥青箱容积900L,拌和筒单次拌料600kg,拌和筒拌料能力4~5t/h	路桥集团郴州筑路机械厂
CTT5070TLY	路面破碎开槽、沥青加热及喷洒、沥青混合料拌制、旧料再生、路基、路面压实等	沥青箱容积10 000L,拌和生产能力4~5t/h,电镐破碎效率17m²/h,平板夯激振力17~20kN,冲击夯冲击能量55J	成都通途交通机械实业有限公司
KFM5070TYH-SGT	路面破碎开槽、沥青加热及喷洒、沥青混合料拌制、旧料再生、路基、路面压实等,连续作业,拌料速度快	沥青箱容积50L,沥青喷洒速度3L/min,加热温度160℃,搅拌机容量15~30m³/次	沈阳北方交通重工集团
TYH系列拖式沥青路面养护车	自动上料、现场拌和、路面切割、开挖、沥青喷洒、沥青加热、旧料再生、压实、提供电力输出等	拌和机产量8~12h,冲击夯冲击能量55J,电动破碎器效率17m²/h,碾压磙线压力240N/cm	南京金长江交通设施有限公司
TP4沥青路面养护车	高等级公路坑槽填补等	乳化沥青容量226L,料仓容量4m³,丙烷气燃烧和电加热	西安筑路机械有限公司

型号和名称	主要性能参数	生产厂家
AD5140TRX型沥青路面热再生修补车	发动机功率132kW,最高行驶速度80km/h,料仓温控范围1 200~1 700℃,加热常温料至使用温度≤10h,乳化沥青系统容积100L	鞍山森远路桥养护机械制造有限公司
AR2000超级再生机组	再生层深度50mm,操作面积400~1 000m²/h	日本格林安株式会社
WR4200型冷再生机	发动机功率420kW,工作宽度2400m,工作深0~500mm	德国维特根(Writgen)公司

型号	功能	主要性能参数	生产厂家
XTG5070TYH	路面铲挖、沥青洒布、压实、载料	功率51.5kW,底盘NJl061DAS,最高车速70km/h,搅拌箱1m³,沥青箱容量220kg	湖南湘潭公路机械厂
LZ—C	路面破碎、沥青洒布、混合料搅拌、碾压	破碎效率17m²/h(深度≤100mm),沥青箱容积300kg,搅拌能力200kg/h,碾压线压力140N/cm	沈阳市北陵工程机械厂
LY—10	路面破碎、沥青洒布、混合料搅拌、碾压	底盘NJl061DASX,最高时速70km/h,载料1 000kg,沥青箱容量250kg	湖北省宜昌公路管理段
D1.150	道路自动取芯	最大取芯深度500mm,最大取芯直径150mm,最大行驶速度15km/h	河南省公路局筑路机械厂
PM—400—48TRK	辐射式加热板、冷料加热保温料仓、遥控系统、旧料再生及乳化沥青系统	车载式,三菱或同类底盘,加热板1 830mm×2 440mm,加热保温料仓3~4m³	南京英达机械制造有限公司
PM—200—36IIR	辐射式加热板、冷料加热保温料仓、旧料再生及乳化沥青系统	拖挂式,加热板1 830mm×1 830mm,加热保温料仓1.5~2.0m³	南京英达机械制造有限公司
ZJY5100TLQ	沥青路面养护	功率99.3kW,载料3 000kg,底盘EQ3092FJ,最高时速70km/h	镇江华通机械集团公司发动机厂

7.9 路面铣刨机械

7.9.1 概述

7.9.1.1 铣刨机定义和用途

路面铣刨机是沥青路面养护施工机械的主要机种之一,主要用于公路、城市道路等沥青路面层清除拥包、油浪、网纹、车辙等。用路面铣刨机铣削损坏的旧铺层,再铺设新面层是一种最经济的现代化养护方法,由于它工作效率高、施工工艺简单、铣削深度易于控制、操作方便灵活、机动性能好、铣削的旧料能直接回收利用等,因而广泛用于城镇市政道路和高速公路养护工程中。

7.9.1.2 国内外现状和发展趋势

国外路面铣刨机的发展和工程应用已有较长的历史,积累了丰富的经验,形成了以德国维特根公司产品为代表的欧洲风格和以美国 RoadTech 公司、CMI 公司、卡特彼勒公司产品为代表的北美风格。它们的工作原理和流程相同,发动机的装机容量基本相当,区别在于欧洲的铣刨机采用四履带行走方式,外形结构紧凑、精巧,更多地采用电子控制技术,特别是目前的数字电子网络控制技术;而北美的铣刨机均采用三履带行走方式,造型粗犷、更加坚固。

目前国外的铣削机产品规格系列化、机电液一体化技术的运用已达到较高的技术水平,归纳起来有以下几个特点:

(1) 先进合理的底盘结构

铣刨机的底盘主要以全刚性车架及四轮行走结构组成,驱动及转向方式均以静液压传动为主。小型冷铣刨机采用后桥驱动、前桥转向的轮胎式结构;中大型铣刨机以履带式为主。整机重心较低,便于运输,行走及工作时可以无级变速,一般自行速度在10km/h 左右,因此自移动性较强,可较方便地实现工地转移。为考虑工作的适用性,一般将小型铣削机的后轮设计成可摆动式,将后轮从铣削转子外侧摆至铣削转子的前侧,以便使转子可靠近路边台阶铣削。

(2) 充分发挥最佳铣削功率

铣削机上的自动液压功率调节器可根据路面材料的硬度及铣削深度来控制机器的进刀速度,即可自动调节铣削转子转速和机器行走速度,使铣刨机始终处于最大功率利用状态,并不会发生超负荷工作情况。

(3) 发动机功率增大

同样铣削宽度的新型铣刨机功率越来越大,生产效率提高。

(4) 较大的铣削深度

新型铣刨机一次铣削深度均超过300mm,使对整个行车道的全厚度铺层进行铣削成为可能。

(5) 性能良好的铣削转子

铣削转子是铣削机的主要工作部件,它直接与路面接触,通过其上高速旋转时的铣刀头进行工作达到铣削的目的。为达到工作时的平稳性,铣刀头在转子上的布置呈左右螺旋线排布,这样也便于被铣料的回收。多数冷铣机还将铣刀头固定于数块半圆型瓦片上,通过瓦片在转子上安装的多少来调整铣削机的铣削宽度,铣削宽度的增减以 200~300mm 为一级。铣刀头一般装于铣刀座中,且在座中能自由转动,从而减少铣刀头工作时磨损的不均匀性,铣刀头的拆装也十分便利,一般只须用小锤或铁棒轻轻敲击即可完成。

(6) 简便的铣削物装载

铣刨机后部挂装集料输送装置即可完成快速收料,并将铣削物装入运载汽车上。通过液压机构调整卸料高度,并可使传送带左右摆动 40°~50°,从而实现路侧装料。集料输送装置可快速拆装,一人

10min 内即可完成操作。

(7)大量采用先进技术

如全轮驱动技术及机电液一体化控制技术、智能化故障诊断和维护系统、精确的自动找平系统、安全自保护系统及功率自动分配系统。

(8)大容量容器

水箱、柴油箱容积更大,机器工作时燃油、冷却水加注间隔长,待机时间短。

(9)模块化设计

发动机及其外围部件——液压泵、液压阀和冷却系统均装置在同一底架上,所有的电磁阀都装配在同一个分配阀上,易于调整、检测和维修。

我国的铣刨机生产起步较晚,20世纪80年代初开始研制路面铣削机,主要有两种结构型式,一是在拖拉机上加装铣削装置而构成简易式冷铣削机,二是自行式冷铣削机。拖拉机改装式机型结构简单,机动灵活,适用于一般中强度以下沥青路面的铣削;自行式路面铣刨机近两年已经有了一定的发展,主要机型的使用性能已完全能满足国内高等级公路及市政道路的养护要求,良好的性能价格比与国外进口产品相比也有较大的竞争优势,但在品种规格、技术水平及配套件等方面仍存在较大的差距。

随着公路建设的发展,公路及城市道路的改建、翻修工程日益增加,国产机型已不能满足工程的需要,因而近年来已进口了不少国外先进的自行式路面铣削机,为我国路面铣削机的发展提供了极为有利的条件。当前提高产品质量,完善产品系列是路面铣削机生产企业的主要任务。

7.9.2 分类、特点和适用范围

(1)根据铣削形式,铣刨机可分为冷铣式和热铣式两种。冷铣式配置功率较大,刀具磨损较快,切削料粒度均匀,可设置洒水装置喷水,使用广泛,产品已成系列;热铣式由于增加了加热装置而使结构较为复杂,一般用于路面再生作业。

(2)根据铣削转子的旋转方向,可分为顺铣式和逆铣式两种。转子的旋转方向与铣刨机行走时的车轮旋转方向相同的为顺铣式,反之则为逆铣式。

(3)根据结构特点,分为轮式和履带式两种。轮式机动性好、转场方便,特别适合于中小型路面作业;履带式多为铣削宽度2 000mm以上的大型铣刨机,有旧材料回收装置,适用于大面积路面再生工程。

(4)按铣削转子的位置,可分为后悬式、中悬式和与后桥同轴式。后悬式即铣削转子悬挂于后桥的尾部;中悬式即铣削转子在前后桥之间;后桥同轴式即铣削转子与后桥同轴布置。

(5)根据铣削转子的作业宽度,可分为小型、中型和大型等三种。小型铣刨机的铣削宽度为300~800mm,铣削转子的传动方式多采用机械式;中型铣刨机的铣削宽度为1 000~2 000mm,铣削转子的传动方式多为液压式;大型铣刨机的铣削宽度在2 000mm以上,一般与其他机械配合使用,形成路面再生修复的成套设备,其铣削转子传动方式也多为液压式。

(6)根据传动方式,分为机械式和液压式两类。机械式工作可靠、维修方便、传动效率高、制造成本低,但其结构复杂、操作不轻便、作业效率较低、牵引力较小,适用于切削较浅的小规模路面养护作业;液压式结构紧凑、操作轻便、机动灵活、牵引力较大,但制造成本高、维修较难,适用于切削较深的中、大规模路面养护作业。

7.9.3 基本原理及主要结构

7.9.3.1 总体结构

一般铣削机主要由发动机、车架、驱动悬挂、转向、制动、铣削转子、铣削深度调节、液压、集料等系统组成,规格型号不同,结构布局也略有区别,但主要工作原理基本相同(如图7.9-1)。铣削机动力传动的路线为:发动机—液压泵—液压马达、液压油缸。

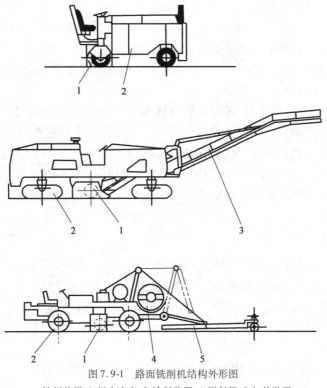

图 7.9-1 路面铣削机结构外形图
1-铣削装置;2-行走底盘;3-输料装置;4-燃料箱;5-加热装置

7.9.3.2 传动系统

铣削转子采用机械传动方式。传统机械传动链是:发动机—减速箱—链传动—铣削转子。新型铣削转子传动链是:发劫机—离合器—皮带—轮边减速器—铣削转子。与传统传动方式相比,冲击小,噪声低,传动平稳,操纵简便,过载保护性好。发动机转速由自动功率控制装置检测,反馈后控制机器的前进速度,从而进行自动功率分配。皮带自动张紧装置保证了动力传动的可靠性,减少了载荷变化的影响,同时延长了皮带寿命。

7.9.3.3 行走装置

路面铣削机行走系统包括行走轮系、转向系统、制动系统等。路面铣削机的底盘结构和一般工程机械有较大的区别,如小型单侧后轮可摆动铣削机,其四只车轮悬挂于方形导向机构上,均可独立升降,铣削深度由后轮升降控制,前轮的升降用于作业和行驶时,右后轮可摆至铣削转子前方,以便能更好的铣削路面边缘。每只轮子皆由各自的液压马达驱动,马达的驱动由变量液压泵控制,行驶和作业速度均为无级变速。开关差速器锁控制前后轮牵引的均匀与稳定性。前轴为转向轴,采用全液压转向机构,转向灵活、操作方便、工作可靠。制动过程由液压系统完成,另配有一自动摩擦盘作为附加制动装置。

现代铣刨机的传动均用到了液压系统,液压系统可分为行走系统、各油缸动作、输料带运行、柴油机和液压油冷却、洒水五个相对独立的回路。各回路均有单独的液压泵提供油源,所有液压泵均安装在柴油机后端的分动箱上。行走系统主要由一个变量柱塞泵和四个并联的液压马达组成。马达驱动履带轮边减速器前进和后退。前边左右两个轮边减速器带有多片式液压制动器来实现整机坡道停车制动。在泵和马达的一个主油路上设置一个分流阀,分流阀工作时能保证液压泵向各个马达输入的流量相等,即保证其输出转速相等,使铣刨机在工作时能直线行走。前后履带独立转向的设计,可以保证机车的高度机动性和蟹行性能。

输料带运行回路由一个变量柱塞泵和两个液压马达组成。两个马达管路串联,分别驱动一级输料带和二级输料带,串联的管路能保证两级输料带同时运转和停止。调节泵上的比例电磁铁的输入电流,可以改变泵的输出流量,从而改变输料带的运转速度。

柴油机和液压冷却回路由定量齿轮泵和定量柱塞马达组成。柱塞马达带动风扇,对液压油散热器和水散热器进行强制风冷,风扇的转速随柴油机的转速增大而增大。液压油和柴油机冷却水的温度分别由液压油温度传感器和节温器来控制。两者的工作原理都是短路部分介质,使介质部分或全部参与工作,从而将介质的温度控制在一定范围内。

洒水泵驱动回路是由定量齿轮泵、定量齿轮马达和一个两位两通电磁阀组成。洒水泵由齿轮马达驱动。两位两通电磁阀与齿轮马达并联,电磁阀不工作时,马达两腔短路,马达停止运转;电磁阀带电时,液压油从马达的一腔流到另一腔,带动马达转动,驱动洒水泵运转,从而完成洒水工作。

该机的所有油缸均由一个液压泵提供油源。通过电磁换向阀来完成各个油缸的动作。根据各油缸所控制部件的工作要求,在电磁阀到各油缸的管路上设置了不同功能的液压阀,以保证各动作的准确、可靠。

7.9.3.4 工作装置

铣刨机依靠铣刨转子进行铣削作业,下文将对铣削转子的结构进行阐述。铣削转子是铣削机的主要工作部件,它由铣削轴、铣削刀座、铣削刀头组成,铣削转子又可分为固定宽度和可变宽度两种。图7.9-2所示为宽度有级变动的铣削转子结构示意图,一般以250mm为一个宽度级别。

图7.9-2 可变宽度的铣削转子

1)铣削转子轴

铣削转子轴必须有足够的强度和刚度,铣削机作业时动力由转子轴传递,是传力和受力构件,按轴的大小采用厚钢管制造或整体锻造。转子轴上排列铣削刀座。刀具的排列以左右对称的单头或多头螺旋线分布,螺旋线方向应保证转子工作时将铣削出的散料抛向轴的中间部分,使切削料集中成堆。

2)铣削刀座

铣削刀座的固定方式有焊接或螺钉紧固两种方式,座体一般用优质钢锻造,座孔用于安装铣削刀头,片将刀头夹持在座孔中。

3)铣削刀头

铣削刀头为子弹头形结构,它由刀尖及刀体两部分焊接而成(见图7.9-3),刀头由高硬度、高耐磨的硬质粉末冶金制作,刀体用优质合金钢制作,一般铣削刀头焊接后再作特殊的强化处理。刀头工作时直接与路面摩擦,为使其磨损均匀,刀头在刀座中可以自由转动(见图7.9-4)。刀头为冷铣机的主要消耗件。

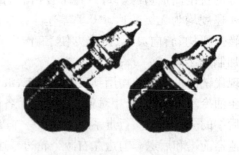

图7.9-3 铣削刀头　　　　　　　　7.9-4 刀头安装在刀座中

7.9.3.5 操纵系统及电气设备

电气系统依功能可分为:柴油机启动与电源供给、照明系统、信号与报警系统、行走控制与功率分配自动调节系统、输料带控制系统、高度及坡度调节系统及其他控制系统等。宽敞的通道式操作控制台位于机器中部,装有左、右两套控制系统,所有操纵均可在操纵控制台上实现,并在车身两侧配有四个简单操纵平台,可实现部分功能脱机操纵。通过方便使用的旋钮和手柄就可实现各种操纵,包括发动机启动、油门、熄火、行走、倒顺、变速、停车、车身升降、转向、铣刨转子离合、洒水、输送带运转等。

柴油机启动与电源供给由蓄电池、启动电机、启动继电器、发电机及相关部件组成。蓄电池供电启动柴油机,柴油机带动发电机,从而供给整机电源,并给蓄电池充电。

信号与报警系统包括各种仪表、传感器及指示灯、喇叭等部件。作用是对机器工作状态进行监控,显示故障点并报警。

行走控制与功率分配自调节系统包含 MC7 控制器、传感器、电磁阀及操纵手柄等,用以调节工作及行走速度,并在自动状态下在一定范围内对整机功率分配进行优化输出,以达最佳工作状态。输料带控制系统主要由放大器及延时继电器等元件组成,其作用是调节输料带的摆动及正反转。

高度及坡度调节系统主要由控制器、钢丝绳传感器、电磁阀等组成,主要用以控制铣刨机升降、铣刨深度与坡度的自动调节。铣刨机深度控制系统包括手动和自动两种方式,以触地浮动的边护板为基准,通过调整油缸的伸缩以保持设定的铣刨深度。

此外,电气系统还包含铣削转子作业、整机转向、边板提升、洒水系统等其他控制。方便实用是工程机械电子系统的必要特点。为确保在振动及各种天气情况下的可靠性,机上电子元件的设计、制造及安装均通过严格的工业考核。发动机罩尺寸大且易于打开,从而确保易于检查、维修和清洗。液压控制阀的切换过程可由内置发光二极管来显示,出现故障一目了然。

7.9.3.6 操纵机构和仪表盘

目前铣刨机各个油缸的动作、输料机构、洒水及行走等控制以电液控制为主,在行走控制方面,也有少数国产的小型铣刨机采用液压伺服控制。操控系统有着进一步向数控化、自动化和智能化发展的趋势。仪表盘以传统的模拟仪表为主,逐步向数字显示过度。

7.9.3.7 自动调平装置

早期的铣削机的自动调平装置是通过铣削转子侧盖作为测定铣削基准面,自动调平装置控制两个定位汽缸,使所给定的铣削深度保持恒定,根据需要,有的机型上可安装倾斜度调整器用来控制转子的倾斜度。

现代比较先进的找平及其铣削控制方法与沥青路面摊铺机的找平原理类似:采用比例调节原理,通过调节油缸的升降达到控制铣刨深度并使铣刨完的路面跟基准线平行的目的。图 7.9-5 所示为铣刨深度控制和找平系统原理

深度控制系统由传感器、控制器、比例电磁阀、升降液压油缸等元件组成,其中最重要的部件是传感器。传感器既可以为接触式传感器,也可以是非接触式传感器,其中声纳跟踪器(由声纳发生器和声纳接受器组成)作为非接触式传感器广泛应用于铣刨机深度控制系统。其工作原理是安装在声纳跟踪器底部的声纳发生器发出声波脉冲作用于基准上,并由基准上再反射到跟踪器,

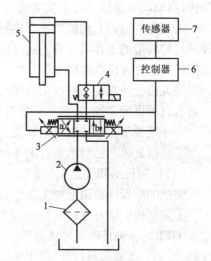

图 7.9-5 铣刨深度控制和找平系统原理图
1-滤油器;2-液压油泵;3-比例电磁阀;4-阀;
5-升降液压油缸;6-控制器;7-传感器

跟踪器测量声波反射的时间,从而精确地测量从信号发出端到平整度基准的距离。平整度基准可以采用拉线、路肩或已铣削好的道路表面。由于道路不平,机器与平整度基准的相对位置发生变化,声纳跟踪器测量出铣刨毂深度位置变化的信号,信号输入到控制器,由控制器进行平均计算后,输出控制信号控制比例电磁阀的开口大小和导通时间,以实现液压油缸的升降,达到找平的目的。

根据作业质量要求的不同,大型铣刨机至少有接触式找平和超声波找平两种找平方式,对于施工要求高的还有激光找平及 3D 找平。

对于铣刨控制和找平系统可以选用 MOBA 的 MATIC 控制仪和与 MATIC 配套的传感器。

7.9.4 选型原则与步骤、主要参数计算

7.9.4.1 选型原则与步骤

为了正确选用铣刨机,除了了解国内外厂家铣刨机的技术参数和性能特点之外,在选用铣刨机时还应注意以下几个方面:

(1)工程项目和材料

根据工程项目和工程材料不同,可以粗略地选取铣刨机。对于大型施工工程,应选用铣刨宽度 2m 及以上,自动化程度高的铣刨机,这样与养护机械设备配套使用,更能体现现代化作业的优势,节省大量的人力物力。对于一般道路养护和市政工程应选用铣刨宽度为 0.5~1.3m 的小型铣刨机,既能使操作简单方便,又完全可以满足施工要求。

(2)铣刨机的整机性能要求

所选购的铣刨机还应在下述诸方面提出明确要求,有些项目要有确定的量化指标。

①动力性能。铣刨机的发动机应有足够的过载能力(功率和转矩),以保证在满负荷状态下能依靠自身的动力完成铣刨工作和必要的工地转移行驶,以适应由于遇到突发阻力的增大所带来的不平稳性。

②工作可靠性。铣刨机的工作可靠性取决于制造厂商的技术实力和配套件制造质量,以及铣刨机本身的可维修性。工作可靠性高的设备具有早期故障率低、故障修复速度快及机器的大修间隔时间长等特点。

③环境适应性。要根据工程的需要对铣刨机的气候适应条件做出选择,例如高温地区要防止发动机爆燃,低温地区要使发动机易启动,天气潮湿地区要防止元器件锈蚀,气候干旱地区要防止冷却水蒸发快,高原缺氧地区要防止发动机功率下降等问题。

④安全舒适性。铣刨机要有良好的视野和操作空间,驾驶员应从前后两个方向都能观察到铣刨的外沿及输料带的工作状况等。还可加设防滚翻安全防护装置,对铣刨机的减振、隔音、除尘、转向、制动及操纵灵活等提出严格要求。

⑤人机交换功能。铣刨机的操纵部位愈少愈好,越简单越好。要装有必要的指示仪表,对某些故障应设有自动报警系统,甚至有必要增加智能化控制系统实现自动控制。

⑥外观要求。对铣刨机的外观造型、油漆色彩、密封性及包装运输诸方面做出规定。

⑦环保要求。铣刨机不应出现油、水和电等渗漏问题,机器的噪声和排烟度应在规定的范围以内。

(3)铣刨机的部件总成配套

整机的配置应以满足施工条件和适宜的经济承受能力为准,必要的事项应在购买合同中注明。

①发动机。选择发动机的冷却方式是水冷还是风冷,产品品牌或生产厂商,排放标准符合 TIER1 或者 TIER2,以满足施工环境为准。空气滤清器要容易清洗和更换,进排气管的安装不应妨碍驾驶员的视线,发动机机罩容易打开,便于维修。

②工作装置。确定驱动系统的形式是全液压、机械或者履带式、轮式,铣刨轮直径及铣刨深度,标明铣刨轮的工作方向是逆铣还是顺铣。刀座系统要作为标准件装配,易于随时更换,刀头能快速更换,还要装备符合施工工程需要的洒水装置和回收料的输送装置。

③传动系统。明确地指明是使用机械传动、液压传动,还是液压+机械混合传动,这样才能使机器具有良好的通过性。另外,机器还要有行驶和工作两挡速度,以适应各种不同的作业环境,可以快速地转移工地等。

④制动系统。必须设有能力足够的制动器,确定行车制动方式和紧急制动的控制方式。还可以匹配自动保护系统,在液压系统压力降低时可以自动制动。

⑤液压系统。铣刨机应有各自独立的行走、转向液压系统,具有良好的液压油过滤和冷却散热

性能。

⑥控制系统。铣刨机应有简单方便的操作控制系统,即使是自动化程度高的控制系统也要容易操作,避免增加使用成本和维护保养成本。

⑦电器系统。铣刨机应配有性能可靠的电器元件和插接件。具有故障诊断、故障报警及维修保养提示等功能,能直观地读取各种数据,获取铣刨机在工作状态下各种设备的状态参数。

(4) 铣刨厚度与机械化程度

通常公路维修与压路机配套施工,在很大程度上取决于沥青混合料以及水泥铺层厚度。高等级公路的承载能力、表面耐磨性及表面的密实度都有严格的要求,它的维修铺层厚度一般在200~300mm左右,应该选用铣刨深度在200mm以上的铣刨机,并适当地考虑其铣刨宽度;若一般小型工程就可以选用铣刨深度在150mm左右的小型铣刨机,并使用自动化程度相对比较简单且容易操作的铣刨机。

(5) 施工场地的气候条件

冬季施工应降低铣刨机的行驶速度。冬季由于气温低的原因,沥青混合铺层变的异常坚硬,这样就使铣刨鼓的负载增大,所以应选用较大型的铣刨机,减小工作速度,以利于提高施工质量,减少更换刀头的次数,延长刀头的使用寿命。另外,在寒冷季节施工应选用带风冷发动机的铣刨机,并使用适用于低温的燃油、液压油和润滑油,增强发动机的启动性能和防止冰冻。在高原地区施工的铣刨机还应选用带涡轮增压器的风冷发动机。

(6) 技术进步的需要

有远见的工程承包商都会注意使自己的施工设备保持必要的技术储备,以显示自己公司的技术领先地位。用户在选购铣刨机时,必须考虑到产品更新换代及在现代化工程建设中投标的需要。

(7) 可维修性能

用户应尽量选购标准设备与系列设备,这样做的好处是易于熟悉设备,便于维修服务与备件储备,可以明显地降低铣刨机的使用成本。系列铣刨机的发动机、机械传动系统、铣刨原理、工作系统、液压元件、操纵机构及轮胎等,都具有很高的通用化程度,可以大大减少备件库存,其操作、保养和维修方法也有着极大的相似性,驾驶人员和维修人员在熟悉一种规格的铣刨机之后,就可以很容易地掌握其他规格的同系列铣刨机,极大地提高工作效率。

(8) 技术支持条件

用户购买一台设备,从某种意义上来说是购买了一种"服务"。所以选购某一型号的铣刨机,应对铣刨机本身及其制造厂商的技术支持条件和质量保证体系有正确的评估。其中技术支持条件应该包括有关技术指导性文件,如说明书、零件目录、操作说明等是否齐全,是否拥有必要的维修和备件供应网络、服务网络等。另外,对制造商的技术实力、质量保证体系也应当有一定的考察。

7.9.4.2 总体设计及主要参数的确定

1) 总体设计

铣削机的总体设计主要是根据使用情况确定主参数——生产率,即单位时间内铣削路面物料的体积。根据主参数即可确定工作宽度、外形几何尺寸等基本参数。在具体设计时要注意贯彻系列化、通用化、标准化的原则,对已有的同类产品作充分的调查研究,并尽可能采用新技术、新材料、新工艺、新结构。同时还应兼顾其经济性、可靠性、耐久性、安全性及维修的方便性和操作的舒适性。

铣削机在设计时可采用类比法或经验法来确定有关参数。

2) 铣削机整机功率

整机功率 P 主要取决于铣削机的铣削宽度 B 和铣削深度 H 的大小,亦即铣削的横截面积 S。

$$A = B \times H \tag{7.9-1}$$

式中:A——铣削机工作时的横截面积,m^2;

B——铣削宽度,m;

H——铣削深度,m。

根据经验,整机功率 P_z：$P_z = fA$ (7.9-2)

式中：f——经验参数,一般取 900~1 200。

3）整机功率的确定

整机功率由铣削功率 P_x、工作牵引功率 P_g 和辅助装置功率 P_f 组成。一般经验 P_x 占整机功率的 80%~85%，P_g 占整机功率的 10%~15%，P_f 占整机功率的 5% 左右。

则整机功率 P_z 为：$P_z = P_x + P_g + P_f$ (7.9-3)

若整机带有集料输送装置,P_f 占整机功率的 10% 左右。

4）铣削宽度 B 和铣削深度 H 的确定

宽度 B 可按目前国际上所采用的 300mm,500mm,1 000mm,1 300mm,1 500mm,900mm,2 000mm,2 100mm,2 600mm 等,根据实际需要和我国的标准确定。

铣削深度 H 根据机型大小和工程要求不尽相同,一般小型机(500mm 宽以下)为 0~60mm；中型机(1 000~2 000mm 宽)0~150mm；大型机(2 000mm 宽以上)0~250mm。

5）工作速度和行驶速度

铣削机的工作速度也与机型的大小及行走机构形式有关,一般中小型机为 0~12m/min,大型机为 0~30m/min。

行驶速度可根据需要及行走机构的形式确定,一般为 0~10km/h。

6）整机质的确定

铣削机整机质量 m_z(kg)与整机功率 P_z(kW)有一定的比例关系,即：

$$m_z = kP_z \quad (7.9\text{-}4)$$

式中,k 为经验系数,一般中小型机取 110~130,大型机取 75~90。

前后轴荷重分配：

（1）不带集料输送装置的铣削机,前轴荷重占整机质量的 53%~55%,后轴荷重占 45%~47%。

（2）带集料输送装置的铣削机,前轴荷重占整机质量的 44%~45%,后轴荷重占 55%~56%。

7）铣削转子主要参数的确定

铣削转子的主要参数有：转子直径、铣刀数量、铣削圆直径、铣刀排列螺旋角、铣刀间距、铣刀的铣削角度等,可由试验确定,也可用类比法及经验法确定。现分述如下：

（1）铣削圆直径 D(mm)

铣削圆直径是指铣刀尖旋转圆外直径,一般中小型机取 D 为 400~500mm 之间,大型机为 800~900mm 之间,直径大小与切削深度及切削圆周速度有关,一般情况铣削圆直径越大,铣削深度也越大。

（2）转子轴直径 d(mm)

转子轴直径是指安装刀具的转子轴体直径,中小型机一般取 100~200mm,大型机取 500~600mm,根据强度、刚度及结构需要确定。

（3）铣刀数目

铣刀的数目多少,由铣削圆直径大小及工作性能等确定。以每米长铣削轴上刀具的多少来表示,一般为 80~90 个/m。

（4）刀具排布的螺旋角及铣刀间距

刀具排布以左右对称的单头或多头螺旋线分布,一般螺旋角取 35°~45°,螺旋角的方向应保证将铣出的物料抛向转子的中间,该角越大,向中间集料的效果越好。

铣刀间距一般取 15~18mm 较为合适。

（5）铣刀的铣削角度

铣刀的铣削角度也称入地角,是指子弹头刀具的轴线与被铣平面间在瞬间接触时形成的夹角,该角根据经验,一般为 50°~55°。

8) 液压系统设计

铣削机的液压系统较为复杂,除铣削转子驱动液压系统外,其他系统可按常规液压系统设计法进行,各系统应相互独立。

7.9.5 主要生产厂家典型产品及技术性能和参数

7.9.5.1 主要生产厂家典型产品性能参数

目前,国产机型更多地借鉴了欧洲铣刨机的技术和经验,在动力、液压和控制系统上均采用了国际化的配套,可以说在系统配置上达到了国际先进水平。在产品技术水平方面,国内各厂家铣刨宽度为2m的铣刨机在总体结构和实现功能上大同小异,如:四履带驱动;大多数产品的行走系统采用全液压驱动,马达选用双速马达;转子驱动方式多采用机械传动方式;都有二级皮带输送回收装置;具有前轮转向、后轮转向、全轮转向以及蟹行转向四种转向模式的四履带转向;铣刨深度数字显示,可以配备多种传感器以及横坡传感器,能自动找平。表7.9-1列出几种国产铣刨机的主要技术参数,这些产品大部分为引进技术生产。

几种国产铣刨机的主要参数　　　　　　　　　　表7.9-1

生产厂家	型号	最大铣削宽度(mm)	铣削深度(mm)	工作速度(m/min)	行驶速度(km/h)	刀头个数	发动机功率(kW)	行走方式	整机质量(kg)
天津鼎盛	LX1300	1 310	0~300	0~30	0~4.5	—	300	轮式	—
	LX2000	2 010	0~300	0~30	0~4.5	162	400	履带	30 000
镇江华晨	LXZYH1 000	1 000	0~100	0~13	0~11	80	112	轮式	13 500
	LXZYH1 300	1 300	0~120	0~14	0~12	104	136	轮式	15 800
徐工	XM100	1 020	0~120	0~13	0~13	84	115	轮式	14 000
	XM200	2 000	0~320	0~30	0~5	168	447	履带	30 000
中联重科	BG2 000	2 000	0~300	0~29.5	0~4.5	158	320	履带	28 200
陕建	CM2 000	2 000	0~300	0~30	0~5.4	162	448	履带	29 470
兖州恒升	LXH1 000	1 000	0~180	0~18	0~12	—	112	轮式	14 500

目前全球范围内冷铣刨机的年产量超过2000台;铣刨宽度在1500mm以上的中宽型冷铣刨机占30%以上;以维特根公司的产量最大,约占总量的55%以上;其次为CMI公司的产量,约占总量的13%以上;其余的产量主要被Bitelli公司、Marini公司、Caterpillar公司、Roadtech等公司占有。表7.9-2列出了几种国外典型产品的主要技术参数。

几种国外铣刨机的主要参数　　　　　　　　　　表7.9-2

生产厂家	型号	最大铣削宽度(mm)	铣削深度(mm)	工作速度(m/min)	行驶速度(km/h)	刀头个数	发动机功率(kW)	行走方式	整机质量(kg)
维特根	W500	500	0~160	0~6	0~20	50	79	轮式	6 800
	W1 000	1 000	0~250	0~5.8	0~25	96	149	轮式	15 900
	W2 000	2 000	0~320	0~5	0~84	162	421	履带	31 200
戴那派克	PL2 000S	2 010	0~320	0~5	0~40	166	448	履带	38 000
比特利	SF200L	2 000	0~320	0~4.5	0~30	154	370	履带	28 700
玛莲尼	MP2 000	2 000	0~320	0~4.7	0~33	156	364	履带	27 000
卡特彼勒	PR450	1 905	0~254	0~3.2	0~54	144	336	履带	24 950

国外的路面铣刨机技术已达到较高的技术水平,归纳起来有以下几个特点:

(1)先进合理的底盘结构。铣刨机的底盘主要以全刚性车架及四轮行走结构组成,驱动及转向方式均以静液压传动为主。

（2）发动机功率增大。同样铣削宽度的新型铣刨机功率越来越大，生产效率提高。

（3）较大的铣削深度。新型铣刨机一次铣削深度均超过300mm，使对整个行车道的全厚度铺层进行铣削成为可能。

（4）性能良好的铣削转子。多数冷铣刨机将铣刀头固定在数块半圆形瓦片上，通过瓦片在转子上安装的多少来调整铣刨机的铣削宽度。

（5）简便的铣屑装载。铣刨机后部挂装集料输送装置即可完成快速收料，并将铣削物装入运载汽车上。通过液压机构调整卸料高度，并使传送带左右摆动，从而实现路侧装料。

（6）大量采用先进技术。如全轮驱动技术及机电液一体化控制技术、智能化故障诊断和维护系统、精确的自动找平系统、安全自保护系统及功率自动分配系统。

（7）大容量容器。水箱、柴油箱容积更大，机器工作时燃油、冷却水加注间隔长，待机时间短。

（8）模块化设计。发动机及其外围部件——液压泵、液压阀和冷却系统均安装在同一底架下，所有的电磁阀都装配在同一个分配阀下，易于调整、检测和维修。

7.9.5.2 国内外厂家典型产品汇总

（1）国内厂家典型产品（如图7.9-6～图7.9-10）

图7.9-6　天津鼎盛 LX1 300

图7.9.7　兖州恒升 LXH1 000

图7.9-8　镇江华晨 LXH1 300D

图7.9-9　徐工 XM100

（2）国外典型产品（图7.9-11）

图7.9-10　中联重科 BG2 000D

图7.9-11　维特根 W2 000

7.10 公路检测车

7.10.1 概述

7.10.1.1 定义

公路检测车集成和应用了现代信息技术,以机动车为平台,将光电、IT 和 3S 技术集成一体。在车辆正常行驶状态下,能自动完成道路路面图像、路面形状、道路设施立体图像、平整度及道路几何参数等数据采集、分析、分类与存储。为高速公路、高等级公路、城市市政道路、机场跑道等路面的破损、平整度、车辙、道路安全隐患的检测,及道路附属设施的数字化管理提供有效的数据采集手段。

公路检测车可以为道路质检部门验收检测、日常养护调查等提供权威、公正的基础检测数据,为道路养护部门提供专业的技术方案,为交通资产管理部门提供科学的决策依据。

公路检测车工作时,可以不分昼夜,以最高 100km/h 的速度完成路面状况全自动检测。随着车辆前进,前置的车辙仪和平整度仪、后置的路面破损检测仪,分别将检测到的数据传至车中的双 CPU 数据处理工作站,经过分项实时和自动处理,形成道路检测报告。该系统的所有检测数据能够与公路信息化管理平台的数据库实现无缝连接,进而可以完成决策分析,并生成养护方案。

7.10.1.2 国内外发展现状

国内外关于高等级公路路面检测与评价的内容基本相同。从公路检测车中的检测技术的发展历史来看,总体上经历了初期的一套设备仅仅检测某个单项指标,发展到后来一套检测设备可以同时检测几项指标。目前一辆公路检测车可以同时完成多项指标的检测。

目前,就国内外道路检测技术而言,随着激光检测技术、数字图像检测技术的发展取得了较大的进步,获得了很多成果,但从目前已有的道路检测集成检测系统——道路检测车的技术性能指标和实际的使用效果来看,还存在许多有待改进的方面和进一步研究开发的技术难点。

1) 路面损坏检测技术状况

目前路面损坏检测技术需要进一步研究开发的技术问题包括以下几个方面:

(1) 基于线阵相机的路面损坏检测技术,需要重点解决如何提高图像边沿清晰度,同时还要解决照明技术。当采用 LED 光源时,如何使照明系统不超检测车宽度而达到均匀照明;当采用线激光照明时,如何提高图像裂缝的对比度使裂缝容易识别判断。

(2) 基于面阵相机的路面损坏检测技术,需要重点解决如何提高频闪照明系统中的频闪灯的使用寿命,需要提高拍摄像机的分辨率,需要解决频闪灯倾斜照明技术及照明均匀性。

(3) 路面损坏检测技术中的数字图像处理技术,需要进一步攻克路面各种损坏的自动识别技术,提高图像处理效率;同时还要研究开发路面损坏各种养护报表生成软件。

2) 路面车辙检测技术状况

激光路面车辙检测技术相对来讲已经比较成熟,但还有以下几项关键技术需要进一步研究开发:

(1) 基于多探头的车辙检测技术,需要解决多探头的安装横梁不超检测车宽度,需要增加探头数量,进一步提高多探头车辙检测精度。

(2) 基于线激光的车辙检测技术,需要解决数字图像的拍摄频率,增加纵向采样密度;同时解决如何减小车辆振动、颠簸、检测车前后俯仰变化引起的车辙测量误差。

3) 平整度检测技术状况

基于激光位移传感技术的路面平整度检测技术,是路面施工、养护检测中使用频率最高的,但目前遇到的最大技术难点是如何低速检测,如何满足城市道路检测十字路口需要经常停车的问题。

4) 集成检测系统搭载车技术状况

将路面平整度、车辙、路面损坏等指标的检测实现有效的集成,国内外已经取得了很多研究成果,开发了不同类型的集成检测系统。但是,就集成检测系统设备搭载车本身来讲,还有许多需要改进的方面,诸如搭载车内部工作环境的舒适性设计,搭载车本身外观设计,检测系统如何适应搭载车本身的外形,检测系统如何不超检测车宽度提高行驶安全性等等。

另外,还有一个需要道路检测设备开发单位与专用汽车生产厂家联合申报道路检测车目录,满足用户的车辆年检问题。实际上,目前已有的检测车大部分是在已经上过牌照的车辆上改装添加设备,就检测车辆本身来讲,其行驶运行是不太合乎道路交通安全有关要求的。

7.10.1.3 发展趋势

根据目前国内外路面集成检测技术和用户的实际需求,道路集成检测车的发展趋势体现在以下几个方面:

(1)功能的增加

路面检测车应进一步增加系统功能,特别是应能满足不同用户特殊需求。同时,检测系统应在三维数字化道路方面开展深入研究,可以为用户提供一个具有完整的三维立体信息的路面状况。

(2)性能及精度的提高

路面检测车应能进一步提高各项指标的检测精度。平整度检测应研究慢速检测方法,提高慢速检测精度。车辙检测方面,采用多探头检测技术时增加探头数量,采用线激光技术时应减小车辆振动颠簸的影响。路面损坏检测方面,面阵相机拍摄应提高图像分辨即增加拍摄像机的横向像元数,进一步研究路面损坏数字图像自动处理方法,研制自动处理软件,提高数据处理效率。

(3)集成检测系统进一步优化

路面检测车要尽可能做到,检测车上安装的平整度、车辙、路面损坏等检测系统与搭载车本身实现有效的集成和融合,将检测车设计成外观优美,行驶安全,工作舒适,满足用户车辆年检的道路集成检测车。

7.10.2 分类、特点和适用范围

(1)按功能分

可分为基于沥青路面分析仪检测车,基于路面平整度检测车,基于激光路面纹理测定检测车,基于路面摩擦系数测定检测车和基于路面弯沉测定检测车。

(2)按搭载车类型分

可分为基于越野车车型,工程车车型以及客车车型三种集成检测车。它们均可进行道路平整度、车辙、构造深度、前方路况检测。

7.10.3 工作原理及主要结构

7.10.3.1 主要结构

集成检测车的基本构成如图7.10-1所示。

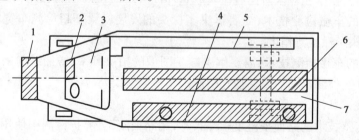

图7.10-1 集成检测车基本构成示意图

1-摄像路面损坏分析仪;2-路面摩擦系数仪;3-驾驶室车窗;4-激光路面平整度仪和激光纹理仪;5-减速仪;6-落锤式弯沉仪;7-检测车

摄像路面损坏分析仪1安放在检测车的头部,因在此安放摄像镜头,工作时空气清晰度摄像带摄取的图像最清晰,在室内转化成文字时精确度相对要高。

路面摩擦系数仪2,或称减速仪,安放在驾驶室的车窗上,且用空吸器固定。安放于此原因:其一,便于查看测读;其二,离后轴较远,距离越远惯性力越大,因汽车制动时使整车质量前倾,因此安置在前面具有真实性。

落锤式沉弯仪6安置在检测车整车的中间,纵向布置,之所以这样布置,是因为该仪器有一根很长(3~4m)的弯沉盒测梁,只有安置在中间,梁的一端才能穿过后轴,如置于两侧,则将受到左右两边后轮的阻挡,梁长受限制。落锤式中心弯沉测定装置安排在检测车车厢前边。激光路面平整度仪和激光纹理仪两仪共用,并安置在测定汽车的侧边。

对于上述各单项仪器,除了减速仪外,全部安置在车厢下部,即车肚中,离地高度要求视单项仪的功能而定,一般原则是不宜离地太高,否则会影响测量精度。

车型选择,据国外经验,一般选择卧车为好:一是测试人员工作环境舒适;二是检测的仪器仪表干净、安全;三是有些由模块组成的软件系统工作时要保持恒温,甚至恒湿,而敞顶的载货汽车就做不到这一点。在这种情况下,以选择中型面包车为宜,而且车型要固定不变。

集成检测车检测仪器安置完成后,由于汽车各种参数不同,还需要进行标定。标定工作通常依下方法进行:减速仪,一般现场标定,在测得各不同路面结构(沥青混凝土,粗、中、细;贯入式沥青碎石,沥青表面处治;水泥混凝土等)的摩擦系数值数据后,经数理统计后提出建议值(一般保证率取1~1.5)。落锤仪,研制时可事先在试槽里进行模拟试验,取得弯沉数据与规律性,而后在现场路试时加以修正,最后得到修正值与建议值。摄像仪,一般是在室内进行模拟调试。调好后,要在现场通过各种典型病害或特意人为造成的典型路而病害进行测试,最后取得各种典型病害的标准图像,以供室内辅助判断(具体数值由仪器自动输出)。激光兼用仪,一般通过室内模拟试验取得规律,在此基础上,再由现场路试修正,最后提出建议值。

7.10.3.2 工作原理

1) 沥青路面损坏状况测定——沥青路面分析仪

根据我国干线公路沥青路面养护评价(CMPS)规定:对使用中的沥青路面8类病害必须进行检测,以作为沥青路而使用状况的主要评价数据。这些病害是:龟裂、裂纹(或裂缝)、坑槽、松散、沉陷、车辙、拥包与泛油等。这8类病害大小,如用肉眼判断,当然十分容易,而且相互交错的病害也能判断得比较准确,但效率太低,劳动强度太大,如用摄像技术来判断也是可以实现的,只是检测难度大,技术比较复杂而已。目前,我国开发的摄像检测技术其测试精度大约只有85%,测试速度为20~30km/h,一次检测宽度为5m,现场录像、室内判读。每台造价较高,约合20万元人民币。测试速度与测试宽度只相当于进口设备的1/4。

随着计算机技术的发展,"神经计算机"得到了相应发展,它的应用将会有效地提高测量精度。

集成检测车如图7.10-2所示,摄像检测技术的基本原理是:将安装在测定汽车上的特种快速或高速摄像机依一定速度和摄像角度,将路面上所指定的各种病害录入摄像带,然后在现场或室内快速处理成数据的一种检测技术。这种检测在现场快速连续测定的时速可达到50~60km/h,由于成本原因,一般是将录像带移至室内转化处理,此时的测速一般在20~30km/h。

关于摄像检测的几个关键技术简介如下:

(1) 关于摄像角的确定:摄像角系指摄像镜头对路面的俯角。摄像角度对于图像的清晰度甚为重要。摄像角太大,会使摄得的图像清晰度下降,反之,虽可提高图像清晰度,但会降低摄像覆盖面,影响效率。因此,摄像角度以50°~70°为宜。

(2) 关于摄镜高度的选择:扭镜高度与图像清晰度有关。由于光振动衰减与物像所处的距离平方成反比,因此,镜头太远,会影响摄像质量;镜头不高,尘埃也会对摄像质量造成影响。镜头的设计高度是根据扭像角度、单位面积的像素多少以及摄像机功率等要素所决定。当摄像机功率和摄像角度一定

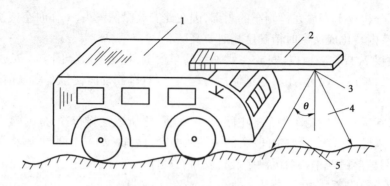

图7.10-2 集成检测车
1-测车;2-摄像机安装板;3-摄像机;4-摄像角度;5-路面

时,则镜头的设计高度主要与图像像素有关,如设计像素越多,则镜头高度调节的余量可增大,相反,则高度可调余量越小。一般,镜头的设计高度在1~2m之间。当然,视具体情况,亦可适当超过这一高度。

(3)关于图像像素的数量:图像像素是工业电视的最基本的摄像单元,没有这些像素,就不能位图像变成电信号(电流或电压)。路面摄像检测技术中,图像像素要比家电图像多,因而,图像的清晰度要高,而图像的清晰度高,意味着图像的分辨率与测量精度要高,这一点,必须在摄像镜头设计时加以充分考虑。

(4)关于高速摄像镜头的结构:在摄像检测技术中,高速摄像镜头是关键,高速摄像镜头技术不纯是"快门"问题,光电转化同样是个关键因素。否则,摄像速度能跟上,而光电转化速度跟不上,这种高速摄像镜头也不能成功。因此,高速摄像镜头的结构和原理与一般照相机是完全不同的。现用简图7.10-3对高速摄像的基本原理与结构概述如下。

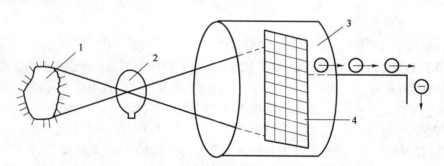

图7.10-3 高速摄像基本结构与原理
1-坑槽;2-物镜;3-摄像管;4-光二极管板

高速摄像镜头是由物镜、摄像管、光二极管板与放大电路组成。当路面上出现坑槽时,由高速摄像镜头中的物镜聚光并反射到镜头里的光二极管板上。光二极管板实质上是光敏电流发生器,这里的一个光二极管反映一个像素。如有一个像素,则应有一个光二极管,甚至要比它多一个倍数,由此看出,一个光二极管激发出一份电流强度,在这里便实现了光电转化。由于物镜反射到摄像管中的光不够强,因而产生的光电流不大,因此,从光二极管板中产生的光电流还必须进入放大电进行放大。放大原理可用图7.10-4说明。

由图可见,当光线投射到光二极管(由银粒组成)后,银粒中的电子被激发后脱出,光线越强,则银粒被激发的电子数量越多。银粒子失去电子后带上了正电,隔着云母板一侧的特别信号板上感应出相应的负电荷,并由信号板轴出,控制了放大电路的基极b(由此电流控制显像管的栅极便可重演因像),根据晶体三极管的放大原理,在集电极c端则输出被放大的光电流。这些光电流的强度就代表了图像的明暗黑白,这样,一幅"电子图像"便产生了。图中R_1,R_2,R_3均为电阻,放大信号由R_3引出。上述的

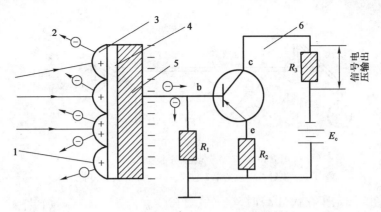

图7.10-4 光电转化放大原理图
1-光线;2-电子;3-银粒;4-云母板;5-信号板;6-放大电路

发射极放大器为一般晶体管放大电路,而根据设计的放大倍数,可用模块电路代替。

(5)关于病害图像的数字化:摄像管可以将路面上的病害图像摄入,并根据上述原理在显像管的屏幕上重演,但由于病害分布在路面的各个部位,坐标不固定,对捕捉图像信号造成了困难,图像信号找不到,因此也就谈不上该图像的数字化。目前,处理这种技术问题的方法有好几种,其中最简便的方法是基准电平法,即把正常沥青路面的光电流所形成的电平作为基准,将8类病害的电平与其比较,凡是低于或高于这种电平的都可以作为病害电平。通过一振荡电路发出的频率对其纵向扫拖,扫描的速度可与检测车的测定速度(0.24ms/mm)同步,并同时将这一高电平或低电平进行积分,积分从电平突变处开始,一直积到电平的另一个突变为止,这一电平的积分值即为病害面积,如图7.10-5所示。

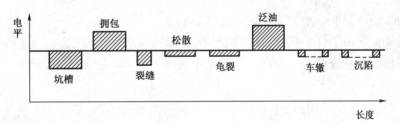

图7.10-5 沥青路面病害面积识别图

在图7.10-5中,沥青路面病害电平一般用方形面积积分,而坑槽等病害一般为圆形。由于圆形面积为以同直径作边长的方形面积的1.2732倍,因而用病害电平直接积分时,需要乘以0.7884,这可在数据处理器中事先编入。由图中还可看出,前6类病害电平比较容易识别,而车辙与沉陷较难判别,但一般车辙电平两边低,中间与正常电平一样,而沉陷电平左右两个突变之间的宽度一般要长,因此可对两者加以区别。病害标准电平的建立,首先在试验场进行,然后再路上检验修正。

2)路面平整度及路面纹理检测

激光平整度测定仪是一种与路面无接触的测量仪器。它有两种形式,即中速型(Z)型,测速为30km/h;高速型(G)型,测速约为60km/h。

Z型激光路面平整度测定仪的主要结构与测量原理如图7.10-6所示。

它的结构与功能为:1为半导体激光发射器,经调制发出的激光为方形束,光点安排在仪器的中心部位;2为集光器,主要元件是由反射镜和硅光电他组,其安装角恰使反射光正好落在集光器的小孔内;3为仪器箱,箱内装有光电流放大器、采样器(2.5cm间隔随机取样)、模数转换器、数字器、均方差指标处理器以及打印输出装置等;4为车架,可伸缩式结构,轮子为4个或8个,由实车测试确定,前后轮距3m;5为拉杆,可人拉亦可车拖;6为路面。

根据图7.10-6的总框架,其测量原理如图7.10-7所示。

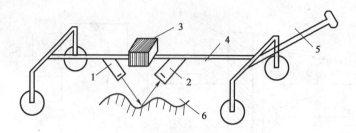

图 7.10-6 Z型激光路面平整度仪结构框图
1-激光发射器;2-激光器;3-仪器箱;4-车架;5-拉杆;6-路面

由图 7.10-7 看出,测定车在状态 a)时,单光线射在路面的凹处 O 点,此时,反射光假定恰好射在集光器的下部边缘位置,使光通量正好落入小孔里(设计状态),由于硅光电他的光生伏特效应产生光电流,输出平整度值。但当测定车进入状态 b)时,入射光由 B 点移至 B' 点,集光器由 A 点移至 A' 点,路面光点由 O 点射到 O' 点,此时,反射光由集光器下边缘移至上边缘,假设正好移距为小孔长度 W,则由图 b)的状态看出一平行四边形 $CODO'$ 中的 $O'G$ 正好为入射光从 O 移过的水平距离 OE,而这一移距也正好与孔宽度 W 相等,也就是说,入射光从图 a)状态走到图 b)状态时,正好走过了集光器小孔的宽度。假定光线为单光线,但在实际测量中为一束下行光线。因此,如一束平行光的宽度正好为移距或小孔宽度 W,则受光面积由 W^2(小孔为方形)减至 0,由前述可知,受光面积与光电流成正比,因此,光电流也由 A 降至 0。

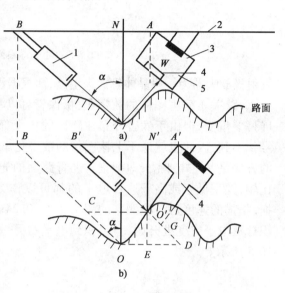

图 7.10-7 Z型激光路面测平原理图
1-激光器;2-车架;3-硅光电池;4-小孔中心;5-集光器

又由 O' 点作平行四边形 $CODO'$ 的垂线至下底 OD 于 E 点,在三角形 $O'EO$ 中,$EO'O$ 的角度为 α,$OE = W$,则路面凹凸高度,即路面平整度高度为:

$$h = O'E = W \cdot \cot\alpha \tag{7.10-1}$$

式中:h——路面凹凸值(或平整度),mm;
W——集光器小孔宽度,由设计确定,mm;
α——入射光角度,由设计确定,°。

由上式看出,W、α 均为已知值,则由该式完全可以解出路面平整度或凹凸的大小。由于小孔面积决定光电流大小,即决定光通量的大小,或者说决定光射到硅光电池上的能量多少,由前述又有如下关系式:

$$I = c + dW^2 \tag{7.10-2}$$

将式(7.10-1)代入式(7.10-2),则得凹凸量与光电流关系式为:

$$h = \sqrt{\frac{I-c}{d}}\cot\alpha \tag{7.10-3}$$

式中:I——光电流,μA;
c——常数,意义与符号同前述;

d——常数,意义与符号同前述。

由上式可知,集光器中的光电流强弱完全决定了路面凹凸的大小。只要在测定仪中输入若干软件与相应的硬件,随着仪器对路面的随机取样,即可由仪器中显示出路面平整度均方差值。用这种原理测定路面平整度之前,仪器也需标定,以确定它的各种参数。

G 型激光路面平整度测定仪结构与原理如图 7.10-8 所示。

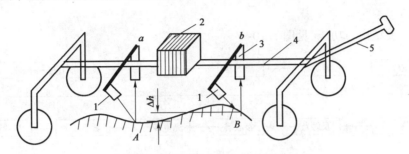

图 7.10-8　G 型激光路面平整度测定仪结构框图
1-激光器;2-仪器箱;3-集光器;4-车架;5-拉杆

图中 1 为激光器(2 组),选用半导体激光器。2 为仪器箱,安置有放大器、采样器、模数转换器、数字处理器与打印显示装置等。3 为集光器(2 组),选用反光镜与硅光电池作为集光片,元件生产成熟,质量稳定。4 为车架,另有车轮 4 个。5 为拉杆,人工测与拖测均可。

其测量原理为:由后组 a 发射的调制平行激光方形波束射到路面 A 点,被 a 组集光器的反射镜接收至硅光电池,产生光电流 I_1,在此同一时间,由前组 b 发射的同样激光方形波束射到路面 B 点,产生光电流 I_2,通过仪器中的减法器得到前后两组装置所测光电流之差,即 $\Delta I = |I_1 - I_2|$,由图看出,该 ΔI 正是由于路面高差 Δh,因而,应有下式:

$$\Delta h = e + j \cdot \Delta I \tag{7.10-4}$$

式中:Δh——路面凹凸值(或平整度值),mm;
　　　ΔI——光电流增量(或增量),μA;
　　　e——常数,有仪器确定,mm;
　　　j——系数,有激光器、反射镜与硅光电池等部件确定,mm/μA。

由式(7.10-4)可知,当光电流之差值由仪器中减法器给出,路面凹凸值随即得出。同样理由,在仪器箱里安置了若干转化均处理软件与硬件后,随着仪器对路面的随机取样,也能得到路面平整度均方差值。

综上所述,G 型与 Z 型测量原理有它们的不同之处。Z 型平整度直接决定于光强,因此,测量速度有所提高,但不能提得很高。原因是虽然解决了中间测轮(相对于连续式测平仪)在较高测速时的跳动问题,完全由无接触的光线替代了中间小测轮,但还未解决在高速时机架本身跳动引起的测量误差。因此,Z 型结构在测定时还不能跑得很快。而 G 型却完全不同,它是靠前后两组同时进行激光发射与接收工作,最后利用它们的差值计量,当车架由于高速测量引起跳动时,前后两组装置同时跳动,而且跳距几乎完全相等。因此,所得到的前后两组光电流的差值应保持不变。这是利用光电流差值原理可以极大地提高测速的根本原因。

在图 7.10-7 所示的测量原理中,两组激光器与集光器分别安置在车架大梁的 1/8 与 7/8 处,这是由于路面平整度波长较长,两组激光器靠得太近时,会造成误差,拉开距离后,可提高测量精度。本仪器利用硅光电池实现光电转化,简单实用。但受光面需保持清洁无尘,因此,需用薄玻璃光罩挡灰或设置定时清灰结构。在利用图 7.10-7 原理检测之前,亦需要对仪器进行标定,以确定各种有效的参数、系数值。

3)激光路面纹理测定

所谓路面纹理,是指路面面层由于利用粗集料而引起的结构孔隙深度。这种结构孔隙深度浮在路面表面,而且路面碾压成型时已产生。结构孔隙越深,路面面层的摩擦阻力越大,路面抗滑性能越强。反之,越弱。对于高等级公路需要用这一指标来设计与评价路面的抗滑性能。路面纹理激光测定仪原理简介如下:

(1)测定仪主要结构与功能(见图7.10-9)

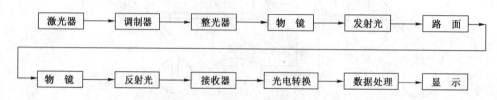

图 7.10-9 路面纹理激光测定仪机构框图

图 7.10-9 中激光器为半导体型激光器。调制器的功能是防止激光的杂光干扰而进行调制,它是利用激光电源内部进行电流调制而实现其功能的。激光器的功能主要是将调制好的激光束变成平行光束,并按与路面成 45°角投射到路面。物镜的功能是将平行激光束放大,其中入射光与反射光均用物镜,它们组成物镜组,以使放大功能更好。接收器的主要功能是通过物镜接收来自路面反射的激光束。光电转化器的主要功能是将接收的激光转化成光电流。数字处理器,主要是将光电流数字化(一般为 A/D 转化)并实现积分与均方根计算。显示器的主要功能是显示纹理或构造深度。

(2)仪器的基本工作原理(见图7.10-10)

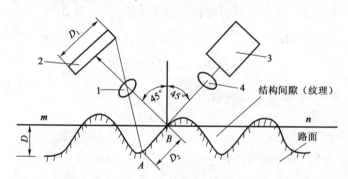

图 7.10-10 路面纹理激光测定原理图
1-物镜;2-接收器;3-半导体激光器;4-物镜

由图 7.10-10 看出,当调制好且放大的平行光线以 45°射入路面结构孔隙斜面,与基准线 mn 交于 B 点,端部深入槽底 A 点,$AB = D_2$。反射光经物镜 1 放大后,成为物像或物光,被接收器接收。其放大倍数由下式求出:

因为
$$V_物 = \frac{D_1}{D_2} \tag{7.10-5}$$

$$D_2 = \frac{D}{\sin 45°}$$

所以
$$V_物 = \frac{D_1}{D_2} = \frac{D_1}{D/\sin 45°} = \frac{1}{\sqrt{2}} \frac{D_2}{D} \tag{7.10-6}$$

式中:$V_物$——物光放大倍数,仪器研制时已确定;

D_1——放大的物光长,通过接受器读出,mm;

D_2——构造斜面物光长,mm;

D——纹理深度,mm。

如将式(7.10-6)改变成求纹理深度,则变成:

$$D = D_1 / \sqrt{2}V_{物} \qquad (7.10\text{-}7)$$

这样,纹理深度完全可以根据上式求出。但是,按此式求算会给测定带来麻烦,因此在实际测定中,是利用软件与硬件组合,通过光电转化并经数字处理后读出,经这样处理,则大大增强了仪器的实用性。

物像的数字化是这样形成的:在接收器布有光二极管(CCD管)列阵,该列阵是由256个光二极管组成,以每两个间隔为25μm线性排列。反射后的物像光即被分布在该列阵上,由于路面本身的纹理凹凸,使形成的物像光分布在列阵的不同位置上。为了测定光二极管CCD上的不同光斑点的位置,由仪器中的触发脉冲振荡器振荡,发出同步信号,对各CCD进行同步扫描,频率为5 000Hz。此时,受光元件的饱和电压处于低压,电压为-5V,与储存电荷成正比的电压以视频脉冲输出。计数器的计数代表了光斑中心的元件位置,再经过A/D转换与数字处理后成数字显示。这只是对一个点来说的,如果对于一个面,那么,反射的光物像就有无数个,因此,这要用积分器求出后再平均输出。这一过程也是由仪器完成的。

4)路面摩擦系数测定

路面摩擦系数,其测定指标常用的大致有两种,即横向、纵向摩擦系数。其测定方法有定点摆式指标与减速指标测定,后者商较好的实用性。特别是采用集成检测技术,车型被固定,采用减速型测定方法就有了高精度测量的保证。

路面摩擦系数是评价路面抗滑性能的一项重要指标,摩擦系数大,说明路面抗滑性能好。汽车在路面上行驶安全性大,反之,路面抗滑性能差,汽车行驶的安全性得不到保证。不论是水泥混凝土路面,还是沥青路面,在其刚竣工时,抗滑性能一般都能确保,但随着路面使用年限的增加,摩擦系数会降低,致使抗滑性能下降。为了测出路面实际摩擦系数,国内外已研制出多种摩擦系数测定仪,瑞典研制的快速路面摩擦系数测定仪便是其一。

(1)路面纵向摩擦系数测定仪

该仪器可在牵引车不停且快速行驶下进行测定的。其结构与功能如图7.10-11所示。

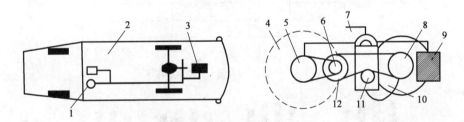

图7.10-11 快速摩擦系数测定仪结构图

1-操纵盘;2-底盘;3-测轮;4-汽车后轮;5-汽车后轴;6-变速轮;7-液压操纵;8-测轮齿;9-压套;10-传力管;11-换速拉杆;12-齿轮

测轮是摩擦系数测定用小轮,轮胎内径为30cm,外径约40cm;操纵盘安置在驾驶室内,测轮变速、起落,全由该盘操纵;汽车底盘,可示出副轮的安装位置及与底盘的配置关系;测轮压重,约为80kg,新型无压重;齿轮、链轮传动;高、中、低各挡测速;测速换挡杆用进与出进行换挡;液压控制杆控制测轮滚滑状态;测轮齿轮接受油路控制测轮的控制;变速轮将汽车后轮的速度传结测轮,并组成一定的传动比,便于换速;全套测定装置与汽车后轴滑动连接。

摩擦系数测定原理如图7.10-12所示。由图7.10-12可知,测定车以165km/h、90km/h、60km/h牵引速度带着测定小轮(悬起)前进。当需要测定时,通过驾驶室中的操纵盘将测量小轮降至地面,同时将压重(800N)同步下降到测轮轴上,使测轮触地面积达11.43cm²,单位压力达到0.7MPa,在测轮刚下至路面的一刹那起,测轮被液压力间歇锁紧。此时,测轮在路面上滑动与滚动间歇进行,这是国际上实行的一种新颖测试方法。其中,滑动占轮周的12%,滚动占轮周的88%,60km/h时速转一周时间为

0.075s。这一过程全由程序控制自动完成,且滑滚连续地进行,直到测量小轮悬起为止。

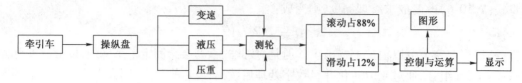

图 7.10-12　摩擦系数测定原理图

根据物体摩擦的物理概念,在测轮至路面的一刹那,路面摩擦力就对测轮产生了物理作用。此时,与测轮连接的传感器对测轮的滑滚测定,那么,此时的滑滚平均摩擦系数,即为在该测速与温度下的摩擦系数值。路面库擦力越大,则相应摩擦系数越大。反之,摩擦系数越小。路面纵向摩擦系数用下式表示:

$$f_{vm} = \frac{F_m}{p} \tag{7.10-8}$$

式中:f_{vm}——路面纵向摩擦系数,以小数计,因为测速可以控制,因此,在公式中未介入速度因子;

F_m——在一定测速与温度下传感器对测轮的纵向拉力,即单位摩擦力,kN;

p——测轮对路面的单位压力,MPa。

快速摩擦系数测定仪所测的路面摩擦系数锯齿线如图 7.10-13 所示。快速摩擦系数测定时的测速与测轮接触路面的形状关系如图 7.10-14 所示。

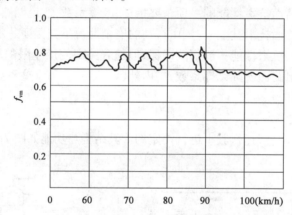

图 7.10-13　路面摩擦系数数据齿线图

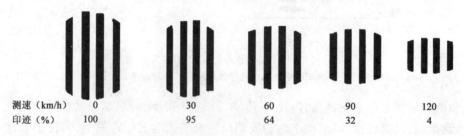

图 7.10-14　测速与测轮接触路面的形状图

由图 7.10-14 看出,测轮随着测速牵引车速度的加大,轮胎在路面上的印迹逐渐变小。测速为 0km/h 时,印迹为 100%,当测速为 60km/h 时,印迹只达到零速时的 64%,测速达 120k/h 时,印迹只有零速时的 4%。因此,在快速测量中必须注意,一种车速对应一种印迹,不能互用。实际上,这种不互用的状态均由电脑自身控制。如式(7.10-8)所示,由于测轮的正直压力为单位面积的压重,摩擦力也为单位面积的力,因此,最终触地面积互相抵消,计算的摩擦系数在路面的一定范围内应该是一个常数。

(2)路面横向摩擦系数测定

纵向摩擦系数测定测量小轮与道路纵线平行,但从安全角度看,国内外也都在探求路面横向摩擦系数值。横向摩擦系数测定仪的结构与纵向摩擦系数测定仪相仿,只要将测量小轮改为沿纵向成45°,则就变成为横向摩擦系数测定仪。

横向摩擦系数测定仪结构与工作原理如图7.10-15所示。

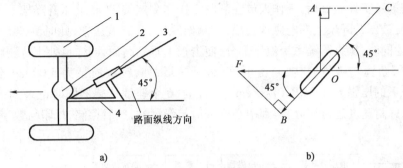

图7.10-15 路面横向摩擦系数测轮位置图
1-测车后轮;2-后牙包;3-测轮;4-连接系统

在直角 $\triangle OBF$ 中,OF 是由汽车牵引力或经过齿轮速比改变后至测量小轮牵引力所引起的小轮纵向滑滚摩擦力,亦即 $OF = F_m$,斜向摩擦力 OB 或 f_a 即为下式表示:

$$\frac{OB}{OF} = \cos 45° = \frac{\sqrt{2}}{2}$$

$$OB = f_a = \frac{\sqrt{2}}{2} \cdot OF = \frac{\sqrt{2}}{2} F_m \tag{7.10-9}$$

因此,在直角 $\triangle OAC$ 中,横向摩擦力 F_a 为:

$$\frac{OA}{OC} = \frac{OA}{OB} = \sin 45° = \frac{\sqrt{2}}{2}$$

$$F_a = OA = \frac{\sqrt{2}}{2} \cdot OB = \frac{\sqrt{2}}{2} f_a = \frac{\sqrt{2}}{2} \cdot \left(\frac{\sqrt{2}}{2} \cdot F_m\right) = \frac{1}{2} F_m \tag{7.10-10}$$

由此可得,路面横向摩擦系数的计算式为:

$$f_m = \frac{1}{2} \cdot \frac{F_m}{p} \tag{7.10-11}$$

式中:f_m——路面横向摩擦系数,以小数计;
f_a——45°方向的路面斜向摩擦力,kN;
F_m、p——意义同上。

上式结果全由机内程序自动算出,计算式(7.10-11)中的路面横向摩擦系数f_m是理论计算值。由于路面表面结构情况的复杂性,横向与纵向摩擦系数不一定正好是上述关系,因此,还有必要对这一结果加以修正。

5) 路面弯沉测定

路面弯沉测定是我国柔性路面强度测量的一项主要指标,因此,在集成测试技术中将占有重要位置。从集成测试考虑,采用落锤式或弯沉测定及相应指标为宜。因为集成测试不允许将测定车停下来测定,而贝氏梁测定,按其测量特点,必须停下测定,而落锤式弯沉仪则可以设计成不停车测量。设计测量速度可以15km/h为准。对于不停车测量只能得到中心弯沉,而弯沉盆在这种测量中难以实现,而停下测量则可同时取得中心弯沉值与弯沉盆,但效率大为降低,因此,应以快速连续测量为基础。但考虑到弯沉盆既是一项设计指标,也是一项理论研究指标,故在"测定车"设计时亦应装上,但工作时,可只完成中心弯沉测量,弯沉盆可作为抽测。这样设计,既解决了测定速度,又满足了弯沉盆的检测需要。

车载落锤式路面弯沉快速测定仪,是一种路面弯沉强度无损检测设备。集成检测采用的是内载落锤式检测设备。内载落锤式是将其工作部分和牵引部分置于一个车内。体积较小，便于运输。内置式行驶速度大于100km/h。

车载落锤式路面弯沉快速测定仪结构与工作原理如图7.10-16所示。按图7.10-16将测定车开到测定地点，将一切准备工作做好后，工作人员在驾驶室操作测定按钮，将液压升降架放下，测架随之落到路面，操纵按钮，使液压升降架上的电磁铁去磁，与测架脱钩，升起液压架，此时测架5个速度传感器至待测状态。与前述同时，操纵落锤系统液压部分，使击板下垂到路面，同样也处于待测状态。此时，按下按钮，电磁铁去磁，落锤与吸铁脱钩、自由下落，击至铁板，如，锤头质量为5 000kg，铁板触地面积为700cm^2，则锤击一下的压强力0.7MPa(7kg/cm^2)。此时，6个速度传感器同时记录到下沉时的速度，送入数据处理装置，并对速度进行积分，得到中心弯沉值与弯沉盆，然后存储、打印与数字显示。

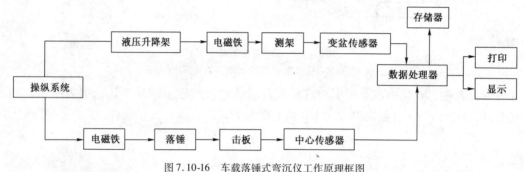

图7.10-16　车载落锤式弯沉仪工作原理框图

6) 集成检测技术的基本原理综述

集成检测技术的基本原理也就是每一单项测量的基本原理。

关于路面平整度均方差指标的测量、利用了激光路面平整度测量的基本原理。这在之前已讲得很清楚，在此不再赘述。对该指标的由来人们还不太清楚，因此，有必要作简要叙述，其机理如图10.7-17所示。

图7.10-17　路面平整度随即指标形成机理图

由图10.7-17可以看出，汽车在路面上行驶，由于路面很宽又很长，因此，它碰到的凹凸是随机的，因而，对平整度指标引入随机测量的概念是符合实际的，原理也是清晰的。在一段很短的距离内，有的汽车可能碰到几个凹凸，但有的汽车可能没有碰到凹凸，也可能只碰到1~2个，但在很长的距离内，所有的汽车碰到凹凸的量几乎相等。当距离为无限长时，所碰到的凹凸量应该相等，并由理论研究可知，在无限长里程中测量，大的凹凸为少数，而中等凹凸为多数，其特点符合于正态分布规律，而均方差正是正态函数的主要特征系数，也就是说，用均方差指标表征路面平整度或凹凸率既反映了正态分布特征，又符合于汽车的随机行驶规律。因而，指标具有先进性。随机变量均方差的数学表达式为

$$\sigma = \sqrt{\frac{\sum_{1}^{n}(x_i - \overline{x_n})^2}{n-1}} \tag{7.10-12}$$

式中：σ——路面平整度均方差指标，mm；

x_i——路面凹凸采样值，mm；

$\overline{x_n}$——路面n个凹凸采样值的平均值，mm；

n——采样个数。

在式(7.10-12)中,采样距离越长越准确;采样间距越短越低接近于全部采到凹凸值,间距越长,可能只采到凹凸的边沿,因而越不准确,相应精度越差。由理论研究可知,采样间距2.5cm,测量距离100m时,基本符合于正态分市特性,现行的规范值就是通过实测这样的路面所确定的。

关于路面摩擦系数的测定,采用了惯性原理。将减速仪安置在车上,当汽车以一恒速前进时(一般干燥路面为10km/h,而湿路而则为30km/h),如果突然制动,根据惯性原理,减速仪中的摆突然向纵向甩出,通过90°齿轮换向,迫使与摆连接的摆针随之也突然从顺时针方向转动,如图7.10-18所示。

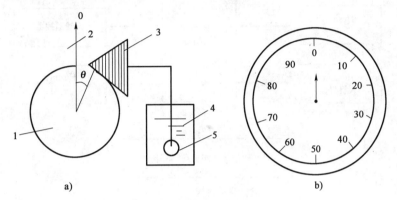

图7.10-18 减速仪测轮原理图
a)摆的结构;b)表盘锤
1-主齿轮;2-摆针;3-三角换向齿轮;4-硅油;5-摆锤

根据图中指针所指的表盘值,即可得到在一定行驶速度下的摩擦系数。在摆的设计时,使摆在纵向(路线方向)的摆角与表针转过的角度 θ 一致,则 θ 就代表了路面的摩擦系数值。根据惯性与路面摩擦系数的关系,摆角 θ 应与下列因素有关:

$$\theta = F(f, v, 车况, 硅油阻尼度) \qquad (7.10\text{-}13)$$

式中:θ——摆角,(°);

f——路面摩擦系数;

v——测定时车速,km/h;

车况——车型、车况与轮胎状态。

由式(7.10-13)可见,当测定车制动时,若摆角 θ 越大,则与之相应的路面摩擦系数越大。它的物理概念是:路面摩擦系数 f 越大时,测定车制动越突然(即反向加速度越大)。根据惯性定律,此时,硅油中的摆锤甩幅最大。表盘上的指针随即转幅越大,反之,若摆角 θ 越小时,则路面摩擦系数越小,原理上与上述相同。

7.10.4 桥梁检测作业车电液控制系统

桥梁检测作业车(桥检车)是一种用于桥梁检测维修,可将工作人员及设备送至桥下进行作业的专用汽车。

7.10.4.1 桁架式桥检车电液控制系统

1)系统组成及功能

桁架式桥检车控制系统结构框图如图7.10-19所示,主要包括控制器、IO扩展模块、倾角传感器、手柄、无线遥控器、角度传感器和人机界面。系统采用车辆专用的CANOPEN总线通讯技术,实现控制器、倾角传感器、无线遥控器和人机界面之间的通讯。各桁架动作、故障检测等通过CANOPEN总线发送到人机界面,在人机界面中显示。系统采用国际先进的控制器、显示器、传感器和高效、科学的算法实现了对桁架式桥检车的机电液一体化控制,电气、液压等数据被采集到控制装置之中,采用CAN数据总线管理系统,可降低油耗及排放值,简化布线,使整车更加稳定、可靠、安全、操作方便。

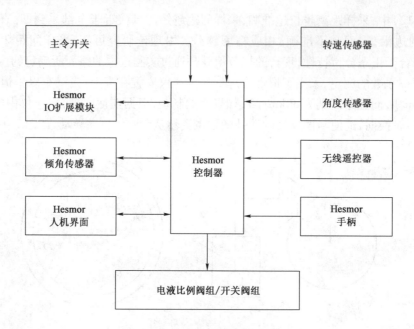

图 7.10-19 控制系统结构框图

电液系统主要能够实现以下功能：
① 桁架动作的控制,无线遥控；
② 底盘车动作控制,自行走和桥稳定器控制等控制；
③ 发动机监控和功率匹配控制；
④ 桁架自动展开和收缩控制；
⑤ 系统工作数据的记录；
⑥ 系统故障自诊断和故障代码液晶屏显示。

2）系统功能介绍

(1) 桁架动作控制

为了确保检测人员的安全和检测作业的质量与效率,要求电气控制具有安全、稳定、可靠等性能,便于操作和维护等效率。当系统 Hesmor 控制器、Hesmor 倾角传感器、无线遥控器、工作平台角度传感器无故障时,才允许整车的各个动作。

① 一回转动作

在一回转支承上安装一只行程开关,用于一回转油缸的限位和状态提示,当一回转到 90°的位置时,才可以进行接下去的操作;一回转转动过程中,不允许支腿液压系统和二回转液压系统动作。当一回转到 0°的位置时才能进行稳定轮的收缩操作。一回转动作的实现通过遥控器上面的比例手柄给定,由控制器控制速度的大小和动作的圆滑性。

② 垂直桁架变幅

当支腿全部伸出到位,工作平台和桁架合拢,一回转 90°到位后,垂直变幅桁架手柄向前推,控制桁架变幅展开。当桁架变幅展开到 85°~90°时,变幅比例阀自动减速输出,直到变幅 90°。当桁架手柄向后推,控制桁架变幅收回。当桁架收回到 0~5°时,自动减速。垂直桁架变幅动作的实现通过遥控器上面的比例手柄给定,由控制器控制速度的大小和动作的圆滑性。

③ 水平桁架变幅

当支腿全部伸出到位时,一回转 90°到位,垂直桁架变幅角度达到 90°(90°正负 5°,此参数可以设置)时,水平桁架变幅手柄向前推,控制平台的展开,水平桁架变幅手柄向后推,控制平台的收拢。水平桁架变幅动作的实现通过遥控器上面的比例手柄给定,由控制器控制速度的大小和动作的圆滑性。

④垂直桁架上下移动

在垂直桁架合适的位置安装两只行程开关,用于对垂直桁架进行上下移动进程限位。一回转90°限位开关为TRUE,垂直桁架变幅角度为90°(90°正负5°,此参数可以设置),水平桁架变幅角度达到0°时(0°正负2°,此参数可以设置)。选择平台的升降开关,操作垂直桁架上下移动的工作手柄来实现桁架的上下移动。垂直桁架上下移动动作的实现通过遥控器上面的比例手柄给定,由控制器控制速度的大小和动作的圆滑性。

⑤二回转动作

当一回转90°限位开关为TRUE,垂直桁架变幅角度为90°(90°正负5°,此参数可以设置),水平桁架变幅角度达到0°时(0°正负2°,此参数可以设置)。操作二回转的的工作手柄来实现二回转的回转动作。当检查到二回转,回转角度不在50°~130°之间时,报警提示二回转回转故障。二回转动作的实现通过遥控器上面的比例手柄给定,由控制器控制速度的大小和动作的圆滑性。

⑥水平桁架伸缩

当一回转90°限位开关为TRUE,桁架变幅角度为90°(90°正负5°,此参数可以设置),水平桁架变幅角度达到0°时(0°正负2°,此参数可以设置),二回转角度在50°~130°之间时,操作二回的伸缩手柄,控制工作平台的伸缩动作。水平桁架伸缩动作的实现通过遥控器上面的比例手柄给定,由控制器控制速度的大小和动作的圆滑性。

(2)底盘车动作控制

①自行走功能

作业时,桥检车能够完成自行走。实现自行走必须驾驶员和检测人员配合操作才能实现。行走的允许指令由驾驶员在驾驶室按住按钮给定并放下手闸,当对应的PTO指示灯量,且行走齿轮结合指示灯量时才允许行走。行走方向由检测人员操作,行走动作结束后驾驶员需要重新拉上手闸,否则无法进行下面的操作。自行走动作的实现通过平台上面向前/倒后行走按钮给定,由控制器控制速度的大小和动作的圆滑性。

②稳定轮上下动作

通过遥控器上面的手臂控制稳定轮的伸出(下降)和收回(上升),在进行作业操作时,稳定轮必须先支撑好地面,否则无法进行下一步操作(即不运行一回转和二回转等液压系统的动作);当处在作业状态时,稳定轮将无法收回,必须在水平臂和垂直臂合拢时,且一回转回到初始位置时稳定轮才能被收回。当工作结束,所有桁架机构回收到位时,如果稳定轮没有被收回,取力器无法切换到行驶状态。

(3)发动机监控和功率匹配控制

①发动机状态监控(J1939)

通过配置在发动机上的相关传感器获得发动机的状态数据。将传感器输出的一些模拟量、开关量的信号通过发动机ECU,经CANBUS总线(J1939协议)与控制器进行通讯。在显示器上动态显示出来,并设有报警区域,当显示数值达到报警区域时,控制器报警提示。监控内容如下:发动机转速;机油压力;冷却水温度;冷却水位;燃油液位;发动机工作小时。

②发动机油门控制

a. 油门踏板控制:双模量油门踏板(自复位)给出的电压信号通过控制器,经过CAN总线发送给总线式模拟量输出模块,再由模块输出模拟电压信号量直接控制发动机油门。

b. 油门电位计控制:油门电位计给出的电压信号接到控制器模拟量输入口,通过CANBUS总线发送给总线式模拟量输出模块,再由模块输出模拟电压信号量直接控制发动机油门。油门电位计和油门踏板的转速命令都能够单独的控制发动机的转速,若当前都有输出信号,则执行较高转速信息的控制命令。(或者可由PWM口输出的PWM信号转换成模拟电压信号控制油门)

③发动机启动和停止

发动机启动按钮通过控制器控制发动机的启动,并设有防二次启动功能。

发动机熄火按钮通过控制器控制发动机的熄火。

④发动机紧急停车控制

当出现紧急状况时,发动机需要急停,在发动机紧急停车的同时,控制器接收到一个信号,所有控制器输出置零。

(4)桁架自动展开和收起控制

通过控制器内部的精确控制计算实现桁架的自动展开和收起,节省了工作时间。

(5)系统故障自诊断和故障代码液晶屏显示

①发动机状态显示发动机虚拟仪表显示。

②液压系统状态显示虚拟仪表显示。

③设备状态显示虚拟仪表显示。

④智能故障诊断和显示故障提示出现故障的元件和位置。

⑤桁架动作显示根据当前桁架的动作,用图形显示。

⑥维护和设定提供参数标定和首选项设置界面。可通过显示器对整个控制系统进行调试和标定。

7.10.4.2 臂架式桥检车电液控制系统

1)系统组成及功能

臂架式桥检车控制系统结构框图如图 7.10-20 所示,主要包括控制器、IO 扩展模块、倾角传感器、手柄、无线遥控器和人机界面。系统采用车辆专用的 CANOPEN 总线通讯技术,实现控制器、倾角传感器、无线遥控器和人机界面之间的通讯。各桁架动作、故障检测等通过 CANOPEN 总线发送到人机界面,在人机界面中显示。系统采用国际先进的控制器、显示器、传感器和高效、科学的算法实现了对臂架式桥检车的机电液一体化控制,电气、液压等数据被采集到控制装置之中,采用 CAN 数据总线管理系统,可降低油耗及排放值,简化布线,使整车更加稳定、可靠、安全、操作方便。

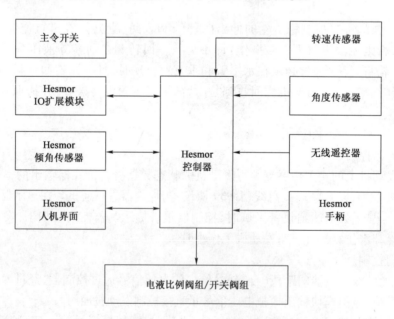

图 7.10-20 控制系统结构框图

电液系统主要能够实现以下功能

①工作平台的调平;

②臂架动作的无线遥控;

③发动机监控和功率匹配控制；
④臂架自动展开和收缩控制；
⑤系统工作数据的记录；
⑥系统故障自诊断和故障代码液晶屏显示。

2) 系统功能介绍

(1) 工作平台调平

工作平台是桥检车在空中承载工作人员和作业器材的装置,工作平台的自动调平系统的好坏直接影响到整车的性能及工作人员的安全舒适程度。采用电液比例自动调平系统由于在调平过程中连续、平稳、控制精度高、动态响应快,适应于各种形式的大高度高空作业车,目前已成为调平机构发展的趋势。

自动调平控制系统采用闭环控制,如图 7.10-21 所示。系统将给定角度和倾角传感器反馈回来的实际角度进行比较,其差值的大小经过 PID 控制后,进行限幅后产生相应的电流控制信号,该控制信号控制电液比例阀的阀芯开口量,从而控制系统流量的大小,达到控制调平油缸活塞的速度。控制量接近给定量时,反馈信号与给定值的差值逐渐减小,控制信号控制阀的开口量也随之减小,当反馈信号与给定值的差值为给定死区范围内时,输出信号为零,此时阀关闭。

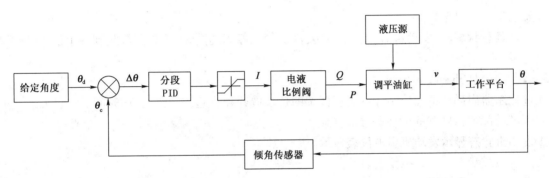

图 7.10-21　自动调平控制系统框图

由于在实际控制过程中,采用单纯的比例控制,如果控制速度慢,工作平台一次性就能调平,稳定性好,但缺点是有明显的滞后现象;相反,如果控制速度快,工作平台响应快,但由于液压油的惯性,又很容易产生过调现象。为了兼顾工作平台的控制精度、响应速度和稳定性,本文提出一种适用的调平方法。调平方法及流程如下:

本工作平台允许最大倾角为 ±30°,工作平台达到 ±0.5°认为是水平。系统给定角度为 0°,现将角度偏差 $\Delta\theta$ 绝对值分成 0.5°~1°、1°~3°、3°~30°三段分别采用三段不同的 PID 控制,$\Delta\theta$ 绝对值在 0.5°~1°之间时,PWM 输出值比较小,比例阀开口小,流量随之减小,液压缸活塞推动速度慢,此时不至于因为液压流量大,而产生过调现象;$\Delta\theta$ 绝对值在 1°~3°之间时,PWM 输出值比较适中,其值调整到工作平台在调整中不出现滞后现象为好;$\Delta\theta$ 绝对值在 3°~30°之间时,PWM 输出比较大,为的是尽快将平台调整到 3°范围内。平台实际调平中倾斜角度在 3°~30°之间情况很少,这是因为平台在小于 3°的时候不停地在调平,致使平台很难倾斜这么大的角度。当平台的倾角小于 0.5°时,认为工作平台以调整到水平,调整结束,而平台的倾角大于 30°时,认为是危险范围,可能是由于故障造成,此时也不对工作平台调平,防止由于调平动作造成更大的危险。

(2) 臂架动作控制

①回转角度检测

通过单圈绝对式编码器检测回转角度。

②臂架伸缩控制

臂架伸缩的控制通过无线遥控器的来遥控控制,可以选用带有远程报警显示功能的发射器。

③安全保护控制

安全保护控制包括:角度报警及禁动功能、回转最大最小限位报警及禁动功能、各油压报警等功能。

(3)发动机监控和功率匹配控制

①发动机状态监控(J1939)

通过配置在发动机上的相关传感器获得发动机的状态数据。将传感器输出的一些模拟量、开关量的信号通过发动机 ECU,经 CANBUS 总线(J1939 协议)与控制器进行通信。在显示器上动态显示出来,并设有报警区域,当显示数值达到报警区域时,控制器报警提示。监控内容:a. 发动机转速,b. 机油压力,c. 冷却水温度,d. 冷却水位,e. 燃油液位,f. 发动机工作小时。

②发动机油门控制

a. 油门踏板控制:模拟量油门踏板(自复位)给出的电压信号通过控制器,经过 CAN 总线发送给总线式模拟量输出模块,再由模块输出模拟电压信号量直接控制发动机油门。

b. 油门电位计控制:油门电位计给出的电压信号接到控制器模拟量输入口,通过 CANBUS 总线发送给总线式模拟量输出模块,再由模块输出模拟电压信号量直接控制发动机油门。

c. 说明:油门电位计和油门踏板的转速命令都能够单独的控制发动机的转速,若当前都有输出信号,则执行较高转速信息的控制命令(或者可由 PWM 口输出的 PWM 信号转换成模拟电压信号控制油门)。

③发动机紧急停车控制

当出现紧急状况时,发动机需要急停,在发动机紧急停车的同时,控制器接收到一个信号,所有控制器输出置零。

3)臂架自动展开和收起控制

通过控制器内部的精确控制计算实现臂架的自动展开和收起,节省了工作时间。

4)系统故障自诊断和故障代码液晶屏显示

①发动机状态显示发动机虚拟仪表显示。

②液压系统状态显示虚拟仪表显示。

③设备状态显示虚拟仪表显示。

④智能故障诊断和显示故障提示出现故障的元件和位置。

⑤臂架动作显示根据当前臂架的动作,用图形显示。

⑥维护和设定　提供参数标定和首选项设置界面。可通过显示器对整个控制系统进行调试和标定。

7.10.5　选型原则与步骤

公路检测车的选型主要包括搭载车的选择和集成检测系统的检测项目选择。

根据集成检测系统搭载车的实际应用情况,本项目经过分析研究认为,搭载车的设计生产应满足以下基本要求:

(1)功能要求

根据实际应用需要,在检测车上可以进行不同检测设备的集成,满足用户对检测车各种功能的要求。不同检测功能集成形成的检测车应该是:

①能够完成平整度、车辙、构造深度检测的激光道路检测车。

②能够完成平整度、车辙、构造深度、道路前方路况信息检测的激光道路检测车。

③能够完成路面损坏及道路前方路况信息检测的路况检测车。

④能够完成平整度、车辙、构造深度、路面损坏及道路前方路况信息检测的多功能道路检测车。

(2)安全要求

在高速公路路面养护检测中,安全问题是第一位的。如何提高道路检测车在行驶过程的安全性,避免检测车上的设备超宽,检测车外观能给其他行驶车辆明显的警示性提示,提高检测车内部设备安装固定的可靠性等都是搭载车在设计、安全试验中要首先考虑的问题。长安大学研究开发的多功能道路检测车,通过优化设计,实现检测车在工作时不超宽。

(3)工作环境要求

道路检测车在行驶工作中,操作人员工作位舒适性的设计、工作位朝向设计、操作台安全性设计、操作方便性设计等,也是搭载车内部各种设施设计必须要考虑的问题。

(4)外观要求

道路检测车的外观、颜色、车身外表图形、标记、车外检测设备的外观、设备与搭载车的整体协调性等等,在搭载车设计中也应该考虑。

(5)成本要求

道路检测车的搭载车的成本也是要考虑的问题,配备不同的检测系统,选择与之协调的车辆,兼顾用户购买成本,是道路检测车整车成本核算应该考虑的问题。

集成检测系统检测项目选择,主要要根据客户的要求,设计单位或厂家再根据客户的要求进行总体设计,满足用户的要求。

7.10.6 主要生产厂家典型产品及技术性能和参数

7.10.6.1 北京星通联华科技发展有限公司

(1)高分辨率路面破损数字图像采集系统

该部分采用国际领先的高速、高分辨率数字摄像机,集成高速采集卡和无失帧视频采集软件,路面图像与里程桩和GPS坐标准确对应,所采集图像的横向像素高2048Pix,纵向可任意设置,路面破损清晰可见。分辨率:小于1mm;检测宽度:2~4.0m(可调节);检测速度:0~100km/h;质量控制:可变参数;数据处理:在线或离线。

(2)高速激光断面仪车辙数据采集系统

该部分选用国际上普遍认可的激光断面分析仪,采用先进的传感器和计算技术,直接用激光传感器测出横断面各测点高程,经过严格的算法运算,获得车辙深度指标。采用此检测设备可全天候进行路面车辙的检测。传感器配置:3~11个激光传感器(用户可选择配置);输出结果:各种车辙指标曲线和原始数据;检测速度:20~100km/h。

(3)高速激光平整度数据采集系统

该部分采用激光位移传感器和加速度传感器实时检测路面纵断面,并通过数学模型将测得的剖面曲线换算成各种平整度指标。传感器:激光断面仪(Laser Profiler);纵向加速度计;检测单位:IRI(国际平整度指数);计算方法:国际标准。

(4)实时路况图像数据采集系统

该部分采用高速彩色数字摄像机,在车行驶过程中,实时记录高速公路两侧护栏、指示牌、绿化带等路产状况信息。路况图像与里程桩和GPS坐标准确对应,可用作进行养护评价的数据源,也可分段保存为视频格式,作为路产管理的依据。图像管理:大于20 000km;图像浏览:正常、高速;定位查询:线性坐标(上、下行);关联数据:路线、路基、路面(决策信息等)、桥涵构造物、绿化。

(5)基于激光结构光的路面变形图像采集系统

该部分可以实时获取路面变形的图像,并准确对应公路里程位置,为公路管养部门提供正确、直观的道路养护三维数据。分辨率:小于1mm。检测宽度:2~4.0m(可调节)。检测速度:0~100km/h。质量控制:可变参数。数据处理:在线或离线。

(6)道路结构内部缺陷探测系统

采用先进的探地雷达方法进行道路结构内部缺陷探测。该方法通过向地下发射高频脉冲电磁波,由接收天线接收来自道路结构层内的探地雷达反射回波,依据不同介质电磁特性差异对雷达回波的反射特征进行分析来判定道路结构厚度和内部缺陷位置和范围。

7.10.6.2 湖北合力专用汽车制造有限公司

该公司道路检测车集成和应用了现代信息技术,以机动车为平台,将光电、IT 和 3S 技术集成一体。在车辆正常行驶状态下,能自动完成道路路面图像、路面形状、道路设施立体图像、平整度及道路几何参数等数据采集、分析、分类与存储。为高速公路、高等级公路、城市市政道路、机场跑道等路面的破损、平整度、车辙、道路安全隐患的检测,及道路附属设施的数字化管理提供有效的数据采集手段。道路检测车可以为道路质检部门验收检测、日常养护调查等提供权威、公正的基础检测数据,为道路养护部门提供专业的技术方案,为交通资产管理部门提供科学的决策依据。货台离地面高度为 1 150mm,选装爬梯,装爬梯高度为 3 100mm。货台承载面离地高度 1 150mm(选装 750mm、850mm、950mm、1 000mm);选装露胎结构;仅用于运输不可拆解物体。

主要技术参数见表 7.10-1。

主要技术参数　　　　　　　　　　　　　　　　　表 7.10-1

项　目	参　数	项　目	参　数
总质量(kg)	5 500	离去角(°)	12.7
整备质量(kg)	5 370	前悬(mm)	1 165
整车外形尺寸(长×宽×高,mm)	7 600×2 040×2 995	后悬(mm)	2 500
接近角(°)	18	最高车速(km/h)	120

7.10.6.3 其他公司的产品技术参数简介

其他公司的产品技术参数如表 7.10-2 所示。

其他公司产品技术参数　　　　　　　　　　　　　表 7.10-2

型　号	总质量 (kW)	整备质量 (kg)	整车外形尺寸(mm)	接近角/ 离去角(°)	车速 (km/h)
德欣牌 NDX5050XJC	5 200	4 875	7 133,7 295×2 000,2 320×3 225,2 875	20/9.5	115
金杯牌 SY5 031XJCL－MSBG	2 750	1 980	5 235×1 800×1 980	21/15	150
中意牌 SZY5100XJC	9 950	9 755	8 000×2 300×3 600,3 430,3 300	20/9	110
爱知牌 HYL5041XJC	3 550	3 355	6 503×2 095×2 360	22/14	100
畅达牌 NJ5044XJC31	3 550	2 995,3 095	4 850,4 920,5 080×2 000×2 495, 2 880,2 995,3 200	21/14.5	100
中天之星牌 TC5053XJC	5 118	4 620,4 720	6 600,6 680×2 340×2 840,3 040,3 240	20/13	105
江铃全顺牌 JX5048XJCMF2	4 250	3 650	6 403,6 503×2 095×2 595,2 800,2 940,2 990	22/15	145
中誉牌 ZZY5040XJC1	3 500	3 305	7 225×2 170×2 820	13/14	160
迪马牌 DMT5038TJC	2 490	2 100	5 035×1 820×1 970	22/20	110
新桥牌 BDK5030XJC	2 770	2 510	5 520×2 010×2 970	19/16	95
骊山牌 LS5040XLJ	4 250	3 600	6 800×2 095×2 845	22/11	120

本章参考文献

[1] 中国公路学会筑路机械专业委员会.沥青洒布车[M].北京:人民交通出版社,1982.

[2] 何挺继,朱文天,邓世新.筑路机械手册[M].北京:人民交通出版社,1998.

[3] 唐经世,高国安.工程机械(上册)[M].北京:中国铁道出版社,1998.

[4] 张荣滚.公路养护机械[M].北京:人民交通出版社,2000.

[5] 李殿建.沥青路面施工机械与机械施工[M].北京:人民交通出版社,1999.

[6] 张光裕,许纯新.工程机械底盘设计[M].北京:机械工业出版社,1987.

[7] 郑训.公路工程机械构造[M].北京:人民交通出版社,1992.

[8] 韩敏,等.公路筑养路机械操作规程[M].北京:人民交通出版社,1995.

[9] 陈以淦.油压装置与应用[M].香港:香港工业专科编译社,1980.

[10] 扫路车驾驶员培训教材编委会.扫路车驾驶员培训教材[M].北京:中国环境科学出版社,2008.

[11] 武汉水利水电学院,华北水利水电学院合编.工程机械[M].北京:电子工业出版社,1980.

[12] 刘忠,杨国平.工程机械液压传动原理、故障诊断与排除[M].北京:机械工业出版社,2005.

[13] 孙祖望.沥青路面养护维修技术的发展与新材料、新工艺、新技术的应用[J].建筑机械技术与管理,2004.

[14] 张宗辉.同步碎石封层技术——新一代道路建筑与养护技术[J].交通世界,2004.

[15] 张新荣,焦生杰.同步碎石封层技术及设备[J].筑路机械与施工机械,2004.

[16] 焦生杰.同步碎石封层设备国内外研究现状[J].筑路机械与施工机械,2007.

[17] 由相波,李国柱.变宽幅分隔型曲面碎石布料器研究[J].筑路机械与施工机械化,2007.

[18] 顾海荣,焦生杰.采用液压驱动行走的同步碎石封层设备[J].长安大学学报(自然科学版),2007.

[19] 高子渝,王欣.同步碎石封层车控制系统研究[J].筑路机械与施工机械化,2007.

[20] 李国柱,等.同步碎石封层机作业速度[J].筑路机械与施工机械化,2008.

[21] 焦生杰,强召雷.同步碎石封层车液压系统参数设计[J].中国机械学报,2006.

[22] 刘智敏.智能型沥青洒布车系统方案研究[D].长安大学,2005.

[23] 由相波,李国柱.多重叠洒布对沥青洒布精度的影响分析[J].工程机械,2009.

[24] 康敬东.沥青洒布车多重叠洒布的参数分析[J].建筑机械,2005.

[25] 祖熙宇,王琦,杨宏健.同步碎石封层技术的研究与应用[J].北方交通,2008.

[26] 胡鹏辉.同步碎石封层技术特点及在县乡公路沥青路面中的应用探讨[J].交通科技,2006.

[27] 由相波,李国柱.变宽幅分隔型曲面碎石布料器研究[J].筑路机械与施工机械化,2007,24(4):56-59.

[28] 顾海荣.碎石封层中沥青和碎石用量的计算方法[J].公路.2008(4):157-159.

[29] 张存公,石剑.同步封层车碎石撒布质量效果[J].养护机械与施工技术,2007(10):58-60.

[30] 顾海荣,李国柱,焦生杰.道路施工宽幅碎石布料器关键结构参数设计方法[J].长安大学学报(自然科学版),2008,28(3).

[31] 焦生杰,顾海荣,张新荣.同步碎石封层设备国内外研究现状[J].筑路机械与施工机械化,2007(7).

[32] 张存公,霍兴旺.同步封层施工中碎石与沥青用量探讨[J].施工机械与施工技术,2008(6).

[33] 王树明.智能型石屑撒布机[J].建筑机械,2008(5).

[34] Wood T J,Janisch D W,Gaillard F S. Minnesota Seal Coat Handbook[M],2006.

[35] Boardman J H,MeyerM D,Skinner R E,etal. Chip Seal Best Practice[R]. Washington,DC:Transportation Research Board,2005.

[36] 李国柱,顾海荣,张平.同步碎石封层机作业速度[J].养护机械与施工技术.2007(10):55-60.

[37] 宋建安,赵铁栓.液压传动[M].西安:世界图书出版西安公司,2004.

[38] 刘士杰,李俊武.同步碎石封层设备典型液压系统结构与性能分析[J].筑路机械与施工机械化,2007(7):1-4.

[39] 陈素丽,许福文,李桂芝.同步碎石封层技术研究及在公路养护中的应用[J].公路,2005(6):174-181.